AF707703

Inge Baumeister

Microsoft Word 2021

Stufe 2: Aufbauwissen

Verlag:
BILDNER Verlag GmbH
Bahnhofstraße 8
94032 Passau

http://www.bildner-verlag.de
info@bildner-verlag.de

ISBN: 978-3-8328-0523-4
Bestellnummer: 100547

Autorin: Inge Baumeister
Herausgeber: Christian Bildner

Druck: CPI Clausen & Bosse GmbH, Birkstr. 10, 25917 Leck

Bildquellen:
Cover: © Prostock-studio - stock.adobe.com
Kapitelbild: © DESIGN ARTS - stock.adobe.com

Vorwort

Sie arbeiten bereits mit Word, verfügen über Grundlagenwissen zur Texteingabe und -formatierung und möchten Ihr Wissen erweitern? Beispielsweise, um Routineaufgaben schneller und einfacher zu erledigen, einen längeren Text, z. B. eine wissenschaftliche Arbeit effizient gestalten oder Vorlagen nach den Vorgaben des Corporate Designs erstellen.

Vielen Anwendern und Anwenderinnen ist das Schreiben und Formatieren einfacher Texte mit Microsoft Word durchaus geläufig. Probleme tauchen erst auf, wenn beispielsweise ein längeres Dokument mit mehreren Kapiteln, einem Inhaltsverzeichnis und eventuell noch weiteren Verzeichnissen sowie korrekten Seitenzahlen zu erstellen ist. Oder wenn im Text mathematische Ausdrücke benötigt werden, beim Verwenden und Anpassen von Formatvorlagen oder dem richtigen Umgang mit Feldern und Steuerelementen in Formularen.

Aus diesem Grund verzichtet dieses Buch auch bewusst auf die ausführliche Darstellung der Word-Basics und wendet sich an jene Anwender, die Word bisher zwar zum Schreiben benutzt haben und sich jetzt mit Details befassen wollen oder müssen. Um so mehr Wert wurde auf zeitsparende Arbeitsabläufe und praxisnahe Aufgabenstellungen gelegt, sowie Tipps und Hinweise zur Vermeidung der typischen Fallstricke, die so manche Anwender verzweifeln lassen.

Ergänzt wird dieses Buch durch zwei Workshops mit typischen Aufgaben, die die wichtigsten Punkte nochmals zusammenfassen.

- Der erste Workshop erläutert die Vorgehensweise beim Erstellen längerer Dokumente, insbesondere wissenschaftlicher Arbeiten, welche Besonderheiten zu beachten sind und wie Sie zeitraubende Änderungen „in letzter Minute" vermeiden.
- Im zweiten Workshop erstellen Sie Schritt für Schritt eine Dokumentvorlage für Geschäftsbriefe. Zwar finden Sie auch im Internet zahlreiche Vorlagen zum Download, dafür lässt sich die hier beschriebene Vorgehensweise problemlos auch auf andere Dokumentvorlagen übertragen.

Microsoft 365 und Office 2021
Die Inhalte und fast alle Abbildungen in diesem Buch beziehen sich auf Microsoft 365. Diese Aboversion wird laufend aktualisiert und unterscheidet sich in Funktionsumfang und Aussehen geringfügig von Word 2021. Auf wichtige Unterschiede wird gesondert hingewiesen, so dass Sie dieses Buch problemlos auch mit Word 2021 nutzen können.

Schreibweise
Befehle, Bezeichnungen von Schaltflächen und Beschriftungen von Dialogfenstern sind zur besseren Unterscheidung farbig und kursiv hervorgehoben, z. B. Register *Start* ▶ *Kopieren*.

Viel Spaß und Erfolg mit diesem Buch wünschen Ihnen
BILDNER Verlag und die Autorin Inge Baumeister

Inhalt

1 Große und kleine Arbeits- und Texthilfen

In diesem Kapitel lernen Sie ...

- häufig benötigte Befehle schnell aufrufen
- Eingabe- und Korrekturhilfen nutzen
- Absätze nummerieren und Listen mit mehreren Gliederungsebenen erstellen
- Wiederverwendbare Elemente als Schnellbausteine speichern
- Querverweise auf andere Textstellen und Textmarken einsetzen
- Fuß- und Endnoten einfügen und verwalten
- Überarbeitungen kontrollieren und vergleichen

Das sollten Sie bereits wissen

- Text eingeben und korrigieren
- Grundlagen der Textformatierung

Dieses Kapitel fasst die zahlreichen großen und kleinen Helfer von Word zusammen die, richtig eingesetzt, im Alltag eine Menge Arbeit sparen und für effizientes Arbeiten insbesondere mit längeren Dokumenten unverzichtbar sind. Einige sind Ihnen vermutlich bereits bekannt, diese Punkte überspringen Sie einfach. Aber vielleicht finden Sie auch in diesem Kapitel trotzdem noch Neues.

1.1 Passen Sie Word an Ihre Arbeitsweise an

Statusinformationen - so behalten Sie den Überblick

Die Statusleiste verfügt neben Symbolen der verschiedenen Ansichten und dem Zoom über eine Reihe weiterer nützlicher Anzeigefunktionen, diese verbergen sich im Kontextmenü der rechten Maustaste. Standardmäßig sichtbar sind nur Seitenzahl, Anzahl der Seiten und Wörter, die automatische Rechtschreib- und Grammatikprüfung sowie eine automatische Überprüfung auf Barrierefreiheit. Um weitere einzublenden, klicken Sie mit der rechten Maustaste an eine freie Stelle der Statusleiste am unteren Rand des Word-Fensters.

Bild 1.1 Weitere Informationen in der Statusleiste anzeigen

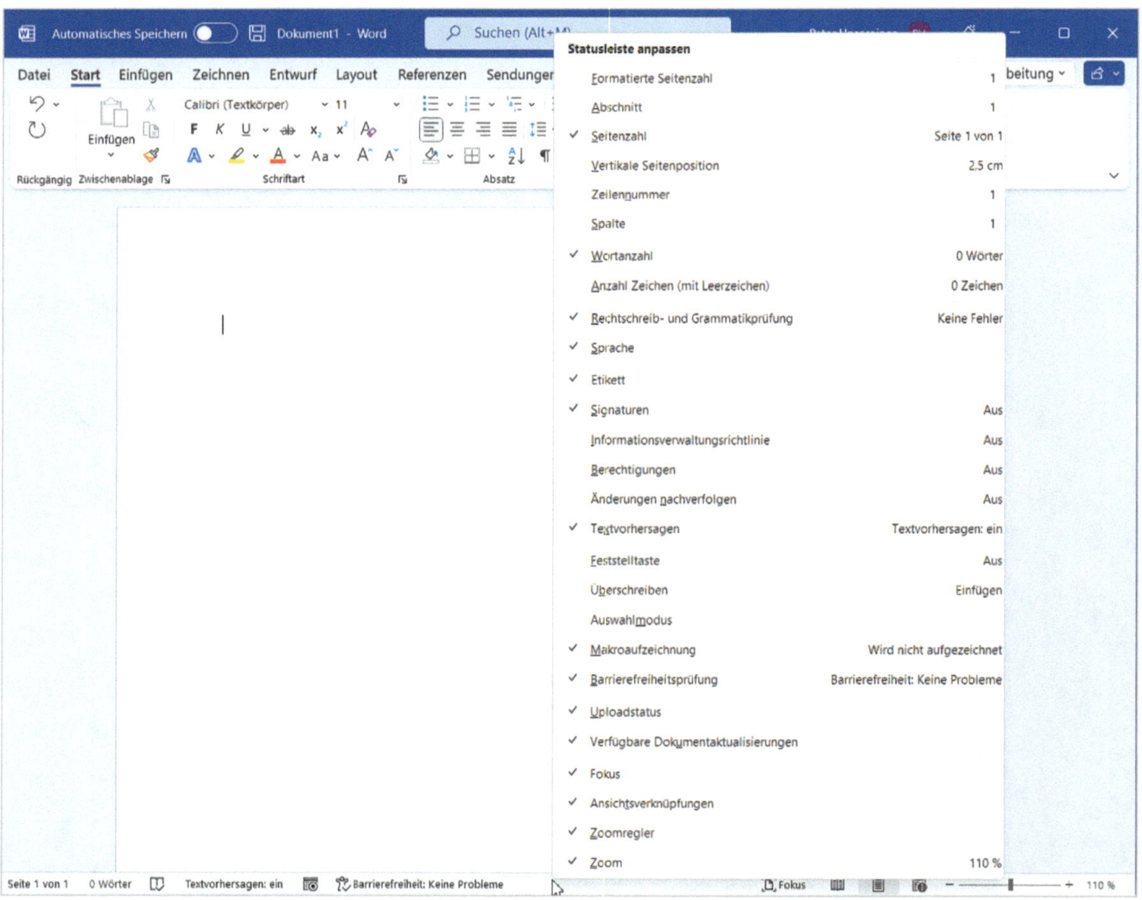

Bereits in der Statusleiste enthaltene Informationen erkennen Sie am Häkchen und durch Anklicken aktivieren bzw. deaktivieren Sie die Anzeige. Entscheiden Sie also selbst, welche Statusinformationen für Sie wichtig sind und entfernen Sie Überflüssiges. Die Ansichten (*Ansichtsverknüpfungen*), *Zoom* und *Zoomschieberegler* dürften bekannt sind, hier noch weitere nützliche Infos, nicht nur für die Statusleiste.

Wo befindet sich der Cursor gerade?

In manchen Fällen ist es für eine exakte Positionierung wichtig zu wissen, wo sich der Cursor gerade befindet. Oder Sie möchten auf bestimmte Zeilen eines Dokuments verweisen und benötigen dazu die Zeilennummer. Kein Problem, Word kann die aktuelle Cursorposition als Zeilennummer ❶ und/oder in cm ❷, gemessen von der oberen Blattkante, in der Statuszeile anzeigen. Aktivieren Sie dazu im Kontextmenü der Statusleiste die *Zeilennummer* und damit die Position in cm erscheint, auch noch *Vertikale Seitenposition*.

Achtung: Word beginnt in der Statuszeile die Zeilennummerierung auf jeder Seite neu. Falls Sie eine fortlaufende Nummerierung benötigen, siehe weiter unten.

Bild 1.2 Cursorposition in der Statusleiste

Zeilennummern im Dokument anzeigen

Bei Verweisen auf bestimmte Zeilen kann es manchmal auch hilfreich sein, wenn die Zeilennummern im Dokument sichtbar sind. Dazu klicken Sie im Menüband auf das Register *Layout* und hier auf *Zeilennummern*. Wählen Sie anschließend zwischen fortlaufender Nummerierung oder Neubeginn der Nummerierung auf jeder Seite. Falls Ihr Dokument in mehrere Abschnitte aufgeteilt ist, können Sie auch für jeden Abschnitt die Nummerierung neu beginnen.

Abschnitte, siehe Kap. 2.3

Die Zeilennummern befinden sich links vom eigentlichen Text in der Markierungsspalte. Sie werden zusammen mit dem Dokument ausgedruckt und sind ausschließlich in der Ansicht *Drucklayout* sichtbar. Um die Zeilennummern wieder auszublenden, klicken Sie erneut auf *Zeilennummern* und wählen *Keine*.

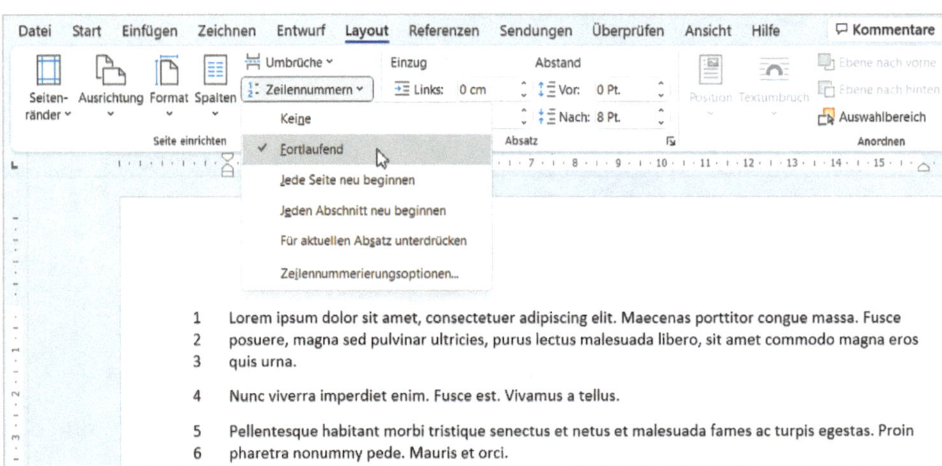

Bild 1.3 Zeilennummern im Dokument anzeigen

Info: Ein Klick auf *Zeilennummerierungsoptionen* öffnet das Fenster *Seite einrichten* mit dem Register *Layout* und Sie können über die Schaltfläche *Zeilennummern* auch noch Beginn und Zählintervall festlegen.

Absatz von Nummerierung ausnehmen: Soll ein Absatz von der Nummerierung ausgenommen werden, dann sorgen Sie dafür, dass sich der Cursor in dem betreffenden Absatz befindet, klicken erneut auf *Zeilennummern* und auf *Für aktuellen Absatz unterdrücken*.

Wörter zählen

Die Anzahl der Wörter finden Sie auch noch in den Dokumenteigenschaften. Dazu klicken Sie auf das Register *Datei* und auf *Informationen*.

Wie viele Wörter Ihr Dokument umfasst, ist ebenfalls in der Statusleiste ersichtlich, siehe Bild 1.2. Sollte diese Information nicht angezeigt werden, so klicken Sie mit der rechten Maustaste an eine freie Stelle der Statusleiste und auf *Wortanzahl*.

Eine weitere Möglichkeit erhalten Sie im Register *Überprüfen*, *Rechtschreibung*. Mit Klick auf *Wörter zählen* ❶ öffnet sich eine Statistik ❷, die nicht nur die Anzahl der Wörter, sondern auch der Zeichen (mit und ohne Leerzeichen), Absätze und Zeilen anzeigt. Über ein Kontrollkästchen steuern Sie, ob auch Fuß- und Endnoten und die Inhalte von Textfeldern mitgezählt werden.

Bild 1.4 Statistik: Wörter zählen

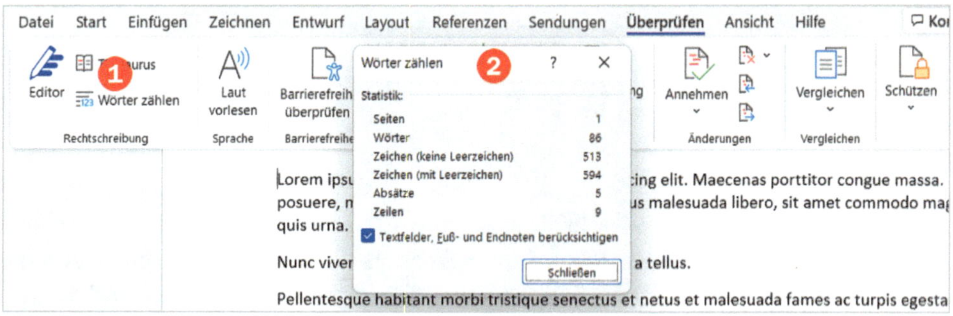

Näheres zum Thema Felder und Feldfunktionen lesen Sie in Kapitel 5.

Tipp: Falls Sie die Anzahl der Wörter im Dokument benötigen, dann fügen Sie zu diesem Zweck am besten ein Feld ein, siehe Kapitel 5.

Das Menüband um benutzerdefinierte Register erweitern

Häufig benötigte und nicht im Menüband enthaltene Befehle können Sie dem Menüband jederzeit hinzufügen, am besten in Form zusätzlicher benutzerdefinierter Register. So gehen Sie dabei am einfachsten vor:

1 Klicken Sie mit der rechten Maustaste an eine beliebige Stelle im Menüband und auf *Menüband anpassen...*.

Bild 1.5 Klicken Sie mit der rechten Maustaste in das Menüband und auf Menüband anpassen...

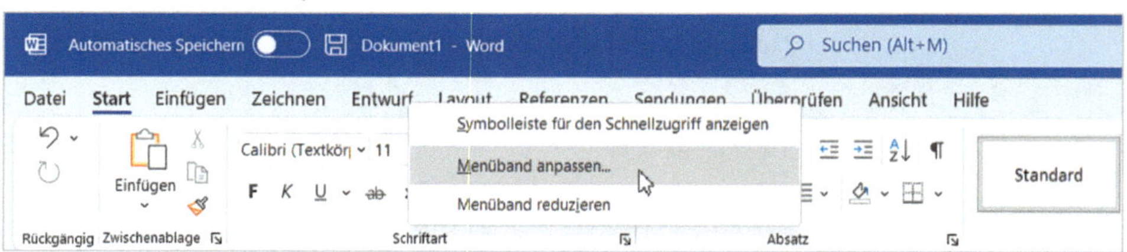

Die *Word-Optionen* mit der Auswahl *Menüband anpassen* werden geöffnet:

- Links finden Sie eine Liste von Befehlen, in der Standardeinstellung sind dies *Häufig verwendete Befehle* ❶ wie in Bild 1.6.

- Rechts verwalten Sie die Hauptregisterkarten, d. h. sämtliche verfügbaren Registerkarten mit Ausnahme der kontextbezogenen.

2 Klicken Sie auf *Neue Registerkarte* ❷. Die neue Registerkarte wird unterhalb bzw. rechts von der aktuell markierten Registerkarte eingefügt, kann aber nachträglich beliebig verschoben werden.

Info: Zwar könnten auch vorhandene Registerkarten ergänzt werden; aus Platzgründen und zur besseren Übersicht sollten Sie jedoch besser eine eigene benutzerdefinierte Registerkarte erstellen. Ein weiterer Vorteil: Nicht benötigte Registerkarten lassen sich schnell ausblenden und brauchen nicht gelöscht werden.

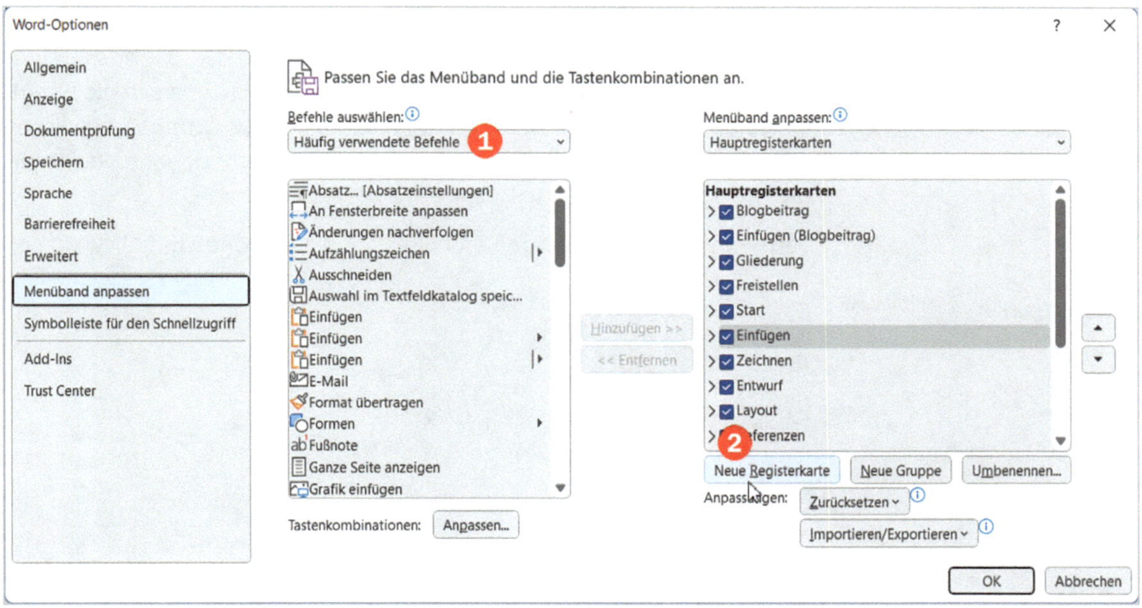

Bild 1.6 Menüband anpassen: Klicken Sie auf Neue Registerkarte

3 Die neue Registerkarte erscheint zusammen mit einer neuen Gruppe in der Liste der Hauptregisterkarten mit dem Zusatz *(Benutzerdefiniert)* ❸. Klicken Sie auf die Registerkarte, dann auf *Umbenennen* ❹ und geben Sie einen Namen ein, mit dem diese im Menüband angezeigt werden soll. Der Zusatz *Benutzerdefiniert* ist nur in den Optionen, nicht aber im Menüband sichtbar.

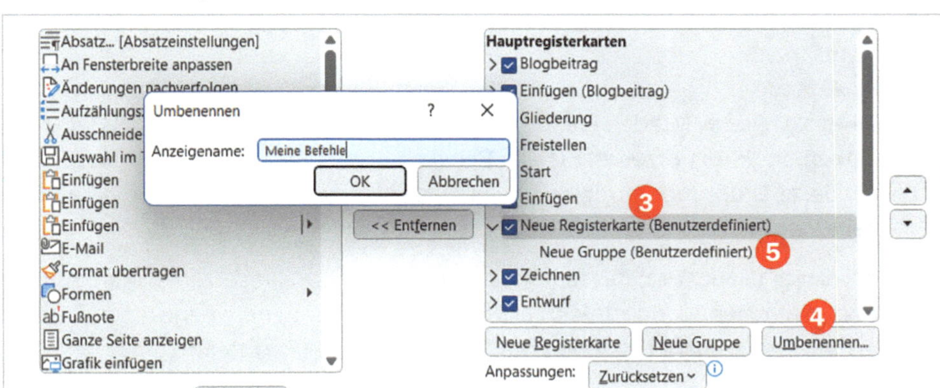

Bild 1.7 Benutzerdefinierte Registerkarte umbenennen

4 Die *Neue Gruppe* ❺, die automatisch zusammen mit der Registerkarte angelegt wurde, benennen Sie auf dieselbe Weise um. Hier erhalten Sie zusätzlich die Möglichkeit, für die Gruppe ein Symbol zu wählen. Dieses erscheint zusammen mit einem Dropdown-Pfeil, wenn aufgrund der Fenstergröße die Gruppe nicht vollständig angezeigt werden kann.

Tipp: Um in der Liste der verfügbaren Befehle etwas schneller zum gewünschten Buchstaben zu gelangen, klicken Sie an beliebiger Stelle in die Liste und geben den ersten Buchstaben über die Tastatur ein.

5 Anschließend fügen Sie der Gruppe die gewünschten Befehle bzw. Symbole hinzu. Falls Sie einen Befehl, z. B. *Kapitälchen*, nicht in der Standardauswahl *Häufig verwendete Befehle* finden, müssen Sie stattdessen entweder *Nicht im Menüband enthaltene Befehle* oder *Alle Befehle* auswählen ❻. Aufgrund des Umfangs kann es allerdings etwas dauern, bis Sie einen Befehl gefunden haben.

6 Als Beispiel soll im Bild unten das Zeichenformat *Kapitälchen* ❼ hinzugefügt werden: Ziehen Sie den Befehl entweder mit gedrückter Maustaste in die benutzerdefinierte Gruppe oder markieren Sie den Befehl und die Gruppe und klicken auf *Hinzufügen >>* ❽. Die Schaltfläche *<< Entfernen* entfernt dagegen den markierten Befehl oder die markierte Gruppe aus der Registerkarte.

7 Zum Übernehmen der Änderungen schließen Sie die Optionen mit Klick auf *OK*.

Bild 1.8 Beispiel: das Zeichenformat Kapitälchen hinzufügen

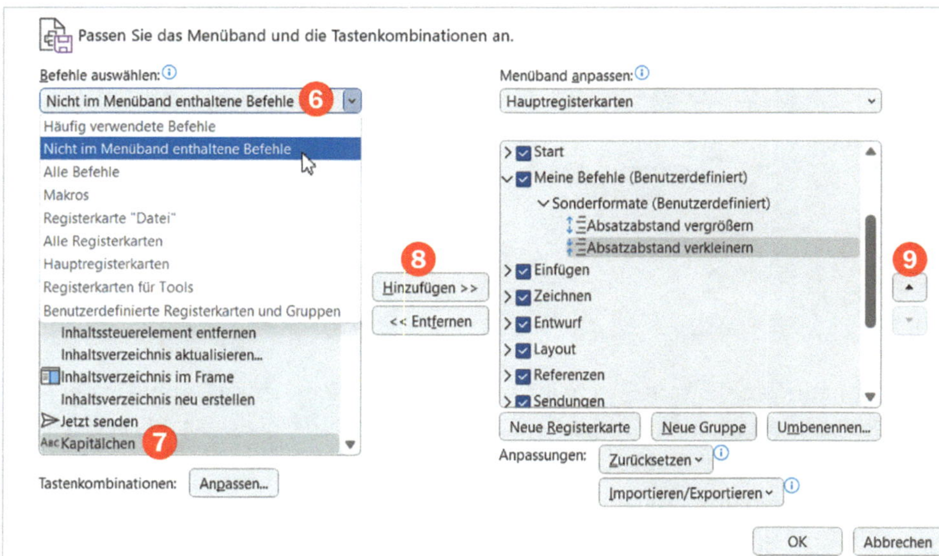

Hinweise und Tipps

- **Reihenfolge ändern**: Mit den Pfeilschaltflächen ❾ oder durch Ziehen mit der Maus können Sie in benutzerdefinierten Registerkarten einen markierten Befehl, die markierte Gruppe oder gleich das benutzerdefinierte Register an eine andere Stelle verschieben.
- **Änderungen zurücksetzen**: Mit der Schaltfläche *Zurücksetzen* setzen Sie alle Anpassungen am Menüband zurück. Falls Sie einem vorhandenem Register eine Gruppe hinzugefügt haben, gilt dies nur für das markierte Register.

> **Tipp**: Falls Sie liebgewonnene Befehle und Funktionen aus älteren Versionen im neuen Word vermissen: Diese befinden sich vielleicht nicht mehr im Menüband, sind aber immer noch vorhanden und können dem Menüband oder der Symbolleiste für den Schnellzugriff (siehe weiter unten) hinzugefügt werden. Ein Beispiel hierfür ist die „alte" Seitenansicht, die auch einfache Textkorrekturen erlaubt, diese finden Sie unter der Bezeichnung *Seitenansicht-Bearbeitungsmodus* (Auswahl *Alle Befehle*).

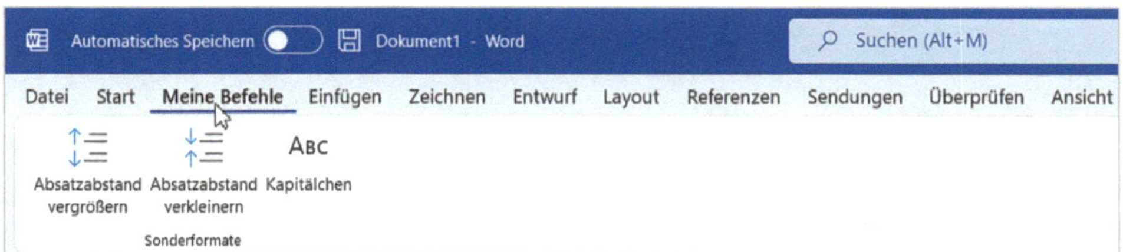

Bild 1.9 Die benutzerdefinierte Registerkarte im Menüband

Schneller Zugriff auf häufig benötigte Befehle über die Schnellzugriffsleiste

Zum schnellen Aufruf häufig benötigter Befehle steht die *Symbolleiste für den Schnellzugriff* (Schnellzugriffsleiste) zur Verfügung. Sie befindet sich ober- oder unterhalb des Menübands und kann schnell um weitere Befehle ergänzt werden. Ob die Symbolleiste für den Schnellzugriff auf Anhieb sichtbar ist und welche Symbole sie als Voreinstellung enthält, hängt von der Word-Version ab. In der Kaufversion Word 2021 finden Sie hier in der Regel die Symbole *Speichern*, *Rückgängig* und *Wiederholen*. Wenn dagegen Word Teil von Microsoft 365 ist, dann ist die Symbolleiste für den Schnellzugriff meist ausgeblendet und außerdem möglicherweise bis auf den Pfeil zum Anpassen leer, wie in Bild 1.11.

Symbolleiste für den Schnellzugriff anzeigen

Falls die Leiste nicht sichtbar sein sollte, so klicken Sie zum Anzeigen mit der rechten Maustaste an eine beliebige Stelle im Menüband und auf *Symbolleiste für den Schnellzugriff anzeigen*.

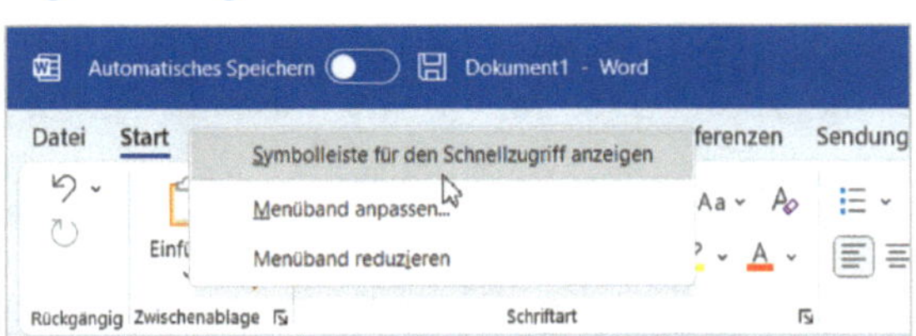

Bild 1.10 Symbolleiste für den Schnellzugriff anzeigen

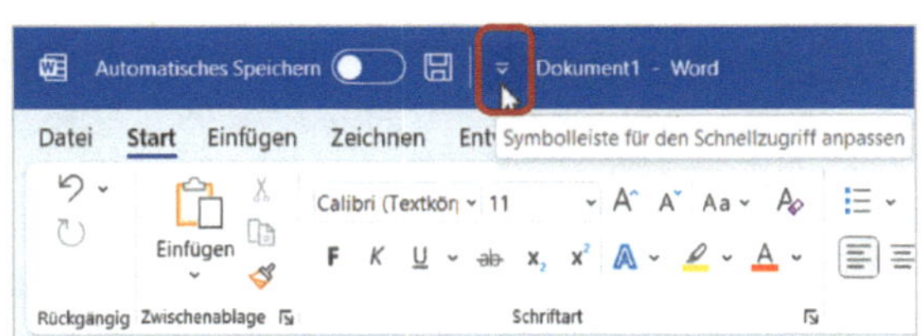

Bild 1.11 Leere Schnellzugriffsleiste oberhalb des Menübands

Symbole hinzufügen

Zum Hinzufügen weiterer Symbole, klicken Sie am rechten Ende der Leiste auf den Pfeil *Symbolleiste für den Schnellzugriff anpassen* ❶ und danach auf den gewünschten Befehl, z. B. *Neu* (Neues leeres Dokument) oder *Seitenansicht und drucken*. Wenn Sie andere oder noch mehr als die angebotenen Befehle benötigen, dann klicken Sie auf *Weitere Befehle…* ❷. Damit öffnen sich die Word-Optionen mit der Auswahl *Sym-*

bolleiste für den Schnellzugriff. Die Befehlsauswahl und weitere Vorgehensweise unterscheidet sich bis nicht vom Anpassen des Menübands (siehe oben).

Bild 1.12 Leiste anpassen

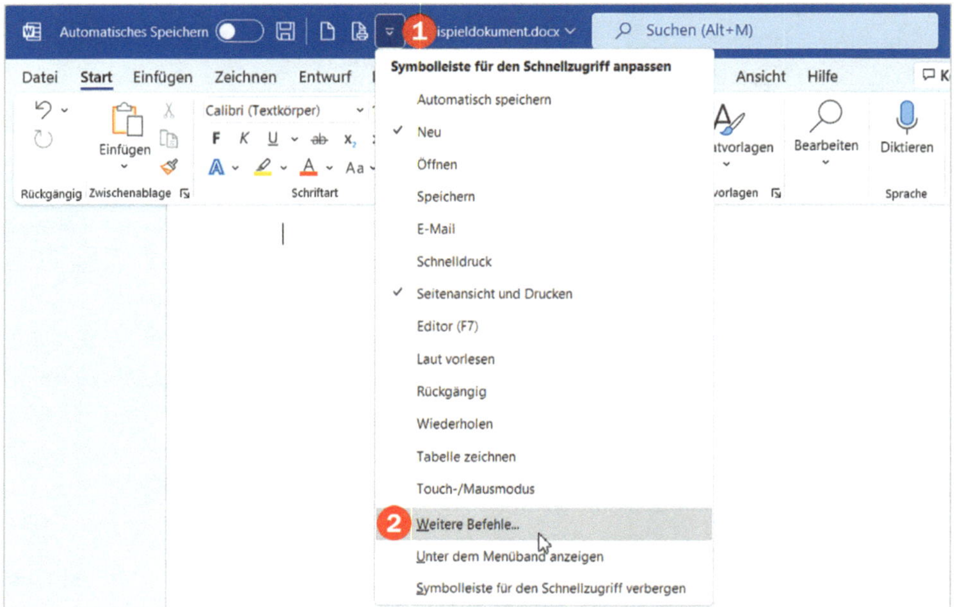

Unter dem Menüband anzeigen: Über den Pfeil *Symbolleiste für den Schnellzugriff anpassen*, können Sie die Leiste wahlweise über oder unter dem Menüband anzeigen und auch wieder verbergen.

Bild 1.13 Symbolleiste für den Schnellzugriff für alle Dokumente oder das aktuelle Dokument anpassen

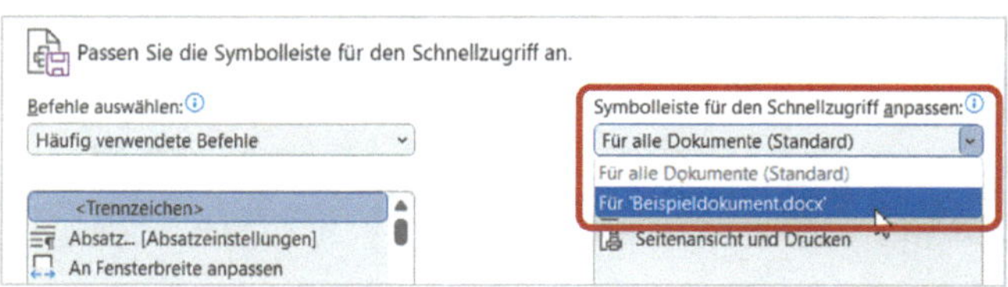

Anpassungen für alle Dokumente oder nur für das aktuelle Dokument übernehmen?

Während Änderungen am Menüband in allen Dokumenten sichtbar sind, können Sie mit der Auswahl *Weitere Befehle...* in den Word-Optionen wählen, ob die Änderungen an der Symbolleiste für den Schnellzugriff für alle Dokumente oder nur das aktuelle Dokument übernommen werden sollen. Damit können Sie beispielsweise in Dokumentvorlagen relevante Befehle in der Symbolleiste für den Schnellzugriff zur Verfügung stellen.

Tipp: Symbole mit Bezeichnungen anzeigen

Wenn sich die Symbolleiste für den Schnellzugriff unterhalb des Menübands befindet (*Unter dem Menüband anzeigen*), dann finden Sie im Auswahlmenü *Symbolleiste für den Schnellzugriff anpassen* auch den Befehl *Befehlsbezeichnungen anzeigen*, mit dem neben den Symbolen auch deren Bezeichnungen angezeigt werden.

Bild 1.14 Symbole mit Befehlsbezeichnungen unterhalb des Menübands

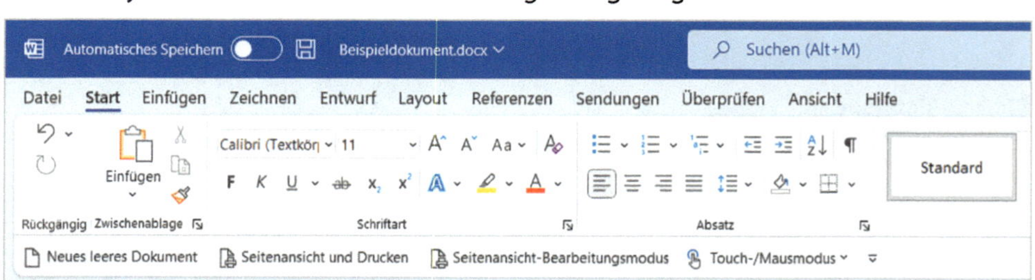

1.2 Eingabe- und Korrekturhilfen clever einsetzen

Rechtschreibung prüfen und korrigieren

Die Rechtschreib- und die Grammatikprüfung sind in der Standardeinstellung während der Eingabe ständig aktiv. Als Rechtschreibfehler erkannte Wörter werden mit einer roten Wellenlinie und Grammatikfehler mit einer blauen Doppellinie unterstrichen. Diese Kennzeichnung ist ausschließlich auf dem Bildschirm sichtbar, wird also nicht gedruckt. Ob die Rechtschreib- und Grammatikprüfung aktiv ist und ob Fehler gefunden wurden, erkennen Sie am Symbol in der Statusleiste.

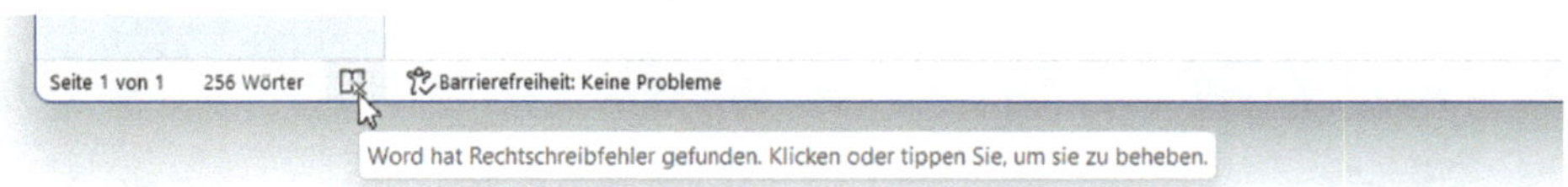

Bild 1.15 Rechtschreibfehler im Dokument gefunden

- **Automatische Rechtschreib- und Grammatikprüfung aktivieren/deaktivieren**: Sollte die Rechtschreib- und Grammatikprüfung nicht aktiv sein, so klicken Sie im Register *Datei* auf *Optionen* und hier auf *Dokumentprüfung*. Aktivieren Sie dann die Kontrollkästchen *Rechtschreibung während der Eingabe prüfen* und *Grammatikfehler während der Eingabe markieren*.
- **Kennzeichnung im Dokument ausblenden**: Falls Sie bei aktivierter Rechtschreib- und Grammatikprüfung die Kennzeichnung von Fehlern im aktuellen Dokument ausblenden möchten, so aktivieren Sie unter *Ausnahmen für:* die Kontrollkästchen *Rechtschreibfehler* bzw. *Grammatikfehler nur in diesem Dokument ausblenden*.

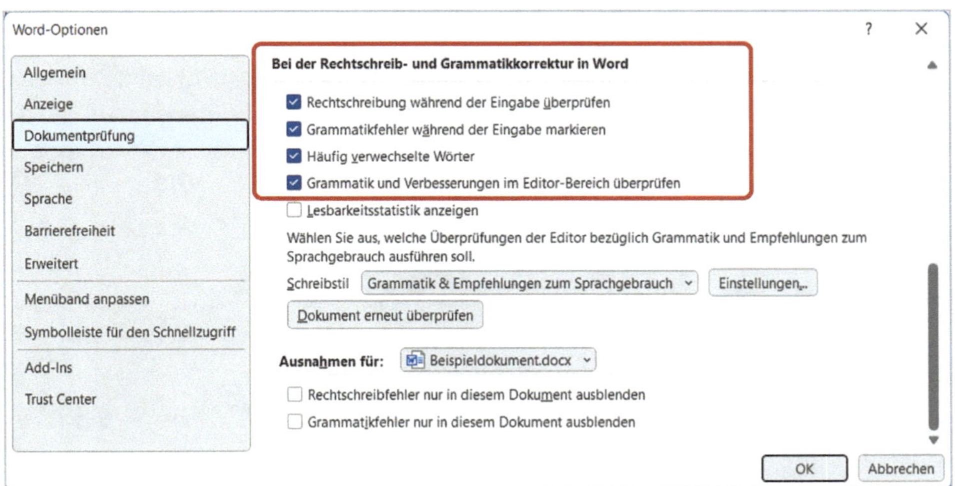

Bild 1.16 Einstellungen zu Rechtschreibung und Grammatik in den Word-Optionen

Hinweis: Der *Editor-Bereich* in Form eines intelligenten Rechtschreib-Assistenten ist nur mit Microsoft 365 verfügbar. Details lesen Sie weiter unten.

Um Korrekturvorschläge zu erhalten, haben Sie folgende Möglichkeiten:

Korrekturen direkt im Dokument

Klicken Sie im Dokument mit der rechten Maustaste auf ein derart gekennzeichnetes Wort und danach im Kontextmenü, Befehl *Rechtschreibung* auf die gewünschte

Schreibweise (Bild 1.17). Der Nachteil dieser Methode: Sie müssen nacheinander jedes gekennzeichnete Wort anklicken

Tipp: Mit Microsoft 365 erhalten Sie dieselben Korrekturvorschläge, wenn Sie einfach mit der linken Maustaste auf das Wort klicken.

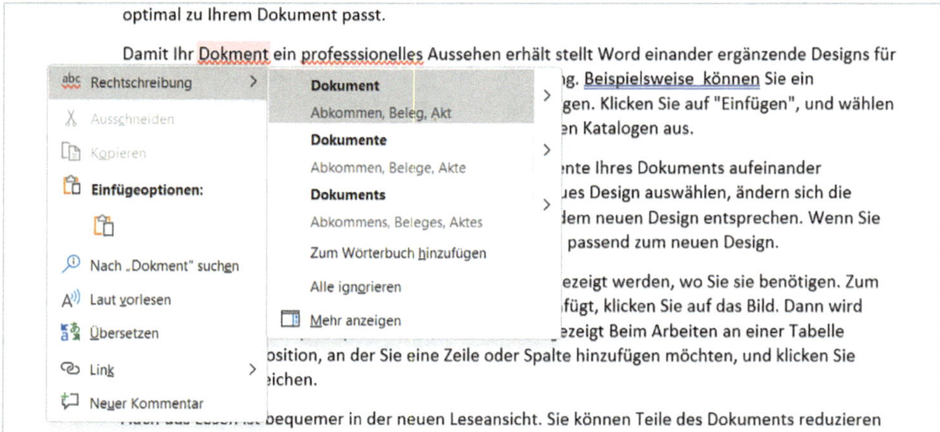

Bild 1.17 Korrektur über die rechte Maustaste

Bereich Editor bzw. Dokumentprüfung

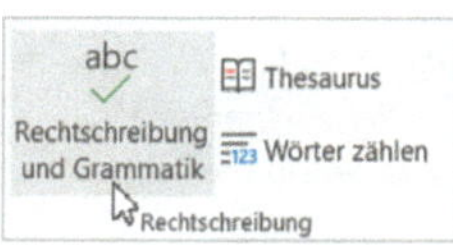

Die zweite Möglichkeit öffnet dagegen am rechten Rand des Word-Fensters einen gesonderten Bereich zur Korrektur, der sich allerdings in Bezug auf Aussehen und Funktionsumfang je nach Word-Version etwas unterscheidet. Klicken Sie dazu entweder in der Statusleiste auf das Symbol *Rechtschreibung* oder im Menüband, Register *Überprüfen* auf *Editor* (Microsoft 365) bzw. auf *Rechtschreibung und Grammatik* (Word 2021) oder drücken Sie die Taste **F7**.

- **Microsoft 365**: Wenn Word Teil von Microsoft 365 ist, dann erscheint rechts zunächst der Bereich *Editor* mit einer Zusammenfassung und zeigt unter *Korrekturen* die Zahl der gefundenen Rechtschreib- und Grammatikfehler an. Um Vorschläge zu erhalten, klicken Sie auf den gewünschten Korrekturtyp, z. B. *Rechtschreibung* ❶.

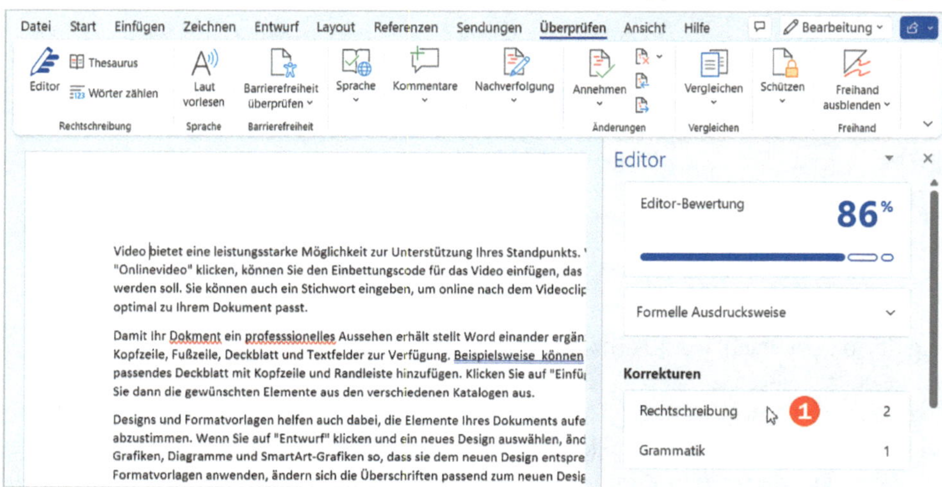

Bild 1.18 Der Editor-Bereich zeigt eine Zusammenfassung an (Microsoft 365). Klicken Sie auf den gewünschten Korrekturtyp

Alternativ finden Sie das Symbol *Editor* auch im Register *Start* des Menübands.

- Word beginnt an der aktuellen Cursorposition, markiert im Dokument den ersten Fehler ❷ und schlägt im Aufgabenbereich passende Korrekturen vor ❸. Um einen Änderungsvorschlag in das Dokument zu übernehmen, klicken Sie diesen an. Anschließend wird sofort der nächste Fehler markiert.
- Falls die richtige Schreibweise nicht unter den Änderungsvorschlägen aufgeführt wird, dann korrigieren Sie den Fehler im Dokument und klicken danach im Aufgabenbereich auf *Überprüfung von Rechtschreibung fortsetzen*. Soll dagegen ein Fehler nicht korrigiert werden, so wählen Sie im Aufgabenbereich unterhalb der Änderungsvorschläge zwischen *Einmal ignorieren* und *Alle ignorieren* ❹.
- Nach der letzten vorgenommenen Korrektur erscheint automatisch wieder die Zusammenfassung des Editors und Sie können mit dem nächsten Korrekturtyp, z. B. *Grammatik* fortfahren.

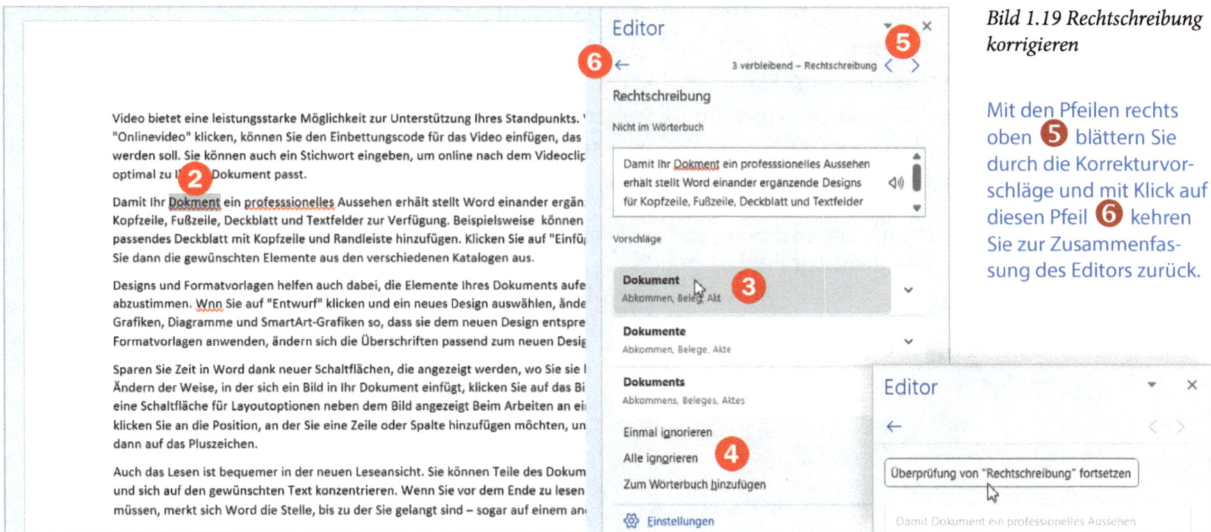

Bild 1.19 Rechtschreibung korrigieren

Mit den Pfeilen rechts oben ❺ blättern Sie durch die Korrekturvorschläge und mit Klick auf diesen Pfeil ❻ kehren Sie zur Zusammenfassung des Editors zurück.

- Wenn kein Fehler mehr gefunden wird, werden in der Zusammenfassung des Editors die entsprechenden Punkte abgehakt.

Hinweis: Microsoft Editor ist ein KI-gestützter Dienst, der für Microsoft 365 neben den Korrekturvorschlägen zu Rechtschreibung und Grammatik auch Vorschläge zur Stilverbesserung, z. B. Formulieren kürzerer Sätze unterbreitet. Diese erscheinen, wenn Sie in der Zusammenfassung des Editors unter *Verfeinern* auf den entsprechenden Punkt, z. B. *Prägnanz* oder *Wortwahl* klicken. Zusätzlich können Sie zwischen formeller und informeller Ausdrucksweise wählen.

KI = Abkürzung für künstliche Intelligenz

Word 2021: Mit Word 2021 klicken Sie stattdessen im Menüband auf *Überprüfen* ▶ *Rechtschreibung und Grammatik* und verfahren dann im Bereich *Dokumentprüfung* mit den Vorschlägen zur Rechtschreibkorrektur wie oben beschrieben. Auf die Stilverbesserungsvorschläge des Editors müssen Sie dagegen verzichten.

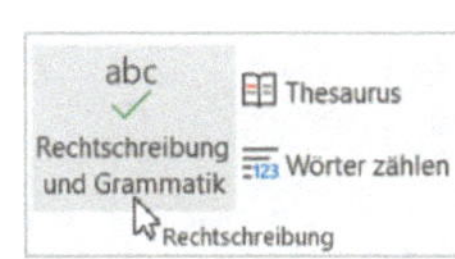

> **Verlassen Sie sich nicht ausschließlich auf die Rechtschreibprüfung**
>
> Nicht alle Fehler werden gefunden und korrekt geschriebene Wörter manchmal als Fehler gekennzeichnet. Ein häufiges Problem sind beispielsweise einzelne Wörter in einer anderen Sprache sowie Fachbegriffe und technische Ausdrücke. Der Grund: Word verwendet zur Textüberprüfung das Standardwörterbuch der zuvor festgelegten Sprache. Kommt ein deutsches Wörterbuch zum Einsatz, so werden beispielsweise englische Ausdrücke trotz korrekter Schreibweise als Fehler hervorgehoben und viele Fachausdrücke sind im Wörterbuch einfach nicht vorhanden. Als Abhilfe können Sie entweder die, zur Rechtschreibprüfung verwendete, Sprache ändern oder das Wörterbuch anpassen. Näheres hierzu lesen Sie in den nächsten Punkten.

Sprache ändern

Wird das gesamte Dokument in einer anderen Sprache verfasst oder enthält es längere fremdsprachliche Abschnitte, dann ändern Sie am besten die Sprache für die Rechtschreibung und Grammatik. Dies hat den Vorteil, dass Sie dann auch Änderungsvorschläge in der gewählten Sprache erhalten. Dazu markieren Sie je nach Umfang die betreffende Textstelle oder mit **Strg+A** das gesamte Dokument, klicken im Menüband, Register *Überprüfen* auf *Sprache* und auf *Sprache für die Korrekturhilfen festlegen*.

Wählen Sie anschließend im Dialogfenster *Sprache* die verwendete Sprache aus und klicken Sie auf *OK*, um die Sprache für den markierten Text zu übernehmen.

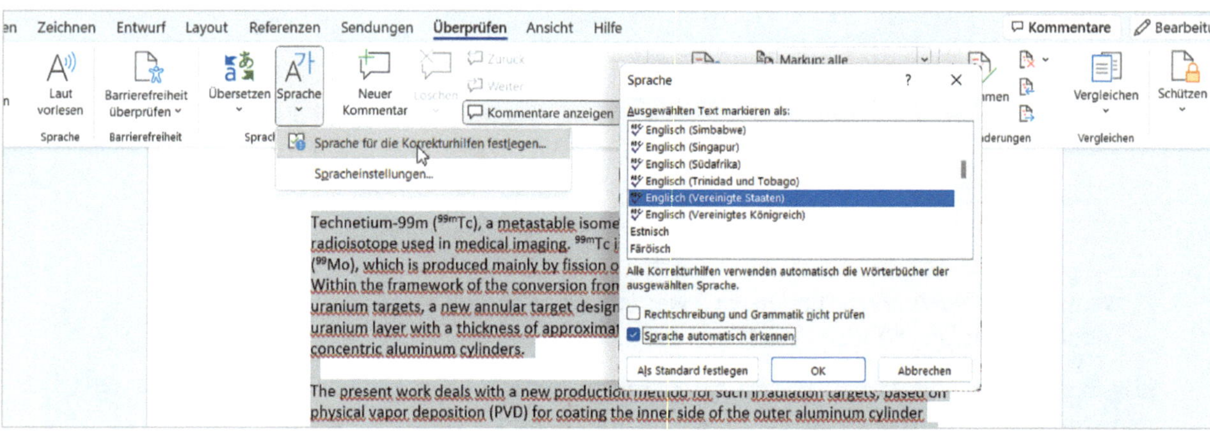

Bild 1.20 Sprache für die Rechtschreib- und Grammatikprüfung festlegen

- Das aktivierte Kontrollkästchen *Sprache automatisch erkennen* bedeutet, dass Word versucht, die Sprache anhand der verwendeten Wörter zu erkennen. Dies funktioniert leider nicht immer und führt manchmal zu seltsamen Ergebnissen, kann also problemlos auch deaktiviert werden.
- Mit der Schaltfläche *Als Standard festlegen* können Sie bei Bedarf die ausgewählte Sprache als Standardsprache festlegen. Diese gilt dann nicht nur für das gesamte aktuelle Dokument, sondern auch für alle neuen Dokumente, die auf derselben Vorlage (z. B. Leeres Dokument) basieren.

Wörterbücher verwalten

Das Standardwörterbuch ergänzen, indem Sie Wörter hinzufügen

Wenn Sie die Rechtschreibprüfung um bestimmte Namen, Fachbegriffe und einzelne häufig benutzte Fremdwörter ergänzen möchten, dann können Sie diese dem Standardwörterbuch hinzufügen und so verhindern, dass die Wörter künftig als Fehler gekennzeichnet werden. Hierzu bietet Word sowohl über die rechte Maustaste als auch im Editor bzw. Aufgabenbereich *Rechtschreibung und Grammatik* neben den Korrekturvorschlägen auch die Option *Zum Wörterbuch hinzufügen* an.

Rechtschreibung und Grammatik, siehe Seite 22.

Achtung: Alle Office-Anwendungen verwenden dasselbe Wörterbuch, so dass sich Änderungen auch auf Excel, PowerPoint und Outlook auswirken.

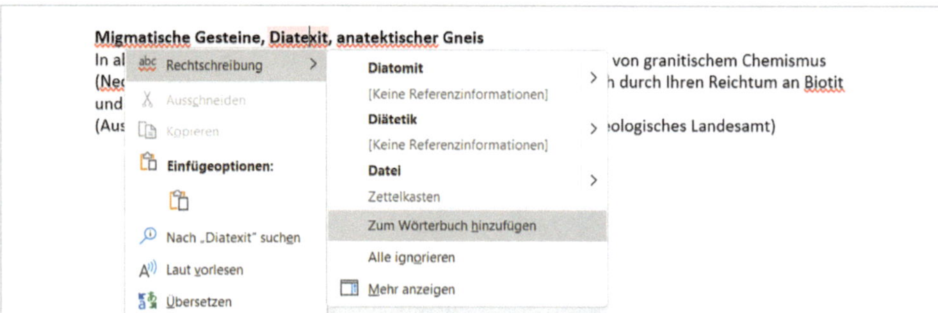

Bild 1.21 Ein Wort zum Wörterbuch hinzufügen

Weitere Benutzerwörterbücher hinzufügen

Normalerweise verwendet Word für benutzerdefinierte Ergänzungen das Standardwörterbuch. Wenn Sie mit vielen Fachbegriffen arbeiten, die Rechtschreibprüfung von Word verwenden möchten und es als lästig empfinden, während der Rechtschreibprüfung jeden Begriff einzeln in das Wörterbuch aufzunehmen, kann es auch sinnvoll sein, ein weiteres benutzerdefiniertes Wörterbuch anzulegen. In dieses fügen Sie einfach eine Liste häufig benötigter Begriffe ein. So geht's:

1. Klicken Sie im Register *Datei* auf *Optionen*, wählen Sie *Dokumentprüfung* und klicken Sie auf die Schaltfläche *Benutzerwörterbücher…*. **Achtung**: Das Kontrollkästchen *Vorschläge nur aus Hauptwörterbuch* darf nicht aktiviert sein, wenn Sie zusätzliche Wörterbücher verwenden möchten!

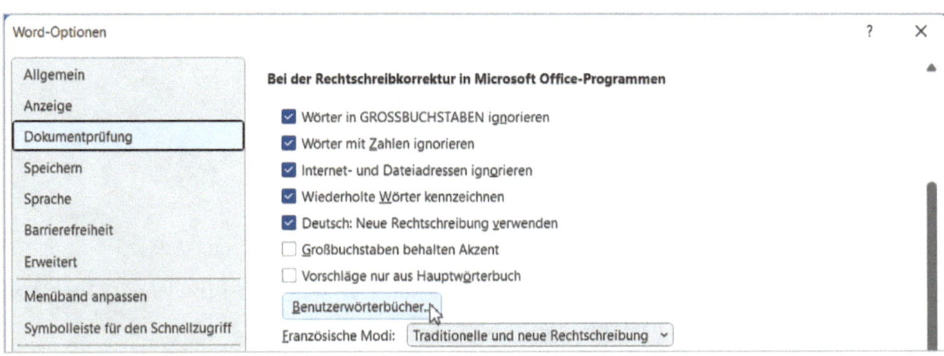

Bild 1.22 Klicken Sie in den Word-Optionen auf Benutzerwörterbücher…

2 Im Fenster *Benutzerwörterbücher* verwalten Sie alle Wörterbücher. Die bereits vorhandene Datei *CUSTOM.DIC* ist das Standard-Benutzerwörterbuch, den Speicherort dieser Datei sehen Sie unterhalb im Feld *Dateipfad*. Nicht benötigte Benutzerwörterbücher lassen sich über die Kontrollkästchen schnell deaktivieren.

3 Um ein neues Wörterbuch zu erstellen, klicken Sie auf die Schaltfläche *Neu...* und legen anschließend den Dateinamen des neuen Wörterbuchs fest. Als Speicherort kann ein beliebiger Ordner, z. B. ein eigens zu diesem Zweck angelegter Ordner Dokumente\Wörterbücher gewählt werden, es muss nicht zwingend der vorgeschlagene Ordner sein.

4 Zum Hinzufügen der Fachbegriffe klicken Sie danach im Fenster *Benutzerdefinierte Wörterbücher* auf das betreffende Wörterbuch und auf die Schaltfläche *Wortliste bearbeiten...*.

Bild 1.23 Mit der Schaltfläche Neu... erstellen Sie ein neues Wörterbuch

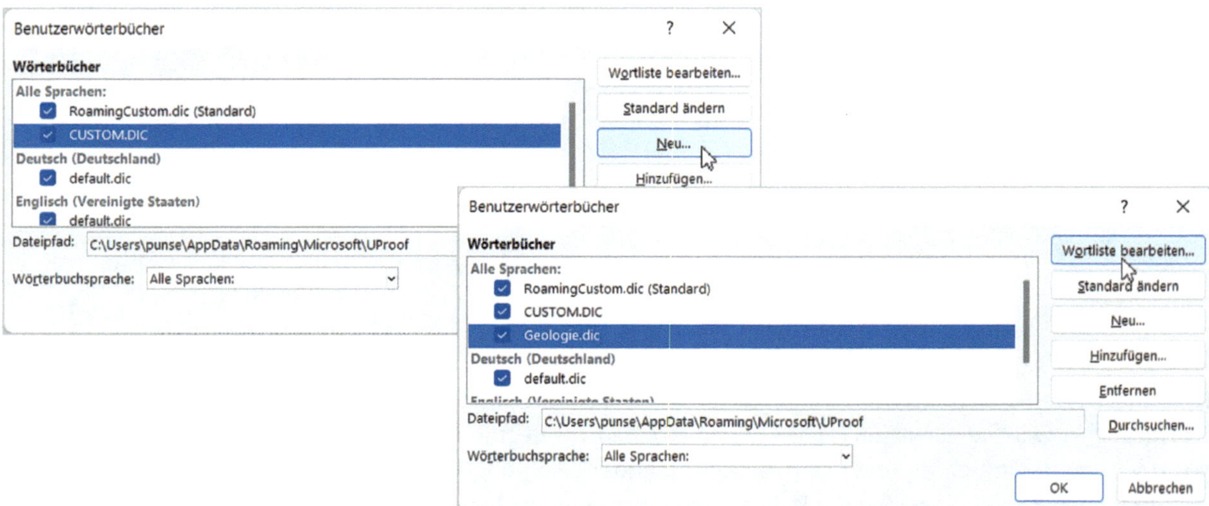

5 Geben Sie dann die Begriffe nacheinander ein und klicken Sie jeweils auf *Hinzufügen*. Zum Übernehmen schließen Sie das Wörterbuch mit *OK*.

Bild 1.24 Fügen Sie die Begriffe der Reihe nach hinzu

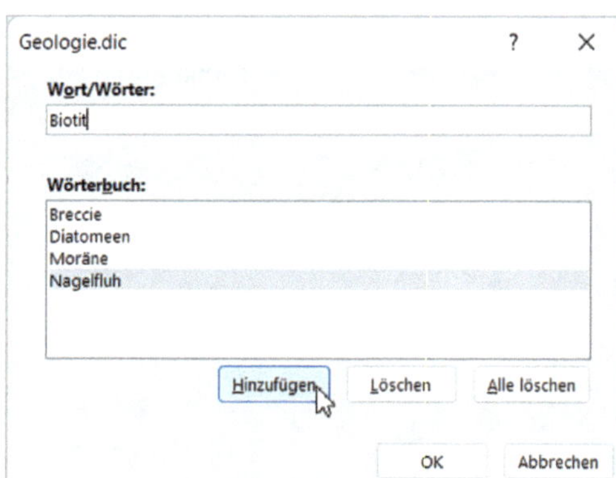

6 Schließen Sie zuletzt das Fenster *Benutzerwörterbücher* und die Word-Optionen jeweils mit der Schaltfläche *OK*.

Tipps und Hinweise

- **Wörter aus dem Wörterbuch entfernen**
  Mit dieser Methode lässt sich auch das Standard-Benutzerwörterbuch bearbeiten, z. B. um versehentlich hinzugefügte Wörter wieder daraus zu entfernen. Markieren Sie dazu im Dialogfenster *Benutzerwörterbücher* das Wörterbuch *CUSTOM.DIC* und klicken Sie auf *Wortliste bearbeiten…*. Anschließend markieren Sie das Wort und klicken auf die Schaltfläche *Löschen*.

- **Benutzerwörterbuch öffnen und bearbeiten**
  Sämtliche Benutzerwörterbücher sind eigentlich Textdateien, die Sie auch mit der Windows-App *Editor* öffnen und bearbeiten können. Häufig geht das Hinzufügen von Wörtern sogar schneller, wenn Sie diese einfach im Editor erfassen oder über die Zwischenablage einfügen. Achten Sie in diesem Fall darauf, dass sich jedes Wort in einer eigenen Zeile befinden muss. Zum Öffnen klicken Sie im Windows-Explorer mit der rechten Maustaste auf die Datei mit der Dateinamenerweiterung *.dic*. Klicken Sie dann auf *Öffnen mit* und wählen Sie *Editor*. Sollte dieser hier nicht aufgeführt sein, so klicken Sie zunächst auf *Weitere Apps* und anschließend auf *Editor*.

Sie finden die App Editor im Startmenü von Windows.

- **Benutzerwörterbücher hinzufügen oder weitergeben**
  Falls Sie ein käuflich erworbenes Wörterbuch, z. B. mit medizinischen Fachausdrücken verwenden möchten, so kann sich dieses ebenfalls an einem beliebigen Speicherort befinden. Klicken Sie im Dialogfenster *Benutzerwörterbücher* auf die Schaltfläche *Hinzufügen…* und wählen Sie dann Speicherort und Wörterbuch aus. Ein Benutzerwörterbuch lässt sich auch auf ein anderes Gerät kopieren, z. B. beim Rechnerumzug, und anschließend wieder hinzufügen.

Automatische Korrekturen und Formatierungen während der Eingabe

Hinter der AutoKorrektur von Microsoft Office steht die Idee, häufige Falscheingaben, z. B. Buchstabendreher oder ein klein geschriebenes Wort am Satzanfang, während der Eingabe automatisch zu korrigieren. Mit AutoFormat hingegen lassen sich umständliche Eingaben vermeiden, wenn beispielsweise „gerade" Anführungszeichen, die auf der Tastatur zu finden sind, automatisch in „typografische" umgewandelt werden.

Im Dokument erkennen Sie automatisch erfolgte Korrekturen an der kleinen unscheinbaren Unterstreichung des ersten Zeichens, die beim Zeigen oder Klicken in das Wort erscheint (Bild unten). Ein Klick darauf erlaubt das Rückgängigmachen und über den Befehl *AutoKorrektur-Optionen steuern…* lassen sich die Einstellungen der AutoKorrektur überprüfen und ändern.

Bild 1.25 Achtung: Die Unterstreichung erscheint erst beim Zeigen mit der Maus

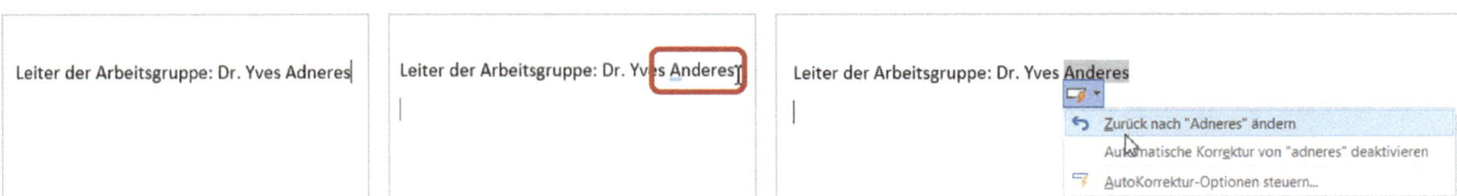

Die AutoKorrektur abschalten bzw. anpassen

Wenn Sie die Automatische Korrektur als störend empfinden und ganz oder teilweise deaktivieren möchten, dann klicken Sie entweder nach erfolgter AutoKorrektur auf *AutoKorrektur-Optionen steuern...* (Bild 1.25) oder öffnen Sie im Register Datei die *Word-Optionen*, klicken auf *Dokumentprüfung* und auf die Schaltfläche *AutoKorrektur-Optionen....*

Bild 1.26 Word-Optionen: AutoKorrektur-Optionen öffnen

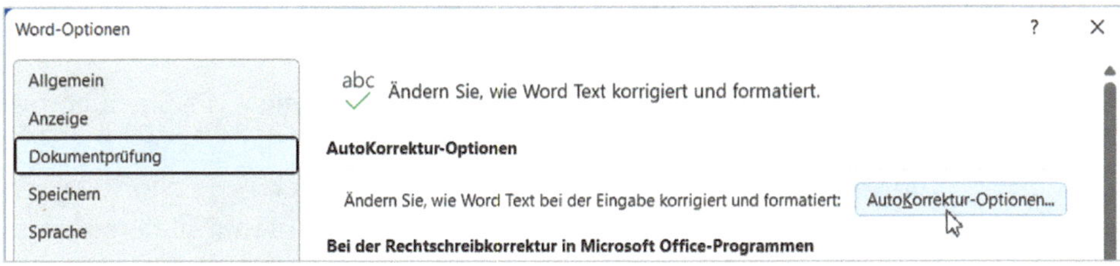

- Im Register *AutoKorrektur* des nachfolgenden Fensters steuern Sie über Kontrollkästchen das automatische Ersetzen (Bild 1.27).
  - Deaktivieren Sie das Kontrollkästchen *Während der Eingabe ersetzen*, wenn Sie das automatische Ersetzen von Zeichenfolgen, z. B. von Satzzeichen durch Pfeile u. ä. ganz abschalten möchten.
  - Die übrigen Kontrollkästchen dieses Registers steuern die Groß- und Kleinschreibung und sollten Ihrer Arbeitsweise angepasst werden. Dies betrifft beispielsweise die Einstellung *Jede Tabellenzelle mit einem Großbuchstaben beginnen*. Über die Schaltfläche *Ausnahmen...* erhalten Sie eine Liste der Abkürzungen und Wörter, nach denen der erste Buchstabe oder zwei Großbuchstaben am Wortanfang nicht automatisch korrigiert werden. Diese können Sie jederzeit ergänzen, beispielsweise um RAe (Abkürzung für Rechtsanwälte).

Bild 1.27 Das Register AutoKorrektur

Bild 1.28 Register AutoFormat während der Eingabe

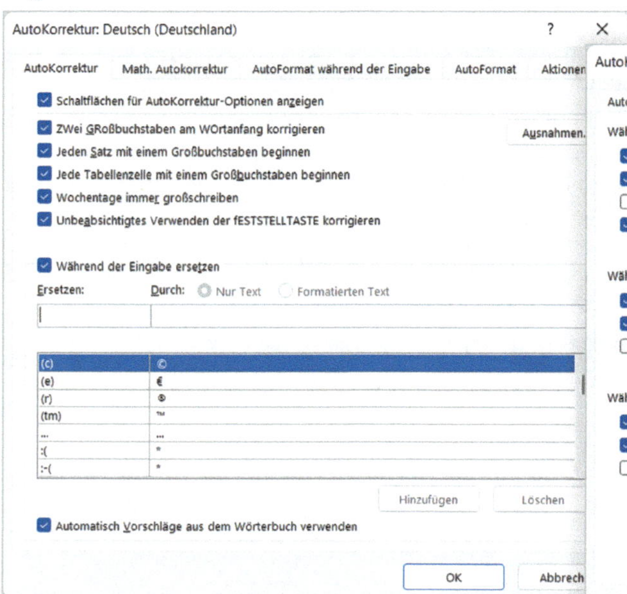

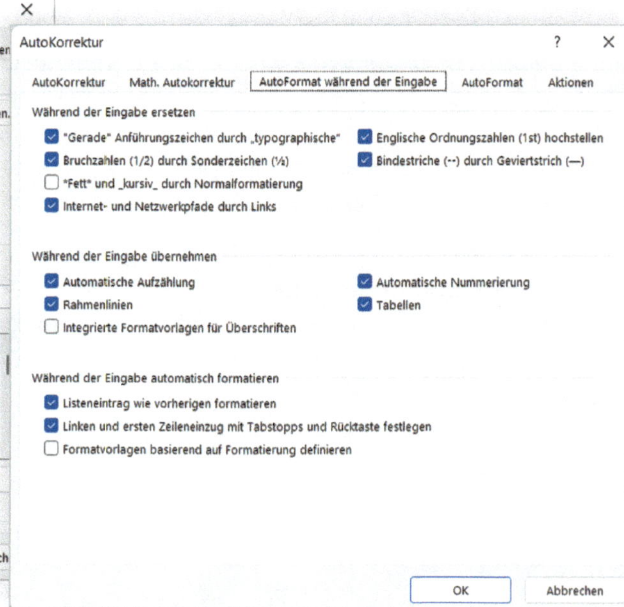

- Im Register *AutoFormat während der Eingabe* (Bild 1.28 oben) finden Sie verschiedene Einstellungen zur automatischen Formatierung.
  - Hier lässt sich das automatische Ersetzen gerader Anführungszeichen durch typografische aktivieren und deaktivieren.
  - In vielen Fällen ist auch das automatische Ersetzen von Webadressen und E-Mail Adressen durch Links und die damit einhergehende Formatierung mit blauer Schrift und unterstrichen nicht erwünscht. Dann deaktivieren Sie das Kontrollkästchen *Internet- und Netzwerkpfade durch Links*.
  - Auch das automatische Ersetzen normaler Bindestriche durch Geviertstriche, etwas breitere Striche, ist nicht immer sinnvoll.

Die AutoKorrektur als schnelle Eingabehilfe nutzen

Das automatische Ersetzen der AutoKorrektur basiert auf einer Liste von Zeichenfolgen, die während der Eingabe durch eine andere ersetzt werden. Sie können diese Liste jederzeit durch weitere häufige Tippfehler ergänzen, die AutoKorrektur lässt sich aber auch als schnelle Eingabehilfe nutzen, indem Sie bestimmte Kürzel durch ein Wort oder einen Ausdruck ersetzen lassen, nützlich bei längeren Fachbegriffen. **Voraussetzung**: Das Kontrollkästchen *Während der Eingabe ersetzen* muss aktiviert sein.

Beispiel: Das Kürzel *kmt* soll künftig automatisch durch das Wort *Kompatibilität* ersetzt werden. Geben Sie dazu im Feld *Ersetzen* das Kürzel *kmt* ein und im Feld *Durch* das vollständige Wort in der korrekten Schreibweise. Klicken Sie dann auf *Hinzufügen*.

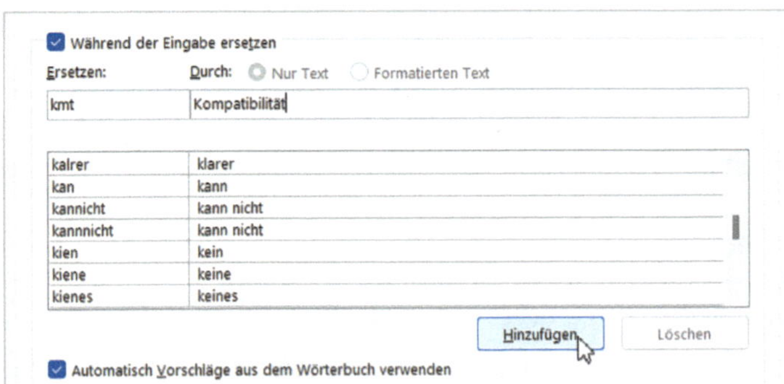

Bild 1.29 Eine Zeichenfolge während der Eingabe automatisch ersetzen

Umgekehrt können durch Markieren und die Schaltfläche *Löschen* unerwünschte Einträge aus der Liste entfernt werden.

Die schnelle Eingabe von Symbolen über die AutoKorrektur

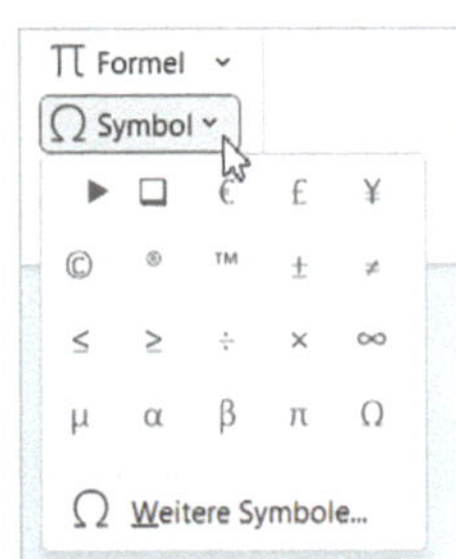

Das Einfügen von Sonderzeichen und Symbolen über das Menüband, Register *Einfügen* ▶ *Symbol* dürfte allgemein bekannt sein. Wenn Ihnen das zu umständlich ist, dann benutzen Sie einfach die AutoKorrektur zum Einfügen häufig benötigter Symbole.

1. Dazu klicken Sie im Menüband, Register *Einfügen* auf *Symbol* und auf *Weitere Symbole...*, wählen die Schriftart des gewünschten Symbols und markieren das Symbol.
2. Klicken Sie dann auf die Schaltfläche *AutoKorrektur...* (Bild).

3 Das Fenster *AutoKorrektur* öffnet sich. Geben Sie im Feld *Ersetzen* eine Zeichenfolge oder ein Kürzel ein, das Symbol selbst befindet sich bereits im Feld *Durch* und klicken Sie auf *Hinzufügen*.

Bild 1.30 Beispiel: das Symbol für pi der Autokorrektur hinzufügen

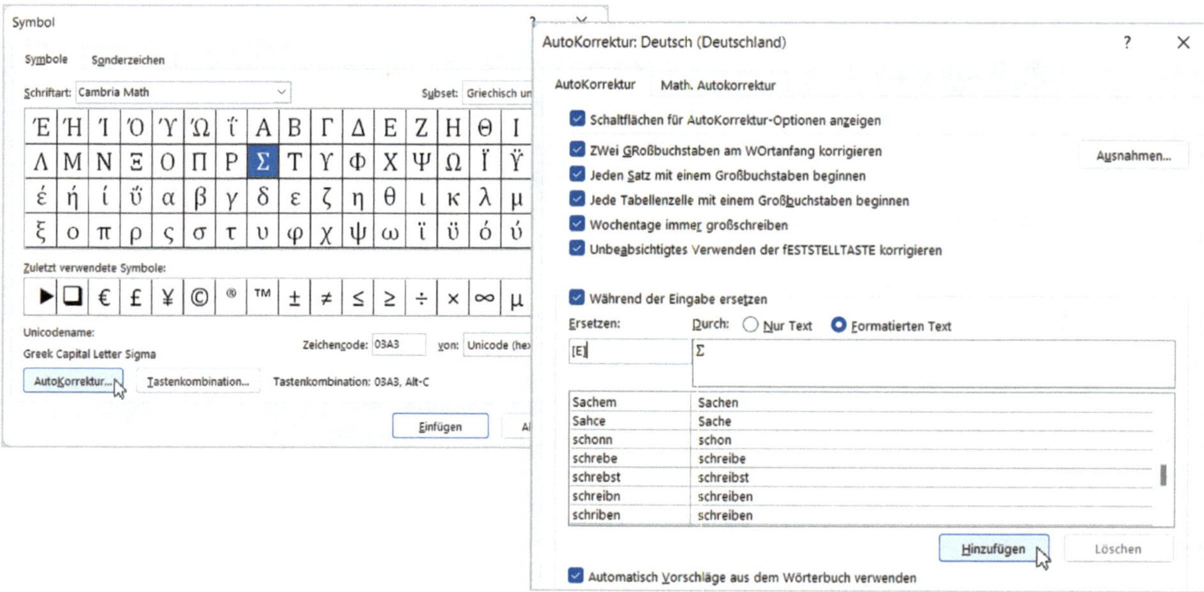

Eine weitere Möglichkeit der AutoKorrektur, nämlich zur Eingabe mathematischer Symbole, finden Sie in Kapitel 9.3 auf Seite 349.

Automatische und manuelle Silbentrennung

Sehr praktisch ist auch die automatische Silbentrennung. Diese ist allerdings in Word nicht standardmäßig aktiv, sondern muss explizit aktiviert werden.

Automatische Silbentrennung aktivieren/deaktivieren

Klicken Sie im Menüband, Register *Layout* ▶ *Seite einrichten* auf *Silbentrennung* und wählen Sie *Automatisch*. Mit Klick auf *Keine* schalten Sie die automatische Silbentrennung wieder aus, damit werden auch die dazugehörigen Trennstriche entfernt.

Bild 1.31 Automatische Silbentrennung aktivieren

Bild 1.32 Silbentrennungsoptionen

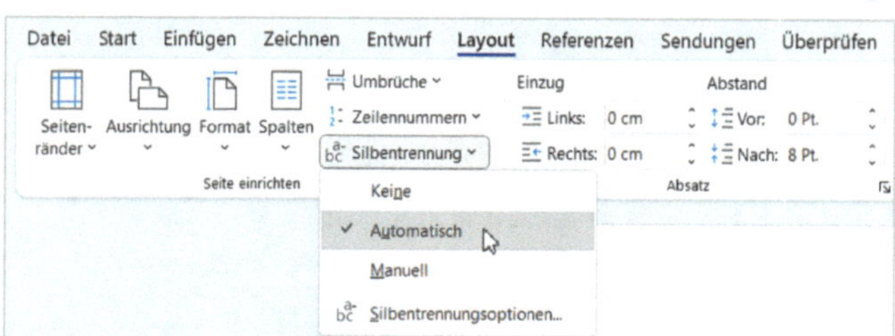

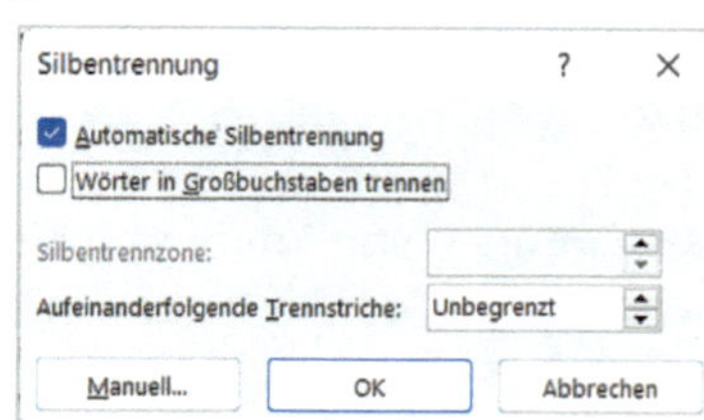

Für die automatische Silbentrennung gilt:

- Die Silbentrennung erfolgt, wenn keine Ausnahmen festgelegt wurden, im gesamten Dokument und bereits während der Eingabe. Bei nachträglichen Änderungen im Text und damit am Zeilenumbruch passt sich die Trennung automatisch an.

- Über *Silbentrennungsoptionen...* können Sie bei der automatischen Silbentrennung die maximale Zahl aufeinanderfolgender Trennstriche festlegen und angeben, ob auch Wörter in Großbuchstaben, z. B. Firmen- oder Markennamen, getrennt werden dürfen.

Bild 1.33 Absatz ohne Silbentrennung

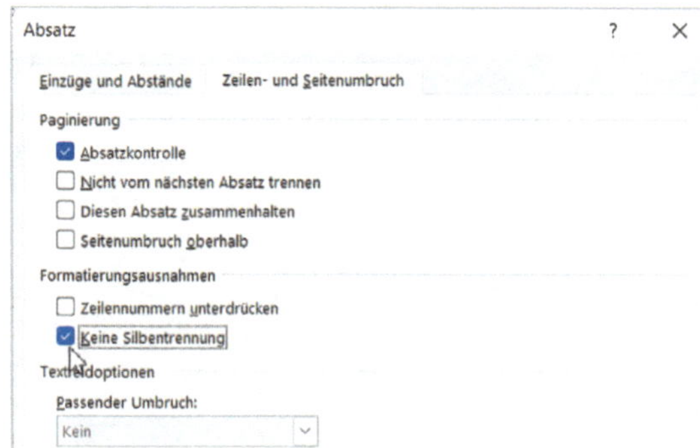

Tipp: Keine Silbentrennung in Überschriften
In manchen Absätzen, z. B. Überschriften, ist eine Silbentrennung nicht immer erwünscht. Um einen Absatz von der automatischen Silbentrennung auszunehmen, klicken Sie mit der rechten Maustaste in den betreffenden Absatz und auf den Befehl *Absatz*. Klicken Sie im gleichnamigen Dialogfenster auf das Register *Zeilen- und Seitenumbruch* und aktivieren Sie unter *Formatierungsausnahmen* das Kontrollkästchen *Keine Silbentrennung*.

Alternativ öffnen Sie das Dialogfenster *Absatz*, indem Sie in den Absatz und danach im Menüband, Register *Start* auf den Pfeil ⧉ der Gruppe *Absatz* klicken.

Silbentrennung kontrollieren, manuelle Trennstriche einfügen

Da die automatische Silbentrennung von Word nicht immer korrekt trennt, empfiehlt es sich, zum Abschluss alle Trennungen zu kontrollieren. Falls Sie nachträglich eine fehlerhafte Trennung korrigieren möchten, dann fügen Sie an der richtigen Stelle einen sogenannten bedingten Trennstrich mit den Tasten **Strg+Bindestrich** ein.

Achtung: Verwenden Sie für Trennungen keinesfalls den normalen Bindestrich! Bei späteren Änderungen am Textinhalt und damit verbundenen Änderungen des Zeilenumbruchs befinden sich sonst unter Umständen die Trenn-striche mitten im Text, wie hier. Ein bedingter Trennstrich erscheint dagegen ausschließlich am Zeilenende und ist sonst nicht sichtbar.

Bedingten Trennstrich über die Tastatur einfügen: **Strg+Bindestrich**

Alternativ können Sie über den Befehl *Silbentrennung* (Register *Layout*) *Manuell* statt *Automatisch* auswählen. Allerdings müssen Sie dann jeden einzelnen Trennvorschlag bestätigen oder ändern. Diese Methode fügt automatisch bedingte Trennstriche ein.

Schneller tippen mit Hilfe von Textvorhersagen

Mit dem neuen Feature Textvorhersagen möchte Ihnen Microsoft in Word (und auch Outlook) schnelleres Schreiben ermöglichen. Vielleicht kennen Sie diese Funktion von Smartphones: Sie beginnen mit dem Eintippen eines Wortes und erhalten verschiedene Vorschläge zur Auswahl.

Genauso funktioniert auch die Textvorhersage. Word versucht mit Hilfe von künstlicher Intelligenz (KI) aufgrund Ihrer bisher eingegebenen Texte die nächste Eingabe vorherzusagen und schlägt während des Tippens das nächste Wort oder auch mehrere

Wörter vor. Diese erscheinen in grauer Schrift und zum Übernehmen drücken Sie die **Tab**-Taste oder der Pfeiltaste nach rechts. Trifft dagegen der Eingabevorschlag nicht zu, so ignorieren Sie diesen und tippen einfach weiter oder drücken Sie die **Esc**-Taste.

Hinweis: Damit Text-Vorhersagen funktioniert, muss unter *Datei* ▶ *Konto* ▶ *Kontodatenschutz* ▶ *Einstellungen verwalten* unter *Verbundene Erfahrungen* das Kontrollkästchen *Erfahrungen aktivieren, die Ihre Inhalte analysieren* aktiviert sein.

Bild 1.34 Kontoeinstellungen

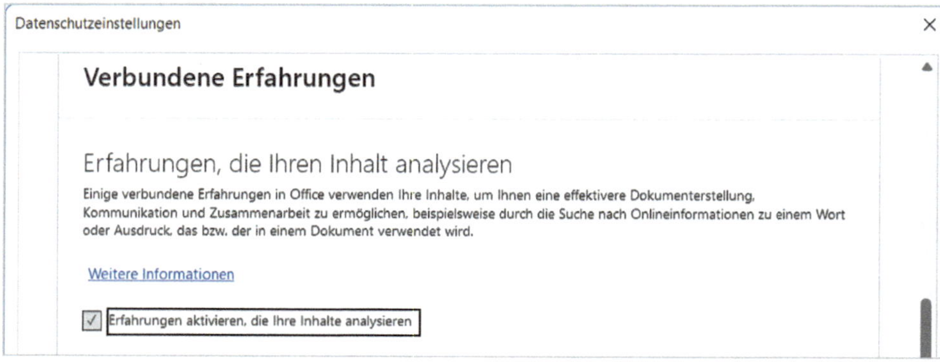

Textvorhersagen ausschalten

Falls Sie diese Funktion nur als lästig empfinden, können Sie Textvorhersagen jederzeit deaktivieren. Klicken Sie dazu im Register *Datei* auf *Optionen* ▶ *Erweitert* und deaktivieren Sie unter *Bearbeitungsoptionen* das Kontrollkästchen *Textvorhersagen während der Eingabe anzeigen*.

Bild 1.35 Textvorhersagen aktivieren/deaktivieren

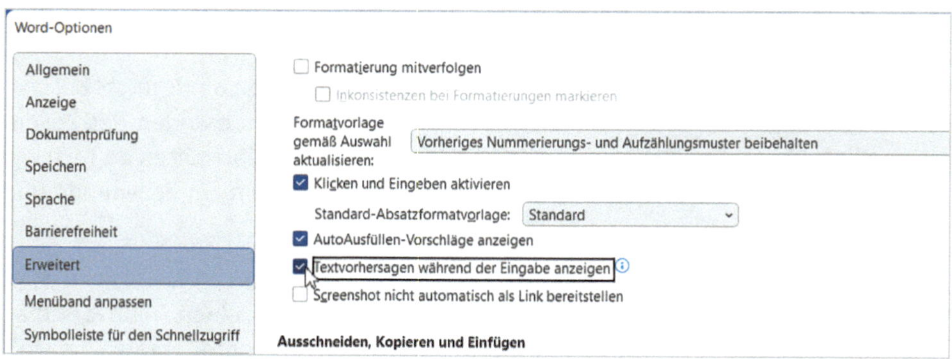

Tipp: Wenn der Status der Textvorhersage in der Statusleiste sichtbar ist (Rechtsklick in die Statusleiste und *Textvorhersagen* aktivieren), dann öffnen sich mit Klick darauf die Word-Optionen genau an diesem Punkt und Sie können diese Funktion ebenfalls ein- oder ausschalten.

Bild 1.36 Klicken Sie in der Statusleiste auf Textvorhersagen

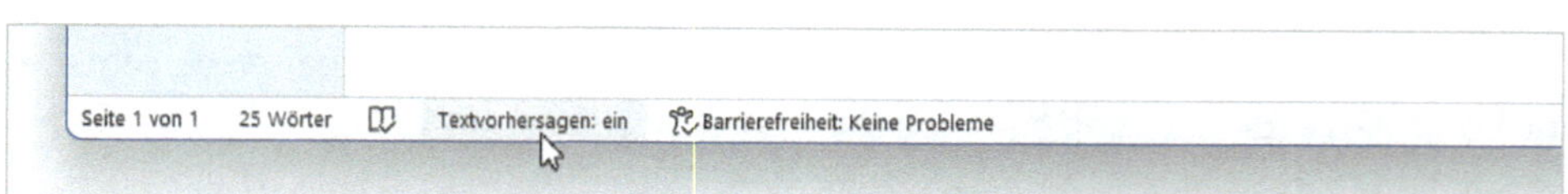

Fokusmodus: Schreiben ohne Ablenkung

Der Fokusmodus ist ebenfalls neu in Microsoft 365 bzw. Word 2021 und ermöglicht es Ihnen, sich voll und ganz auf das Dokument zu konzentrieren. Im Fokusmodus füllt Word den gesamten Bildschirm aus, erhält schwarzen Hintergrund, und mit Ausnahme der Fenstersymbole und Bildlaufleisten sind alle Bildschirmelemente ausgeblendet, wie in Bild 1.37 unten.

- Zum Einschalten des Fokusmodus klicken Sie im Menüband, Register *Ansicht* auf *Fokus* oder, falls sichtbar, auf das Symbol *Fokusmodus* in der Statusleiste.

Bild 1.37 Fokusmodus einschalten

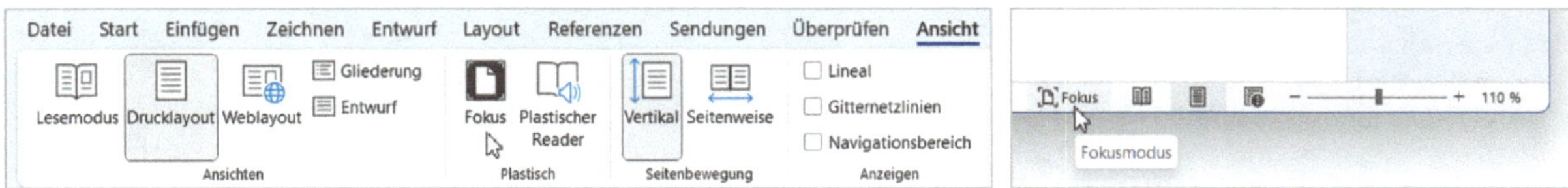

- **Menüband anzeigen**: Falls Sie im Fokusmodus Befehle des Menübands benötigen, können Sie diese mit Klick auf die drei Punkte oben in der Mitte vorübergehend einblenden.
- **Anzeige im Fokusmodus vergrößern oder verkleinern:** Wenn Sie im Fokusmodus schnell die Anzeige vergrößern oder verkleinern möchten (Zoomen), dann benutzen Sie dazu das Mausrad in Verbindung mit der Strg-Taste.
- **Fokusmodus beenden**: Betätigen Sie die **Esc**-Taste oder klicken Sie auf das Symbol *Fenster verkleinern*.

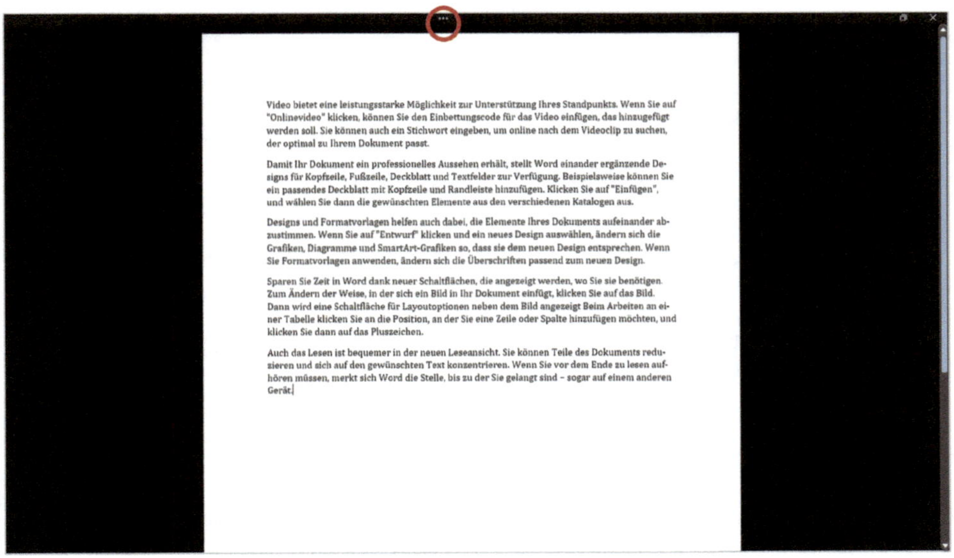

Bild 1.38 Dokument im Fokusmodus

1.3 Absätze fortlaufend nummerieren

Hinweis: Dieser Punkt befasst sich in erster Linie mit der Nummerierung einfacher Listen. Um Überschriften zu nummerieren, lesen Sie Kap. 3.6, Formatvorlagen für Überschriften.

Absätze mit einer fortlaufenden Nummerierung versehen

Während der Eingabe lassen sich Absätze auf zwei Wegen mit einer fortlaufenden Nummerierung versehen:

- Sie beginnen den ersten Absatz mit 1. oder 1) gefolgt von einem Leer- oder Tabulatorzeichen. Unmittelbar darauf wird dieser Absatz eingerückt und der Abstand zwischen Zahl und Text etwas vergrößert, wie im Bild unten.

Bild 1.39 Beginnen Sie die Nummerierung mit 1. und Leerzeichen

  Statt arabischer Zahlen, können Sie auch große oder kleine Buchstaben oder römische Zahlen, z. B. I. eingeben. Ausschlaggebend sind der nachfolgende Punkt oder die Klammer und das Leerzeichen, nur dann erkennt Word die Nummerierung und setzt diese automatisch fort.

- Oder weisen Sie dem ersten Absatz über das Symbol *Nummerierung* (Menüband, Register *Start* ▶ *Absatz*) eine passende Nummerierung zu (Bild unten). Mit Klick auf den Dropdown-Pfeil des Symbols finden Sie in der Nummerierungsbibliothek verschiedene Varianten. Diese Methode verwenden Sie auch, wenn Sie Absätzen nachträglich eine Nummerierung zuweisen oder das Zahlenformat ändern möchten. In diesem Fall müssen Sie zuvor alle betreffenden Absätze markieren.

Bild 1.40 Das Symbol Nummerierung mit der Nummerierungsbibliothek

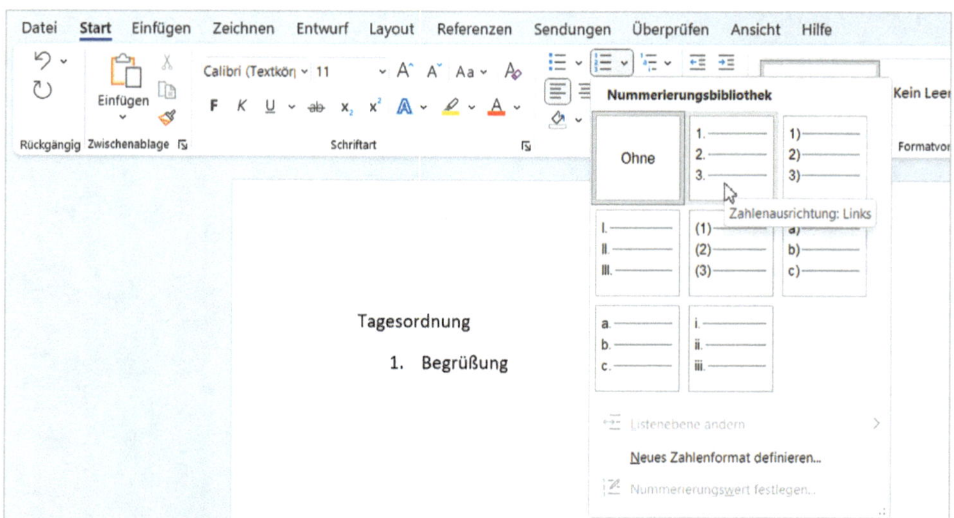

Tipp Zahlenformat ändern: Falls Sie mehreren nummerierten Absätzen nachträglich ein anderes Zahlenformat zuweisen möchten, genügt es, wenn sich dabei der Cursor im ersten Absatz befindet.

> Egal, wie Sie mit der Nummerierung begonnen haben, in beiden Fällen wird die Nummerierung automatisch fortgeführt, sobald Sie einen neuen Absatz beginnen, d. h. der nächste Absatz erhält automatisch die Nummer 2. Durch zweimaliges Drücken der Eingabetaste beenden Sie die Nummerierung.

Mögliche Probleme bei der Nummerierung

Nummerierung ohne Einzug

Unabhängig vom Zahlenformat erhalten nummerierte Absätze automatisch einen linken Einzug, d. h. sie werden vom linken Seitenrand eingerückt. Ist diese Einrückung nicht erwünscht, dann benutzen Sie das Symbol *Einzug verkleinern* derselben Gruppe (Register *Start*), um den bzw. die Absätze wieder am linken Seitenrand auszurichten.

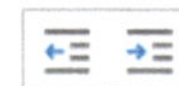

Handelt es sich um den ersten Absatz während der Eingabe, so wird nach Drücken der Eingabetaste die Liste entsprechend fortgeführt und die nachfolgenden Absätze erhalten ebenfalls keinen Einzug. Beim nachträglichen Entfernen des Einzugs genügt es, wenn sich der Cursor im ersten Absatz befindet.

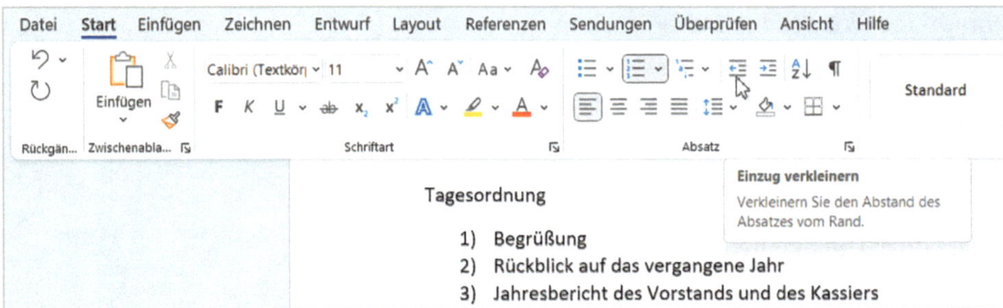

Bild 1.41 Nummerierten Absatz ausrücken: Einzug verkleinern

Nummerierung unterbrechen

Zum nachträglichen Entfernen einer Nummerierung markieren Sie die betreffenden Absätze ❶ und klicken erneut auf die Schaltfläche *Nummerierung* ❷ oder wählen über den Dropdown-Pfeil dieser Schaltfläche *Ohne* aus. Dies gilt auch, wenn Sie innerhalb einer nummerierten Liste nur einzelne Absätze herausnehmen möchten. Die Nummerierung der übrigen Absätze passt sich automatisch an.

Nicht nummerierte Absätze rücken automatisch wieder an den linken Seitenrand. Da diese aber innerhalb einer Liste meist zum vorherigen Absatz gehören, wie im Bild unten, und daher auch ohne Nummerierung denselben Einzug erhalten sollen, klicken Sie mehrmals auf *Einzug vergrößern* ❸, bis sich der Beginn der nicht nummerierten Absätze exakt unterhalb des Textbeginns der vorhergehenden Absatzes befindet.

Falls im Dokument als Absatzabstand die Standardeinstellung verwendet wird (Register *Entwurf* ▶ *Absatzabstand*) erhalten nicht nummerierte Absätze auch größere Abstände. Zum Entfernen markieren Sie diese Absätze einschließlich des vorhergehenden Absatzes, klicken im Register *Start* auf *Absatzabstand* und auf *Abstand nach Absatz entfernen*.

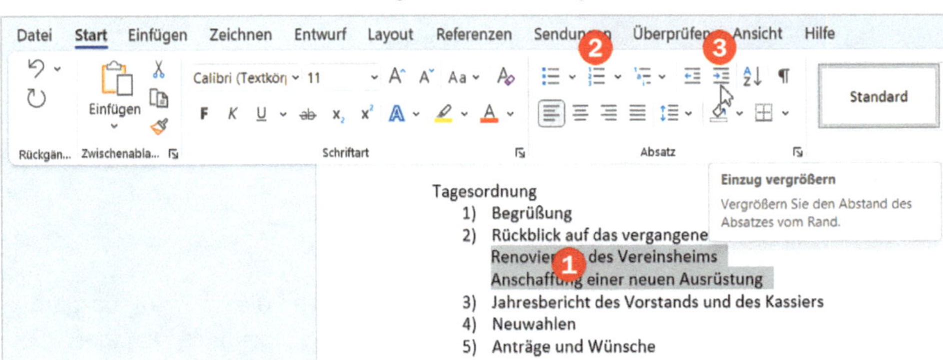

Bild 1.42 Den Einzug nicht nummerierter Absätze anpassen

Neu nummerieren oder mit der Nummerierung fortfahren?

Ob nach Unterbrechungen die Nummerierung fortgeführt oder neu begonnen werden soll, legen Sie über das Kontextmenü der rechten Maustaste fest. Klicken Sie mit der rechten Maustaste in den **ersten** Absatz, ab dem die Nummerierung geändert werden soll und im Kontextmenü auf den Befehl *Neu beginnen mit 1* bzw. *Nummerierung fortsetzen* ❶. Falls die Liste mit einer bestimmten Zahl beginnen soll, so klicken Sie im Kontextmenü der rechten Maustaste auf *Nummerierungswert festlegen…* und geben im sich öffnenden Dialogfenster die Zahl ein.

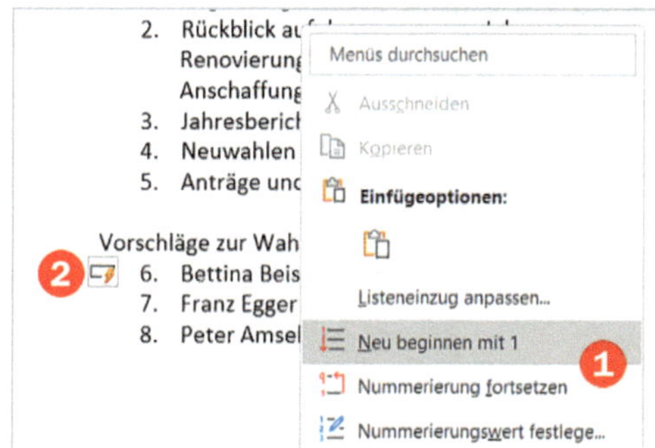

Bild 1.43 Nummerierung neu beginnen oder fortsetzen

Eine zweite Möglichkeit erhalten Sie über die *AutoKorrektur-Optionen* ❷. Dieses Symbol erscheint im Dokument unmittelbar, nachdem Sie eine Nummerierung zugewiesen haben und mit Klick darauf erhalten Sie ebenfalls die Option *Nummerierung neu beginnen*, bzw. *Nummerierung fortsetzen*.

Automatische Nummerierung abschalten

Die automatische Nummerierung während der Eingabe kann auch störend sein, beispielsweise dann, wenn Sie einen normalen Absatz mit 1. beginnen und Word diesen sofort in einen Absatz mit automatischer Nummerierung umwandelt. In solchen Fällen können Sie entweder die automatische Nummerierung anschließend rückgängig machen oder diese ganz deaktivieren. Dazu klicken Sie im Dokument auf das Symbol *AutoFormat-Optionen* (Bild 1.44).

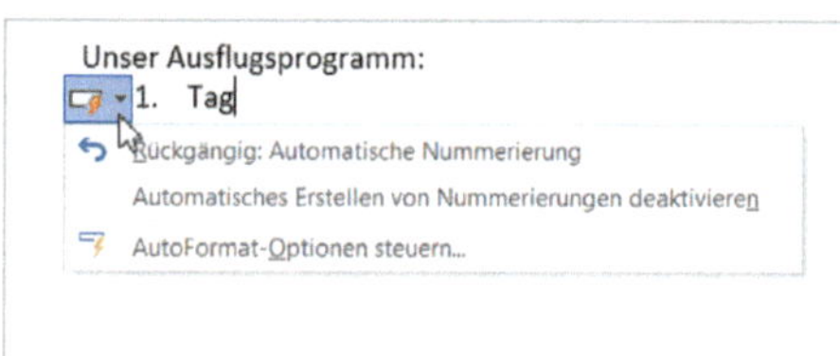

Bild 1.44 Machen Sie die automatische Nummerierung rückgängig oder öffnen Sie die AutoKorrektur-Optionen

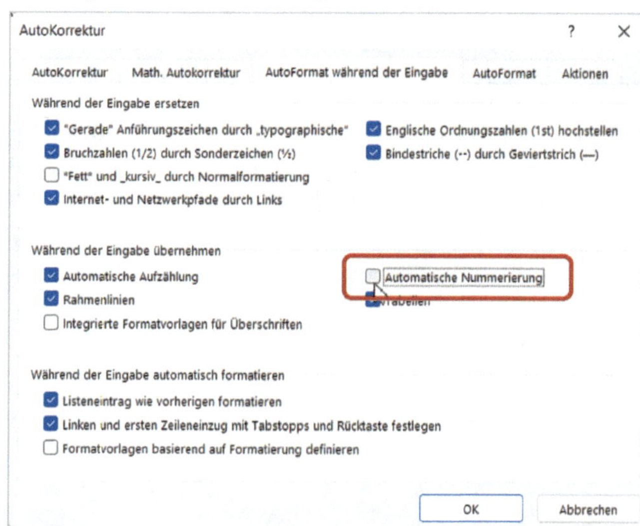

Bild 1.45 Autoformat während der Eingabe - Automatische Nummerierung deaktivieren

Rückgängig macht die automatische Nummerierung nur an dieser Stelle rückgängig. *Automatisches Erstellen von Nummerierungen deaktivieren* schaltet dagegen diese Funktion komplett ab. Oder klicken Sie auf *AutoFormat-Optionen steuern…*. Anschließend können Sie im Dialogfenster *AutoKorrektur*, Register *AutoFormat während der Eingabe*, unter *Während der Eingabe übernehmen* das Kontrollkästchen *Automatische Nummerierung* deaktivieren (Bild 1.45).

Falls Sie die automatische Nummerierung ohne das Symbol *AutoKorrektur-Optionen* deaktivieren möchten, so klicken Sie im Register *Datei* auf *Optionen*, wählen *Dokumentprüfung* und klicken hier auf die Schaltfläche *AutoKorrektur-Optionen*.

Eigene Nummerierungsformate definieren

Für besondere Nummerierungen, z. B. arabische Zahlen in Verbindung mit einem Paragraf- oder einem anderen Zeichen oder Zahlen mit einer führenden 0, markieren Sie die Absätze, klicken im Menüband auf den Dropdown-Pfeil des Symbols *Nummerierung* und auf *Neues Zahlenformat definieren...* ❶.

1 Im gleichnamigen Dialogfenster legen Sie anschließend Ihr Zahlenformat fest. Wählen Sie zuerst im Feld *Zahlenformatvorlage* ❷ die Darstellung der Zahlen.

   Normalerweise erhält die Nummerierung Schriftart, -größe und -farbe des dazugehörigen Absatzes. Falls Sie abweichende Schriftattribute, z. B. eine andere Schriftfarbe benötigen, klicken Sie auf die Schaltfläche *Schriftart* ❸.

2 Die gewählte Zahlendarstellung erscheint im Feld *Zahlenformat* ❹ und hier können Sie nun zusätzliche Zeichen vor oder nach der eigentlichen Zahl per Tastatureingabe hinzufügen, im Bild unten das §-Zeichen. **Achtung:** die grau hinterlegte Zahl darf nicht geändert oder gelöscht werden!

3 Die *Ausrichtung* ❺ legt fest, ob die Nummerierung links, rechts oder zentriert am linken Einzug bzw. Seitenrand ausgerichtet wird. Eine Vorschau auf das Ergebnis sehen Sie unterhalb ❻.

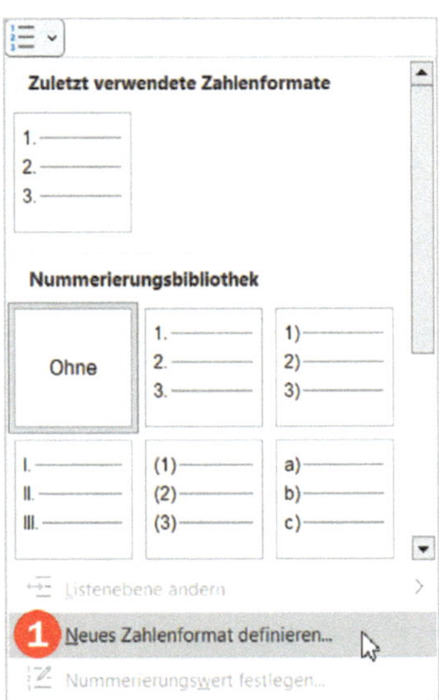

Bild 1.46 Neues Zahlenformat definieren:

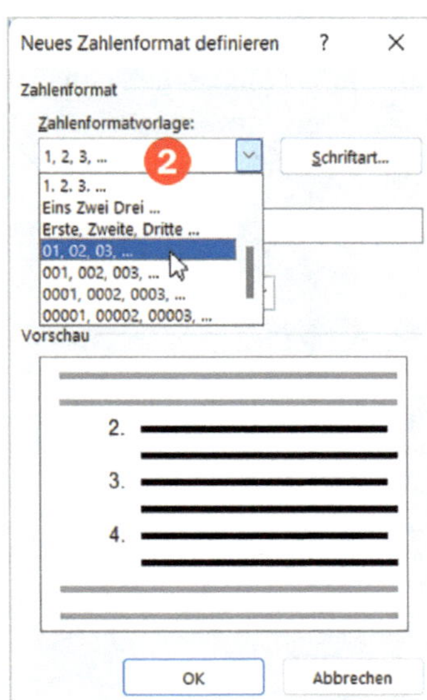

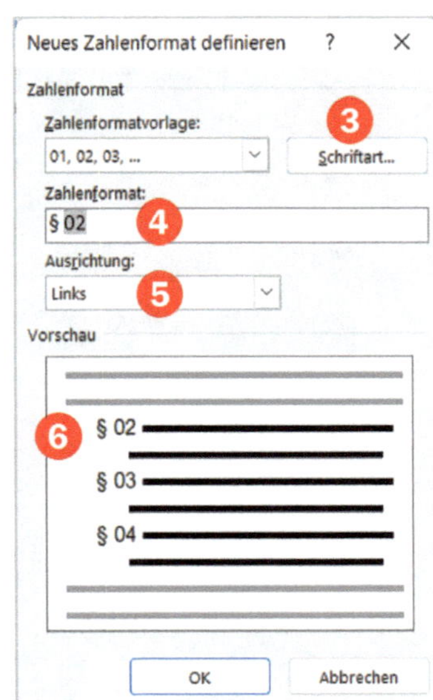

Bild 1.47 Wählen Sie eine Zahlenformatvorlage und geben Sie die zusätzlichen Zeichen, z B. § ein.

Einzüge anpassen

Enthält die Nummerierung mehrere Zeichen, so werden unter Umständen in mehrzeiligen Absätzen die Folgezeilen nicht am Text der ersten Zeile ausgerichtet, wie im Bild unten. Der Grund liegt darin, dass Word Tabstopps für den Abstand zwischen Nummerierung und Text verwendet und der Einzug der Folgezeilen (Hängender Einzug) sich an den Standardtabstopps und -einzügen im Abstand von 1,25 cm orientiert.

1. Am einfachsten passen Sie in solchen Fällen den hängenden Einzug mithilfe des Lineals an, sollte dieses nicht sichtbar sein, so aktivieren Sie im Register *Ansicht* ▶ *Anzeigen* das Kontrollkästchen *Lineal*.

Bild 1.48 Hängenden Einzug mit der Maus anpassen

2. Markieren Sie dann alle nummerierten Absätze und ziehen Sie, wie im zweiten Bild unten, im Lineal die Marke *Hängender Einzug* △ mit der Maus nach rechts an die gewünschte Position. Alternativ ändern Sie den hängenden Einzug im Dialogfenster *Absatz*, das Sie mit Klick auf den Pfeil ⧉ der gleichnamigen Gruppe im Register *Start* öffnen. Hier können Sie auch ein genaues Maß eingeben.

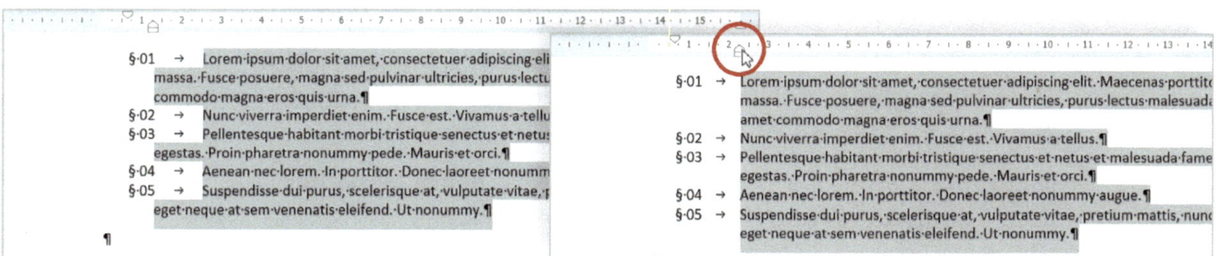

Absätze mit Aufzählungszeichen versehen

Ähnlich wie bei der Nummerierung gehen Sie auch vor, wenn Absätze ein Aufzählungszeichen erhalten sollen. Klicken Sie im Register *Start* ▶ *Absatz* auf den Dropdown-Pfeil des Symbols *Aufzählungszeichen* und wählen Sie aus der Aufzählungszeichenbibliothek (Bild unten) das gewünschte Zeichen. Ein Klick direkt auf das Symbol dagegen weist das Standardaufzählungszeichen Punkt zu.

Bild 1.49 Den markierten Absätzen ein Aufzählungszeichen zuweisen

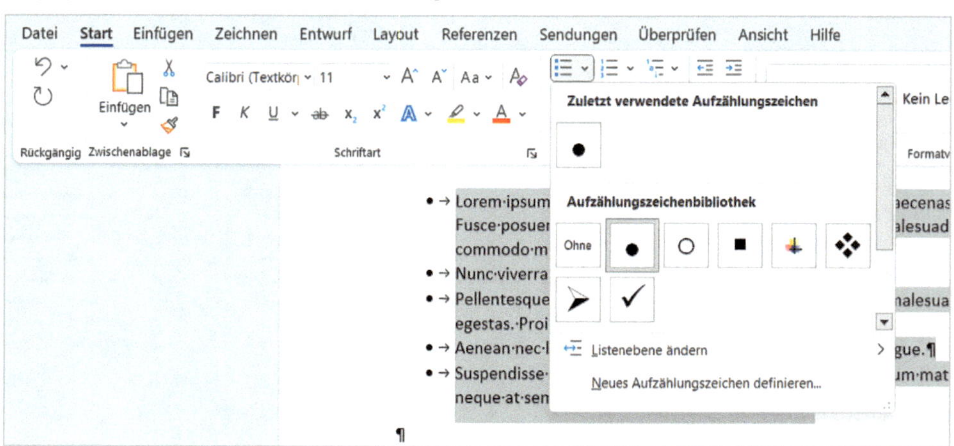

Auch hier erhalten die Absätze zusammen mit dem Zeichen zunächst einen linken Einzug, den Sie über das Symbol *Einzug verkleinern* wieder entfernen können. Ein Klick auf *Einzug vergrößern* rückt dagegen die Absätze noch weiter ein.

Anderes Symbol wählen

Wenn Ihnen keines der angebotenen Zeichen zusagt, dann klicken Sie unterhalb der Aufzählungszeichenbibliothek auf *Neues Aufzählungszeichen definieren...* und öffnen damit das gleichnamige Fenster.

- Die Schaltfläche *Symbol...* öffnet das Dialogfenster *Symbol* und Sie können ein Zeichen aus einer der Symbolschriftarten, z. B. Wingdings, auswählen. Normalerweise erhält das Symbol automatisch Farbe und Schriftgröße des dazugehörigen Absatzes. Falls gewünscht, kann jedoch über die Schaltfläche *Schriftart...* dem Symbol auch eine abweichende Farbe und/oder Größe zugewiesen werden.

Bild 1.50 Aufzählungszeichen definieren

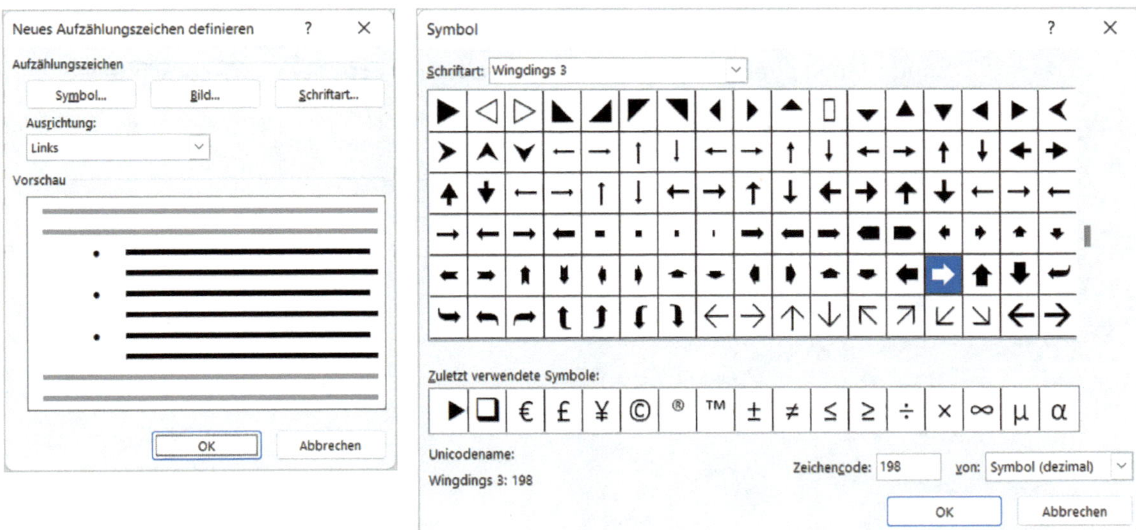

- Die Schaltfläche *Bild...* erlaubt die Verwendung von Bildern oder Grafiken, allerdings eignet sich nicht jedes Bild als Aufzählungszeichen. Im Fenster *Bilder einfügen* wählen Sie anschließend die Bildquelle. Handelt es sich um eine Grafikdatei auf der Festplatte, so klicken Sie bei *Aus einer Datei* auf *Durchsuchen*. Falls Sie im Internet nach einem Bild suchen möchten, geben Sie bei *Bing-Bildersuche* einen Suchbegriff, z. B. Pfeil ein und starten die Suche mit der Eingabetaste.

Aufzählungszeichen während der Eingabe erzeugen

Genau wie Nummerierungen können Sie auch Aufzählungen während der Eingabe erzeugen, indem Sie beispielsweise den ersten Absatz mit einem Bindestrich oder Stern, gefolgt von einem Leerzeichen beginnen. Der Stern wird automatisch in einen Punkt umgewandelt. Oder geben Sie zwei Bindestriche und das Größer-als-Zeichen ein (-->) ein, diese Zeichenfolge wird nach Eingabe des Leerzeichens in einen Pfeil umgewandelt, wie in Bild 1.51.

Tipp: Beginnen Sie den ersten Absatz mit einem Symbol aus einer der Symbolschriftarten (*Einfügen* ▶ *Symbol*) und betätigen anschließend die Tab-Taste, so erhalten Sie ebenfalls eine automatische Aufzählung mit diesem Zeichen.

Bild 1.51 Standardaufzählungszeichen erzeugen

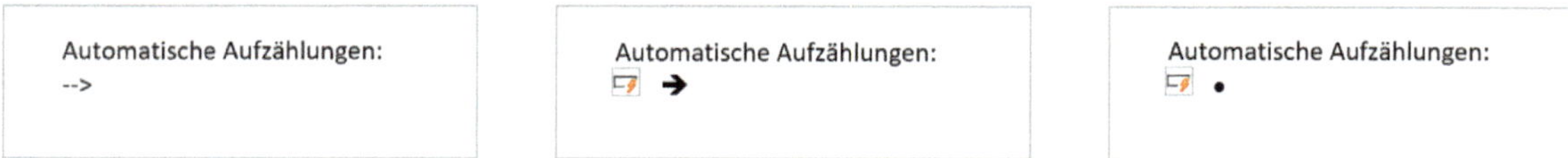

Listen mit mehreren Ebenen

Näheres über die Nummerierung von Überschriften lesen Sie in Kap. 3.6, Formatvorlagen für Überschriften.

Word unterstützt auch gegliederte Listen mit maximal 9 hierarchischen Ebenen, wie in Bild 1.52. Diese dienen in Verbindung mit den entsprechenden Formatvorlagen zur Nummerierung von Überschriften, können aber auch für normale Listen eingesetzt werden. Die nachfolgenden Punkte befassen sich mit normalen Listen mit mehreren Ebenen, die Vorgehensweise zur Nummerierung von Überschriften wird in einem gesonderten Kapitel zusammen mit dem Einsatz von Formatvorlagen beschrieben.

Für Listen mit mehreren Ebenen gilt: Die Ebene orientiert sich am Einzug

Zum Tiefer- oder Höherstufen eines Absatzes verwenden Sie daher die Symbole *Einzug vergrößern* bzw. *Einzug verkleinern* oder betätigen während der Eingabe am Beginn des Absatzes die Tab-Taste bzw. Umschalt+Tab.

Bild 1.52 Liste mit mehreren Ebenen

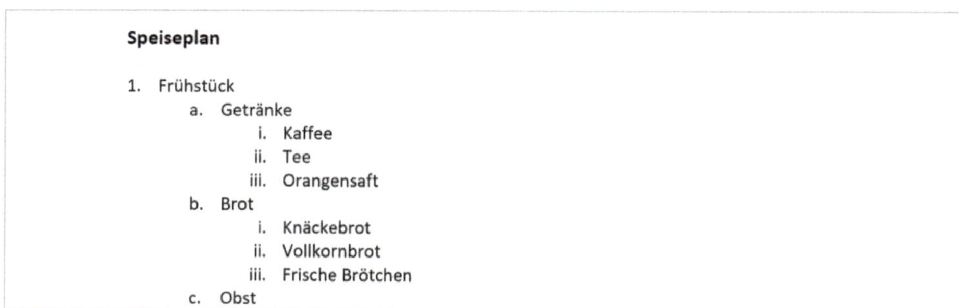

Liste während der Eingabe erstellen

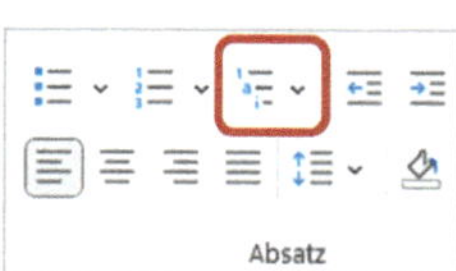

Am einfachsten erstellen Sie eine Liste mit mehreren Ebenen bereits während der Eingabe. Dazu tippen Sie den ersten Absatz ein und weisen diesem anschließend mit Klick auf das Symbol *Liste mit mehreren Ebenen* (Menüband, Register *Start*) eine Vorlage zu (Bild unten). Oder beginnen Sie den Absatz mit 1. oder 1) gefolgt von einem Leerzeichen. Nach Betätigen der Eingabetaste erhält der nächste Absatz automatisch die Nummer 2 derselben Ebene.

Achtung: Word verfügt über zwei Arten von Listen mit mehreren Ebenen

Vorlagen mit dem Zusatz *Überschrift* dienen ausschließlich zur Nummerierung von Überschriften. Sie sollten nicht für normale Listen verwendet werden, da diese sonst gleichzeitig auch als Überschriften formatiert werden.

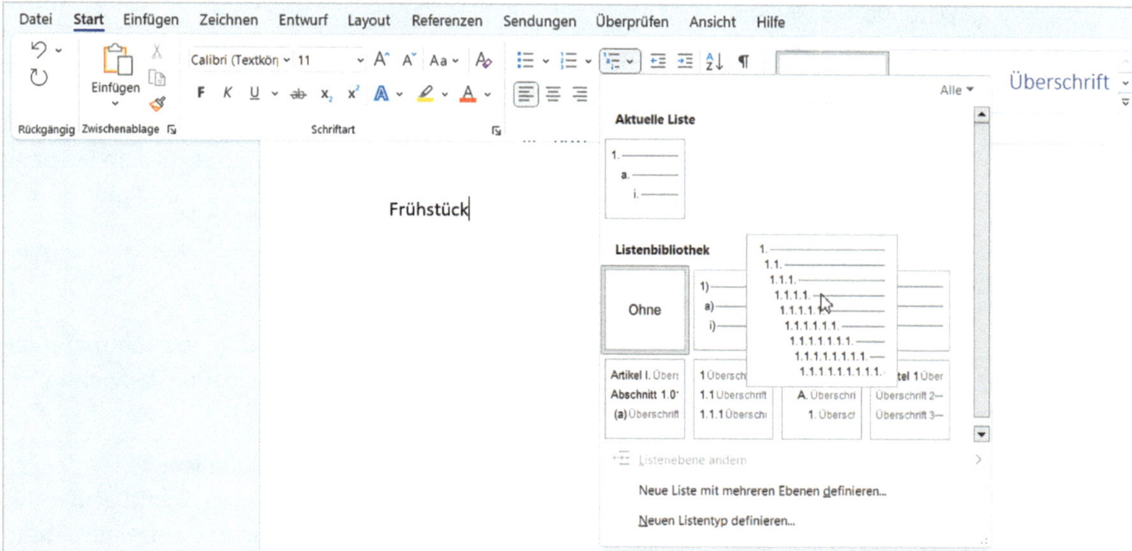

Bild 1.53 *Weisen Sie dem ersten Absatz eine Listenformatvorlage zu. Beim Zeigen erhalten Sie eine vergrößerte Vorschau.*

Absätze höher und tiefer stufen

- **Eine Ebene tiefer**

  Drücken Sie zu Beginn des Absatzes noch vor Eingabe des Textes die **Tab**-Taste oder klicken Sie im Menüband auf *Einzug vergrößern*. Letzteres ist auch nachträglich noch möglich, wenn sich der Cursor im Absatz befindet.

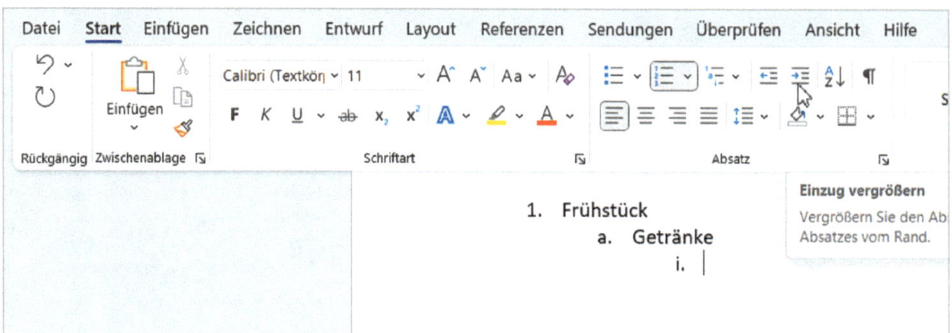

Bild 1.54 *Tiefer stufen = Einzug vergrößern*

- **Eine Ebene höher**

  Betätigen Sie entweder zweimal die Eingabetaste oder verwenden Sie die Tasten **Umschalt+Tab** oder klicken Sie auf das Symbol *Einzug verkleinern*.

Schaltfläche / Taste	Bedeutung
Einzug vergrößern	Der Absatz wird eine Ebene tiefer gestuft, z. B. Wechsel von Punkt 3 zu 2.3
Einzug verkleinern	Der Absatz wird eine Ebene höher gestuft, z. B. Wechsel von Punkt 3.3 zu 4
Tab-Taste (am Absatzbeginn)	Der Absatz wird eine Ebene tiefer gestuft
Umschalt+Tab-Taste	Der Absatz wird eine Ebene höher gestuft

Listenformat ändern

Word erkennt zusammenhängende Listen, auch mit mehreren Ebenen, automatisch. Falls Sie nachträglich einen anderen Listentyp wählen oder eine eigene Liste definieren möchten, brauchen Sie also nicht die gesamte Liste erneut markieren, es genügt wenn sich der Cursor in einem beliebigen Absatz der Liste befindet. Klicken Sie dann im Menüband, Register *Start* ▶ *Absatz* auf *Liste mit mehreren Ebenen* und auf den gewünschten Listentyp.

Listenformat nachträglich zuweisen

Hinweis: Falls Sie bereits bestehende Absätze nachträglich in eine Liste mit mehreren Ebenen umwandeln möchten, dann sollten diese keinerlei Einzüge aufweisen, da sonst die Ebenenzuordnung unter Umständen nicht korrekt erfolgt.

Markieren Sie alle betreffenden Absätze, klicken Sie auf die Schaltfläche *Liste mit mehreren Ebenen* und wählen Sie wieder einen Listentyp. Im zweiten Schritt stufen Sie dann mit den Symbolen *Einzug vergrößern* und *Einzug verkleinern* die einzelnen Absätze höher oder tiefer ein.

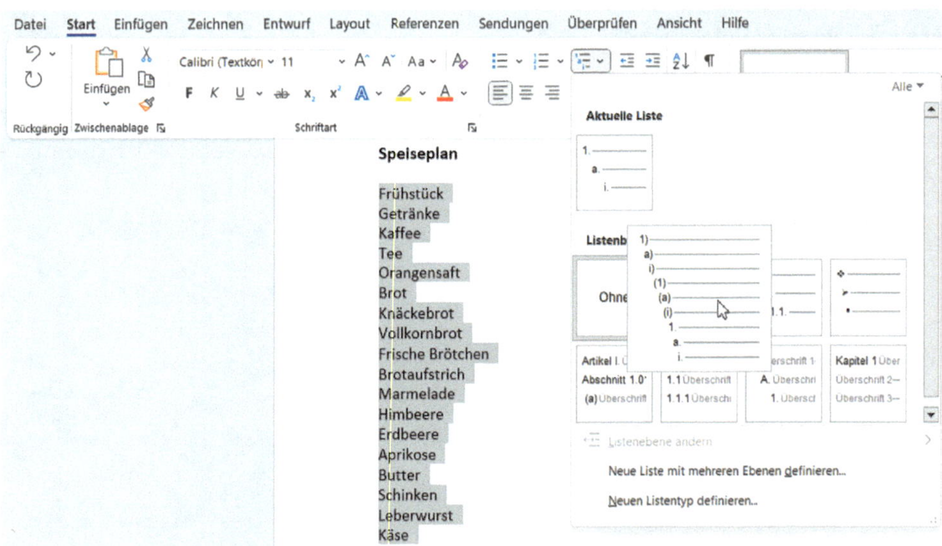

Bild 1.55 Beim nachträglichen Umwandeln in eine Liste mit mehreren Ebenen sollten keine Einzüge vorhanden sein

Alle Einzüge entfernen: Falls Einzüge im Text vorhanden sein sollten, entfernen Sie diese am einfachsten, indem Sie die Absätze markieren, mit der rechten Maustaste anklicken und *Absatz* wählen. Geben Sie dann im Feld *Einzug Links* 0 ein.

So stellen Sie Ihre eigene Liste zusammen

Listenformatvorlagen, siehe Kap. 3.5.

Findet sich in der Listenbibliothek kein passender Typ, so stellen Sie Ihre eigene Liste zusammen. Diese können Sie anschließend auch als Vorlage für die Verwendung in anderen Dokumenten speichern.

1. Im ersten Schritt weisen Sie Ihrer Liste einen Typ zu, der Ihren Vorstellungen am nächsten kommt und sorgen dann dafür, dass sich der Cursor innerhalb der Liste befindet. Die weitere Vorgehensweise:

2 Klicken Sie im Menüband, Register *Start* ▶ *Absatz* auf das Symbol *Liste mit mehreren Ebenen* und auf *Neue Liste mit mehreren Ebenen definieren...*. Im gleichnamigen Dialogfenster bearbeiten Sie anschließend jede Ebene einzeln.

3 Markieren Sie die erste Ebene, die Sie bearbeiten möchten, im Bild unten die Ebene 1 ❶, diese erscheint in der Vorschau rechts fett hervorgehoben ❷.

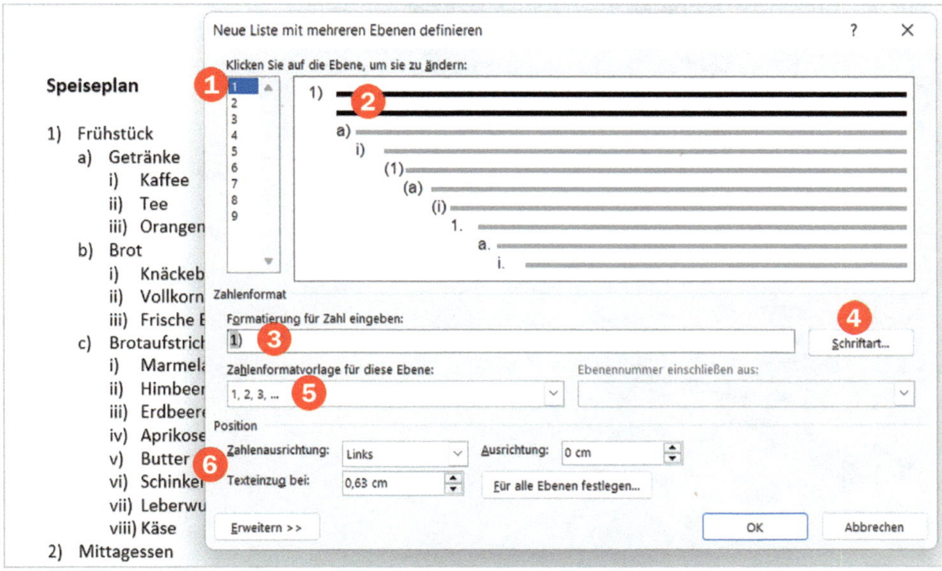

Bild 1.56 Neue Liste mit mehreren Ebenen definieren

4 Benötigen Sie zur Zahl zusätzliche Zeichen, z. B. Punkt oder Klammer, so fügen Sie diese im Feld *Formatierung für Zahl eingeben* links oder rechts von der Zahl per Tastatureingabe hinzu ❸ oder löschen nicht benötigte Zeichen. Nur die Zahl selbst, erkennbar an der grauen Schattierung, darf auf keinen Fall entfernt oder überschrieben werden.

Tipp: Wenn nichts anderes angegeben, dann erhält die Nummerierung dieselbe Formatierung wie der dazugehörige Absatz. Abweichend können Sie über die Schaltfläche *Schriftart...* ❹ die Nummerierung fett, in größerer Schrift oder einer anderen Farbe formatieren.

Ein Beispiel für die Formatierung mit abweichender Schriftfarbe finden Sie weiter unten im Beispiel 2.

5 Im Feld *Zahlenformatvorlage für diese Ebene* ❺ wählen Sie ein Zahlenformat, z. B. Groß- oder Kleinbuchstaben, römische Zahlen oder ein Aufzählungszeichen aus.

6 Im Abschnitt *Position* ❻ legen Sie die genaue Position von Zahl und Text fest:

- *Zahlenausrichtung* steuert die Ausrichtung zwei- und mehrstelliger Zahlen.
- Das Feld *Ausrichtung* legt fest, wie viele cm die Zahl vom linken Seitenrand *eingerückt* wird. 0 bedeutet, die Nummerierung der Ebene befindet sich ganz am linken Seitenrand.
- Im Feld *Texteinzug bei* geben Sie in cm an, wie weit der Text gegenüber dem linken Seitenrand eingerückt wird. Bei mehrzeiligen Absätzen erhalten alle Folgezeilen automatisch denselben Einzug (hängender Einzug).

- Normalerweise werden die Einzüge für Zahl und Text für jede Ebene einzeln festgelegt. Wenn dagegen jede Ebene zusätzlich stets um denselben Faktor eingerückt werden soll, z. B. 1,25 cm, dann klicken Sie auf die Schaltfläche *Für alle Ebenen festlegen...* und geben hier die Zahlen- und Textposition für die erste Ebene sowie den zusätzlichen Einzug für jede weitere Ebene an.

Weitere Optionen erscheinen, wenn Sie auf die Schaltfläche *>>Erweitern* klicken.

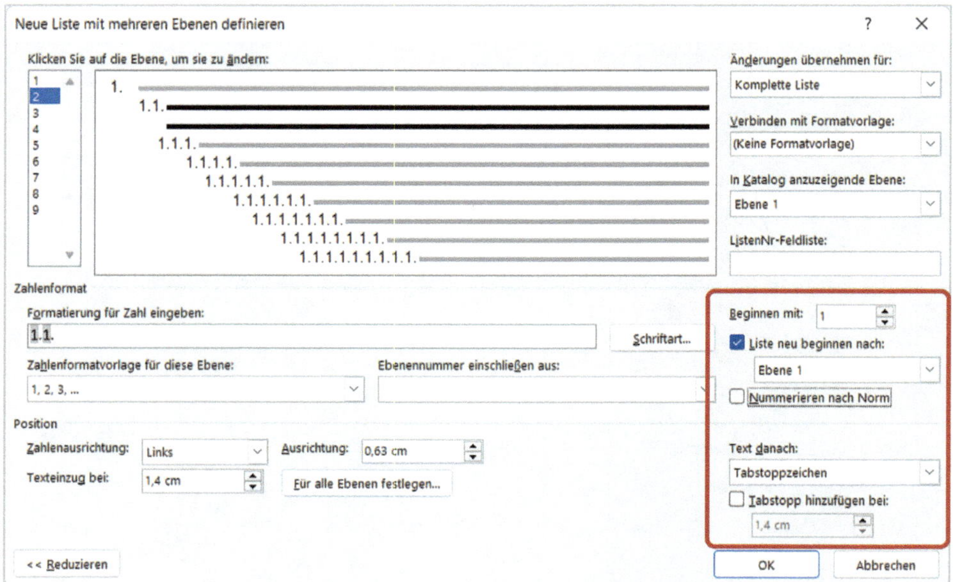

Bild 1.57 Weitere Optionen für Listen mit mehreren Ebenen

- Hier können Sie unter anderem im Feld *Beginnen mit* festlegen, mit welchem Wert die Nummerierung der jeweiligen Ebene beginnen soll, standardmäßig 1. Für untergeordnete Ebenen kann bei Bedarf die Nummerierung auch über Ebenen hinweg fortgeführt werden, dazu deaktivieren Sie das Kontrollkästchen *Liste neu beginnen nach*.

Beispiel Standardeinstellung:	1	1.1	1.2	2	2.1	2.2
Beispiel Liste fortführen:	1	1.1	1.2	2	2.3	2.4

- Das Feld *Text danach* steuert, wie bzw. mit welchem Zeichen der Abstand zwischen Nummerierung und Text hergestellt wird.

  - **Achtung:** Soll ein, im Feld *Texteinzug bei* angegebener, Einzug berücksichtigt werden, dann muss hier *Tabstoppzeichen* ausgewählt sein. Die weiteren Auswahlmöglichkeiten: *Abstand* bedeutet, zwischen Nummerierung und Text wird als minimaler Abstand ein Leerzeichen eingefügt und *Nichts* berücksichtigt keinen Abstand.
  - Mit der Auswahl *Tabstoppzeichen* berücksichtigt Word die Standardtabstopps im Abstand von 1,25 cm. Falls die Nummerierung zu viele Zeichen umfasst, gilt automatisch der nächstgelegene Tabstopp. Wenn Sie stattdessen selbst eine Tabstoppposition angeben möchten, dann aktivieren Sie das Kontrollkästchen *Tabstopp hinzufügen bei* und geben im Feld darunter die Position an.

- Das Feld *Verbinden mit Formatvorlage* ist nur von Bedeutung, wenn Sie Überschriften nummerieren möchten. Die Vorgehensweise finden Sie in Kapitel 3.6, Formatvorlagen für Überschriften.

Siehe Kapitel 3.6, Formatvorlagen für Überschriften.

Beispiel 1: Ebene 1 alphabetisch (A, B, C, usw.) mit Punkt nummerieren

Als Beispiel soll im Speiseplan im Bild unten die Ebene 1 mit Großbuchstaben und Punkt statt arabischer Zahlen und Klammer nummeriert werden.

1. Dazu klicken Sie in die Liste und öffnen über das Symbol *Liste mit mehreren Ebenen* das Fenster *Neue Liste mit mehreren Ebenen definieren*.
2. Markieren Sie die Ebene 1 und wählen Sie im Feld *Zahlenformat für diese Ebene* A, B, C, ... ❶ aus.
3. Dann geben Sie im Feld *Formatierung für Zahl eingeben* statt der Klammer einen Punkt ein ❷.

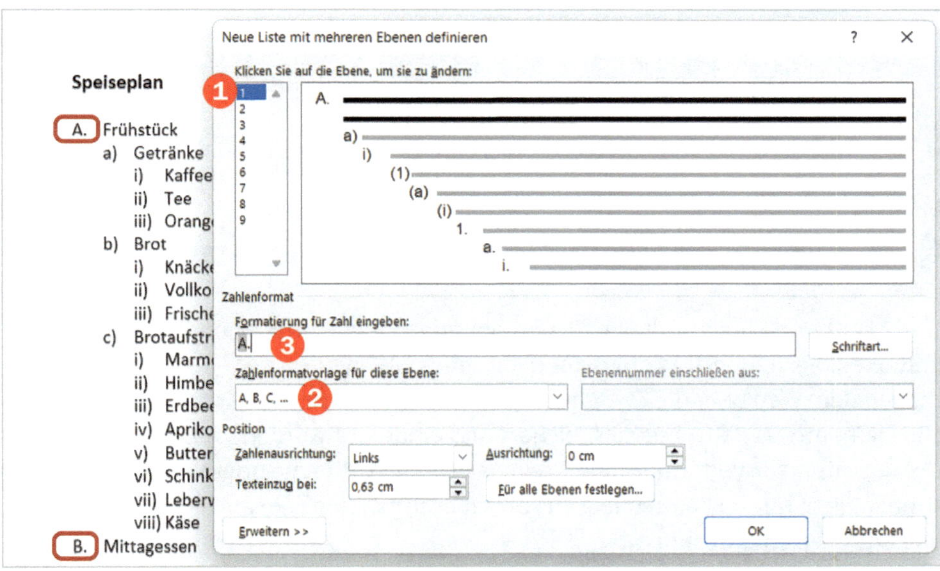

Bild 1.58 Beispiel: Ebene 1 mit Großbuchstaben und Punkt (statt Klammer) nummerieren

Beispiel 2: Ebene 3 erhält statt einer Zahl das Aufzählungszeichen Punkt in gelber Farbe

1. Klicken Sie im Fenster *Neue Liste mit mehreren Ebenen definieren* auf die Ebene 3 (Bild 1.59).
2. Wählen Sie im Feld *Zahlenformat für diese Ebene* das Aufzählungszeichen Punkt aus. Sollte das gewünschte Symbol nicht in der Liste aufgeführt sein, so klicken Sie ganz am Ende der Liste auf *Anderes Zeichen...* und wählen anschließend im Fenster *Symbol* ein Symbol, hier aus der Schriftart *Wingsdings2*.
3. Klicken Sie dann auf die Schaltfläche *Schriftart...* und wählen Sie im Feld *Schriftfarbe* eine Farbe aus.
4. Schließen Sie zuletzt nacheinander die Fenster *Schriftart* und *Neue Liste mit mehreren Ebenen definieren* jeweils mit Klick auf die Schaltfläche *OK*.

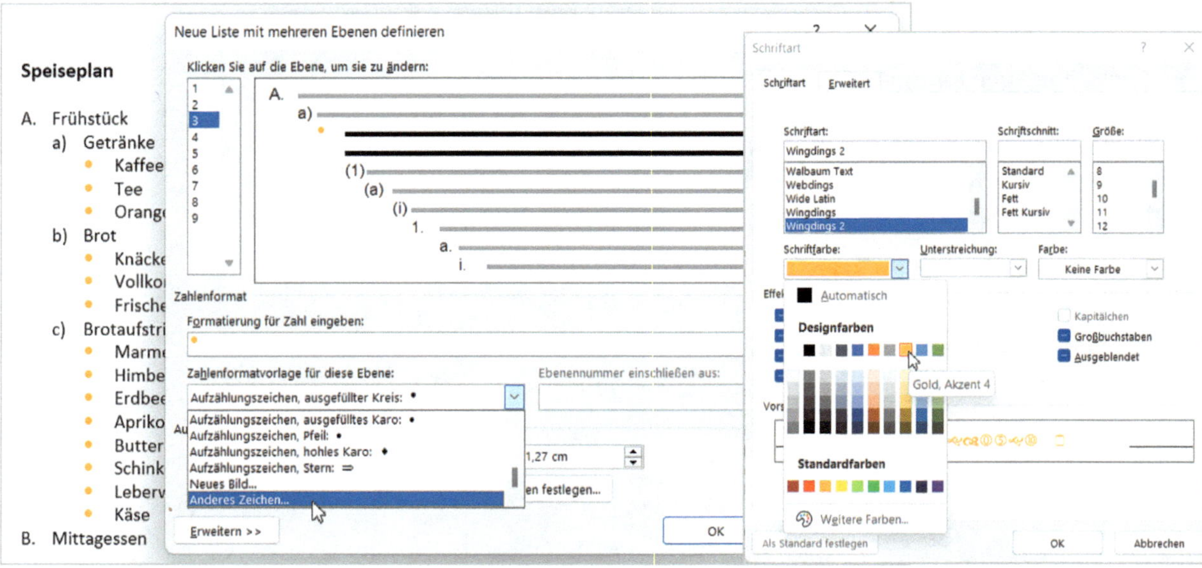

Bild 1.59 Ebene 3 erhält ein Aufzählungszeichen in gelber Farbe

1.4 Wiederverwendbare Elemente als Bausteine speichern

Gleichbleibende Standardtexte, die in mehreren Dokumenten benötigt werden, z. B. in Briefen, Verträgen usw., müssen nicht jedes Mal neu eingegeben oder umständlich auf dem Weg über die Zwischenablage kopiert werden. Einfacher ist es, wenn solche Elemente als Bausteine gespeichert und eingefügt werden. Diese stehen in allen Dokumenten zur Verfügung und können beliebig oft verwendet werden. Bausteine können nicht nur Text einschließlich Formatierungen, sondern auch Grafiken, Tabellen und andere Elemente enthalten.

Word unterscheidet zwei Arten von Bausteinen, genauer gesagt, Baustein-Katalogen, die an unterschiedlicher Stelle gespeichert sind. Von der Wahl des Baustein-Katalogs hängt es ab, in welchen Dokumenten der Baustein später zur Verfügung steht.

- **AutoText**
  Als *AutoText* gespeicherte Bausteine werden zusammen mit derjenigen Dokumentvorlage gespeichert, auf der das aktuelle Dokument beruht. Bei einem leeren Dokument ist dies die Vorlage *Normal*, das bedeutet diese Bausteine sind in allen Dokumenten verfügbar, die ebenfalls auf der Vorlage *Normal* basieren.
- **Schnellbausteine**
  Schnellbausteine werden dagegen in einer gesonderten Datei mit dem Namen *Building Blocks* gespeichert und sind, unabhängig von der verwendeten Dokumentvorlage, in allen Dokumenten verfügbar. In dieser Datei bzw. diesem Katalog sind auch die integrierten Vorlagen, z. B. für Kopf- und Fußzeilen gespeichert.

> **Achtung beim Speichern von Schnellbausteinen**
>
> Da Schnellbausteine in der gesonderten Datei *Building Blocks* gespeichert werden, müssen Sie nach dem Hinzufügen oder Ändern von Bausteinen auch Änderungen dieser Datei speichern. Dies passiert nicht automatisch, sondern beim Beenden von Word erscheint eine Rückfrage ob Sie auch Änderungen der Datei *Building Blocks* speichern möchten. Sie müssen auf *Speichern* klicken, damit neue oder geänderte Schnellbausteine künftig auch anderweitig verfügbar sind. Änderungen der Vorlage *Normal* werden dagegen automatisch gespeichert.

Neuen Baustein speichern

Das Erstellen und Speichern von AutoText und Schnellbausteinen unterscheidet sich nur hinsichtlich der Wahl des Katalogs bzw. Speicherorts. Zunächst geben Sie den benötigten Text ein oder verwenden bereits vorhandenen Text, dieser kann auch Tabellen oder Bilder enthalten. Soll der Text später mit einem bestimmten Format eingefügt werden, so nehmen Sie auch gleich alle Formatierungen vor.

Beachten Sie: Wenn ein Baustein ausschließlich in Verbindung mit einer bestimmten Dokumentvorlage, z. B. für Briefe verfügbar sein soll, dann müssen Sie den Baustein oder AutoText auch in dieser Dokumentvorlage eingeben und speichern. In allen anderen Fällen können Sie dazu ein beliebiges Dokument verwenden. Nach dem Speichern des Bausteins wird dieser Text nicht mehr benötigt und kann gelöscht werden.

Dokumentvorlagen erstellen, siehe Kap. 3.1.

Ein Beispiel für Bausteine in Verbindung mit einer Dokumentvorlage finden Sie in Kapitel 11.4.

1. Markieren Sie die gesamte Textstelle, die Sie speichern möchten. Handelt es sich um einen oder mehrere vollständige Absätze, dann muss auch die Absatzmarke am Ende des Absatzes mit markiert und gespeichert werden. Zusammen mit dieser werden auch Absatzformate wie Einzüge oder Ausrichtung gespeichert. Andernfalls enthält der gespeicherte Baustein nur Zeichenformate.

2. Klicken Sie im Menüband, Register *Einfügen* ▶ *Text* auf *Schnellbausteine*.

   - Wenn Sie den Baustein im Schnellbausteinkatalog speichern möchten, so klicken Sie hier auf *Auswahl im Schnellbaustein-Katalog speichern...* (Bild unten).
   - Soll der Baustein dagegen als AutoText gespeichert werden, so wählen Sie *AutoText* und klicken auf *Auswahl im AutoText-Katalog speichern*.

Bild 1.60 Markierten Text im Schnellbaustein-Katalog speichern

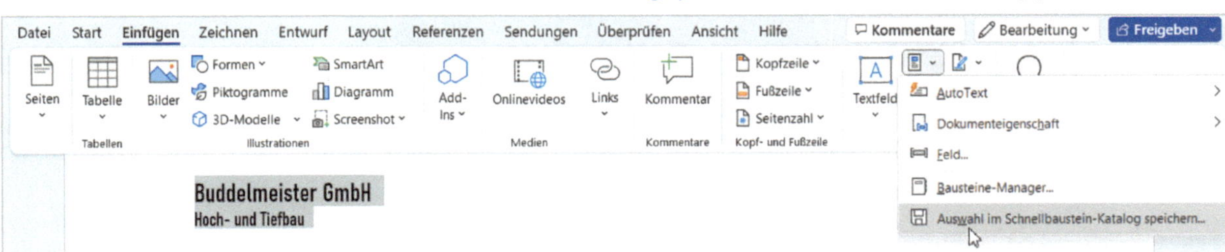

3. In beiden Fällen öffnet sich anschließend das Fenster *Neuen Baustein erstellen*. (Bild unten). Geben Sie im Feld *Name* ❶ den Namen ein, unter dem der Baustein/AutoText gespeichert werden soll. Standardmäßig verwendet Word dafür

die ersten Zeichen des markierten Textes, verwenden Sie stattdessen besser einen kurzen, eindeutigen Namen mit mindestens vier Zeichen Länge. Optional können Sie für andere Benutzer noch eine kurze Beschreibung hinzufügen.

4. Ihre Auswahl, *Schnellbaustein* ❷ oder *AutoText* ❸, ist im Feld *Katalog* ersichtlich und kann hier auch nachträglich noch geändert werden. Abhängig vom Katalog erscheint im Feld *Speichern in* entweder *Building Blocks* oder *Normal.dotm*, siehe Bild 1.61 und Bild 1.62.

Bild 1.61 Neuen Baustein erstellen: Schnellbausteine

Bild 1.62 Neuen Baustein erstellen: AutoText

Beim Speicherort *Normal.dotm* handelt es sich um die globale Dokumentvorlage, siehe Kap. 3.1.

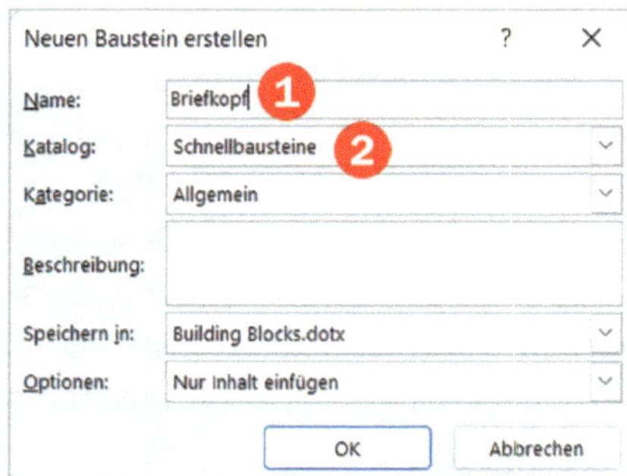

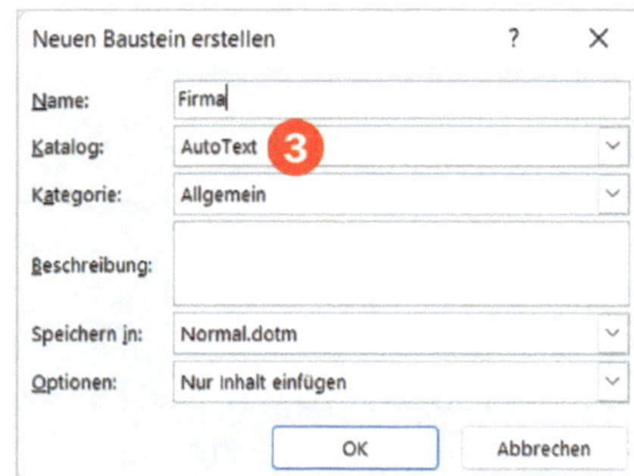

5. Im Feld *Optionen* steuern Sie, wie der Baustein im Dokument eingefügt wird. Die Standardeinstellung *Nur Inhalt einfügen* bedeutet, beim Einfügen wird der Inhalt einfach an der Cursorposition eingefügt. Alternativ können Sie angeben, dass der Baustein in einem eigenen Absatz (*Inhalt in eigenem Absatz einfügen*) oder auf einer eigenen Seite (*Inhalt auf eigener Seite einfügen*) eingefügt wird.

Baustein einfügen

Eine Liste der vorhandenen Schnellbausteine erscheint, wenn Sie im Register *Einfügen* des Menübands auf *Schnellbausteine* klicken und per Mausklick wird ein Schnellbaustein im Dokument an der Cursorposition eingefügt. Als AutoText gespeicherte Elemente erhalten Sie, wenn Sie auf *AutoText* zeigen.

Bild 1.63 Schnellbaustein einfügen

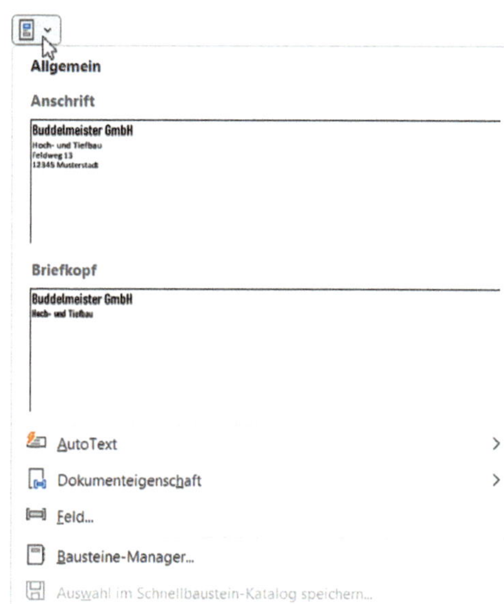

Tipp: Wenn Sie mit der rechten Maustaste auf einen Schnellbaustein oder AutoText klicken, so erhalten Sie im Kontextmenü auch die Möglichkeit, diesen z. B. in die Kopf- oder Fußzeile einzufügen.

Baustein per Tastatur einfügen

Alternativ können Sie einen Baustein oder AutoText auch schnell einfügen, wenn Sie im Dokument an der gewünschten Stelle den vollständigen Namen des Schnellbausteins eintippen und unmittelbar danach die Funktionstaste **F3** drücken. **Achtung**: Es darf kein Leerzeichen danach eingegeben werden!

Bild 1.64 AutoText mit der Eingabetaste einfügen

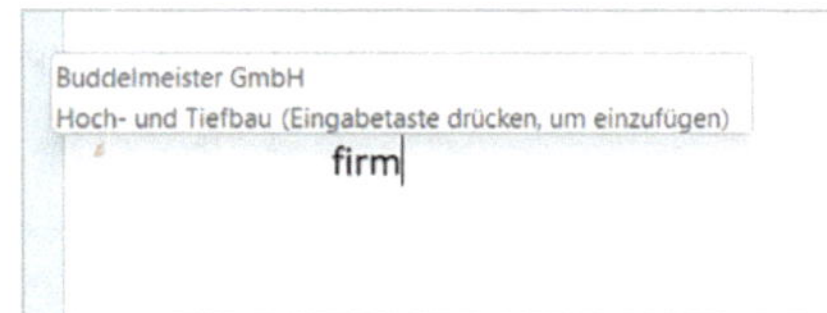

Wurde der Baustein als AutoText gespeichert, dann erscheint nach Eingabe der ersten vier Zeichen der AutoText in einem Infofeld und kann mit Drücken der Eingabetaste eingefügt werden. Dies funktioniert allerdings nur, wenn der Name mindestens vier Zeichen lang ist und nicht bei Schnellbausteinen.

Bausteine verwalten, ändern und löschen

Bausteine in Kategorien zusammenfassen

Die Zuordnung von Bausteinen zu einer Kategorie erleichtert bei einer Vielzahl von Bausteinen den Überblick, da diese beim Einfügen nach Kategorien sortiert erscheinen. Ein neuer Baustein gehört, wenn nichts anderes angegeben wird, automatisch zur Kategorie *Allgemein* und erscheint auch unter dieser Kategorie, wenn Sie zum Einfügen im Menüband, *Einfügen* auf *Schnellbausteine* klicken, siehe Bild 1.63. Weitere Kategorien können Sie selbst definieren.

Dazu klicken Sie beim Speichern eines neuen Bausteins im Fenster *Neuen Baustein erstellen* in das Feld *Kategorie* und wählen eine Kategorie aus. Falls außer *Allgemein* noch keine Kategorie vorhanden ist, so klicken Sie auf *Neue Kategorie erstellen...* und geben anschließend einen Namen ein (Bild unten). Die Zuordnung zu Kategorien ist auch nachträglich noch möglich, siehe weiter unten.

Tipp: Die Kategorien und ihre dazugehörigen Bausteine erscheinen alphabetisch sortiert. Wenn häufig benötigte Kategorien am Beginn der Liste erscheinen sollen, dann stellen Sie deren Namen einfach eine Zahl voran z. B. *01_Info* oder *02_Grußformeln*.

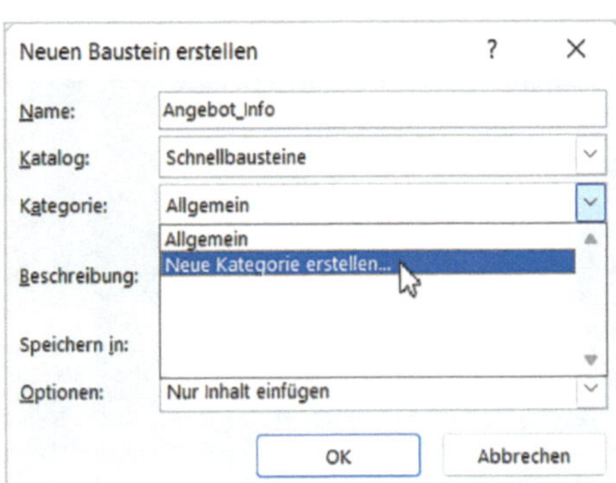

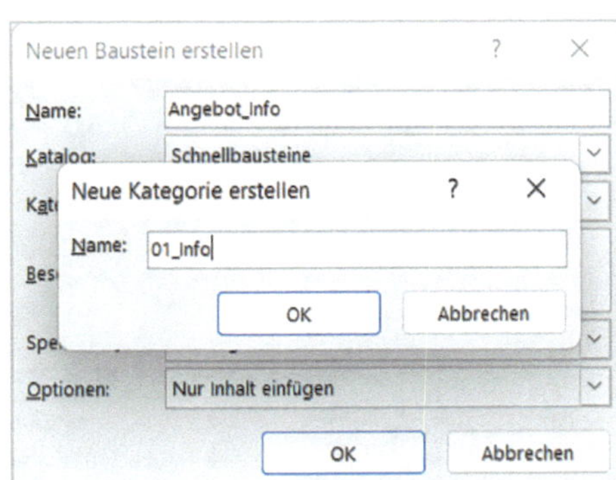

Bild 1.65 Kategorie auswählen

Bild 1.66 Neue Kategorie erstellen

Umbenennen, Speicherort/Katalog oder Kategorie nachträglich ändern

Name, Speicherort, Katalog sowie die Kategorie eines Bausteins können auch nachträglich noch problemlos geändert werden.

1 Dazu klicken Sie im Menüband, Register *Einfügen* auf *Schnellbausteine* und anschließend mit der rechten Maustaste auf den Eintrag, den Sie ändern möchten.

2 Klicken Sie auf *Eigenschaften bearbeiten*. Im Fenster *Baustein ändern* können Sie anschließend, wie im Fenster *Neuen Baustein erstellen*, die Eigenschaften ändern.

Inhalt eines Schnellbausteins ändern

Inhalt oder Formatierung eines Bausteins können dagegen nur geändert werden, wenn Sie diesen in ein Dokument einfügen, hier alle Änderungen vornehmen, und ihn anschließend erneut unter dem bisherigen Namen speichern. Bestätigen Sie die nachfolgende Meldung, ob Sie den Baustein neu definieren möchten mit *Ja*.

Bausteine im Bausteine-Manager verwalten

Im Bausteine-Manager (früher Organizer) verwalten Sie alle Bausteine, können deren Eigenschaften bearbeiten oder einen Baustein löschen. Zum Öffnen klicken Sie im Register *Einfügen* auf *Schnellbausteine* und auf *Bausteine-Manager...*.

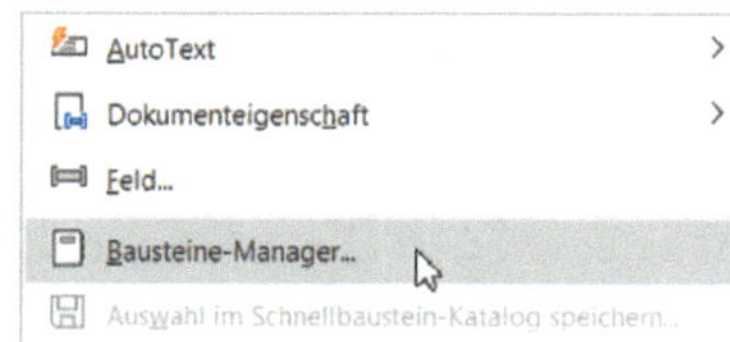

Bild 1.67 Bausteine-Manager öffnen

- Im Bausteine-Manager finden Sie neben den Katalogen *AutoText* und *Schnellbausteine* auch noch weitere Kataloge, z. B. Deckblätter, Fußzeilen, Kopfzeilen, usw.. Wie Sie diese nutzen, lesen Sie im nächsten Punkt.
- Um schnell einen bestimmten Baustein zu finden, können Sie die Bausteine mit Klick in die betreffende Spaltenüberschrift nach Name, Katalog, Kategorie oder Vorlage bzw. Speicherort sortieren.
- Wenn Sie einen Baustein anklicken, sehen Sie rechts eine Vorschau ❶ und mit der Schaltfläche *Einfügen* ❷ wird der Baustein in das Dokument eingefügt.

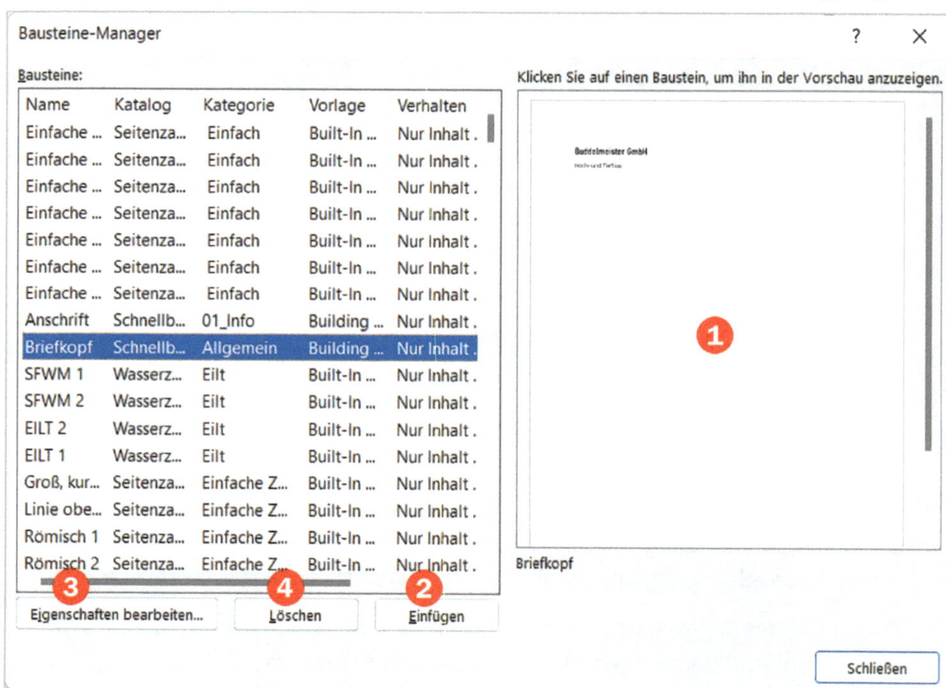

Bild 1.68 Bausteine im Bausteine-Manager verwalten

- **Baustein ändern**: Über die Schaltfläche *Eigenschaften* ❸ können Sie Name, Kategorie, Speicherort usw. des markierten Bausteins ändern oder eine Beschreibung hinzufügen.
- **Baustein löschen**: Um einen (benutzerdefinierten) Baustein zu entfernen, klicken Sie diesen an und benutzen die Schaltfläche *Löschen* ❹.

  Tipp: Schneller und einfacher geht's per Rechtsklick auf den zu löschenden Baustein (Menüband, Register *Einfügen* ▶ *Schnellbausteine* bzw. *AutoText*) und den Befehl *Organisieren und löschen...*. Danach öffnet sich ebenfalls der Baustein-Manager, der Baustein ist bereits markiert und kann mit *Löschen* entfernt werden.

Achtung: Auch nachträglich erfolgte Änderungen an Schnellbausteinen und damit der Datei *Building Blocks.dotx* müssen beim Beenden von Word gespeichert werden. Klicken Sie daher bei der Frage, ob Sie Änderungen an dieser Datei speichern möchten, auf *Speichern*.

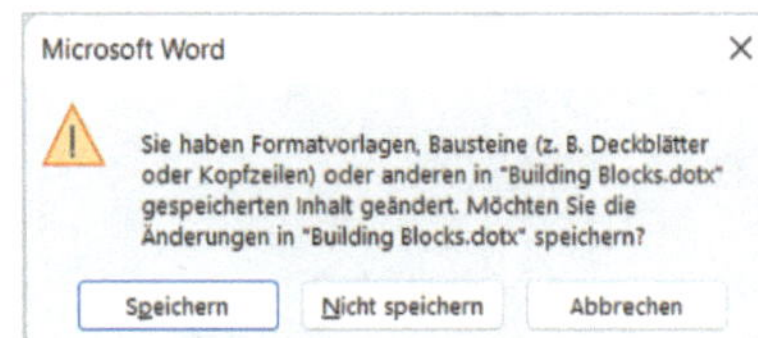

Zweckgebundene Bausteine speichern und verwenden

Vermutlich kennen Sie die integrierten Kopf- oder Fußzeilen von Word, diese erscheinen wenn Sie im Menüband, Register *Einfügen* auf *Kopfzeile* oder *Fußzeile* klicken. Dabei handelt es sich ebenfalls um Bausteine, die allerdings zu einem speziellen Katalog gehören. Wenn Sie eigene Bausteine ausschließlich zu bestimmten Zwecken, z. B. als Kopfzeile oder Fußzeile erstellen möchten, dann brauchen Sie beim Speichern eigentlich nur den entsprechenden Katalog auswählen. Verwaltet werden diese Bausteine ebenfalls im Bausteine-Manager, siehe vorhergehende Seite.

Siehe Vorlagen für Kopf- und Fußzeilen, Kapitel 2.5.

Beispiel: Eine Fußzeile als Schnellbaustein speichern

Sie möchten in Ihren Dokumenten eine einheitliche Fußzeile verwenden? Zum Beispiel links Ihren Namen oder die Firma, darunter Dateiname und -pfad und am rechten Rand die Seitenzahlen in der Form *Seite X von Y*, und das alles in einer bestimmten Schriftgröße und -farbe? Dann vermeiden Sie unnötige Eingaben oder umständliches Kopieren, indem Sie die Fußzeile einfach als Schnellbaustein im Katalog *Fußzeilen* speichern. So gehen Sie vor:

1. Erstellen Sie eine Fußzeile mit allen benötigten Inhalten und Formatierungen oder öffnen Sie ein Dokument, das bereits eine Fußzeile mit dem gewünschten Aussehen enthält, .
2. Markieren Sie die gesamte Fußzeile, klicken Sie im Menüband, Register *Einfügen* ▶ *Text* auf *Schnellbausteine* und wählen Sie *Auswahl im Schnellbaustein-Katalog speichern...*.

   Tipp: Die Schaltfläche *Schnellbausteine* finden Sie auch im Register *Kopf- und Fußzeile* ▶ *Einfügen*.
3. Geben Sie einen Namen für den Schnellbaustein ein und wählen Sie im Feld *Katalog* den Eintrag *Fußzeilen* aus, s. Bild 1.69.

4 Falls gewünscht, können Sie auch die Fußzeile einer Kategorie zuordnen. Hier existiert neben *Allgemein* bereits die Kategorie *Integriert*. Die Option *Nur Inhalt einfügen* kann beibehalten werden. Klicken Sie zum Schluss auf *OK*.

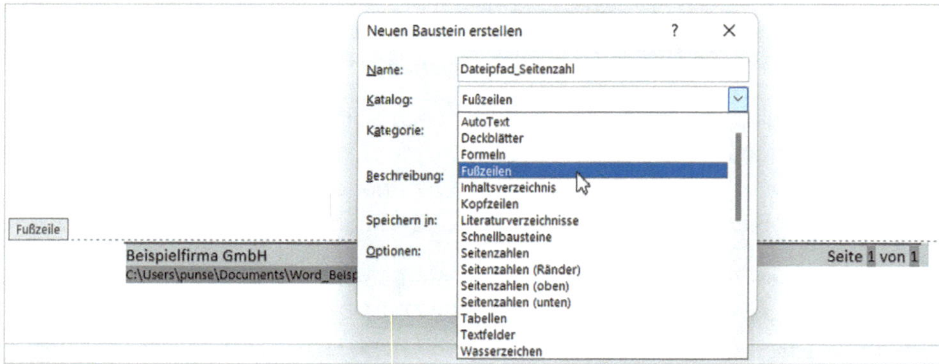

Bild 1.69 Wählen Sie im Feld Katalog Fußzeilen aus

Achtung: Gespeichert wird der Baustein wieder in der Datei *Building Blocks*, daher müssen beim Beenden von Word auch Änderungen in dieser Datei gespeichert werden.

Die benutzerdefinierte Fußzeile einfügen

Das Einfügen der benutzerdefinierten Fußzeile ist schnell erledigt, der Cursor kann sich dabei an beliebiger Stelle im Dokument befinden. Klicken Sie im Menüband, Register *Einfügen* ▶ *Kopf- und Fußzeile* auf *Fußzeile*. Hier finden Sie Ihre Fußzeile in der Kategorie *Allgemein* am Beginn der Liste bzw. in der ausgewählten Kategorie und mit einem Klick wird die Fußzeile eingefügt.

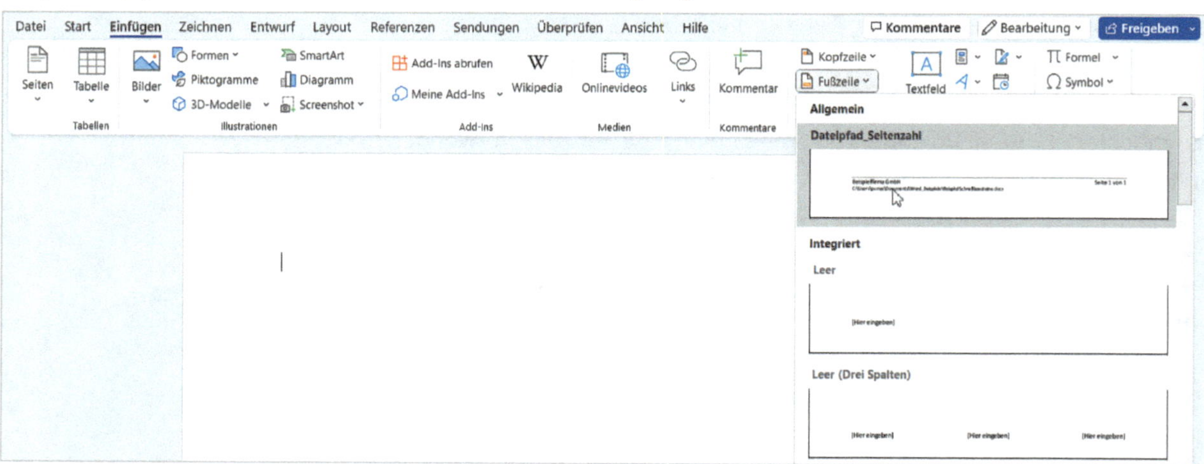

Bild 1.70 Benutzerdefinierte Fußzeile einfügen

Dieselbe Vorgehensweise lässt sich auch auf Deckblätter, Seitenzahlen, Tabellen, Textfelder und weitere Elemente anwenden. Ein Beispiel für Schnelltabellen finden Sie in Kap. 3.5 auf Seite 144 ff.

1.5 Verweise

Fuß- und Endnoten

Fuß- oder Endnoten einschließlich einem hochgestellten Fußnotenzeichen lassen sich mit Word problemlos in Dokumente einfügen und verwalten, sofern Sie dazu die entsprechende Word-Funktion nutzen. Dann erfolgt die Nummerierung automatisch und wird auch bei späteren Änderungen aktualisiert. Der Unterschied:

- Fußnoten erscheinen am Ende der jeweiligen Seite,
- Endnoten werden gesammelt und am Dokumentende oder am Ende eines Abschnitts eingefügt.

Fußnote einfügen

So gehen Sie beim Einfügen einer Fußnote bzw. des Fußnotenzeichens vor:

1 Positionieren Sie im Dokumenttext den Cursor an derjenigen Stelle, an der das Fußnotenzeichen eingefügt werden soll ❶ und klicken Sie dann im Menüband, Register *Referenzen* ▶ *Fußnoten*, auf *Fußnote einfügen* ❷ oder verwenden Sie die Tasten **Alt**+**Strg**+**F**.

Bild 1.71 Fußnote einfügen

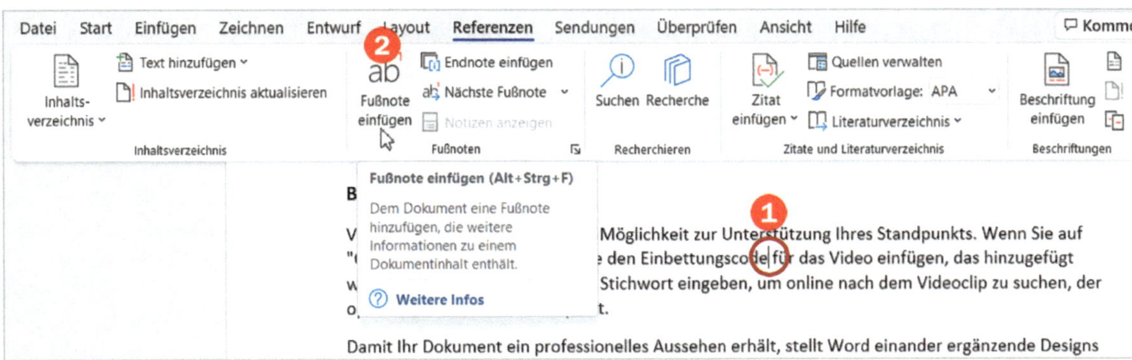

2 Ein hochgestelltes Fußnotenzeichen, in der Standardeinstellung eine fortlaufende Nummerierung mit arabischen Zahlen, wird an der Cursorposition eingefügt, gleichzeitig erscheint am Ende der Seite in einem gesonderten Fußnotenbereich dasselbe hochgestellte Zeichen zusammen mit dem Cursor und Sie können hier Ihren Text eingeben ❸.

3 Mit Doppelklick auf das Fußnotenzeichen ❹ wechseln Sie schnell vom Fußnotenbereich wieder zurück zum dazugehörigen Fußnotenzeichen im Text.

Oder Rechtsklick und Befehl *Gehe zu Fußnote*.

Bild 1.72 Fußnotenzeichen und Fußnotentext

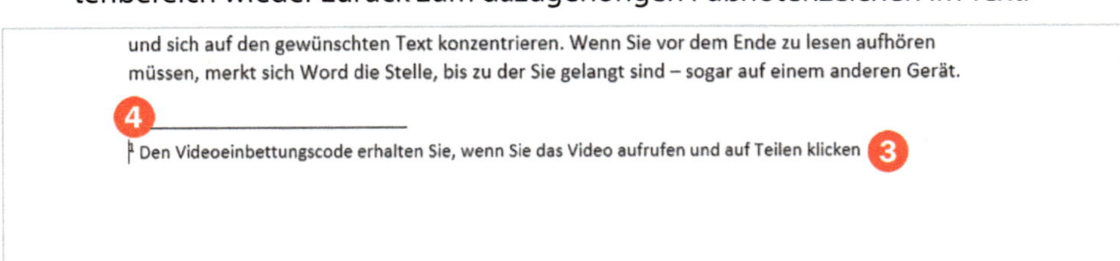

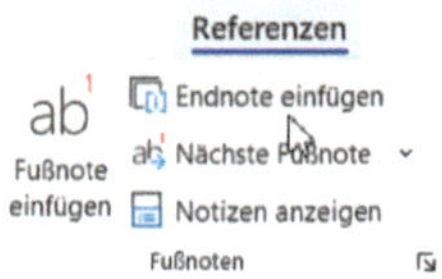

Endnote einfügen

Genauso gehen Sie auch vor, wenn Sie anstelle einer Fußnote eine Endnote einfügen möchten. In diesem Fall klicken Sie stattdessen auf die Schaltfläche *Endnote einfügen* und die Endnote erscheint anschließend im Endnotenbereich am Dokumentende. Ein weiterer Unterschied: Die Nummerierung von Endnoten erfolgt in der Standardeinstellung mit kleinen römischen Zahlen, also i, ii usw. statt arabischen Zahlen. Wie Sie andere Zahlen erhalten, lesen Sie weiter unten.

> **Fuß- oder Endnote löschen**
>
> Zum Entfernen einer Fuß- oder Endnote genügt es, wenn Sie das entsprechende Zeichen im Text löschen, der dazugehörige Fußnotentext verschwindet automatisch und die Nummerierung der übrigen Fuß- oder Endnoten wird aktualisiert.

Fuß- und Endnotentext anzeigen

Wenn Sie im Text auf ein Fußnotenzeichen zeigen, dann blendet Word den dazugehörigen Text ein und mit Doppelklick auf das Zeichen wechseln Sie schnell in den Fußnotenbereich mit dem dazugehörigen Text bzw. zurück in das Dokument, dasselbe gilt auch für Endnoten.

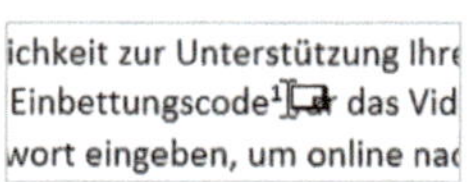

Bild 1.73 Fußnotenbereich und Fußnotenzeichen im Text

Dass es sich bei diesem hochgestellten Zeichen um eine Fußnote handelt, und nicht um beliebiges, hochgestellt formatiertes Zeichen, erkennen Sie am Notizensymbol wenn Sie darauf zeigen.

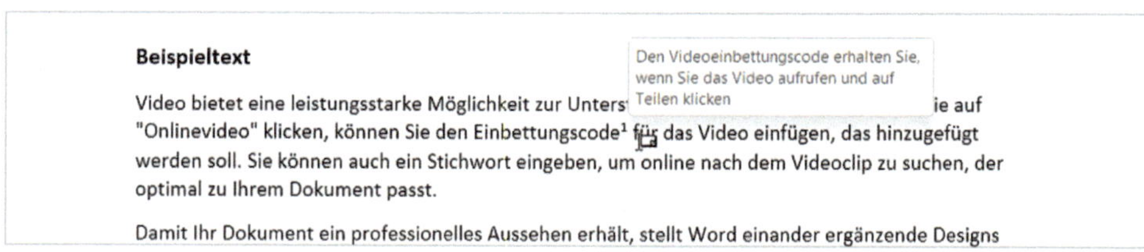

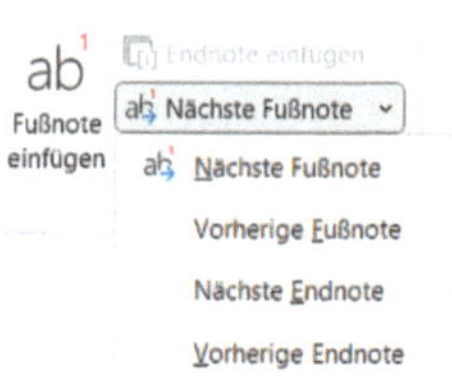

- **Fuß- und Endnoten gezielt ansteuern**
  Um im Dokument gezielt die Fuß- oder Endnoten zu kontrollieren, positionieren Sie den Cursor am Dokumentanfang und verwenden die Schaltfläche *Nächste Fußnote* (Register *Referenzen* ▶ *Fußnoten*): Ein Klick direkt auf das Symbol setzt den Cursor vor das erste bzw. nächste Fußnotenzeichen im Text; über den Dropdown-Pfeil der Schaltfläche können Sie dagegen auch zur vorherigen Fußnote wechseln oder zwischen Endnoten navigieren.

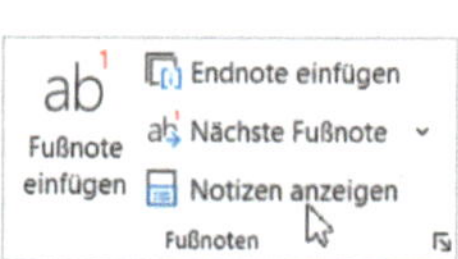

- **Fuß- oder Endnotenbereich anzeigen**
  Mit Klick auf *Notizenbereich* (Menüband, Register *Referenzen* ▶ *Fußnoten*) können Sie schnell den Fußnotenbereich der aktuellen Seite oder den Endnotenbereich anzeigen. Insbesondere für den Endnotenbereich in längeren Dokumenten erspart dies längeres Blättern.

Zahlenformat und Position für Fuß- und Endnoten festlegen

Wenn Sie für Ihre Fuß- oder Endnoten andere Zahlen benötigen, z. B. Buchstaben oder römische Zahlen, oder die genaue Position des Fuß- oder Endnotenbereichs festlegen möchten, dann klicken Sie im Menüband, *Referenzen* ▶ *Fußnoten*, auf den kleinen Pfeil ↘ der Gruppe und öffnen damit das Fenster *Fuß- und Endnote*.

Oder Rechtsklick im Fußnotenbereich auf eine beliebige Fuß- bzw. Endnote und Befehl *Fußnoten/Endnoten-Optionen....*

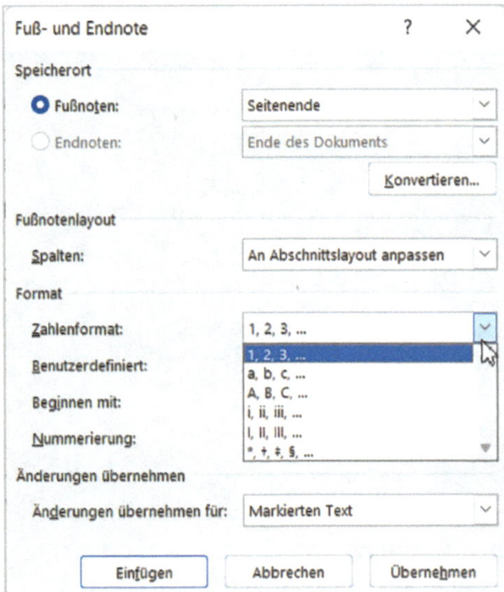

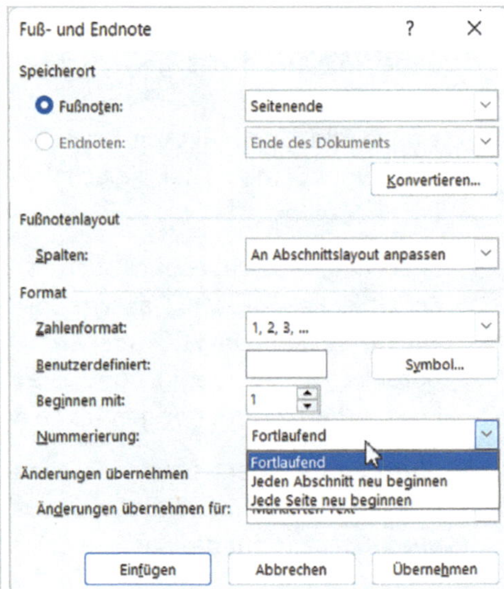

Bild 1.74 Wählen Sie ein Zahlenformat

Bild 1.75 Fortlaufend nummerieren oder mit jeder Seite neu beginnen?

- **Position**: Unter *Speicherort* sehen Sie, ob es sich um Fuß- oder Endnoten handelt. In beiden Fällen lässt sich im dazugehörigen Feld die Position näher definieren: Fußnoten können sich entweder am *Seitenende* oder *unterhalb des Textes* befinden, bei Endnoten haben Sie die Wahl zwischen *Ende des Dokuments* und *Abschnittsende*. Außerdem können Sie über die Schaltfläche *Konvertieren...* vorhandene Fußnoten nachträglich in Endnoten umwandeln und umgekehrt.
- **Zahlenformat**: Im Feld *Zahlenformat* wählen Sie die gewünschte Zahlendarstellung aus, z. B. Buchstaben oder römische Zahlen, und legen im Feld *Beginnen mit* den Startwert, in den meisten Fällen 1, fest. Ob die Nummerierung fortlaufend erfolgt oder mit jeder Seite oder jedem Abschnitt neu beginnt, steuern Sie im Feld *Nummerierung*.
- **Gültigkeitsbereich**: Das Feld *Übernehmen für* legt fest, ob Ihre Änderungen für das gesamte Dokument, den aktuellen Abschnitt oder, falls verfügbar, den markierten Bereich übernommen werden sollen.

> **Änderungen übernehmen**
>
> Damit Ihre Änderungen wirksam werden, klicken Sie zuletzt auf *Übernehmen*. Mit der Schaltfläche *Einfügen* fügen Sie dagegen lediglich an der Cursorposition ein einzelnes Fußnotenzeichen entsprechend Ihrer Vorgabe ein, siehe unten.

Symbole statt Zahlen als Fuß- oder Endnote

Wenn Sie in Ausnahmefällen Symbole statt Zahlen, z. B. Stern * verwenden möchten, dann müssen Sie etwas anders vorgehen:

1. Positionieren Sie zum Einfügen der Fußnote den Cursor an der gewünschten Stelle im Dokument und klicken Sie im Menüband auf den Pfeil der Gruppe *Fußnoten*. Im Fenster *Fuß- und Endnote* geben Sie dann das gewünschte Zeichen im Feld *Benutzerdefiniert* ein, im Bild *, oder klicken zur Auswahl eines Symbols auf die Schaltfläche *Symbol...*.

Bild 1.76 Symbole als Fußnoten

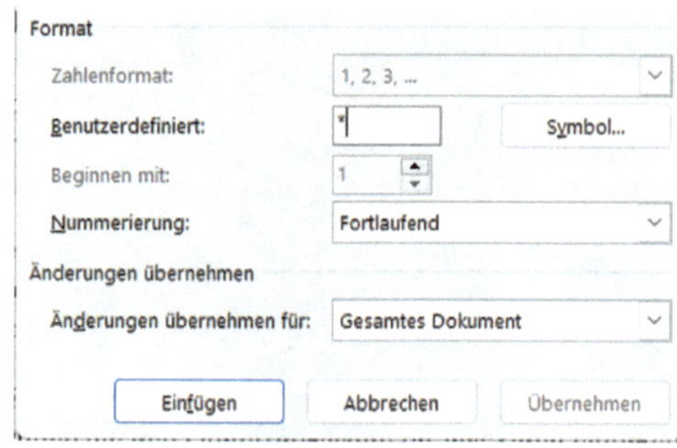

2. Klicken Sie abschließend auf die Schaltfläche *Einfügen*. Das Symbol wird im Text und im Fuß- oder Endnotenbereich eingefügt und Sie können den dazugehörigen Text eingeben.
3. Zum Einfügen der nächsten Fußnote klicken Sie auf *Fußnote einfügen*. Das Fenster *Fuß- und Endnote* öffnet sich nun automatisch und Sie brauchen im Feld *Benutzerdefiniert* nur das nächste Zeichen, z. B. ** eingeben.

Tipp: Fußnoten-Trennlinie bearbeiten

In der Standardeinstellung trennt Word die Fuß- und Endnoten mit einer kurzen Trennlinie vom restlichen Text. Diese Trennlinie kann nicht wie ein Textrahmen oder grafisches Element behandelt werden, sondern die Änderungsmöglichkeiten verstecken sich in der Ansicht *Entwurf*.

Bild 1.77 Klicken Sie auf die Ansicht Entwurf

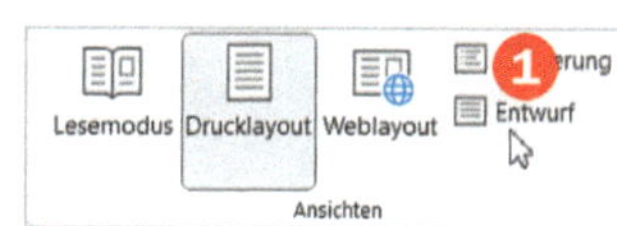

1. Klicken Sie also im Menüband, Register *Ansicht* ▶ *Ansichten* auf *Entwurf* ❶ und danach im Register *Referenzen* ▶ *Fußnoten* auf *Notizen anzeigen* ❷.
2. Die Fußnoten werden nun in einem gesonderten Fenster am unteren Rand sichtbar. Klicken Sie in das Feld *Fußnoten* und wählen Sie *Fußnotentrennlinie* statt der Standardeinstellung *Alle Fußnoten* aus ❸.

Bild 1.78 Fußnotentrennlinie auswählen

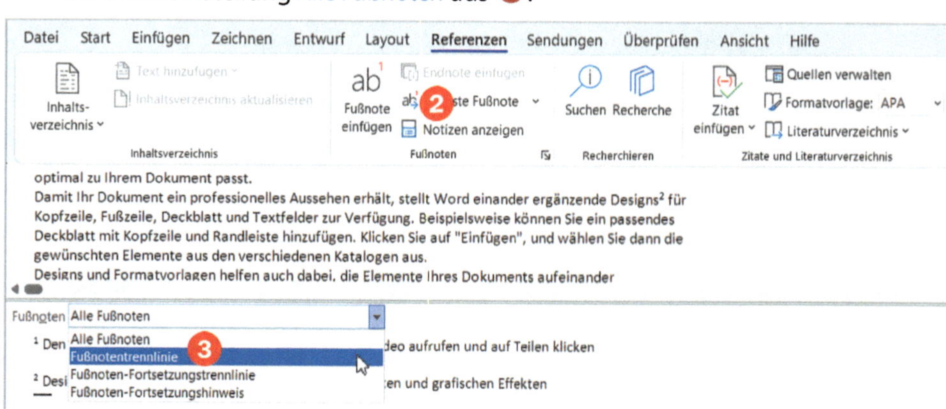

3 Nun erscheint statt der Fußnoten die Trennlinie und kann bearbeitet werden.

- **Linie entfernen**: Klicken Sie zum Markieren links von der Linie in den Markierungsbereich und betätigen Sie die **Entf**-Taste.
- **Individuelle Linie gestalten**: Entfernen Sie zunächst die vorhandene Trennlinie und geben Sie dann die entsprechenden Textzeichen ein, z. B. Bindestrich oder Stern. **Tipp**: Mit Unterstrich _ oder Halbgeviertstrichen mit den Tasten **Strg**+**–** (Minuszeichen im Ziffernblock) erzielen Sie den Eindruck einer durchgehenden Linie.
- **Linie formatieren**: Ferner können Sie die Farbe der markierten Linie über das Symbol *Schriftfarbe* (Minisymbolleiste oder Register *Start*) ändern. Den Abstand zwischen Linie und nachfolgendem Fußnotentext vergrößern Sie, indem Sie einfach den Absatzabstand (Abstand nach) der Trennlinie ändern.
- **Linie zurücksetzen**: Mit der Schaltfläche *Zurücksetzen* lässt sich die ursprüngliche Linie wiederherstellen.

Hinweis: Auch wenn Sie die Trennlinie nur verlängern möchten, sollten Sie diese zuerst entfernen und dann neu eingeben, da kein nahtloser Übergang zwischen den beiden Linien möglich ist.

4 Wechseln Sie zuletzt wieder zurück zur Ansicht *Drucklayout*.

Bild 1.79 Trennlinie markieren

Bild 1.80 Neue Trennlinie eingeben

Formatierung von Fuß- und Endnoten ändern

Zur Formatierung von Fuß- und Endnoten verwendet Word die Dokumentvorlagen *Fußnotentext* bzw. *Endnotentext* (Absatz) und das Aussehen des dazugehörigen Zeichens (hochgestellt usw....) wird durch die Formatvorlagen *Fußnotenzeichen*/*Endnotenzeichen* gesteuert. Wenn Sie deren Aussehen ändern möchten, dann sparen Sie unnötige Formatierungsarbeit, wenn Sie die Formatvorlagen ändern, statt jede Fußnote einzeln zu formatieren.

Dazu klicken Sie im Fußnotenbereich mit der rechten Maustaste auf eine beliebige Fußnote und auf *Formatvorlage...*. Im nachfolgenden Fenster *Formatvorlage* ist die betreffende Formatvorlage bereits markiert: Klicken Sie auf die Schaltfläche *Ändern...*.

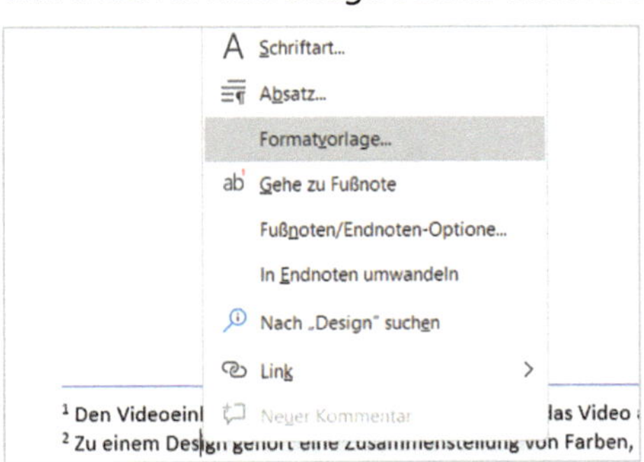

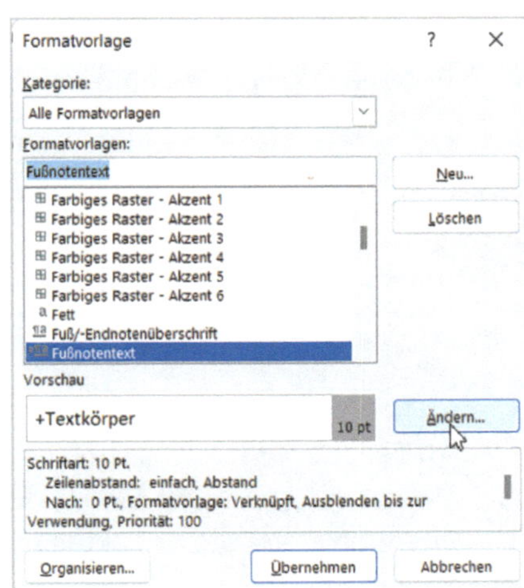

Bild 1.81 Formatvorlage Fußnotentext ändern

Falls Sie stattdessen das Aussehen des Fußnotenzeichens ändern möchten, so müssen Sie dieses zuvor markieren.

Die Formatänderungen nehmen Sie dann im Fenster *Formatvorlage ändern* vor.

Querverweise einfügen

Als Querverweise bezeichnet man Verweise auf andere Stellen im Dokument, z. B. „Siehe Seite 18". In solchen Fällen sollten Sie nicht einfach die Seitenzahl oder Kapitelnummer eintippen sondern die Querverweisfunktion von Word benutzen. Auf diese Weise eingefügte Querverweise haben nämlich den Vorteil, dass sie bei eventuellen Änderungen schnell aktualisiert werden können und Ihnen somit zeitraubendes Suchen und Korrigieren ersparen.

Word unterstützt Querverweise auf Fußnoten, Endnoten, Abbildungen, Formeln und Tabellen sowie Überschriften. Beachten Sie:

Näheres zu Formatvorlagen für Überschriften lesen Sie in Kap. 3.6.

- Für Querverweise auf andere als die oben genannten Textstellen, muss an dieser Stelle im Dokument eine Textmarke vorhanden sein, Näheres hierzu im nächsten Punkt auf Seite 60.
- Querverweise auf Überschriften setzen voraus, dass diese mit einer der integrierten Formatvorlagen für Überschriften formatiert sind. Sind Ihre Überschriften nummeriert, kann auch auf die Nummer verwiesen werden.
- Worauf verwiesen werden kann, ist abhängig vom *Verweistyp*. Bei manchen Querverweisen, z. B. auf nummerierte Elemente, Überschriften, Textmarken und Abbildungen kann neben der Seitenzahl oder Nummer auch der dazugehörige Text verwendet werden.

Bild 1.82 Querverweise: Verweistypen und Verweisen auf

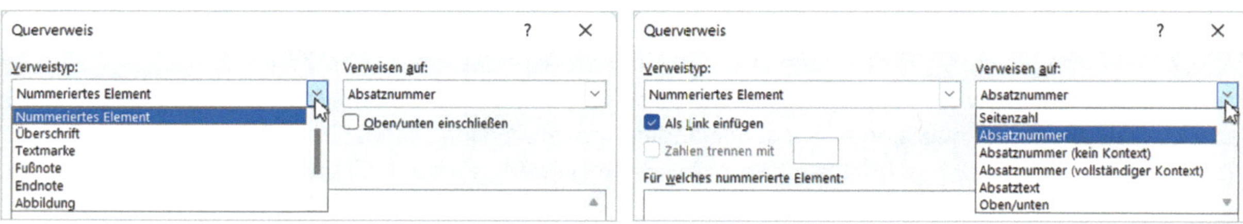

Querverweis einfügen

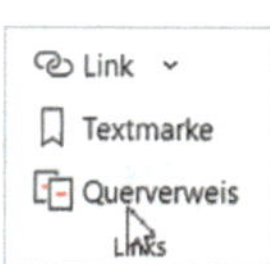

1 Um an der Cursorposition ❶ einen Querverweis, z. B. auf eine Überschrift einzufügen, klicken Sie im Menüband, Register *Referenzen* ▶ *Beschriftungen* (oder Register *Einfügen* ▶ *Links*) auf *Querverweis* ❷.

Bild 1.83 Querverweis einfügen

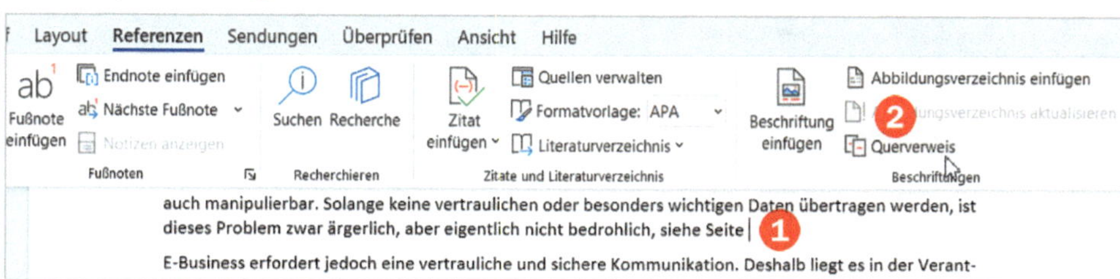

2 Im Fenster *Querverweis* wählen Sie anschließend den *Verweistyp* und im Feld *Verweisen auf* worauf Sie verweisen möchten. Unterhalb werden alle entsprechenden Elemente des aktuellen Dokuments aufgelistet. Markieren Sie hier das

gewünschte Element und klicken Sie auf die Schaltfläche *Einfügen*. Um im unten abgebildeten Beispiel auf eine Überschrift zu verweisen, wurden der Verweistyp *Nummeriertes Element* und im Feld *Verweisen auf* die *Seitenzahl* des markierten Elements gewählt.

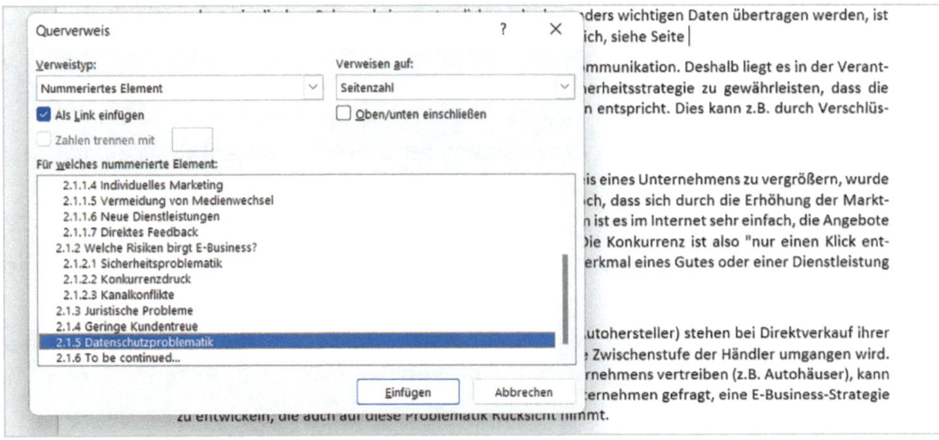

Bild 1.84 Beispiel: Querverweis die Seitenzahl des markierten nummerierten Elements

Das Fenster bleibt nach dem Einfügen des Querverweises geöffnet und Sie könnten anschließend noch einen weiteren Verweis, z. B. auf den Inhalt dieses Absatzes hinzufügen. Klicken Sie abschließend auf die Schaltfläche *Schließen*.

Querverweis entfernen

Versehentlich eingefügte oder nicht mehr benötigte Querverweise können wie normaler Text im Dokument markiert und anschließend gelöscht werden.

Tipp: Querverweise zur Navigation verwenden

Wenn Sie beim Einfügen eines Querverweises das Kontrollkästchen *Als Link einfügen* (siehe Bild oben) nicht deaktiviert haben, dann wird dieser als Hyperlink eingefügt und kann zur Navigation im Dokument benutzt werden. Halten Sie dazu die **Strg**-Taste gedrückt und klicken auf dem Link, um zur Quelle des Querverweises zu wechseln.

Querverweis aktualisieren

Querverweise sind eigentlich Felder, zu erkennen an der grauen Schattierung, die standardmäßig sichtbar wird, wenn Sie darauf klicken. Die Inhalte von Feldern lassen sich schnell aktualisieren.

F9: Aktualisieren

Näheres zum Thema Felder, siehe Kapitel 5.

- **Einzelnen Querverweis aktualisieren**: Klicken Sie mit der rechten Maustaste auf den Verweis und anschließend auf *Felder aktualisieren*. Oder markieren Sie den Verweis und betätigen die Funktionstaste **F9**.
- **Alle Querverweise aktualisieren**: Markieren Sie das gesamte Dokument mit **Strg+A** oder nur die betreffenden Seiten und drücken Sie dann **F9**.

  Achtung: Beim Aktualisieren des gesamten Dokuments werden nicht nur alle Querverweise aktualisiert, sondern auch alle übrigen Felder, z. B. Inhaltsverzeichnis und Index.

Textmarken einfügen und verwenden

Wie bereits erwähnt, erfordern Verweise auf Textstellen, die keinem der unterstützten Verweistypen entsprechen, also weder eine Überschrift noch ein nummeriertes Element darstellen, Textmarken an den betreffenden Stellen. Diese müssen manuell eingefügt werden.

Textmarke einfügen

1. Zum Einfügen einer Textmarke positionieren Sie im Dokument den Cursor an der gewünschten Stelle. Beachten Sie dabei folgende Punkte:
   - Wenn Sie Text, z. B. ein oder mehrere Wörter markieren, wie im Bild unten ❶, dann bildet der markierte Text automatisch den Inhalt der Textmarke und kann später als Querverweis verwendet werden.
   - Befindet sich dagegen beim Einfügen der Textmarke nur der Cursor an einer bestimmten Position, dann ist nur ein Querverweis auf die Seitenzahl möglich.

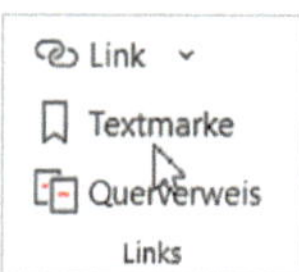

2. Klicken Sie dann im Menüband, Register *Einfügen* ▶ *Links* ▶ *Textmarke*. Geben Sie im Fenster *Textmarke* einen Namen ein ❷ und klicken Sie auf *Hinzufügen*.

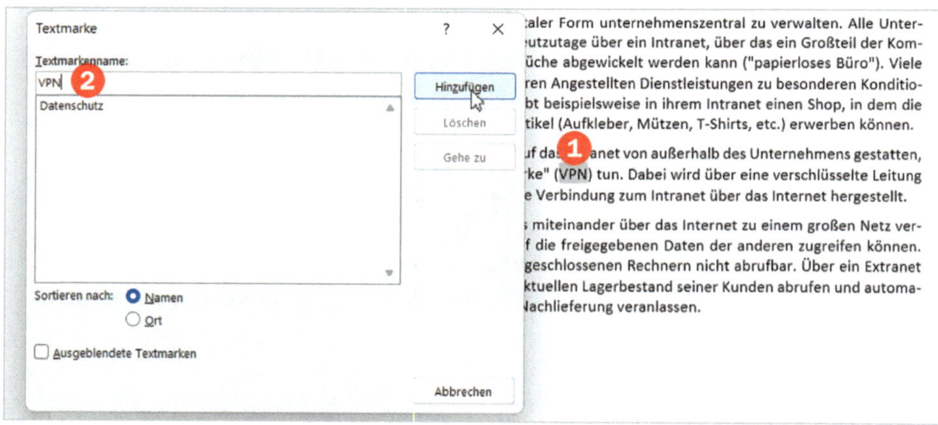

Bild 1.85 Geben Sie einen Namen für die Textmarke ein und klicken Sie auf Hinzufügen

Beachten Sie bei der Vergabe von Namen für Textmarken

Der Name muss eindeutig sein, d. h. er darf im Dokument nur ein einziges Mal vorkommen. Er darf außerdem keine Leerzeichen enthalten, Unterstrich sowie Ziffern sind dagegen mit Ausnahme des ersten Zeichens erlaubt. Kurz gesagt: Wenn die Schaltfläche *Hinzufügen* inaktiv ist, dann ist der eingegebene Name nicht zulässig.

Querverweise auf Textmarken

Um im Dokument an der Cursorposition einen Querverweis auf eine Textmarke einzufügen, wählen Sie im Fenster *Querverweis* (Menüband, Register *Einfügen* ▶ *Querverweis* oder Register *Referenzen*) den Verweistyp *Textmarke*. Markieren Sie dann im Feld unterhalb die benötigte Textmarke, wählen Sie entweder *Seitenzahl* oder *Textmarkeninhalt* und klicken Sie auf die Schaltfläche *Einfügen*.

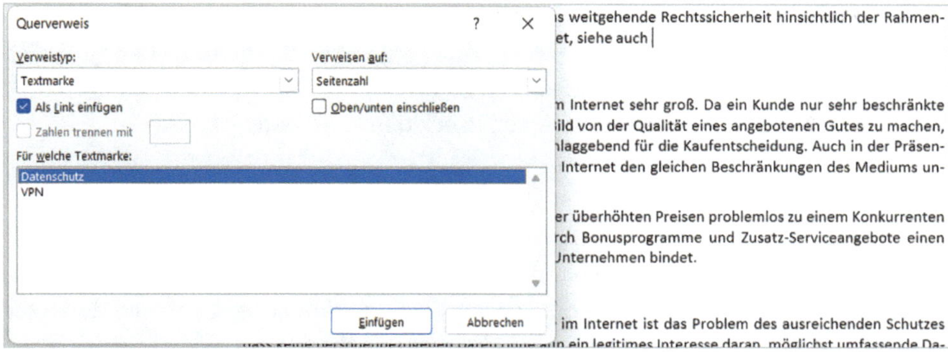

Bild 1.86 Querverweis auf Textmarke einfügen

Zu Textmarke navigieren

- Um im Dokument schnell zu einer bestimmten Textmarke zu springen, klicken Sie im Menüband, Register *Einfügen* auf *Textmarke*, markieren die betreffende Textmarke und klicken auf die Schaltfläche *Gehe zu*.
- Oder öffnen Sie mit der Taste **F5** das Fenster *Suchen und Ersetzen* mit dem Register *Gehe zu* bzw. klicken Sie im Menüband, Register *Start* ▶ *Bearbeiten* auf den Dropdown-Pfeil *Suchen* und hier auf *Gehe zu*. Wählen Sie als Element *Textmarke* und daneben den Namen der Textmarke aus und klicken Sie dann auf *Gehe zu*.

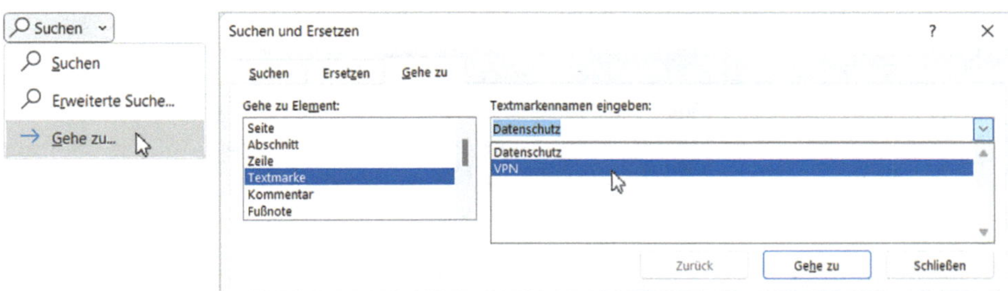

Bild 1.87 Zu Textmarke navigieren

Textmarken im Dokument anzeigen

Textmarken sind im Dokument normalerweise nicht sichtbar. In manchen Fällen, z. B. beim Verschieben oder Löschen von Text oder zwecks Überblick über vorhandene Textmarken, kann es jedoch hilfreich sein, diese einzublenden.

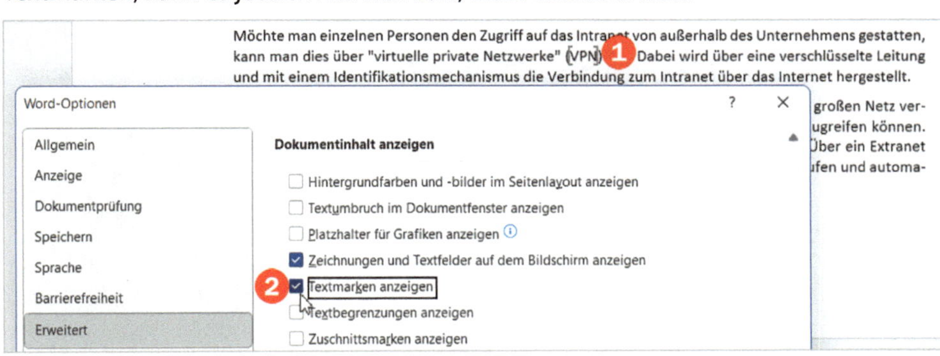

Bild 1.88 Textmarken in den Word-Optionen einblenden

Auf demselben Weg blenden Sie die Textmarken auch wieder aus.

Öffnen Sie dazu die Word-Optionen (Register *Datei* - *Optionen*) und klicken Sie auf *Erweitert*. Im Abschnitt *Dokumentinhalt anzeigen* aktivieren Sie dann das Kontrollkästchen *Textmarken anzeigen* ❶ und klicken zum Übernehmen auf die Schaltfläche *OK*. Im Dokument erscheinen die Textmarken in eckigen Klammern ❷.

Textmarken bearbeiten

- **Textmarke ersetzen**
  Wenn Sie beim Einfügen einer neuen Textmarke dieser den Namen einer bereits vorhandenen Textmarke geben, so wird die ursprüngliche Textmarke durch die neue ersetzt. Wenn Sie also eine vorhandene Textmarke an eine andere Position im Dokument setzen möchten, dann brauchen Sie nur an dieser Stelle eine weitere Textmarke einfügen, der Sie den Namen der zu ersetzenden geben.

- **Textmarke löschen**
  Zum Löschen einer nicht benötigten Textmarke klicken Sie im Menüband, Register *Einfügen* auf *Textmarke*, markieren die betreffende Textmarke und klicken auf die Schaltfläche *Löschen*.

  In der Realität werden Textmarken nicht selten versehentlich bei nachträglichen Änderungen im Text gelöscht, da beim Löschen oder Überschreiben einer Textstelle natürlich auch hier vorhandene Textmarken mit gelöscht werden. Auch in solchen Fällen kann die Anzeige von Textmarken im Dokument sinnvoll sein, siehe oben.

- **Textmarke ausschneiden/kopieren und einfügen**
  Wenn Sie eine Textstelle ausschneiden und an anderer Stelle einfügen oder mit der Maus verschieben, dann werden an dieser Stelle vorhandene Textmarken ebenfalls mit verschoben.

  Achtung: Im Gegensatz zum Verschieben unterscheidet Word beim Kopieren und nachfolgendem Einfügen von Textmarken zwischen dem aktuellen und anderen Dokumenten. Beim Einfügen in ein anderes Dokument werden vorhandene Textmarken ebenfalls mit eingefügt, nicht aber wenn der Text im selben Dokument eingefügt wird.

1.6 Nachträgliche Überarbeitungen kontrollieren

Bei Änderungen, Korrekturen und Überarbeitungen eines Dokuments ist es häufig wichtig zu wissen, welche Änderungen nachträglich vorgenommen wurden, insbesondere wenn diese durch mehrere Personen erfolgt sind.

Den Überarbeitungsmodus für Korrekturen nutzen

Wird vor Beginn der Korrekturen der Überarbeitungsmodus aktiviert, dann werden ab diesem Zeitpunkt sämtliche nachträglichen Änderungen genau dokumentiert, egal ob es sich um das Hinzufügen oder Löschen von Text oder um Formatänderungen handelt. Damit sind nicht nur nachträgliche Überarbeitungen sofort ersichtlich, Sie können anschließend auch für jede Änderung einzeln entscheiden, ob Sie diese beibehalten oder verwerfen möchten.

Überarbeitungsmodus aktivieren

Zum Einschalten des Überarbeitungsmodus klicken Sie im Menüband auf das Register *Überprüfen* und in der Gruppe *Nachverfolgung* auf *Änderungen nachverfolgen*. Diese Schaltfläche bleibt anschließend hervorgehoben, bis der Überarbeitungsmodus mit einem weiteren Klick auf die Schaltfläche wieder ausgeschaltet wird. Alternativ schalten Sie den Überarbeitungsmodus mit den Tasten **Strg**+**Umschalt**+**E** ein und aus.

Bild 1.89 Änderungen nachverfolgen einschalten

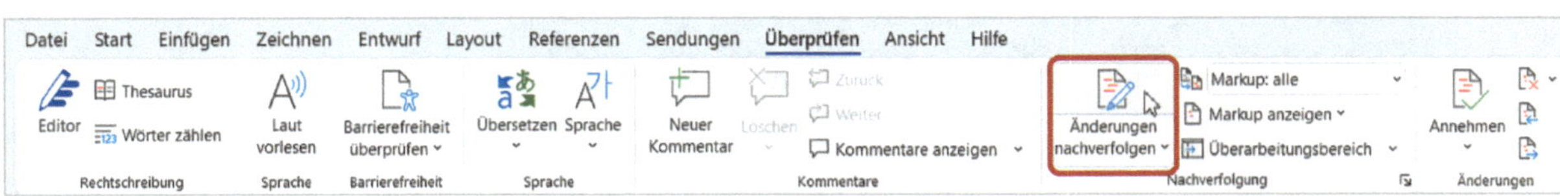

Weitere Optionen erhalten Sie über den Dropdown-Pfeil *Änderungen nachverfolgen*:

- **Nur eigene Änderungen nachverfolgen**: In der Standardeinstellung gilt das Nachverfolgen von Änderungen für alle Personen, dies können Sie jedoch mit der Auswahl *Nur meine* (Microsoft 365) auf eigene Änderungen beschränken.
- **Tipp Nachverfolgung sperren**: Wenn Sie verhindern möchten, dass der Überarbeitungsmodus durch andere Personen absichtlich oder versehentlich deaktiviert wird, dann wählen Sie *Nachverfolgung sperren* und vereinbaren im nachfolgenden Fenster ein Kennwort zum Aufheben des Überarbeitungsmodus. Zum Aufheben klicken Sie erneut auf den Dropdown-Pfeil *Änderungen nachverfolgen* ▶ *Nachverfolgung sperren* und geben anschließend das vereinbarte Kennwort ein.

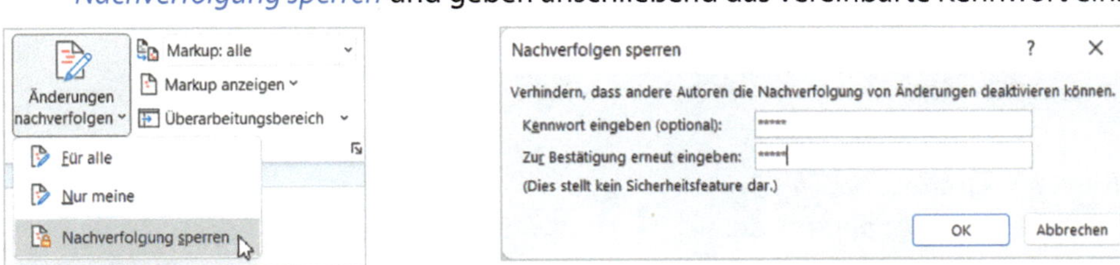

Bild 1.90 Kennwort zum Aufheben des Überarbeitungsmodus festlegen

Anzeige der Änderungen (Markup)

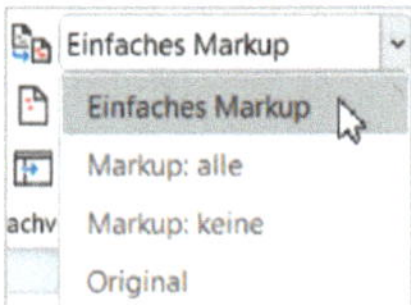

Bild 1.91 Die Standardanzeige Einfaches Markup

Wie die Änderungen im Dokument angezeigt werden, steuern Sie über den Markup-Typ: Klicken Sie dazu im Menüband, Register *Überprüfen* in das Feld *Anzeige zur Überarbeitung* ❶ und wählen Sie zwischen folgenden Möglichkeiten:

- **Einfaches Markup**: Die Standardeinstellung *Einfaches Markup* zeigt das überarbeitete Dokument an. Geänderte Stellen sind am linken Seitenrand durch vertikale Striche gekennzeichnet ❷, wie im Bild unten.
- **Alle Änderungen anzeigen**: Die Auswahl *Markup: alle* zeigt die Änderungen im Detail an, entweder direkt im Dokument oder in einem gesonderten Bereich rechts, wie in Bild 1.92 oben. Im Dokument werden in der Standardeinstellung inhaltliche Änderungen farbig hervorgehoben, gelöschter Text erscheint durchgestrichen und neu hinzugefügte Zeichen sind unterstrichen. Formatänderungen sind meist in einem gesonderten Bereich rechts sichtbar ❸.

  Tipp: Aus der Ansicht *Einfaches Markup* heraus können Sie mit Klick auf einen der Striche schnell alle Änderungen anzeigen und ein weiterer Klick darauf blendet die Details wieder aus.

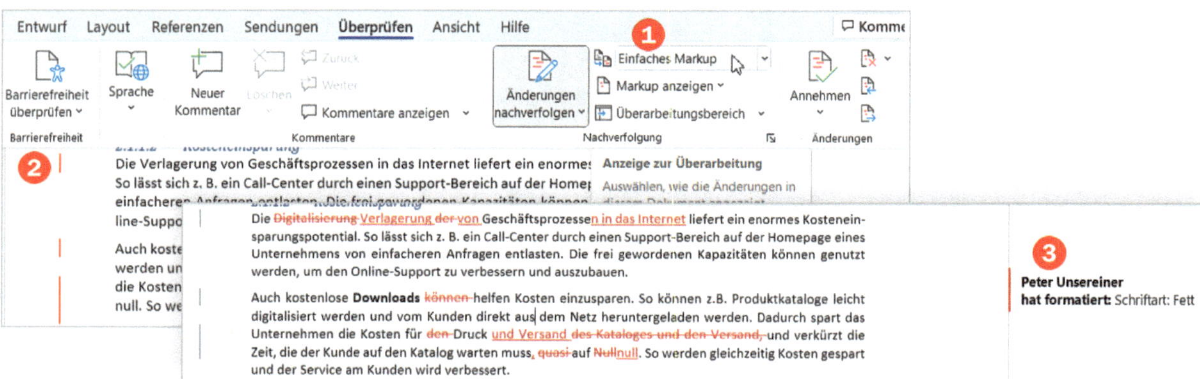

Bild 1.92 Alle Überarbeitungen anzeigen

- **Das überarbeitete Dokument anzeigen und Kennzeichnung ausblenden**: Die Ansicht *Markup: keine* zeigt das überarbeitete Dokument ohne Hinweise auf Änderungen an.
- **Den ursprünglichen Zustand anzeigen**: Mit der Anzeige *Original* erscheint das Dokument vorübergehend wieder im ursprünglichen Aussehen.

> **Die Kennzeichnung von Änderungen bleibt erhalten, bis Sie diese annehmen oder ablehnen**
>
> Die *Anzeige zur Überarbeitung* (Markup) steuert nur die Anzeige von Änderungen im Dokument, entfernt diese aber nicht und ausgeblendete Kennzeichnungen erscheinen nach dem nächsten Öffnen erneut. Erst wenn Sie Änderungen annehmen oder ablehnen, verschwindet die Kennzeichnung endgültig.

Weitere Anzeigemöglichkeiten

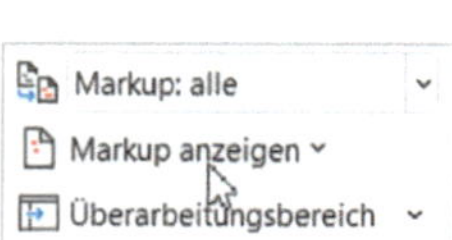

Die Anzeige der Änderungsdetails (*Markup: alle*) können Sie mit Klick auf *Markup anzeigen* (Menüband, Register *Überprüfen* ▶ *Nachverfolgung*) genauer festlegen.

- Standardmäßig sind die Überarbeitungstypen Einfügen, Löschen und Formatänderungen sichtbar. Wenn Sie die Anzeige einschränken möchten, dann entfernen Sie im Auswahlmenü *Markup anzeigen* das Häkchen bei *Format* oder *Einfügungen und Löschen* (Bild 1.93).
- Ob die Änderungen direkt im Dokument oder als Sprechblasen in einem gesonderten Bereich am rechten Rand des Dokuments erscheinen, steuern Sie über *Sprechblasen*. Hier haben Sie die Wahl zwischen *Überarbeitungen in Sprechblasen anzeigen*, *Alle Überarbeitungen inline anzeigen* (im Dokument) und *Nur Formatierungen in Sprechblasen anzeigen.*
- Nützlich kann manchmal auch die Beschränkung der Überarbeitungen auf *Bestimmte Personen* sein, z. B. indem Sie Ihre eigenen Überarbeitungen ausblenden bzw. das Häkchen bei *Autor* entfernen.

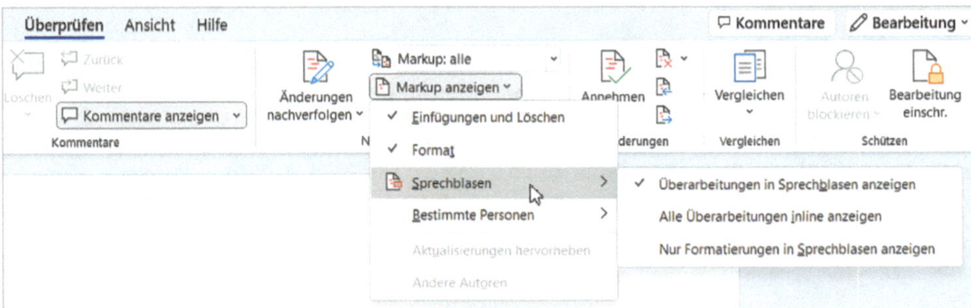

Bild 1.93 Markup anzeigen

Alle Überarbeitungen auf einen Blick

Noch übersichtlicher erhalten Sie eine Zusammenfassung aller Änderungen im Überarbeitungsbereich. Zum Anzeigen klicken Sie im Menüband, Register *Überprüfen* ▶ *Nachverfolgung* auf *Überarbeitungsbereich*, mit Klick auf den dazugehörigen Dropdown-Pfeil haben Sie die Wahl zwischen vertikal bzw. am linken Rand des Word-Fensters und horizontal am unteren Rand. Klicken Sie im Überarbeitungsbereich auf eine Änderung, um im Dokument zu dieser zu gelangen.

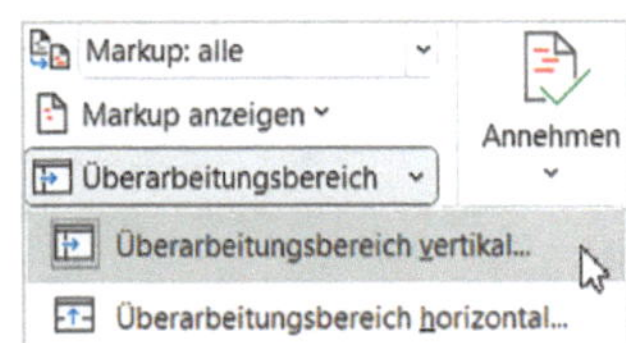

Änderungen annehmen oder verwerfen

Im Anschluss an die Überarbeitungen können Sie bei jeder Änderung entscheiden, ob Sie diese annehmen oder ablehnen möchten. Der Überarbeitungsmodus wird dazu nicht mehr benötigt und kann vorher deaktiviert werden.

1. Positionieren Sie den Cursor am Dokumentanfang, z. B. mit den Tasten **Strg**+**Pos1** und klicken Sie im Menüband, *Überprüfen* ▶ *Änderungen* auf *Nächste Änderung*, um die erste geänderte Stelle zu markieren.
2. Klicken Sie dann entweder auf *Annehmen* (Bild 1.94) oder *Ablehnen*. Die Überarbeitungskennzeichnung (Markup) verschwindet an dieser Stelle und die nächste Änderung wird automatisch markiert.

Darüber hinaus können Sie mit den Schaltflächen *Vorherige* und *Nächste Änderung* zu den einzelnen Änderungen navigieren und diese markieren. Falls Sie alle Änderungen schnell übernehmen möchten, so klicken Sie auf den Dropdown-Pfeil der Schaltfläche *Annehmen* und hier auf *Alle Änderungen annehmen*. Mit *Alle Änderungen annehmen und Nachverfolgung beenden* schalten Sie gleichzeitig den Überarbeitungsmodus aus. Sobald die letzte Änderung angenommen oder abgelehnt wurde, erhalten Sie die Meldung, dass das Dokument keine Kommentare oder Überarbeitungen enthält.

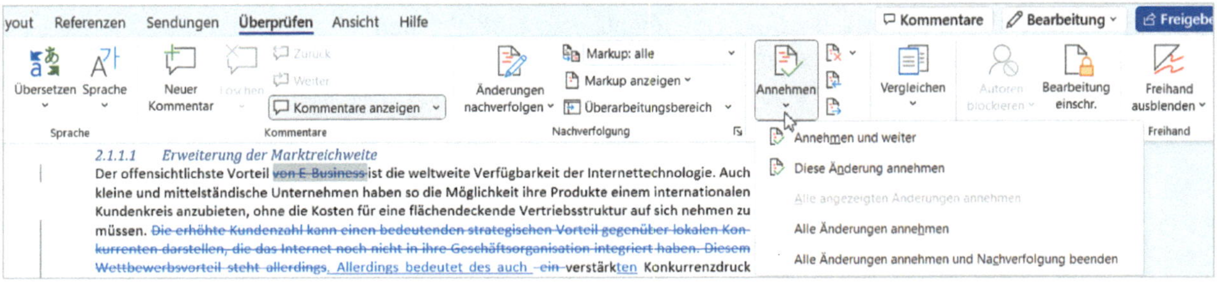

Bild 1.94 Markierte Änderung annehmen

Einstellungen und Farbanzeige des Überarbeitungsmodus

Die zur Kennzeichnung verwendeten Farben, die Art der zu berücksichtigenden Änderungen sowie weitere Einstellungen lassen sich mit Klick auf den kleinen Pfeil ⧉ der Gruppe *Nachverfolgung* ändern. Im Fenster *Optionen zum Nachverfolgen von Änderungen* können Sie mittels Kontrollkästchen das Nachverfolgen der Änderungen *Freihand*, *Einfügungen und Löschungen* und *Formatierung* im Bedarfsfall auch deaktivieren.

Farben und Darstellung der jeweiligen Überarbeitung, z. B. Durchgestrichen für Löschungen legen Sie mit Klick auf die Schaltfläche *Erweiterte Optionen…* fest.

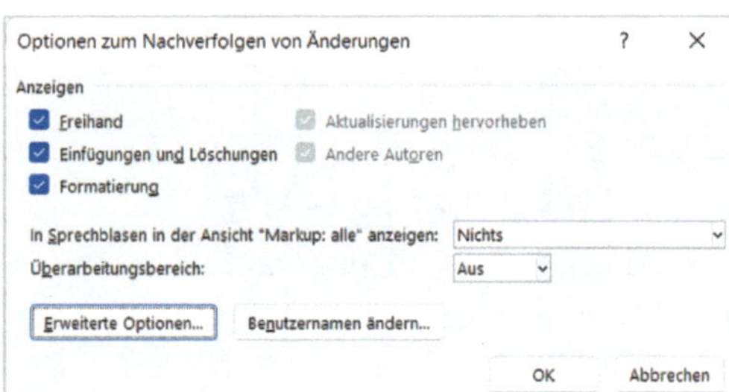

Bild 1.95 Optionen zur Kennzeichnung von Änderungen

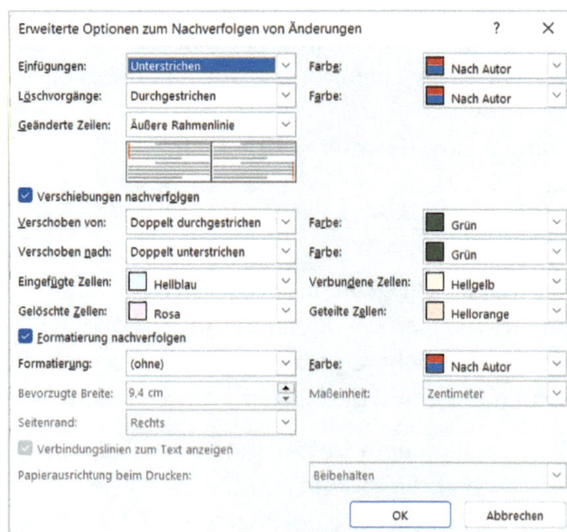

Bild 1.96 Erweiterte Optionen

Vorsicht beim Drucken

Beim Drucken von Dokumenten mit nachverfolgten Änderungen gilt: „what you see is what you get", d. h. die Bildschirmanzeige gilt auch für den Ausdruck. Wenn Überarbeitungen nicht gedruckt werden sollen, dann müssen Sie entweder *Original* oder *Markup: keine* als Anzeige auswählen (s. Seite 64).

Kommentare einfügen

Kommentare erlauben das Anbringen von Notizen, Anmerkungen und weiterführenden Informationen im Dokument, ohne dass diese im Ausdruck erscheinen. Auch Bilder und Links können in einen Kommentar hineinkopiert werden. Daher sind Kommentare eine wichtigen Funktionen beim gemeinsamen Bearbeiten von Dokumenten.

Kommentar einfügen

Zum Einfügen eines Kommentars positionieren Sie den Cursor im Dokument an der Stelle, die Sie kommentieren möchten oder markieren diese ❶ und verwenden eine der folgenden Methoden:

- Menüband, Register *Überprüfen* (oder Register *Einfügen*) ▶ *Kommentare* ▶ *Neuer Kommentar* ❷, s. Bild 1.97.
- Oder Rechtsklick an die betreffende Stelle und Befehl *Neuer Kommentar*.
- Am schnellsten geht's mit der Tastenkombination **Strg**+**Alt**+**K**.

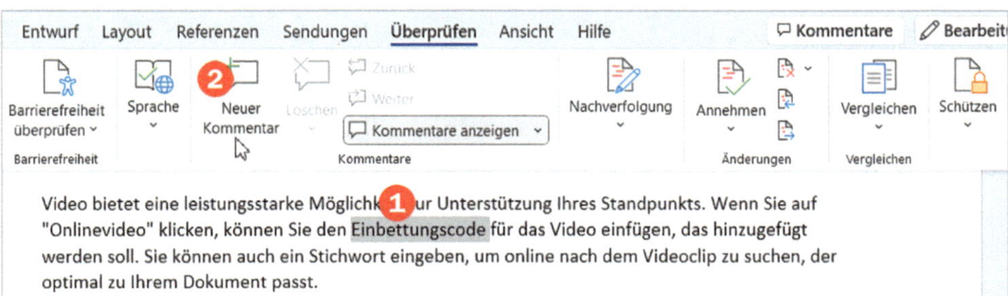

Bild 1.97 Kommentar einfügen

Rechts vom Dokument öffnet sich ein kleines Feld mit Ihrem Benutzernamen und der Cursor befindet sich bereits im Eingabefeld *Unterhaltung beginnen*. Geben Sie hier Ihre Bemerkung ein ❸ und klicken Sie anschließend auf das Symbol *Kommentar posten* ❹ oder drücken Sie die Tasten **Strg**+**Eingabetaste**. Mit dem Symbol *Abbrechen* ❺ entfernen Sie dagegen den Kommentar.

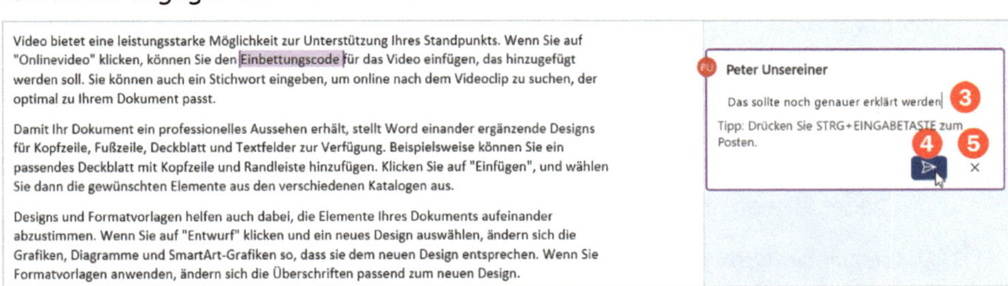

Bild 1.98 Geben Sie Ihre Bemerkungen ein

Kommentare anzeigen

Kommentare sind im Dokument am Symbol ❶ (Bild 1.99) rechts von der betreffenden Zeile schnell zu erkennen und beim Zeigen auf das Symbol wird im Text die kommentierte Stelle hervorgehoben. Zum Anzeigen des Kommentars klicken Sie auf das Symbol oder im Menüband, Register *Überprüfen* auf *Kommentare anzeigen* ❷. Daraufhin erscheinen rechts alle Kommentaren. Mit Klick auf *Kommentare anzeigen* blenden Sie die Kommentare auch wieder aus.

Bild 1.99 Kommentare anzeigen

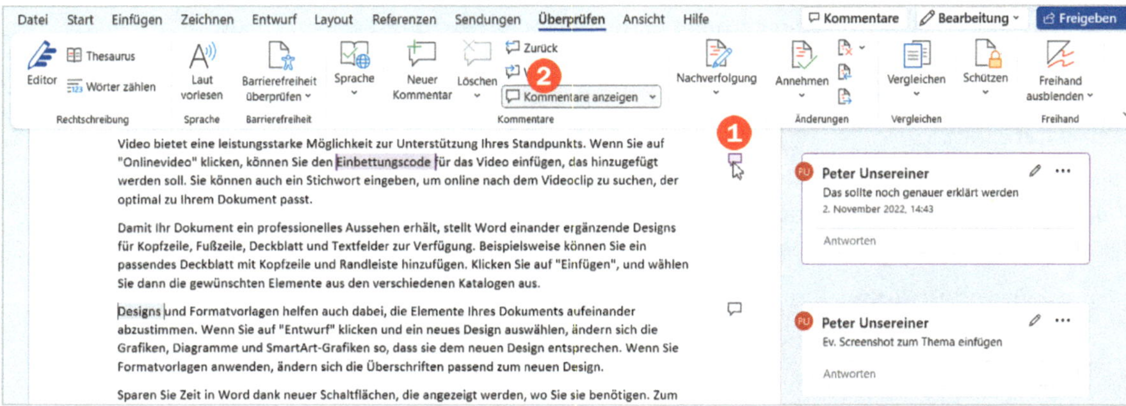

Die weiteren Möglichkeiten

Im Register *Überprüfen* des Menübands und im Kommentarfeld selbst finden Sie noch die folgenden Möglichkeiten:

Bild 1.100 Zurück/Weiter, Kommentar löschen

Bild 1.101 Antworten und Bearbeiten

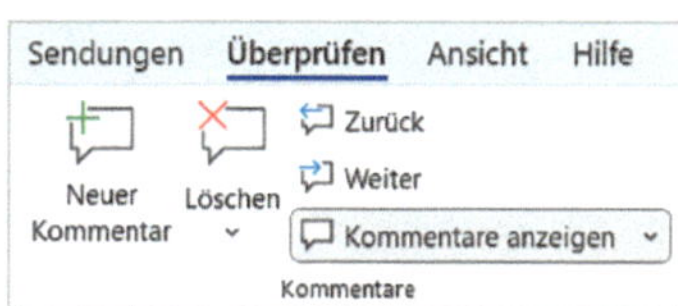

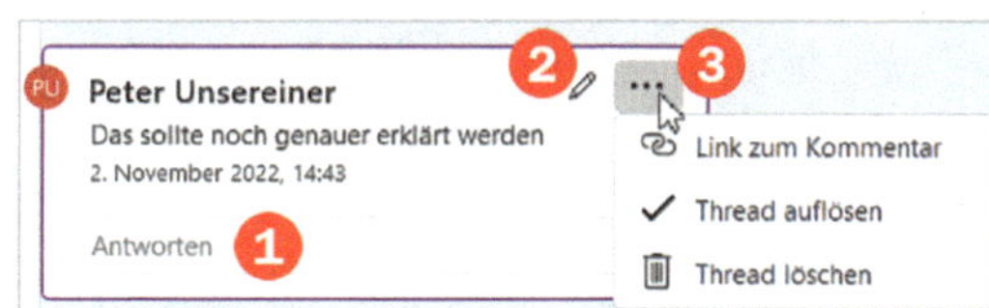

- **Kommentar ansteuern**: Klicken Sie im Menüband, Register *Überprüfen* ▶ *Kommentare* auf *Weiter* oder *Zurück*.
- **Auf Kommentar antworten**: Klicken Sie im Kommentar in das Feld *Antworten* ❶, geben Sie hier Ihre Antwort ein und klicken Sie auf *Posten*.
- **Kommentar ändern**: Klicken Sie auf das Symbol *Kommentar bearbeiten* ❷.
- **Kommentar als erledigt kennzeichnen**: Klicken Sie auf die drei Punkte ❸ des Kommentars und auf *Thread auflösen*.
- **Kommentar löschen**: Wählen Sie im Dreipunktmenü des Kommentars *Thread löschen* oder klicken Sie im Menüband ▶ *Überprüfen* ▶ *Kommentare* auf *Löschen*.

  Alle Kommentare löschen: Wenn Sie alle Kommentare löschen möchten, dann klicken Sie stattdessen im Menüband auf den Dropdown-Pfeil *Löschen* und wählen *Alle Kommentare im Dokument löschen*.

Tipp: Kommentarbereich anzeigen

In längeren Dokumenten mit einer Vielzahl von Kommentaren erhalten Sie im Kommentarbereich den besseren Überblick. Zum Anzeigen klicken Sie rechts oberhalb des Menübands auf *Kommentare*.

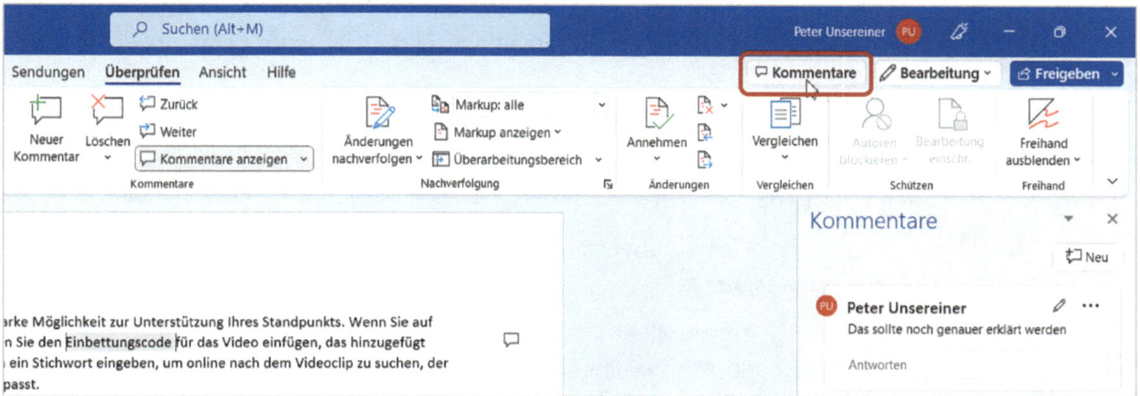

Bild 1.102 Kommentare anzeigen

Versionen und Dokumente vergleichen

Falls der Überarbeitungsmodus nicht aktiviert wurde, können Sie in einigen Fällen trotzdem auch nachträglich noch die Änderungen nachverfolgen. Entweder anhand der automatisch gespeicherten Versionen des Dokuments oder indem Sie das Originaldokument mit dem überarbeiteten Dokument vergleichen. In beiden Fällen erhalten Sie ein Dokument, das die Änderungen als Markups enthält (siehe Seite 64) und Sie können jede einzelne Änderung annehmen oder ablehnen.

Versionsverlauf nutzen (Microsoft 365)

Wenn Sie Microsoft 365 nutzen, das Dokument auf OneDrive oder SharePoint gespeichert und der Schalter *Automatisches Speichern* ❶ aktiviert ist, dann können Sie auf den Versionsverlauf des Dokuments zurückgreifen. In diesem Fall wird jede Änderung automatisch und im Hintergrund sofort gespeichert und Sie haben im Versionsverlauf die Möglichkeit, ältere Versionen des Dokuments anzuzeigen und anschließend wiederherzustellen oder mit der aktuellen Version zu vergleichen.

Hinweis: Mit einem Microsoft-Konto können Sie die letzten 25 Versionen abrufen.

Ältere Versionen anzeigen

Zum Anzeigen des Versionsverlaufs klicken Sie entweder im Register *Datei* auf *Informationen* und hier auf die Schaltfläche *Versionsverlauf*.

Oder klicken Sie in der Titelleiste des Word-Fensters auf den Dateinamen und auf *Versionsverlauf* ❷.

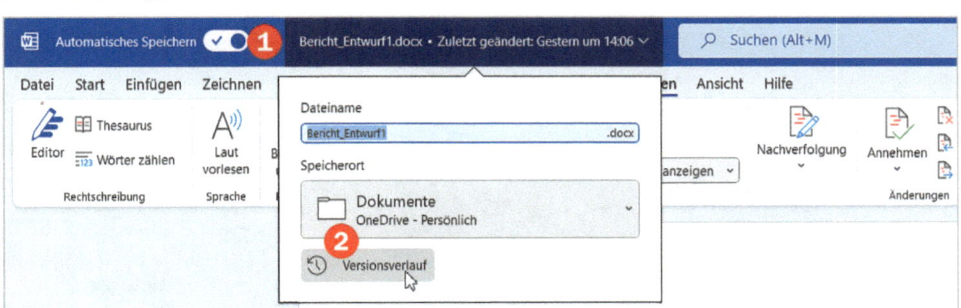

Bild 1.103 Versionsverlauf anzeigen

Rechts vom Dokument öffnet sich der Bereich *Versionsverlauf* und listet alle verfügbaren Versionen mit Datum und Uhrzeit auf (Bild 1.104), zum Öffnen bzw. Anzeigen klicken Sie auf die betreffende Version.

Um zum Original zurückzukehren, schließen Sie einfach das Fenster der jeweiligen Version.

Beachten Sie: Ältere Versionen werden in einem weiteren Fenster schreibgeschützt geöffnet und in der Leiste oberhalb des Dokuments finden Sie die folgenden Möglichkeiten (Bild 1.105):

- *Wiederherstellen* ❶ überschreibt den aktuellen Stand mit der ausgewählten Dokumentversion.
- *Vergleichen* ❷ erstellt aus der aktuellen Version ein neues Dokument und kennzeichnet darin alle zwischenzeitlich vorgenommenen Änderungen, siehe Seite 64. Dieses Dokument können Sie anschließend speichern und jede Änderung einzeln kontrollieren.

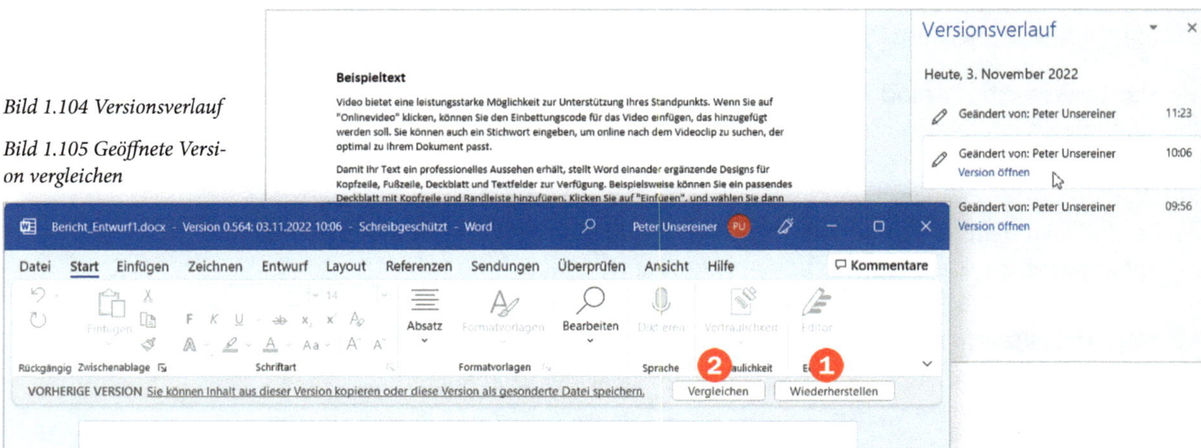

Bild 1.104 Versionsverlauf

Bild 1.105 Geöffnete Version vergleichen

Zwei Dokumente vergleichen

Liegen Überarbeitung und Original jeweils als gesonderte Dokumente vor, dann lassen sich die beiden Dokumente direkt vergleichen. Dies funktioniert auch mit Word 2021 und auf der lokalen Festplatte gespeicherten Dokumenten.

1 Dazu öffnen Sie eines der beiden Dokumente, klicken im Menüband, Register *Überprüfen* auf *Vergleichen* und wählen hier *Vergleichen...* ❶.

Bild 1.106 Zwei Dateien vergleichen

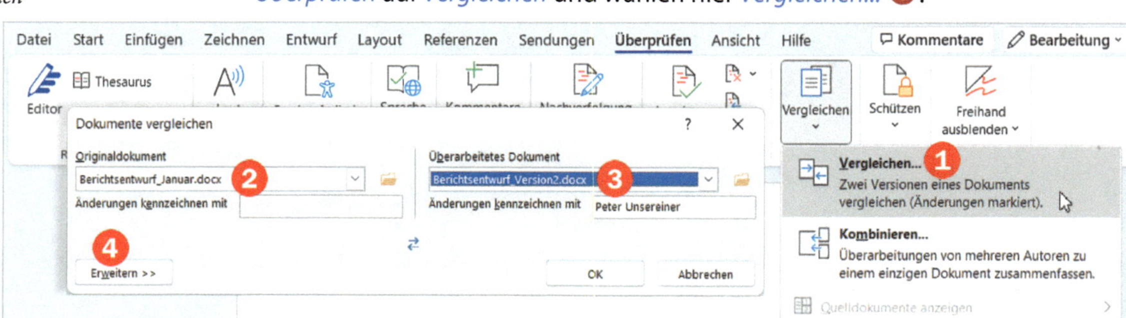

2 Wählen Sie anschließend im Fenster *Dokument vergleichen* links das Originaldokument ❷ und rechts das überarbeitete Dokument ❸ aus (siehe Bild unten). Klicken Sie dazu entweder direkt in das Feld (zuletzt verwendete Dokumente) oder auf das Symbol *Durchsuchen.*

3 Zusätzliche Optionen erhalten Sie über die Schaltfläche *Erweitern >>* ❹. Hier können Sie wählen, welche Art von Überarbeitungen Sie vergleichen möchten und ob die Änderungen in einem der beiden Dokumente oder in einem neuen Dokument (Standardeinstellung) erscheinen sollen.

Hinweis: Eventuell geänderte Einstellungen werden automatisch auch beim nächsten Dokumentvergleich verwendet.

Mit der Standardeinstellung Änderungen in neuem Dokument anzeigen erstellt Word ein neues Dokument, das dem überarbeiteten Dokument entspricht und alle Änderungen gegenüber dem Original als Markups enthält (siehe Seite 64).

Tipp: Alle Dokumente anzeigen
Falls Sie zusätzlich zum Vergleichsergebnis auch Original- und überarbeitetes Dokument betrachten möchten, so klicken Sie auf *Vergleichen* ▶ *Quelldokumente anzeigen* ❺ und wählen *Original anzeigen*, *Überarbeitetes Dokument anzeigen* oder *Beide anzeigen*. Der Bildlauf bzw. Scrollen mit der Maus erfolgt in allen geöffneten Versionen synchron, so dass sich die geänderten Stellen leicht vergleichen lassen.

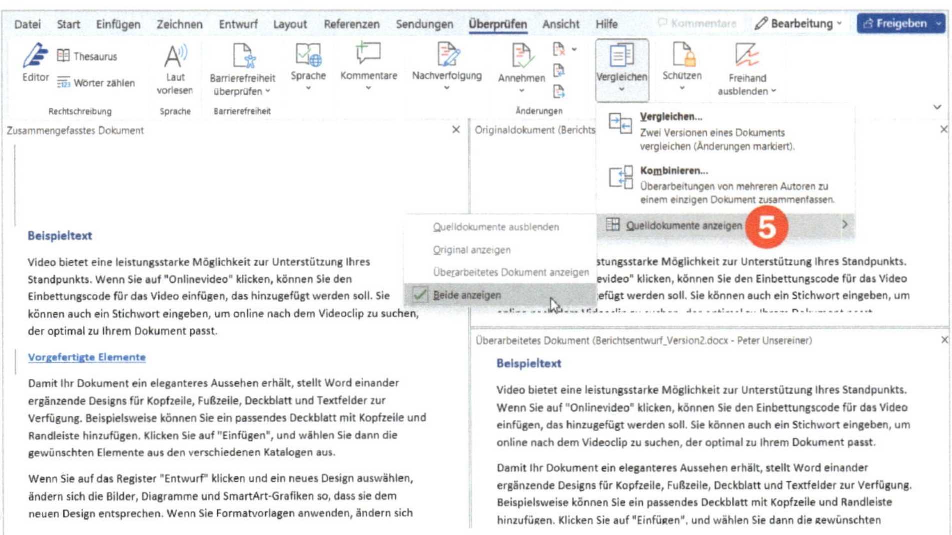

Bild 1.107 Vergleichsergebnis mit Original und überarbeitetem Dokument anzeigen

1.7 Dokumente durchsuchen

Um das Dokument nach einem bestimmten Begriff zu durchsuchen, benutzen Sie am einfachsten das Suchfeld in der Titelleiste des Word-Fensters: Klicken Sie in das Feld oder benutzen Sie die Tasten **Alt-M**, geben Sie anschließend einen Suchbegriff oder einen Teil davon ein und klicken Sie unter *Im Dokument suchen* auf Ihren Suchbegriff.

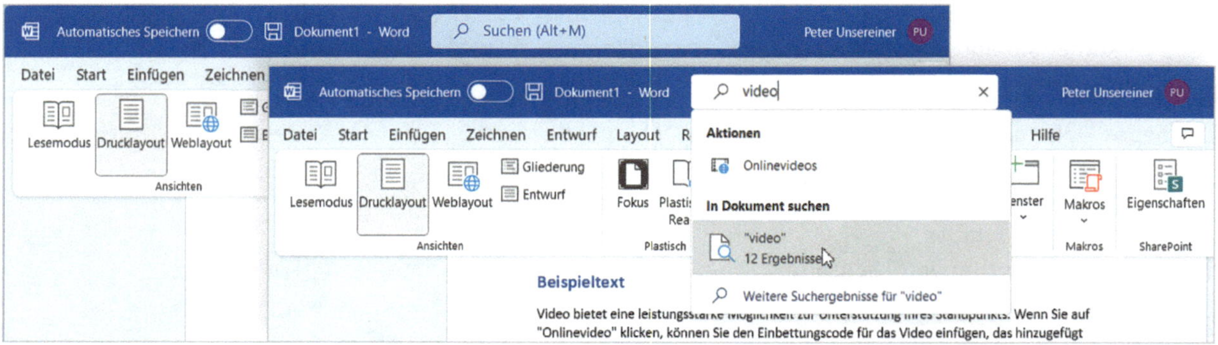

Bild 1.108 Suchfeld nutzen

Anschließend öffnet sich am linken Rand des Word-Fensters der Navigationsbereich und listet alle Fundstellen auf, gleichzeitig werden diese im Dokument gelb hervorgehoben. Durch Anklicken einer Fundstelle in der Trefferliste wird der Begriff im Dokument markiert. Oder verwenden Sie die kleinen Pfeile unterhalb des Suchfeldes, um im Dokument zur nächsten oder vorherigen Fundstelle zu gelangen.

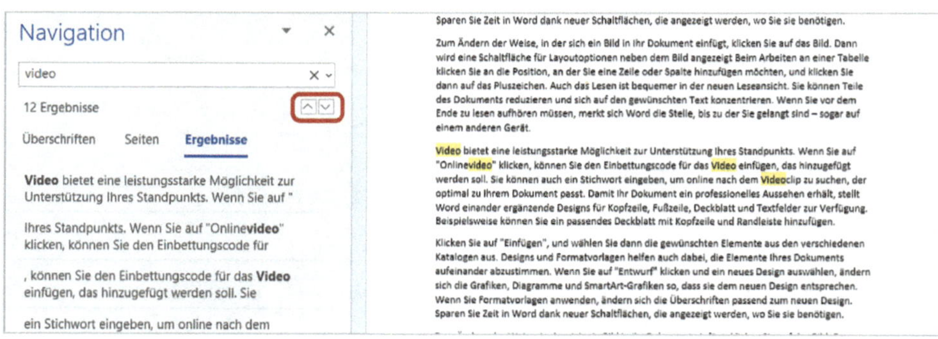

Bild 1.109 Der Navigationsbereich erscheint am linken Rand des Word-Fensters

Die Breite des Navigationsbereichs ändern Sie mit der Maus: Zeigen Sie auf die Trennlinie und ziehen Sie die Linie in die gewünschte Richtung. Zum Schließen klicken Sie auf das Symbol *Schließen* in der rechten oberen Ecke.

Den Navigationsbereich zur Suche nutzen

Navigationsbereich anzeigen

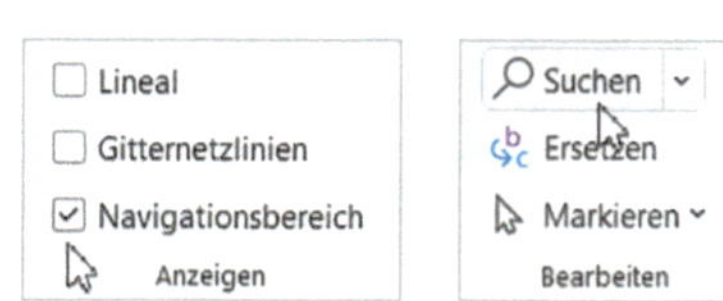

Insbesondere in längeren Dokumenten leistet der Navigationsbereich zur Übersicht, zur Navigation und zum Durchsuchen gute Dienste. Alternativ zur oben beschriebenen Vorgehensweise öffnen Sie den Navigationsbereich auch, indem Sie im Menüband, Register *Anzeigen* ▶ *Anzeigen* das gleichnamige Kontrollkästchen aktivieren oder im Register *Start* ▶ *Bearbeiten* auf *Suchen* klicken oder die Tasten **Strg**+F drücken.

Nach Begriffen, Zeichen oder Formaten suchen

Wenn Sie das Dokument nach einem bestimmten Begriff durchsuchen möchten, dann klicken Sie zunächst auf *Ergebnisse* ❶ und geben dann im Feld *Dokument durchsuchen* einen oder mehrere Suchbegriffe ein ❷, Groß- und Kleinschreibung spielt, wenn nichts anderes festgelegt wurde, keine Rolle.

Bereits während der Eingabe listet Word im Bereich unterhalb alle Fundstellen auf und hebt die Treffer im Dokument hervor. Ein Klick auf das x im Suchfeld ❸ löscht die Suche und entfernt im Dokument die Hervorhebung der Suchergebnisse wieder.

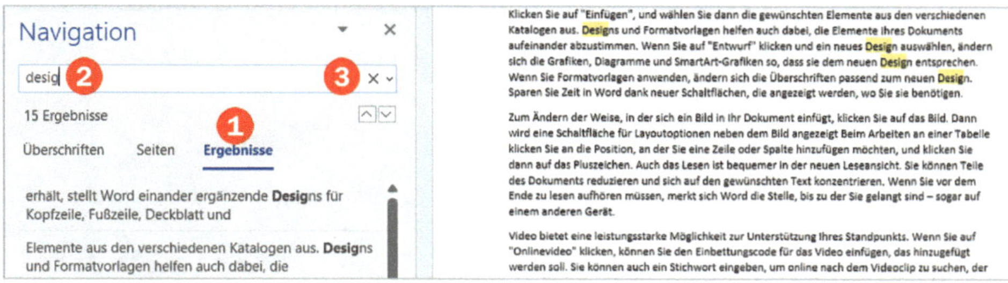

Bild 1.110 Das Dokument nach einem Begriff durchsuchen

Die Suche über Suchoptionen eingrenzen

Die normale Suche berücksichtigt auch Zeichenfolgen innerhalb von Wörtern. Manchmal liefert daher eine Suche erst korrekte Ergebnisse, wenn Sie sie auf Wörter beschränken.

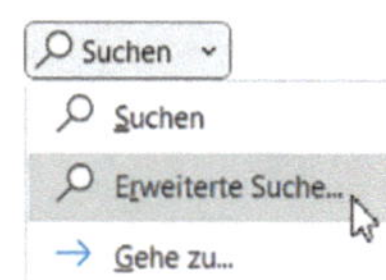

Bild 1.111 Erweiterte Suche

1. Dazu klicken Sie im Navigationsbereich auf den Dropdown-Pfeil rechts im Suchfeld und wählen *Erweiterte Suche...* (Bild 1.111) oder klicken Sie im Menüband, Register *Start* ▶ *Bearbeiten* auf den Dropdown-Pfeil *Suchen* und hier auf *Erweiterte Suche*.

2. Anschließend öffnet sich das Fenster *Suchen und Ersetzen* mit dem Register *Suchen*. Klicken Sie auf die Schaltfläche *Erweitern >>* und aktivieren Sie die Kontrollkästchen *Nur ganzes Wort suchen* sowie *Groß- und Kleinschreibung beachten*.

Bild 1.112 Suchoptionen

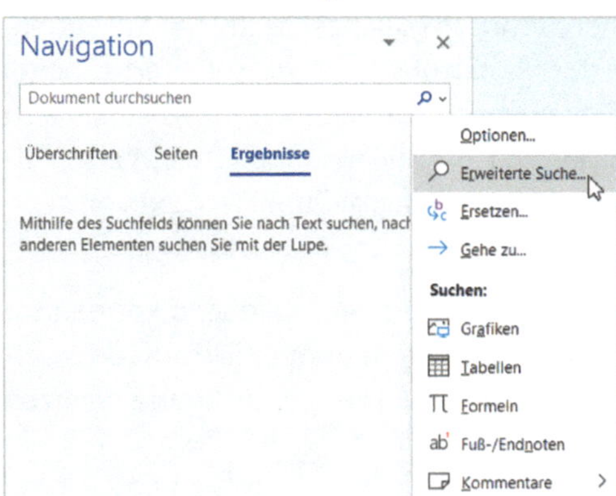

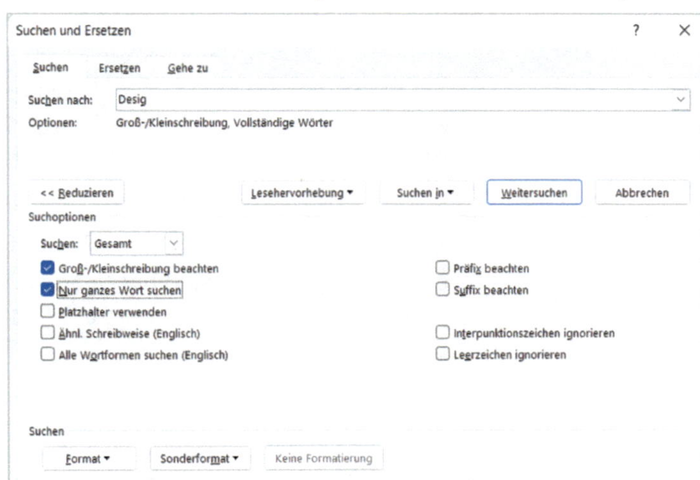

Nach Formaten suchen

Über die Schaltfläche *Format* können Sie auch nach einem Zeichen- oder Absatzformat oder einer Formatvorlage suchen ❶. Ein Suchbegriff ist hierzu nur erforderlich, wenn Sie nach einer Zeichenfolge mit einer bestimmten Formatierung suchen.

Nicht druckbare Zeichen suchen

In vielen Fällen ist auch die Suche nach nicht druckbaren Zeichen hilfreich, z. B. zum anschließenden Entfernen manueller Zeilen- oder Seitenumbrüche. Dazu klicken Sie im Fenster *Suchen und Ersetzen* auf die Schaltfläche *Sonderformat* ❷ und auf das gesuchte Zeichen, im Bild unten *Manueller Zeilenumbruch*.

Bild 1.113 Nach einem Zeichenformat suchen

Bild 1.114 Nach manuellen Zeilenumbrüchen suchen

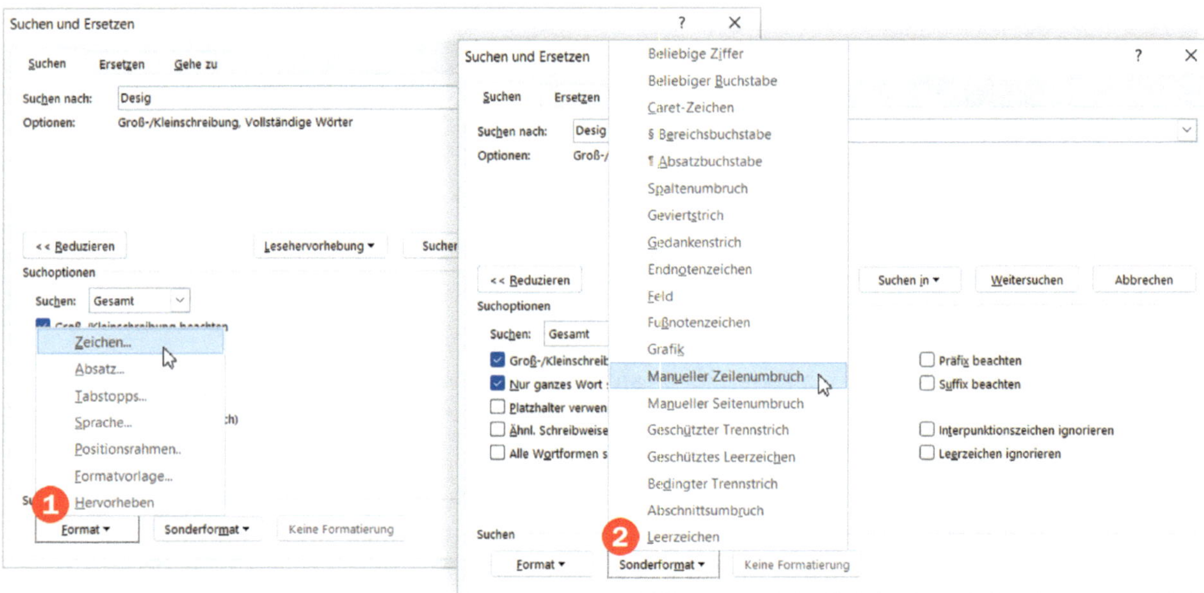

Zeichenfolgen ersetzen

Wenn Sie eine Zeichenfolge nicht nur suchen, sondern gleichzeitig durch eine andere ersetzen möchten, dann klicken Sie im Fenster *Suchen und Ersetzen* (Erweiterte Suche) auf das Register *Ersetzen* ❶. Hier geben Sie zusätzlich zum Suchbegriff ❷ an, durch welche Zeichenfolge ❸ dieser ersetzt werden soll, die *Suchoptionen* über die Schaltfläche *Erweitern>>* sind dieselben wie bei der Suche. **Achtung**: Zum Ersetzen von Wörtern sollte unbedingt das Kontrollkästchen *Nur ganzes Wort suchen* aktiviert sein.

Klicken Sie dann auf *Weitersuchen* um die Suche zu starten. Anschließend können Sie entweder die Fundstellen nacheinander einzeln ersetzen oder mit Klick auf *Alle ersetzen* die gesuchte Zeichenfolge automatisch und ohne vorherige Rückfrage ersetzen lassen.

Formate und Sonderformate ersetzen

Das Ersetzen funktioniert auch in Verbindung mit Formaten und Sonderzeichen. So können Sie z. B. schnell im Dokument Bindestriche durch Geviertstriche ersetzen oder, wie in Bild 1.116 Unterstreichungen durch Fett: Klicken Sie dazu in das Feld *Suchen nach*, geben hier allerdings **keinen** Suchbegriff ein, sondern klicken stattdessen auf die Schaltfläche *Format* ❹. Wählen Sie *Zeichenformat* und die zu ersetzende *Unterstreichung*, dieses Format erscheint nun unterhalb von *Suchen nach* ❺. Klicken Sie dann in das Feld *Ersetzen durch*, lassen das Feld ebenfalls leer und wählen über die Schaltfläche *Format* das neue Format, hier *Zeichen...* ▶ *Fett*.

Suchformat löschen: Zum Entfernen eines Formats klicken Sie in das betreffende Feld und anschließend auf die Schaltfläche *Keine Formatierung* ❻.

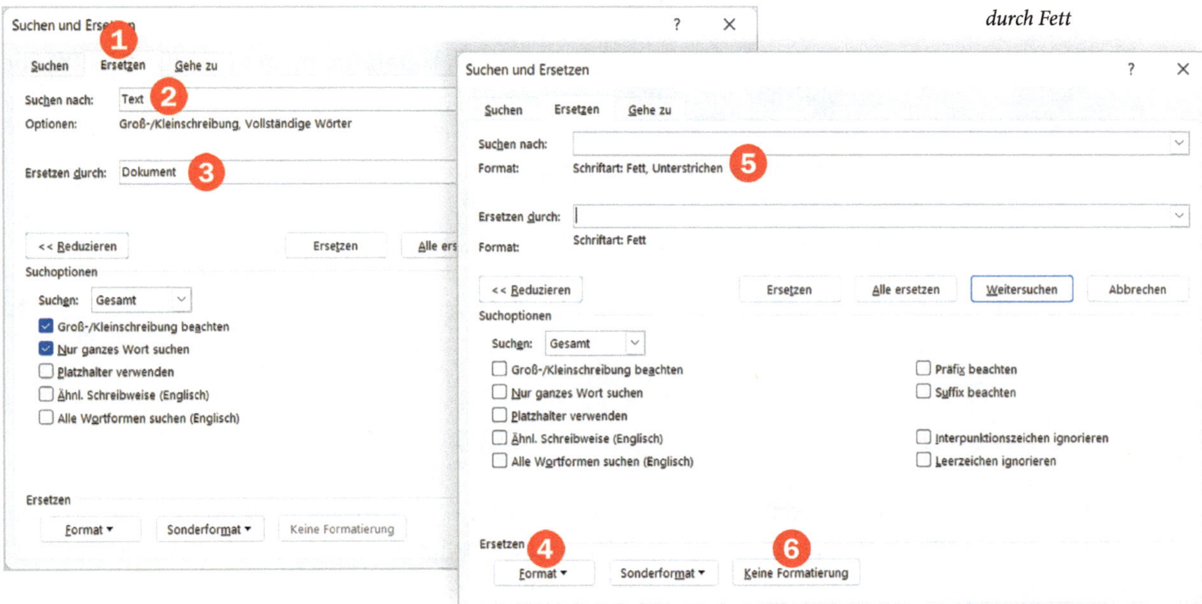

Bild 1.115 Zeichenfolgen oder Begriffe suchen und ersetzen

Bild 1.116 Beispiel: Unterstrichen ersetzen durch Fett

Zu Seiten und Überschriften navigieren

Der Navigationsbereich leistet auch gute Dienste zur schnellen Navigation im Dokument, klicken Sie dazu statt *Ergebnisse* auf *Seiten* ❶ oder *Überschriften* ❷.

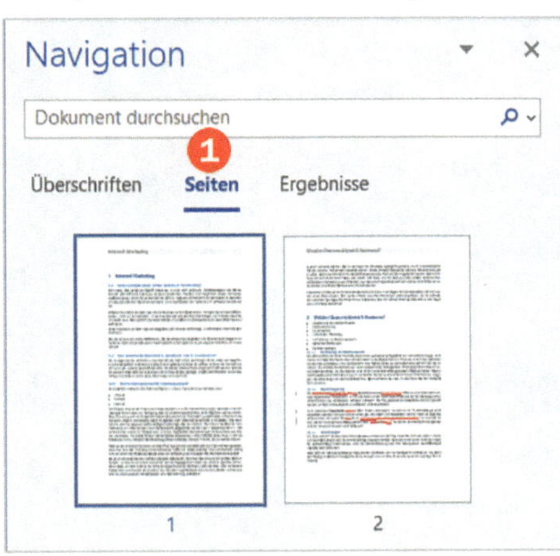

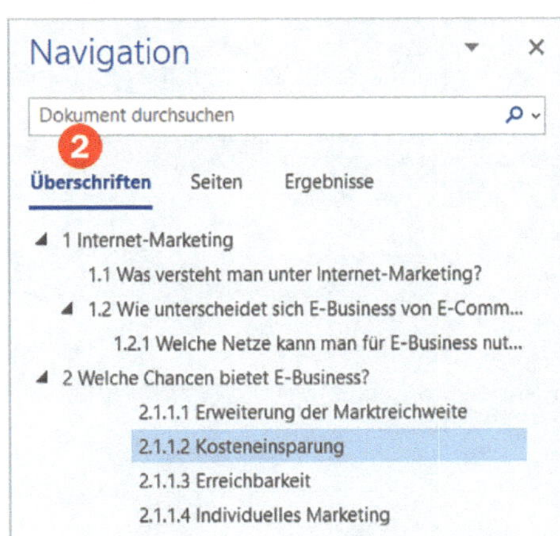

Bild 1.117 Navigation zu Seiten

Bild 1.118 Überschriften anzeigen

- Mit der Auswahl *Seiten* erscheinen die Seiten des Dokuments in der Miniaturansicht und diese können durch Anklicken schnell angesteuert werden.

Überschriften-Formatvorlagen siehe Kap. 3.6.

- Besonders nützlich ist in umfangreichen Dokumenten die Anzeige *Überschriften*. Diese zeigt alle Überschriften, genauer gesagt alle Absätze, die mit einer der integrierten Formatvorlagen für Überschriften formatiert wurden, an. Damit erhalten Sie einen schnellen Überblick über Ihre Gliederungspunkte und durch Anklicken gelangen Sie im Dokument zur betreffenden Überschrift.

  Tipp: Untergeordnete Überschriftebenen können über die kleinen Dreiecke ein- bzw. ausgeblendet werden. Falls eine leere Überschrift ohne Text erscheinen sollte, dann haben Sie versehentlich einen leeren Absatz mit einer Überschrift-Formatvorlage formatiert.

> **Beachten Sie eine wichtige Voraussetzung für die Anzeige der Überschriften**
>
> Überschriften werden von Word nur dann als solche erkannt, wenn sie mit den integrierten Formatvorlagen Überschrift 1-9 formatiert wurden, ansonsten bleibt der Navigationsbereich leer.

1.8 Formatierungen anzeigen und vergleichen

Manchmal werden auch Informationen zur Formatierung einer Textstelle benötigt. In solchen Fällen sparen Sie sich Raten und umständliches Suchen in den Dialogfenstern *Zeichen*, *Absatz* usw., wenn Sie sich sämtliche Formate im Bereich *Formatierung anzeigen* anzeigen lassen, wie im Bild unten.

Bild 1.119 Formatierungen anzeigen

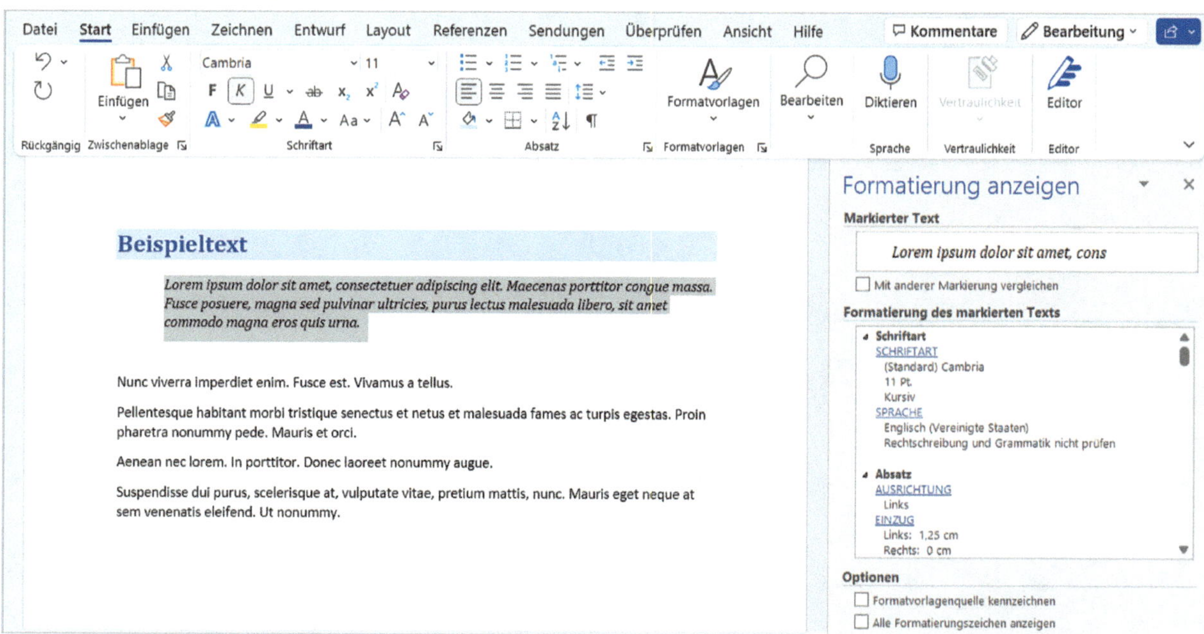

1 Setzen Sie dazu den Cursor in den Absatz, dessen Formatierung Sie anzeigen möchten oder markieren Sie die betreffende Textstelle und drücken Sie die Tasten **Umschalt+F1**.

2 Der Bereich *Formatierung anzeigen* öffnet sich am rechten Rand des Word-Fensters und bleibt solange geöffnet, bis Sie ihn mit Klick auf das *Schließen*-Symbol wieder schließen. Sie können also im Dokument weitere Stellen anklicken oder markieren, um auch für diese Formatierungsinformationen zu erhalten.

Die weiteren Möglichkeiten

- **Seitenlayout anzeigen**
  Word zeigt nicht nur alle verwendeten Zeichen- und Absatzformate an, sondern unter *Abschnitt* ❶ finden Sie auch Informationen zum Seitenlayout, z. B. Seitenränder und Papierformat, siehe Bild 1.120.

- **Dialogfenster öffnen und Formatierung ändern**
  Sie können im Aufgabenbereich *Formatierung anzeigen* nicht nur alle Formatierungen einsehen, sondern auch schnell ändern: Ein Klick auf den unterstrichenen Link, z. B. *Schriftart*, *Ausrichtung* oder *Einzug* öffnet das dazugehörige Dialogfenster in dem Sie Ihre Änderungen vornehmen können. Beachten Sie aber, dass zum Ändern von Zeichenformaten zuvor die Textstelle bzw. der gesamte Absatz markiert werden muss.

- **Formatvorlagenquelle anzeigen**
  Manchmal ist es auch nützlich zu wissen, welche Formate aus der zugrundeliegenden Formatvorlage stammen und welche direkt geändert wurden ❸. Zur zusätzlichen Anzeige der Formatvorlage aktivieren Sie das Kontrollkästchen *Formatvorlagenquelle kennzeichnen* ❷.

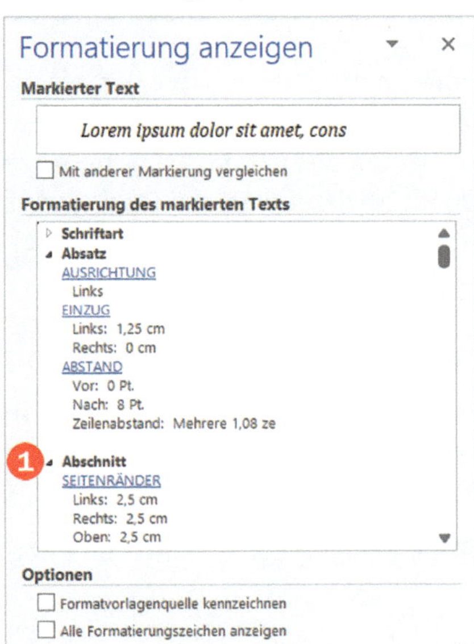

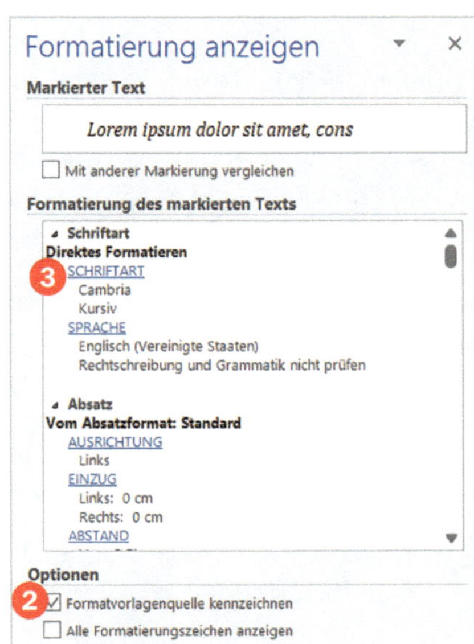

Bild 1.120 Abschnitt: Informationen zum Seitenlayout

Bild 1.121 Formatvorlagenquelle anzeigen

Formatierungen vergleichen

Sie können auch die Formatierung zweier Textstellen miteinander vergleichen und nur die Unterschiede anzeigen. Klicken Sie dazu bei geöffnetem Aufgabenbereich in den ersten zu vergleichenden Absatz und aktivieren Sie das Kontrollkästchen *Mit anderer Markierung vergleichen* ❶. Klicken Sie dann in den zweiten Absatz ❷. Sie erhalten nun rechts auch eine Vorschau auf diesen und unterhalb werden statt der Formate die Formatierungsunterschiede aufgelistet ❸.

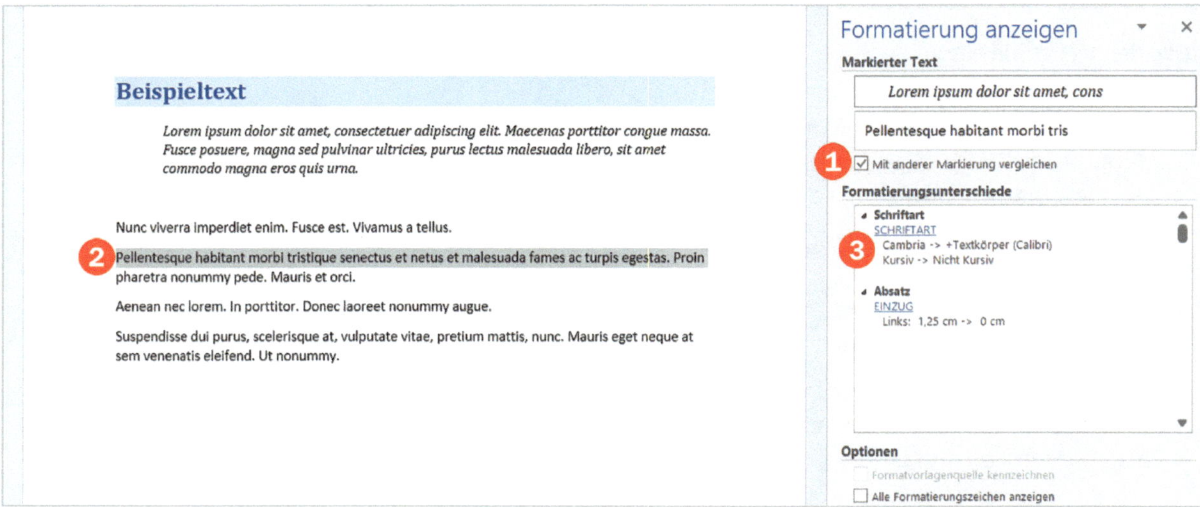

Bild 1.122 Formatierung zweier Absätze vergleichen

1.9 Dokument auf Barrierefreiheit überprüfen

Barrierefreiheit bedeutet, ein Dokument kann mit einem Screenreader vorgelesen werden und ist dadurch auch Personen mit Behinderungen zugänglich. Falls Sie sich bisher noch nicht mit barrierefreien Dokumenten beschäftigt haben, hier eine kurze Zusammenfassung der wichtigsten Empfehlungen für barrierefreie Word-Dokumente:

- Verwenden Sie für Überschriften die integrierten Formatvorlagen und achten Sie bei deren Verwendung auf eine logische Reihenfolge.
- Schließen Sie bei Bildern und sonstigen Visualisierungen Alternativtext mit ein.
- Vermeiden Sie nach Möglichkeit Tabellen. Wenn Daten trotzdem in Tabellenform dargestellt werden müssen, dann achten Sie auf eine möglichst einfache Tabellenstruktur und verwenden Sie aussagefähige Spaltenüberschriften.
- Stellen Sie sicher, dass Farben nicht der einzige Weg zur Vermittlung von Informationen sind.
- Vermeiden Sie wichtige Informationen in der Kopf- oder Fußzeile, das Sprachausgaben diese Bereich nicht durchsuchen.

Word verfügt mit der Barrierefreiheitsprüfung über ein nützliches Werkzeug, um Ihr Dokument auf die oben genannten Probleme zu überprüfen. Diese ist in der Standardeinstellung während der Arbeit am Dokument im Hintergrund aktiv, zu erkennen am Hinweis in der Statusleiste.

Per Rechtsklick in die Statusleiste kann die Barrierefreiheitsprüfung aktiviert und deaktiviert werden.

Bild 1.123 Klicken Sie auf Barrierefreiheit überprüfen

Um das aktuelle Dokument auf Barrierefreiheit zu überprüfen, klicken Sie im Register *Datei* auf *Informationen* und auf *Auf Probleme überprüfen*. Wählen Sie *Barrierefreiheit überprüfen*. Anschließend erscheint am rechten Rand des Word-Fensters der Aufgabenbereich *Barrierefreiheit* und listet alle gefundenen Probleme auf.

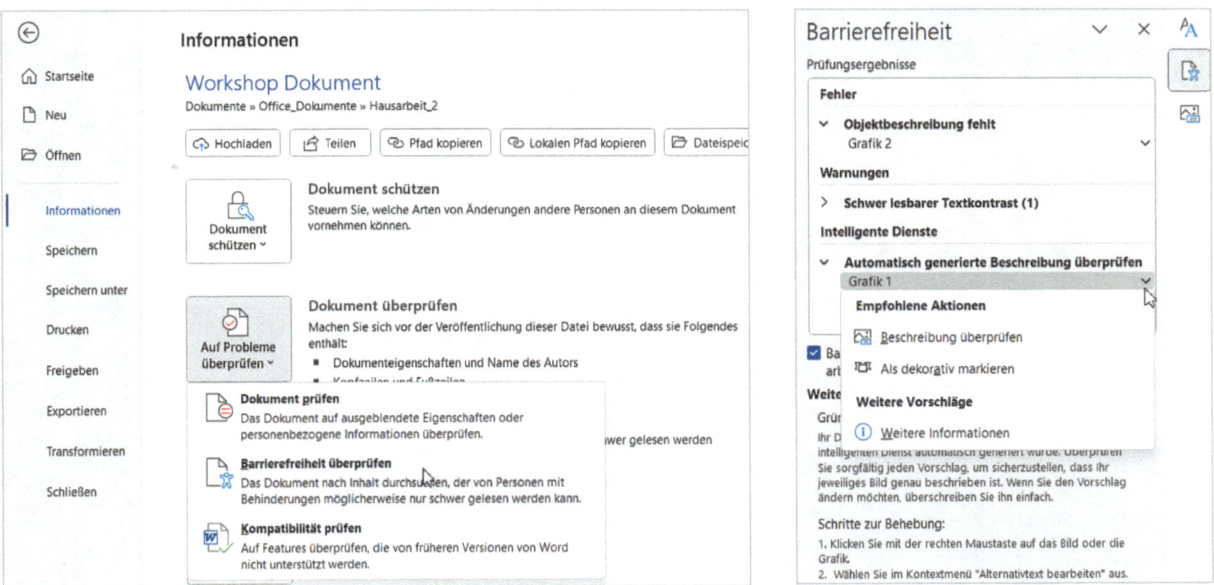

Bild 1.124 Die gefundenen Probleme erscheinen im Aufgabenbereich Barrierefreiheit

Tipp: Per Rechtsklick in die Statusleiste und Aktivieren der *Barrierefreiheitsprüfung* (Häkchen) sehen Sie bereits während der Arbeit, ob Probleme gefunden wurden und mit Klick darauf öffnet sich ebenfalls am rechten Bildschirmrand der Aufgabenbereich *Barrierefreiheit*.

- **Probleme anzeigen und beheben**: Mit Klick auf den Dropdown-Pfeil rechts von einem gefundenen Problem erhalten Sie weitere Informationen und Empfehlungen zu dessen Behebung. Klicken Sie auf eine der empfohlenen Aktionen, z. B. bei fehlendem Alternativtext auf *Beschreibung überprüfen* (Bild 1.124), so zeigt Word sofort die betreffende Folie zusammen mit dem Bereich *Alternativtext* an und markiert das betreffende Objekt.

Details zum Thema Alternativtext für Bilder lesen Sie in Kap. 4.5. auf Seite 190.

- **Hilfe zur Barrierefreiheit erhalten**: Hilfe zur Behebung des markierten Problems, z. B. zum Verfassen von Alternativtext, erhalten Sie im Aufgabenbereich Barrierefreiheit unter *Weitere Informationen*.

2 Seitenlayout für mehrseitige Dokumente

In diesem Kapitel lernen Sie ...

- Einstellungen zum Seitenlayout
- Hilfen zur Layoutgestaltung
- Dokument in Abschnitte aufteilen
- mehrspaltige Layouts
- Kopf- und Fußzeilen gestalten
- Kapitelüberschriften in Kopf- oder Fußzeile wiederholen
- Seitenzahlen einfügen und Seiten-nummerierung steuern
- Layout für beidseitigen Druck

Das sollten Sie bereits wissen

- Textformate anwenden
- Dokument drucken
- Umgang mit Tabellen

Je nach Dokumenttyp sind die Anforderungen an das Seitenlayout sehr unterschiedlich. Bei einfachen Briefen genügt es in der Regel, Papierformat, Ausrichtung und Seitenränder festzulegen. Dokumente mit mehreren Seiten bis hin zu Hausarbeiten, wissenschaftlichen Arbeiten und sonstigen Dokumentationen im Umfang von hundert und mehr Seiten stellen dagegen völlig andere Anforderungen an das Seitenlayout.

Einrichten der Seitenränder und Wahl der Ausrichtung, also Hoch- oder Querformat, dürften den meisten Lesern bekannt sein. Daher befasst sich dieses Kapitel in erster Linie mit anspruchsvolleren Layouts.

> **Der wichtigste Tipp gleich vorweg**
>
> Bei umfangreichen und anspruchsvolleren Dokumenten sollten Sie die grundlegenden Einstellungen zum Seitenlayout, also Seitenränder, beidseitiger Druck, Papiergröße und -ausrichtung usw., gleich zu Beginn der Arbeit festlegen. Sie sparen dadurch spätere Anpassungsarbeiten, z. B. von Tabellen oder Bildern.

2.1 Vorbereitungen

Blindtext zum Testen des Layouts erzeugen

In einem leeren Dokument lässt sich die Wirkung eines Layouts nur schwer beurteilen. Einen besseren Eindruck erhalten Sie, wenn Sie zum Testen einfach sogenannten Blindtext einfügen, den Sie hinterher wieder löschen. Dazu positionieren Sie den Cursor am Beginn eines neuen Absatzes, tippen =rand(*Zahl*) ein, wobei *Zahl* für die gewünschte Anzahl Absätze steht, und betätigen unmittelbar danach die **Eingabetaste**.

Die erste Zahl legt die Anzahl der Absätze fest. Mit einer zweiten Zahl, getrennt durch ein Komma, können Sie optional auch die Anzahl der Zeilen je Absatz angeben, so erzeugt beispielsweise die Anweisung =rand(10,5) zehn Absätze mit jeweils mindestens fünf Zeilen, wie im Bild unten.

Bild 2.1 Blindtext einfügen

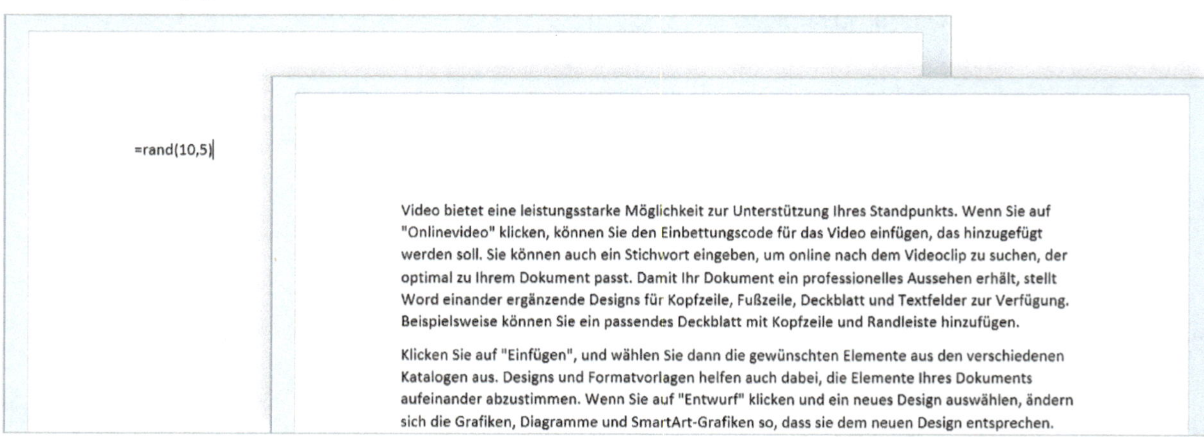

Hinweis: Mit der oben genannten Anweisung wird beliebiger Text aus der Word-Hilfe erzeugt. Eine zweite Variante mit lateinischen Wörtern ohne Bedeutung wird ebenfalls unterstützt, dazu geben Sie ein: =lorem(*Zahl*).

Lineal und Textbegrenzungen anzeigen

Die Seitenränder sind standardmäßig im Dokument nicht sichtbar. Da diese jedoch bei der Layoutgestaltung manchmal sehr nützlich sein können, stellt Word kleine Anzeigehilfen zur Verfügung.

- **Lineal einblenden**
  Zum Einblenden eines horizontalen und vertikalen Lineals ❶ aktivieren Sie im Register *Ansicht* ▶ *Anzeigen* das gleichnamige Kontrollkästchen.

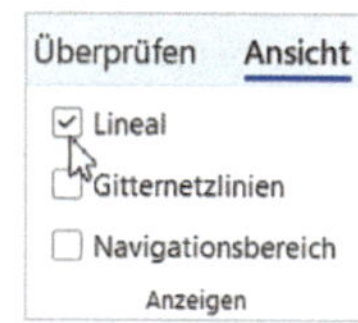

Der verfügbare Bereich zwischen den Seitenrändern wird auch als Satzspiegel bezeichnet

- **Textbegrenzungen anzeigen**
  Falls zusätzlich noch die Seitenränder und Absatzbegrenzungen ❷ im Dokument angezeigt werden sollen, so steuern Sie dies über die Word-Optionen. Klicken Sie im Register *Datei* auf *Optionen* und hier auf *Erweitert*. Aktivieren Sie dann im Abschnitt *Dokumentinhalt anzeigen* das Kontrollkästchen *Textbegrenzungen anzeigen*.

  Mit dem Kontrollkästchen *Zuschnittsmarken anzeigen* erhalten Sie im Dokument auf jeder Seite oben und unten kleine Linien ❸, die ebenfalls die Seitenränder kennzeichnen. Das Ergebnis sehen Sie im Bild unterhalb.

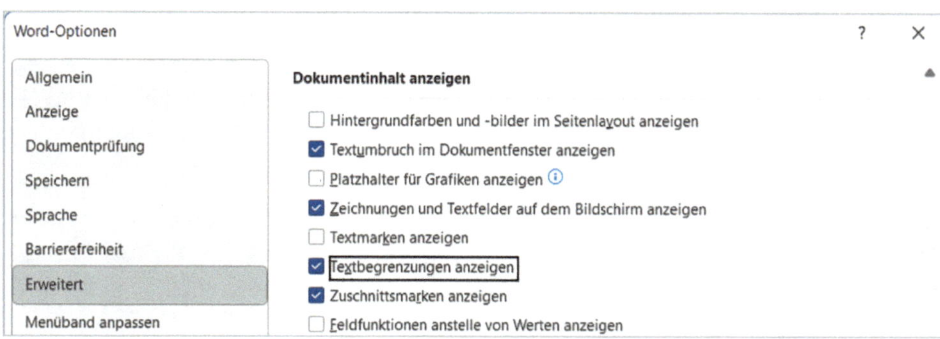

Bild 2.2 Textbegrenzungen und Zuschnittsmarken Dokument anzeigen

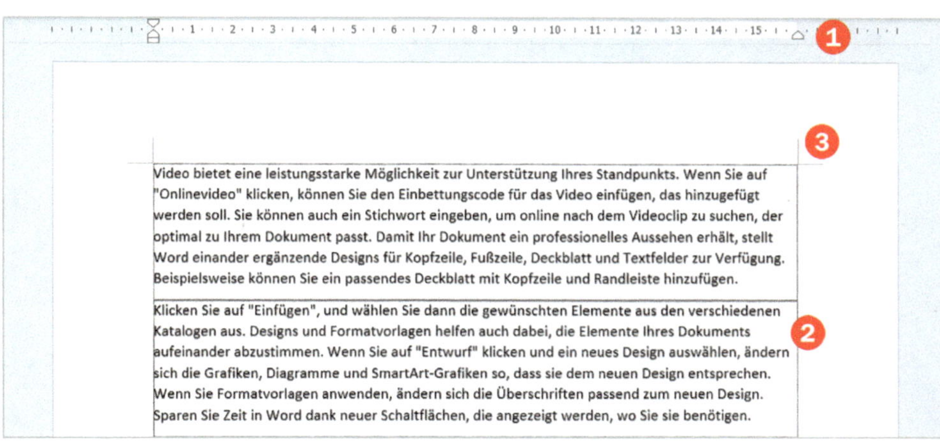

Bild 2.3 Zuschnittsmarken und Textbegrenzungslinien im Dokument

Ganzseitige Layoutkontrolle

Mehrere Seiten anzeigen

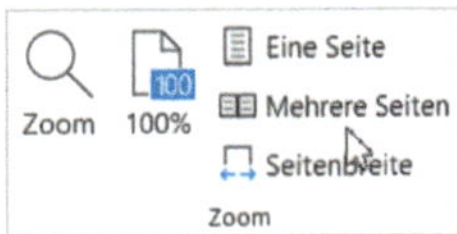

Bei mehrseitigen Dokumenten erhalten Sie einen besseren Eindruck vom Layout, wenn Sie mehrere Seiten gleichzeitig im Blick haben. Dazu klicken Sie im Menüband, Register *Ansicht* ▶ *Zoom* auf *Mehrere Seiten*. Dadurch wird die Anzeige automatisch so verkleinert, dass gleich mehrere Seiten nebeneinander Platz finden.

Bild 2.4 Mehrere Seiten

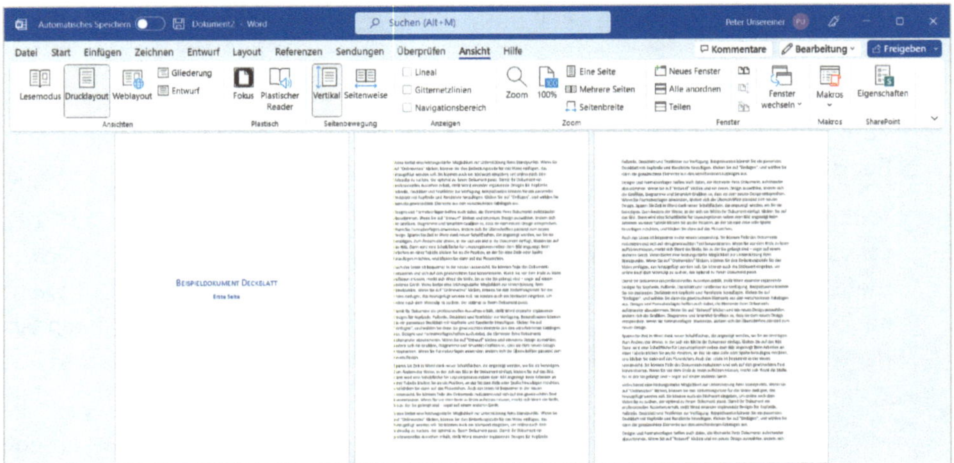

Achtung: Die Anzeige Mehrere Seiten ist nur in der Ansicht *Drucklayout* verfügbar!

Kontrolle in der Druckvorschau

Zur Kontrolle des Layouts eignet sich auch die Druckvorschau im Register *Datei* ▶ *Drucken*. Falls Sie beidseitig drucken möchten und für mehrere Seiten die Einstellung *Gegenüberliegende Seiten* ausgewählt haben, dann wird dies bis auf wenige Ausnahmen von Word berücksichtigt und die erste ungerade Seite erscheint als Einzelseite.

Hinweis: Probleme mit der korrekten Anzeige der ersten Seite können auftreten, wenn Sie die erste Seite mit einem der integrierten Deckblätter (*Einfügen* ▶ *Deckblatt*) gestaltet haben. Dies hat jedoch keinen Einfluss auf das Drucken.

Bild 2.5 Mehrere Seiten in der Druckvorschau

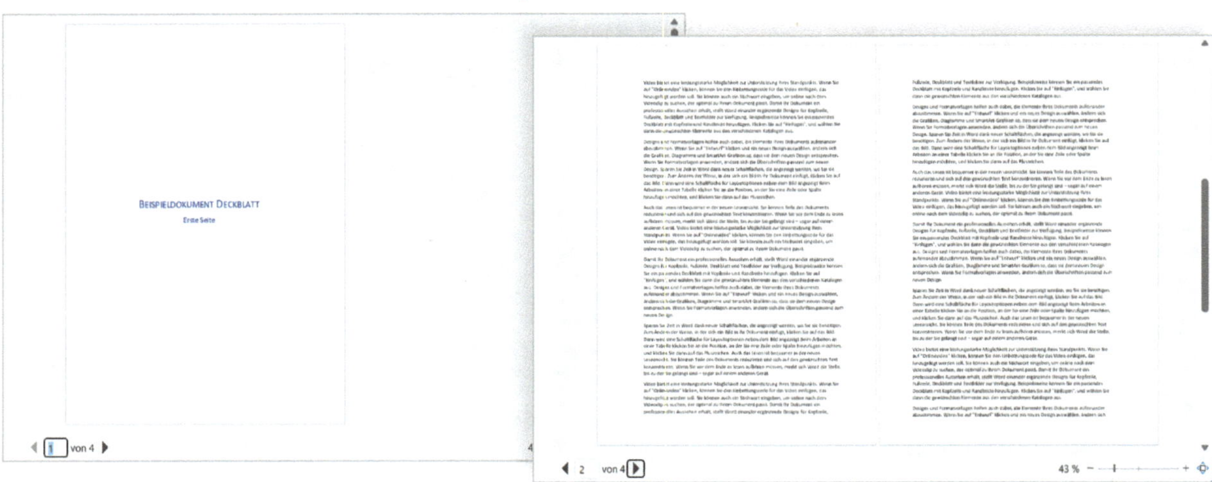

Seitenweise blättern

Alternativ können Sie in mehrseitigen Dokumente auch seitenweise blättern. Klicken Sie dazu im Register *Ansicht* ▶ *Seitenbewegung* auf *Seitenweise* ❶ statt *Vertikal* (**Achtung**: Dies ist nur in der Ansicht *Drucklayout* möglich). In diesem Modus blättern Sie mit Drehen des Mausrads oder mit den Tasten Bild nach oben/unten wie in einem Buch durch die Seiten.

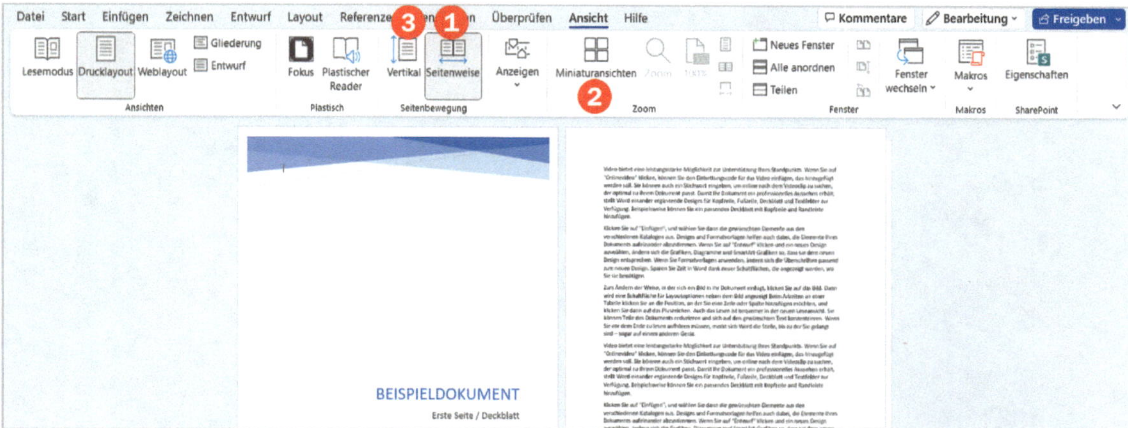

Bild 2.6 Seitenweise durch mehrseitiges Dokument blättern

Tipp: In dieser Ansicht können Sie mit der Schaltfläche *Miniaturansichten* ❷ auch die Seiten des Dokuments so verkleinern, dass alle Seiten Platz finden.

Leider ignoriert Word auch hier beidseitigen Druck und zeigt immer zwei Seiten nebeneinander an. Zudem wird die Anzeige automatisch so verkleinert, dass jeweils zwei Druckseiten vollständig Platz finden, Vergrößern ist nicht möglich. Um wieder auf normales vertikales Scrollverhalten umzustellen, klicken Sie auf *Vertikal* ❸.

Die Druckvorschau als eigene Ansicht

In vielen Fällen leistet auch die Seitenansicht früherer Word-Versionen gute Dienste, da diese ebenfalls gegenüberliegende Seiten am Bildschirm korrekt anzeigt und als eigene Ansicht auch schnelles Vergrößern, sowie einfache Textkorrekturen erlaubt.

Diese Ansicht ist in Word 2021 bzw. Microsoft 365 zwar vorhanden, aber nicht im Menüband enthalten und muss deshalb erst einmal der Symbolleiste für den Schnellzugriff hinzugefügt werden.

1. Dazu klicken Sie in der Symbolleiste für den Schnellzugriff ganz rechts auf den Pfeil *Die Symbolleiste für den Schnellzugriff anpassen...* und auf *Weitere Befehle...*.

Eventuell müssen Sie auch zuerst die Symbolleiste für den Schnellzugriff anzeigen. Details zum Umgang mit der Symbolleiste lesen Sie in Kapitel 1 auf Seite 19.

2. Das Fenster *Word-Optionen* mit Einstellungen für die Symbolleiste für den Schnellzugriff wird geöffnet. Wählen Sie zuerst im Feld *Befehle auswählen* die Anzeige *Alle Befehle* ❶ aus (Bild 2.7).
3. Scrollen Sie dann in der Liste der Befehle nach unten bis zum Buchstaben S, klicken Sie auf *Seitenansicht - Bearbeitungsmodus* ❷ und anschließend auf *Hinzufügen >>* ❸. **Achtung**: nicht zu verwechseln mit dem Befehl *Seitenansicht und Dru-*

cken! Letzterer wechselt in das Register *Datei* und hier zum Befehl *Drucken*, leider verwenden beide Befehle dasselbe Symbol.

4 Klicken Sie abschließend auf *OK*.

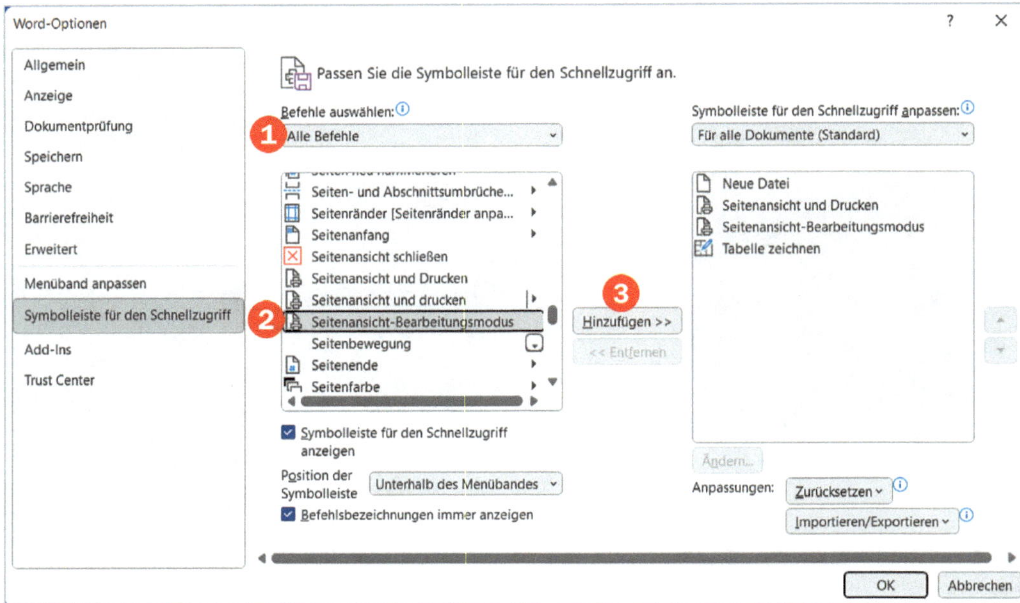

Bild 2.7 Den Befehl Seitenansicht-Bearbeitungsmodus hinzufügen

In dieser Ansicht erscheint im Menüband die zusätzliche Registerkarte *Seitenansicht*, über die Sie auch die Druckseite einrichten und zwischen den Seiten navigieren können (Bild unten). Mit der Schaltfläche *Seitenansicht schließen* kehren Sie zur vorherigen Anzeige zurück.

Ein weiterer Vorteil: In dieser Ansicht erscheint der Mauszeiger im Dokument als Lupe und per Mausklick können Sie schnell einzelne Stellen vergrößern (100%) und wieder verkleinern. Wenn Sie das Kontrollkästchen *Lupe* deaktivieren, dann steht im Dokument der normale Cursor für Texteingaben und Korrekturen zur Verfügung.

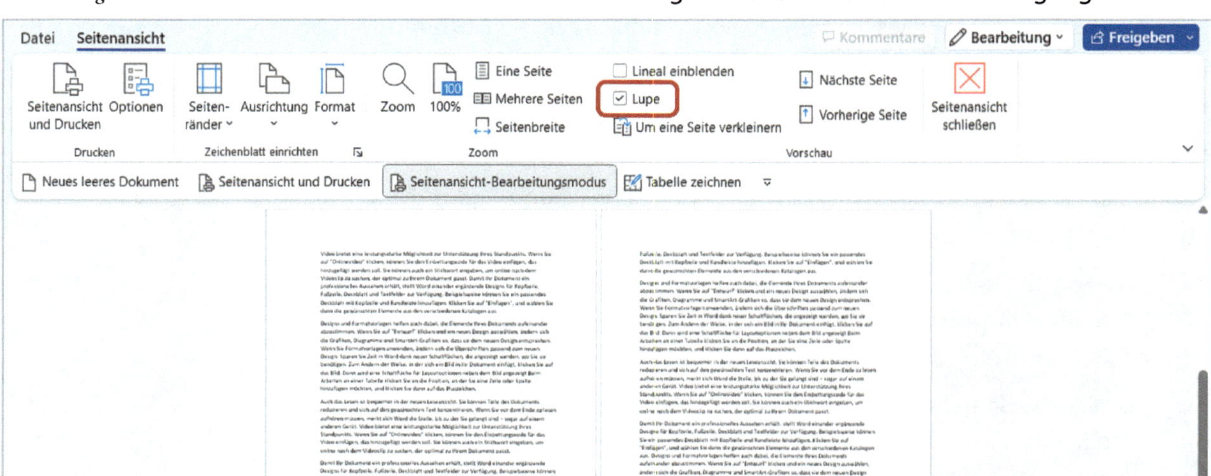

Bild 2.8 Seitenansicht - Bearbeitungsmodus

2.2 Seitenränder und Papierformat

Einstellungen wie Seitenränder und Papierformat nehmen Sie am besten im Dialogfenster *Seite einrichten* vor. Es bietet gegenüber den Schaltflächen im Menüband, Register *Layout* den Vorteil, dass es alle Einstellungen zusammenfasst und noch einige wichtige Optionen mehr enthält.

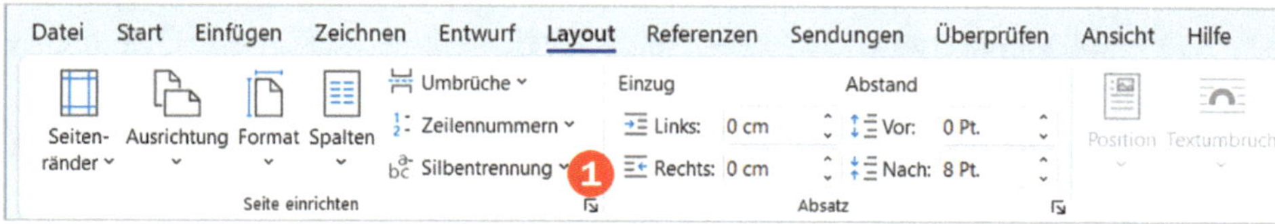

Bild 2.9 Das Register Layout

Das Fenster Seite einrichten

Zum Öffnen klicken Sie im Menüband, Register *Layout*, auf den Pfeil der Gruppe *Seite einrichten* ❶ oder klicken Sie im Register *Datei* auf *Drucken* und hier auf den Link *Seite einrichten*.

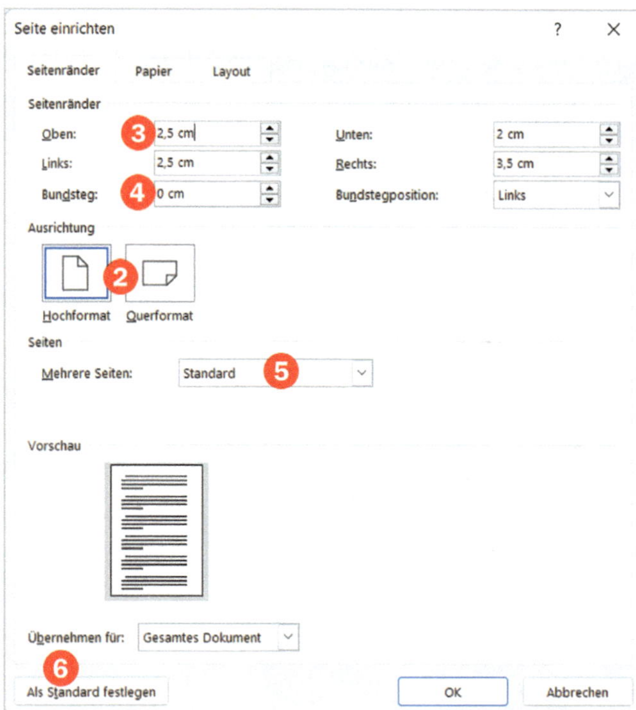

Bild 2.10 Das Dialogfenster Seite einrichten, Register Seitenränder

Im Register *Seitenränder* wählen Sie zwischen Hochformat und Querformat ❷ und legen die Seitenränder ❸ fest. Die weiteren Einstellungen:

- Falls Sie zusätzlich zum Seitenrand noch Platz zum Heften oder Binden benötigen, können Sie dessen Breite im Feld *Bundsteg* ❹ eingeben. In diesem Fall müssen Sie auch im Feld *Bundstegposition* eine Position wählen. In der Praxis können Sie allerdings auch die Standardeinstellung 0 als Bundsteg beibehalten und stattdessen den Bereich zum entsprechenden Seitenrand, z. B. Links hinzuaddieren.

- Im Feld *Mehrere Seiten* ❺ legen Sie fest, wie die Seiten in längeren Dokumenten angeordnet werden. Beim einfachen Druck (nur Vorderseite) können Sie die Einstellung *Standard* beibehalten, für beidseitigen Druck lesen Sie Näheres weiter unten unter Punkt 2.6 auf Seite 108 ff..
- Wenn die angegebenen Seitenränder als Voreinstellung für künftige Dokumente übernommen werden sollen, sinnvoll wenn Sie z. B. häufig Briefe schreiben, dann klicken Sie zum Schluss auf die Schaltfläche *Als Standard festlegen...* ❻ und beantworten die anschließende Rückfrage mit *Ja*.

Achtung: In der Standardeinstellung gelten Ausrichtung und Seitenränder für das gesamte Dokument. Wenn Sie innerhalb eines Dokuments abweichende Einstellungen benötigen, müssen Sie das Dokument zuvor in Abschnitte aufteilen, Näheres hierzu weiter unten.

Papierformat und -zufuhr

Einstellungen zu Papierformat und Papierzufuhr des Druckers können ebenfalls im Dialogfenster *Seite einrichten* vorgenommen werden. Klicken Sie dazu auf das Register *Papier*. Eine abweichende Papierzufuhr wird zusammen mit dem aktuellen Dokument gespeichert und gilt nur für dieses, die verfügbaren Möglichkeiten sind abhängig vom verwendeten Drucker.

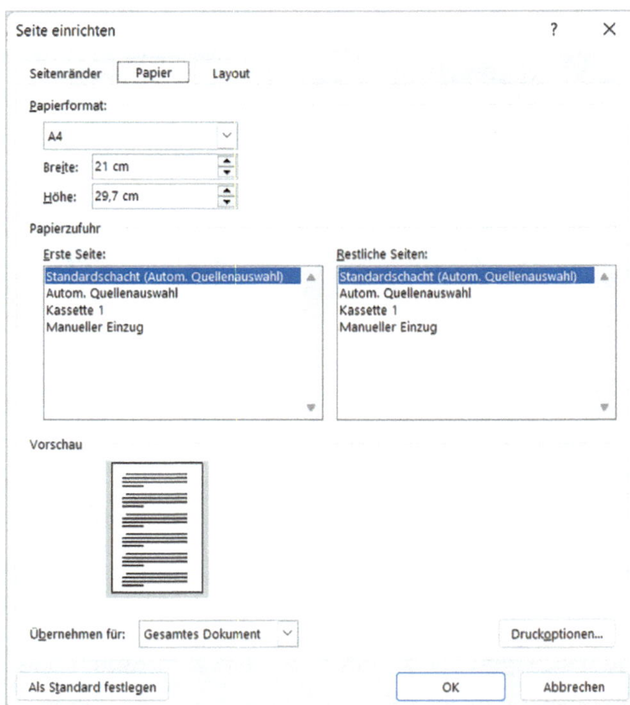

Bild 2.11 Papierformat und -zufuhr

2.3 Dokument in Abschnitte aufteilen

Sämtliche Einstellungen zum Seitenlayout, z. B. Seitenränder oder Ausrichtung, beziehen sich, wenn nichts anderes festgelegt wurde, immer auf das gesamte Dokument. Wenn Sie innerhalb eines Dokuments unterschiedliche Layouts benötigen, z. B. einzelne Seiten abweichend im Querformat oder mehrspaltige Textabschnitte, dann müssen Sie das Dokument in Abschnitte aufteilen.

Abschnittsumbruch einfügen

1 Positionieren Sie im Dokument den Cursor an der Stelle, ab der ein neuer Abschnitt beginnen soll, also entweder zu Beginn eines Absatzes oder in einem leeren Absatz.

2 Klicken Sie im Menüband auf das Register *Layout* und in der Gruppe *Seite einrichten* auf *Umbrüche* ❶ (Bild unten).

3 Wählen Sie, ob der neue Abschnitt mit einer neuen Seite (*Nächste Seite*) oder ab der Cursorposition auf derselben Seite beginnen soll (*Fortlaufend*). Weitere Möglichkeiten sind, den neuen Abschnitt automatisch mit einer geraden oder ungeraden Seite zu beginnen.

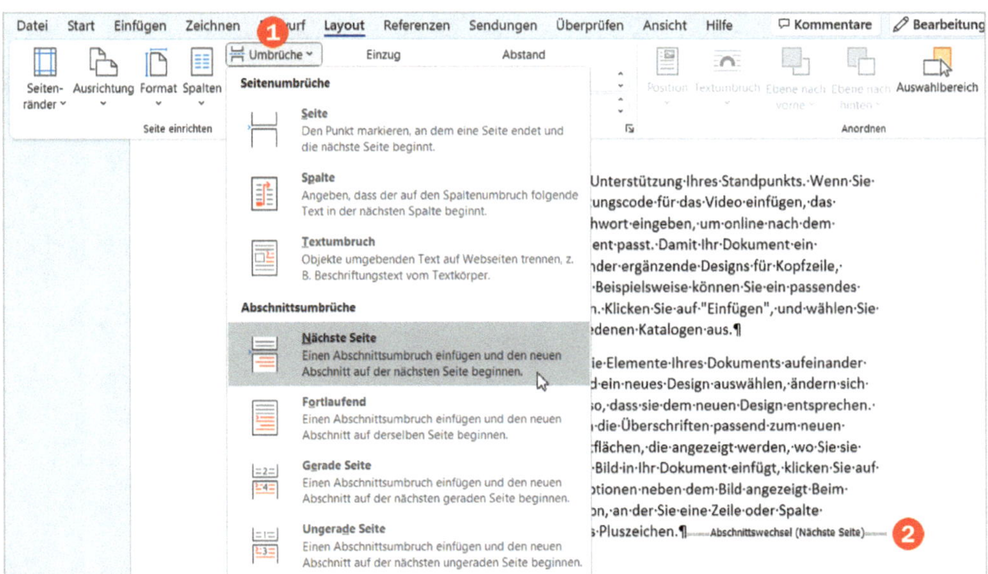

Bild 2.12 Abschnittsumbrüche einfügen

Tipp: Wird das Dokument beidseitig gedruckt, dann soll häufig aus optischen Gründen jedes Kapitel immer an derselben Stelle, meist mit einer ungeraden Seite, beginnen. Um dies auch nach nachträglichen Änderungen sicherzustellen, fügen Sie am Ende jedes Kapitels einen Abschnittsumbruch vom Typ *Ungerade Seite* ein.

Abschnittswechsel anzeigen

Abschnittswechsel werden zusammen mit den nicht druckbaren Zeichen (Formatierungs- oder Steuerzeichen) von Word ein- und ausgeblendet und im Dokument als gepunktete Doppellinie ❷ dargestellt (s. Bild oben). Zum Ein- und Ausblenden dieser Zeichen benutzen Sie im Register *Start*, Gruppe *Absatz* das Symbol *Alle anzeigen* ¶.

Tipp: Aktuellen Abschnitt in der Statusleiste anzeigen

Wenn Sie in umfangreichen Dokumenten mit mehreren Abschnitten den Überblick behalten möchten, dann blenden Sie die Anzeige des aktuellen Abschnitts in der Statusleiste ein. Klicken Sie dazu mit der rechten Maustaste auf einen freien Bereich der Statusleiste und aktivieren Sie die Anzeige *Abschnitt*.

Bild 2.13 Abschnittsanzeige in der Statusleiste

Beispiel: Hoch- und Querformat in einem einzigen Dokument

Manchmal werden in einem Dokument einzelne Seiten im Querformat benötigt, z. B. um eine umfangreiche Tabelle mit zahlreichen Spalten zu platzieren. Damit dies funktioniert, müssen Sie zuvor das Dokument in Abschnitte aufteilen, d. h. vor und nach der (geplanten) Tabelle jeweils einen Abschnittsumbruch einfügen.

1 Fügen Sie im Dokument an der gewünschten Stelle einen leeren Absatz ein ❶ und positionieren Sie hier den Cursor, wie im Bild unten. Klicken Sie im Register *Layout* auf *Umbrüche* ❷ und wählen Sie unter *Abschnittsumbrüche* die Umbruchart *Nächste Seite* ❸.

2 Der Abschnittswechsel wird links bzw. oberhalb der Cursorposition eingefügt, gleichzeitig beginnt der nachfolgende Text auf einer neuen Seite.

Bild 2.14 Abschnittsumbruch im Text einfügen

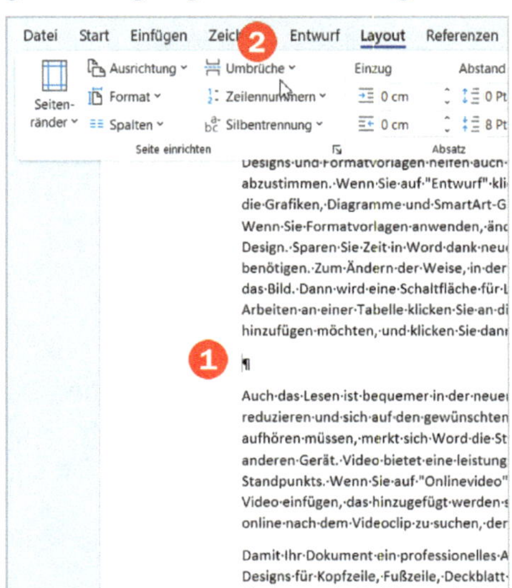

Bild 2.15 Abschnittsumbrüche - Nächste Seite einfügen

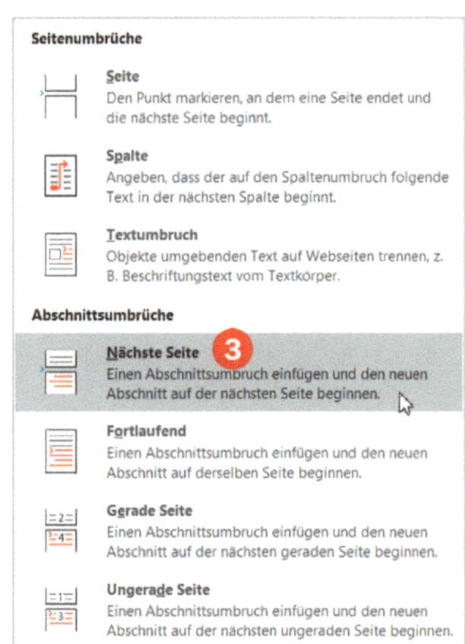

3 Fügen Sie im neuen Abschnitt ein oder zwei leere Absätze ein (wichtig für die spätere Texteingabe). Positionieren Sie dann den Cursor am Beginn des Absatzes, ab dem wieder eine Seite im Hochformat beginnen soll und fügen Sie hier den zweiten Abschnittsumbruch *Nächste Seite* ein.

4 Als Ergebnis erhalten Sie eine leere Seite mit einem Abschnittswechsel unterhalb (gepunktete Linie, falls die nicht druckbaren Zeichen eingeblendet sind), das Ergebnis sollte ähnlich aussehen, wie im Bild unten. Das Dokument besteht nun aus drei Abschnitten.

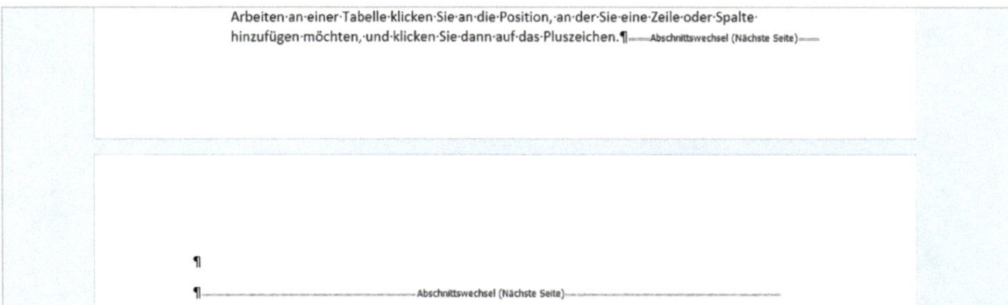

Bild 2.16 Zwei Abschnittswechsel Nächste Seite wurden eingefügt

5 Bevor Sie im nächsten Schritt dem neu erzeugten Abschnitt Querformat zuweisen, müssen Sie den Cursor irgendwo in diesem Abschnitt positionieren. Klicken Sie dann im Menüband, Register *Layout* ▶ *Seite einrichten* auf *Ausrichten* und wählen Sie *Querformat*. Danach können Sie auf dieser Seite Ihre Tabelle oder sonstigen Elemente einfügen.

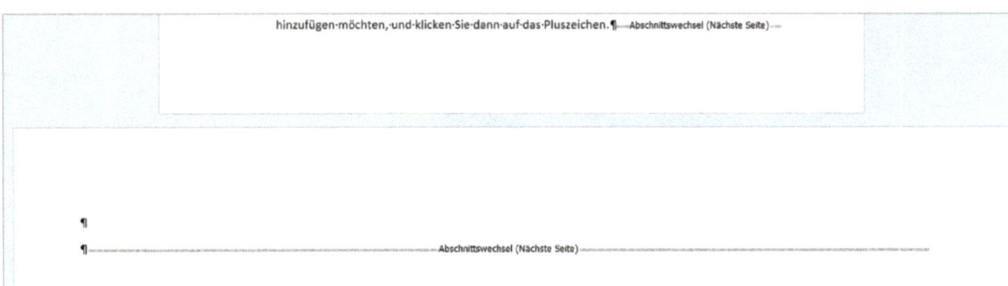

Bild 2.17 Das Ergebnis

Achtung: Wenn Sie im Fenster *Seite einrichten* Layouteinstellungen für einzelne Abschnitte vornehmen, dann muss im Feld *Übernehmen für* unbedingt *Aktuellen Abschnitt* ausgewählt sein, da sonst Ihre Änderungen für das gesamte Dokument gelten.

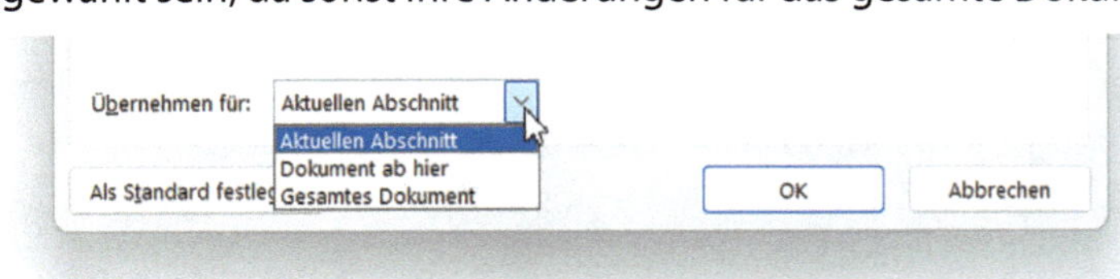

Bild 2.18 Seite einrichten, Layout nur für den aktuellen Abschnitt übernehmen

Tipp: Einen Abschnittswechsel zusammen mit der Layoutänderung einfügen

Sie können auch ohne vorheriges Einfügen eines Abschnittswechsels im Dialogfenster *Seite einrichten* das Layout ab der Cursorposition ändern. Dazu öffnen Sie mit Klick auf den Pfeil ↘ der Gruppe *Seite einrichten* (Menüband, Register *Layout*) das gleichnamige Fenster (Bild unten) und ändern hier z. B. die Seitenränder oder die Ausrichtung. Klicken Sie dann im Feld *Übernehmen ab* auf den Dropdown-Pfeil und wählen Sie *Dokument ab hier* (Bild unten). Mit dieser Methode wird ein gleichzeitiger Abschnittswechsel zur nächsten Seite eingefügt.

Bild 2.19 Beispiel: Ausrichtung ab Cursorposition ändern

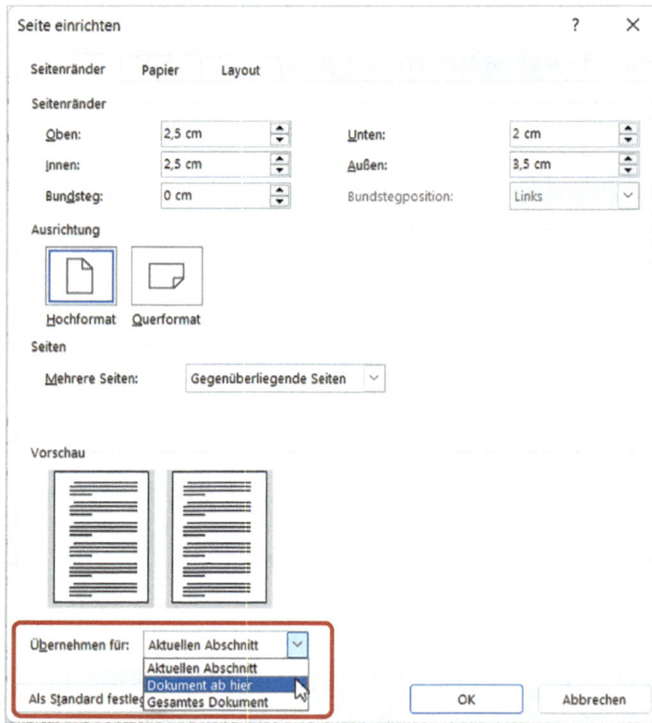

Nachteil: Wenn Sie das geänderte Layout nur für eine einzelne Seite benötigen, dann müssen Sie diesen Schritt für den nächsten Abschnitt wiederholen und diesem wieder das ursprüngliche Layout zuweisen.

Abschnittswechsel löschen oder ändern

So löschen Sie einen Abschnittswechsel

Genau wie ein manueller Seitenumbruch kann auch ein Abschnittsumbruch wieder gelöscht werden. Dazu sollten die nicht druckbaren Steuerzeichen im Dokument sichtbar sein; zum Einblenden klicken Sie im Menüband, Register *Start* auf das Symbol ¶. Klicken Sie dann mit der Maus in die Doppellinie und betätigen Sie die **Entf**-Taste.

Bild 2.20 Klicken Sie auf die doppelt gepunktete Linie und drücken Sie die Entf-Taste

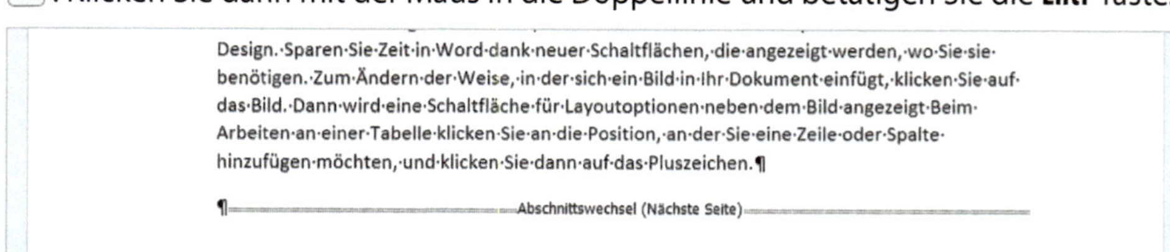

Achtung: Damit werden alle Einstellungen des Abschnitts gelöscht und das Seitenlayout des nachfolgenden Abschnitts übernommen.

> **Beachten Sie beim Löschen eines Abschnittsumbruchs**
>
> Ein Abschnittsumbruch bzw. die gepunktete Linie enthält alle Layouteinstellungen des vorhergehenden Absatzes. Löschen Sie zum Beispiel im Bild oben den Abschnittswechsel, dann wird der erste Abschnitt mit dem zweiten Abschnitt zusammengeführt und erhält dessen Layout, z. B. Querformat.

Art des Abschnittswechsels ändern

Wenn Sie nachträglich einen Abschnittsumbruch ändern, also einen fortlaufenden Abschnittswechsel in einen Abschnittsumbruch auf die nächste Seite oder umgekehrt umwandeln möchten, dann gehen Sie so vor:

1. Doppelklicken Sie auf den Abschnittswechsel (Gepunktete Linie), den Sie ändern möchten, daraufhin öffnet sich das Dialogfenster *Seite einrichten*. Oder positionieren Sie den Cursor in dem betreffenden Abschnitt und öffnen das Fenster *Seite einrichten*.
2. Klicken Sie im Fenster *Seite einrichten* auf das Register *Layout* ❶ und wählen Sie im Feld *Abschnittsbeginn* ❷ die gewünschte Umbruchart aus.

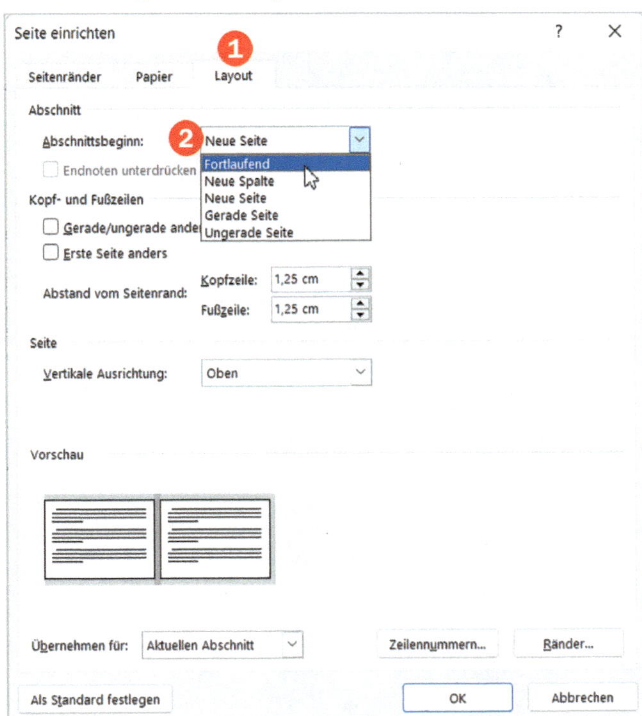

Bild 2.21 Abschnittsbeginn ändern

Achtung: Der Abschnittsbeginn *Neue Seite* kann nicht in *Fortlaufend* geändert werden, wenn die Abschnitte Seitenlayouts aufweisen, die einen gleichzeitigen Seitenwechsel zwingend voraussetzen, z. B. Hoch- und Querformat!

Beispiel: Ein Deckblatt mit vertikal zentriertem Text einfügen

Als zweites Beispiel für unterschiedliche Seitenlayouts soll am Beginn eines Dokuments ein Deckblatt bzw. eine Titelseite eingefügt werden, deren Text automatisch vertikal zentriert ausgerichtet wird. Word verfügt zwar mit der Schaltfläche *Einfügen* ▶ *Deckblatt* über eine entsprechende Möglichkeit, jedoch bieten die vorgefertigten Deckblätter nur wenig Spielraum zur eigenen Gestaltung.

1 Zuerst fügen Sie am Dokumentanfang eine Seite für das künftige Deckblatt ein: Dazu positionieren Sie den Cursor am Beginn des Dokuments, d. h. links vom ersten Zeichen des ersten Absatzes und fügen einen Abschnittsumbruch vom Typ *Nächste Seite* ein.

   Tipp: Soll beim beidseitigen Druck der nachfolgende Text auf der nächsten ungeraden Seite erscheinen, dann wählen Sie *Ungerade Seite*.

2 Fügen Sie dann auf der ersten Seite, dem künftigen Deckblatt, einen leeren Absatz ein. Setzen Sie den Cursor in diesen Absatz und klicken Sie im Menüband, Register *Layout*, auf den Pfeil ↘ der Gruppe *Seite einrichten*. Oder doppelklicken Sie auf den Abschnittsumbruch bzw. die doppelt gepunktete Linie.

3 Klicken Sie im Fenster *Seite einrichten* auf das Register *Layout* und wählen Sie im Feld *Vertikale Ausrichtung Zentriert* ❶. Achten Sie außerdem darauf, dass im Feld *Übernehmen für* der aktuelle Abschnitt ❷ ausgewählt ist und klicken Sie auf *OK*.

Bild 2.22 Text auf der Seite vertikal zentriert ausrichten

Bild 2.23 Das Ergebnis sehen Sie im Bild rechts

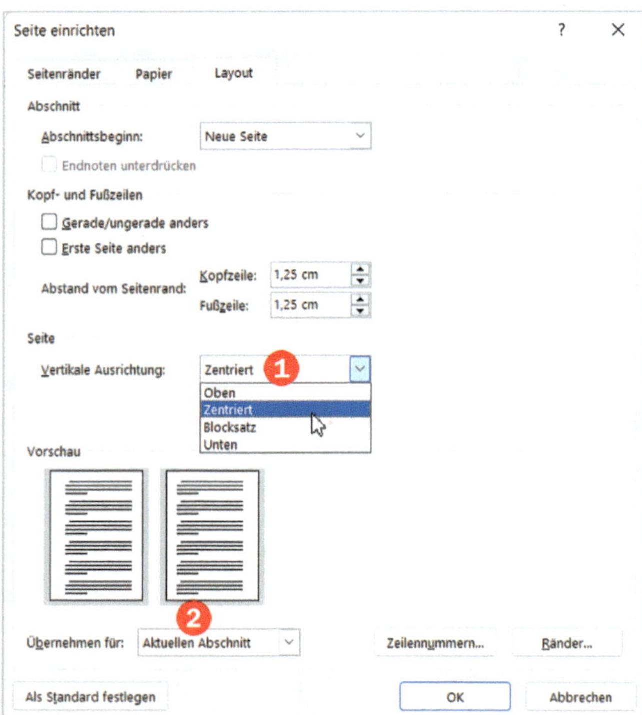

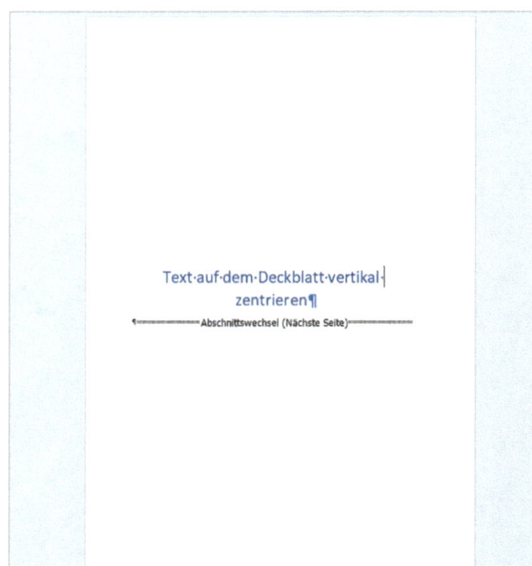

Tipp: Mit der Auswahl *Vertikale Ausrichtung unten* wird der Text automatisch am unteren Seitenrand ausgerichtet. Praktisch, wenn Sie zum Beispiel auf einer gesonderten Seite Titel, Autor, Bildquellen und sonstige Hinweise unten anordnen möchten.

Weitere Fälle, in denen Abschnitte erforderlich sind

Neben der oben beschriebenen Problematik unterschiedlicher Ausrichtungen benötigen Sie Abschnitte auch noch in den folgenden Fällen:

- **Endnoten am Kapitelende**
  Wenn Sie Endnoten am Ende jedes Kapitels einfügen möchten, statt am Ende des Dokuments, dann müssen Sie jedes Kapitel in einem neuen Abschnitt beginnen.
- **Verschiedene Kopf- und Fußzeilen**
  Kopf- und Fußzeilen können abschnittsweise definiert werden. Wenn Sie also im Dokument unterschiedliche Kopf- und Fußzeilen benötigen, dann müssen Sie ebenfalls Abschnittsumbrüche einfügen.

Kopf- und Fußzeilen sowie Seitenzahlen, siehe Punkt 2.5.

- **Unterschiedliche Seitennummerierungen, Nummerierungsbeginn steuern**
  Wenn Sie unterschiedliche Seitenzahlen benötigen, z. B. im ersten Teil des Dokuments römische und im restlichen Dokument arabische Zahlen, dann sind ebenfalls verschiedene Abschnitte erforderlich. Gleichzeitig mit dem Abschnittsbeginn können Sie auch den Beginn der Nummerierung festlegen.
- **Mehrspaltiger Text**
  Abschnitte werden auch benötigt, wenn im Dokument Text an bestimmten Stellen in zwei oder mehr Spalten gesetzt werden soll, z. B. wenn am Ende des Dokuments ein zweispaltiges Stichwortverzeichnis eingefügt werden soll. Mehr zum Thema finden Sie im nächsten Punkt.

2.4 Text in Spalten anordnen

Abschnittsumbruch einfügen

Die Anordnung von Text in zwei oder mehr Spalten bezieht sich immer auf Abschnitte und nicht auf das gesamte Dokument. Wenn also, wie in Bild 2.24, beispielsweise am Beginn eines zweispaltigen Dokuments die Überschrift und ein kurzer Überblick im ersten Absatz die gesamte Breite einnehmen sollen, dann ist vor dem zweiten Absatz ein Abschnittsumbruch erforderlich. Da in diesem Fall der Text auf derselben Seite fortgesetzt werden soll, wird ein fortlaufender Abschnittsumbruch benötigt.

Fortlaufenden Abschnittsumbruch einfügen, siehe Seite 89.

Abschnitt in Spalten aufteilen

1 Achten Sie darauf, dass sich der Cursor in dem Abschnitt befindet, den Sie in Spalten aufteilen möchten und klicken Sie im Menüband, Register *Layout* ▶ *Seite*

einrichten auf *Spalten*. Die Auswahlmöglichkeiten *Zwei* und *Drei* erzeugen Spalten mit exakt gleicher Breite, *Links* und *Rechts* dagegen jeweils zwei Spalten mit unterschiedlicher Breite.

Bild 2.24 Dokument ab dem zweiten Absatz in zwei Spalten aufteilen

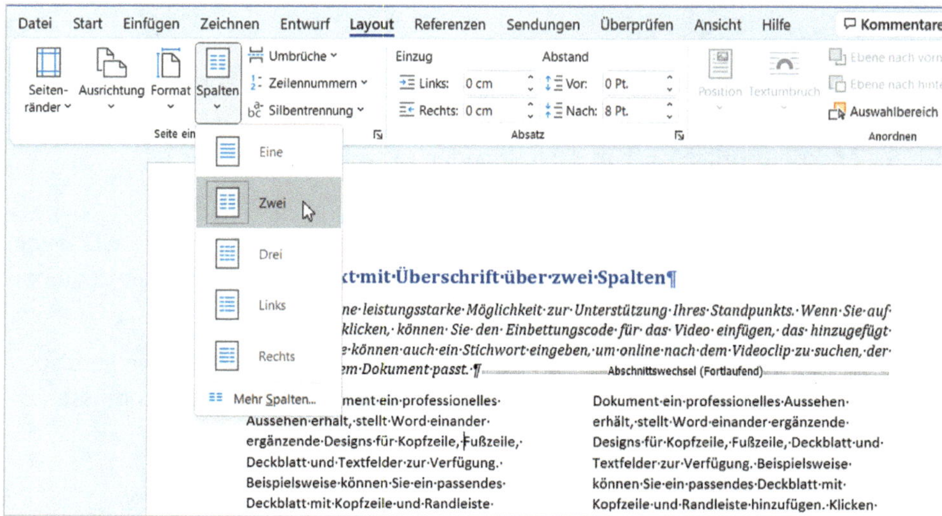

2 Individuelle Einstellungsmöglichkeiten, wie z. B. Abstände zwischen den Spalten oder eine Trennlinie erhalten Sie, wenn Sie stattdessen auf *Mehr Spalten...* klicken. Im Fenster *Spalten* finden Sie folgende Optionen.

Bild 2.25 Weitere Spaltenoptionen

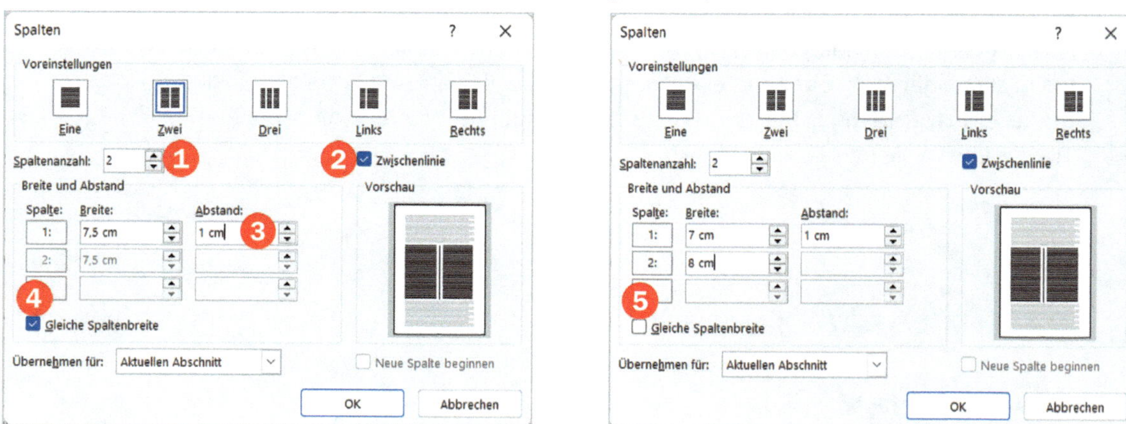

- **Spaltenanzahl**
  Die Anzahl der benötigten Spalten geben Sie im Feld *Spaltenanzahl* ein ❶.
- **Linie zwischen den Spalten einfügen**
  Aktivieren Sie das Kontrollkästchen *Zwischenlinie* ❷.
- **Abstand zwischen den Spalten**
  Den Abstand zwischen den Spalten ändern Sie im Feld *Abstand* ❸. Ist das Kontrollkästchen *Gleiche Spaltenbreite* ❹ aktiviert, so erfolgt eine automati-

sche Angleichung der Spaltenbreiten entsprechend der gewählten Spaltenanzahl und der verfügbaren Breite der Seite (Satzspiegel).

- **Spaltenbreite**
  Um unterschiedliche Spaltenbreiten festzulegen, muss das Kontrollkästchen *Gleiche Spaltenbreite* deaktiviert sein ❺. Dann können Sie für jede Spalte im Feld *Breite* eine individuelle Breite eingeben.

3 Mit dem Feld *Übernehmen für* legen Sie wieder fest, ob die Einstellung für den aktuellen Abschnitt oder das gesamte Dokument übernommen werden soll. Mit der Auswahl *Dokument ab* wird an der Cursorposition ein fortlaufender Abschnittswechsel eingefügt.

Bild 2.26 Umbrüche - Spaltenwechsel

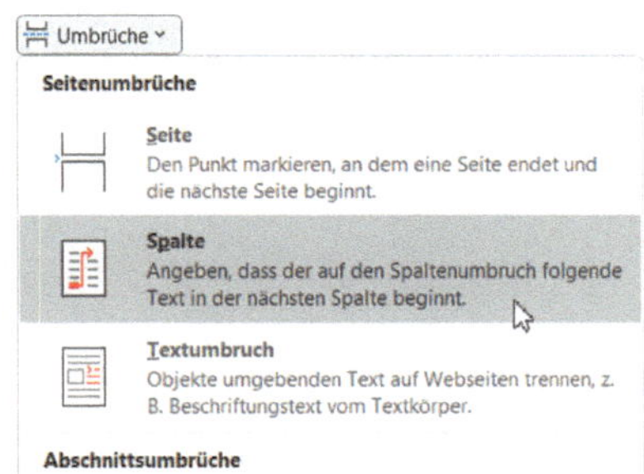

Spaltenwechsel einfügen

Der Umbruch, d. h. der Wechsel in die nächste Spalte erfolgt ebenfalls automatisch. Wenn Sie an der Cursorposition einen manuellen Spaltenwechsel einfügen möchten, dann klicken Sie im Register *Layout* auf *Umbrüche* und wählen *Spalte*.

Tipp: Text in Spalten am Dokumentende gleichmäßig aufteilen

Der automatische Spaltenumbruch verhält sich wie ein automatischer Seitenumbruch, und erfolgt entweder am Ende der Seite, wie im Bild unten links oder beim nächsten Abschnittswechsel. Wenn Sie am Ende des Dokuments den Text aus optischen Gründen gleichmäßig auf zwei Spalten verteilen möchten, dann fügen Sie einfach am Dokumentende noch einen fortlaufenden Abschnittsumbruch ein. Das Ergebnis sehen Sie im Bild rechts.

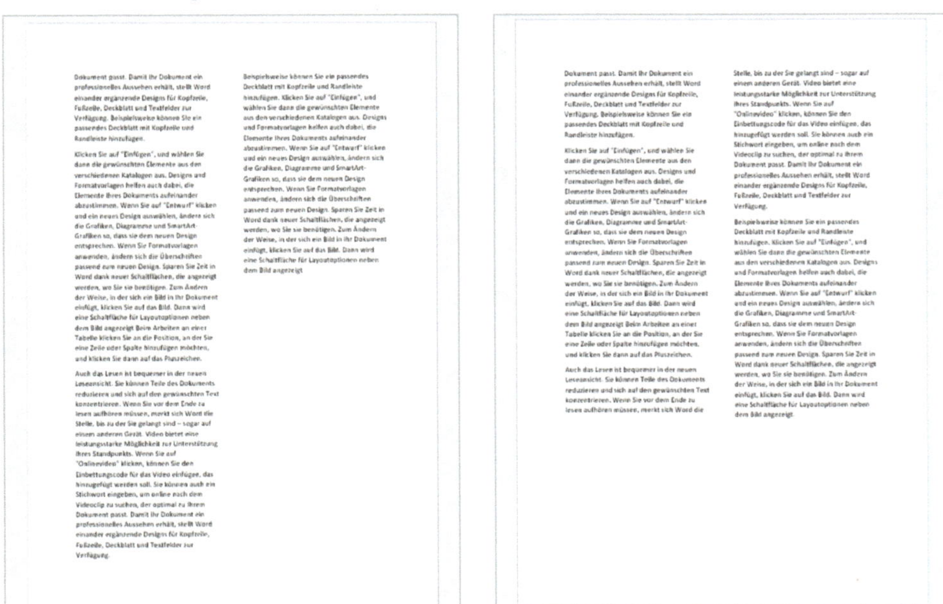

Bild 2.27 Spalten am Dokumentende gleichmäßig aufteilen

2.5 Kopf- und Fußzeilen, Paginierung

Gleichbleibende Inhalte, die auf jeder Seite gedruckt werden sollen, z. B. Seitenzahlen, werden in den Bereich ober- oder unterhalb der Seitenränder, also außerhalb des Satzspiegels eingefügt. Je nach Position wird dieser Bereich als Kopfzeile oder Fußzeile bezeichnet, die Bearbeitungsmöglichkeiten sind jedoch identisch.

Kopf- oder Fußzeile einfügen

Vorlage verwenden

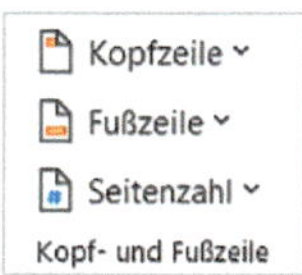

In der einfachsten Variante fügen Sie Ihrem Dokument eine Kopf- oder Fußzeile hinzu, indem Sie im Menüband, Register *Einfügen* ▶ *Kopf- und Fußzeile* auf die Schaltfläche *Kopfzeile* oder *Fußzeile* klicken, die Position des Cursors spielt dabei keine Rolle.

- Beide öffnen eine Liste von Vorlagen, die je nach Schaltfläche im oberen oder unteren Seitenrand des Dokuments eingefügt werden, die Inhalte sind identisch. Die meisten verfügen über Platzhalter, in die Sie anschließend Ihre Inhalte eingeben, manche enthalten zusätzlich noch grafische Elemente.
- Wenn nur Seitenzahlen benötigt werden, dann klicken Sie stattdessen auf *Seitenzahl*, danach je nach gewünschter Position auf *Seitenanfang* oder *Seitenende*, und wählen eine Vorlage. Zusätzlich haben Sie mit der Auswahl *Seitenränder* auch die Möglichkeit, Seitenzahlen am linken oder rechten Seitenrand einzufügen.

Tipp: Die häufig verwendete Schreibweise „*Seite x von y*“ finden Sie ganz am Ende der Liste.

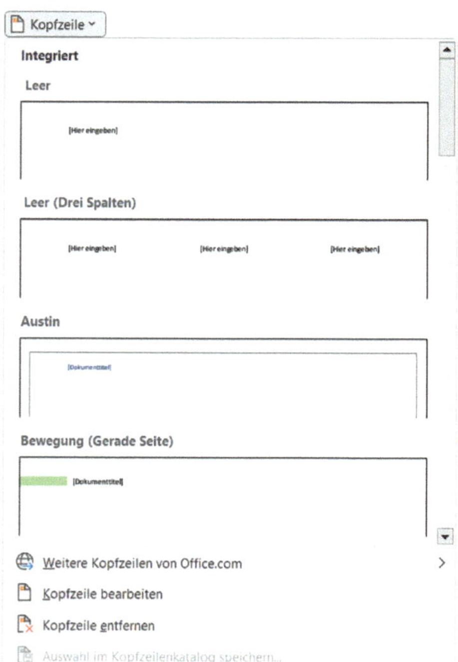

Bild 2.28 Eine Kopfzeile aus einer Vorlage erstellen

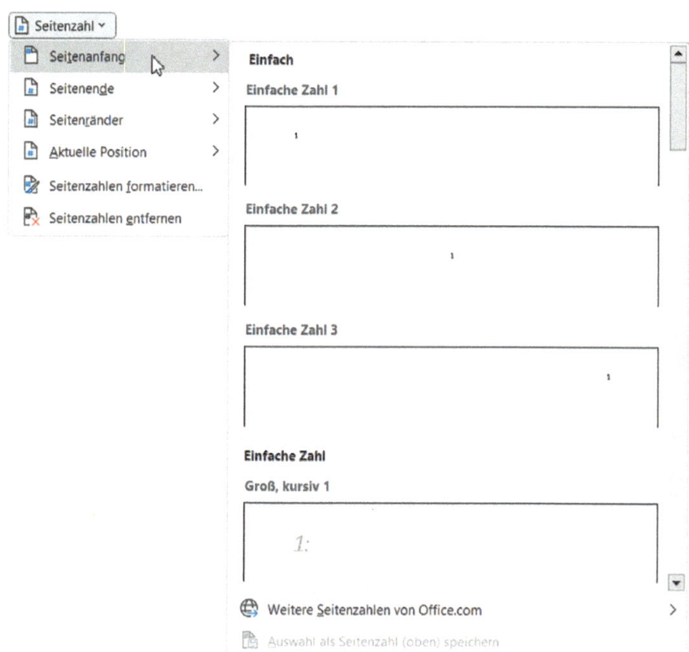

Bild 2.29 Nur Seitenzahlen einfügen

Eigene Kopf- und Fußzeilen gestalten

Wesentlich flexibler bei der Gestaltung sind Sie, wenn Sie ohne Vorlage arbeiten. Um in den Kopfzeilenbereich zu gelangen, klicken Sie einfach doppelt in den Bereich zwischen oberem Seitenrand und Blattrand, analog verfahren Sie mit der Fußzeile. Oder klicken Sie im Menüband, Register *Einfügen* auf *Kopfzeile* und wählen *Kopfzeile bearbeiten....*

Solange sich der Cursor im Kopf- oder Fußzeilenbereich befindet, ist das eigentliche Dokument ausgegraut, d. h. inaktiv (s. Bild unten) und im Menüband ist das Register *Kopf- und Fußzeile* verfügbar, über das Sie schnell die wichtigsten Elemente einfügen und weitere Einstellungen zur Kopf- oder Fußzeile vornehmen können.

Bild 2.30 Das Register Kopf- und Fußzeile zusammen mit der Kopfzeile

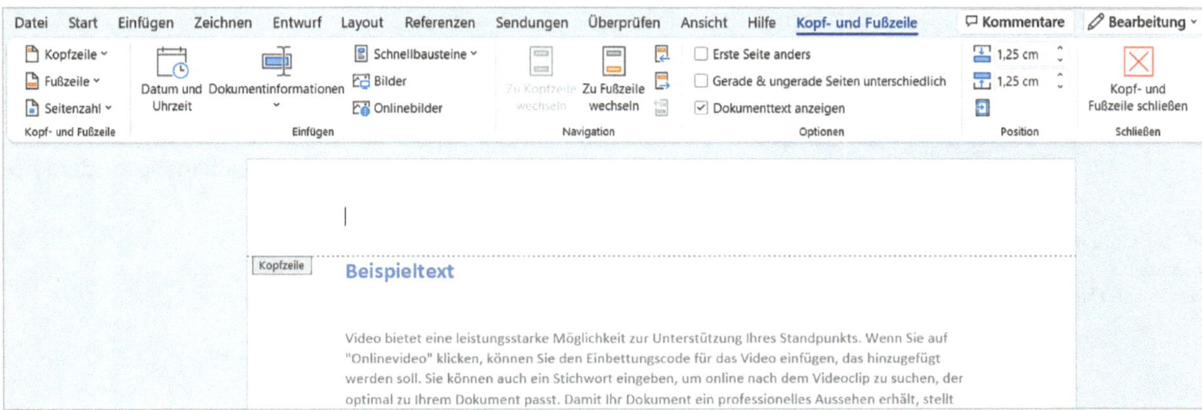

Kopf- und Fußzeilenbereich schließen

Doppelklicken Sie in den Dokumenttext oder klicken Sie im Register *Kopf- und Fußzeilentools* - *Entwurf* auf *Kopf- und Fußzeile schließen*.

Ausrichten von Kopf- und Fußzeilenelementen

Tabstopps oder Tabelle?

Auch wenn Sie ohne Vorlage arbeiten, verfügen Kopf- und Fußzeilen standardmäßig (zumindest wenn Sie mit einem leeren Dokument begonnen haben) über zwei Tabstopps als Hilfen zur Ausrichtung. Einen zentrierten in der Mitte der Seite und einen rechtsbündigen am rechten Seitenrand. Wenn allerdings, wie im Bild unten, nachträglich die Seitenränder geändert werden, dann befindet sich der zentrierte Tabstopp nicht mehr exakt in der Mitte und auch der rechte stimmt nicht mit dem rechten Seitenrand überein. Wege zur Abhilfe finden Sie weiter unten.

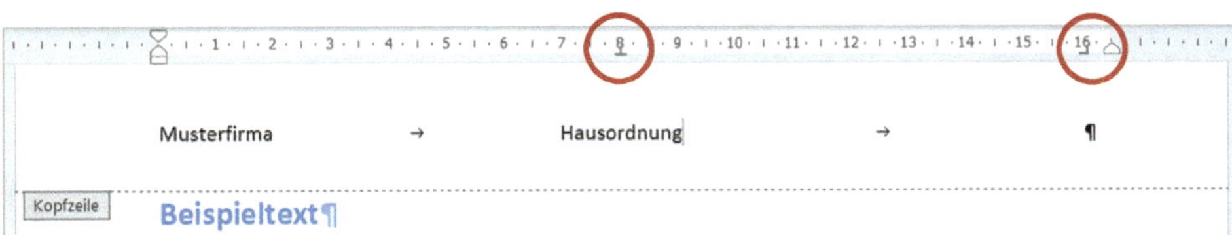

Bild 2.31 Inhalte an den Tabstopps ausrichten

Um bei geänderten Seitenrändern trotzdem Inhalte von Kopf- oder Fußzeile exakt in der Mitte oder am rechten Rand zu platzieren, haben Sie folgende Möglichkeiten:

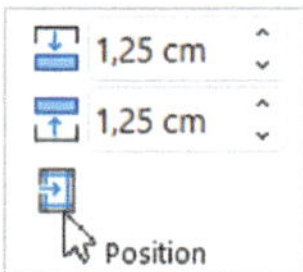

- Klicken Sie im Menüband, Register *Kopf- und Fußzeile* ▶ *Position* auf das Symbol *Ausrichtungstabstopp einfügen* und wählen Sie im nachfolgenden Fenster die Ausrichtung, z. B. *Zentriert*. Damit wird der Cursor mittels Tab-Zeichen in die Mitte bewegt, der Tabstopp im Lineal dagegen bleibt unverändert.
- Oder fügen Sie in die Kopf- oder Fußzeile eine Tabelle mit drei Spalten ein, die Sie anschließend ohne Rahmenlinien formatieren. Tabellen erlauben auch das Ausrichten mehrerer Zeilen in Spalten untereinander, z. B. wenn Sie in der Fußzeile einer Briefvorlage Anschrift, Bankverbindung, Rechtsform usw. unterbringen möchten.

Grafische Elemente

Kopf- und Fußzeilen können auch grafische Elemente, z. B. Firmenlogo, Linien usw. sowie Textfelder enthalten. Zur optischen Abgrenzung eignen sich insbesondere Absatzrahmenlinien ober- oder unterhalb, wie im Bild unten.

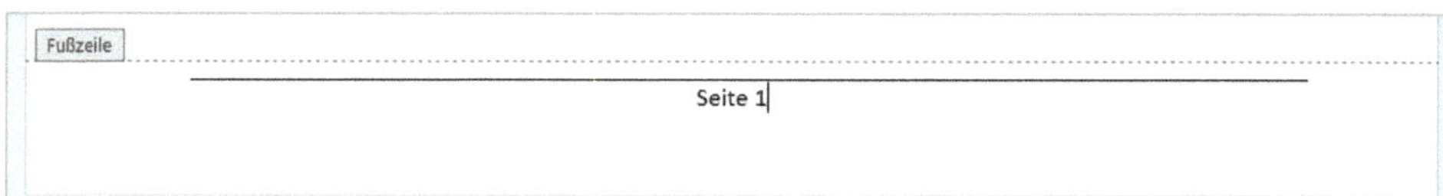

Bild 2.32 Fußzeile mit einer einfachen Absatzrahmenlinie oberhalb

Vertikaler Abstand zum Blattrand

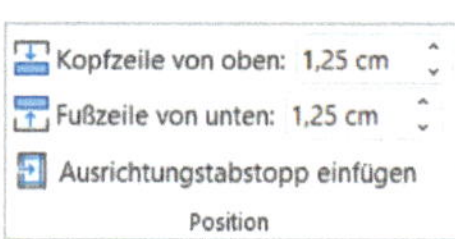

Kopf- und Fußzeile befinden sich im Bereich zwischen Blattrand und Seitenrand und zwar standardmäßig mit einem Abstand von 1,25 cm zum oberen bzw. unteren Blattrand. Zum Ändern benutzen Sie im Menüband, Register *Kopf- und Fußzeile* ▶ *Position* die Eingabefelder *Kopfzeile von oben* und *Fußzeile von unten*. **Achtung**: Wenn Sie diesen Abstand verringern möchten, dann sollten Sie berücksichtigen, dass manche Drucker einen Mindestabstand zum Papierrand benötigen, Kopf- und Fußzeilen werden in solchen Fällen abgeschnitten oder überhaupt nicht gedruckt.

Größe des Kopf- und Fußzeilenbereichs

Wie viel Platz für Kopf- und Fußzeile zur Verfügung steht, richtet sich nach den Seitenrändern oben bzw. unten (*Layout* ▶ *Seite einrichten*) abzüglich des vertikalen Abstands zur Blattkante, siehe oben. Eine Kopf- oder Fußzeile kann also auch mehrere Zeilen umfassen. Überschreitet allerdings der Inhalt den vorgesehenen Bereich, dann wird der Kopf- und Fußzeilenbereich automatisch vergrößert und verhindert so, dass sich Dokumenttext und Kopf- und Fußzeile überschneiden. Die Seitenränder bleiben dagegen unverändert.

Tipp: Festen Seitenrand angeben

Ein negativer Seitenrand bewirkt einen festen Seitenrand, der auch eingehalten wird, wenn die Kopf- oder Fußzeile wesentlich mehr Platz einnimmt. In diesem Fall erscheinen die Inhalte übereinander und werden auch so gedruckt. Wenn also beispielsweise der Inhalt der Kopfzeile hinter dem Dokumenttext angeordnet werden soll, dann geben Sie als oberen Seitenrand z. B. -2 cm ein. Dies gilt natürlich auch für die Fußzeile.

Seitennummerierung

Seitenzahlen einfügen

Wenn Sie Kopf- oder Fußzeile ohne Vorlage erstellen, dann klicken Sie zum Einfügen der Seitenzahlen an der Cursorposition im Menüband, Register *Kopf- und Fußzeile* ▶ *Kopf- und Fußzeile* auf *Seitenzahl*, danach auf *Aktuelle Position* und wählen eine Vorlage, z. B. *Einfache Zahl*.

Bild 2.33 Seitenzahlen als einfache Zahl an der Cursorposition einfügen

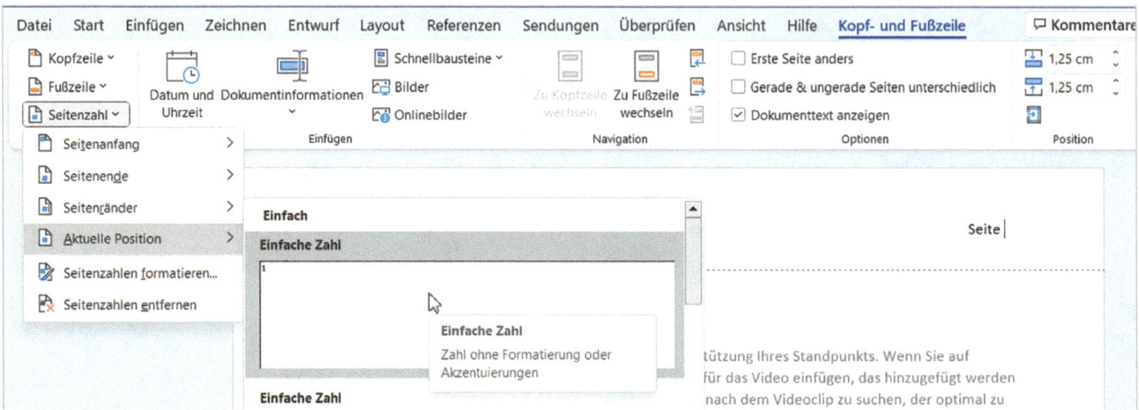

Tipp: Die häufig benötigte Vorlage „*Seite x von y*" finden Sie mit fett formatierten Zahlen am Ende der Liste. Die Formatierung lässt sich problemlos ändern und falls Sie eine andere Schreibweise, z. B. „Seite x/y" benötigen, dann ersetzen Sie einfach das Wort „von" durch einen Schrägstrich.

Seite 1 von 3

> **Beachten Sie beim Ändern der Seitenzahlen**
>
> Seitenzahlen sind eigentlich Felder, erkennbar an der grauen Schattierung, die erscheint, wenn Sie darauf klicken. Zusätzliche Zeichen, z. B. „Seite", Schrägstriche, Klammern oder Bindestriche fügen Sie per Tastatureingabe hinzu, die Seitenzahl selbst darf aber keinesfalls gelöscht oder z. B. durch eine Zahl überschrieben werden.

Alternativ können Sie die Seitenzahlen auch über das Register *Entwurf* ▶ *Einfügen* ▶ *Schnellbausteine* und die Auswahl *Feld...* einfügen. Näheres zum Umgang mit Feldern lesen Sie in Kapitel 5.

Zahlenformat ändern

Wenn Sie ein anderes Zahlenformat verwenden möchten, z. B. römische Zahlen, dann gehen Sie so vor, vorheriges Markieren der Seitenzahl ist dazu nicht nötig.

1. Klicken Sie im Menüband, Register *Kopf- und Fußzeile* ▶ *Kopf- und Fußzeile* auf *Seitenzahl* und anschließend auf *Seitenzahlen formatieren...* (Bild unten).
2. Im Dialogfenster *Seitenzahlenformat* wählen Sie anschließend im Feld *Zahlenformat* das gewünschte Format aus und klicken auf *OK*.

Bild 2.34 Zahlenformat wählen

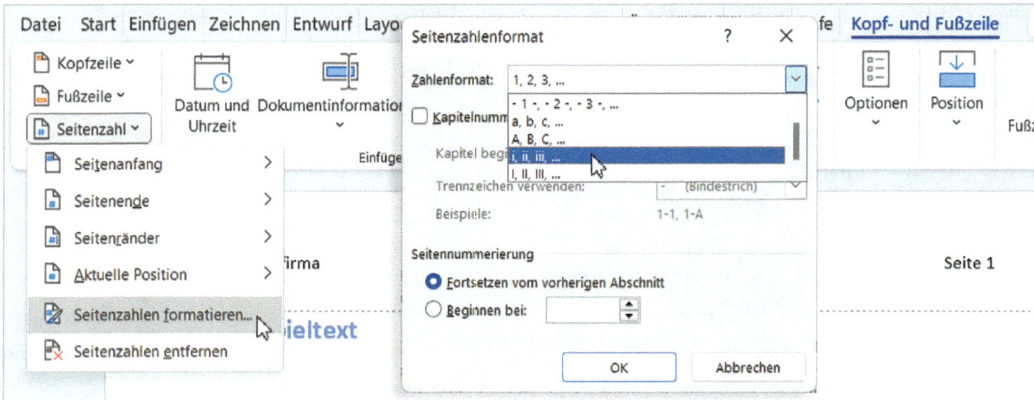

Unterschiedliche Zahlenformate für Seitenzahlen in einem Dokument

Abschnitte, siehe Seite 89.

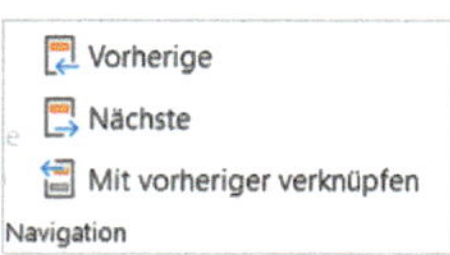

Wenn Sie bestimmte Bereiche eines Dokuments mit unterschiedlichen Seitenzahlen versehen möchten, z. B. das Inhaltsverzeichnis mit römischen und das übrige Dokument mit arabischen Zahlen, dann müssen Sie zuerst das Dokument in Abschnitte aufteilen und an den entsprechenden Stellen jeweils einen *Abschnittswechsel (Nächste Seite)* einfügen. Dadurch erhält jeder Abschnitt eine eigene Kopf- und Fußzeile, die Sie einzeln bearbeiten. Mit den Schaltflächen *Navigation* ▶ *Nächste* und *Vorherige* (Menüband, Register *Kopf- und Fußzeile*) gelangen Sie schnell zu den Kopf- und Fußzeilen der einzelnen Abschnitte.

> **Beginnen Sie bei der Bearbeitung mehrerer Kopf- und Fußzeilen mit dem ersten Abschnitt!**
>
> In der Standardeinstellung sind alle Kopf- und Fußzeilen eines Dokuments miteinander verknüpft. Das bedeutet die Inhalte werden automatisch vom vorherigen Abschnitt übernommen. Beginnen Sie daher bei der Eingabe mit der Kopf- und Fußzeile des ersten Abschnitts.

1 Fügen Sie in die Kopf- oder Fußzeile des ersten Abschnitts ❶ die Seitenzahlen mit dem gewünschten Aussehen ein.

Bild 2.35 Wählen Sie ein Zahlenformat für den Abschnitt 1

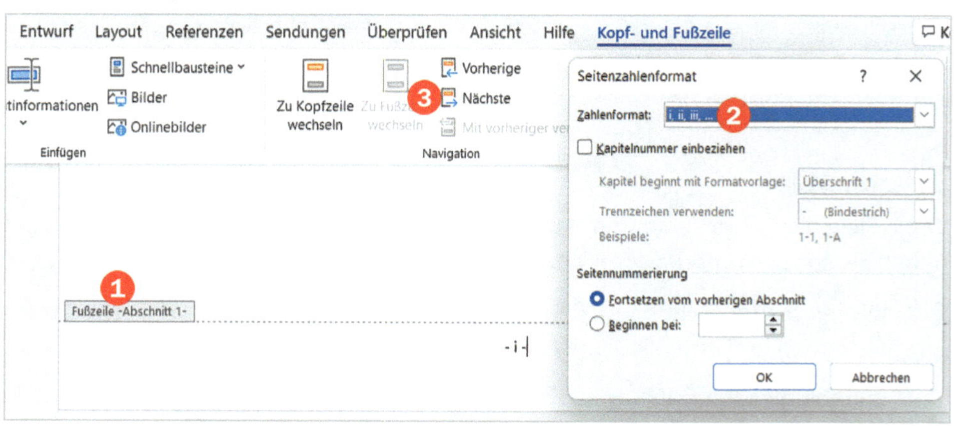

2 Zum Ändern des Zahlenformats klicken Sie im Menüband, Register *Kopf- und Fußzeile* auf *Seitenzahl* ▶ *Seitenzahlen formatieren...* (s. oben) und wählen das Zahlenformat des ersten Abschnitts, z. B. kleine römische Zahlen ❷.

3 Klicken Sie dann im Menüband, Register *Entwurf* ▶ *Navigation* auf *Nächste* ❸, um zur Fußzeile des nächsten Abschnitts zu gelangen.

4 Nur das Zahlenformat des ersten Abschnitts wurde geändert, der zweite Abschnitt hat nach wie vor das Standardzahlenformat. Wenn Sie dieses auch im zweiten Abschnitt ändern möchten, klicken Sie wieder auf *Seitenzahlen formatieren....*

Verknüpfte Kopf- und Fußzeilen - Verknüpfung aufheben

Standardmäßig sind die Kopf- und Fußzeilen aller Abschnitte eines Dokuments miteinander verknüpft, dies erkennen Sie in der Kopf- und Fußzeile eines nachfolgenden Abschnitts auch am Hinweis *Wie vorherige* ❶ (Bild 2.36). Das bedeutet, die Inhalte werden automatisch vom vorherigen Abschnitt übernommen, nicht aber die Zahlenformate. Sie brauchen also im zweiten Abschnitt keine Seitenzahlen mehr einfügen, sondern nur noch ggf. das Zahlenformat ändern.

Falls dagegen die Kopf- oder Fußzeile dieses Abschnitts ein völlig anderes Aussehen erhalten soll, müssen Sie zuvor die Verknüpfung mit Klick auf *Mit vorheriger verknüpfen* ❷ aufheben.

Beispiele für unterschiedliche Kopf- und Fußzeilen finden Sie weiter unten.

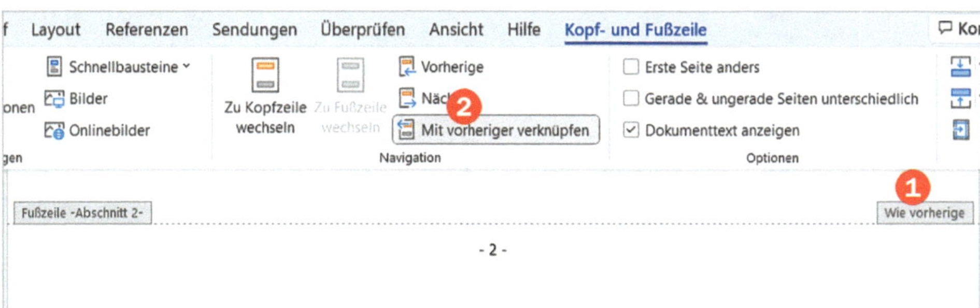

Bild 2.36 Die Fußzeile des 2. Abschnitts ist automatisch mit der des 1. Abschnitts verknüpft

Nummerierungsbeginn festlegen

Standardmäßig beginnt die Nummerierung der Seitenzahlen mit 1 und wird auch über mehrere Abschnitte hinweg fortgesetzt.

Falls Sie ab einer bestimmten Seite die Nummerierung neu oder mit einer bestimmten Zahl beginnen möchten, dann benötigen Sie an dieser Stelle zunächst einen Abschnittsumbruch. Setzen Sie dann den Cursor in die Kopf- oder Fußzeile des Abschnitts, ab dem Sie neu beginnen möchten. Öffnen Sie über *Seitenzahlen formatieren...* das Fenster *Seitenzahlenformat* (siehe oben) und wählen Sie unter *Seitennummerierung* statt *Fortsetzen vom vorherigen Abschnitt* die Option *Beginnen bei* und geben die Seitenzahl im Feld daneben ein.

Bild 2.37 Nummerierung für Abschnitt neu beginnen

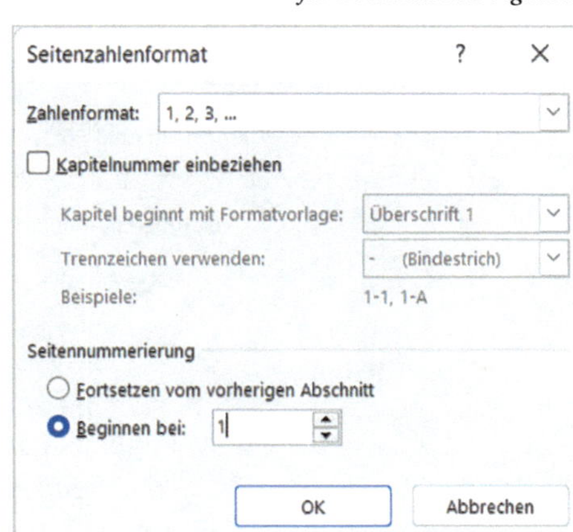

Beispiel: Keine Seitenzahlen auf den ersten Seiten (z. B. Deckblatt)

Als Beispiel sollen die ersten beiden Seiten (Deckblatt und allgemeine Informationen) eines Dokuments keine Seitenzahl erhalten und auch bei der Nummerierung der Seiten nicht berücksichtigt werden. Erst ab der dritten Seite sollen Seitenzahlen in der Fußzeile erscheinen und mit 1 beginnen.

1. Dazu fügen Sie zunächst am Beginn der dritten Seite statt eines einfachen Seitenumbruchs einen Abschnittsumbruch vom Typ *Nächste Seite* ein.
2. Doppelklicken Sie in den Fußzeilenbereich des ersten Abschnitts. Dieser ist mit *Fußzeile -Abschnitt 1-* beschriftet und bleibt leer.
3. Klicken Sie im Menüband, Register *Kopf- und Fußzeile* ▶ *Navigation* auf *Nächste*, um zur Fußzeile des nächsten Abschnitts zu gelangen.
4. **Achtung**: Da die Fußzeilen der beiden Abschnitte ein unterschiedliches Aussehen erhalten sollen, müssen Sie zunächst die Verknüpfung der beiden Fußzeilen aufheben: Klicken Sie dazu im Menüband, Register *Kopf- und Fußzeile* ▶ *Navigation* auf *Mit vorheriger verknüpfen* bzw. deaktivieren Sie diese Schaltfläche.

   Die Fußzeile darf anschließend nicht mehr mit *Wie vorherige* versehen sein.

Bild 2.38 Heben Sie die Verknüpfung zur vorherigen Fußzeile auf

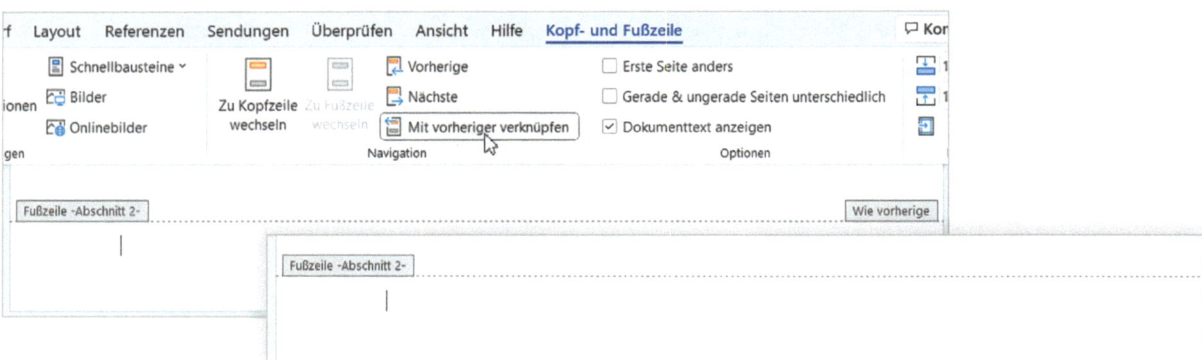

> **Voneinander unabhängige Kopf- und Fußzeilen bearbeiten**
>
> Um die Kopf- oder Fußzeilen der Abschnitte unabhängig voneinander zu bearbeiten, muss zuvor unbedingt die Verknüpfung mit der Kopf- oder Fußzeile des vorhergehenden Abschnitts aufgehoben werden. Deaktivieren Sie dazu die Schaltfläche *Mit vorheriger verknüpfen*.
>
> Das Verknüpfen bzw. Aufheben der Verknüpfung erfolgt jeweils gesondert für die Kopfzeile und die Fußzeile. Es können also z. B. nur die Kopfzeilen aller Abschnitte verknüpft sein, während die Fußzeilen voneinander unabhängig sind.
>
> Einen Sonderfall bilden unterschiedliche Kopf- und Fußzeilen für gerade und ungerade Seiten, hierzu sind keine Abschnitte erforderlich. Näheres hierzu lesen Sie weiter unten auf Seite 109.

5. Fügen Sie anschließend in die Fußzeile des zweiten Abschnitts die Seitenzahlen (z. B. Seite 3) ein und klicken Sie im Menüband, *Kopf- und Fußzeile* ▶ *Seitenzahl* auf *Seitenzahlen formatieren...*.

6 Aktivieren Sie die Option *Beginnen bei* und geben Sie im dazugehörigen Feld die Zahl 1 ein. Klicken Sie abschließend auf *OK*.

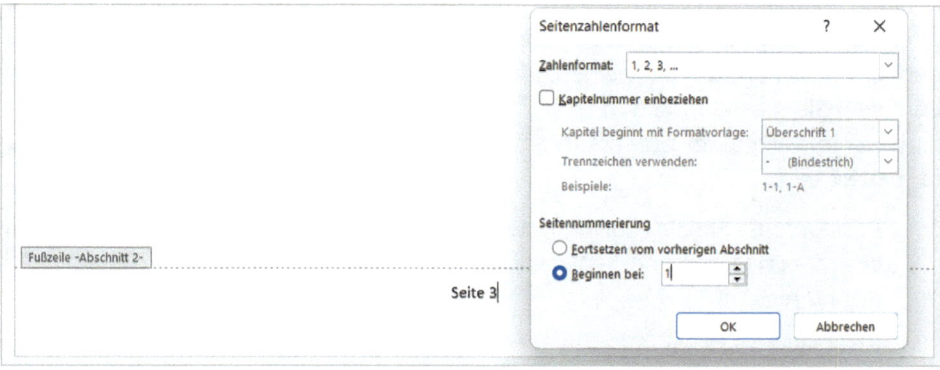

Bild 2.39 Seitenzahlen im 2.Abschnitt mit 1 beginnen

Tipp: Abweichende oder keine Kopf- oder Fußzeile nur auf der ersten Seite

Falls nur die erste Seite von der Nummerierung ausgenommen werden soll, weil beispielsweise ein Deckblatt oder Titelblatt verwendet wird, so ist dazu nicht unbedingt ein Abschnittsumbruch erforderlich. Aktivieren Sie stattdessen einfach das Kontrollkästchen *Erste Seite anders* (Bild unten). Anschließend erhalten Sie eine Fußzeile für die erste Seite (*Erste Fußzeile*) und können diese gesondert bearbeiten. Die nachfolgenden Fußzeilen sind standardmäßig auch nicht mit der ersten Seite verknüpft.

Damit in diesem Fall die Nummerierung auf der zweiten Seite mit 1 beginnt, geben Sie im Feld *Beginnen mit* die Zahl 0 ein.

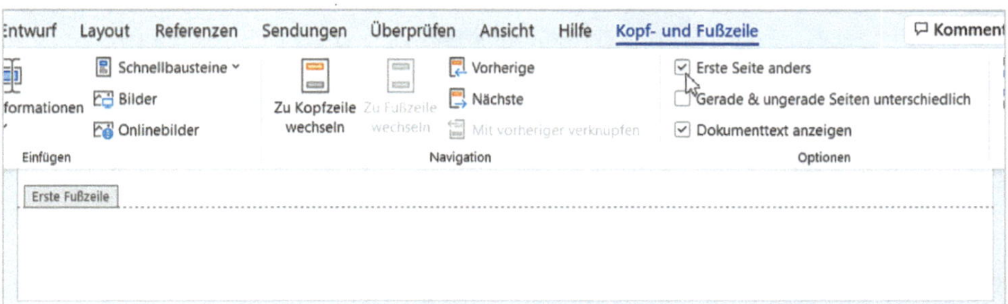

Bild 2.40 Nur die Kopf- und Fußzeilen der ersten Seite anders gestalten

Kapitelnummer voranstellen

Wenn Sie den Seitenzahlen noch die Kapitelnummer voranstellen möchten, dann fügen Sie ebenfalls zunächst die Seitenzahlen ein und klicken danach auf *Seitenzahlen formatieren...*. Aktivieren Sie das Kontrollkästchen *Kapitelnummer einbeziehen* und wählen Sie im Feld *Kapitel beginnt mit Formatvorlage* die gewünschte Überschriftebene, in der Regel *Überschrift 1*, aus. Im Feld unterhalb können Sie ein Trennzeichen, z. B. Bindestrich, angeben.

Voraussetzung: Die Überschriften des Dokuments müssen mit den entsprechenden Formatvorlagen *Überschrift 1*, *Überschrift 2* usw. formatiert sein und diese müssen mit Hilfe einer entsprechenden Listenformatvorlage nummeriert sein.

Bild 2.41 Kapitelnummer der Seitenzahl voranstellen

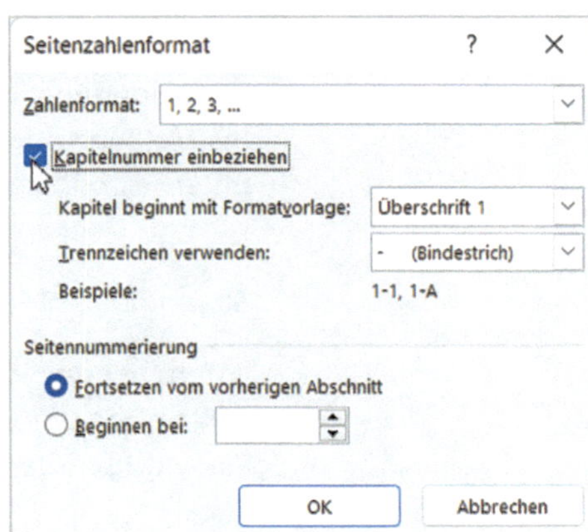

Kapitelüberschrift als lebenden Kolumnentitel einfügen

Details zum Umgang mit Feldern finden Sie in Kapitel 5 auf Seite 216.

In längeren Dokumenten, z. B. Fach- und Hausarbeiten, wissenschaftlichen Arbeiten oder Dokumentationen soll häufig die Kapitelüberschrift auch in der Kopfzeile als „lebender Kolumnentitel" erscheinen. Damit Sie diese nicht einzeln eintippen müssen, benutzen Sie die Feldfunktion *StyleRef*. Da diese Bezug auf eine bestimmte Formatvorlage nimmt, müssen als Voraussetzung die Überschriften mit einer Formatvorlage formatiert sein.

Formatvorlagen für Überschriften, siehe Kapitel 3.6.

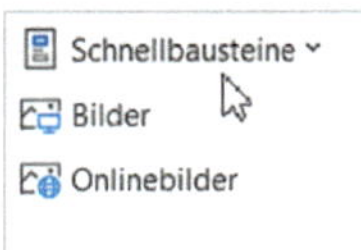

1. Positionieren Sie den Cursor in der Kopfzeile an der gewünschten Stelle und klicken Sie im Menüband, Register *Kopf- und Fußzeile* ▶ *Einfügen* auf *Schnellbausteine* und hier auf *Feld...*.
2. Wählen Sie die Kategorie *Verknüpfungen und Verweise* aus ❶ und klicken Sie auf das Feld *StyleRef* ❷ (Bild unten).
3. In der Liste *Feldeigenschaften* können Sie nun die Formatvorlage wählen: Klicken Sie auf *Überschrift 1* ❸ und übernehmen Sie mit *OK* das Feld in die Kopfzeile.

Bild 2.42 StyleRef markieren und Formatvorlage auswählen

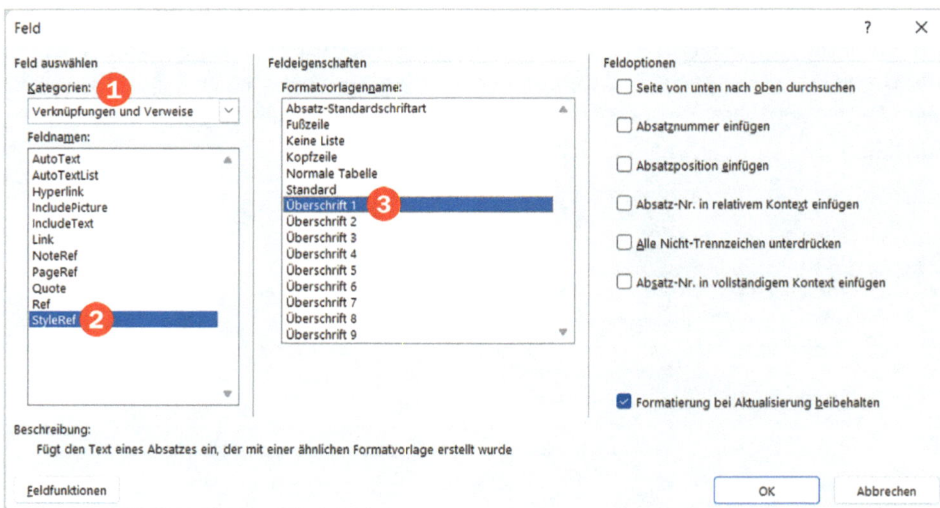

Hinweis: *StyleRef* fügt nur den Inhalt des Absatzes ein, berücksichtigt aber keinerlei Formatierungen und damit auch nicht die Nummerierung von Überschriften. Wenn die Kapitelnummer ebenfalls erscheinen soll, dann müssen Sie das Feld *StyleRef* ein zweites Mal hinzufügen. Dazu wählen Sie wieder dieselbe Formatvorlage und aktivieren unter *Feldoptionen* das Kontrollkästchen *Absatznummer einfügen*.

Kopf- und Fußzeilen sperren

Wenn mehrere Personen an einem Dokument arbeiten oder Sie das Word-Dokument weitergeben möchten, dann können Sie die Inhalte von Kopf- und Fußzeile mit einem Passwort schützen. So gehen Sie vor:

1. Erstellen Sie die Kopf- und/oder Fußzeile mit allen benötigten Inhalten.

2 Setzen Sie dann im Dokument den Cursor an den Dokumentanfang, klicken Sie im Menüband, Register *Layout* auf *Umbrüche* und fügen Sie an dieser Stelle einen fortlaufenden Abschnittsumbruch ein.

3 Klicken Sie anschließend im Register *Datei*, *Informationen* auf *Dokument schützen* und auf *Bearbeitung einschränken* ❶.

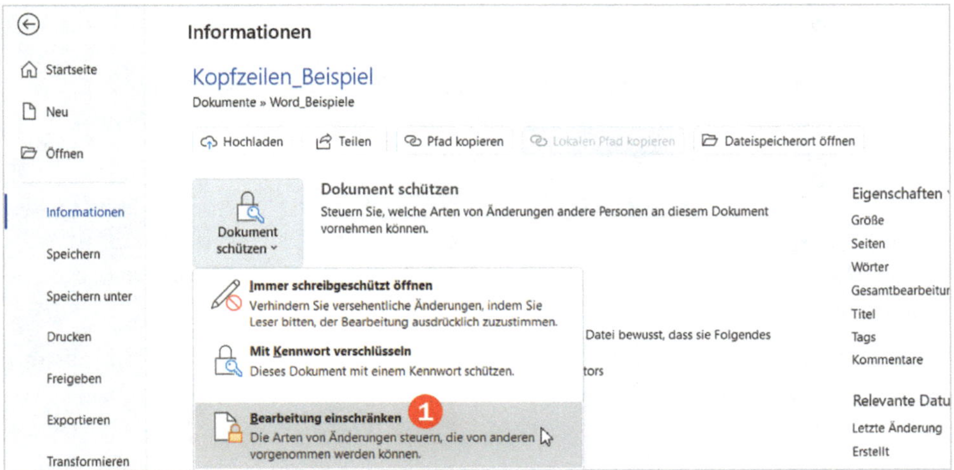

Bild 2.43 Klicken Sie auf Bearbeitung einschränken

4 Rechts vom Dokument erscheint der gleichnamige Arbeitsbereich. Aktivieren Sie das Kontrollkästchen *Nur diese Bearbeitungen im Dokument zulassen* ❷ und wählen Sie *Ausfüllen von Formularen* (Bild unten).

5 Klicken Sie dann unterhalb auf *Abschnitte auswählen...* ❸. Da nur Abschnitt 1 geschützt werden soll, deaktivieren Sie anschließend im Fenster *Abschnitt schützen* die Kontrollkästchen der übrigen Abschnitte ❹.

Bild 2.44 Bearbeitung einschränken

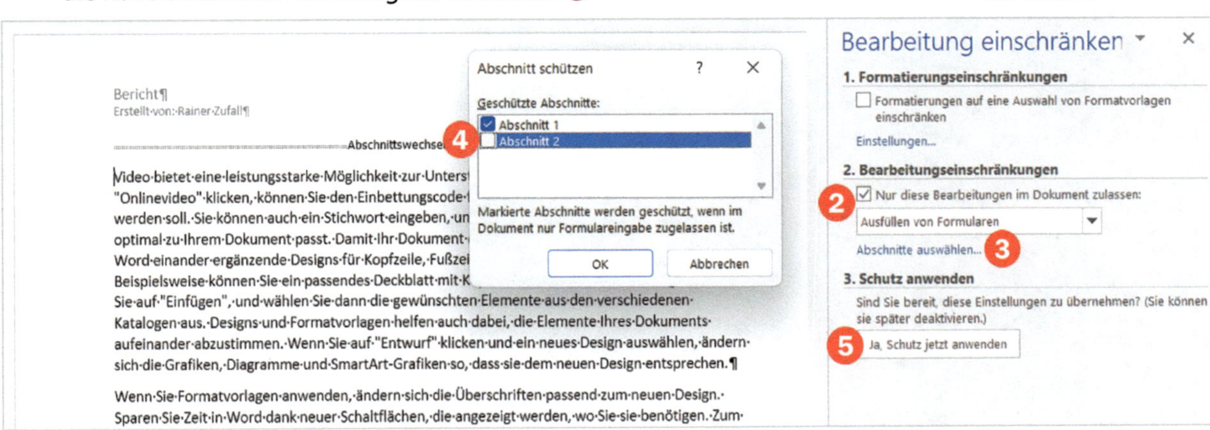

6 Klicken Sie zuletzt auf die Schaltfläche *Ja, Schutz jetzt anwenden* ❺ und vereinbaren Sie anschließend ein Kennwort, mit dem der Schutz wieder aufgehoben werden kann. Falls Sie kein Kennwort vergeben möchten, lassen Sie das Feld einfach leer.

2.6 Dokument für beidseitigen Druck einrichten

Wenn ein Dokument beidseitig, also auf Vorder- und Rückseite gedruckt werden soll, dann sind beim Seitenlayout einige Punkte zusätzlich zu berücksichtigen.

Seitenränder innen und außen

Alternativ öffnet auch ein Klick auf den Pfeil der Gruppe *Seite einrichten* das gleichnamige Fenster.

Um gespiegelte Seitenränder zu erhalten, wählen Sie im Menüband, Register *Layout* ▶ *Seitenränder* die Voreinstellung *Gespiegelt* oder klicken Sie auf *Benutzerdefinierte Seitenränder...*, wenn Sie eigene Seitenränder festlegen möchten.

Im letzteren Fall öffnet sich anschließend das Fenster *Seite einrichten*. Klicken Sie hier auf das Register *Seitenränder* und wählen Sie im Feld *Mehrere Seiten* den Eintrag *Gegenüberliegende Seiten* aus ❶ (Bild 2.46). Anschließend können Sie oberhalb die Seitenränder *Innen* ❷ und *Außen* ❸ angeben statt *Links* und *Rechts*.

Falls das Dokument mehrere Abschnitte umfasst, sollten Sie außerdem kontrollieren, ob im Feld *Übernehmen für* das gesamte Dokument ausgewählt ist.

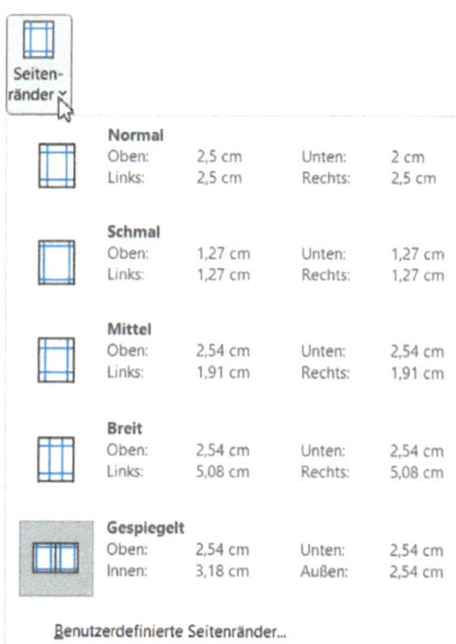

Bild 2.45 Gespiegelte Seiten

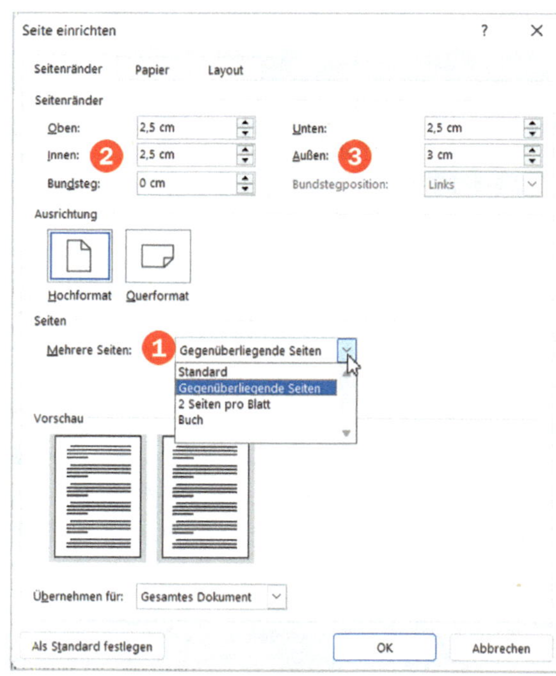

Bild 2.46 Oder wählen Sie im Fenster Seite einrichten Gegenüberliegende Seiten aus und legen Sie die Seitenränder fest

Sonderfall Buchfunktion

Im Auswahlfeld *Mehrere Seiten* bietet Word auch die Möglichkeit *Buch* an. Dieses Layout eignet sich in erster Linie für Broschüren und bringt mehrere Voreinstellungen gleichzeitig mit, beachten Sie insbesondere:

- Die Seitenränder werden automatisch gespiegelt und mit *Innen* und *Außen* angegeben (siehe oben).

- Als Ausrichtung wird automatisch *Querformat* festgelegt und auf dem angegebenen Papierformat, standardmäßig A4, werden jeweils zwei Seiten nebeneinander angeordnet. Sie erhalten also ein Buch oder eine Broschüre im Format A5.
- Beim Drucken mehrerer Seiten werden diese so angeordnet, dass Sie das Papier nur noch falten und heften brauchen. **Achtung**: Damit die Seiten in der richtigen Reihenfolge gedruckt werden, muss die Broschüre unbedingt beidseitig gedruckt werden. Wählen Sie also, je nach Drucker, beim Drucken *Beidseitiger Druck* oder *Beidseitiger manueller Druck* aus.

Kopf- und Fußzeilen für gerade und ungerade Seiten

Für beidseitigen Druck und gespiegelte Seitenränder benötigen Sie in der Regel auch entsprechend spiegelverkehrte Kopf- und Fußzeilen, z. B. die Seitenzahlen immer außen. In diesem Fall doppelklicken Sie in den Kopf- oder Fußzeilenbereich und aktivieren im Register *Kopf- und Fußzeile* ▶ *Optionen* das Kontrollkästchen *Gerade & ungerade Seiten unterschiedlich* ❶. Sie erhalten nun je eine *Ungerade Kopfzeile* ❷ und eine *Gerade Kopfzeile* ❸, die anschließend unabhängig voneinander bearbeitet werden, dasselbe gilt auch für die Fußzeilen.

Gestalten Sie dann die Kopfzeile, z. B. mit der Seitenzahl außen, wie im Bild unten und/oder dem Dokumenttitel innen. Mit Klick auf *Nächste* und *Vorherige* (Menüband, Register *Kopf- und Fußzeile*) wechseln Sie schnell zwischen ungeraden und geraden Kopf- oder Fußzeilen.

Bild 2.47 Beispiel ungerade Kopfzeile...

Bild 2.48 ...und gerade Kopfzeile

Hinweis: Besteht das Dokument aus mehreren Abschnitten, so sind automatisch die geraden Kopf- und Fußzeilen miteinander verknüpft, sowie die ungeraden Kopf- und Fußzeilen.

Tipp: Kopf- oder Fußzeile kopieren

Enthält die Kopf- oder Fußzeile mehrere formatierte Elemente und Sie möchten diese einfach nur vertauschen, z. B. zwischen innen und außen, dann kopieren Sie einfach die erste Kopfzeile und verschieben dann in der zweiten Kopfzeile die Elemente. Als Beispiel wurde im Bild unten die ungerade in die gerade Kopfzeile kopiert und hier Seitenzahl und Dokumenttitel entsprechend vertauscht.

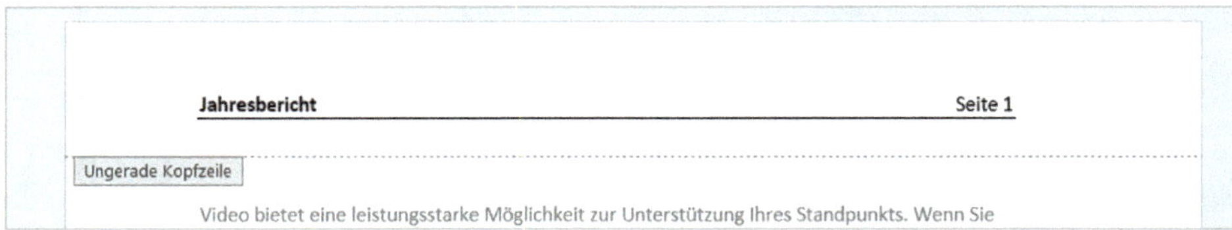

Bild 2.49 Formatierte ungerade Kopfzeile mit Rahmenlinie unten

Hier das Ergebnis in der Druckvorschau:

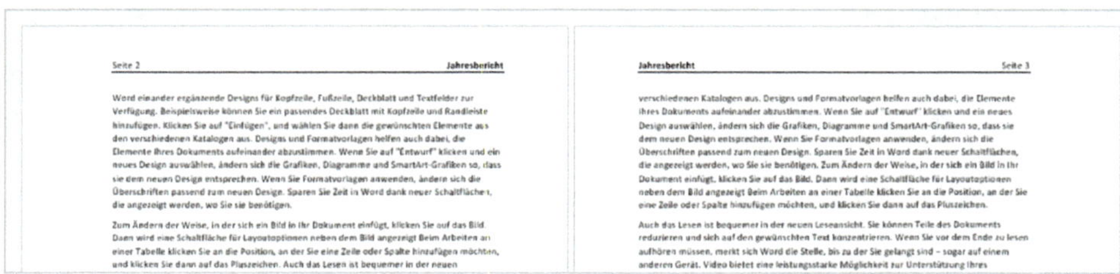

Bild 2.50 Gerade und ungerade Kopfzeile in der Druckvorschau

Vorlagen für gerade und ungerade Seiten

Auch unter den Vorlagen für Kopf- und Fußzeilen befinden sich einige sowohl für gerade als auch für ungerade Seiten. Öffnen Sie dazu den Kopf- oder Fußzeilenbereich und aktivieren Sie das Kontrollkästchen *Gerade & ungerade Seiten unterschiedlich*. Klicken Sie dann auf *Kopfzeile* oder *Fußzeile* und wählen Sie die passende Vorlage.

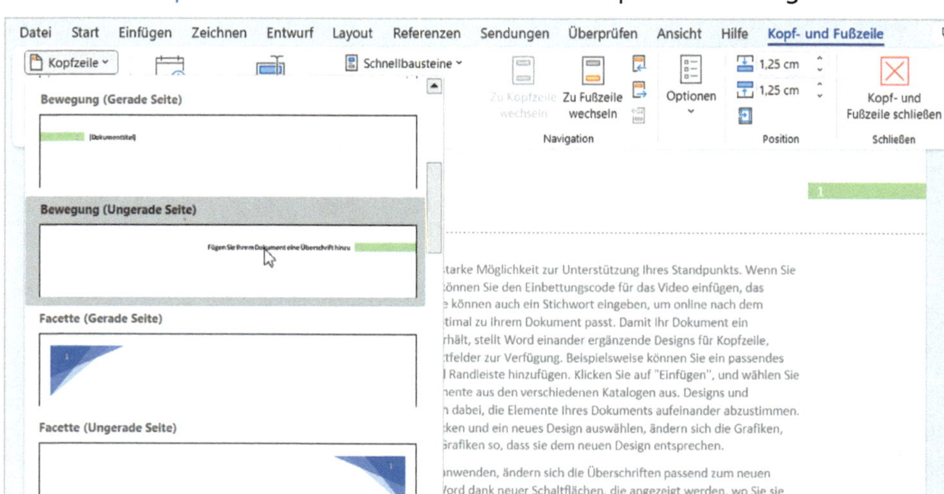

Bild 2.51 Vorlagen für gerade und ungerade Seiten

3 Effiziente Dokumentgestaltung mit Vorlagen

In diesem Kapitel lernen Sie ...

- arbeitssparende Dokumentvorlagen erstellen und speichern
- einheitliche Dokumentgestaltung mit Designs
- Designfarben und -schriften zusammenstellen und speichern
- Formatvorlagen einsetzen und anpassen
- eigene Formatvorlagen für Absätze und Zeichen, Listen und Tabellen erstellen
- Überschriften mit Formatvorlagen versehen und nummerieren

Das sollten Sie bereits wissen

- Grundlagen der Textformatierung
- Speichern von Dokumenten
- Nummerierung und Aufzählungszeichen verwenden und anpassen
- Listen mit mehreren Ebenen nutzen
- Tabellen einfügen und formatieren

In diesem Kapitel stellen wir Ihnen die drei Säulen für schnelles und effizientes Gestalten von Word-Dokumenten vor: Dokumentvorlagen, Formatvorlagen und Designs. Diese drei sorgen dafür, dass Ihre Dokumente ein einheitliches Aussehen erhalten und nehmen Ihnen, richtig eingesetzt, ständig wiederkehrende und zeitraubende Eingaben und Formatierungsarbeiten ab.

- Mit **Dokumentvorlagen** erhalten Sie ein wiederverwendbares Seitenlayout, zusätzlich kann eine solche Vorlage aber auch wiederkehrenden Text und andere Elemente, z. B. in Kopf- oder Fußzeile enthalten. Dokumentvorlagen lassen sich auch mit Vordrucken vergleichen, beispielsweise einem Briefpapier mit Briefkopf.
- **Formatvorlagen** speichern Textformate und leisten nützliche Dienste, wenn insbesondere umfangreiche Dokumente ein einheitliches Aussehen erhalten sollen. Sie können zu diesem Zweck die integrierten Formatvorlagen von Word verwenden und diese nach Ihren Vorstellungen ändern und/oder zusätzlich eigene Formatvorlagen erstellen.
- **Designs** sind Zusammenstellungen von aufeinander abgestimmten Farben, Schriftarten und Effekten, auf denen die meisten Formatvorlagen aufbauen. Darüber hinaus sind die Designfarben und -schriften auch schnell in Verbindung mit den entsprechenden Formatierungen verfügbar.

3.1 Dokumentvorlagen als Ausgangsbasis ähnlicher Dokumente

Was sind Dokumentvorlagen?

Dokumentvorlagen bilden einen gesonderten Dateityp mit der Dateinamenerweiterung *.dotx* bzw. *.dotm*, wenn die Vorlagen auch noch Makros enthält. Sie geben die Standardeinstellungen für ein neues Dokument vor, speichern Einstellungen zum Seitenlayout wie Papierformat, Ausrichtung und Seitenränder, steuern über Formatvorlagen das Aussehen des Textes und können außerdem Standardtexte, Grafiken und Tabellen enthalten, z. B. Firmenbriefkopf.

Die Vorteile von Dokumentvorlagen

Benutzerdefinierte Dokumentvorlagen leisten immer dann gute Dienste, wenn häufig zu erstellende Dokumente, z. B. Briefe ein einheitliches Aussehen haben sollen und helfen durch die Vorgabe von Standardinhalten, Tipparbeit zu reduzieren.

- Wiederkehrende Elemente, wie etwa die Firmenanschrift auf einem Geschäftsbrief, müssen nicht jedes Mal erneut eingetippt werden.
- Das Aussehen des Dokuments, z. B. Seitenränder, Formatvorlagen etc. muss nur einmal festgelegt werden.

- Neue Dokumente, die auf der Basis einer Dokumentvorlage erstellt wurden, können beliebig geändert und gespeichert werden. Die Vorlage selbst wird nicht dadurch verändert.

Jedes neue Word-Dokument basiert auf einer Dokumentvorlage

Wussten Sie, dass auch ein neues leeres Dokument auf einer Dokumentvorlage basiert? Mit der Auswahl *Leeres Dokument* ist dies die Vorlage Normal.dotm, diese sollte nach Möglichkeit nicht verändert werden.

Die globale Dokumentvorlage Normal

Die wichtigste Word-Vorlage ist die globale Dokumentvorlage *Normal.dotm*. Diese kommt immer dann zur Verwendung, wenn Sie mit einem neuen leeren Dokument beginnen bzw. *Leeres Dokument* auswählen. Sie enthält z. B. ein bereits vorgegebenes Seitenlayout einschließlich der Seitenränder. Wenn Sie im Dialogfenster *Seite einrichten* die Seitenränder ändern und anschließend auf die Schaltfläche *Als Standard festlegen* klicken, dann ändern Sie damit die Seitenränder in der Dokumentvorlage *Normal*.

Seite einrichten, Seitenränder, siehe Kapitel 2.2 auf Seite 87 ff.

Achtung: Damit Sie jederzeit mit einem völlig leeren Dokument beginnen können, sollten Sie für die Dokumentvorlage *Normal* nur allgemeine Einstellungen ändern, siehe Seitenränder, hier aber keinesfalls Text speichern.

Eigene Dokumentvorlagen erstellen und verwenden

Eigene Dokumentvorlagen können Sie entweder aus einer Dokumentvorlage oder einem vorhandenen Dokument erzeugen, das Sie entsprechend abändern. Oder Sie beginnen, wie im folgenden Beispiel, mit einem neuen leeren Dokument.

1. Schritt: Erstellen und gestalten Sie die Vorlage

Dabei gehen Sie zunächst wie bei der Erstellung eines normalen Dokuments vor, beispielsweise eines Briefes.

In Kapitel 11 finden Sie in Form eines Workshops eine detaillierte Beschreibung, wie Sie Schritt für Schritt eine Dokumentvorlage für einen Geschäftsbrief erstellen.

- Legen Sie die erforderlichen Seitenränder fest, ggf. auch Papierformat und -ausrichtung. Falls nötig, können auch bereits Kopf- und Fußzeilen gestaltet werden, z. B. mit Seitenzahlen, Titel, aktuellem Datum usw..
- Überlegen Sie, welche Schrift, Zeilenabstände und Farben verwendet werden sollen und ändern Sie die Formatvorlagen bzw. das verwendete Design dahingehend ab.
- Fügen Sie alle Informationen, die das Dokument bereits als Vorgabe enthalten soll, in die Vorlage ein. Bei einer Vorlage für Briefe sind dies z. B. Anschrift, Bankverbindung, Firmenlogo, etc.; zur Anordnung leisten Tabellen gute Dienste.

Wichtig: Fügen Sie nur Inhalte hinzu, die später in jedem Dokument, das auf dieser Vorlage basiert, erscheinen sollen! Sie müssen sonst jedes Mal überflüssige Elemente entfernen.

2. Schritt: Als Dokumentvorlage speichern

1 Klicken Sie auf das Register *Datei* und auf *Exportieren* ❶. Klicken Sie hier auf *Dateityp ändern* ❷ und rechts auf den Dateityp *Vorlage* ❸. Anschließend klicken Sie auf die Schaltfläche *Speichern unter* ❹.

Bild 3.1 Datei - Exportieren

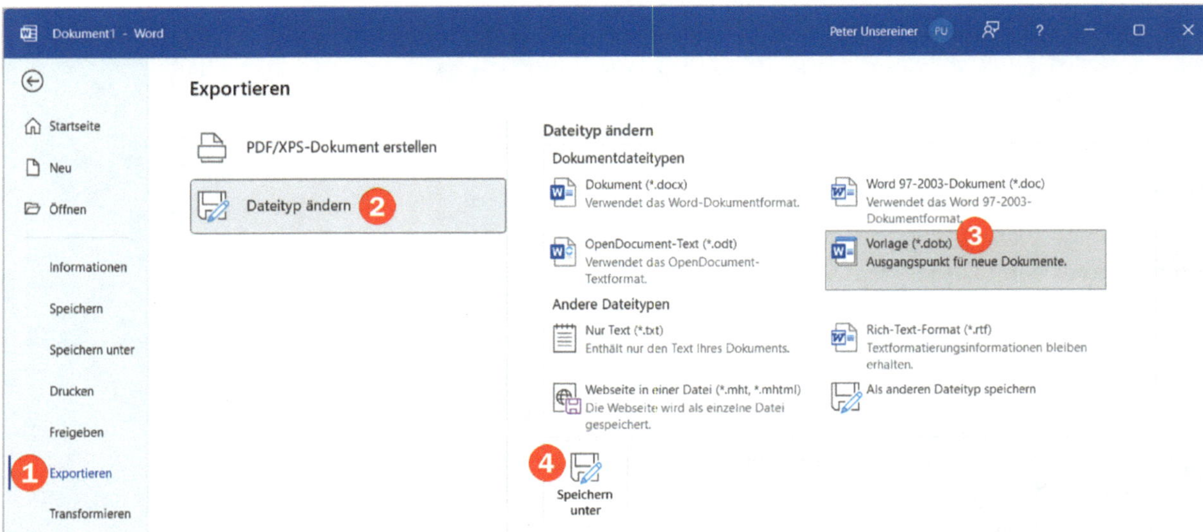

2 Das Fenster *Speichern unter* öffnet sich. Geben Sie einen aussagekräftigen Dateinamen ein ❺, im Feld unterhalb ist der Dateityp *Word-Vorlage (.dotx)* ❻ bereits vorgegeben.

Wählen Sie außerdem einen Speicherort: Hierzu steht Ihnen in der Regel im Ordner *Dokumente* auf der lokalen Festplatte Ihres Geräts der Ordner *Benutzerdefinierte Office-Vorlagen* ❸ zur Verfügung. Dieser wurde bei der Installation von Microsoft Office automatisch erstellt, Sie können eine Dokumentvorlage jedoch auch an jedem anderen Ort speichern, Näheres hierzu weiter unten.

Bild 3.2 Dokumentvorlage speichern

Hinweis: Alternativ können Sie natürlich auch den Befehl *Speichern unter* aufrufen und anschließend den Dateityp *Word-Vorlage* auswählen. Hier finden Sie außerdem auch den Dateityp *Word-Vorlage mit Makros (*.dotm)*.

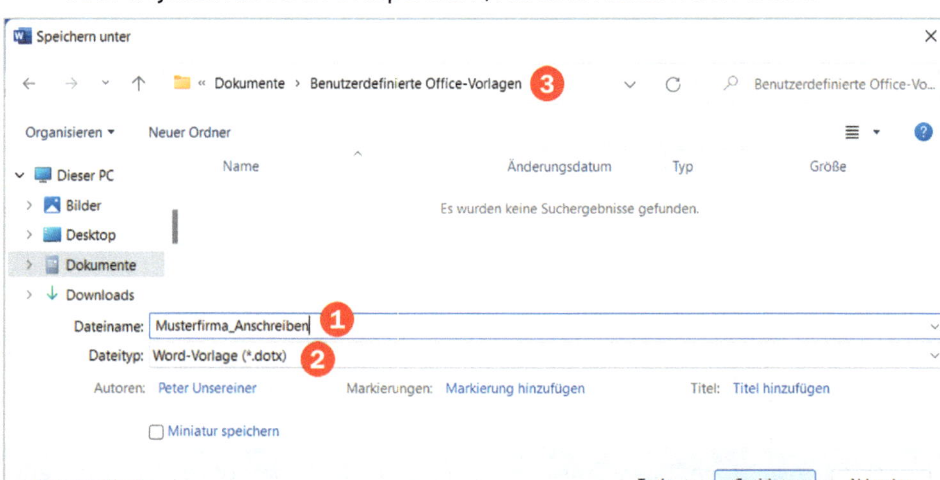

Speicherort für Dokumentvorlagen

Grundsätzlich können Sie Dokumentvorlagen an jedem beliebigen Ort speichern, also auch auf einem freigegebenen Netzlaufwerk, wenn die Vorlage später von mehreren Personen genutzt werden soll.

Standardspeicherort festlegen

Falls Ihre Dokumentvorlagen jedoch auch verfügbar sein sollen, wenn Sie in Word im Register *Datei* auf *Neu* klicken, dann müssen Sie diese in einem extra Ordner ablegen, z. B. im Ordner *Benutzerdefinierte Office-Vorlagen* und diesen Ordner als Standardspeicherort für Ihre Vorlagen festlegen. So gehen Sie vor:

1. Öffnen Sie die Word-Optionen (Register *Datei* ▶ *Optionen*) und wählen Sie die Kategorie *Speichern*.
2. Tragen Sie den genauen Pfad des Ordners im Feld *Standardspeicherort für persönliche Vorlagen* ein und klicken Sie zum Übernehmen auf die Schaltfläche *OK*.

   Tipp: Sie vermeiden Tipparbeit und mögliche Fehler, wenn Sie im Datei-Explorer von Windows den betreffenden Ordner öffnen, in der Adressleiste mit der rechten Maustaste auf die Adresse klicken und *Adresse kopieren* wählen. Klicken Sie dann in den Word-Optionen in das Feld und fügen Sie die Adresse mit **Strg-V** ein.

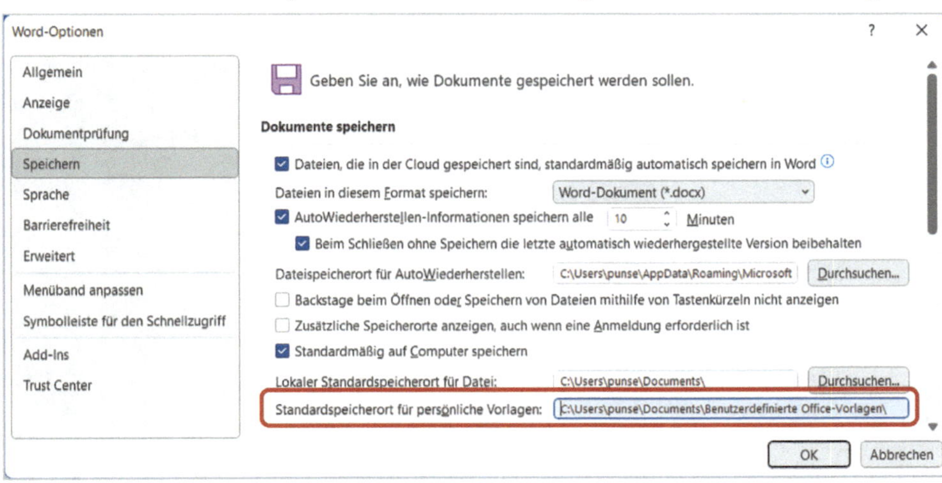

Bild 3.3 Standardspeicherort für Vorlagen

Dokumentvorlage verwenden

Datei-Explorer

Unabhängig vom Speicherort können Sie in jedem Fall im Datei-Explorer von Windows mit Doppelklick auf das Symbol der Vorlage aus dieser ein neues Dokument erstellen und öffnen. Dokumentvorlagen unterscheiden sich nicht nur durch die Dateinamenerweiterung *.dotx* (falls sichtbar), sondern auch durch ihr Symbol von normalen Word Dokumenten, wie im Bild rechts.

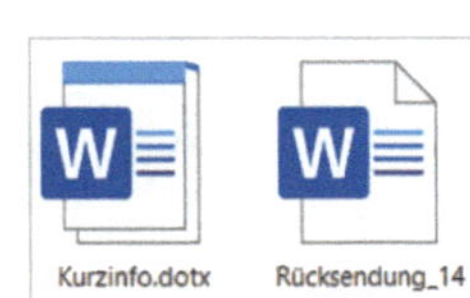

Links eine Dokumentvorlage, rechts ein normales Word-Dokument.

- **Vorlage verwenden**: Um die Vorlage zu verwenden, genügt ein Doppelklick auf das Dateisymbol und Word wird mit einer Kopie der Vorlage geöffnet.

- **Vorlage öffnen**: Möchten Sie dagegen die Vorlage selbst öffnen, z. B. um Änderungen vorzunehmen, so klicken Sie mit der rechten Maustaste auf das Dateisymbol und auf *Öffnen* (Windows 10). **Achtung**: Bei Windows 11 bewirkt der Befehl *Öffnen* dagegen das Öffnen einer Kopie, hier müssen Sie im Kontextmenü zuerst auf *Weitere Optionen anzeigen* klicken und dann im erweiterten Kontextmenü auf *Öffnen*.

Benutzerdefinierte Dokumentvorlage in Word auswählen

Wenn sich die Vorlage in einem extra Ordner, z. B. *Benutzerdefinierte Office-Vorlagen* auf der Festplatte Ihres Geräts befindet und dieser als Standardspeicherort festgelegt wurde, siehe oben, dann steht Ihnen die Vorlage auch in Word zur Verfügung. Klicken Sie dazu im Register *Datei* auf *Neu* und wählen Sie *Persönlich*.

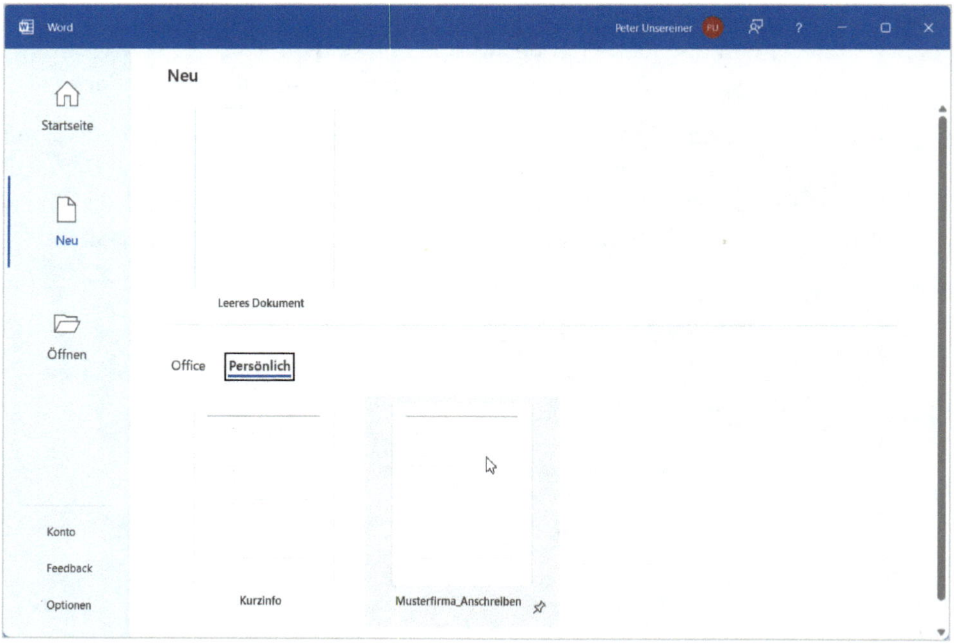

Bild 3.4 Benutzerdefinierte Vorlagen finden Sie unter Persönlich

Vorlage öffnen: Um dagegen die Dokumentvorlage selbst zu öffnen und zu ändern, benutzen Sie in Word den normalen Befehl *Öffnen*. Wählen Sie den Ordner aus, der Ihre Vorlagen enthält und öffnen Sie die Vorlage.

> **Beachten Sie bei Änderungen an Dokumentvorlagen**
>
> Änderungen an einer Dokumentvorlage haben keinerlei Auswirkungen auf bereits vorhandene Dokumente, die mit dieser Vorlage erstellt wurden. Nicht mehr benötigte Dokumentvorlagen können also auch problemlos gelöscht werden.
>
> Eine Dokumentvorlage kann nicht geändert werden, solange ein, auf dieser Vorlage basierendes Dokument geöffnet ist.

3.2 Designs als Ausgangsbasis für die Dokumentgestaltung

Die Bedeutung von Designs

Ein Design bezeichnet in den Microsoft Office-Anwendungen eine Zusammenstellung von aufeinander abgestimmten Farben, Schriftarten und grafischen Effekten. Das Design eines Dokuments legt dessen Standardschrift fest und bestimmt die Farben, die zunächst z. B. als Schrift- oder Schattierungsfarbe vorgeschlagen werden. Auch Schrift und Farben der integrierten Formatvorlagen basieren auf dem aktuellen Design.

Word verfügt über eine ganze Reihe integrierter Designs und verwendet in der Standardeinstellung bzw. wenn kein anderes Design gewählt wird, das Design *Office* mit der Standardschriftart Calibri. Dessen Farben und Schriften tauchen z. B. auf, wenn Sie, wie im Bild unten, auf das Symbol *Schriftfarbe* klicken oder eine Tabellenformatvorlage auswählen, die Designschriftarten erhalten Sie im Feld *Schriftart* an erster Stelle.

Bild 3.5 Beispiel Schriftfarbe, Schriftarten und Tabellenformatvorlagen des Designs Office

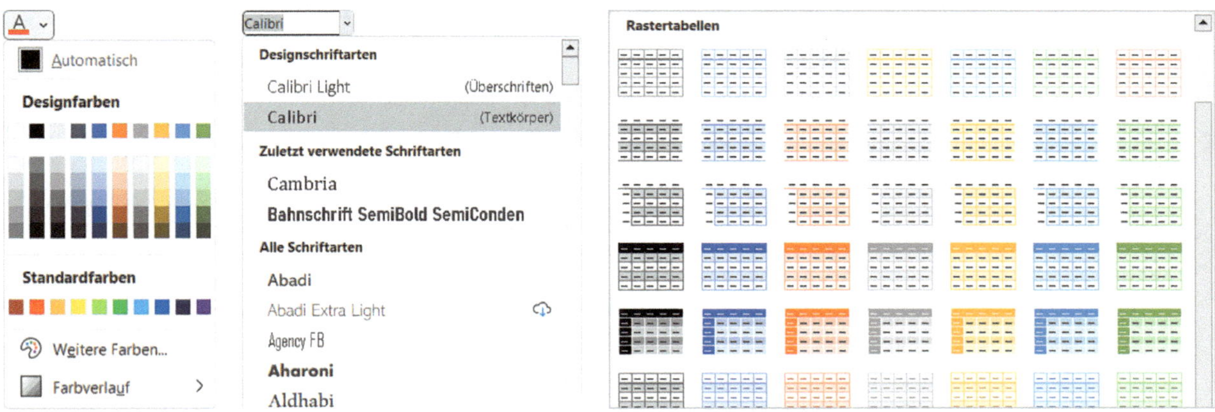

Ein anderes Design wählen

Die einfachste Möglichkeit, Farben und Schriftarten des aktuellen Dokuments zu ändern, ist die Auswahl eines anderen Designs. Klicken Sie dazu im Menüband, Register *Entwurf* ▶ *Dokumentformatierung* auf *Designs*. Falls im Dokument bereits Designfarben und/oder Formatvorlagen verwendet werden, erhalten Sie beim Zeigen im Dokument eine Vorschau und mit einem Klick übernehmen Sie das Design.

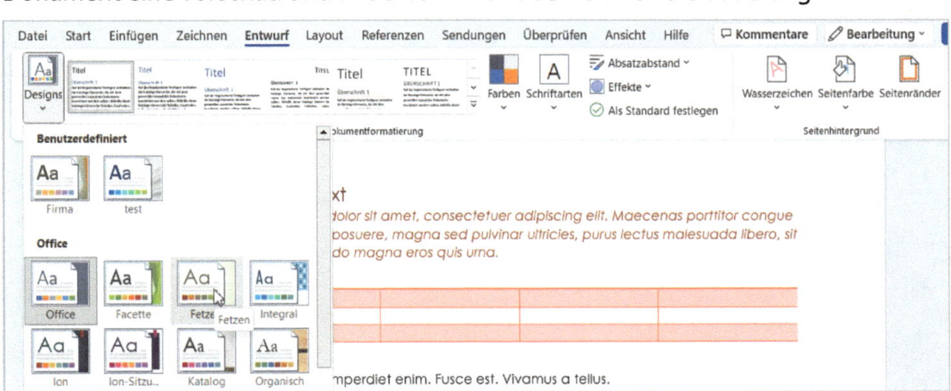

Bild 3.6 Designauswahl mit Vorschau im Dokument

> **Vorsicht bei nachträglichen Designänderungen**
>
> Designs beziehen stets das gesamte aktuelle Dokument ein und entsprechende Änderungen wirken sich somit auch auf vorhandene Formatierungen aus. Haben Sie beispielsweise im Dokument eine Designfarbe als Schrift- oder Schattierungsfarbe verwendet, so bewirkt ein nachträgliches Ändern dieser Farbe auch eine Farbänderung im Dokument.
>
> Legen Sie daher das Design am besten fest, bevor Sie mit der Textformatierung beginnen bzw. kontrollieren Sie bei nachträglichen Änderungen unbedingt nochmals alle Formatierungen.

Eigene Designs zusammenstellen

Statt eines vorgegebenen Designs können Sie auch beliebig Farben, Schriftarten, Absatzabstände und Effekte auswählen und so Ihr eigenes Design zusammenstellen. Dazu verwenden Sie im Menüband, Register *Entwurf* ▶ *Dokumentformatierung* die Schaltflächen *Farben*, *Schriftarten*, *Absatzabstand* und *Effekte*, es spielt dabei keine Rolle, welches Design als Ausgangsbasis verwendet wird.

Bild 3.7 Das Register Entwurf

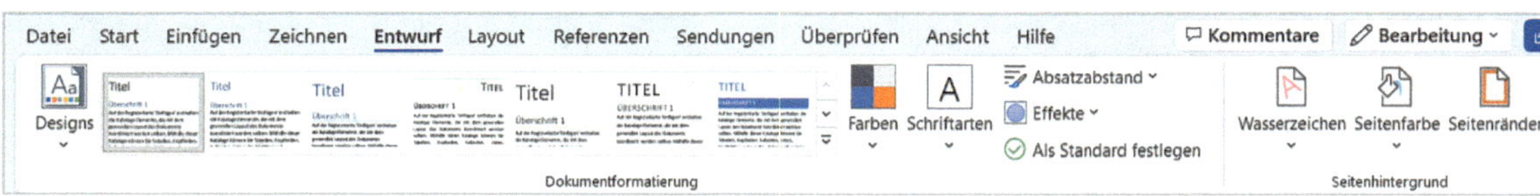

Um beispielsweise andere Designfarben auszuwählen, klicken Sie auf *Farben* und wählen eine Farbzusammenstellung (Bild 3.8), genauso verfahren Sie auch mit den *Schriftarten*. Beachten Sie bei der Auswahl von Effekten, dass sich diese ausschließlich auf grafische Elemente, nicht aber auf Text auswirken.

Bild 3.8 Designfarben

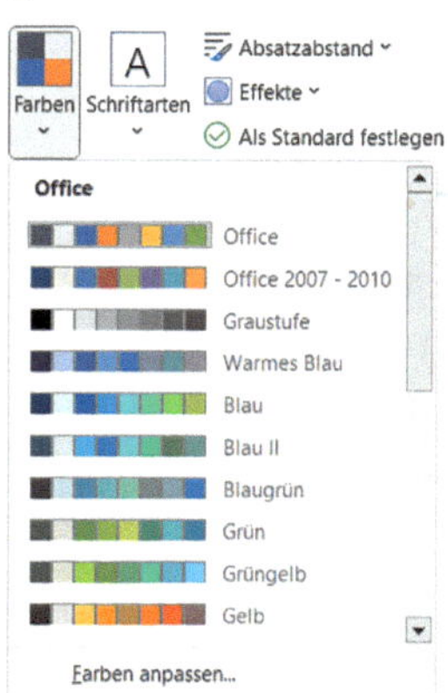

Bild 3.9 Schriftarten

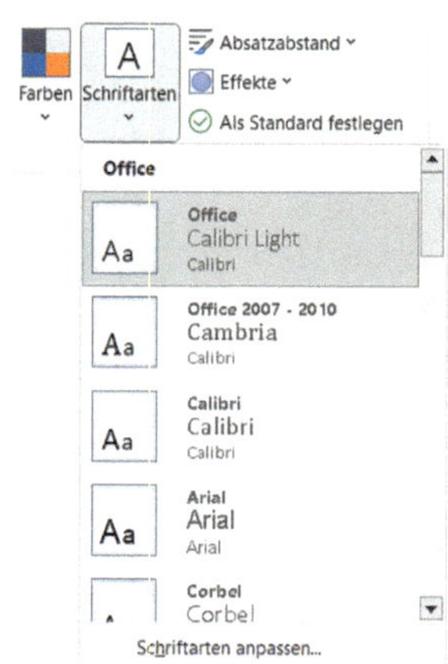

Bild 3.10 Absatzabstand

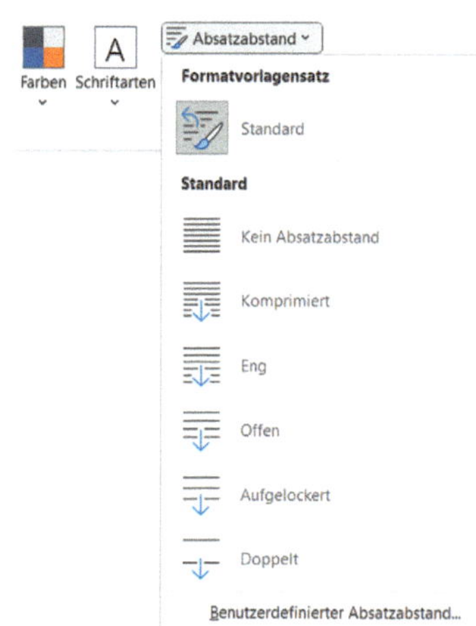

Tipp: Zeilen- und Absatzabstände schnell ändern

Die Zeilen- und Absatzabstände gehören streng genommen eigentlich nicht zum Design, Sie finden aber im Register *Entwurf*, Gruppe *Dokumentformatierung* zusätzlich die Schaltfläche *Absatzabstand*, über die Sie die Zeilen- und Absatzabstände des gesamten Dokuments steuern (Bild 3.10 auf der vorhergehenden Seite). In der Standardeinstellung verwendet Word vergrößerte Zeilen- und Absatzabstände. Diese sind zwar in längeren Dokumenten von Nutzen, in Briefen aber unerwünscht. Die Auswahl *Kein Absatzabstand* verwendet einen einfachen Zeilenstand (1) und keine Abstände zwischen Absätzen und bezieht sich im Gegensatz zur Formatvorlage *Kein Leerraum* immer auf das gesamte Dokument.

Geändertes Design als Standard festlegen

Alle oben beschriebenen Änderungen wirken sich ausschließlich im aktuellen Dokument aus. Wenn Sie Ihre Änderungen dauerhaft als Standardeinstellung für alle künftigen neuen leeren Dokumente festlegen möchten, dann klicken Sie im Menüband, Register *Entwurf* ▶ *Dokumentformatierung* auf *Als Standard festlegen* und bestätigen die nachfolgende Meldung mit *Ja*. Bereits vorhandene gespeicherte Dokumente werden dadurch nicht beeinflusst!

Stellen Sie Ihre eigenen Designfarben zusammen

Falls Sie bestimmte, z. B. auf das Corporate Design der Firma abgestimmte Farben im Dokument benötigen, können Sie benutzerdefinierte Designfarben zusammenstellen und unter einem Namen speichern. Diese stehen dann nicht nur in Word, sondern auch in allen übrigen Office-Anwendungen zur Verfügung.

Ein Beispiel für benutzerdefinierte Designfarben finden Sie in Kapitel 11.

1 Wählen Sie dazu eventuell zunächst im Register *Entwurf* über die Schaltfläche *Farben* eine Farbzusammenstellung, die Ihrem Wunsch am nächsten kommt. Klicken Sie dann erneut auf *Farben* und hier auf *Farben anpassen…*.

Bild 3.11 Klicken Sie auf den Dropdown-Pfeil der Farbe die Sie ändern möchten und wählen Sie im Fenster Farben die gewünschte Farbe aus.

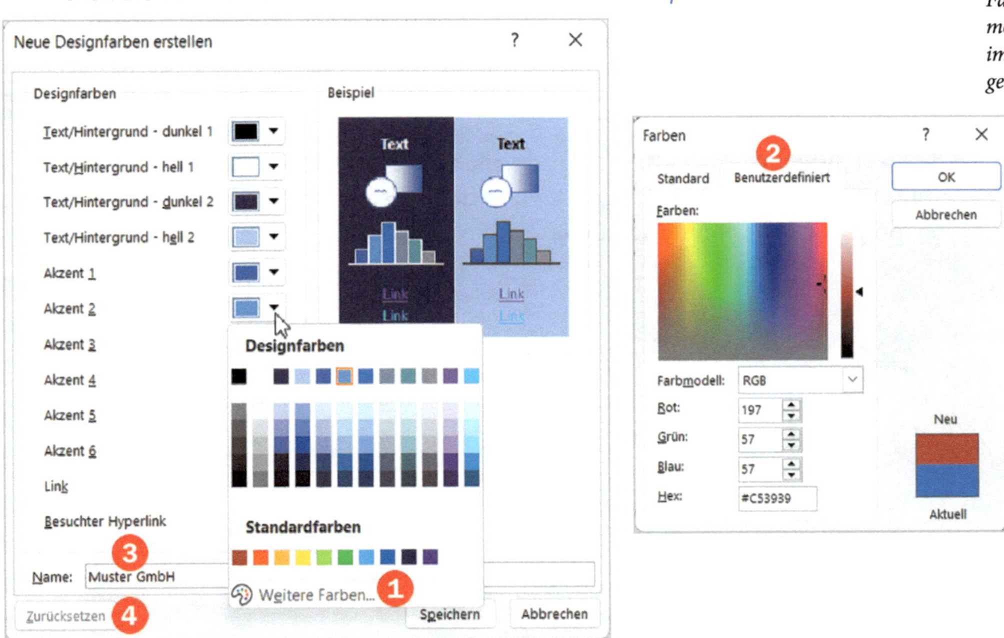

Word unterstützt leider ausschließlich das RGB-Farbmodell. Das ebenso gebräuchliche CMYK-Farbmodell ist nicht verfügbar.

2. Das Fenster *Neue Designfarben erstellen* (Bild unten) wird geöffnet und Sie können nun jede einzelne Designfarbe durch eine andere ersetzen. Klicken Sie dazu auf den Dropdown-Pfeil der zu ersetzenden Farbe, in Bild 3.11 als Beispiel die Akzentfarbe 2, und anschließend auf *Weitere Farben...* ❶.

3. Im Fenster *Farben* können Sie nun entweder im Register *Standard* eine der Standardfarben auswählen oder im Register *Benutzerdefiniert* ❷ eine Farbe anhand ihres RGB-Farbwerts (im Feld unterhalb ist auch die Angabe als Hexadezimalzahl möglich) genau definieren. Klicken Sie auf *OK*, um die Farbe zu übernehmen.

4. Auf diese Weise lassen sich alle Farben ändern. Bevor Sie die geänderten Farben speichern, sollten Sie im Feld *Name* Ihrer Farbzusammenstellung noch einen aussagefähigen Namen geben ❸.

   Tipp: Mit Klick auf die Schaltfläche *Zurücksetzen* ❹ können Sie alle vorgenommenen Farbänderungen wieder zurücknehmen, allerdings nur, solange diese noch nicht gespeichert wurden.

5. Klicken Sie zuletzt auf die Schaltfläche *Speichern*.

Ihre Farben erscheinen zusammen mit den übrigen Designfarben unter *Benutzerdefiniert* (Bild 3.12), wenn Sie auf die Schaltfläche *Farben* klicken und sind ab sofort nicht nur in Word, sondern auch in Excel und PowerPoint verfügbar.

Hinweis: Benutzerdefinierte Designfarben werden lokal auf Ihrem Gerät gespeichert. Dies bedeutet, beim Öffnen des Dokuments auf einem anderen Gerät bleiben zwar alle Farben im Dokument erhalten und sind auch über die Schaltflächen *Schriftfarbe* bzw. *Schattierung* verfügbar, erscheinen aber nicht als Designfarben, wenn Sie im Register *Entwurf* auf *Farben* klicken.

Benutzerdefinierte Designfarben ändern/löschen

Falls Sie Ihre Farben nachträglich ändern möchten, so klicken Sie im Menüband, Register *Entwurf* auf *Farben*. Klicken Sie mit der rechten Maustaste auf die zu ändernde benutzerdefinierte Farbzusammenstellung und wählen Sie *Bearbeiten...*. Über das Kontextmenü der rechten Maustaste und den Befehl *Löschen* können Sie nicht mehr benötigte Farbzusammenstellungen auch wieder entfernen.

Bild 3.12 Benutzerdefinierte Farben bearbeiten

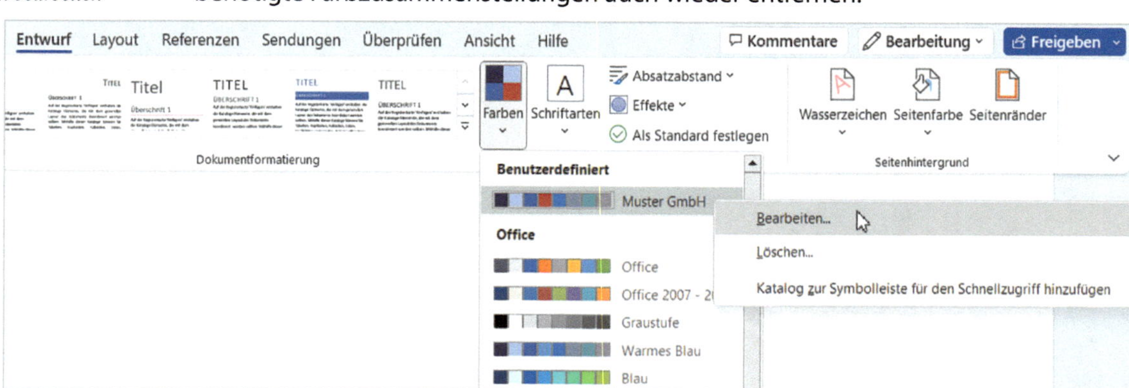

Benutzerdefinierte Schriften zusammenstellen

Auf dieselbe Weise können Sie über die Schaltfläche *Schriftart* und *Schriftarten anpassen...* zwei bevorzugte Schriftarten, eine für Überschriften und eine für den übrigen Text, auswählen und ebenfalls unter einem Namen speichern.

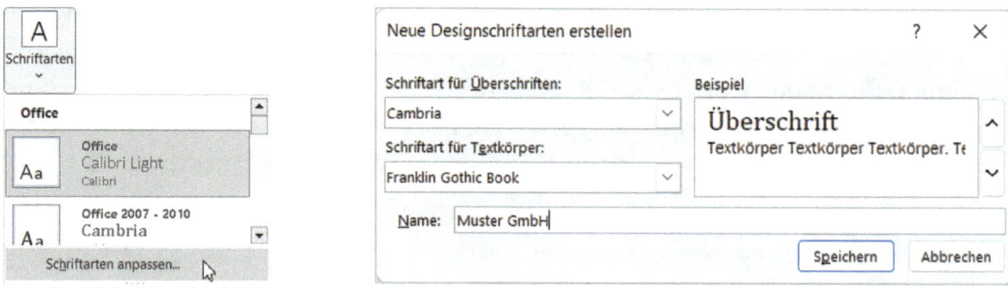

Bild 3.13 Designschriftarten zusammenstellen

Ein benutzerdefiniertes Design speichern

Sie können nicht nur benutzerdefinierte Schrift- und Farbzusammenstellungen speichern, sondern auch komplette Designs. Dazu wählen Sie zunächst im Register *Entwurf*, wie oben beschrieben, Farben, Schriftarten und, falls erforderlich, auch noch die gewünschten Effekte aus.

1. Klicken Sie dann im Menüband, Register *Entwurf* auf *Designs* und auf *Aktuelles Design speichern....*
2. Geben Sie im nachfolgenden Dialogfenster *Aktuelles Design speichern* einen Dateinamen ein und klicken Sie auf *Speichern*. Designs werden standardmäßig auf der lokalen Festplatte im Ordner *Microsoft\Templates\Document Themes* des jeweiligen Benutzers mit der Dateinamenserweiterung *.thmx* gespeichert und stehen ab sofort auch in den übrigen Office-Anwendungen zur Verfügung.

   Umgekehrt sind in Word natürlich auch Designs verfügbar, die mit PowerPoint oder Excel erstellt und gespeichert wurden.

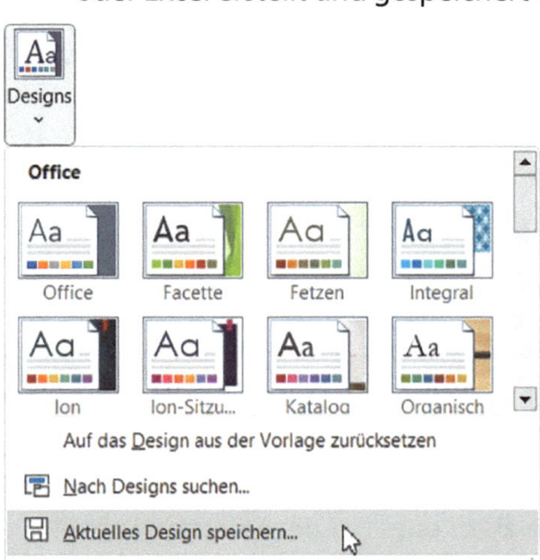

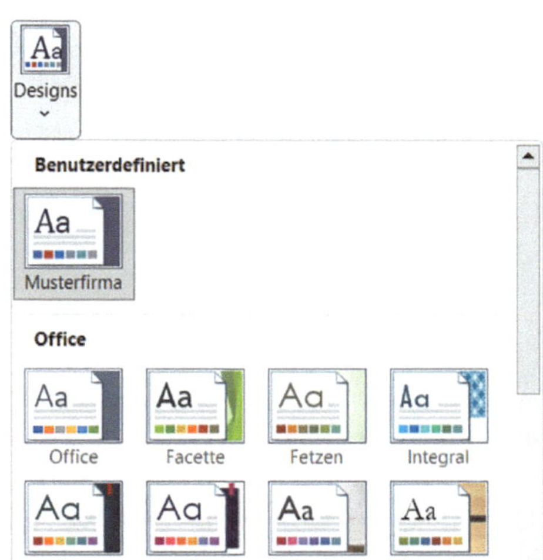

Bild 3.14 Design speichern

Bild 3.15 Benutzerdefiniertes Design auswählen

3.3 Formatvorlagen zur Textformatierung nutzen

Gute Gründe, warum Sie Formatvorlagen verwenden sollten

Formatvorlagen speichern gleich mehrere Formatierungsmerkmale für Zeichen und/ oder Absätze und leisten gute Dienste bei der schnellen und einheitlichen Gestaltung längerer Dokumente. Word bringt einen ganzen Satz integrierter Formatvorlagen für unterschiedliche Zwecke, z. B. Überschriften mit, die Sie nicht nur verwenden, sondern auch schnell anpassen können. Hier die Vorteile kurz zusammengefasst:

- Mit Formatvorlagen weisen Sie in einem einzigen Arbeitsschritt gleich mehrere Formatierungsmerkmale (z. B. Schriftart, Schriftgrad, Zeilenabstand und Ausrichtung) schnell und effizient zu.
- Formatvorlagen gewährleisten einheitliches Aussehen im gesamten Dokument.
- Um nachträglich die Formatierung zu ändern, genügt es, wenn Sie die Formatvorlage ändern. Dadurch ändert sich auch automatisch das Aussehen aller Textstellen im Dokument, denen diese Formatvorlage zugewiesen wurde.
- Zusätzliche Vorteile, dazu gehört unter anderem das Erstellen von Inhaltsverzeichnissen, erhalten Sie mit den integrierten Formatvorlagen für Überschriften (*Überschrift 1*, *Überschrift 2*, usw.). Punkt 3.6 dieses Kapitels befasst sich ausführlich mit diesem Thema.

Näheres zum Thema Formatvorlagen für Überschriften lesen Sie in Punkt 3.6.

Hinweis: Word bringt integrierte Vorlagen für unterschiedliche Zwecke, z. B. zur Tabellenformatierung oder für grafische Elemente, z. B. Formen, SmartArt oder Diagramme mit. Die folgenden Erklärungen befassen sich zunächst jedoch ausschließlich mit Formatvorlagen für Text, also für Absätze und Zeichen. Wie Sie Tabellen- und Listenformatvorlagen ändern bzw. erstellen, lesen Sie in Punkt 3.5 dieses Kapitels.

Formatvorlage auswählen und zuweisen

Eine Auswahl an Formatvorlagen für Text finden Sie im Menüband, Register *Start* in der Gruppe *Formatvorlagen*, hier öffnet ein Klick auf den Pfeil *Weitere* ▿ den gesamten Katalog. Das Symbol *Formatvorlagen* ist auch Bestandteil der Minisymbolleiste, die auch nach einem Rechtsklick oder beim Zeigen auf eine markierte Textstelle erscheint (Bild 3.16). Die meisten Vorlagen können sowohl für die markierten Zeichen als auch für Absätze verwendet werden.

Um eine Textstelle mit einer Formatvorlage zu formatieren, brauchen Sie diese nur markieren (Zeichenformatierung) oder in den Absatz (Absatzformatierung) und dann auf die gewünschte Formatvorlage klicken. Bereits beim Zeigen auf eine Vorlage erhalten Sie an der aktuellen Textstelle im Dokument eine Vorschau und erst mit einem Klick übernehmen Sie die Vorlage. Falls diese nicht mehr gefällt, können Sie dem Absatz jederzeit eine andere Formatvorlage zuweisen oder mit der Formatvorlage *Standard* das ursprüngliche Aussehen wiederherstellen.

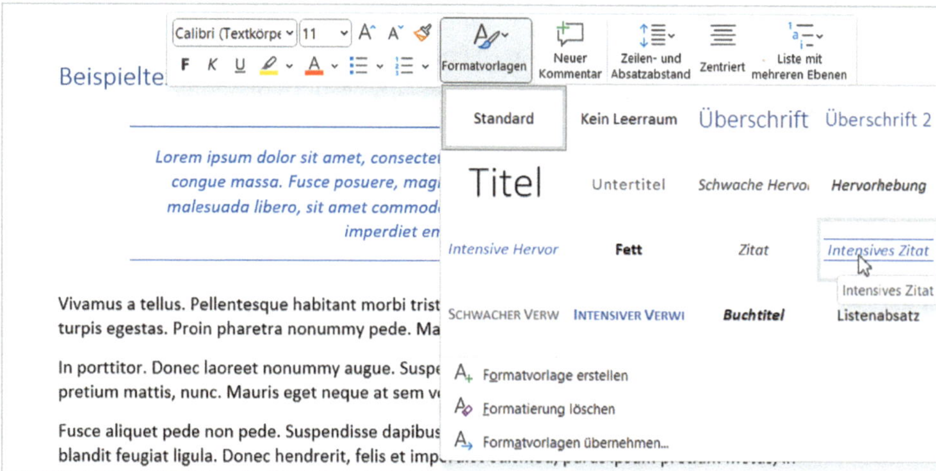

Bild 3.16 Formatvorlage zuweisen

Welche Typen von Formatvorlagen gibt es?

Word unterscheidet bei Formatvorlagen für Text zwischen den folgenden Typen, von ihnen hängt ab, ob Sie eine Textstelle markieren müssen oder ob es genügt, wenn sich der Cursor im Absatz befindet.

- Reine Absatzformatvorlagen sind mit diesem Symbol ¶ gekennzeichnet. Sie können sowohl Zeichen- als auch Absatzformate enthalten und wirken sich immer auf den gesamten Absatz aus, d. h. es genügt, wenn sich der Cursor im Absatz befindet.
- Reine Zeichenformatvorlagen enthalten ausschließlich Zeichenformate, z. B. Schriftart, und können nur den markierten Zeichen zugewiesen werden.
- Zuletzt gibt es noch Verknüpfte Formatvorlagen, diese können wahlweise den markierten Zeichen oder dem aktuellen Absatz zugewiesen werden.

Formatvorlagensatz auswählen

Falls Ihnen die vorgeschlagenen Formatvorlagen nicht zusagen, können Sie unter verschiedenen Formatvorlagensätzen, d. h. Varianten, die alle auf dem aktuellen Design basieren, wählen. Diese finden Sie im Menüband, Register *Entwurf*, in der Gruppe *Dokumentformatierung*, ein Klick auf den Pfeil *Weitere* ⩢ öffnet den gesamten Katalog.

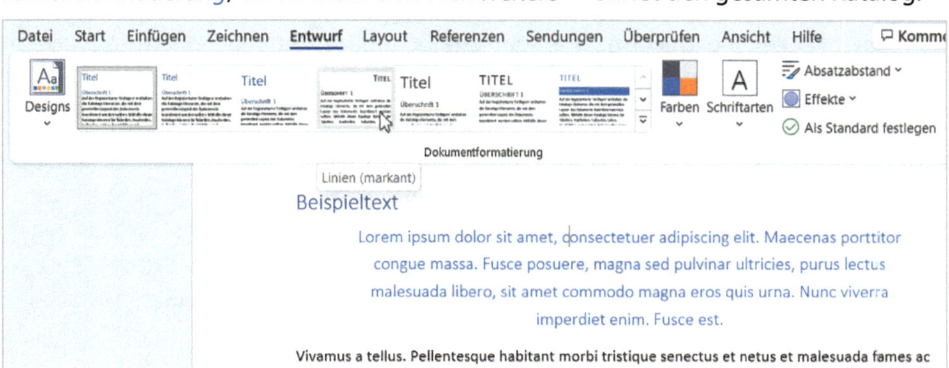

Bild 3.17 Formatvorlagensatz wählen

Wichtige Formatvorlagen

Info: Word verwendet Formatvorlagen auch zur Formatierung von Elementen wie z. B. Fußnotenzeichen, Inhaltsverzeichnis, usw..

Sie brauchen also nur die einschlägige Formatvorlage ändern, wenn Sie diesen Elementen ein anderes Aussehen verpassen möchten.

Die Einsatzmöglichkeiten aller integrierten Formatvorlagen zu beschreiben, würde zu weit führen. Einigen Formatvorlagen kommt jedoch besondere Bedeutung zu.

- **Standard**
  Die Formatvorlage *Standard* ist die wichtigste Formatvorlage für Absätze. Sie legt die Standardschriftart und -größe, sowie das Standardabsatzformat z. B. linksbündige Ausrichtung fest. Wenn Sie nach dem Öffnen eines leeren Dokuments mit der Eingabe beginnen und nichts anderes festgelegt haben, dann erhält der Text alle Merkmale der Formatvorlage *Standard*. Wenn also bei Verwendung von Formatvorlagen ein Absatz wieder das ursprüngliche Aussehen erhalten soll, dann brauchen Sie diesem nur die Formatvorlage *Standard* zuweisen. Auch Löschen der Formatierung bedeutet eigentlich nichts anderes, als den Absatz wieder auf die Formatvorlage *Standard* zurücksetzen.

- **Kein Leerraum**
  Eine schnelle und komfortable Möglichkeit, nicht benötigte Abstände zwischen Absätzen, z. B. in Briefen schnell zu entfernen, bietet sich mit der Formatvorlage *Kein Leerraum* an. Diese basiert auf Vorlage *Standard*, enthält also dieselben Formatierungen, beinhaltet aber im Gegensatz zu dieser einen einfachen Zeilenabstand (1) und keine Abstände zwischen Absätzen.

- **Überschriften**
  Äußerst nützlich sind in längeren Dokumenten die Vorlagen für Überschriften, *Überschrift 1*, *Überschrift 2*, usw.. Mit ihrer Hilfe können Sie später automatisch ein Inhaltsverzeichnis erstellen, Näheres hierzu in Punkt 3.6 auf Seite 152.

Formatierung löschen bzw. auf Standard zurücksetzen

Zum Entfernen nachträglich hinzugekommener Formatierungen benutzen Sie eine der folgenden Möglichkeiten, in beiden Fällen erhält der Text wieder das ursprüngliche Aussehen bzw. die Formatvorlage *Standard*.

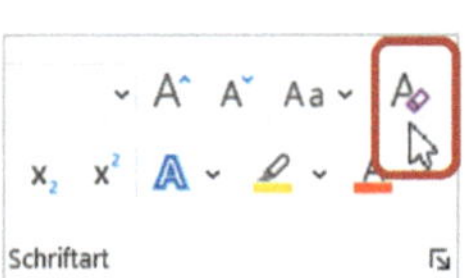

- Klicken Sie im Menüband auf *Start* ▶ *Schriftart* auf das Symbol *Formatierung löschen* oder verwenden Sie die Tastenkombination **Strg+Umschalt+N**. Damit werden alle Formatänderungen entfernt und der Text wieder auf die Formatvorlage *Standard* zurückgesetzt.

- Oder klicken Sie im Formatvorlagenkatalog auf die Vorlage *Standard* bzw. wählen Sie eine andere Formatvorlage aus.

> **Beachten Sie Entfernen von Formaten**
>
> Wenn nichts markiert ist bzw. sich nur der Cursor in einem Absatz befindet, dann werden vom aktuellen Absatz nur alle abweichenden, also nachträglich geänderten Absatzformate entfernt; abweichende Zeichenformate wie z. B. Fett bleiben dagegen erhalten. Haben Sie dagegen zuvor eine Textstelle markiert, so werden von dieser abweichende Zeichenformate entfernt, nicht aber Änderungen am Absatzformat. Wenn Sie den gesamten Absatz einschließlich Absatzendemarke markieren, so werden Zeichen- und Absatzformate entfernt.

Übersichtliches Arbeiten mit dem Aufgabenbereich Formatvorlagen

Wenn Sie systematisch und effizient mit Formatvorlagen arbeiten möchten, dann sollten Sie den Aufgabenbereich *Formatvorlagen* öffnen. Dieser zeigt die Formatvorlagen in Form einer Liste an und bleibt solange geöffnet, bis Sie auf das *Schließen*-Symbol des Aufgabenbereichs klicken. Sie erhalten so einen besseren Überblick über vorhandene Formatvorlagen und können diese schneller zuweisen. Zudem erkennen Sie hier den Formatvorlagentyp auf den ersten Blick.

Zum Öffnen des Aufgabenbereichs klicken Sie im Menüband, Register *Start* auf das Pfeilsymbol ⧉ der Gruppe *Formatvorlagen* ❶.

Hinweise und Tipps

- Falls der Aufgabenbereich als frei bewegliches Fenster geöffnet werden sollte, so genügt ein Doppelklick auf den Namen, um ihn fest am rechten Fensterrand zu verankern. Die Breite regeln Sie durch Verschieben der Trennlinie mit der Maus.
- Beim Zeigen auf eine der Vorlagen wird im Aufgabenbereich eine Beschreibung der Formatierungen eingeblendet. Aktivieren Sie das Kontrollkästchen *Vorschau anzeigen* ❷, so sehen Sie alle Formatvorlagen in der dazugehörigen Formatierung. Die Formatvorlage des markierten Textes ❸ ist hervorgehoben.
- Zudem ist im Aufgabenbereich *Formatvorlagen* jede Formatvorlage mit einem Symbol ❹ versehen, das den Formatvorlagentyp kennzeichnet:
  - Absatzformatvorlagen sind an diesem Symbol ¶ zu erkennen.
  - Das Symbol a steht für reine Zeichenformatvorlagen.
  - Formatvorlagen mit diesem Symbol ¶a sind verknüpfte Formatvorlagen, d. h. sie können sowohl den markierten Zeichen als auch dem aktuellen Absatz zugewiesen werden.

Bild 3.18 Der Aufgabenbereich Formatvorlagen

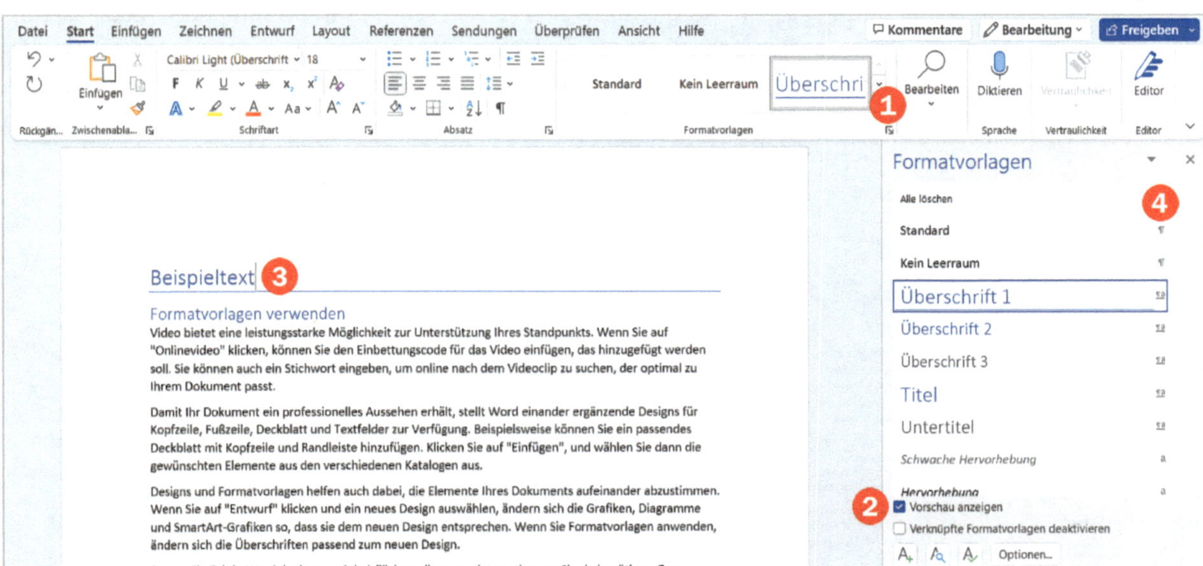

Vorhandene Formatvorlagen ändern

Neben den oben beschriebenen Anpassungsmöglichkeiten mithilfe von Designs und Formatvorlagensätzen lassen sich einzelne Formatvorlagen auch gezielt ändern. Dazu können Sie entweder die Formatvorlage direkt bearbeiten und ihr andere Formate zuweisen oder Sie formatieren zuerst eine Textstelle im Dokument, z. B. einen Absatz nach Ihren Vorstellungen und aktualisieren anschließend die Formatvorlage anhand des markierten Textes.

> **Beachten Sie bei Änderungen an Formatvorlagen**
>
> Änderungen an einer Formatvorlage wirken sich automatisch im gesamten aktuellen Dokument und auf alle Absätze und Zeichen aus, die mit dieser Formatvorlage formatiert wurden.

Formatvorlage anhand von Text aktualisieren

Info: Der Absatz, mit dem Sie die Formatvorlage aktualisieren, kann auch auf der Formatvorlage Standard basieren.

Die einfachste Möglichkeit besteht darin, dass Sie eine Formatvorlage anhand einer entsprechend formatierten Textstelle im Dokument aktualisieren. Diese Methode besitzt außerdem den Vorteil, dass Sie die Wirkung im Dokument vorab beurteilen können. Am einfachsten weisen Sie dazu einem Absatz die zu ändernde Formatvorlage zu und formatieren den Absatz dann entsprechend.

Als Beispiel erhielt die Überschrift im Bild unten Kapitälchen, einen erweiterten Zeichenabstand und grüne Schriftfarbe sowie eine gepunktete Rahmenlinie unterhalb in derselben Farbe. Dieses Format soll nun der Formatvorlage *Überschrift 1* zugewiesen werden.

1. Zum anschließenden Aktualisieren muss sich entweder der Cursor im geänderten Absatz befinden ❶ oder markieren Sie den gesamten Absatz.

2. Klicken Sie im Aufgabenbereich *Formatvorlagen* mit der rechten Maustaste auf die Formatvorlage, die Sie ändern möchten, hier *Überschrift 1* und wählen Sie den Befehl *Überschrift 1 aktualisieren, um der Auswahl anzupassen* ❷ (Bild unten). Alternativ klicken Sie auf den Dropdown-Pfeil der Formatvorlage ❸; Achtung: dieser erscheint erst, wenn Sie die Maus darüber bewegen.

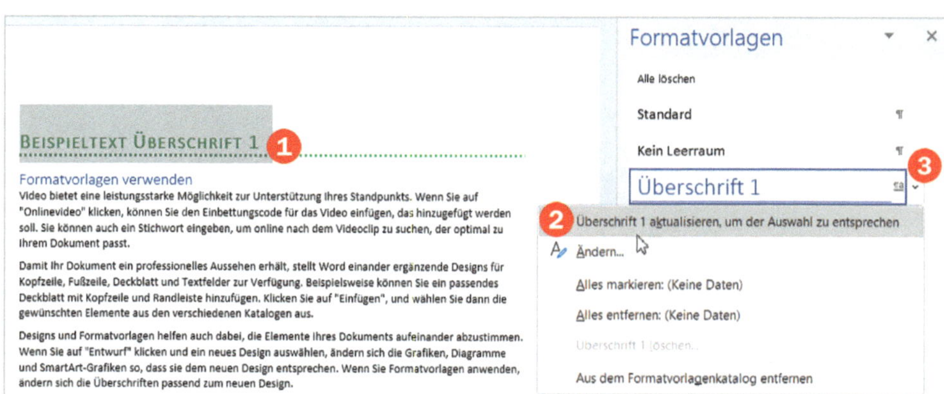

Bild 3.19 Klicken Sie mit der rechten Maustaste auf die Formatvorlage und auf xxx aktualisieren.

Der Dropdown-Pfeil erscheint erst beim Zeigen auf eine Vorlage!

Die Formatvorlage wird entsprechend angepasst. Gleichzeitig ändert sich automatisch auch das Aussehen aller Absätze, denen diese Formatvorlage bereits vorher zugewiesen wurde.

Hinweis: Falls Sie nicht im Aufgabenbereich *Formatvorlagen* arbeiten, erhalten Sie den Befehl zum Aktualisieren auch, wenn Sie im Menüband, *Start* ▶ *Formatvorlagen* mit der rechten Maustaste auf die zu aktualisierende Formatvorlage klicken.

Die Formatvorlage direkt bearbeiten

Als zweite Möglichkeit bearbeiten Sie die Formatvorlage direkt und wählen in einem gesonderten Dialogfenster die gewünschten Formate aus.

Oder zeigen Sie auf diese Formatvorlage, klicken anschließend auf den Dropdown-Pfeil und dann auf *Ändern....*

1 Dazu klicken Sie im Aufgabenbereich *Formatvorlagen* mit der rechten Maustaste auf die zu ändernde Formatvorlage, im Bild unten *Überschrift 2*, und auf den Befehl *Ändern...* ❶. Die Cursorposition spielt in diesem Fall keine Rolle.

2 Das Dialogfenster *Formatvorlage ändern* wird geöffnet. Sie erhalten am Beispiel des aktuellen Absatzes eine Vorschau zusammen mit allen Eigenschaften der Formatvorlage ❷ und können diese bearbeiten.

- Die wichtigsten Formatierungen lassen sich über Symbole ❸ schnell ändern, ihre Funktion dürfte allgemein bekannt sein.
- Alle übrigen Formate sind über die Schaltfläche *Format* ❹ und die Auswahlmöglichkeiten *Schriftart...*, *Absatz...*, *Rahmen...*, *Sprache...*, usw. verfügbar.

3 Zum Übernehmen Ihrer Änderungen schließen Sie das Fenster mit Klick auf die Schaltfläche *OK*.

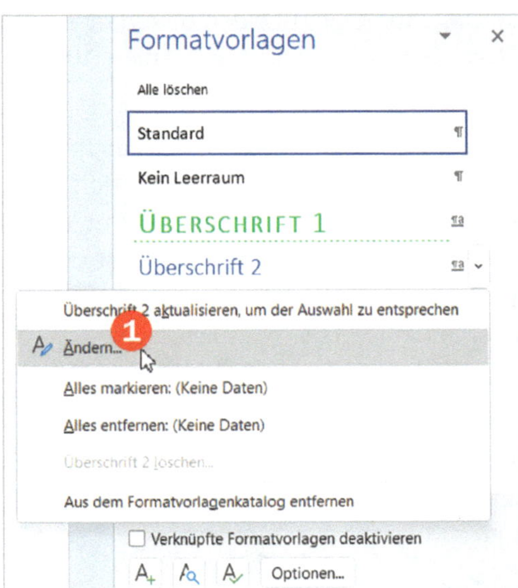

Bild 3.20 Formatvorlage ändern

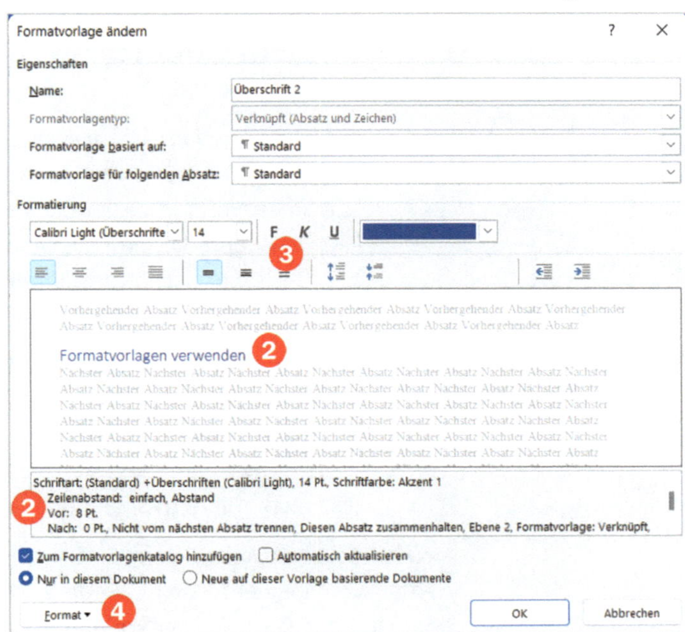

Bild 3.21 Das Fenster Formatvorlage ändern

Achten Sie bei Änderungen an Formatvorlagen auf diese Optionen:

Im unteren Teil des Fensters finden Sie die unten abgebildeten Optionen zum Aktualisieren und legen fest, wo die geänderte Formatvorlage verfügbar sein soll.

Bild 3.22 Optionen

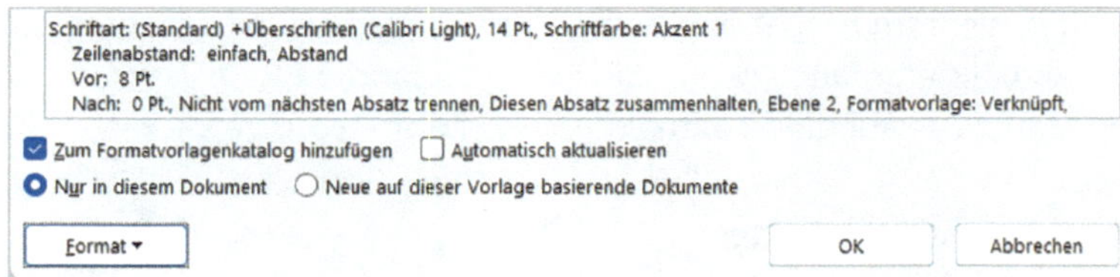

- **Zum Formatvorlagenkatalog hinzufügen**: Damit ist diese Formatvorlage nicht nur im Aufgabenbereich *Formatvorlagen*, sondern auch im Register *Start* im Formatvorlagenkatalog verfügbar. Diese Option ist in der Standardeinstellung aktiviert und sollte beibehalten werden.
- **Automatisch aktualisieren**: **Achtung:** Dieses Kontrollkästchen ist mit Vorsicht zu behandeln! Wenn Sie es aktivieren, dann wird jede Änderung, die Sie im Dokument an einer Textstelle mit dieser Formatvorlage vornehmen, automatisch auch in die Formatvorlage übernommen. Unterstreichen Sie z. B. einen Absatz, der mit der Formatvorlage *Standard* formatiert wurde, so erhält die Formatvorlage *Standard* ebenfalls Unterstreichung und alle entsprechenden Absätze im Dokument werden unterstrichen. Lassen Sie also dieses Kontrollkästchen bis auf begründete Ausnahmen besser deaktiviert!
- **Nur in diesem Dokument**: Die Option *Nur in diesem Dokument* ist die Standardeinstellung und bewirkt, dass sich Änderungen an der Formatvorlage ausschließlich im aktuellen Dokument auswirken. Neue Dokumente verwenden dagegen wieder die ursprünglichen Formatvorlage. Diese Option sollte bis auf wenige Ausnahmen beibehalten werden.
- **Neue, auf dieser Vorlage basierende Dokumente** bedeutet, Ihre Änderungen an der Formatvorlage wirken sich auch auf alle neuen Dokumente aus, die auf derselben Dokumentvorlage basieren. Diese Option leistet in erster Linie dann nützliche Dienste, wenn das aktuelle Dokument auf einer spezifischen Dokumentvorlage, z. B. für Briefe beruht und Ihre Änderungen an der Formatvorlage auch für alle künftigen Dokumente mit dieser Dokumentvorlage gelten sollen.

Bild 3.23 Änderungen an der Dokumentvorlage speichern

In diesem Fall erscheint beim Schließen der Datei eine Rückfrage, da die Änderungen an der Dokumentvorlage gesondert gespeichert werden müssen. Verwechseln Sie dies nicht mit dem Speichern der Datei.

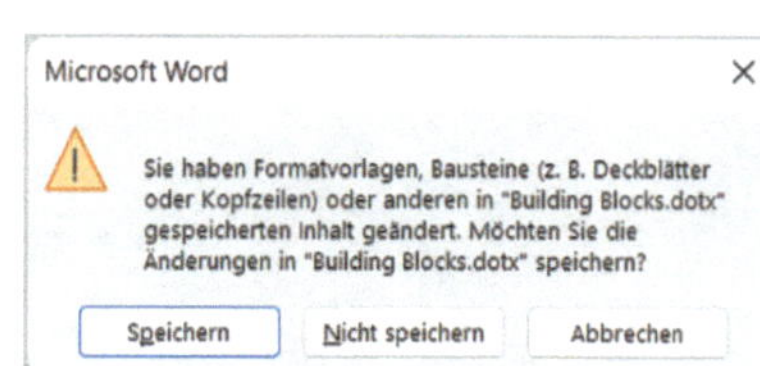

Exkurs Dokumentvorlage: Beim Erstellen einer Dokumentvorlage werden in der Regel auch die benötigten Formatvorlagen wunschgemäß gestaltet, z. B. die Formatvorlage *Standard*. Dadurch erübrigt sich die Option *Neue, auf dieser Vorlage basierende Dokumente*, da die Formatvorlagen der Dokumentvorlage automatisch auch in den Dokumenten verfügbar sind, die auf dieser basieren. Beruht hingegen das aktuelle Dokument auf der Dokumentvorlage *Normal* bzw. auf einem leeren Dokument, dann sollte die Option *Nur in diesem Dokument* gewählt werden.

Eigene Absatzformatvorlagen neu erstellen

Genau wie beim Ändern haben Sie auch beim Erstellen neuer, benutzerdefinierter Formatvorlagen die Möglichkeit, diese entweder anhand eines fertig formatierten Absatzes im Dokument oder im Fenster *Neue Formatvorlage* neu zu erstellen.

Absatzformatvorlage aus Auswahl erstellen

Am schnellsten und einfachsten erhalten Sie eine benutzerdefinierte Absatzformatvorlage, wenn Sie zunächst einen Absatz im Dokument mit allen gewünschten Zeichen- und Absatzformaten versehen. **Achtung**: Um sicherzustellen, dass alle Formate in die Formatvorlage mit aufgenommen werden, sollte der betreffende Absatz auf der Formatvorlage *Standard* basieren.

Als Beispiel wurde im Bild 3.24 ein Absatz mit Blocksatz, kursiv und etwas kleinerer Schrift, roter Schriftfarbe sowie einem linken und rechten Einzug versehen. Diese Formatierung soll als Formatvorlage für eingerückte Anmerkungen gespeichert werden.

1 Achten Sie darauf, dass sich der Cursor innerhalb dieses Absatzes ❶ befindet oder markieren Sie den gesamten Absatz einschließlich der Absatzendemarke und klicken Sie im Menüband, Register Start ▶ *Formatvorlagen* auf *Weitere* ▽.

2 Wählen Sie *Formatvorlage erstellen* ❷, geben Sie im nachfolgenden Fenster einen Namen ❸ für die Formatvorlage ein und klicken Sie auf *OK*.

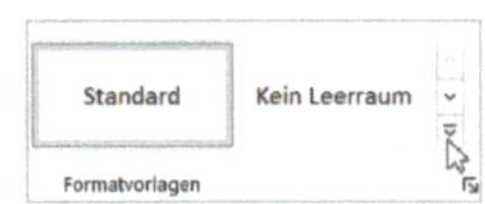

Bild 3.24 Neue Formatvorlage aus Auswahl erstellen

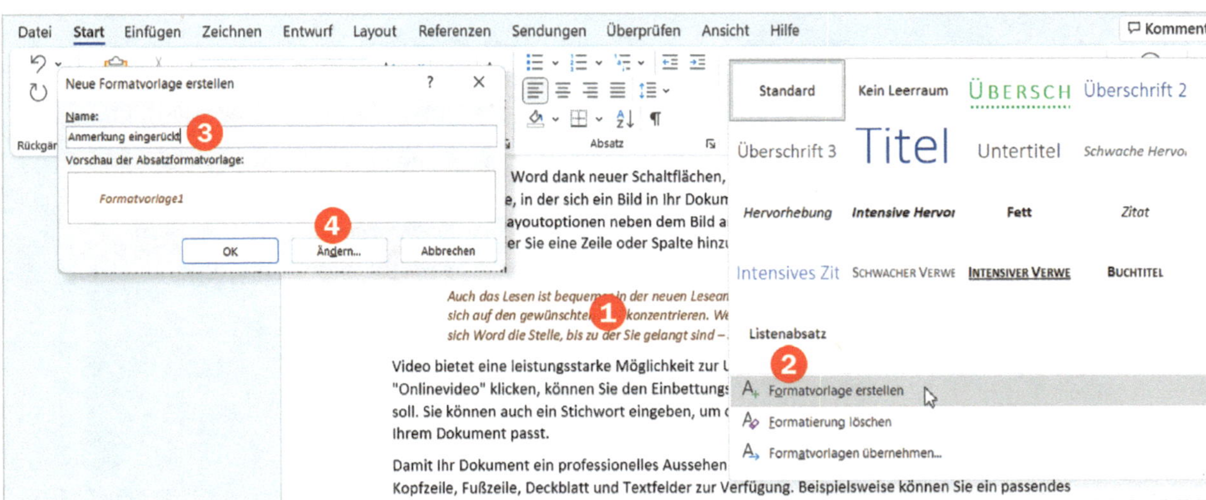

Die neue Formatvorlage ist automatisch vom Typ *Verknüpfte Formatvorlage*, d. h. sie kann für Zeichen oder Absätze verwendet werden und ist im Formatvorlagenkatalog (Schaltfläche *Weitere*) und im Aufgabenbereich *Formatvorlagen* verfügbar.

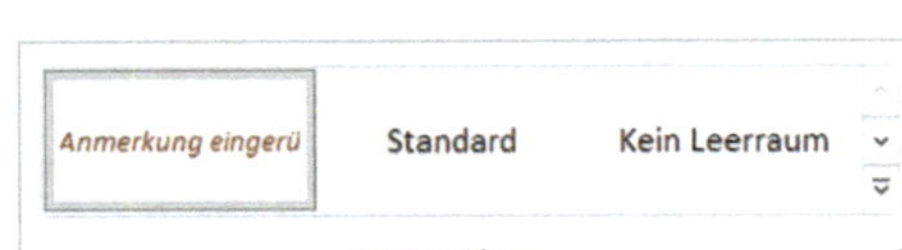

Eine Absatzformatvorlage von Grund auf neu erstellen

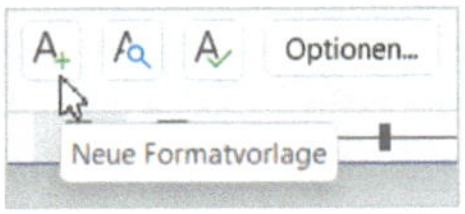

Umfangreiche und weitergehende Möglichkeiten finden Sie im Dialogfenster *Neue Formatvorlage erstellen*. Dieses Fenster öffnen Sie entweder im Aufgabenbereich *Formatvorlagen* mit einem Klick das Symbol *Neue Formatvorlage*, oder klicken Sie im Fenster neue *Formatvorlage erstellen* (siehe Bild 3.24) auf die Schaltfläche *Ändern...* ❹. Die weiteren Eigenschaften der neuen Formatvorlage legen Sie im nachfolgenden Fenster fest, hier können Sie auch den Formatvorlagentyp wählen.

> **Achten Sie auf bereits enthaltene Formate**
>
> Wenn beim Öffnen des Fensters *Neue Formatvorlage erstellen* eine Textstelle markiert ist oder sich der Cursor in einem formatierten Absatz befindet, dann verfügt die neue Formatvorlage bereits über alle Formatmerkmale dieses Absatzes. Möchten Sie dagegen mit einer neuen Formatvorlage ohne Vorgaben beginnen, dann sorgen Sie dafür, dass sich der Cursor in einem nicht formatierten Absatz mit der Formatvorlage *Standard* befindet.

1 Zunächst geben Sie einen Namen für die neue Formatvorlage ein ❶. Der Name darf im Dokument bzw. in der Dokumentvorlage nur einmal vorkommen, möglicherweise erhalten Sie daher eine Meldung, dass der eingegebene Name bereits vorhanden oder für eine integrierte Formatvorlage reserviert ist.

Tabellen - und Listenformatvorlagen werden auf Seite 144 gesondert beschrieben.

2 Als Formatvorlagentyp ❷ wird standardmäßig *Absatz* vorgeschlagen, die übrigen Typen, *Zeichen* und *Verknüpft* wählen Sie mit Klick in das Feld aus.

Achtung: Ein nachträgliches Ändern des Formatvorlagentyps ist nicht möglich, alle übrigen Einstellungen können Sie auch später noch bearbeiten bzw. ändern.

Bild 3.25 Neue Formatvorlage erstellen

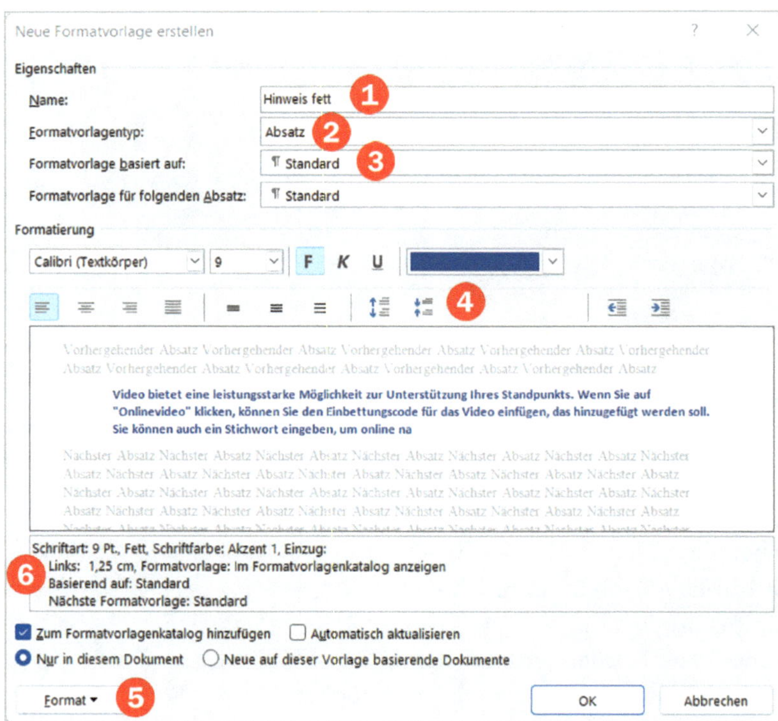

3 Unter *Formatvorlage basiert auf* ❸ geben Sie an, auf welcher Formatvorlage die neue Vorlage basieren soll. Basiert sie beispielsweise auf der Formatvorlage *Standard*, wie im Bild, so enthält sie automatisch auch deren Formatierungen, sofern diese nicht explizit geändert werden und nachträgliche Änderungen der Formatvorlage *Standard*, z. B. der Schriftart, können sich auch auf die neue Formatvorlage auswirken. Wenn Sie dies ausschließen möchten, wählen Sie hier *keine Formatvorlage*.

Siehe auch „Aufeinander basierende Formatvorlagen nutzen" auf Seite 132.

4 Beim Beenden eines Absatzes während der Eingabe erhält der nachfolgende Absatz in der Standardeinstellung automatisch dieselbe Formatvorlage. Allerdings ist diese Einstellung nicht immer sinnvoll, so wird z. B. nach Überschriften in der Regel wieder die Formatvorlage für Fließtext benötigt. Wenn Sie dem nachfolgenden Absatz automatisch eine bestimmte Formatvorlage, z. B. *Standard* zuweisen möchten, dann wählen Sie diese im Feld *Formatvorlage für nachfolgenden Absatz* aus. Bei Aufzählungen sollte dagegen aus Gründen der Arbeitserleichterung auch der nächste Absatz dieselbe Formatierung erhalten. Ein Ändern der Formatvorlage des Folgeabsatzes ist trotzdem jederzeit möglich.

Achtung: Dies wirkt sich nur aus, wenn Sie einen als Überschrift formatierten Absatz mit der Eingabetaste beenden. Wenn Sie dagegen nachträglich einen Absatz als Überschrift formatieren, behält der nachfolgende Absatz seine Formatierung.

5 Im Bereich *Formatierung* ❹ legen Sie die Formate fest. Weitere, z. B. Rahmenlinien, Schattierung, Tabstopps sowie die Sprache für Rechtschreibprüfung und Grammatik erhalten Sie mit Klick auf die Schaltfläche *Format* ❺. In der Vorschau können Sie vorab die Wirkung testen und unterhalb anhand der Beschreibung ❻ kontrollieren.

6 Aktivieren Sie das Kontrollkästchen *Zum Formatvorlagenkatalog hinzufügen*. *Automatisch aktualisieren* sollte hingegen nicht aktiviert werden, siehe Seite 128.

Formatvorlage nur für dieses Dokument oder alle Dokumente?

Viele benutzerdefinierte Formatvorlagen werden ausschließlich im aktuellen Dokument bzw. in der aktuellen Dokumentvorlage benötigt; die Standardeinstellung *Nur in diesem Dokument* sorgt dafür, dass die Liste der Formatvorlagen nicht unnötig aufgebläht und damit unübersichtlich wird. Die Option *Neue auf dieser Vorlage basierende Dokumente* sollten Sie also nur in Ausnahmefällen aktivieren.

Zeichenformatvorlagen erstellen

Das Erstellen von benutzerdefinierten Zeichenformatvorlagen unterscheidet sich kaum von der oben beschriebenen Vorgehensweise. Wählen Sie im Feld *Formatvorlagentyp* den Typ *Zeichen* aus und beachten Sie, dass dieser Vorlagentyp nur Zeichenformate, z. B. Schriftart und -größe, Schriftschnitt und -farbe zulässt.

Beispiel: Sie möchten einzelne Textstellen kursiv und in anderer Schriftfarbe hervorheben, Schriftart und -größe sollen dagegen vom Absatzformat übernommen werden.

Klicken Sie im Aufgabenbereich auf *Neue Formatvorlage* und geben Sie der Formatvorlage einen Namen, z. B. *Kursiv Farbig*. Wählen Sie *Zeichen* als Formatvorlagentyp und wählen Sie im Feld *Formatvorlage basiert auf* Ihre Standardschrift, in der Regel *Absatz-Standardschriftart* aus. Klicken Sie dann auf *Kursiv* und wählen Sie die gewünschte Schriftfarbe, hier rotbraun. Alle nicht explizit festgelegten Schriftattribute, z. B. Schriftart werden automatisch aus der *Absatz-Standardschriftart* übernommen.

Bild 3.26 Zeichenformatvorlage erstellen

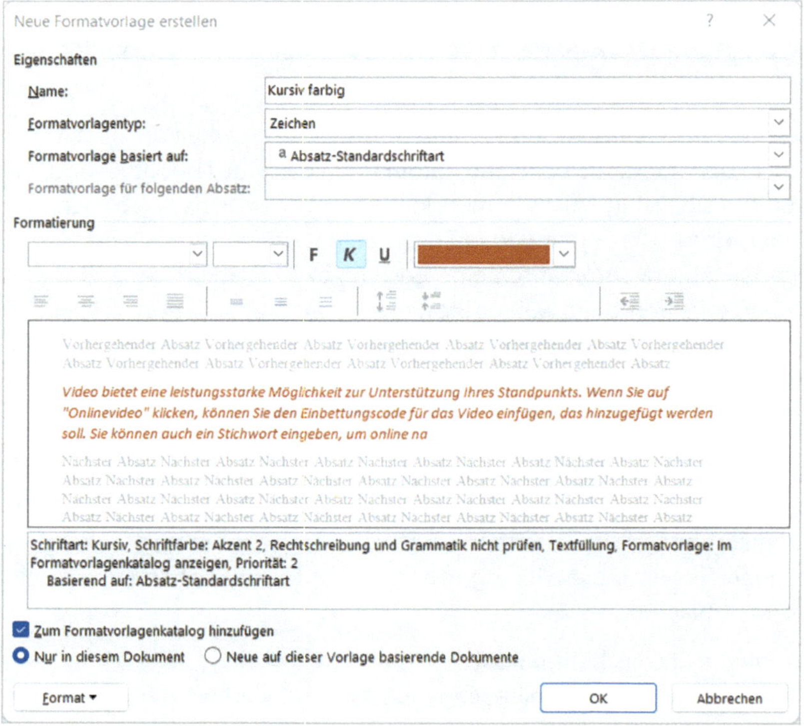

Wann sind Zeichenformatvorlagen sinnvoll?

Vermutlich werden Sie sich fragen, wo der Vorteil einer Zeichenformatvorlage gegenüber einem Klick auf das Symbol *Kursiv* liegt. In überschaubaren Dokumenten benötigen Sie dazu sicher keine Zeichenformatvorlage. In umfangreichen Dokumenten, z. B. einer längeren wissenschaftlichen Arbeit bringt Ihnen dagegen eine Zeichenformatvorlage den Vorteil, dass Sie nur die Formatvorlage ändern müssen, wenn Sie z. B. nachträglich *Fett* statt *Kursiv* oder blaue statt roter Schriftfarbe verwenden möchten. Außerdem lassen sich in einer Zeichenformatvorlage, genau wie in Absatzformatvorlagen, auch mehrere Formate kombinieren.

Aufeinander basierende Formatvorlagen nutzen

Sehr praktisch ist in vielen Fällen die Möglichkeit, im Feld *Formatvorlage basiert auf* eine bestehende Formatvorlage als Ausgangsbasis für eine neue zu verwenden. Damit erhält die neue Formatvorlage automatisch sämtliche Formate dieser Vorlage und Sie brauchen nur die zusätzlichen Merkmale nach Wunsch festlegen. Beachten Sie aber, dass sich Änderungen an der zugrundeliegenden Formatvorlage automatisch auch auf alle Formatvorlagen auswirken, die auf dieser Vorlage basieren.

Beispiel: Sie benötigen eine Formatvorlage für eingerückte Absätze in kursiver Schrift, alle übrigen Formate sollen aus der Formatvorlage *Standard* übernommen werden.

- Dazu erstellen Sie eine neue Formatvorlage, z. B. mit dem Namen *Standard eingerückt kursiv*, und wählen im Feld *Formatvorlage basiert auf* die Vorlage *Standard* aus. Anschließend weisen Sie der Formatvorlage den gewünschten Einzug zu und ändern die Schrift in Kursiv.
- Falls Sie nachträglich die Schriftart oder Schriftgröße der Formatvorlage *Standard* ändern, dann ändert sich damit auch die Schrift der Formatvorlage *Standard eingerückt*, sowie aller anderen Formatvorlagen, die auf der Formatvorlage *Standard* beruhen.

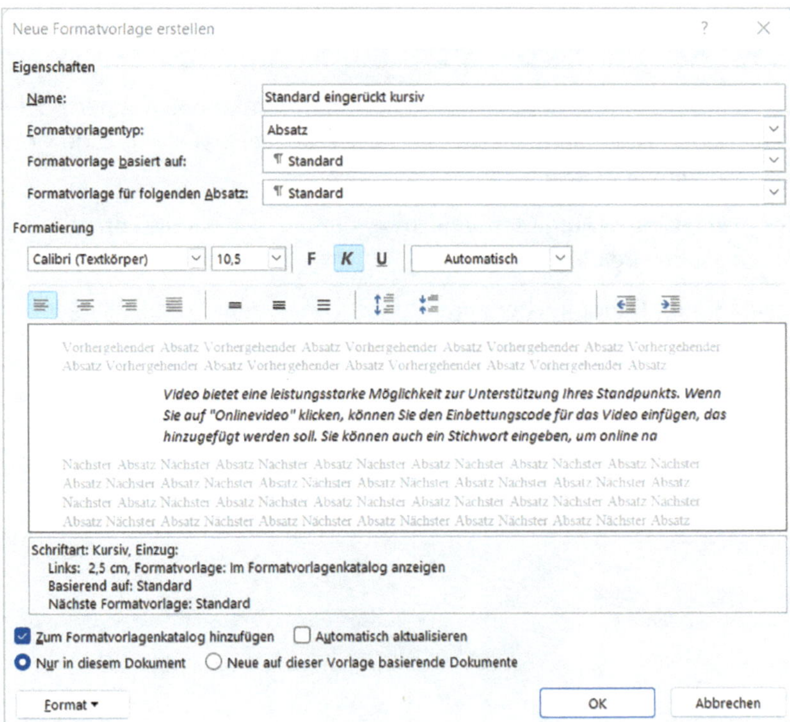

Bild 3.27 Eine Formatvorlage auf der Basis der Formatvorlage Standard erstellen

Beachten Sie bei Änderungen

Formatänderungen in der Ausgangsformatvorlage werden auch an die darauf aufbauenden Formatvorlagen weitergegeben bzw. vererbt. Dies gilt allerdings nur für Formate, die aus dieser Formatvorlage übernommen werden. Formate dagegen, die in darauf aufbauenden Formatvorlagen explizit festgelegt wurden, bleiben bei Änderungen erhalten. Vereinbaren Sie beispielsweise für die Formatvorlage *Standard eingerückt* eine bestimmte Schriftart, dann hat eine Änderung der Schriftart in der Formatvorlage *Standard* keinerlei Wirkung auf die Schriftart der darauf basierenden Vorlage.

Vermeiden Sie aus diesem Grund auch bei Zeichenformatvorlagen bis auf wenige Ausnahmen, z. B. Symbolschriftarten das Festlegen auf eine bestimmte Schriftart, wenn Sie die Formatvorlage auf Absätze mit unterschiedlichen Schriftarten anwenden möchten.

Tipps zur Änderung der Formatvorlagen Standard und Überschriften

Viele Firmen verwenden eine besondere Schriftart und individuelle Farben als Teil der Corporate Identity. Sie könnten nun theoretisch die Formatvorlage *Standard* ändern, um die Firmenschriftart in jedem neuen Dokument zu verwenden. Nachteil dieser Vorgehensweise ist, dass neben *Standard* auch andere Formatvorlagen, darunter *Kein Leerraum* und, falls verwendet, alle *Überschriftsebenen* einzeln angepasst werden müssten, da die Änderung der Standardschriftart nicht an die genannten Formatvorlagen vererbt wird. In diesem Fall ändern Sie besser zunächst die Designfarben und -schriftarten (siehe Punkt „Eigene Designs zusammenstellen" auf Seite 118) und passen erst dann die Formatvorlagen an.

Schnelles Zuweisen mit Tastenkombinationen

Häufig verwendete Formatvorlagen lassen sich mit Tastenkombinationen noch schneller zuweisen. Eine Tastenkombination kann gleich bei der Erstellung zugewiesen oder nachträglich vereinbart werden.

Oder Rechtsklick im Formatvorlagenkatalog im Menüband, Register *Start* und Befehl *Ändern....*

1 Klicken Sie dazu im Aufgabenbereich *Formatvorlagen* auf die Formatvorlage und wählen Sie den Befehl *Ändern....*

2 Klicken Sie im Dialogfenster *Formatvorlage ändern* auf die Schaltfläche *Format* und auf *Tastenkombination...* ❶.

3 Das Fenster *Tastatur anpassen* wird geöffnet. Klicken Sie in das Feld *Neue Tastenkombination* ❷ und drücken Sie die gewünschten Tasten, hier **Strg+ä**.

Bild 3.28 Tastenkombination zuweisen

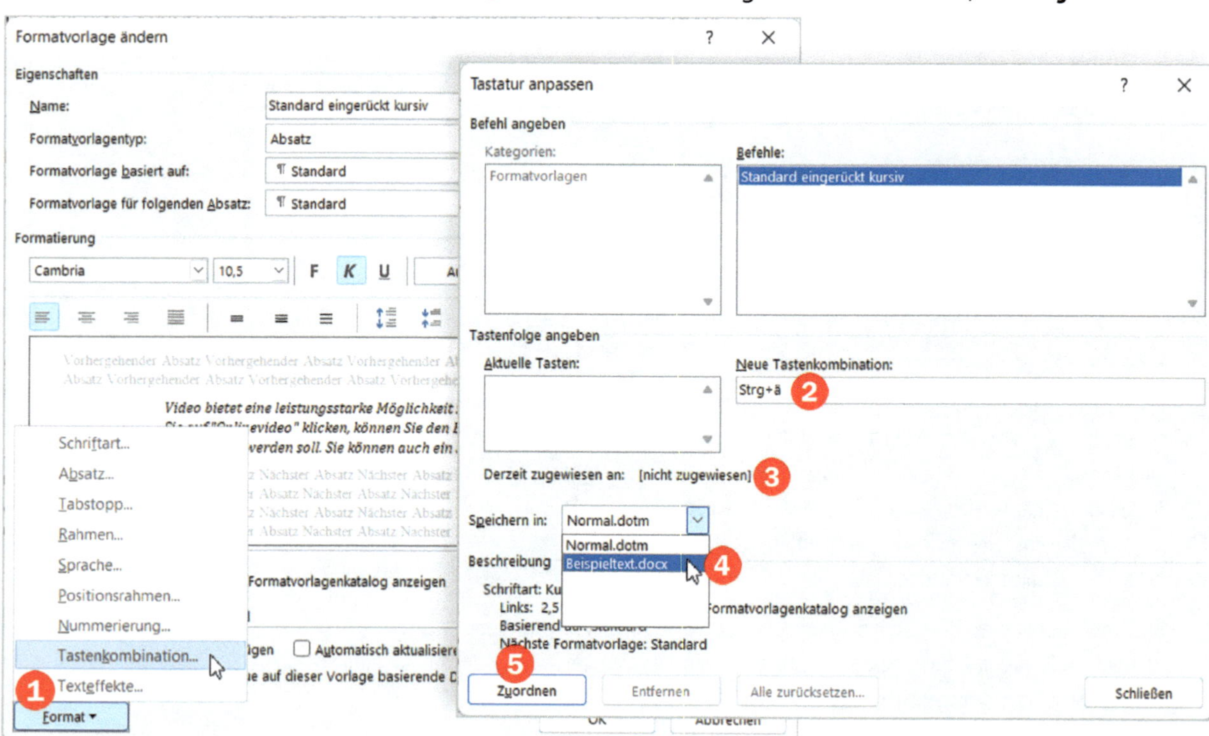

- Wählen Sie am besten eine Tastenkombination mit den Tasten **Strg+Umschalt** (Shift) und einem Sonderzeichen oder Umlaut, diese sind nur selten bereits vergeben. Auch die Ziffern des Nummernblocks (falls vorhanden) sind zusammen mit der **Strg**-Taste noch frei. Sollte die angegebene Tastenkombination anderweitig belegt sein, so erscheint dies unter *Derzeit zugewiesen an* ❸.
- **Achtung:** Verwenden Sie auf keinen Fall eine der bekannten und wichtigen Tastenkombinationen wie beispielsweise **Strg+C** (Kopieren), da die ursprüngliche Tastenbelegung sonst überschrieben wird!

4 Im Feld *Speichern in* ❹ geben Sie an, ob die Tastenkombination in allen neuen Dokumenten (Dokumentvorlage *Normal*) oder nur im aktuellen Dokument verfügbar sein soll. Da eine Formatvorlage meist nur im aktuellen Dokument benötigt wird, sollten Sie hier das aktuelle Dokument wählen.

Handelt es sich dagegen beim aktuellen Dokument um eine benutzerdefinierte Dokumentvorlage, dann steht die Tastenkombination ohnehin in allen Word-Dateien zur Verfügung, die auf der Grundlage dieser Vorlage erstellt wurden. Zuletzt klicken Sie auf die Schaltfläche *Zuordnen* ❺.

3.4 Formatvorlagen verwalten

Formatvorlage löschen

Formatvorlage aus dem Dokument löschen

Häufig sammeln sich, besonders in umfangreichen Dokumenten, schnell zahlreiche nicht verwendete, benutzerdefinierte Formatvorlagen an. Um diese zu löschen, klicken Sie im Aufgabenbereich *Formatvorlagen* die zu entfernende Formatvorlage mit der rechten Maustaste an und wählen *[Name der Vorlage] löschen....* Bestätigen Sie die nachfolgende Meldung mit *OK*.

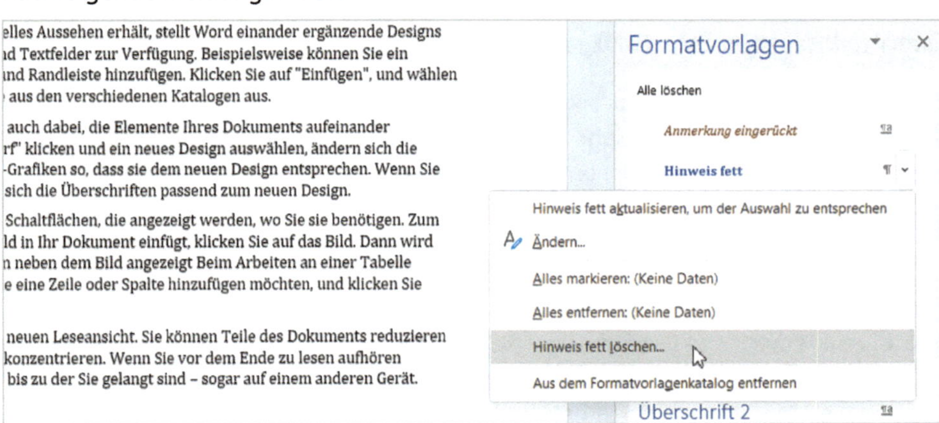

Bild 3.29 Formatvorlage löschen

Achtung: Im Menüband, *Start ▶ Formatvorlagen* finden Sie per Rechtsklick auf eine Formatvorlage nur den Befehl *Aus dem Formatvorlagenkatalog entfernen*. Damit wird die Formatvorlage nicht gelöscht, sondern ist nach wie vor im Aufgabenbereich verfügbar.

Siehe „Die Anzeige der Formatvorlagen im Aufgabenbereich steuern" auf Seite 140.

Achtung: Die integrierten Formatvorlagen, z. B. *Standard* oder *Überschrift 1* können nicht gelöscht, sondern höchstens ausgeblendet werden. Beachten Sie außerdem, dass diese Vorgehensweise die Formatvorlage nur aus dem aktuellen Dokument entfernt. Wurde dagegen die Formatvorlage in der Dokumentvorlage *Normal* gespeichert (Option *Neue auf dieser Vorlage basierende Dokumente*), so ist sie trotzdem in jedem neuen Dokument wieder vorhanden. Wie Sie in diesem Fall beim Löschen vorgehen, lesen Sie weiter unten.

Was passiert mit Text, der noch mit der gelöschten Formatvorlage formatiert ist?
Falls die gelöschte Formatvorlage noch im Dokument verwendet wird, so erhalten die entsprechenden Textstellen automatisch wieder die Formatvorlage *Standard*.

Tipp: Verwendung einer Formatvorlage kontrollieren
Um festzustellen, welche Absätze die betreffende Formatvorlage verwenden, können Sie vor dem Löschen den Befehl *Alle x Instanzen markieren* wählen, wobei x für die Anzahl der Textstellen, im Bild unten 3, steht.

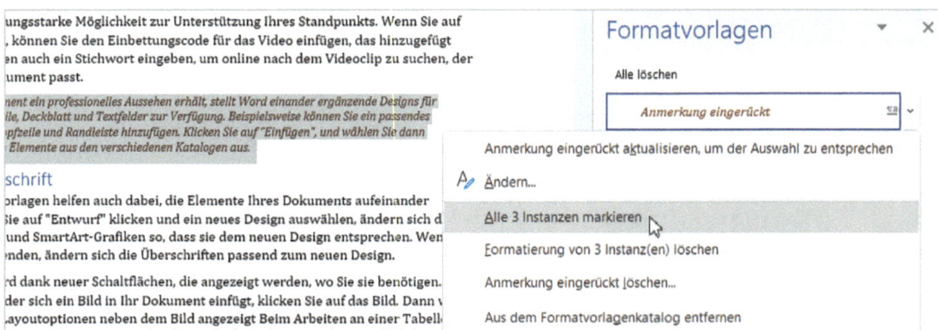

Bild 3.30 Die ausgewählte Formatvorlage aus dem Dokument löschen

Hinweis: Falls eine benutzerdefinierte Formatvorlage auf einer integrierten Vorlage, z. B. Überschrift 1 basiert, erscheint beim Rechtsklick auf die Vorlage statt löschen der Befehl *[Formatvorlage] wiederherstellen....* Dieser löscht ebenfalls die Formatvorlage und formatiert die dazugehörigen Absätze wieder mit der Ausgangsformatvorlage.

Achtung: Wenn Sie im Formatvorlagenkatalog oder im Aufgabenbereich mit der rechten Maustaste auf eine Formatvorlage klicken, dann finden Sie hier unter anderem den Befehl *Aus dem Formatvorlagenkatalog entfernen*. Dies bewirkt nur, dass die Vorlage nicht mehr im Katalog erscheint, sie wird aber nicht gelöscht und ist im Aufgabenbereich trotzdem noch vorhanden.

Formatvorlage aus Dokumentvorlagen löschen

Formatvorlage aus einer benutzerdefinierten Dokumentvorlage löschen

Öffnen Sie die Dokumentvorlage im Original, nicht die Kopie der Dokumentvorlage. Löschen Sie anschließend die Formatvorlage indem Sie diese, wie oben beschrieben, im Aufgabenbereich *Formatvorlagen* mit der rechten Maustaste anklicken und *[Name der Vorlage] löschen* auswählen.

Formatvorlage aus der globalen Dokumentvorlage Normal löschen

Wie bereits mehrfach erwähnt, ist es keine gute Idee, nur einmal benötigte benutzerdefinierte Formatvorlagen in der Dokumentvorlage *Normal* zu speichern. Falls sich hier doch einiges angesammelt hat, dann gehen Sie zum Entfernen überflüssiger benutzerdefinierter Formatvorlagen wie folgt vor:

1 Klicken Sie im Aufgabenbereich *Formatvorlagen* auf das Symbol *Formatvorlagen verwalten* ❶.

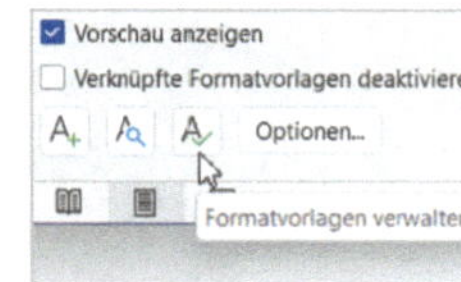

Bild 3.31 Formatvorlagen verwalten

2 Im Dialogfenster *Formatvorlagen verwalten* klicken Sie unten links auf die Schaltfläche *Importieren/Exportieren...* ❷.

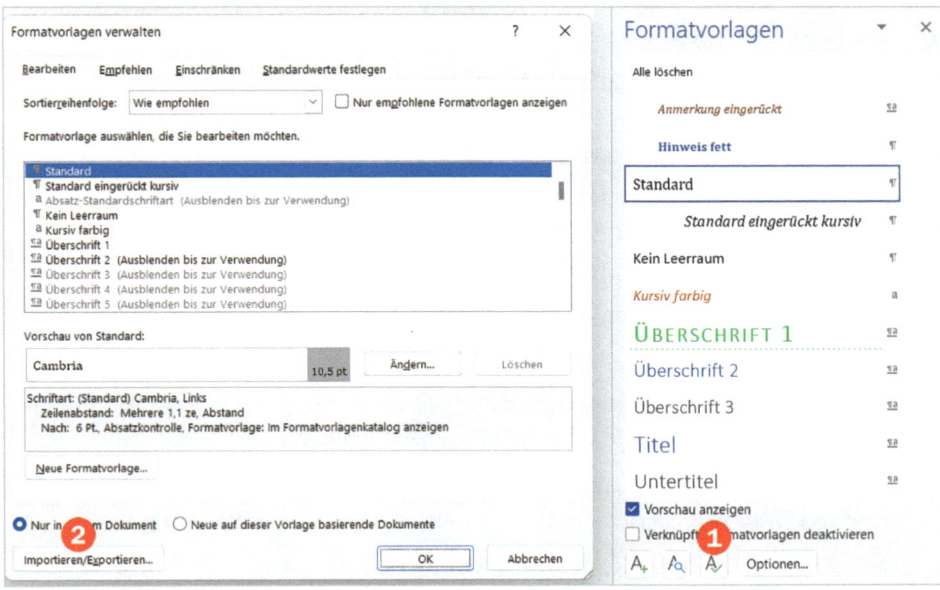

3 Das Fenster *Organisator*in* öffnet sich mit dem Register *Formatvorlagen* (Bild unten). Links finden Sie die Formatvorlagen des aktuellen Dokuments und auf der rechten Seite Formatvorlagen aus der globalen Dokumentvorlage *Normal.dotm*. Markieren Sie hier die zu löschende Formatvorlage ❸, klicken Sie auf die Schaltfläche *Löschen* ❹ und bestätigen Sie die nachfolgende Rückfrage mit *Ja*. Falls die gelöschte Formatvorlage im aktuellen Dokument verwendet wird, so verbleibt sie hier und ist nur noch hier verfügbar.

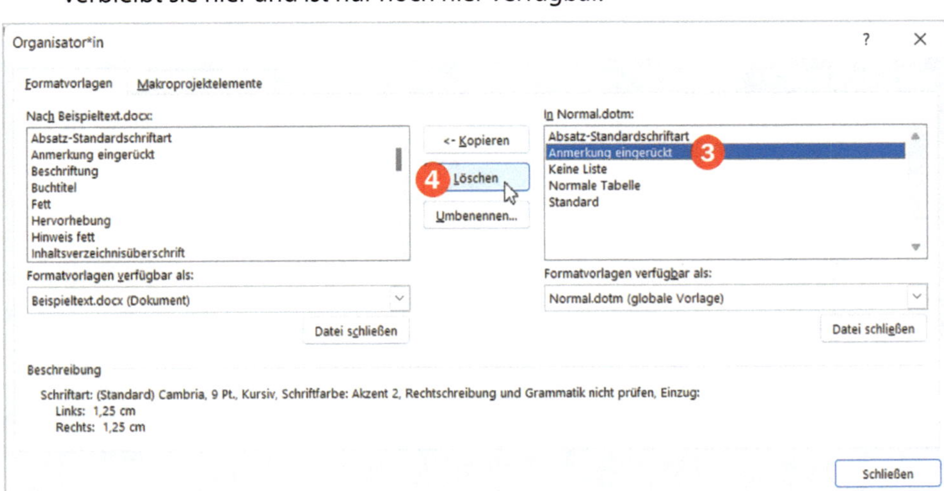

Bild 3.32 Markieren Sie die Benutzerdefinierte Formatvorlage und klicken Sie auf Löschen

Hinweis: In der Dokumentvorlage *Normal* werden zwar integrierte Formatvorlagen wie z. B. *Standard* aufgeführt, diese können aber nicht gelöscht werden.

Formatvorlagen in andere Dokumente importieren

Achtung: Wenn Sie gleich alle Formatvorlagen eines Dokuments importieren möchten, dann sollten Sie besser die Vorgehensweise in Punkt „3.7 Dokument mit einer anderen Dokumentvorlage verbinden" auf Seite 160 wählen.

Formatvorlagen können zwischen Dokumenten ausgetauscht werden. Dies spart eine Menge Arbeit, da Sie eine bereits vorhandene Formatvorlage nicht ein zweites Mal neu erstellen müssen. Dazu wählen Sie zwischen folgenden Möglichkeiten:

- Formatvorlage zusammen mit Text kopieren und einfügen
- Formatvorlagen importieren/exportieren

Formatvorlagen importieren/exportieren

Am einfachsten nehmen Sie den Austausch von Formatvorlagen mittels Importieren bzw. Exportieren vor, so gehen Sie dabei vor:

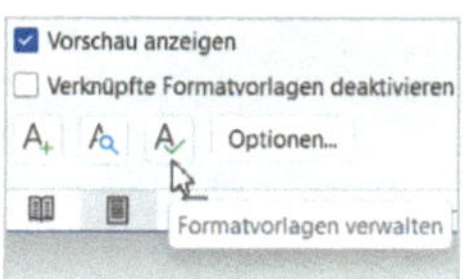

1. Öffnen Sie das Dokument, das die zu kopierenden Formatvorlagen enthält und klicken Sie im Aufgabenbereich *Formatvorlagen* auf das Symbol *Formatvorlagen verwalten*.
2. Klicken Sie im nachfolgenden Fenster *Formatvorlagen verwalten* links unten auf die Schaltfläche *Importieren/Exportieren...* (siehe Bild 3.31 auf Seite 137).
3. Die linke Spalte des Fensters *Organisator*in* enthält die Formatvorlagen des aktuellen Dokuments, einschließlich benutzerdefinierter Formatvorlagen ❶.
4. Im rechten Bereich sehen Sie zunächst die Formatvorlagen der Vorlage *Normal* ❷. Klicken Sie hier auf die Schaltfläche *Datei schließen* ❸. Nun erscheint an dieser Stelle die Schaltfläche *Datei öffnen* ❹. Klicken Sie darauf, wählen Sie das Dokument aus, in das Sie die Formatvorlagen kopieren möchten und klicken Sie auf *Öffnen*. In der Liste erscheinen nun die Formatvorlagen des Zieldokuments.

   Achtung: Standardmäßig ist im *Öffnen*-Fenster die Anzeige auf den Dateityp *Alle Word-Vorlagen*, also Dokumentvorlagen mit der Dateinamenerweiterung *.dotx* oder *.dotm* beschränkt. Handelt es sich beim Zieldokument um ein normales Word-Dokument, dann müssen Sie stattdessen als Dateityp *Alle Word-Dokumente* auswählen.

Bild 3.33 Schließen Sie die globale Vorlage Normal.dotm

Bild 3.34 Datei öffnen...

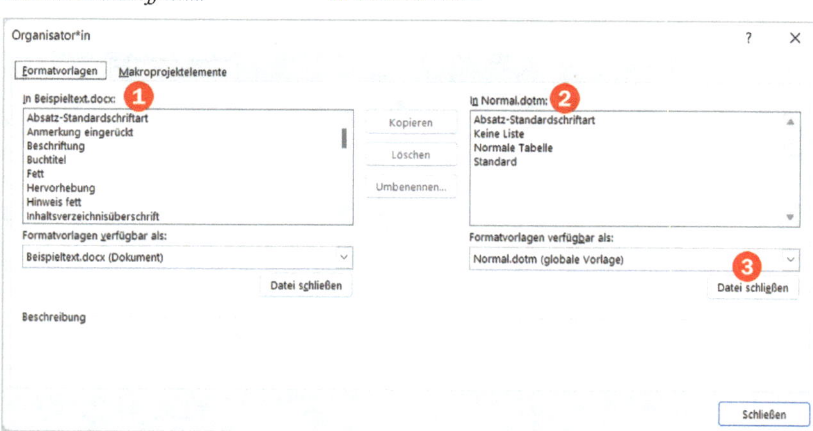

5 Markieren Sie dann in der Liste links (aktuelles Dokument) die erste Formatvorlage ❺, die Sie kopieren möchten und klicken Sie auf die Schaltfläche *Kopieren ->* ❻. Wiederholen Sie diesen Schritt für die übrigen benötigten Formatvorlagen.

Tipp: Sie können auch mehrere gleichzeitig markieren, indem Sie diese mit gleichzeitig gedrückter **Strg**-Taste anklicken (Mehrfachmarkierung).

Ist eine Formatvorlage mit gleichem Namen, z. B. die integrierte Formatvorlage *Überschrift 1* im Zieldokument bereits vorhanden, dann erscheint eine Rückfrage und Sie müssen das Überschreiben der Formatvorlage mit *Ja* bestätigen.

Bild 3.35 Formatvorlagen in das Zieldokument kopieren

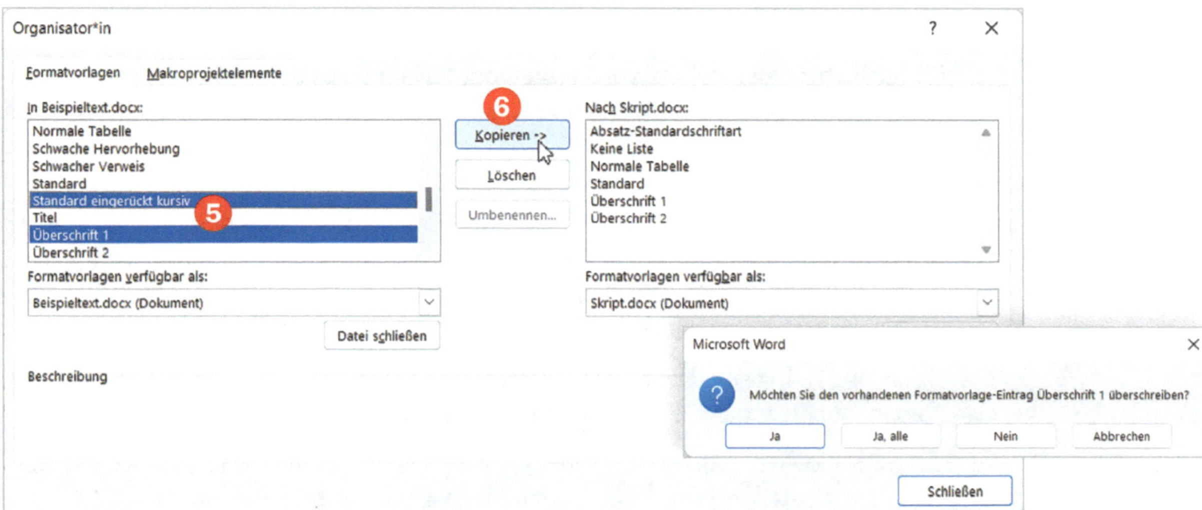

6 Klicken Sie zuletzt auf *Schließen* und bestätigen Sie die nachfolgende Rückfrage, ob Änderungen am Zieldokument gespeichert werden sollen mit *Speichern*.

Benutzerdefinierte Formatvorlage zusammen mit Text kopieren

Benutzerdefinierte Formatvorlagen werden auch beim Kopieren von Text in ein anderes Dokument übernommen. Allerdings nur, wenn im Zieldokument noch keine Formatvorlage mit demselben Namen vorhanden ist.

Dazu kopieren Sie eine, mit der betreffenden Formatvorlage formatierte Textstelle in die Zwischenablage und fügen diese im Zieldokument mit **Strg**+**V** ein. Klicken Sie dann sicherheitshalber an der Einfügestelle auf das Symbol *Einfügeoptionen* und wählen Sie *Ursprüngliche Formatierung beibehalten* ❶. Die Formatvorlage sollte nun im Formatvorlagenkatalog des Zieldokuments erscheinen und bleibt hier auch erhalten, wenn Sie den ursprünglich damit formatierten Text löschen.

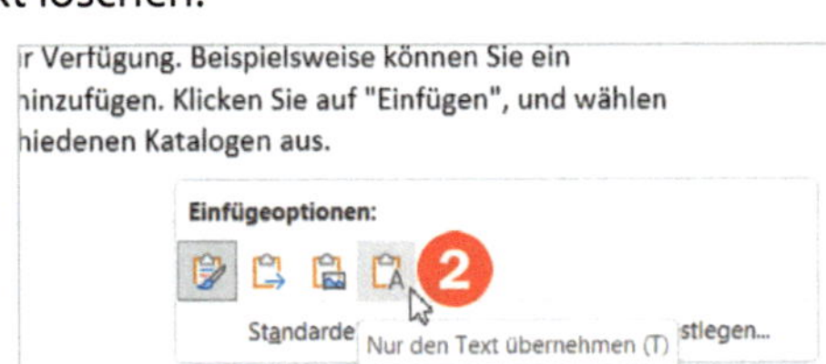

Bild 3.36 Kopierten Text mit Formatvorlage einfügen

Bild 3.37 Kopierten Text ohne Formatvorlage einfügen

Tipp: Text ohne Formatvorlage kopieren

Wenn Sie im Zieldokument die Formatvorlage des kopierten Textes nicht benötigen und vermeiden möchten, dass die Liste der Formatvorlagen unnötig aufgebläht wird, dann sollten Sie beim Einfügen den kopierten Text nur als Text übernehmen. Klicken Sie dazu nach dem Einfügen im Dokument an der Einfügestelle auf das Symbol *Einfügeoptionen* und wählen Sie die Option *Nur den Text übernehmen* ❷.

Die Anzeige der Formatvorlagen im Aufgabenbereich steuern

Damit Sie bei einer Vielzahl von Formatvorlagen im Aufgabenbereich nicht den Überblick verlieren und die wichtigsten Vorlagen schnell zur Hand haben, hier einige Tipps.

Weitere Formatvorlagen anzeigen

Der Aufgabenbereich *Formatvorlagen* zeigt nur eine Auswahl integrierter Formatvorlagen an. Word verfügt aber tatsächlich über wesentlich mehr Formatvorlagen, diese sind allerdings in der Standardeinstellung nicht sichtbar und erscheinen nur, wenn Sie im Dokument verwendet werden.

Wenn Sie die Anzeige der Formatvorlagen im Aufgabenbereich *Formatvorlagen* beeinflussen möchten, dann klicken Sie auf die Schaltfläche *Optionen...* ❶.

- Im Feld *Anzuzeigende Formatvorlagen auswählen* ❷ können Sie neben der Standardeinstellung *Empfohlen* entweder *Verwendet* oder *Im aktuellen Dokument* auswählen, um die Liste einzugrenzen. *Alle Formatvorlagen* zeigt dagegen wirklich alle integrierten Formatvorlagen an.
- Über die Optionen *Nur in diesem Dokument* oder *Neue auf dieser Vorlage basierende Dokumente* legen Sie fest, ob Ihre Anzeigeeinstellungen in allen neuen Dokumenten oder nur im aktuellen Dokument wirksam werden sollen.

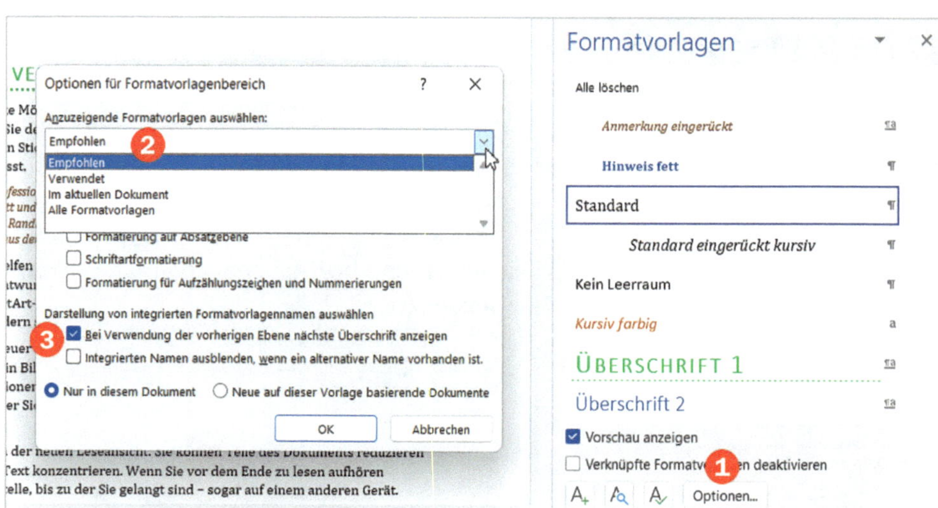

Bild 3.38 Wählen Sie den Umfang der anzuzeigenden Formatvorlagen aus

Anzeige der Überschriftvorlagen

Eine Sonderrolle nehmen die integrierten Überschriftformatvorlagen ein. Word verfügt über insgesamt 9 Überschriftebenen bzw. entsprechende Formatvorlagen. Standardmäßig ist im Fenster *Optionen für Formatvorlagenbereich* (Bild 3.38) das Kontrollkästchen *Bei Verwendung der vorherigen Ebene nächste Überschrift anzeigen* ❸ aktiviert. Dies bedeutet, die nächste Ebene erscheint im Aufgabenbereich automatisch, sobald Sie eine Überschriftformatvorlage verwenden. Haben Sie beispielsweise eine Überschrift mit der Formatvorlage *Überschrift 3* formatiert, wird im Aufgabenbereich automatisch die nächste Formatvorlage *Überschrift 4* sichtbar.

Die Reihenfolge der Formatvorlagen ändern

Im Fenster *Optionen für Formatvorlagenbereich* haben Sie im Feld *Sortierung für Liste auswählen* auch die Möglichkeit, unter verschiedenen Sortierungen zu wählen. Statt der Standardeinstellung *Wie empfohlen* kann bei einer Vielzahl von Formatvorlagen auch eine alphabetische Reihenfolge oder nach Typ nützlich sein.

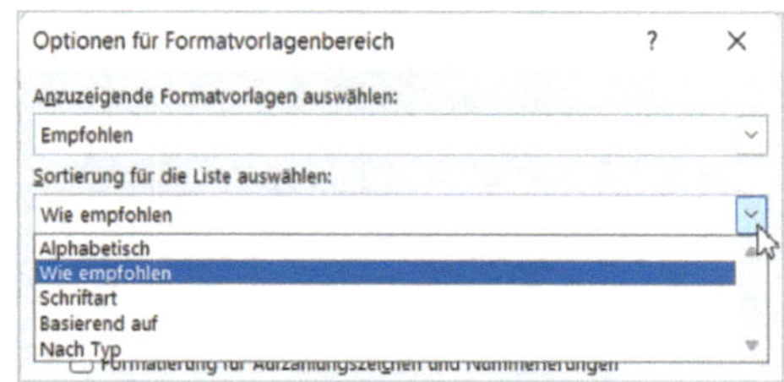

Bild 3.39 Sortierung Formatvorlagen

Sortierung und empfohlene Liste anpassen

Die Liste der empfohlenen Formatvorlagen (Bild 3.38) können Sie bei Bedarf anpassen. Klicken Sie dazu im Aufgabenbereich *Formatvorlagen* auf das Symbol *Formatvorlagen verwalten* ❶ und wählen Sie das Register *Empfehlen* ❷.

Achten Sie darauf, dass die Sortierreihenfolge *Wie empfohlen* ausgewählt ist. Zum Ändern der Reihenfolge markieren Sie eine Formatvorlage und benutzen die Schaltflächen *Nach oben* bzw. *Nach unten* ❸. Oder wählen Sie über die Schaltfläche *Wert zuweisen...* gezielt eine bestimmte Position, z. B. 1. Die aktuelle Position ❹ ist aus der Zahl links ersichtlich.

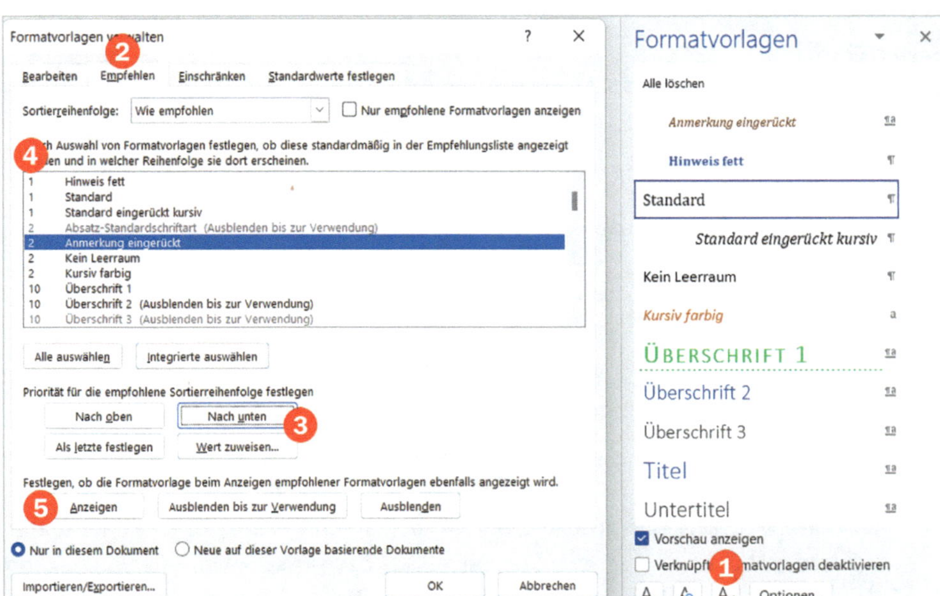

Bild 3.40 Sortierreihenfolge und empfohlene Formatvorlagen verwalten

Die empfohlenen Formatvorlagen sind mit dunkler Schrift hervorgehoben.

Formatvorlage zur Liste Empfohlen hinzufügen
Ob eine Formatvorlage in der Liste der empfohlenen Formatvorlagen erscheint, steuern Sie über weitere Schaltflächen ❺: Mit *Anzeigen* (Bild 3.40) wird die markierte Formatvorlage den empfohlenen Formatvorlagen hinzugefügt (nicht in der Liste enthaltene Formatvorlagen sind ausgegraut), *Ausblenden* blendet die Formatvorlage aus und mit *Ausblenden bis zur Verwendung* erscheint die Formatvorlage erst, wenn sie im Dokument verwendet wird. Auch hier können Sie festlegen, ob Ihre Einstellungen für das aktuelle Dokument oder alle neuen Dokumente gelten sollen.

Hinweis: Tabellen- und Listenformatvorlagen können weder verschoben noch in der Anzeige aktiviert bzw. deaktiviert werden. Bei diesen handelt es sich um Tabellenformatvorlagen, die im Register *Tabellenentwurf* ausschließlich zur Formatierung von Tabellen verfügbar sind.

Der Formatinspektor

Mit dem Formatinspektor können Sie im Dokument kontrollieren, mit welcher Formatvorlage ein Absatz oder eine markierte Textstelle formatiert wurde und ob zusätzliche Formatierungen vorhanden sind, die nicht Teil der Formatvorlage sind.

Formatinspektor öffnen

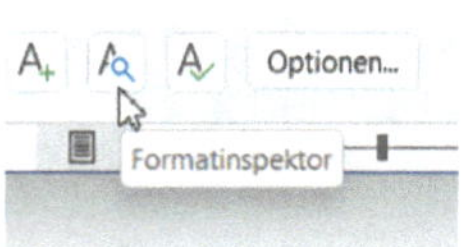

Zum Öffnen des Formatinspektors klicken Sie im Aufgabenbereich *Formatvorlagen* auf das Symbol *Formatinspektor*. Markieren Sie danach den Text, dessen Format Sie kontrollieren möchten oder klicken Sie in den Absatz.

Im Bild unten basiert beispielsweise der markierte Absatz auf der Formatvorlage *Standard*, wie im Feld *Absatzformatierung* ersichtlich ❶. Abweichende Formatierungen, die für den gesamten Absatz vorgenommen wurden, erscheinen unterhalb ❷. Unter *Formatierung auf Textebene* sehen Sie dagegen die Zeichenformatvorlage mit geänderten Formaten.

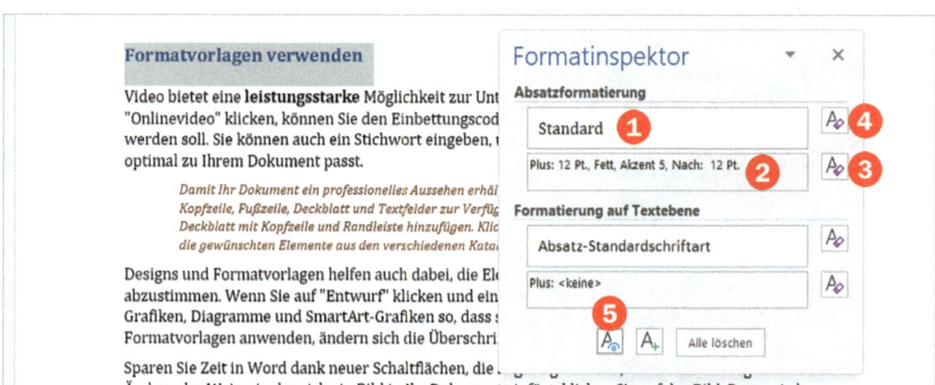

Bild 3.41 Formatvorlagen und geänderte Formatierungen mit dem Formatinspektor kontrollieren

Genau wie der Bereich *Formatvorlagen* kann auch der Formatinspektor geöffnet bleiben, wenn Sie nacheinander mehrere Textstellen kontrollieren möchten. Klicken Sie einfach in den nächsten Absatz oder markieren Sie den Text.

- **Abweichende Formate entfernen:** Klicken Sie rechts von den zusätzlichen Formaten auf das Symbol *Absatzformatierung löschen* ❸ bzw. *Zeichenformatierung löschen*.

- **Auf Formatvorlage Standard zurücksetzen**: Möchten Sie dagegen alle Formate oder Formatvorlagen entfernen und den Text auf die Standardformatvorlage zurücksetzen, dann klicken Sie auf das Symbol rechts von der Absatz- oder Zeichenformatvorlage ❹.
- **Formatierung anzeigen**: Ein Klick auf dieses Symbol ❺ öffnet den Bereich *Formatierung anzeigen*, siehe Kapitel 1.8 auf Seite 76 ff..

Formatvorlagen im Dokument anzeigen

Wenn Sie im Dokument alle Absätze mit den verwendeten Formatvorlagen auf einen Blick sehen möchten, wie in Bild 3.43, dann gehen Sie so vor:

1. Klicken Sie im Register *Datei* auf *Optionen* und hier auf *Erweitert*.
2. Scrollen Sie nach unten bis zum Abschnitt *Anzeigen* und geben Sie im Feld *Breite des Formatvorlagenbereichs in Entwurfs- und Gliederungsansichten* statt der Standardbreite 0 cm die gewünschte Spaltenbreite, z. B. 3 cm ein. Schließen Sie dann die *Word-Optionen* mit Klick auf die Schaltfläche *OK*.

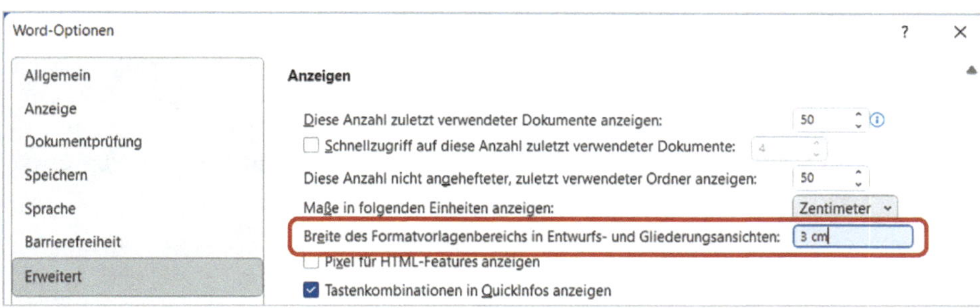

Bild 3.42 Breite des Formatvorlagenbereichs angeben

3. Klicken Sie anschließend im Menüband auf das Register *Ansicht* und wechseln Sie mit Klick auf *Entwurf* in die Entwurfsansicht.

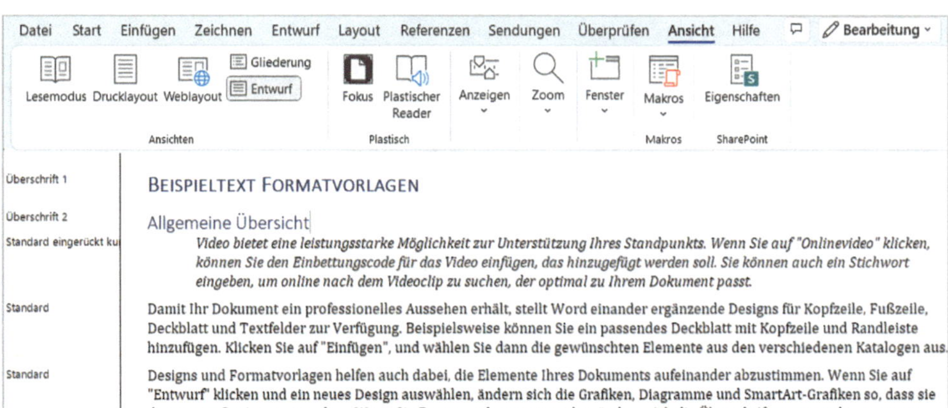

Bild 3.43 Formatvorlagen in der Ansicht Entwurf anzeigen

Achtung: Die Formatvorlagenspalte ist ausschließlich in den Ansichten *Gliederung* und *Entwurf* sichtbar und verschwindet, sobald Sie zur Ansicht *Drucklayout* wechseln.

3.5 Formatvorlagen für Tabellen und Listen

Eigene Listenformatvorlagen speichern

Listen erstellen und anpassen, siehe Kapitel 1.3, Absätze fortlaufend nummerieren.

Im Gegensatz zu einfachen Nummerierungen und Aufzählungen erfordert das Anpassen von Gliederungen bzw. Listen mit mehreren Ebenen meist etwas mehr Aufwand. Daher kann es durchaus sinnvoll sein, eine benutzerdefinierte Liste auch gleich als Listenformatvorlage zu speichern. Beachten Sie aber, dass Listenformatvorlagen weder im Aufgabenbereich *Formatvorlagen* noch im Formatvorlagenkatalog erscheinen. Als Ausgangsbasis kann eine vorhandene, bereits fertig angepasste Liste verwendet werden oder Sie beginnen mit der Standardliste von Word. So gehen Sie vor:

1. Klicken Sie im Menüband, Register *Start* ▶ *Absatz* auf *Liste mit mehreren Ebenen* und anschließend auf *Neuen Listentyp definieren...* ❶. Alternativ können Sie dem aktuellen Absatz oder, falls bereits vorhanden, auch der markierten Liste zunächst einen Listentyp zuweisen, der Ihren Vorstellungen am nächsten kommt und anschließend auf *Neuen Listentyp definieren* klicken.
2. Im Fenster *Neue Listenformatvorlage definieren* geben Sie einen Namen für die Liste ein ❷ (siehe Bild unten) und legen fest, wo die Liste künftig verfügbar sein soll: *Nur in diesem Dokument* oder in allen *Neuen, auf derselben Vorlage basierenden Dokumenten*.
3. Klicken Sie anschließend auf die Schaltfläche *Format* und hier auf *Nummerierung...* ❸.

Bild 3.44 Symbol Liste mit mehreren Ebenen

Bild 3.45 Neue Listenformatvorlage definieren

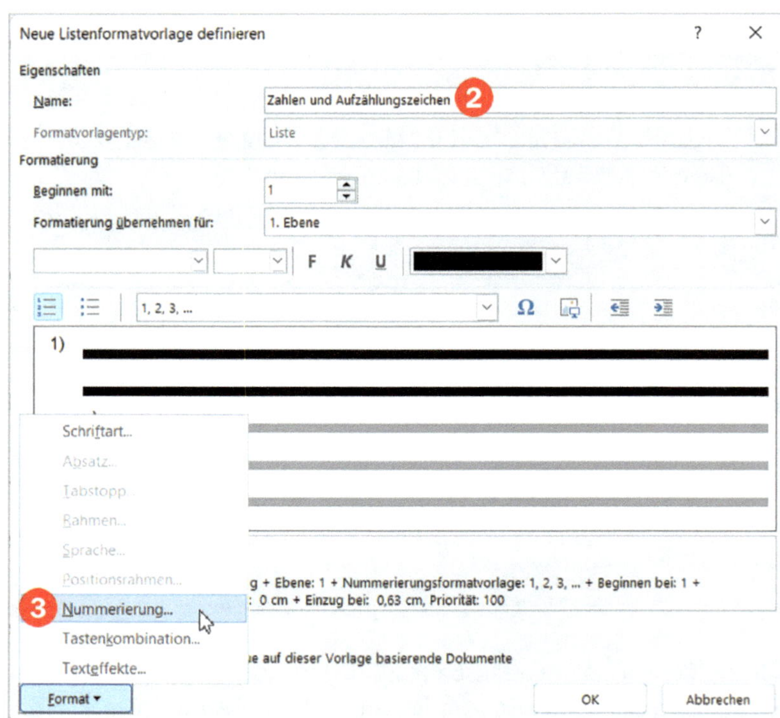

4 Im Fenster *Neue Liste mit mehreren Ebenen ändern* bearbeiten Sie nun nacheinander die einzelnen Ebenen, wie in Kapitel 1.3 bereits ausführlich beschrieben.

5 Mit Klick auf *OK* kehren Sie wieder zurück zum Dialogfenster *Neue Listenformatvorlage definieren*. Klicken Sie auch hier auf *OK*, um die neue Listenformatvorlage zu speichern.

Die neue Listenformatvorlage steht ab sofort über das Symbol *Liste mit mehreren Ebenen* im Abschnitt *Listenformatvorlagen* zur Verfügung (Bild 3.47).

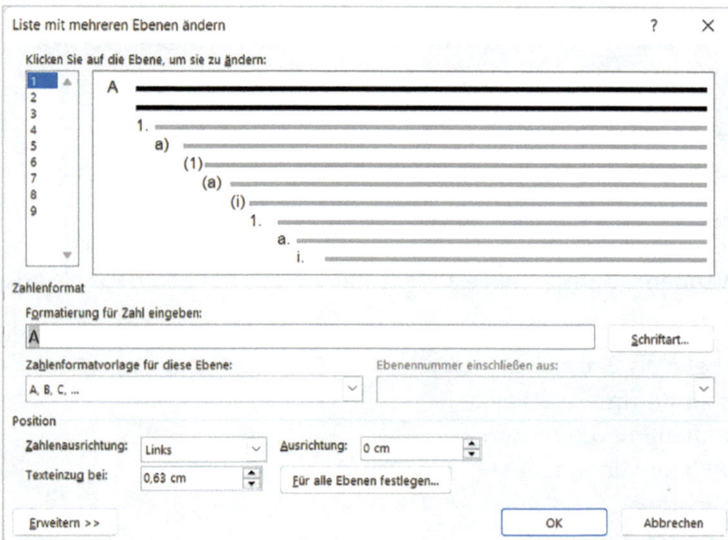

Bild 3.46 Bearbeiten Sie die einzelnen Ebenen

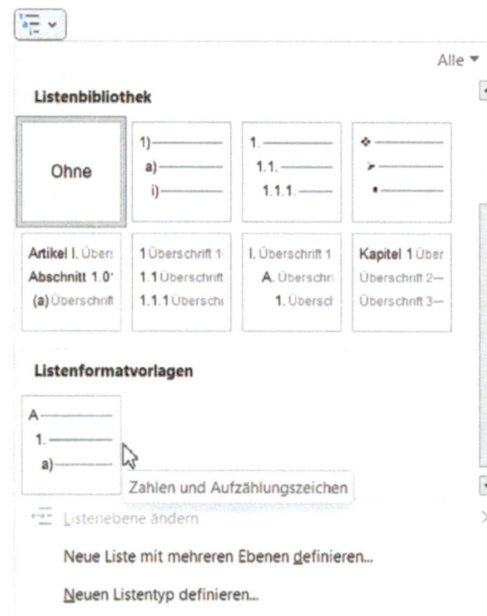

Bild 3.47 Die benutzerdefinierte Listenformatvorlage

Listenformatvorlage nachträglich ändern

Um eine benutzerdefinierte Listenformatvorlage nachträglich zu ändern, wählen Sie im Menüband, Register *Start* ebenfalls das Symbol *Liste mit mehreren Ebenen*. Klicken Sie anschließend mit der rechten Maustaste auf die betreffende Listenformatvorlage und auf *Ändern*. Das Fenster *Liste mit mehreren Ebenen* öffnet sich und Sie können über die Schaltfläche *Format* und den Befehl *Nummerierung...* die Ebenen erneut bearbeiten, wie oben beschrieben.

Tabellenformatvorlagen

Zum Formatieren von Tabellen bringt Word zwar einen umfangreichen Formatvorlagenkatalog mit, aber auch hier kann sich das Erstellen bzw. Speichern eigener Tabellenformatvorlagen lohnen, insbesondere wenn Sie in längeren Dokumenten mit mehreren Tabellen stets dasselbe Tabellenformat benötigen. Hierzu können Sie zwischen zwei unterschiedlichen Lösungen wählen:

- Eine fertig formatierte Tabelle als wiederverwendbare Schnelltabelle speichern,
- oder eine benutzerdefinierte Tabellenformatvorlage erstellen.

Als wiederverwendbare Schnelltabelle speichern

Das Speichern einer fertig formatierten Tabelle als Schnelltabelle gehört eigentlich zur Kategorie der Schnellbausteine und hat nichts mit Formatvorlagen zu tun. Da dies aber häufig die einfachste und schnellste Lösung für gleichbleibende Tabellen ist, wird die Vorgehensweise an dieser Stelle trotzdem beschrieben.

1 Dazu fügen Sie im Dokument eine Tabelle mit der benötigten Anzahl Spalten und Zeilen ein und formatieren Sie diese Tabelle. Dazu benutzen Sie am besten eine geeignete Tabellenformatvorlage als Ausgangsbasis (Register *Tabellentools* ▶ *Entwurf* ▶ *Tabellenformatvorlagen*) und ändern diese nach Ihren Vorstellungen. Folgende Formate können geändert werden:

- Schriftart, -größe und -farbe
- Zelleneigenschaften wie z. B. vertikale Ausrichtung, Zeilenhöhe und Spaltenbreite
- Rahmenlinien und Hintergrund, für abwechselnde Zeilenfarben (gebänderte Zeilen) verwenden Sie am besten eine entsprechende Formatvorlage als Ausgangsbasis.

Rechts eine Tabelle als Beispiel. Der Text dient nur zu Kontrollzwecken, bzw. um die Formatierung zu testen und sollte unbedingt vor dem Speichern entfernt werden, da er sonst mit der Tabelle gespeichert wird.

Bild 3.48 Passen Sie die Formatierung der Tabelle Ihren Wünschen an

Überschrift	Überschrift
Spaltentext	Spaltentext
Spaltentext	Spaltentext
Spaltentext	Spaltentext

2 Im nächsten Schritt markieren Sie die gesamte Tabelle, klicken im Menüband, Register *Einfügen* auf *Tabelle* und wählen *Schnelltabellen*. Klicken Sie hier auf *Auswahl im Schnelltabellenkatalog speichern...*.

Bild 3.49 Auswahl im Schnelltabellenkatalog speichern

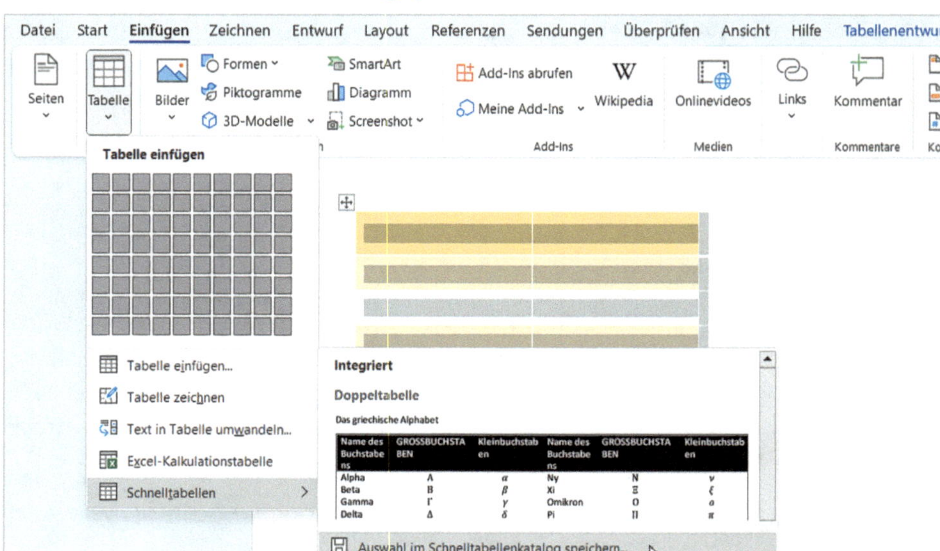

3 Geben Sie im Fenster *Neuen Baustein erstellen* einen Namen für die Schnelltabelle ein, sowie optional eine kurze Beschreibung und klicken Sie auf *OK*.

Schnelltabellen werden standardmäßig im Katalog *Tabellen* der Datei *Building Blocks* gespeichert und stehen somit unabhängig von der Dokumentvorlage in allen Dokumenten zur Verfügung. Sie können stattdessen im Feld *Speichern in* allerdings auch die Dokumentvorlage *Normal* auswählen.

Achtung: Änderungen der Datei Building Blocks speichern! Beim Schließen werden Sie aufgefordert, auch Änderungen an der Datei Building Blocks zu speichern. Klicken Sie auf *Ja*, damit die Schnelltabelle auch künftig zur Verfügung steht.

Schnelltabelle einfügen

Zum Einfügen einer benutzerdefinierten Schnelltabelle brauchen Sie nur im Menüband, Register *Einfügen* auf *Tabelle* und anschließend auf *Schnelltabellen* klicken. Wenn Sie im Fenster *Neuen Baustein erstellen* keine andere Kategorie (siehe Kap. 1.4) angegeben haben, dann erscheint Ihre benutzerdefinierte Tabelle unter *Allgemein* und kann per Mausklick an der Cursorposition eingefügt werden.

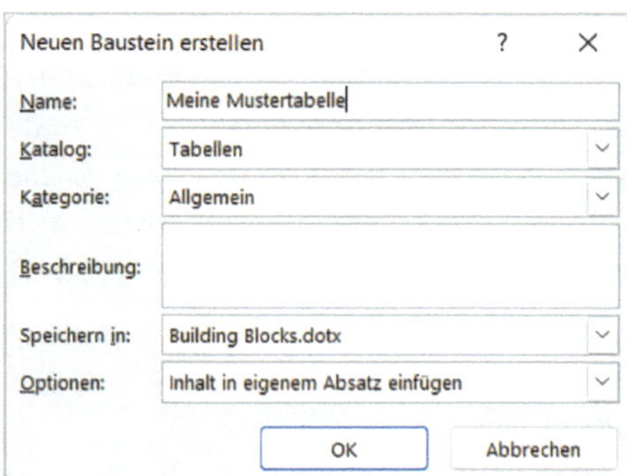

Bild 3.50 Neuen Baustein erstellen

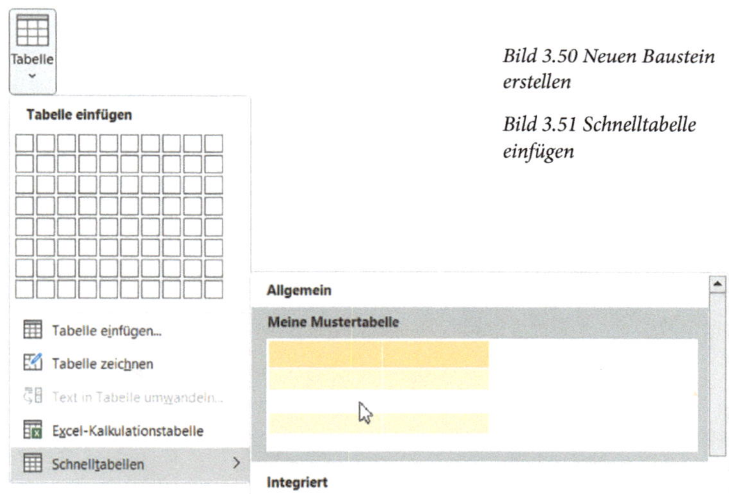

Bild 3.51 Schnelltabelle einfügen

Eine benutzerdefinierte Tabellenformatvorlage erstellen und speichern

Tabellenformatvorlagen besitzen gegenüber den oben beschriebenen Schnelltabellen einige Vorteile:

- Sie speichern alle Tabellenformate, also Kopfzeile, Hintergrund für gerade und ungerade Zeilen, Schriften und Rahmenlinien in einer einzigen Vorlage. Zum Zuweisen einer Vorlage genügt es, wenn sich der Cursor in der Tabelle befindet.
- Genau wie bei den integrierten Tabellenformatvorlagen, können Sie auch Sonderbereiche wie z. B. Kopf- oder Ergebniszeilen definieren und diese über die *Tabellenformatoptionen* (Register *Tabellenentwurf*, siehe Bild unten) zuweisen.

Bild 3.52 Tabellenoptionen bei Verwendung von Tabellenformatvorlagen

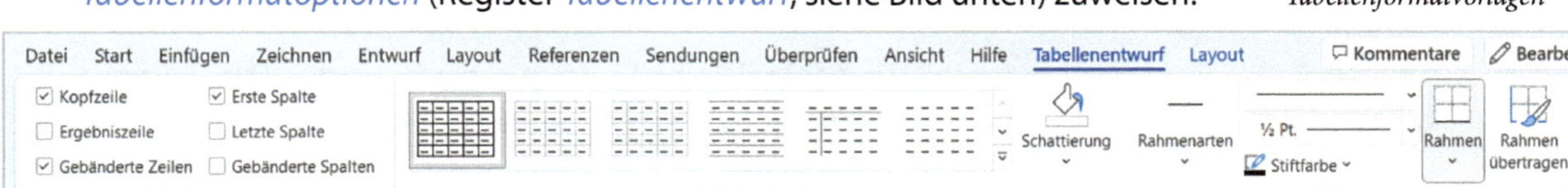

Hier die Vorgehensweise, eine Tabelle im Dokument ist dazu nicht erforderlich:

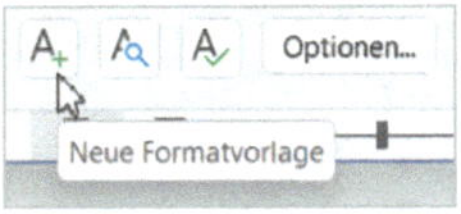

Aufgabenbereich Formatvorlagen öffnen: Menüband, Register *Start* und Klick auf den Pfeil der Gruppe *Formatvorlagen*

1. Klicken Sie im Aufgabenbereich *Formatvorlagen* auf das Symbol *Neue Formatvorlage*,
2. Geben Sie im Fenster *Neue Formatvorlage*, Feld *Name* einen Namen für die Formatvorlage ein und wählen Sie den Formatvorlagentyp *Tabelle* aus ❶.
3. Im Feld *Formatvorlage basiert auf* können Sie, falls gewünscht, eine integrierte Tabellenformatvorlage auswählen und einzelne Formate dann entsprechend anpassen. Im unten abgebildeten Beispiel wurde stattdessen keine Vorlage bzw. *Normale Tabelle* gewählt.

   Anschließend beginnen Sie mit der Auswahl und Zuweisung der Formate, die wichtigsten Symbole zur Tabellenformatierung befinden sich unterhalb und dürften weitgehend bekannt sein. Weitere Formatierungen erhalten Sie wieder über die Schaltfläche *Format*.
4. **Beachten Sie beim Formatieren**: Im Feld *Formatierung übernehmen für* ❷ ist standardmäßig *Gesamte Tabelle* ausgewählt, das bedeutet, die ausgewählten Formate gelten für die gesamte Tabelle. Legen Sie also im ersten Schritt Formate für die gesamte Tabelle fest, z. B. wie im Bild unten die Schriftart *Cambria* und Schriftgröße 10 ❸. Unterhalb sehen Sie anhand einer Beispieltabelle eine Vorschau auf das Ergebnis.

Bild 3.53 Neue Tabellenformatvorlage erstellen

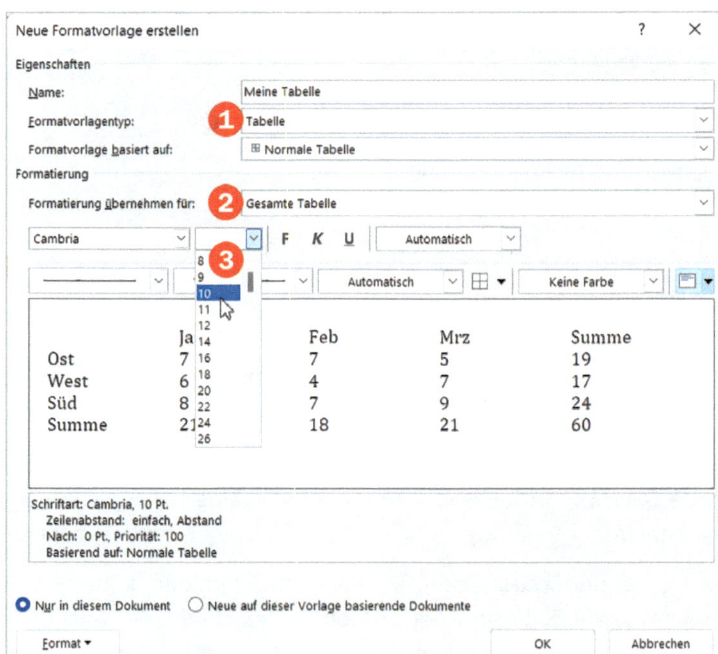

5. Als Nächstes soll die Kopfzeile eine Hintergrundfarbe und fette Schrift erhalten. Dazu wählen Sie zuerst im Feld *Formatierung übernehmen für* die *Kopfzeile* aus ❹. Damit gelten alle Formate die Sie anschließend festlegen, ausschließlich für die Kopfzeile. Aktivieren Sie *Fett* und klicken Sie in das Feld *Füllfarbe* ❺, um den

Hintergrund auszuwählen. Über das Symbol *Ausrichtung* ❻ können Sie außerdem die horizontale und vertikale Ausrichtung in der Zelle festlegen. In der Vorschautabelle müsste nun die Kopfzeile entsprechend formatiert erscheinen.

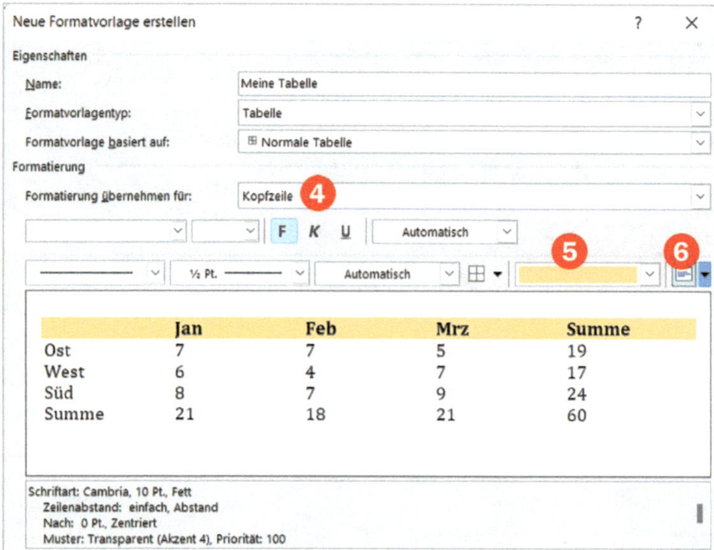

Bild 3.54 Formate der Kopfzeile festlegen

6 Als Nächstes geht es an die abwechselnden Zeilenfarben. Wählen Sie *Ungerade gebänderte Zeilen aus* und legen Sie für diese eine Füllfarbe fest. Genauso verfahren Sie anschließend mit den *Geraden ungebänderten Zeilen*. Auch die Vorgehensweise zur Auswahl unterschiedlicher Spaltenfarben unterscheidet sich nicht, auf eine genauere Beschreibung wird daher verzichtet.

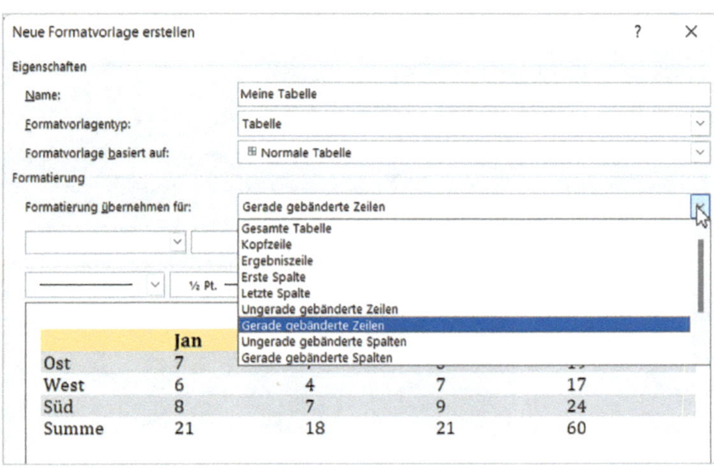

Bild 3.55 Ungerade und Gerade gebänderte Zeilen auswählen

Tipp Farben entfernen: Haben Sie versehentlich gebänderte Spalten statt Zeilen oder umgekehrt ausgewählt und diesen eine Farbe zugewiesen, dann wählen Sie zum Entfernen der Farbe *Keine Farbe*.

7 Zuletzt versehen wir die Tabelle noch mit den Rahmenlinien: Die gesamte Tabelle soll innen weiße Rahmenlinien erhalten. Wählen Sie daher nochmals *Gesamte Tabelle* aus und legen Sie die gewünschte Rahmenstärke und Rahmenfarbe fest. Dann klicken Sie auf den Dropdown-Pfeil des Symbols *Rahmenlinien* und wählen *Rahmenlinien innen* (Bild 3.56)

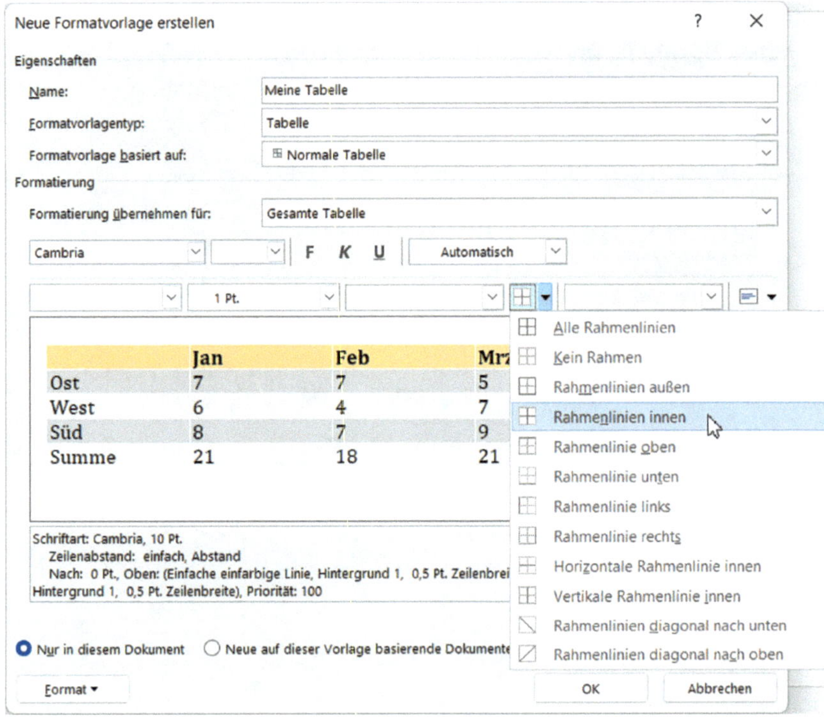

Bild 3.56 Rahmenlinien für die gesamte Tabelle festlegen

Neben hier beschriebenen Formaten stehen Ihnen noch weitere über die Schaltfläche *Format* zur Verfügung.

8 Geben Sie zuletzt noch an, ob die Tabellenformatvorlage ausschließlich im aktuellen Dokument oder in allen künftigen neuen Dokumenten verfügbar sein soll und klicken auf *OK*.

Tabellenformatvorlage verwenden und nachträglich ändern

Die Tabellenformatvorlage ist ab sofort im Menüband, Register *Tabellenentwurf* im Katalog *Tabellenformatvorlagen* unter *Benutzerdefiniert* verfügbar.

Bild 3.57 Tabellenformatvorlage ändern

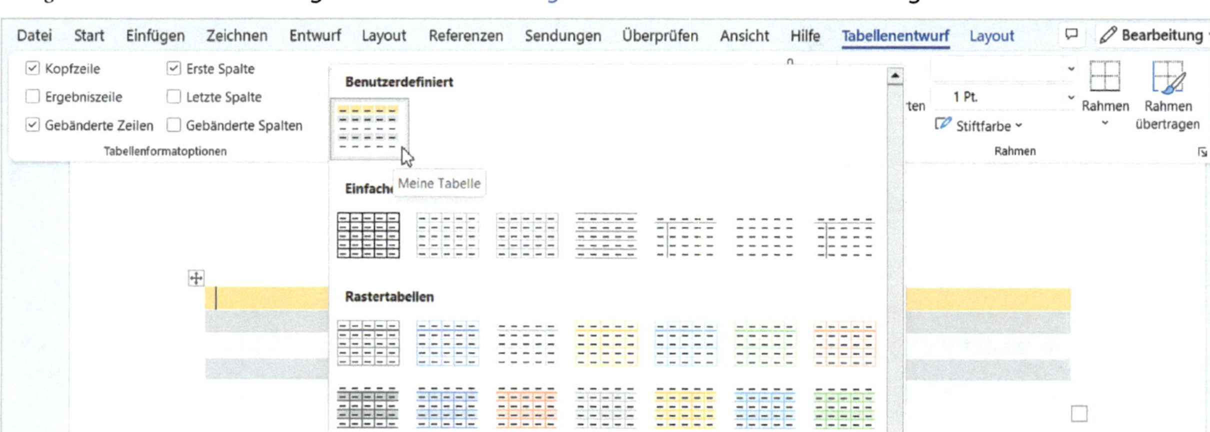

Falls Sie eine benutzerdefinierte Tabellenformatvorlage nachträglichen ändern möchten, so klicken Sie diese mit der rechten Maustaste an und wählen den Befehl *Tabellenformat ändern*. Anschließend können Sie im Fenster *Formatvorlage ändern* das Tabellenformat, wie oben beschrieben, bearbeiten.

Tipp: Tabellenformatvorlage als Standardformat festlegen

Falls jede neue Tabelle beim Einfügen automatisch eine bestimmte Tabellenformatvorlage erhalten soll, dann klicken Sie diese Vorlage ebenfalls mit der rechten Maustaste an und wählen *Als Standard festlegen...*. Wählen Sie dann in der nachfolgenden Rückfrage, ob das Standardtabellenformat nur im aktuellen Dokument oder in allen, auf der Vorlage *Normal.dotm* beruhenden Dokumenten geändert werden soll.

Tipps zu benutzerdefinierten Tabellenformatvorlagen

- Eine neue Tabellenformatvorlage können Sie auch erstellen, indem Sie zunächst eine Tabelle einfügen, dann im Register *Tabellentools* ▶ *Entwurf* auf *Weitere* ▿ klicken und hier *Neue Tabellenformatvorlage...* wählen. Der Formatvorlagentyp *Tabelle* ist in diesem Fall bereits ausgewählt.

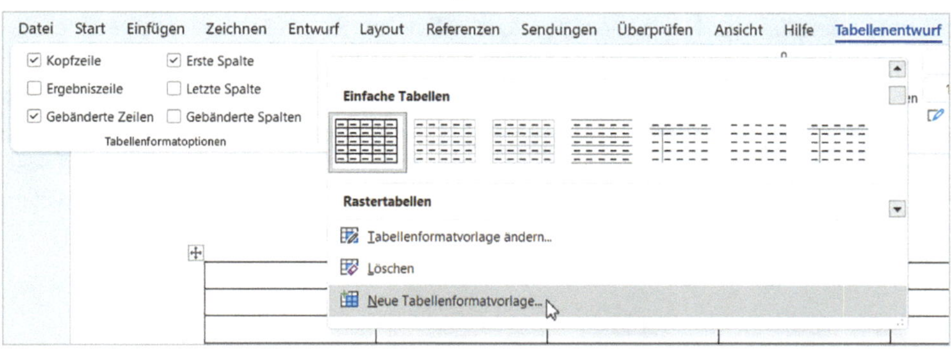

Bild 3.58 Fügen Sie eine beliebige Tabelle ein und klicken Sie auf Neue Tabellenformatvorlage...

- Falls Sie eine integrierte Tabellenformatvorlage als Ausgangsbasis verwenden möchten, ist es ratsam, diese zunächst anhand einer Tabelle im Dokument zu testen. Merken oder notieren Sie sich dann den Namen der Vorlage, z. B. *Gitternetztabelle 4 - Akzent 4* und wählen Sie dann im Fenster *Neue Formatvorlage erstellen* diese im Feld *Formatvorlage basiert auf* aus. Dagegen bringt es wenig, wenn Sie eine Tabelle im Dokument zuvor mit den gewünschten Formaten versehen, da diese nicht in die Formatvorlage übernommen werden.

Gehen Sie beim Festlegen der Tabellenformate systematisch vor

Die Auswahl oder Änderung von Formaten bezieht sich immer auf den Tabellenbereich, der gerade im Feld *Formatierung bezieht sich auf* ausgewählt ist. Wählen Sie daher immer zuerst einen Tabellenbereich aus, bevor Sie diesem einzelne Formate zuweisen.

Rahmenlinien können sowohl der gesamten Tabelle als auch geraden/ungeraden Zeilen und/oder Spalten zugewiesen werden. Da sich diese überschneiden können, sollten Sie die Rahmenlinien für die gesamte Tabelle erst im letzten Schritt festlegen.

3.6 Formatvorlagen für Überschriften

Die Vorteile von Formatvorlagen für Überschriften auf einen Blick

Wie bereits erwähnt, sollten zur Formatierung von Überschriften, insbesondere in längeren Dokumenten die integrierten Formatvorlagen *Überschrift 1*, *Überschrift 2*, usw. verwendet werden. Das Ändern dieser Formatvorlagen unterscheidet sich nicht von den übrigen Formatvorlagen und wurde in Punkt 3.3 bereits ausführlich beschrieben.

Neben der schnellen und effizienten Formatierung bringen die Überschriftformatvorlagen aber noch weitere Vorteile mit sich. Beachten Sie, dass die nachfolgenden Features nur mit diesen Formatvorlagen funktionieren!

Gliederung im Navigationsbereich anzeigen

In umfangreichen Dokumenten erweist sich der Navigationsbereich als äußerst praktisch, da Sie hier die gesamte Gliederung im Blick haben und durch Anklicken schnell zu einer bestimmten Überschrift springen können.

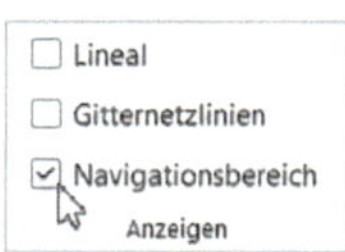

Zum Einblenden des Navigationsbereichs aktivieren Sie im Menüband, Register *Ansicht* ▶ *Anzeigen* das gleichnamige Kontrollkästchen. Klicken Sie dann im Navigationsbereich auf *Überschriften* ❶. Damit werden hier alle Überschriften bzw. Absätze, die mit einer Überschriftformatvorlage formatiert wurden, aufgelistet. Mit Klick auf die Dreiecke ❷ können untergeordnete Überschriftebenen ein- und ausgeblendet werden. Um im Dokument schnell zu einer bestimmten Überschrift zu gelangen, klicken Sie im Navigationsbereich einfach auf die betreffende Überschrift.

Bild 3.59 Gliederung bzw. Überschriften im Navigationsbereich

Leere Zeilen im Navigationsbereich?

Falls der Navigationsbereich eine leere Zeile aufweist, dann wurde im Dokument einem leeren Absatz ohne Text eine Formatvorlage für Überschriften zugewiesen.

Überschriften mit dazugehörigem Text verschieben

Falls Sie Ihre Gliederung nachträglich umstellen und z. B. zwei Überschriften vertauschen möchten, lässt sich dies leicht im Navigationsbereich bewerkstelligen, indem Sie einfach die betreffende Überschrift mit gedrückter linker Maustaste verschieben:

Blenden Sie im Navigationsbereich alle untergeordneten Ebenen der zu verschiebenden Überschrift ❶ aus und klicken Sie dann auf die Überschrift. Diese ist nun markiert und kann mit der Maus nach Belieben verschoben werden, ein waagrechter Balken kennzeichnet die künftige Position ❷.

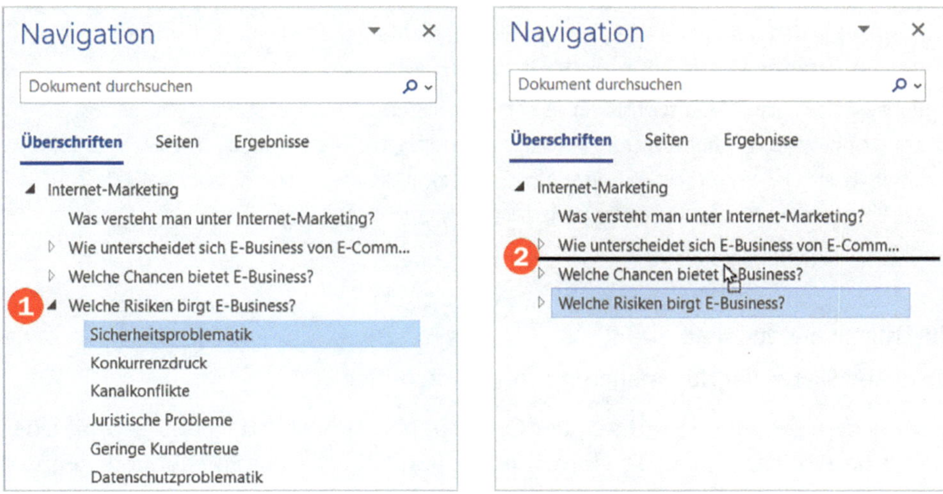

Bild 3.60 Überschriften mit Text im Navigationsbereich verschieben

In der Ansicht *Gliederung* besteht ebenfalls die Möglichkeit zum Verschieben von Überschriften, Näheres hierzu in Kapitel 10.

Gliederungsebenen im Dokument ausblenden und verschieben

Auch im Dokument können Sie den zu einer Überschrift gehörenden Text und untergeordnete Ebenen ausblenden. Dazu zeigen Sie mit der Maus auf die betreffende Überschrift: Links davon erscheint ein kleines, nach unten weisendes Dreieck und mit Klick auf dieses Dreieck werden alle dazugehörigen Ebenen samt Text ausgeblendet. Ein weiterer Klick auf das Dreieck blendet den Text wieder vollständig ein. Verschieben von Überschriften samt Text ist hier ebenfalls möglich und wie im Navigationsbereich müssen dazu der dazugehörige Text und untergeordnete Ebenen ausgeblendet sein.

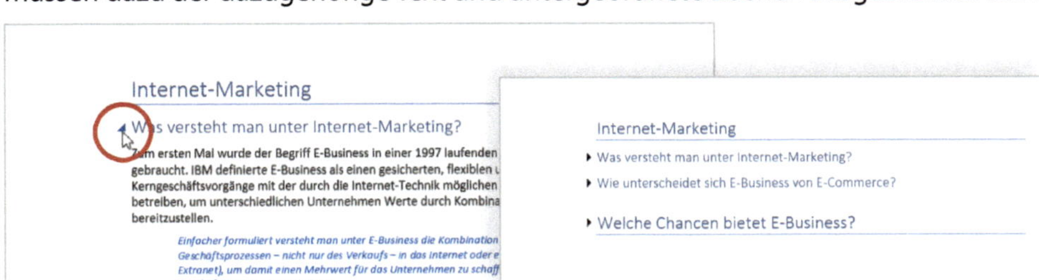

Bild 3.61 Untergeordneten Text im Dokument aus- und einblenden

Inhaltsverzeichnis erstellen

Aus den Überschriften lässt sich schnell mit einem Mausklick ein Inhaltsverzeichnis erstellen, wenn Sie im Register *Verweise* auf *Inhaltsverzeichnis* klicken. Dies funktioniert zwar auch, wenn Sie Ihren Überschriften andere benutzerdefinierte Formatvorlagen zugewiesen haben, erfordert aber wesentlich mehr Aufwand.

Inhaltsverzeichnis erstellen, siehe Kapitel 6.1.

Überschriften durchnummerieren

Standardmäßig beinhalten die integrierten Formatvorlagen für Überschriften keine Nummerierung. Eine solche lässt sich jedoch schnell hinzufügen, wenn Sie dabei folgendes beachten.

Details zum Thema Listen mit mehreren Ebenen, siehe Kapitel 1.3.

> **Die Formatvorlage muss mit einem Listenformat verbunden sein**
>
> Nur wenn die Formatvorlage mit einer Nummerierung, genauer gesagt einem Listenformat verbunden ist, können auch mehrere Überschriftebenen in die Nummerierung einbezogen werden und die Nummer wird auch im Inhaltsverzeichnis berücksichtigt. Dies erspart Ihnen außerdem das umständliche Nummerieren jeder einzelnen Überschrift per Hand bzw. über die entsprechenden Symbole im Menüband.

Ein Listenformat zuweisen

So gehen Sie bei der Nummerierung von Überschriften vor:

1. Achten Sie darauf, dass sich der Cursor in einem Absatz befindet, der mit einer Überschriftformatvorlage formatiert ist und klicken Sie im Menüband, Register *Start*, auf *Liste mit mehreren Ebenen* ❶.
2. Wählen Sie dann unbedingt ein Listenformat, dessen Ebenen mit dem Zusatz *Überschrift 1*, *Überschrift 2* ❷, usw. versehen sind. Das bedeutet, dass die Ebenen bereits mit den entsprechenden Formatvorlagen verknüpft sind. Falls keine der Vorlagen Ihren Vorstellungen entspricht, so wählen Sie zunächst eine Liste, die dem am nächsten kommt.

Bild 3.62 Wählen Sie eine Liste mit mehreren Ebenen

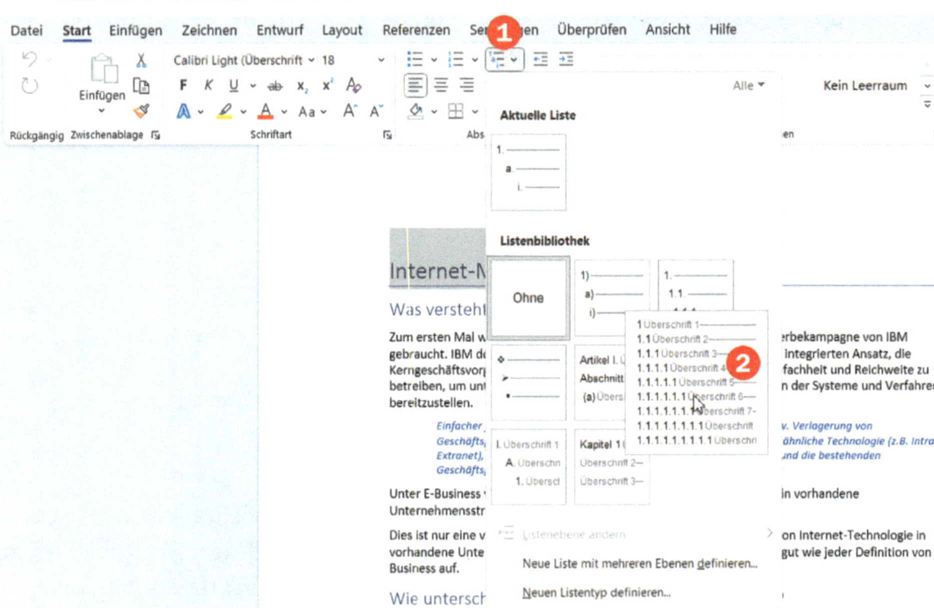

Tipp: Achten Sie bei der Auswahl der Liste auch auf den linken Einzug! Wenn alle Überschriften am linken Seitenrand ausgerichtet sein sollen, dann wählen Sie am besten dieselbe Vorlage wie im Bild rechts. Das eigentliche Zahlenformat lässt sich schnell anpassen.

3. Im Dokument erhalten damit die Formatvorlagen aller Überschriftebenen automatisch die ausgewählte Listennummerierung. Nummerierung und Aussehen

der Überschriften können auch im Aufgabenbereich *Formatvorlagen* kontrolliert werden (Bild unten).

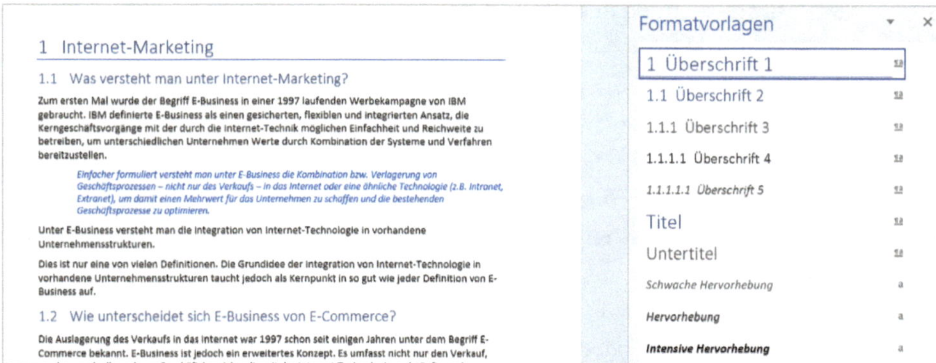

Bild 3.63 Im Dokument erhalten alle Überschriftebenen die ausgewählte Listennummerierung.

Listennummerierung anpassen

Falls Ihnen keine der Listennummerierungen zusagt, so wählen Sie zunächst einen Typ, der Ihren Vorstellungen am nächsten kommt und passen die Liste anschließend an. Die genaue Vorgehensweise finden Sie in Kapitel 1.3 auf Seite 42, daher an dieser Stelle nur eine kurze Zusammenfassung.

Siehe Kapitel 1.3, Seite 42.

1 Achten Sie darauf, dass sich im Dokument der Cursor in einer Überschrift beliebiger Ebene, am besten Ebene 1, befindet, klicken Sie auf das Symbol *Liste mit mehreren Ebenen* und hier auf *Neue Liste mit mehreren Ebenen definieren…*.

2 Im gleichnamigen Fenster bearbeiten Sie anschließend die einzelnen Ebenen: Klicken Sie links auf die erste Ebene, die Sie bearbeiten möchten, z. B. Ebene 1 wie im Bild unten ❶.

3 Rechts sehen Sie eine Vorschau und die aktuell ausgewählte Ebene ist fett hervorgehoben. Unterhalb bearbeiten Sie die Nummerierung:

- Zusätzliche Zeichen zur Nummerierung, z. B. Punkt, Klammer, Paragrafzeichen oder beliebigen Text wie „Kapitel" oder „Abschnitt" geben Sie im Feld *Formatierung für Zahl eingeben* vor oder nach der Zahl ein ❷. **Achtung:** Die Zahl selbst (grau schattiert) darf nicht gelöscht bzw. überschrieben werden, da es sich um ein Feld handelt!

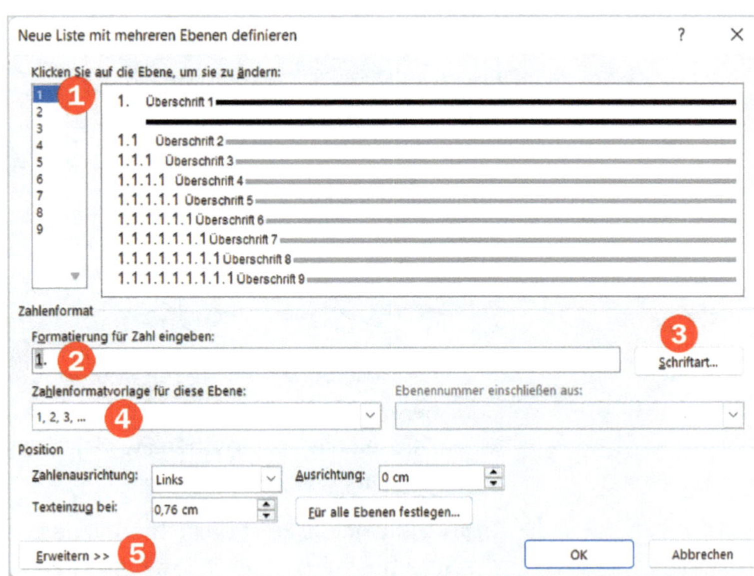

Bild 3.64 Neue Liste mit mehreren Ebenen definieren: Ebene 1 bearbeiten

- Wenn nichts anderes angegeben wird, erhalten Nummerierungen automatisch dieselbe Schrift wie die dazugehörige Überschrift. Möchten Sie dagegen die Zahl abweichend in einer anderen Schriftgröße und/oder -farbe formatieren, dann klicken Sie auf die Schaltfläche *Schriftart...* ❸.
- Ein anderes Zahlenformat, z. B. Römische Zahlen oder Buchstaben, wählen Sie im Feld *Zahlenformatvorlage für diese Ebene* ❹.
- Im Abschnitt *Position* legen Sie im Feld *Zahlenausrichtung* die Ausrichtung zweistelliger Zahlen fest, standardmäßig sind diese links ausgerichtet. Das Feld *Ausrichtung* steuert den Einzug vom linken Seitenrand, 0 bedeutet kein Einzug.
- Im Feld *Texteinzug bei* legen Sie fest, ab welcher Position der eigentliche Text beginnen soll, alle Folgezeilen dieses Absatzes werden automatisch um dasselbe Maß eingerückt (Hängender Einzug). Haben Sie die Nummerierung mit einem Textzusatz versehen, z. B. „Kapitel", so müssen Sie hier auch den Abstand zwischen Nummerierung und Text entsprechend vergrößern.

4 Klicken Sie auf die Schaltfläche *Erweitern>>* ❺. Nun sehen Sie rechts, dass die ausgewählte Listenebene mit der Formatvorlage *Überschrift 1* verbunden ist ❻ und somit für alle Absätze gilt, denen diese Formatvorlage zugewiesen wurde (Bild 3.65).

Bild 3.65 Listenebene 1 ist mit der Formatvorlage Überschrift 1 verknüpft

5 Genauso verfahren Sie mit den übrigen Ebenen: Markieren Sie die nächste Ebene, wählen Sie ein Zahlenformat und geben Sie eventuell benötigte zusätzliche Zeichen ein bzw. löschen Sie nicht benötigte Zeichen und legen Sie die Position von Zahl und Text fest.

Tipp: Damit Sie die Position nicht für jede Ebene einzeln festlegen müssen, können Sie die Schaltfläche *Für alle Ebenen...* ❼ benutzen. Damit öffnet sich das gleichnamige

Fenster, in dem Sie die Position für die erste Ebene angeben sowie ein Maß, um das automatisch jede weitere Ebene zusätzlich eingerückt wird (linker Einzug).

Listenebene manuell mit Formatvorlage verknüpfen

Falls Sie für Ihre Überschriften nicht die integrierten Formatvorlagen verwenden, sondern Formatvorlagen mit abweichenden Namen erstellt haben, z. B, Ü1, Ü2 usw., dann müssen Sie jeder Ebene die entsprechende Formatvorlage manuell zuweisen. Dazu markieren Sie die betreffende Ebene und wählen im Feld *Verbinden mit Formatvorlage* jeweils Ihre Überschriftformatvorlage aus. Als Ausgangsbasis können Sie in diesem Fall jede beliebige Liste mit mehreren Ebenen wählen.

Bild 3.66 Beispiel: Gliederungsebene 1 mit der benutzerdefinierten Formatvorlage U1 verbinden

Die Nummern übergeordneter Ebenen einschließen

Sollen, wie in wissenschaftlichen Arbeiten üblich, die Nummern der übergeordneten Gliederungspunkte eingeschlossen werden, dann wählen Sie natürlich am besten ein entsprechendes Listenformat aus, siehe Beispiel oben. Falls Sie trotzdem einmal die Nummern übergeordneter Ebenen manuell einschließen müssen, z. B. wenn Sie ein anderes Listenformat verwenden oder ein vorhandenes anpassen möchten, dann gehen Sie so vor. Als Beispiel wurde zunächst ein Listenformat für Überschriften gewählt, das in der Standardeinstellung keine weiteren Überschriftebenen einschließt. Der Überschriftebene 3 soll nun die Nummerierung der Ebene 2 vorangestellt werden.

1. Markieren Sie im Fenster *Neue Liste mit mehreren Ebenen definieren* die Ebene, die Sie bearbeiten möchten, hier Ebene 3 ❶ (Bild 3.67 auf Seite 158).
2. Klicken Sie in das Feld *Ebenennummer einschließen aus* ❷ und wählen Sie die Ebene aus, deren Nummer Sie voranstellen möchten, hier *Ebene 2* (Bild unten links). Ein eventuell erforderliches Trennzeichen zwischen den Ebenen, z. B. Punkt oder Leerzeichen fügen Sie im Feld *Formatierung für Zahl eingeben* ❸ hinzu (Bild 3.68 auf der nächsten Seite).
3. Beachten Sie, dass das Listenformat dieses Beispiels außerdem Einzüge für untergeordnete Ebenen mitbringt. Wenn diese für Überschriften nicht erwünscht sind und Sie stattdessen alle Überschriften am linken Rand ausrichten möchten, dann klicken Sie auf die Schaltfläche *Für alle Ebenen festlegen...* ❹ und geben unter *Zusätzlicher Einzug für jede Ebene* 0 cm ❺ ein.

Bild 3.67 Ebenennummer einschließen

Bild 3.68 Einzug für alle Ebenen

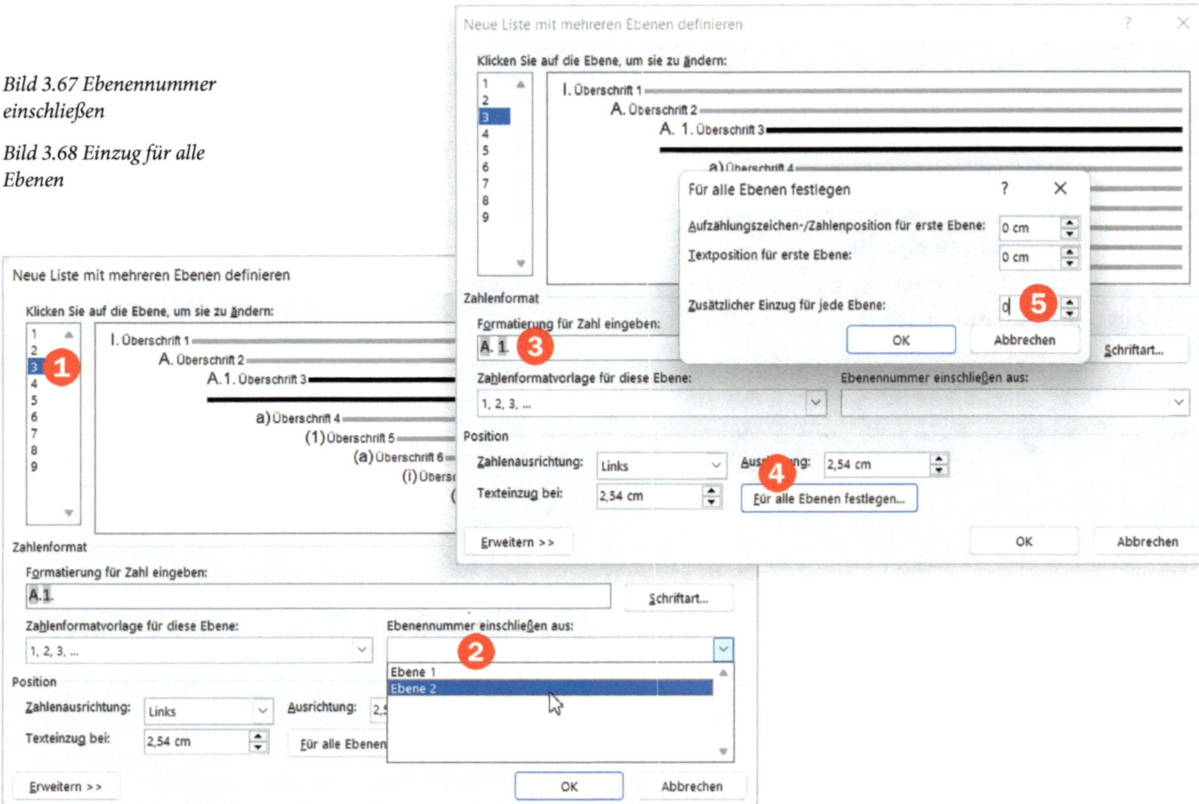

Nummerierung mit jeder Ebene neu beginnen oder Nummerierung fortführen?

In der Standardeinstellung beginnt mit einem Wechsel der übergeordneten Ebene die Nummerierung der nachgeordneten Ebenen wieder mit 1. Sollte dies einmal nicht der Fall sein oder falls Sie im Gegenteil die Nummerierung über mehrere Unterpunkte hinweg fortsetzen möchten, so klicken Sie im Fenster *Neue Liste mit mehreren Ebenen definieren* auf die Schaltfläche *Erweitern>>*.

- Das Feld *Beginnen mit* legt fest, mit welcher Nummer die markierte Ebene beginnt, standardmäßig 1.
- Ob die Nummerierung neu beginnt, steuert das standardmäßig aktivierte Kontrollkästchen *Liste neu beginnen nach* ❶ und im dazugehörigen Feld unterhalb ist die darüber liegende Ebene ❷ ausgewählt. In Bild 3.69 ist dies für die markierte Ebene 3 die Ebene 2. Das bedeutet, mit jeder Nummer der Ebene 2 beginnt die Nummerierung der Ebene 3 neu, wie im Bild unten.

  Soll die Nummerierung dagegen über mehrere Ebenen fortgesetzt werden, dann brauchen Sie nur das Kontrollkästchen *Liste neu beginnen nach* deaktivieren.

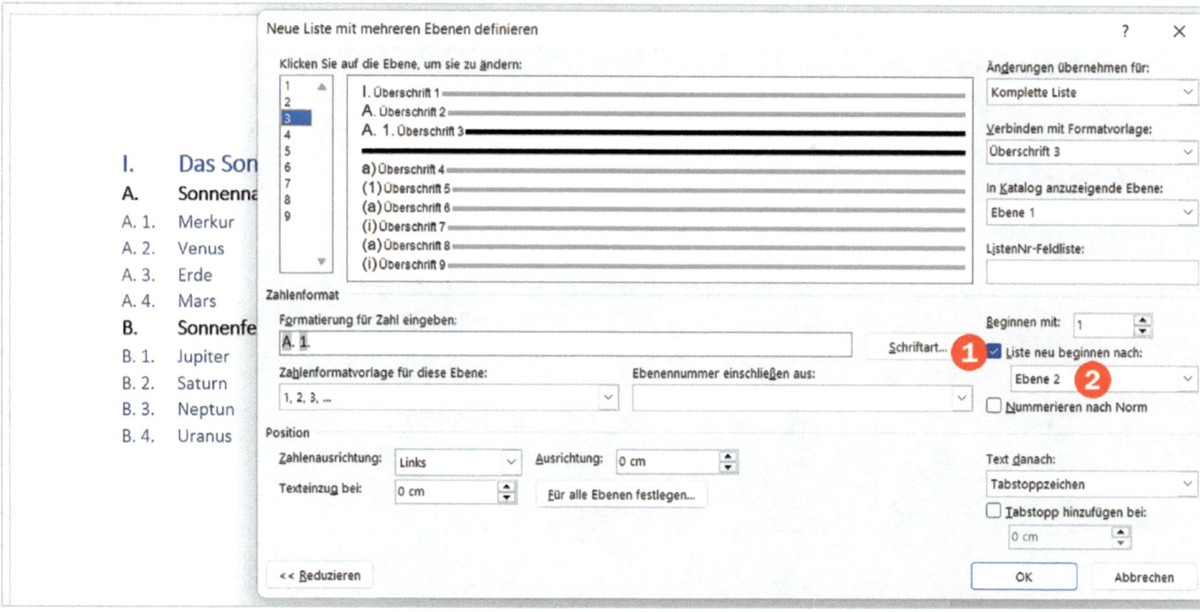

Bild 3.69 Nummerierung nach der übergeordneten Ebene neu beginnen

Silbentrennung und Seitenumbruchoptionen für Überschriften

Word verfügt über einige, normalerweise wenig beachtete Einstellungen für Absätze, die sich in Verbindung mit Formatvorlagen für Überschriften als äußerst nützlich erweisen und gleichzeitig für ein optisch ansprechendes Layout sorgen.

Dazu klicken Sie mit der rechten Maustaste auf die betreffende Formatvorlage, entweder im Aufgabenbereich *Formatvorlagen* oder im Katalog und klicken auf *Ändern....* Klicken Sie dann im Fenster *Formatvorlage ändern* auf die Schaltfläche *Format*, wählen Sie *Absatz...* ❶ (Bild 3.70) und klicken Sie im Dialogfenster *Absatz* auf das Register *Zeilen- und Seitenumbruch* ❷.

- **Überschrift und Folgeabsatz nicht trennen**
  Um zu verhindern, dass Überschrift und Folgeabsatz durch einen automatischen Seitenumbruch getrennt werden, aktivieren Sie das Kontrollkästchen *Nicht vom nächsten Absatz trennen* ❸.
- **Jedes Kapitel mit einer neuen Seite beginnen**
  Wenn jedes Kapitel bzw. jede Überschrift der betreffenden Ebene, z. B. Überschrift 1 automatisch auf einer neuen Seite beginnen soll, dann aktivieren Sie das Kontrollkästchen *Seitenumbruch oberhalb* ❹.
- **Silbentrennung in Überschriften ausschalten**
  Wenn Sie die automatische Silbentrennung aktiviert haben (Register *Layout* ▶ *Silbentrennung*), dann bezieht diese normalerweise das gesamte Dokument mit

ein. Um die Überschriften von der Silbentrennung auszuschließen, aktivieren Sie für die jeweilige Formatvorlage das Kontrollkästchen *Keine Silbentrennung*.

- Die übrigen Kontrollkästchen, *Absatzkontrolle* und *Diesen Absatz zusammenhalten* sorgen dafür, dass die ersten und letzten Zeilen des Absatzes nicht durch Seitenumbruch getrennt werden. Sie sind standardmäßig aktiv und sollten beibehalten werden.

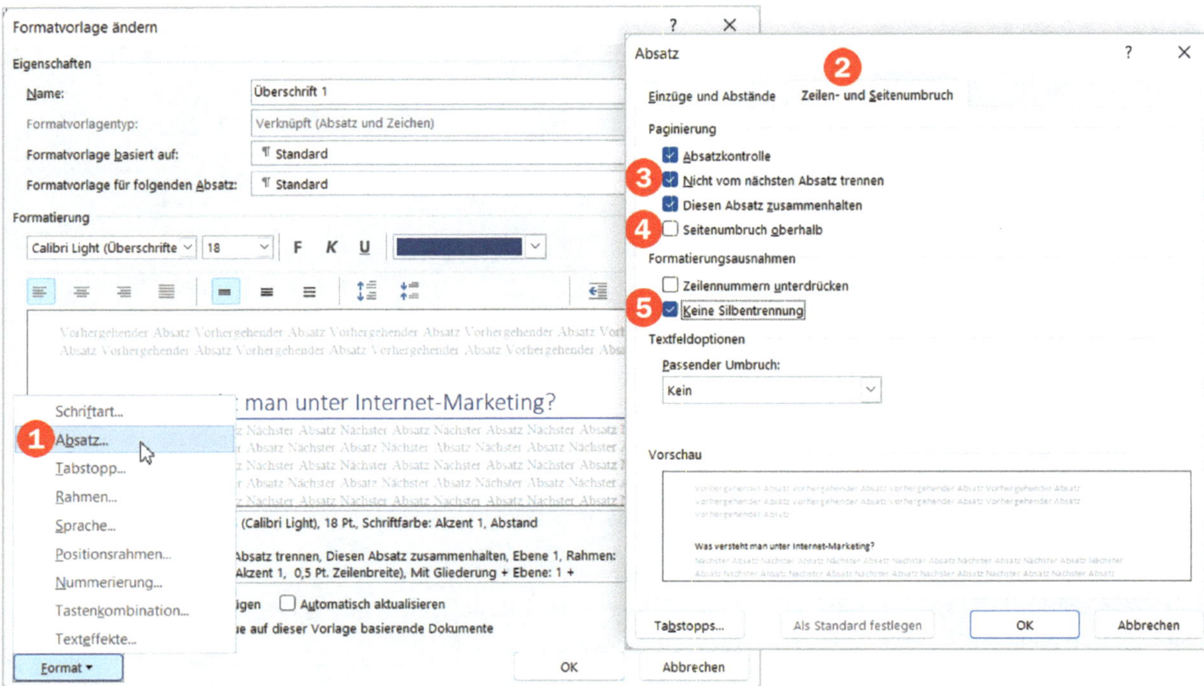

Bild 3.70 Formatvorlage für Überschrift ändern

Bild 3.71 Zeilen- und Seitenumbruch steuern

3.7 Dokument mit einer anderen Dokumentvorlage verbinden

Wie Sie in diesem Kapitel gesehen haben, werden Formatvorlagen entweder zusammen mit dem Dokument oder in einer Dokumentvorlage gespeichert. Wenn Sie beim Erstellen eines Dokuments keine bestimmte Dokumentvorlage ausgewählt haben, dann beruht dieses Dokument auf der Vorlage *Normal* und verwendet deren Formatvorlagen.

Falls Sie nachträglich Formatvorlagen aus einer anderen Dokumentvorlage benötigen, können Sie diese einzeln importieren, siehe Seite 138. Als einfachere und schnellere Alternative können Sie auch das aktuelle Dokument mit einer anderen Dokumentvorlage verbinden. In diesem Fall sind auch alle AutoText-Einträge dieser Dokumentvorlage im aktuellen Dokument verfügbar.

> **Beachten Sie beim nachträglichen Verbinden mit einer anderen Dokumentvorlage**
>
> Übernommen werden alle Formatvorlagen und AutoText-Einträge, nicht aber das Seitenlayout, also Ausrichtung, Seitenränder, Kopf- und Fußzeilen sowie eventuell bereits in der Dokumentvorlage vorhandene Texte und andere Elemente.

AutoText, siehe Kapitel 1.4, Wiederverwendbare Elemente als Bausteine speichern.

Register Entwicklertools anzeigen

Das Verbinden mit einer anderen Dokumentvorlage erfolgt über ein Symbol im Register *Entwicklertools* des Menübands. Da dieses Register in der Standardeinstellung nicht sichtbar ist, müssen Sie es möglicherweise erst einblenden: Klicken Sie dazu mit der rechten Maustaste an eine beliebige freie Stelle im Menüband und auf *Menüband anpassen...*. Aktivieren Sie im Fenster *Word-Optionen* das Kontrollkästchen *Entwicklertools* ❶ und klicken Sie auf *OK* ❷.

Register Entwicklertools, siehe auch Kap. 8.2, Eigene Formulare - Vorbereitungen.

Bild 3.72 Register Entwicklertools anzeigen

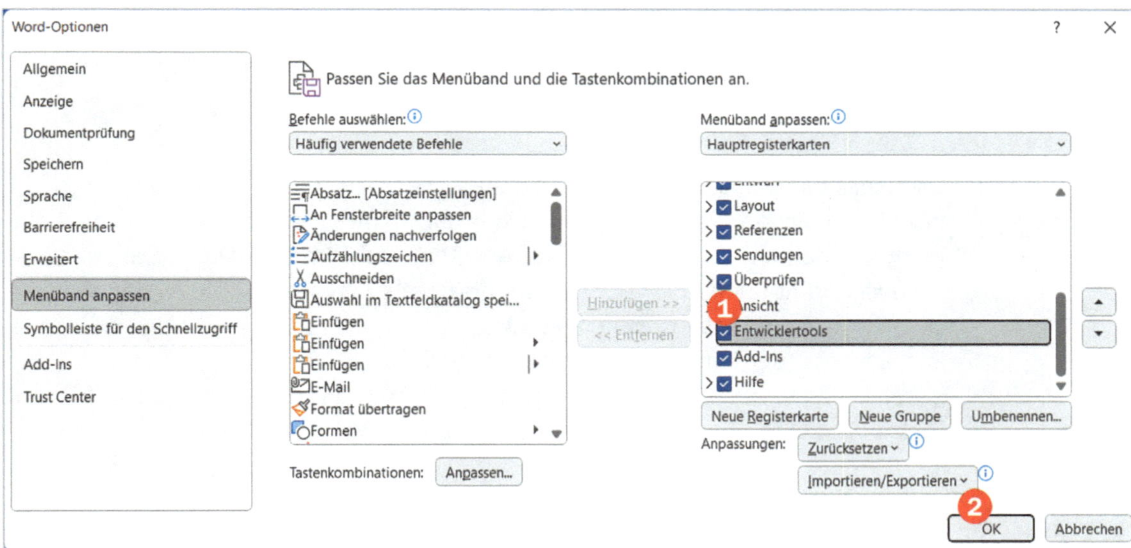

1 Das Register *Entwicklertools* erscheint rechts vom letzten Register. Klicken Sie auf dieses Register und hier auf *Dokumentvorlage* ❸.

Bild 3.73 Das Register Entwicklertools

2 Klicken Sie im Fenster *Dokument-Vorlagen und Add-Ins* auf das Register *Vorlagen*. Im Feld *Vorlage* sehen Sie nun die aktuell verwendete Dokumentvorlage, im Bild unten *Normal*. Klicken Sie auf die Schaltfläche *Anfügen...* ❹ und wählen Sie die gewünschte Dokumentvorlage aus.

3 Damit die Formatvorlagen übernommen werden, müssen Sie das Kontrollkästchen *Dokumentformatvorlagen automatisch aktualisieren* aktivieren ❺. Klicken Sie dann auf *OK*.

Bild 3.74 Klicken Sie auf Anfügen und wählen Sie die Dokumentvorlage aus

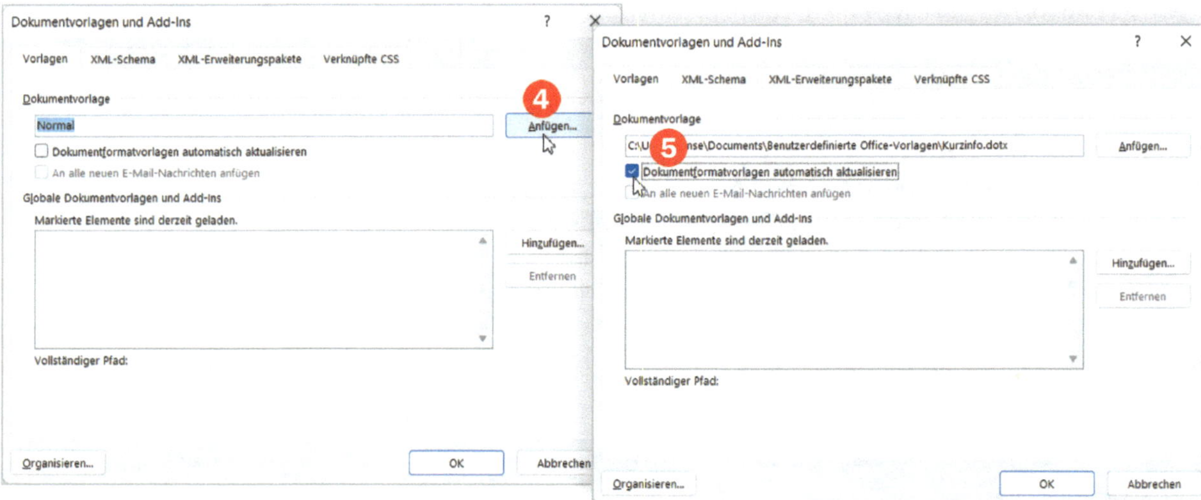

Tipp: Formatvorlagen aus einem normalen Word-Dokument übernehmen

Word ignoriert grundsätzlich Seitenlayout und Texte beim Übernehmen von Dokumentvorlagen und berücksichtigt nur AutoText und Formatvorlagen. Daher können Sie auch ein normales Word-Dokument als Quelle für Formatvorlagen angeben. Klicken Sie dazu im Fenster *Dokumentvorlagen und Add-Ins* auf *Anfügen* und wählen Sie im nachfolgenden Öffnen-Dialog zunächst als Dateityp *Alle Word-Dokumente* ❶. Markieren Sie dann das Dokument ❷ das die gewünschten Formatvorlagen enthält und klicken Sie auf *Öffnen*.

Bild 3.75 Wählen Sie als Dateityp Alle Word-Dokumente aus

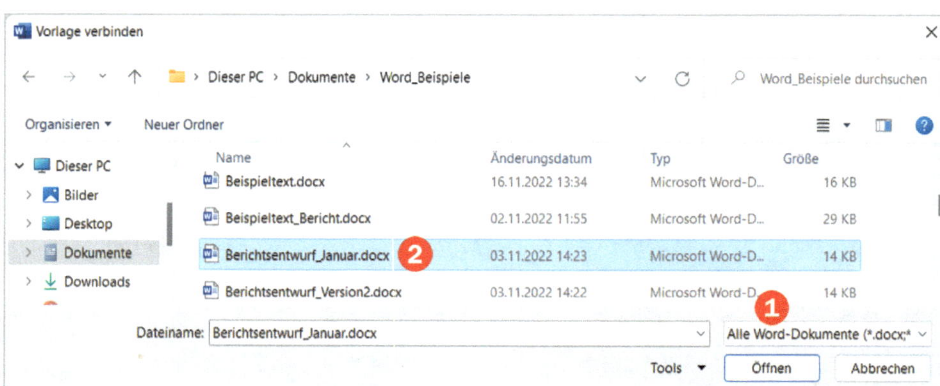

4 Bilder und grafische Objekte

In diesem Kapitel lernen Sie ...

- Bilder und grafische Objekte einfügen und mit Beschriftungen versehen
- Objekte im Text und auf der Seite positionieren
- Hilfen zur Ausrichtung
- Textfelder verwenden
- Diagramme erstellen oder aus Excel einfügen
- eine Excel-Tabelle als Objekt einfügen und bearbeiten

Das sollten Sie bereits wissen

- Grundlagen der Textformatierung
- Druckseite einrichten
- Einfache Word-Tabellen einfügen und formatieren

Dieses Kapitel befasst sich ganz mit Objekten. Bei den dazugehörigen Werkzeugen, z. B. Größenänderung, Einbinden in das Seitenlayout, Rahmen usw. unterscheidet Word in den meisten Fällen nicht zwischen Bildern, Formen, Textfeldern oder Excel-Objekten. Für Bilder stellt Word noch zusätzliche Bildbearbeitungstools, z. B. Korrekturen und Farbeffekte, zur Verfügung. Diese werden hier jedoch nicht näher beschrieben, da in professionellen Dokumenten die Bilder ohnehin in entsprechender Qualität vorliegen sollten und daher besser mit einem Bildbearbeitungsprogramm aufbereitet werden.

4.1 Ausrichtungshilfen für Objekte

Bevor wir damit beginnen, Bilder und andere Objekte einzufügen, zunächst ein Überblick über die Hilfen, die Word zum Positionieren und Ausrichten zur Verfügung stellt.

Intelligente Ausrichtungslinien

Beim Ausrichten von Objekten erweisen sich intelligente Führungslinien als sehr nützlich. Sie erscheinen auf dem Bildschirm, sobald Sie ein Objekt mit der Maus verschieben und bieten Orientierung an den Seitenrändern ❶, der Seitenmitte, der Oberkante des verbundenen Absatzes ❷ sowie an anderen Objekten, falls vorhanden.

Sollten diese Ausrichtungslinien nicht erscheinen, klicken Sie zum Aktivieren im Menüband, Register *Layout* ▶ *Anordnen* auf *Ausrichten* ❸ und hier auf *Ausrichtungslinien verwenden* (Häkchen). Denselben Befehl erhalten Sie auch, wenn Sie ein Bild markiert haben und im Register *Bildformat* ▶ *Anordnen* auf *Ausrichten* klicken.

Bild 4.1 Aktivieren Sie die Ausrichtungslinien

Hinweis: Wenn Sie die Ausrichtungslinien aktiviert haben, wird diese Einstellung beim Beenden von Word gespeichert und gilt somit für alle Dokumente.

Gitternetzlinien einblenden

Eine weitere Ausrichtungshilfe stellen Gitternetzlinien dar, die Sie statt der Ausrichtungslinien verwenden können. Zum Anzeigen aktivieren Sie im Menüband entweder im Register *Ansicht* ▶ *Anzeigen* das Kontrollkästchen *Gitternetzlinien* oder klicken Sie im Register *Layout* ▶ *Anordnen* auf *Ausrichten* und hier auf *Gitternetzlinien anzeigen*.

Nicht zu verwechseln mit den Gitternetzlinien von Tabellen!

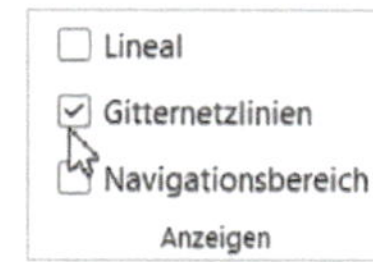

Wenn nichts anderes festgelegt wurde, dann werden beim Verschieben alle Objekte automatisch an den Linien ausgerichtet.

Bild 4.2 Die eingeblendeten Gitternetzlinien

Auch wenn sie nicht gedruckt werden, sind die Gitternetzlinien während der Texteingabe eher störend und sollten daher ausschließlich zur Ausrichtung von Objekten eingesetzt werden. Ein weiterer Klick auf *Ansicht* ▶ *Anzeigen* ▶ *Gitternetzlinien* blendet das Gitternetz schnell wieder aus.

> **Ausrichtungslinien oder Gitternetzlinien!**
>
> Ausrichtungslinien und Gitternetzlinien können nicht gleichzeitig sichtbar sein und genutzt werden. Wenn Sie zuletzt die Gitternetzlinien aktiviert haben, dann müssen Sie anschließend ggf. die Ausrichtungslinien wieder einblenden, siehe oben.

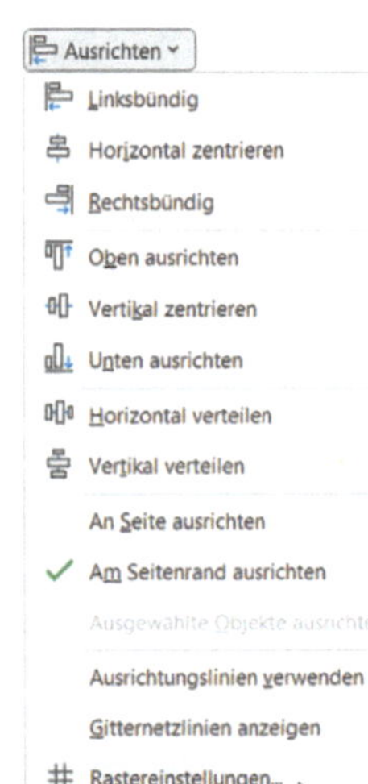

Einstellungen zu Gitternetz und Ausrichtungslinien

Wenn Sie Ausrichtungs- oder Gitternetzlinien nutzen, dann können Sie hierzu im Dialogfenster *Gitternetz und Führungslinien* einige Einstellungen vornehmen. Zum Öffnen klicken Sie im Menüband *Layout* ▶ *Anordnen* ▶ *Ausrichten* auf *Rastereinstellungen...*.

- Die Ausrichtungslinien können Sie unter *Ausrichtungslinien* mit dem Kontrollkästchen *Ausrichtungslinien anzeigen* aktivieren ❶ sowie über weitere Kontrollkästchen den Bezug der Linien festlegen (Bild 4.3).
- Bei aktiviertem Kontrollkästchen *Objekte an anderen Objekten ausrichten* ❷ docken Objekte beim Verschieben automatisch an anderen Objekten an.
- Unter *Rastereinstellungen* können Sie bei Bedarf die horizontalen und vertikalen Rasterabstände ändern. Ausgangspunkt für die Rasterlinien bilden standardmä-

ßig der linke und obere Seitenrand. Falls Sie eigene Ausgangspunkte festlegen möchten, so deaktivieren Sie unter *Rasterquelle* das Kontrollkästchen *Seitenränder verwenden* und geben den horizontalen und vertikalen Nullpunkt an.

- Mit *Gitternetzlinien am Bildschirm anzeigen* blenden Sie die Gitternetzlinien ❸. ein, gleichzeitig werden dadurch die Ausrichtungslinien deaktiviert. Falls ein zu enges Raster optisch störend wirkt, können Sie unterhalb in den Feldern *Vertikal* und *Horizontal* angeben, dass z. B. nur jede zweite Gitternetzlinie sichtbar ist, indem Sie in das Feld die Zahl 2 eingeben statt 1. Auf das Ausrichten an den Gitternetzlinien hat dies keinerlei Auswirkungen.

Anmerkung: Registerhaltigkeit stellt sicher, dass sich alle Zeilen des gesamten Dokuments immer auf gleicher Höhe befinden. Wichtig z. B. wenn sich Text in Spalten nebeneinander befindet oder beim beidseitigen Druck.

Tipp: Wenn Sie das Kontrollkästchen *Vertikal* deaktivieren, dann erhalten Sie nur horizontale Zeilen. Diese eignen sich allerdings ebenfalls nur zum Ausrichten von Objekten, nicht aber für Text. Registerhaltigkeit lässt sich mit dieser Methode also nicht herstellen.

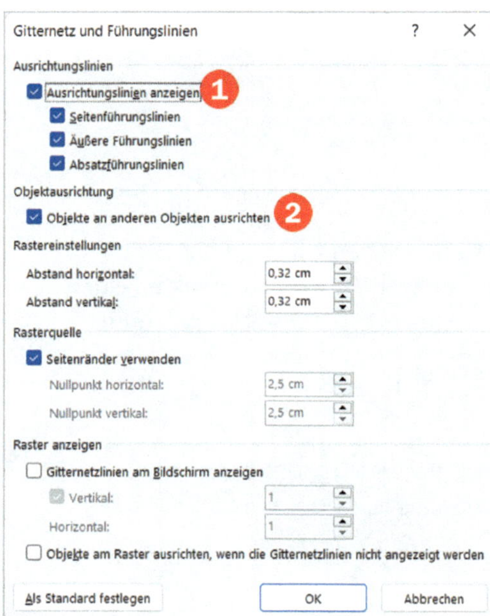

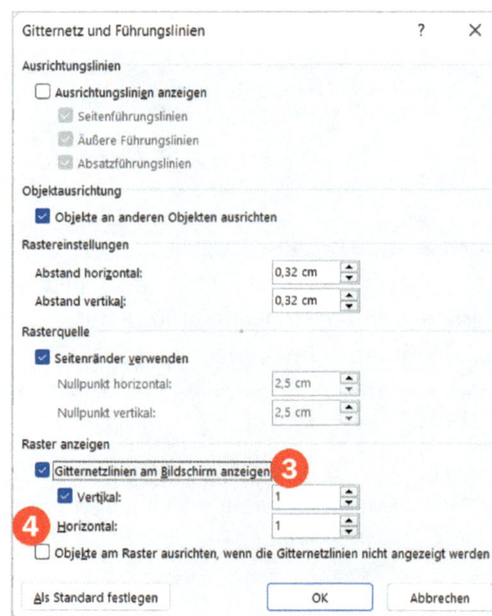

Bild 4.3 Ausrichtungslinien aktivieren

Bild 4.4 Einstellungen zum Gitternetz

- Normalerweise funktioniert das Ausrichten an den Gitternetzlinien nur, wenn diese sichtbar sind. Wenn Sie häufig grafische Objekte ausrichten, das Gitternetz aber optisch als störend empfinden, kann das Kontrollkästchen *Objekte am Raster ausrichten, wenn die Gitternetzlinien nicht angezeigt werden* ❹ nützlich sein.

- Falls Sie die hier getroffenen Einstellungen auch in alle übrigen Word-Dokumente übernehmen möchten, dann klicken Sie zum Schluss auf die Schaltfläche *Als Standard festlegen*.

4.2 Bilder einfügen und bearbeiten

Word unterscheidet beim Einfügen von Grafiken im Menüband, Register *Einfügen* zwischen Bildern auf einem lokalen Datenspeicher, Archivbildern, Onlinebildern, 3D-Modellen und Piktogrammen. Keine Unterschiede gibt es hingegen bei der Positionierung im Dokument, die nachfolgenden Punkte beziehen sich daher auf alle grafischen Objekte, der Einfachheit halber als Bilder bezeichnet.

Bild einfügen

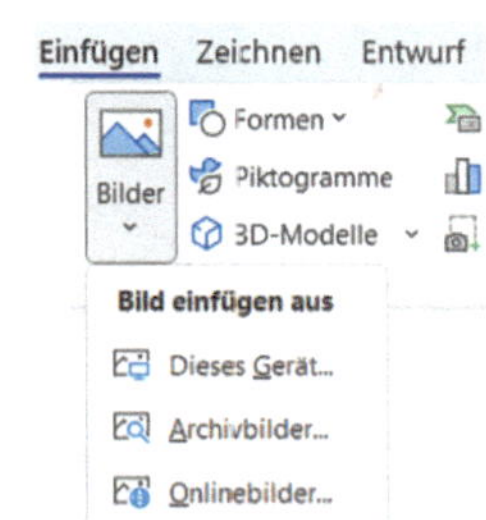

Zum Einfügen klicken Sie im Menüband, Register *Einfügen* ▶ *Illustrationen* auf den gewünschten Bildtyp bzw. die Bildquelle (*Bilder* ▶ *Bild einfügen aus*, *Piktogramme* oder *3D-Modelle*). Markieren Sie anschließend das gewünschte Bild und klicken Sie auf *Einfügen*. Zuvor sollten Sie aber noch einige Punkte über die Positionierung wissen.

- Ein Bild kann wie Text behandelt werden, d. h. es befindet sich dann zusammen mit dem übrigen Text in einer Zeile und der Zeilen- oder Absatzabstand vergrößert sich entsprechend. Dies ist auch für viele Objekttypen die Standardposition beim Einfügen. Wenn Sie diese Positionierung beibehalten möchten, dann sollte das Bild in einen leeren Absatz eingefügt werden. Anschließend kann es wie ein Absatz linksbündig, rechtsbündig oder zentriert ausgerichtet werden.
- Wenn dagegen der Text das Bild umfließen soll, dann weisen Sie dem Bild nach dem Einfügen den gewünschten Textumbruch zu. Details dazu lesen Sie ab Seite 171. Die genaue Position des Cursor ist in diesem Fall beim Einfügen unwichtig.

Beispiel Foto einfügen

Um beispielsweise ein Foto von der lokalen Festplatte einzufügen, klicken Sie im Menüband ▶ *Einfügen*, auf *Bilder* ❶ und *Dieses Gerät*. Wählen Sie dann im Fenster *Grafik einfügen* die gewünschte Bilddatei aus ❷ und klicken Sie auf *Einfügen* ❸.

Bild 4.5 Bild einfügen

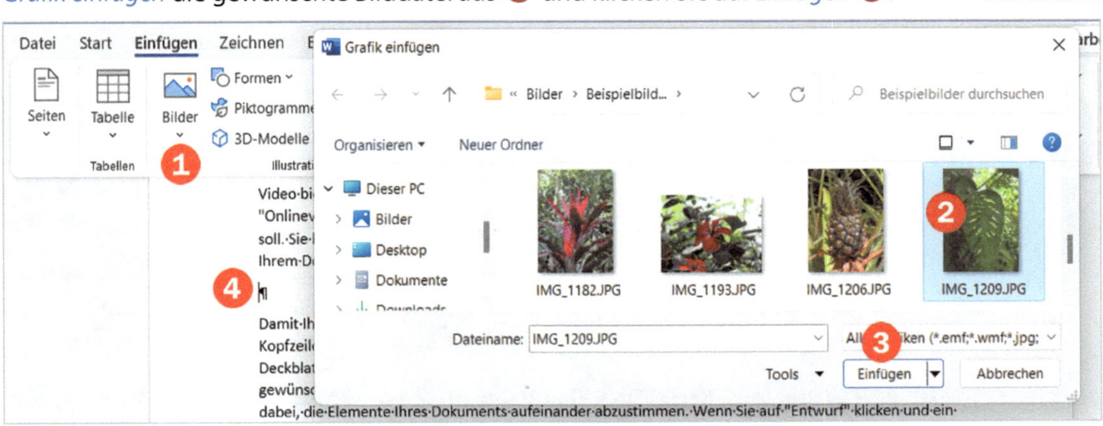

Das Bild wird an der Cursorposition ❹ in Originalgröße eingefügt. Ausnahme: Überschreitet die Bildbreite den Satzspiegel, d. h. den verfügbaren Platz zwischen linkem und rechtem Seitenrand, dann wird das Bild entsprechend verkleinert.

Ein markiertes Bild oder Objekt erkennen Sie an den Markierungspunkten in den Ecken und in der Mitte jeder Seite.

Bild markieren/löschen

Um ein Bild oder ein Objekt aus dem Dokument zu entfernen, markieren Sie es durch Anklicken und löschen es anschließend mit der **Entf**-Taste.

Größe ändern

Optimale Bildqualität erhalten Sie nur, wenn Sie ein Bild in der Originalgröße oder kleiner verwenden, nicht aber durch Vergrößern. Eine Ausnahme bilden Piktogramme und andere Vektorgrafiken (*Einfügen* ▶ *Piktogramme*), diese können beliebig skaliert werden. Wenn das Bild nicht zuvor bereits mit einem Bildbearbeitungsprogramm auf die gewünschte Größe verkleinert wurde, dann erledigen Sie dies in Word:

- Markieren Sie das Bild mit einem Mausklick und zeigen Sie dann mit der Maus auf einen beliebigen Eckpunkt des Markierungsrahmens: Der Mauszeiger erscheint als Doppelpfeil ❶ und durch Ziehen mit gedrückter Maustaste verkleinern Sie das Bild.
- Als Alternative oder zur Angabe exakter Maße markieren Sie das Bild und geben im Menüband, Register *Bildformat* ▶ *Größe* ❷ Höhe oder Breite in die Felder ein.

Bild 4.6 Bildgröße ändern

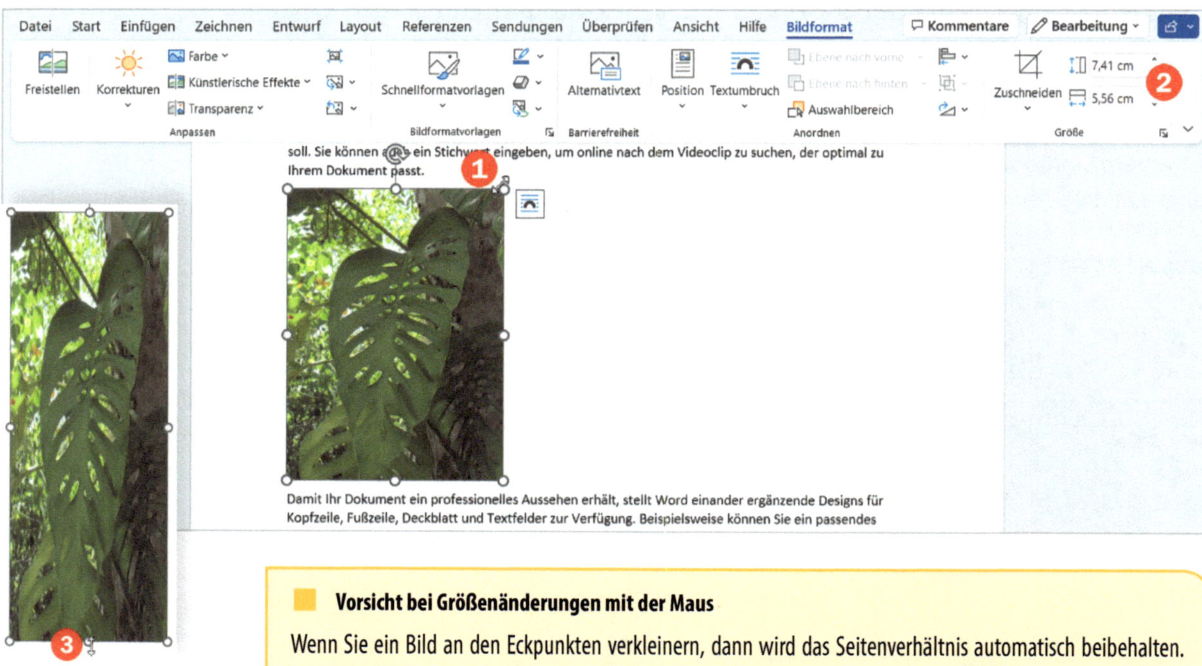

> **Vorsicht bei Größenänderungen mit der Maus**
>
> Wenn Sie ein Bild an den Eckpunkten verkleinern, dann wird das Seitenverhältnis automatisch beibehalten. Benutzen Sie dagegen dazu die Markierungspunkte in der Mitte jeder Seite, dann wird das Bild verzerrt ❸.

Weitergehende Möglichkeiten erhalten Sie im Dialogfenster *Layout*, das Sie im Menüband, Register *Bildformat* mit Klick auf das Pfeilsymbol ⧉ der Gruppe *Größe* oder Rechtsklick in das Bild und den Befehl *Größe und Position...* öffnen. Klicken Sie im Dialogfenster auf das Register *Größe*.

- Bei *Höhe* und *Breite* geben Sie in den Feldern *Absolut* die Maße in cm ein. Oder wählen Sie unter *Skalierung* ❶ eine prozentuale Größenänderung. In beiden Fällen muss das Kontrollkästchen *Seitenverhältnis sperren* ❷ aktiviert sein, damit das ursprüngliche Verhältnis von Breite und Höhe beibehalten wird.
- Eine prozentuale Skalierung geht normalerweise von der aktuellen Größe aus. Ist dagegen das Kontrollkästchen *Relativ zur Originalgröße* ❸ aktiviert, so beziehen sich alle späteren prozentualen Änderungen auf die ursprüngliche Bildgröße.
- Relative Angaben zu Höhe und Breite und eine entsprechende Bezugsangabe sind nur für Zeichnungselemente bzw. Formen verfügbar.
- Die Schaltfläche *Zurücksetzen* ❹ nimmt alle Änderungen zurück und das Bild erhält wieder die Originalgröße.

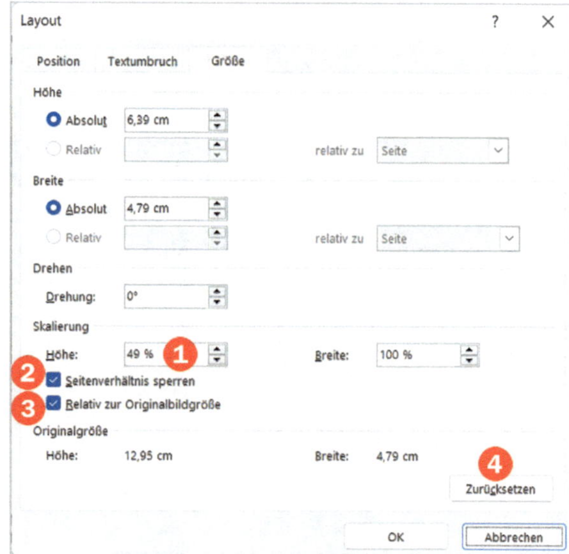

Bild 4.7 Bildgröße ändern

Bildbereiche wegschneiden

Nicht benötigte Bildbereiche entfernen Sie durch Zuschneiden. Dazu klicken Sie im Menüband, *Bildformat* ▶ *Größe* auf *Zuschneiden* ❶. Der Mauszeiger nimmt eine andere Form an und Sie können durch Ziehen an den gekennzeichneten Stellen ❷ Bildbereiche wegschneiden. Die entfernten Bereiche erscheinen zunächst grau und verschwinden erst, wenn Sie an eine andere Stelle des Dokuments klicken.

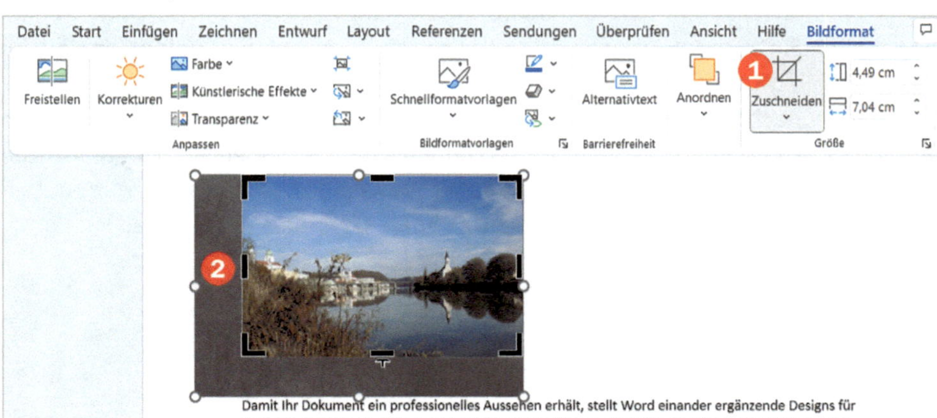

Bild 4.8 Bild zuschneiden

Tipp: Mit Klick auf den Pfeil der Schaltfläche *Zuschneiden* erhalten Sie die Möglichkeit, das Bild auf eine Form oder ein bestimmtes Seitenverhältnis zuzuschneiden, ohne dass dabei die Originalproportionen geändert werden. Welcher Bildbereich beibehalten werden soll, legen Sie durch Verschieben des Bildausschnitts fest.

Bilder mit Rahmen versehen

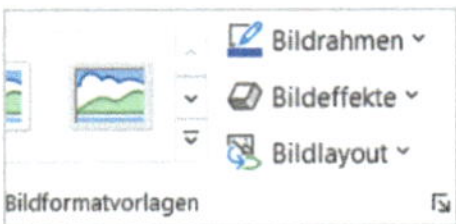

Um das markierte Bild mit einem Rahmen zu versehen, klicken Sie im Menüband, Register *Bildformat* ▶ *Bildformatvorlagen* auf *Bildrahmen* ❶ und wählen Farbe, Linienstärke und Strichart aus (Bild unten). Die Auswahl *Keine Kontur* entfernt dagegen einen vorhandenen Rahmen wieder. In derselben Gruppe steht auch ein Katalog fertiger Rahmenvorlagen mit Schatten-, Spiegel- und 3D-Effekten ❷ zur Verfügung, den Sie mit einem Klick auf *Weitere* öffnen. Individuelle Rahmeneffekte stellen Sie über die Schaltfläche *Bildeffekte* ❸ zusammen.

Bild 4.9 Bild mit Rahmen versehen

Der Aufgabenbereich Grafik formatieren

Sämtliche Möglichkeiten der Formatierung mit Rahmenlinien und sonstigen Effekten erhalten Sie auch im Aufgabenbereich *Grafik formatieren* (Bild unten), den Sie im Menüband, Register *Bildformat* mit Klick auf den Pfeil der Gruppe *Bildformatvorlagen* oder per Rechtsklick in das Bild und den Befehl *Grafik formatieren...* öffnen. Klicken Sie hier auf ein Register bzw. Symbol ❶, um die dazugehörigen Aufgaben anzuzeigen, z. B. *Füllung und Linie* wie im Bild unten. Das aktive Register ist hervorgehoben und mit Klick auf die Pfeile ❷ blenden Sie einzelne Optionen ein und aus.

Bild 4.10 Der Aufgabenbereich Grafik formatieren

Die weiteren Symbole stellen Effekte zur Verfügung, steuern das Layout (nur bei Textfeldern) oder erlauben einige einfache Bildbearbeitungen. Letztere finden Sie auch im Menüband, Register *Bildformat* ▶ *Anpassen*.

4.3 Bilder und Objekte im Text positionieren

Text um das Bild herum fließen lassen

Wie sich das Bild in den Text einfügt, steuern Sie in den *Layoutoptionen* (Bild unten), die Sie mit Klick auf das Symbol *Layoutoptionen* in der rechten oberen Ecke des markierten Bildes öffnen. Dasselbe Symbol zusammen mit der Beschriftung *Textumbruch* finden Sie auch im Menüband, Register *Bildformat* ▶ *Anordnen*. Neben der Standardeinstellung *Mit Text in Zeile* stehen auch verschiedene Varianten mit Textumbruch zur Verfügung. Die häufigste Form des Textumbruchs dürfte *Quadrat* sein, das bedeutet, der Text umfließt das Bild oder Objekt in Rechteckform. Eine Übersicht über die weiteren Möglichkeiten finden Sie in der Tabelle unten.

Bild 4.11 Layoutoptionen: Textumbruch festlegen

Mit Textumbruch passt sich der Text automatisch neu an, wenn Sie das Bild mit der Maus verschieben.

Symbol	Bedeutung	Beispiel
	**Mit Text in Zeile:** Das Bild wird in einer Zeile ausgerichtet und wie Text behandelt. Diese Einstellung eignet sich, wenn Sie ein Bild in einer Tabellenzelle positionieren möchten.	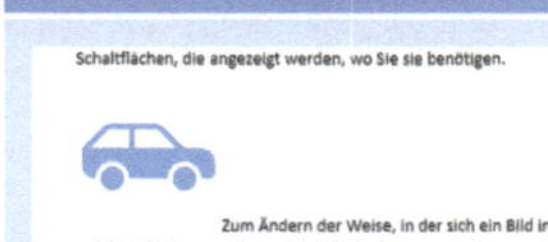
	**Quadrat:** Der Text fließt in Rechteckform um das Bild herum.	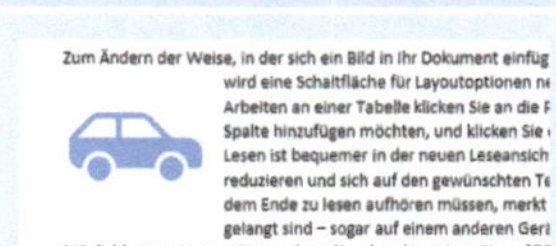

Symbol	Bedeutung	Beispiel
	**Eng / Transparent:** Bei entsprechender Grafik passt sich der Text an die Konturen an. Dies gilt auch, wenn Sie das Bild drehen.	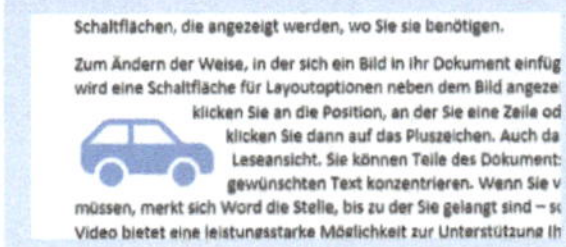
	**Oben und unten:** Der Text umgibt das Bild nur ober- und unterhalb	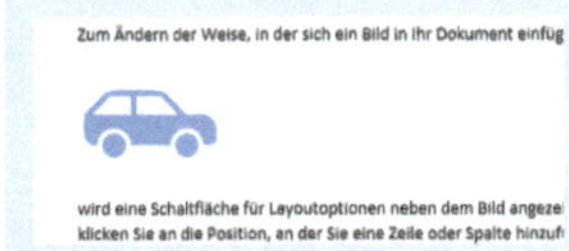
	**Hinter den Text:** Die Grafik wird hinter den Text gelegt. Zur besseren Lesbarkeit sollten in diesem Fall Helligkeit und Farbe der Grafik entsprechend angepasst werden.	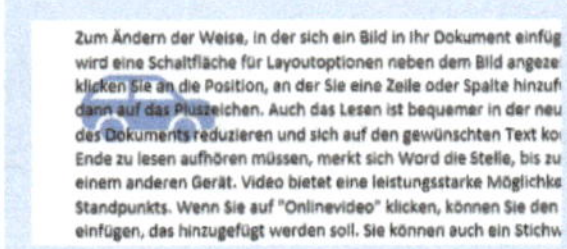
	**Vor den Text:** Die Grafik wird über den Text gelegt und kann diesen verdecken. Diese Einstellung verhindert gleichzeitig, dass sich der Textfluss beim Verschieben der Grafik automatisch ändert und eignet sich am besten in Dokumenten mit ausreichend freiem Platz.	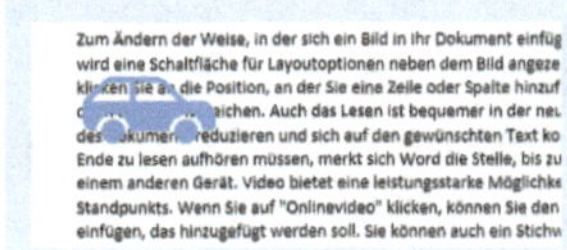

Tipp: Hinter dem Text befindliche Bilder und Objekte markieren

Bei Bildern oder anderen Objekten, die sich hinter dem Text befinden, ist das Markieren durch Anklicken mit der Maus nicht so einfach. In solchen Fällen müssen Sie zunächst den Modus *Objekte auswählen* einschalten. Im Objektauswahl-Modus erscheint im Text statt des Cursors der Mauszeiger als Pfeil und beim Anklicken werden ausschließlich Objekte markiert, Text dagegen wird ignoriert.

Um den Modus einzuschalten, klicken Sie im Menüband, Register *Start* ▶ *Bearbeiten* auf *Markieren* und auf *Objekte auswählen*. Mit der **Esc**-Taste oder einem erneuten Klick auf diesen Befehl beenden Sie die Objektauswahl wieder.

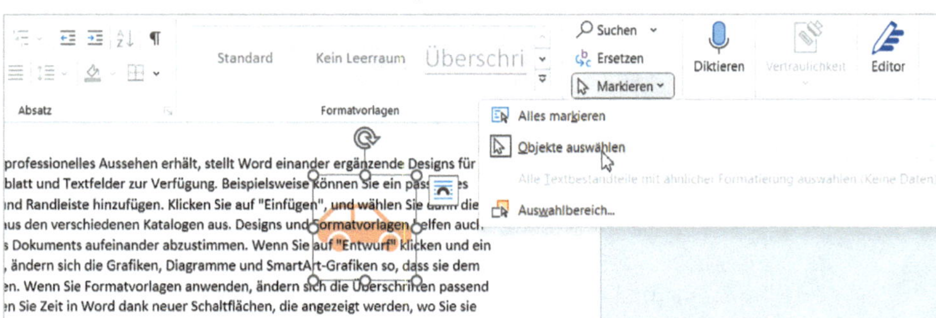

Bild 4.12 Objekte markieren - Text wird ignoriert

Bild mit Absatz verschieben oder feste Position auf der Seite?

Ein Bild, das mit einem Textumbruch, z. B. Quadrat versehen ist, wird in der Standardeinstellung automatisch mit dem Absatz verankert, in dem es sich gerade befindet. Welcher Absatz dies ist, erkennen Sie am Ankersymbol ❶, das beim Markieren des Bildes links vom Beginn des Absatzes erscheint. „Verankern“ bedeutet, das Bild wandert mit dem Absatz mit, wenn dieser durch nachträgliche Änderungen, z. B. Hinzufügen oder Löschen von Text, an eine andere Stelle oder auf eine andere Seite verschoben wird.

> Ein Textumbruch verankert das Bild automatisch in dem Absatz, in dem es sich gerade befindet. Dies erkennen Sie auch am Ankersymbol, das beim Markieren des Bildes links vom Beginn des Absatzes erscheint. Wird das Bild mit der Maus in einem anderen Absatz verschoben, dann wandert in der Standardeinstellung auch der Anker mit und das Bild ist nun mit diesem Absatz verbunden.

Wenn Sie diese Einstellung kontrollieren oder ändern möchten, dann klicken Sie im Dokument auf das Symbol *Layoutoptionen* bzw. auf *Textumbruch* im Menüband und wählen zwischen *Mit Text verschieben* und *Position auf der Seite fixieren* (Bild 4.13).

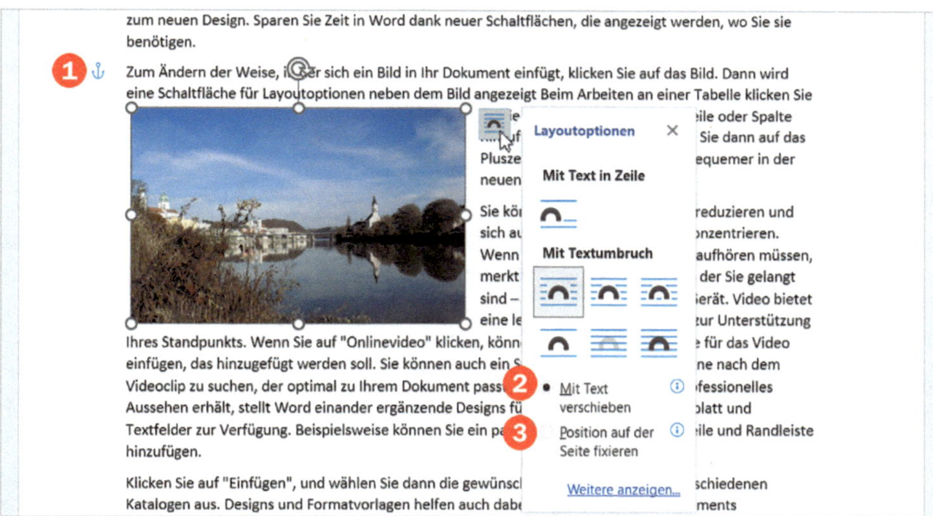

Bild 4.13 Der Anker am Absatzbeginn bedeutet, das Bild ist mit diesem Absatz verbunden.

- **Bild mit Text verschieben** ❷
  Wenn das Bild zusammen mit dem verbundenen Absatz (Ankersymbol) verschoben werden soll, dann wählen Sie die Option *Mit Text verschieben*, dies ist auch die Standardeinstellung. Ändert sich die Position des Absatzes, so wandert auch das Bild mit.

- **Position auf der Seite beibehalten** ❸
  Soll dagegen die Position des Bildes, z. B. am Beginn der Seite bei nachträglichen Textänderungen unverändert bleiben, dann wählen Sie die Option *Position auf der Seite fixieren*. Das Bild bleibt in diesem Fall trotzdem mit dem Absatz verankert, wandert aber nur mit, wenn dieser auf eine andere Seite verschoben wird und erhält hier automatisch dieselbe Position auf der Seite.

Die genaue Position festlegen

Eine feste Position auf der Seite können Sie auch festlegen, indem Sie das Bild markieren, im Menüband, Register *Bildformat* auf *Position* ❶ klicken und hier eine der Voreinstellungen wählen, z. B. *Links oben* wie im Bild unten. Auch in diesem Fall bleibt das Bild im ursprünglichen Absatz verankert ❷.

Bild 4.14 Feste Position auf der Seite wählen

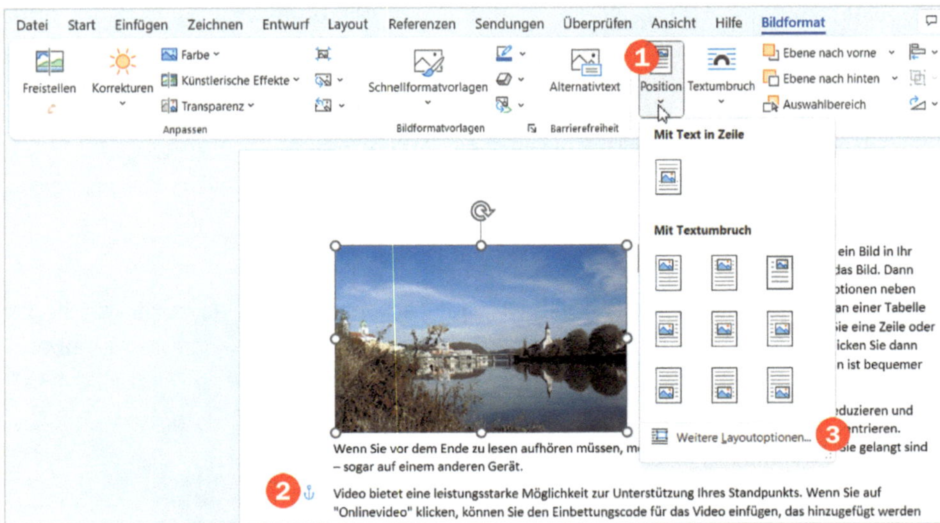

Weitere Positionierungsmöglichkeiten im Dialogfenster Layout

Individuelle Positionsangaben erlaubt das Dialogfenster *Layout*, das Sie entweder über die Symbole *Layout* oder *Position* und Klick auf *Weitere...* bzw. *Weitere Layoutoptionen...* ❸ (Bild oben) oder Rechtsklick in das Bild und den Befehl *Größe und Position...* öffnen. Klicken Sie dann im Dialogfenster auf das Register *Position*, hier finden Sie die folgenden Optionen zur horizontalen und vertikalen Positionierung auf der Seite (Bild 4.15).

- **Horizontale Position:** Die horizontale Position ❶ erlaubt mit den Optionen *Ausrichtung* und *Buchlayout* die Wahl zwischen den vorgegebenen Ausrichtungen *Links*, *Zentriert* und *Rechts* bzw. *Innen* oder *Außen*. Wenn Sie dagegen eine bestimmte Position angeben möchten, dann wählen Sie zwischen den Optionen *Absolute Position* und *Relative Position* und geben den dazugehörigen Wert in cm bzw. in Prozent im Feld daneben ein.
- **Bezug**: In den dazugehörigen Feldern rechts davon legen Sie den jeweiligen Bezug fest z. B. *Seitenrand* ❷, mit *Seite* ist dagegen der Papierrand gemeint.
- **Vertikale Position**: Zur vertikalen Positionierung stehen mit Ausnahme von *Buchlayout* dieselben Möglichkeiten zur Verfügung.
- **Bild fest im Absatz verankern**: Wenn Sie das Bild dauerhaft mit dem aktuellen Absatz verbinden möchten, dann aktivieren Sie das Kontrollkästchen *Verankern* ❸. Dadurch wird verhindert, dass beim Verschieben des Bildes auch der Anker verschoben und damit das Bild mit einem anderen Absatz verbunden wird. Im

Dokument ist dann der Anker des Bildes zusätzlich mit einem Schloss gekennzeichnet. Das Kontrollkästchen *Objekt mit Text verschieben* entspricht der Option *Mit Text verschieben* (siehe oben).

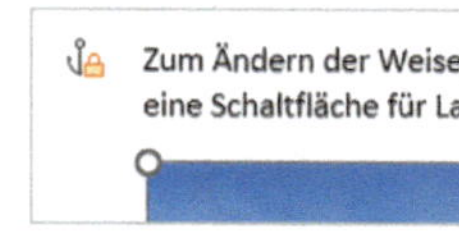

Abstand zwischen Bild und Text

Falls Sie den Abstand zwischen Bild und Text ändern möchten, so klicken Sie im Fenster *Layout* auf das Register *Textumbruch* ❹. Neben verschiedenen Umbrucharten steuern Sie hier auch den Textfluss und ändern im Bereich *Abstand vom Text* ❺ die Abstände.

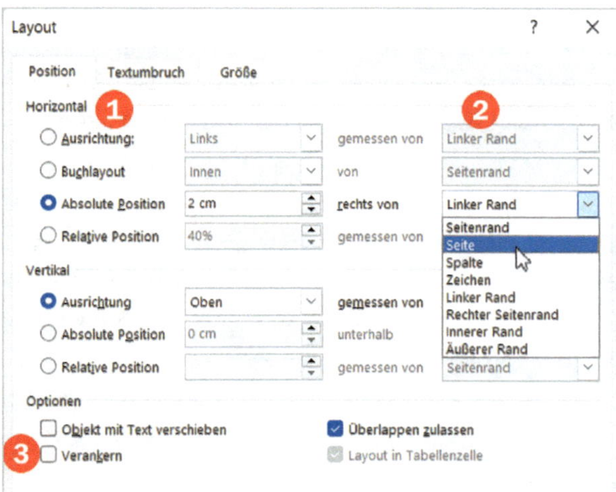

Bild 4.15 Exakte Positionsangaben im Dialogfenster Layout, Register Position

Bild 4.16 Abstand zum Text.

Bild drehen und spiegeln

Die Möglichkeit, ein Bild oder Objekt mithilfe des Pfeilsymbols ❶ und der Maus frei zu drehen, dürfte bekannt sein. Wenn Sie stattdessen eine exakte Drehung oder seitenverkehrte Spiegelung benötigen, dann klicken Sie im Register *Format* ▶ *Anordnen* auf *Objekte drehen* ❷ und wählen zwischen Links- und Rechtsdrehung um jeweils 90 Grad oder *Vertikal umdrehen* und *Horizontal spiegeln*. Falls Sie den Winkel angeben möchten, so klicken Sie auf *Weitere Drehungsoptionen…*. Damit öffnet sich das Fenster *Layout* mit dem Register *Größe*, geben Sie den Winkel im Feld *Drehung* ein.

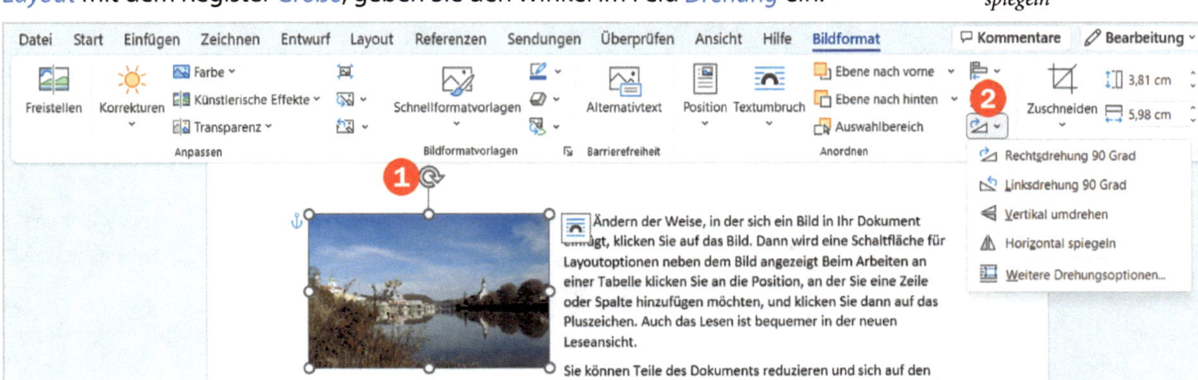

Bild 4.17 Bild drehen oder spiegeln

4.4 Weitere grafische Objekte

Archivbilder verwenden

Achtung: Zum Einfügen ist eine Internetverbindung erforderlich.

Zur Verschönerung Ihrer Dokumente können Sie auch auf eine Sammlung von Bildern und sonstigen Illustrationen zurückgreifen, die unter der Bezeichnung Archivbilder von Microsoft zur Verfügung gestellt wird. Allerdings haben nur Abonnenten von Microsoft 365 Zugriff auf die gesamte Bibliothek, für Nutzer und Nutzerinnen der Kaufversion bzw. Word 2021 ist dagegen der Umfang eingeschränkt.

1. Zum Einfügen klicken Sie im Menüband, Register *Einfügen* auf *Bilder* und hier auf *Archivbilder....* Wählen Sie dann im nachfolgenden Fenster entweder eine Kategorie ❶, weitere erscheinen mit Klick auf die Pfeile rechts und links, oder geben Sie einen Suchbegriff ein ❷.
2. Die Auswahl eines Bildes oder auch gleich mehrerer Bilder erfolgt durch Anklicken. Ausgewählte Bilder sind mit einem Häkchen versehen und im Bedarfsfall entfernt ein weiterer Klick auf das Bild das Häkchen wieder. Die Schaltfläche *Einfügen* ❸ zeigt die Zahl der ausgewählten Bilder an und mit Klick darauf werden die Bilder an der Cursorposition in das Dokument eingefügt.
3. Die Archivbilder umfassen nicht nur Bilder, sondern auch *Piktogramme* (Details hierzu weiter unten) und weitere Bildtypen, z. B. *Stickers* oder *Illustrationen*. Diese können Sie über die Leiste oben ❹ anzeigen.

Bild 4.18 Archivbilder auswählen und einfügen

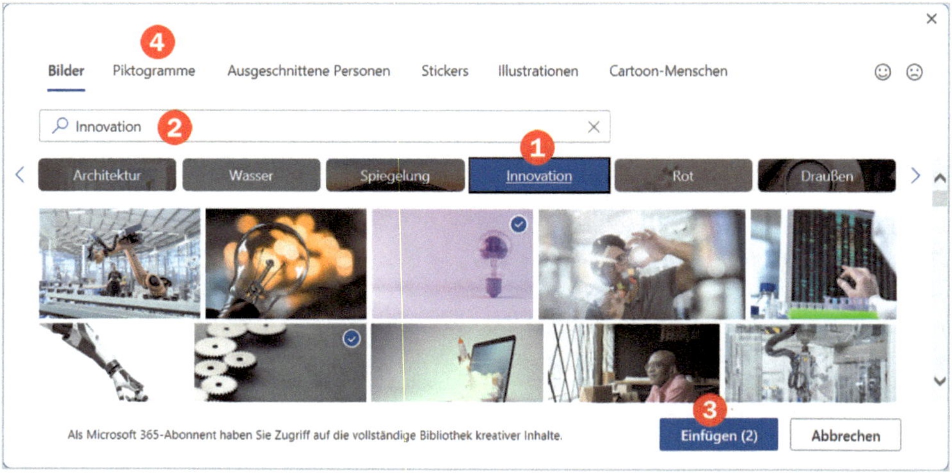

> **Wie dürfen Archivbilder verwendet werden?**
>
> Archivbilder dürfen lt. Microsoft in Office-Dokumenten, also Word-Dokumenten, Excel-Tabellenblättern und PowerPoint-Präsentationen unter Angabe der Bildquelle frei verwendet werden. Nicht erlaubt ist dagegen die Verwendung in anderen Apps und Webseiten.

Formen einfügen

Einfache grafische Elemente wie z. B. Linien, Pfeile oder geometrische Grundformen finden Sie im Formenkatalog. Zum Einfügen klicken Sie im Menüband, Register *Einfügen* ▶ *Illustrationen* auf *Formen* ❶ und dann auf die gewünschte Form, z. B. *Abgerundetes Rechteck*. Im Gegensatz zu Bildern brauchen Sie bei Formen nicht auf die Cursorposition achten.

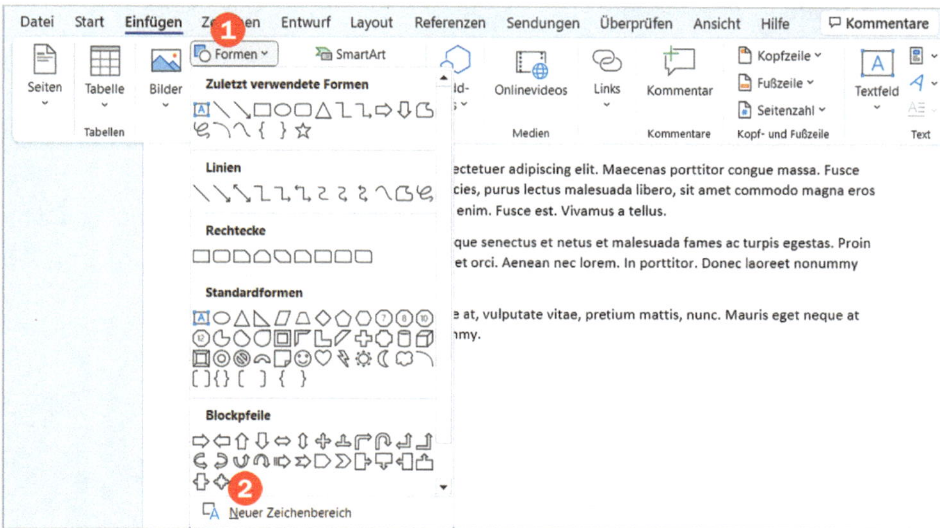

Bild 4.19 Klicken Sie auf die gewünschte Form

Zum anschließenden Einfügen im Dokument verwenden Sie eine der folgenden Möglichkeiten.

- Um die Form in Originalgröße und -Seitenverhältnis einzufügen, klicken Sie einfach im Dokument an die gewünschte Stelle.
- Wenn Sie die Form in beliebiger Größe und Proportion einfügen möchten, dann fügen Sie diese durch Zeichnen ein. Der Mauszeiger nimmt im Dokument die Form eines Fadenkreuzes an. Beginnen Sie an einem der Eckpunkte und ziehen Sie mit gedrückter Maustaste in diagonaler Richtung, bis das Objekt die gewünschte Größe und Form hat.
- Wenn Sie beim Zeichnen mit gedrückter Maustaste das Original-Seitenverhältnis beibehalten und z. B. anstatt einer Ellipse einen exakten Kreis zeichnen möchten, dann halten Sie zusätzlich während des Ziehens die **Umschalt**-Taste der Tastatur gedrückt.

Mehrere Formen in einem Zeichenbereich zusammenfassen

Häufig setzen sich eigene Grafiken aus mehreren Formen oder anderen Elementen wie Bildern und Piktogrammen zusammen. In diesem Fall sparen Sie sich das Gruppieren der Formen, wenn Sie zuerst einen Zeichenbereich erstellen und in diesen die Formen einfügen. Auch die spätere Positionierung im Dokument wird dadurch erheblich erleichtert.

Piktogramme, siehe Seite 182.

1 Den Befehl *Neuer Zeichenbereich* ❷ finden Sie ganz am Ende des Formenkatalogs (siehe Bild 4.19). Da außerdem der Zeichenbereich in einen eigenen Absatz eingefügt werden sollte, positionieren Sie zuvor den Cursor in einem leeren Absatz. Klicken Sie dann auf *Einfügen* ▶ *Formen* und auf *Neuer Zeichenbereich*.

2 Der Zeichenbereich nimmt automatisch die gesamte Breite des Satzspiegels ein, kann aber wie jedes Objekt beliebig vergrößert oder verkleinert werden, zur Positionierung verwenden Sie das Symbol *Layoutoptionen*, siehe Seite 171.

3 Zum Hinzufügen weiterer Elemente markieren Sie zuerst den Zeichenbereich und fügen dann entweder ebenfalls über das Register *Einfügen* ▶ *Formen* oder das Register *Formformat* (Bild unten) die weiteren Formen hinzu. Auch Bilder und Piktogramme können in einen Zeichenbereich eingefügt werden.

4 Formatieren und beschriften Sie dann die einzelnen Formen, siehe weiter unten.

Tipp: Wenn Sie eine Form mehrmals benötigen, dann benutzen Sie die Tastenkombination **Strg+D** zum Duplizieren der markierten Form.

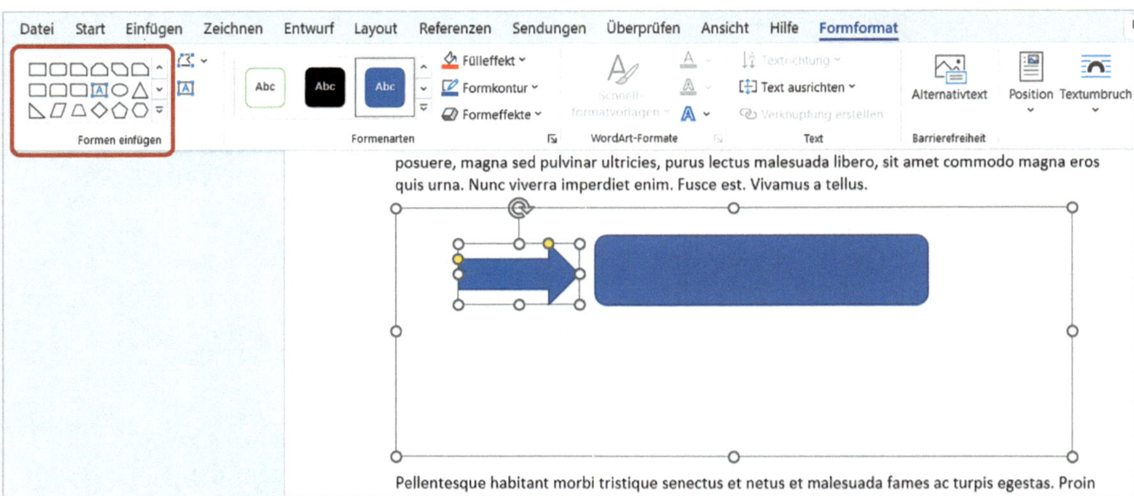

Bild 4.20 Weitere Formen in den Zeichenbereich einfügen

> **Achtung: Beim Einfügen weiterer Elemente muss der Zeichenbereich markiert sein.**
>
> Weitere Formen und grafische Elemente werden nur dann zu einem Bestandteil des Zeichenbereichs, wenn dieser beim Hinzufügen markiert ist. Die Elemente können trotzdem einzeln markiert und bearbeitet werden.

Formen mit Text versehen

Nicht nur in Legenden, sondern auch in jede andere Form können Sie Text einfügen: Dazu markieren Sie mit einem Klick die Form und geben einfach den Text über die Tastatur ein. Oder klicken Sie mit der rechten Maustaste in die Form und wählen Sie den Befehl *Text hinzufügen*. Anschließend formatieren Sie die Schrift nach Ihren Vorstellungen; wenn Sie den Text vertikal in der Form zentrieren möchten, dann verwenden Sie dazu im Register *Formformat* ▶ *Text* die Schaltfläche *Text ausrichten* (Bild 4.21).

Tipp: Falls der Text trotzdem nicht vertikal in der Mitte ausgerichtet wird, dann müssen Sie den *Abstand nach Absatz* entfernen (Register *Start* ▶ *Zeilen- und Absatzabstand*).

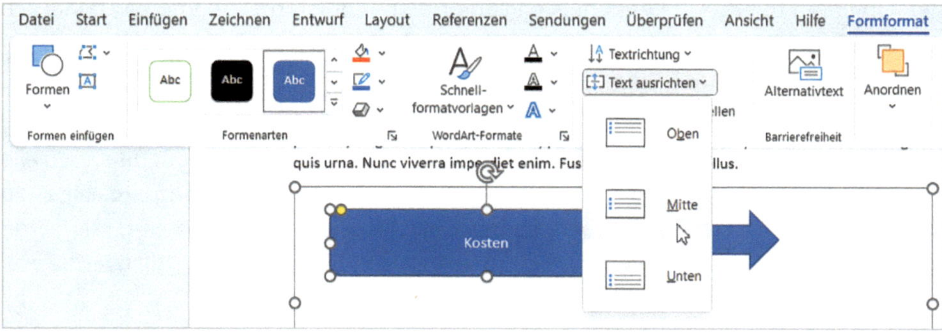

Bild 4.21 Form beschriften und Text vertikal in der Mitte ausrichten

Formen formatieren und ausrichten

Gestaltungsmöglichkeiten für Formen finden Sie im Menüband, Register *Formformat* in der Gruppe *Formenarten*. Nutzen Sie entweder eine der Vorlagen oder stellen Sie Ihre Formate über die Symbole *Fülleffekt*, *Formkontur* und *Formeffekte* zusammen.

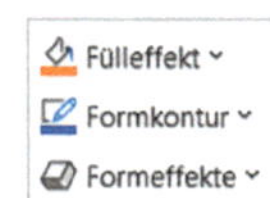

Gute Dienste beim Platzieren und Ausrichten von Formen leisten, neben den auf Seite 164 beschriebenen Gitternetzlinien, auch die Befehle der Schaltfläche *Ausrichten* ❶ im Menüband, Register *Formformat* ▶ *Anordnen* (Bild unten).

Achtung: Die Gitternetzlinien sind nur hilfreich, wenn der Hintergrund des Zeichenbereichs transparent ist (*Fülleffekt: Keine Füllung*).

Dazu markieren Sie zunächst die Formen, die Sie neben-, untereinander oder zentriert ausrichten möchten, indem Sie sie nacheinander mit gedrückter **Strg**-Taste anklicken. Klicken Sie danach auf *Ausrichten* und wählen Sie eine Ausrichtung, z. B. *Unten ausrichten* ❷, wie im Bild. **Achtung**: Damit die Objekte aneinander ausgerichtet werden, und nicht am Seitenrand, muss die Option *Ausgewählte Objekte ausrichten* ❸ aktiviert sein. Damit erfolgt die Ausrichtung an demjenigen Objekt, das sich am weitesten links, rechts, oben oder unten befindet.

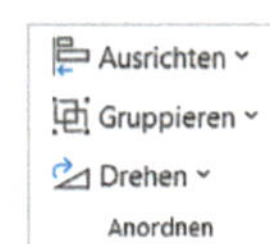

Bild 4.22 Markierte Objekte ausrichten

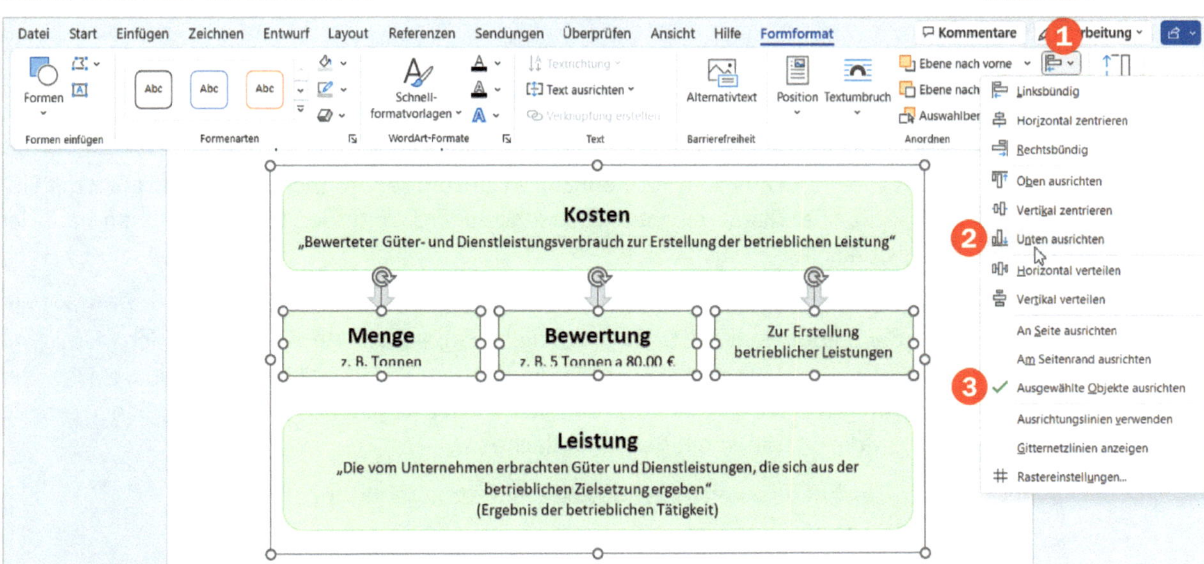

Bei drei oder mehr markierten Objekten stehen auch die Befehle *Horizontal verteilen* und *Vertikal verteilen* zur Verfügung, über die Sie gleichmäßige Abstände zwischen den Objekten herstellen können. Die Position der äußersten Elemente wird dadurch nicht verändert.

Zeichenbereich verschieben/positionieren

Wenn Sie einen Zeichenbereich mit der Maus verschieben, dann schließt dies auch alle Elemente des Zeichenbereichs ein, vorheriges Gruppieren ist nicht nötig. **Achtung**: Dazu darf ausschließlich der Zeichenbereich markiert sein, klicken Sie also zum Markieren an eine leere Stelle des Zeichenbereichs. Haben Sie dagegen versehentlich eine Form mit markiert, so wird ausschließlich diese verschoben.

Über die *Layoutoptionen* legen Sie die Art des Textumbruchs fest, z. B. *Oben und unten*, die Vorgehensweise unterscheidet sich nicht von Bildern.

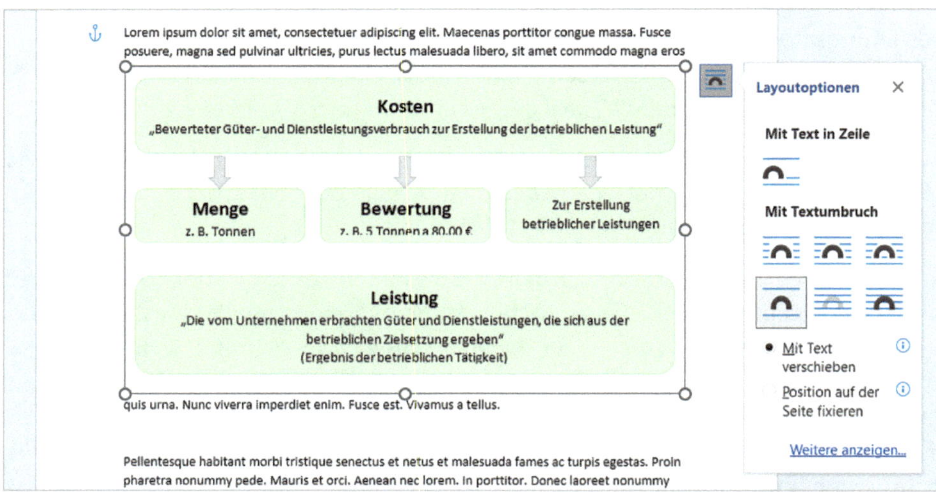

Bild 4.23 Wählen Sie eine Layoutoption und ziehen Sie den Zeichenbereich im Dokument an die gewünschte Stelle

Freihand- und Standardformen zeichnen

Die Registerkarte Zeichnen

Statt eine Form aus dem Formenkatalog einzufügen, können Sie Formen auch mit Finger, Stift oder Maus zeichnen. Die Werkzeuge dazu finden Sie im Menüband auf der Registerkarte *Zeichnen*.

Hinweis: Sollte das Register *Zeichnen* nicht sichtbar sein, so klicken Sie zum Anzeigen mit der rechten Maustaste an eine beliebige Stelle des Menübands, wählen *Menüband anpassen...* und aktivieren anschließend in den Word-Optionen rechts in der Liste der Hauptregisterkarten das Kontrollkästchen der Registerkarte *Zeichnen*. Schließen Sie zuletzt die Optionen mit der Schaltfläche *OK*.

Zum Zeichnen stehen folgende Werkzeuge zur Verfügung:

- Mehrere Stifte in verschiedenen Farben und Stärken ❶.

- Ein Textmarker ❷ zum Hervorheben von Text. Dieser unterscheidet sich in der Handhabung nicht vom Symbol *Texthervorhebungsfarbe* im Register *Start*.
- Radierer ❸ zum Löschen von Freihandzeichnungen.

Bild 4.24 Das Register Zeichnen

Zum Zeichnen tippen Sie auf einen der Stifte, z. B. rot. Um dessen Farbe oder Linienstärke zu ändern, tippen Sie erneut auf den ausgewählten Stift ❶ (Bild 4.25) und danach auf die gewünschte Linienstärke und/oder Farbe. Anschließend beginnen Sie mit dem Zeichnen ❷.

- **Form in Standardform umwandeln:** Wenn Sie durch Zeichnen eine Standardform aus dem Formenkatalog erzeugen möchten, dann aktivieren Sie *Freihand in Form* ❸ bevor Sie mit dem Zeichnen beginnen.
- **Form markieren, löschen:** Um eine gezeichnete Zeichnung wieder zu löschen, tippen Sie auf den Radierer und dann an eine beliebige Stelle der Linie. Oder tippen Sie auf das Symbol *Auswählen* ❹, danach auf die betreffende Form und betätigen die **Entf**-Taste. Zum Markieren komplexerer Zeichnungen tippen Sie auf das Symbol *Lassoauswahl* ❺ und ziehen dann eine Rahmenlinie um die Zeichnung.
- **Freihandeingabe beenden, Zeichnen deaktivieren:** Mit Drücken der **Esc**-Taste beenden Sie die Freihandeingabe wieder.

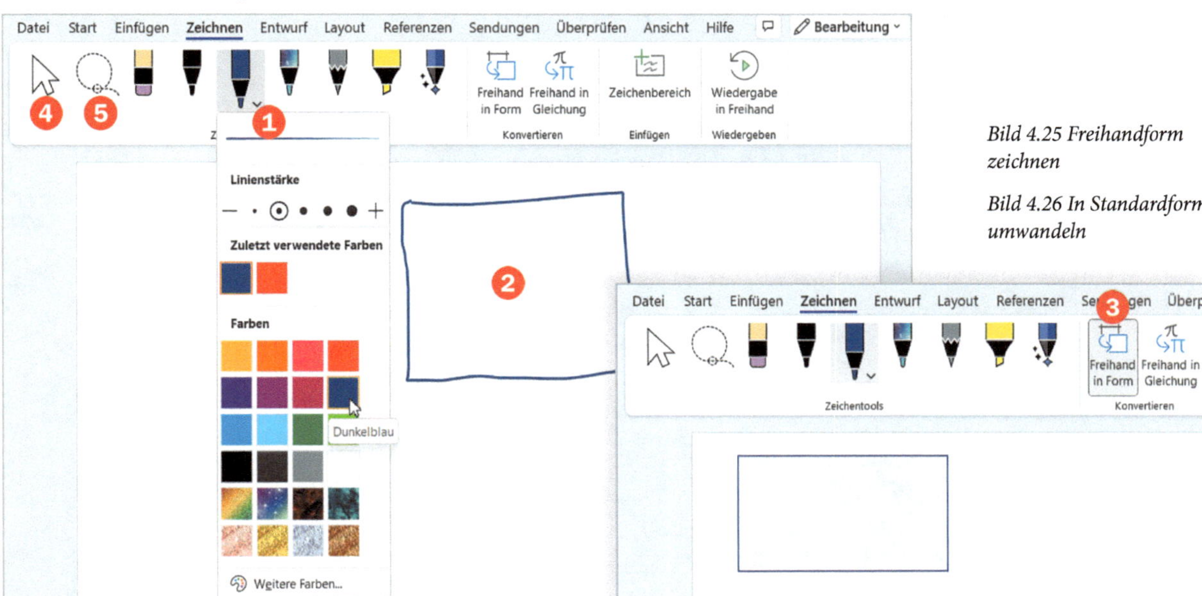

Bild 4.25 Freihandform zeichnen

Bild 4.26 In Standardform umwandeln

Piktogramme einfügen und formatieren

Piktogramme sind kleine Grafiken mit transparentem Hintergrund, die Sie wie Formen verwenden und z. B. beliebig einfärben können. Da es sich um Vektorgrafiken handelt, lassen sich Piktogramme im Gegensatz zu Bildern ohne Qualitätsverlust beliebig vergrößern, verkleinern, drehen und einfärben.

Bild 4.27 Piktogramm einfügen

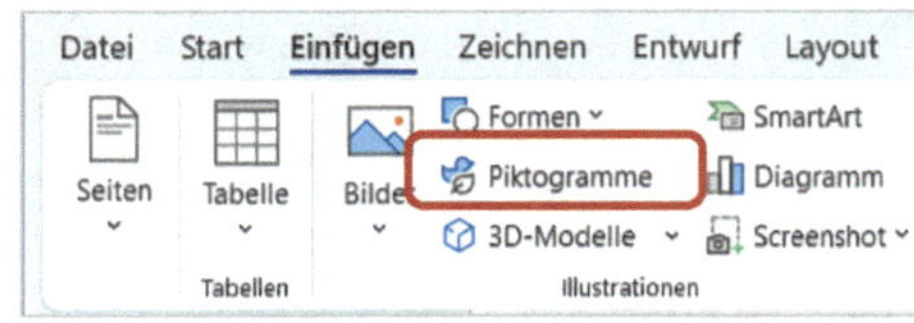

1. Zum Einfügen klicken Sie im Menüband, Register *Einfügen* ▶ *Illustrationen* auf *Piktogramme*.
2. Im nachfolgenden Fenster ist damit bereits der Bildtyp *Piktogramme* ausgewählt, die weiteren Such- und Auswahlmöglichkeiten unterscheiden sich nicht von Archivbildern, siehe Seite 176. Im Bild unten als Beispiel die Suche nach „Auto".

Bild 4.28 Piktogramm auswählen und einfügen

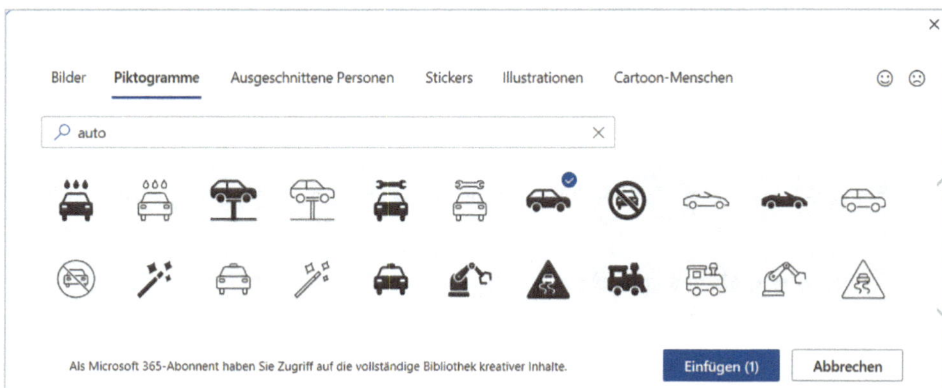

Positionierung und Größenänderung unterscheiden sich nicht von Bildern, siehe Punkt 4.3 auf Seite 171. Zusammen mit dem markierten Piktogramm finden Sie im Menüband das Register *Grafikformat* (Bild 4.29) das bis auf wenige Ausnahmen identisch ist mit dem Register *Formformat* für Formen.

Bild 4.29 Piktogramm formatieren

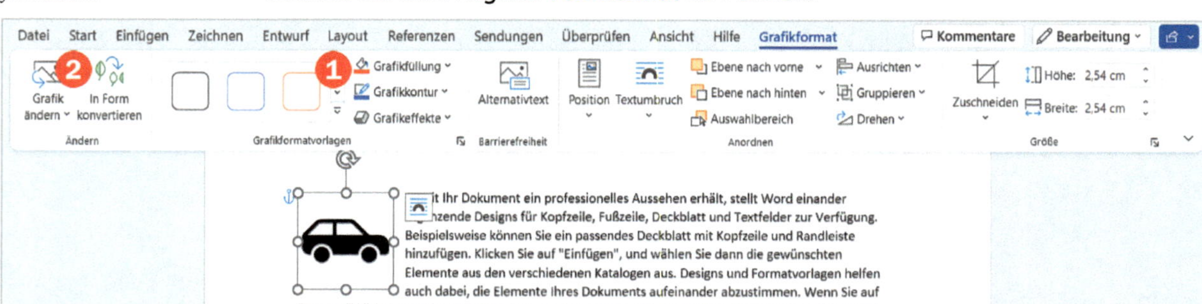

So werden Piktogramme standardmäßig in schwarzer Farbe eingefügt, können aber wie Formen mit einer beliebigen Füllfarbe und Kontur versehen werden. Dazu greifen Sie entweder auf verschiedene Formatvorlagen ❶ zurück oder gestalten mit den

Symbolen *Grafikfüllung*, *Grafikkontur* und *Grafikeffekte* das Piktogramm individuell nach Ihren Vorstellungen. Am schnellsten ändern Sie die Farbe per Rechtsklick und das Symbol *Füllung*.

Tipp: Sämtliche Formate, wie z. B. die Füllfarbe beziehen sich standardmäßig auf das gesamte Piktogramm. Falls Sie einzelne Bestandteile gesondert behandeln möchten, dann klicken Sie im Menüband, Register *Grafikformat* ▶ *Ändern* auf *In Form konvertieren* ❷. Nach einer Rückfrage, ob Sie die Grafik in ein Zeichnungsobjekt umwandeln möchten, wird das Piktogramm in Formen zerlegt, die Sie nun einzeln markieren und formatieren können.

SmartArt Objekte verwenden

Unter der Bezeichnung *SmartArt* stellt Microsoft Office und damit auch Word eine Sammlung grafischer Textlayouts, z. B. zur Darstellung von Abläufen oder Hierarchien, Stichwort Organigramm, zur Verfügung. Sie werden wie Grafikobjekte im Dokument platziert und können anschließend beliebig beschriftet und weiter bearbeitet werden. Zur Gestaltung sind im Menüband im kontextbezogenen Register *SmartArt-Design* verschiedene Vorlagen verfügbar, sowie Schaltflächen, über die Sie bei Bedarf weitere Formen hinzufügen.

SmartArt-Grafiken sind eigentlich nichts anderes als mehrere gruppierte Formen, die in einem Zeichenbereich zusammengefasst sind.

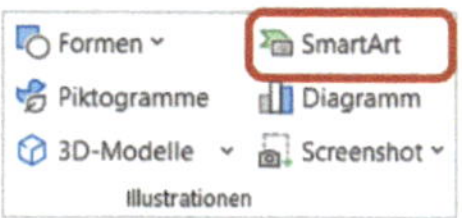

1 Zum Einfügen klicken Sie im Menüband, Register *Einfügen* ▶ *Illustrationen* auf *SmartArt* ❶.

2 Wählen Sie im Fenster *SmartArt-Grafik auswählen* das gewünschte Layout. Am besten klicken Sie zunächst links auf eine Kategorie, z. B. *Prozess* ❷. In der Mitte erscheinen alle dazugehörigen Layouts ❸; rechts erhalten Sie eine Vorschau ❹ auf das markierte Layout zusammen mit einer kurzen Beschreibung.

3 Mit Klick auf *OK* ❺ wird das ausgewählte SmartArt-Objekt an der Cursorposition im Dokument eingefügt. Ein Ändern des Layouts ist allerdings auch nach dem Einfügen noch möglich.

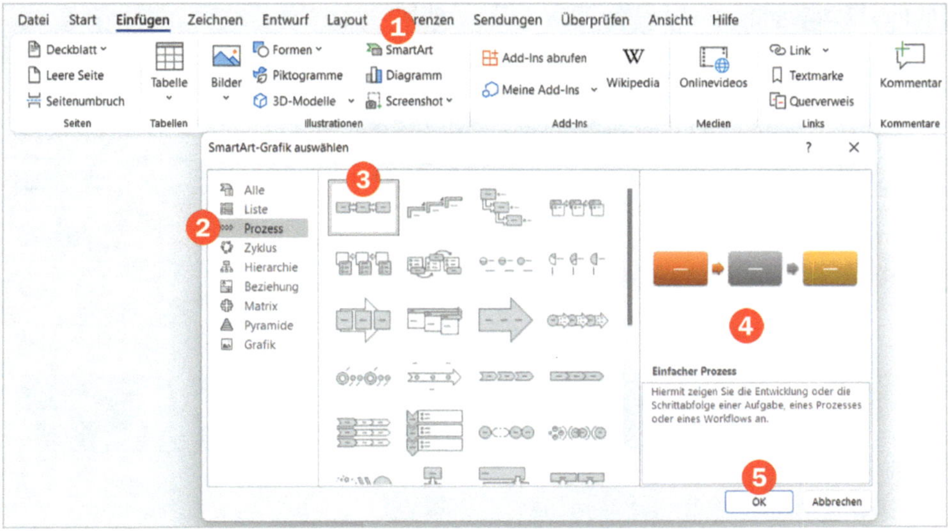

Bild 4.30 SmartArt auswählen

Elemente beschriften

Die Beschriftung erfolgt entweder direkt im Element - klicken Sie auf die betreffende Form ❶ (Bild unten) und geben Sie Ihren Text ein - oder verwenden Sie zur Eingabe einen gesonderten Textbereich ❷. Dieser Bereich kann über das Symbol *Schließen* in der rechten oberen Ecke wieder geschlossen werden, zum Öffnen klicken Sie am linken Rand des Markierungsrahmens auf den kleinen Pfeil ❸ oder benutzen die Schaltfläche *Textbereich* ❹ im Menüband (Register *SmartArt-Design* ▶ *Grafik erstellen*).

Bild 4.31 Text eingeben

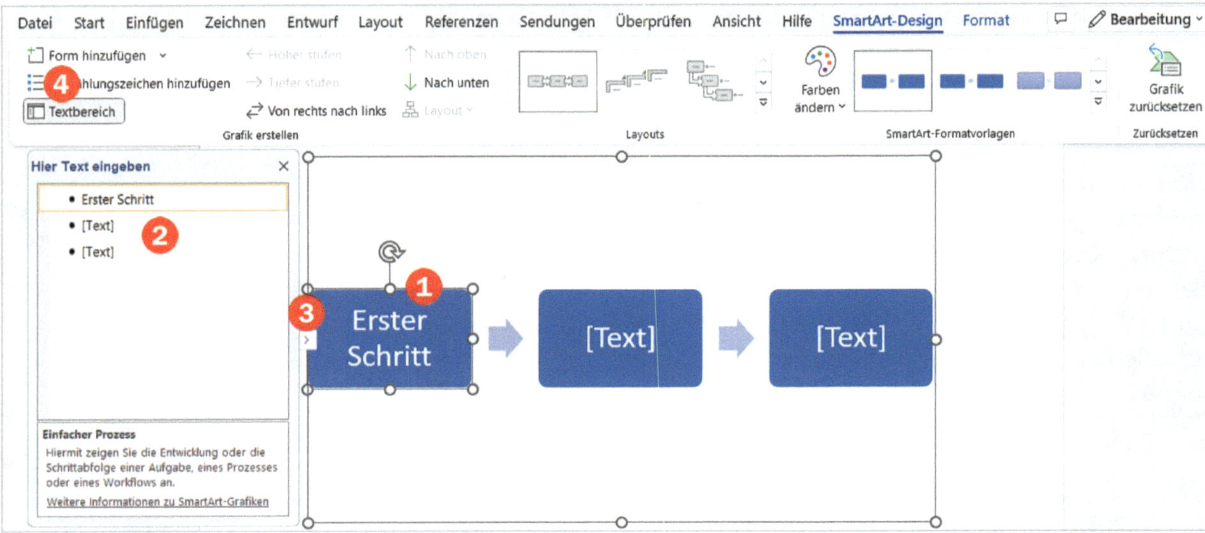

Die Schriftgröße passt sich automatisch an die Form an und wird entsprechend verkleinert. Für eine individuelle Schriftgestaltung benutzen Sie die rechte Maustaste oder die Symbole im Register *Start* des Menübands. **Achtung**: Ihre Änderungen beziehen sich ausschließlich auf das markierte Element, mehrere Elemente markieren Sie, indem Sie diese nacheinander mit gedrückter **Strg**-Taste anklicken (Mehrfachmarkierung).

Formen hinzufügen

Wenn Sie weitere Elemente hinzufügen möchten, dann markieren Sie dasjenige Element, an das Sie anfügen möchten, klicken im Menüband, Register *SmartArt-Design* ▶ *Grafik erstellen* auf den Pfeil des Symbols *Form hinzufügen* und wählen eine Position.

Bild 4.32 Form hinzufügen

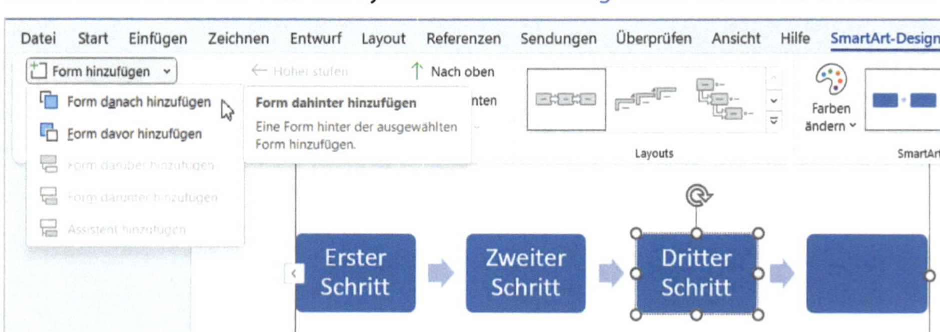

Die verfügbaren Positionen, im Bild *Form danach* und *Form davor*, sind abhängig vom Layout. Beim Hinzufügen gilt: Weitere Formen werden grundsätzlich an das markierte Element angefügt. Überzählige Formen dagegen markieren Sie und löschen diese mit der **Entf**-Taste.

Mit jedem weiteren Element werden die vorhandenen Formen verkleinert und passen sich automatisch an die Größe des SmartArt-Bereichs an. Den SmartArt-Bereich bzw. das SmartArt-Objekt insgesamt vergrößern oder verkleinern Sie wie ein Bild mit der Maus an den Markierungspunkten.

Formen anordnen, Layout ändern

Zum Umstellen einzelner Formen markieren Sie die betreffende Form und benutzen im Menüband, Register *SmartArt-Design* die Symbole der Gruppe *Grafik erstellen*:

- **Formen vertauschen/verschieben**: Mit den Symbolen *Nach oben* und *Nach unten* ❶, verschieben Sie die markierte Form innerhalb einer Ebene je nach Layout nach oben/unten bzw. links/rechts.
- **In der Hierarchie höher/tiefer stufen**: Bei einer hierarchischen Anordnung, z. B. Organigramm stufen Sie die markierte Form mit den Schaltflächen *Höher stufen* und *Tiefer stufen* ❷ jeweils eine Ebene höher/tiefer. Besteht das Layout nur aus einer einzigen Ebene, wie im Bild unten, so wird mit *Tiefer stufen* der Inhalt der Form in einen Unterpunkt der vorhergehenden Form links umgewandelt.
- **Anordnung umkehren**: Wenn Sie die Formen, z. B. eines Prozesses, von rechts nach links anordnen möchten, statt von links nach rechts, dann klicken Sie auf *Von rechts nach links* ❸, ein weiterer Klick auf dieses Symbol stellt ggf. die ursprüngliche Anordnung wieder her.

Falls Sie nachträglich das gesamte Layout ändern möchten, klicken Sie an eine beliebige Stelle des SmartArt-Bereichs und wählen nach einem Klick auf den Pfeil ein anderes Layout aus dem Katalog ❹.

Bild 4.33 Formen anordnen, Layout wählen

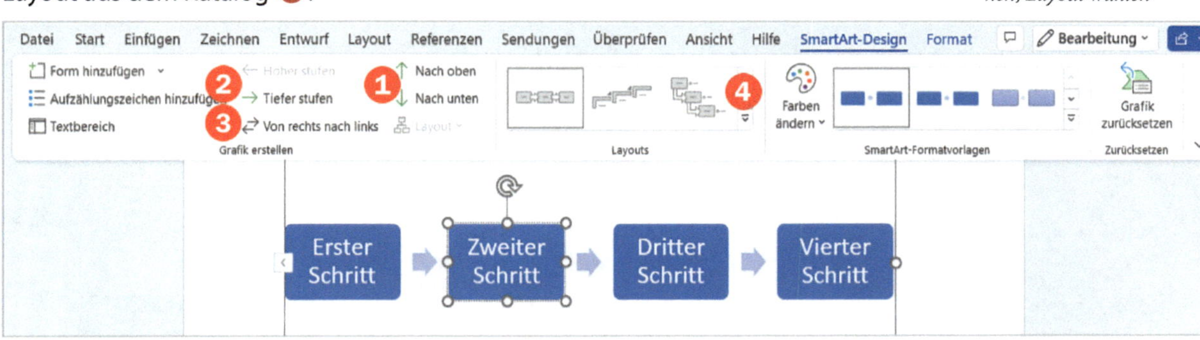

SmartArt formatieren

Zur Formatierung wählen Sie im Menüband, Register *SmartArt-Design* eine der *SmartArt-Formatvorlagen* ❶ (Bild 4.34), verschiedene Zusammenstellungen der aktuellen Designfarben erhalten Sie über das Symbol *Farben ändern* ❷.

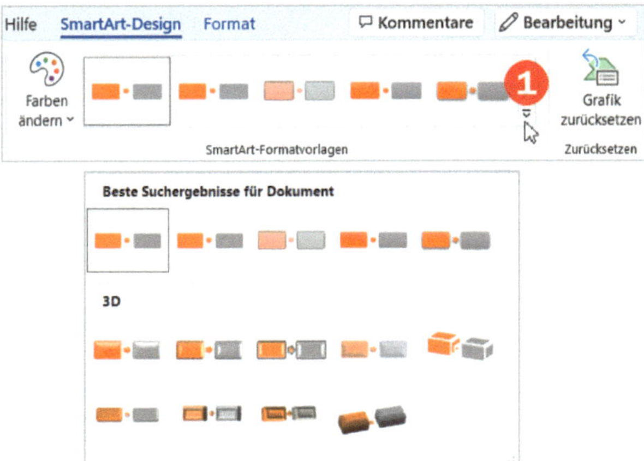

Bild 4.34 SmartArt-Formatvorlagen

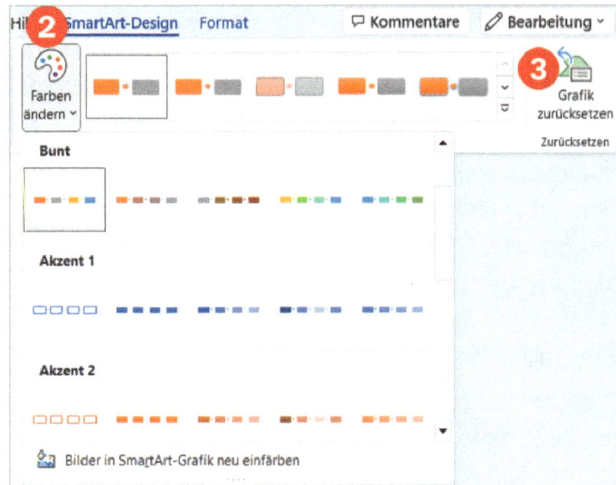

Bild 4.35 Farben ändern

> **SmartArt zurücksetzen**
>
> Das Symbol *Grafik zurücksetzen* ❸ entfernt alle nachträglich vorgenommenen Formatänderungen und das gesamte SmartArt-Objekt erhält wieder das ursprüngliche Aussehen. Nachträglich hinzugefügte Formen und sämtliche Beschriftungen bleiben erhalten.

Einzelne Formen hervorheben

Falls Sie eine einzelne Form farblich oder durch eine andere Größe besonders hervorheben möchten, so markieren Sie diese und benutzen die Werkzeuge des Registers *Format* im Menüband. Als Beispiel soll im Bild unten die zweite Form von links etwas vergrößert und in anderer Farbe hervorgehoben werden.

- Markieren Sie die Form und klicken Sie mehrmals auf die Schaltfläche *Größer* ❶, bis die gewünschte Größe erreicht ist. Mit *Kleiner* können Sie eine Form ggf. auch verkleinern oder über *Form ändern* eine andere Form auswählen. Die Farbe, z. B. rot wählen Sie über das Symbol *Fülleffekt* ❷ aus.

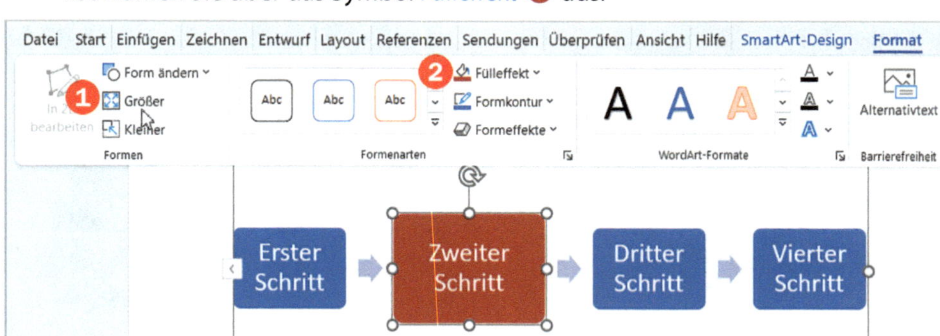

Bild 4.36 Form hervorheben

Sie können natürlich zur Formatierung auch die Vorlagen der Gruppe *Formenarten* und/oder die Symbole *Formkontur* und *Formeffekte* benutzen. Die Möglichkeiten unterscheiden sich nicht von denjenigen für Formen.

3D-Modelle

Word unterstützt auch 3D-Modelle, die eingefügt und im Dokument beliebig gedreht werden können. Zum Einfügen einer 3D-Datei von der Festplatte oder einem anderen lokalen Datenträger klicken Sie im Menüband, Register *Einfügen* ▶ *Illustrationen* auf den Dropdown-Pfeil *3D-Modelle*, danach auf *Dieses Gerät...* und wählen anschließend die Datei aus. Falls keine geeignete 3D-Modelldatei vorhanden ist, können Sie auf die Sammlung von Microsoft kostenlos zur Verfügung gestellter, *Archiv-3D-Modelle* zurückgreifen, in diesem Fall genügt ein Klick direkt auf das Symbol *3D-Modelle*.

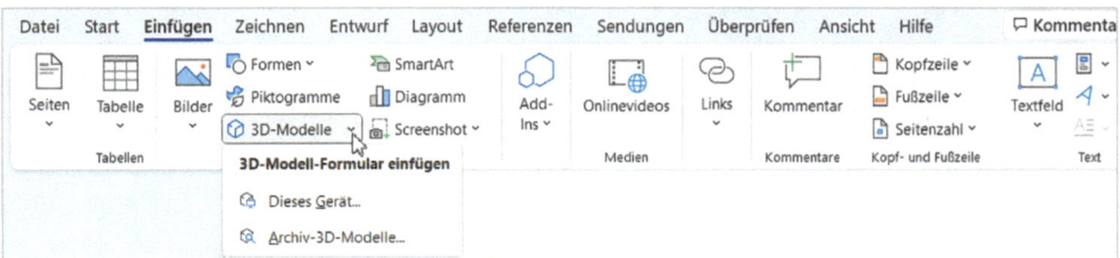

Bild 4.37 3D-Modelle einfügen

Näheres zur Verwendung der Archiv-Sammlung lesen Sie auf Seite 176.

> **Achtung, Office unterstützt nur echte 3D-Modelldateien**
>
> Die nachfolgend beschriebenen Möglichkeiten gelten ausschließlich für echte 3D-Modelldateien (z. B. mit den Dateinamenerweiterungen .fbx, .obj, .3mf, .ply, .glb), nicht aber für Grafiken mit 3D-Effekten. Echte 3D-Modelle können Sie z. B. auch mit dem, in Windows 10 oder 11 integrierten Zeichenprogramm 3D Paint erstellen.

Wie bei allen Archivbildern wählen Sie danach im Fenster *Online3D-Modelle* eine Kategorie oder geben einen Suchbegriff ein und starten die Suche mit der **Eingabetaste**. Hier als Beispiel das 3D-Modell eines Fahrrads aus der Sammlung Archiv-3D-Modelle.

Bild 4.38 Archiv-3D-Modell auswählen und einfügen

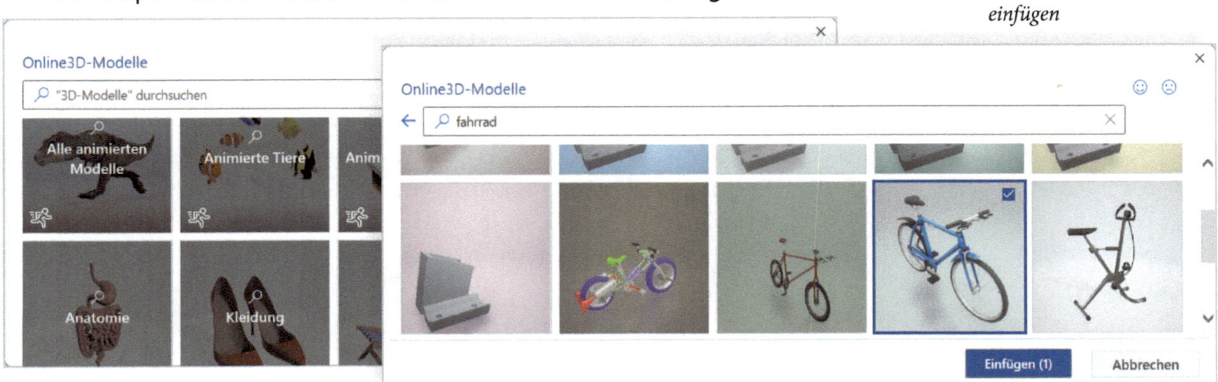

3D-Modellansichten

Anhand des Symbols in der Mitte ❶ (Bild 4.39) kann das 3D-Modell anschließend im Dokument beliebig mit der Maus gedreht werden. Das Positionieren, Vergrößern und Verkleinern von 3D-Modellen unterscheidet sich dagegen nicht von anderen Bildern.

Auch im Menüband, Register *3D-Modell* finden Sie im Katalog *3D-Modellansichten* ❷ einige Ansichten, die Sie testen können. Mit *3D-Modell zurücksetzen* ❸ lässt sich das

Modell nach den ersten Versuchen schnell wieder in die Ausgangsansicht zurückversetzen. Falls Sie das markierte durch ein anderes Modell ersetzen möchten, so klicken Sie auf *3D-Modelle* ❹.

Bild 4.39 3D-Modell im Dokument drehen

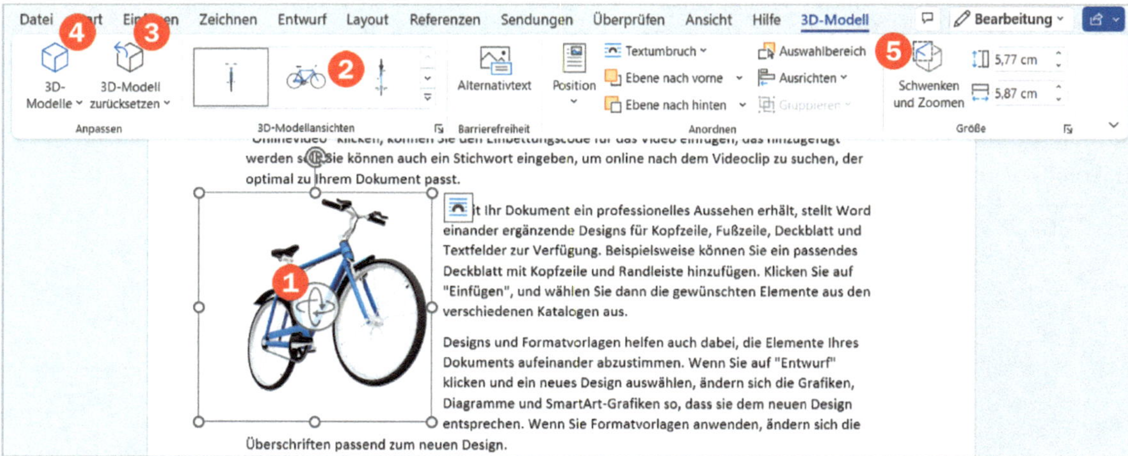

Ausschnitt wählen und vergrößern

Schwenken und Zoomen erlaubt es, nur einen bestimmten Teil des 3D-Modells auszuwählen und zu vergrößern. Zoom und Bildbereich können Sie beliebig wählen. Markieren Sie dazu das 3D-Modell und klicken Sie im Register *3D-Modell* des Menübands auf das Symbol *Schwenken und Zoomen* ❺ (Bild 4.39). Damit ist dieser Modus aktiviert bzw. das Symbol hervorgehoben und rechts vom Bild wird ein Pluszeichen (+) sichtbar.

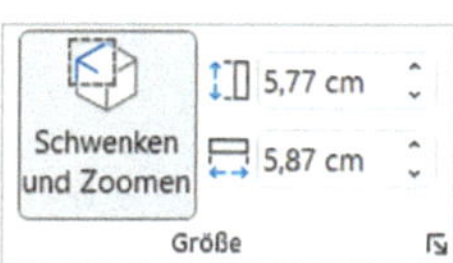

- **Bildinhalt zoomen**: Zum Zoomen bzw. Vergrößern oder Verkleinern zeigen Sie mit der Maus auf das Pluszeichen. Es erscheint ein Doppelpfeil: Ziehen Sie mit gedrückter Maustaste nach oben (vergrößern) oder nach unten (verkleinern).
- **Bildausschnitt verschieben**: Um den sichtbaren Bereich des (vergrößerten) Bildes zu verschieben, zeigen Sie mit der Maus an eine beliebige Stelle im Bild. Es erscheinen vier Richtungspfeile und Sie können nun durch Ziehen mit der Maus den Bildbereich ändern.

Bild 4.40 3D-Modell zoomen

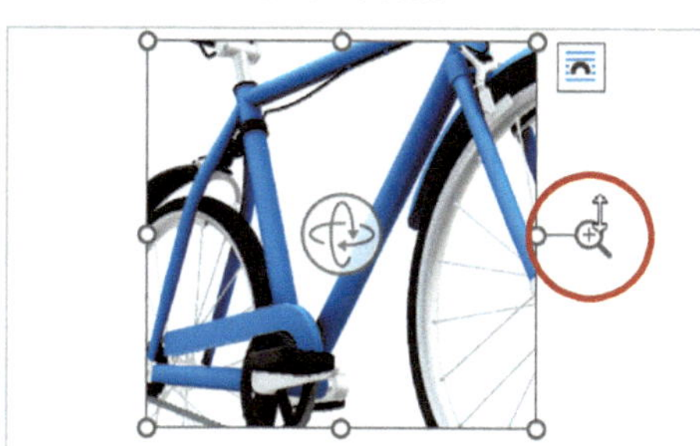

Bild 4.41 Bildausschnitt verschieben

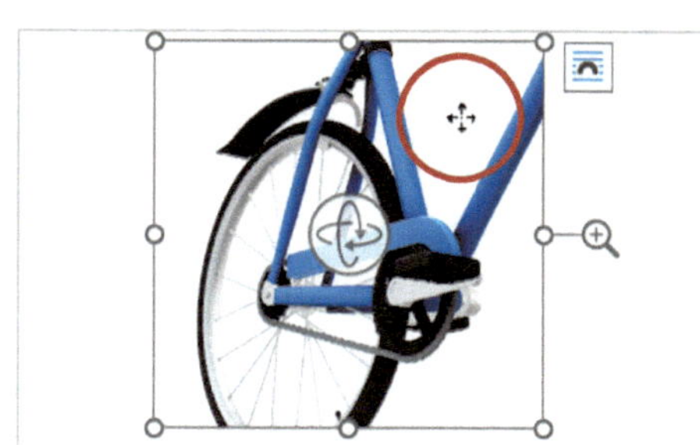

Die Bildbereiche außerhalb des Rahmens verschwinden, sobald Sie die Maustaste loslassen.

Schwenk- und Zoommodus ausschalten: Damit danach das 3D-Modell wieder normal mit der Maus in der Folie verschoben werden kann, müssen Sie den Modus mit der **Esc**-Taste oder einem weiteren Klick auf das Symbol *Schwenken und Zoomen* wieder ausschalten.

Ein Abbild des Bildschirms (Screenshot) erzeugen und einfügen

Manchmal wird zu Erklärungszwecken z. B. in Dokumentationen, ein Abbild des Bildschirms oder eines Teils davon im Dokument benötigt. Am einfachsten fertigen Sie einen solchen Screenshot mit einer der zahlreichen einschlägigen Apps an, viele können kostenlos aus dem Microsoft Store bezogen werden.

Ausschneiden und Skizzieren (Snipping Tool)

Eine davon ist die App *Ausschneiden und Skizzieren*, auch bekannt unter der Bezeichnung *Snipping Tool*. Diese ist unter Windows 10 und Windows 11 meist bereits auf dem Gerät installiert, kann aber auch kostenlos aus dem Microsoft Store heruntergeladen werden.

Die Tastenkombination **Windows+Umschalt+S** ruft Snipping Tool auf: Wählen Sie anhand einer kleinen Leiste, ob der gesamte Bildschirm (Vollbild), ein Fenster, oder ein beliebig festzulegender Bildschirmbereich in Form eines Rechtecks oder einer Freihandform in die Zwischenablage kopiert werden soll. Anschließend können Sie entweder den Screenshot mit **Strg+V** aus der Zwischenablage an der Cursorposition in das Dokument einfügen, oder mit Snipping Tool weiter bearbeiten bzw. speichern.

Symbol Screenshot

Auch Word verfügt über eine Möglichkeit zum Anfertigen und Einfügen von Screenshots. Dazu klicken Sie im Menüband, Register *Einfügen* ▶ *Illustrationen* auf *Screenshot*. Unterhalb erscheint eine Vorschau mit allen aktuell geöffneten Fenstern.

- Um das Bild eines Fensters an der Cursorposition einzufügen, klicken Sie einfach in der Vorschau in das gewünschte Fenster.
- Benötigen Sie dagegen nur einen Ausschnitt des Bildschirms, so klicken Sie auf *Bildschirmausschnitt*. Der Mauszeiger verwandelt sich in ein Fadenkreuz und Sie können durch Ziehen mit gedrückter linker Maustaste den Bereich in Form eines Rechtecks festlegen. Dazu darf allerdings ausschließlich das benötigte Fenster im Hintergrund geöffnet sein.

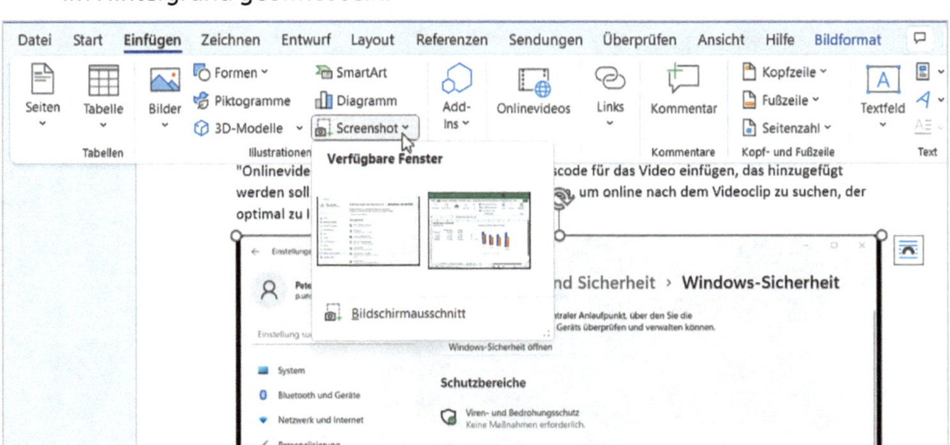

Bild 4.42 Fenster auswählen und einfügen

4.5 Abbildungen und Objekte beschriften

Alternativtext für barrierefreie Dokumente

Was ist Alternativtext?

Die nachfolgend beschriebene Vorgehensweise gilt nicht nur für Bilder, sondern auch für alle übrigen grafischen Objekte, z. B. SmartArt, Formen, Diagramme usw..

Die Sprachausgabe, d. h. Vorlesen des Bildschirminhalts ist ein wichtiges Hilfsmittel für Blinde oder Personen mit eingeschränktem Sehvermögen. Solche Hilfsprogramme erkennen zwar, dass ein Dokument Bilder oder sonstige Objekte enthält, können diese aber nicht interpretieren. Alternativtext (Alt-Text) kann dagegen vorgelesen werden und hilft so beim besseren Verständnis des Textes. Wenn Sie also Ihr Dokument barrierefrei machen möchten, dann sollten Sie Bilder und andere grafische Objekte, die zum Verständnis des Inhalts beitragen, mit Alternativtext versehen.

Alternativtext sollte kurz und in ein bis zwei einfachen Sätzen die wesentlichen Inhalte des Bildes beschreiben, ohne allzu sehr ins Detail zu gehen. Verzichten Sie auch auf Floskeln wie „Das Bild zeigt..." oder „Foto von...".

Alternativtext hinzufügen

Auch Archivbilder bringen bereits Alternativtext mit.

Möglicherweise wird beim Einfügen eines Bildes automatisch Alternativtext erzeugt und unterhalb des Bildes angezeigt ❶, wie im Bild unten. Allerdings dürfte dieser nur selten zufriedenstellend sein und sollte daher unbedingt kontrolliert werden.

Um einem Bild Alternativtext hinzuzufügen oder vorhandenen anzuzeigen und zu ändern, klicken Sie mit der rechten Maustaste in das Bild und auf *Alternativtext anzeigen*. Oder markieren Sie das Bild und klicken im Menüband, Register *Bildformat* ▶ *Barrierefreiheit* auf *Alternativtext* ❷. Falls sichtbar, können Sie auch in den Alternativtext unterhalb des Bildes klicken. In allen Fällen öffnet sich am rechten Rand des Word-Fensters der Aufgabenbereich *Alternativtext*. Geben Sie hier ❸ eine kurze Beschreibung des Bildes bzw. Objekts ein.

Bild 4.43 Alternativtext bearbeiten

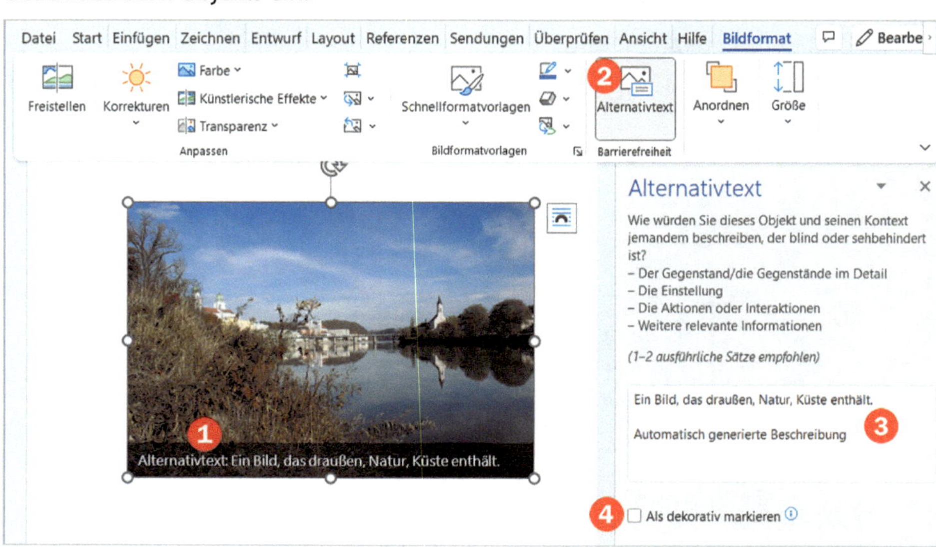

Hinweis: Bei rein dekorativen Elementen ist Alternativtext überflüssig bzw. kann sogar stören. In solchen Fällen sollten Sie das Bild stattdessen mit dem Kontrollkästchen *Als dekorativ markieren* ❹ als solches kennzeichnen.

Bild- oder Objektbeschriftungen hinzufügen

Bilder und andere Objekte eines Dokuments, z. B. Tabellen oder Formeln lassen sich relativ unkompliziert mit einer Beschriftung versehen. Diese besteht aus einer Bezeichnung, beispielsweise Bild, Abbildung, Tabelle, ... usw., einer fortlaufenden Nummer sowie erklärendem Text, den Sie beliebig formulieren können. Bildbeschriftungen können nicht nur für Querverweise (z. B. siehe Abbildung 23), sondern auch zum Erstellen von Abbildungsverzeichnissen verwendet werden und sind nicht zu verwechseln mit Alternativtext. Egal, ob es sich um ein Bild, eine Tabelle oder Formel handelt, die Vorgehensweise ist stets dieselbe:

Abbildungsverzeichnis erstellen, siehe Kap. 6.2.

1 Markieren Sie das Bild oder Objekt und klicken Sie im Menüband, im Register *Referenzen* ▶ *Beschriftungen* auf *Beschriftung einfügen* ❶. Oder Rechtsklick und Befehl *Beschriftung einfügen....*

2 **Bezeichnung festlegen**: Wählen Sie im Feld *Bezeichnung* ❷ eine passende Bezeichnung, z. B. *Abbildung*, *Tabelle* oder *Formel*. Falls Sie stattdessen eine andere Bezeichnung, z. B. *Bild* verwenden möchten, dann klicken Sie auf *Neue Bezeichnung...* ❸ und geben diese anschließend ein.

- Im Feld *Beschriftung* sehen Sie eine Vorschau ❹, die Sie um beliebigen erklärenden Text ergänzen können.
- Falls in der Bildbeschriftung keine Bezeichnung erscheinen soll, dann aktivieren Sie das Kontrollkästchen *Bezeichnung nicht in der Beschriftung verwenden*.

3 **Beschriftungsposition**: Im Feld *Position* legen Sie fest, ob die Beschriftung ober- oder unterhalb des Objekts erscheint.

4 **Zahlenformat**: Wenn Sie statt arabischer Zahlen Buchstaben oder römische Zahlen verwenden oder der Nummerierung die Kapitelnummer voranstellen möchten, dann klicken Sie auf die Schaltfläche *Nummerierung...* ❺.

5 Klicken Sie abschließend auf die Schaltfläche *OK*.

Bild 4.44 Bildbeschriftung einfügen

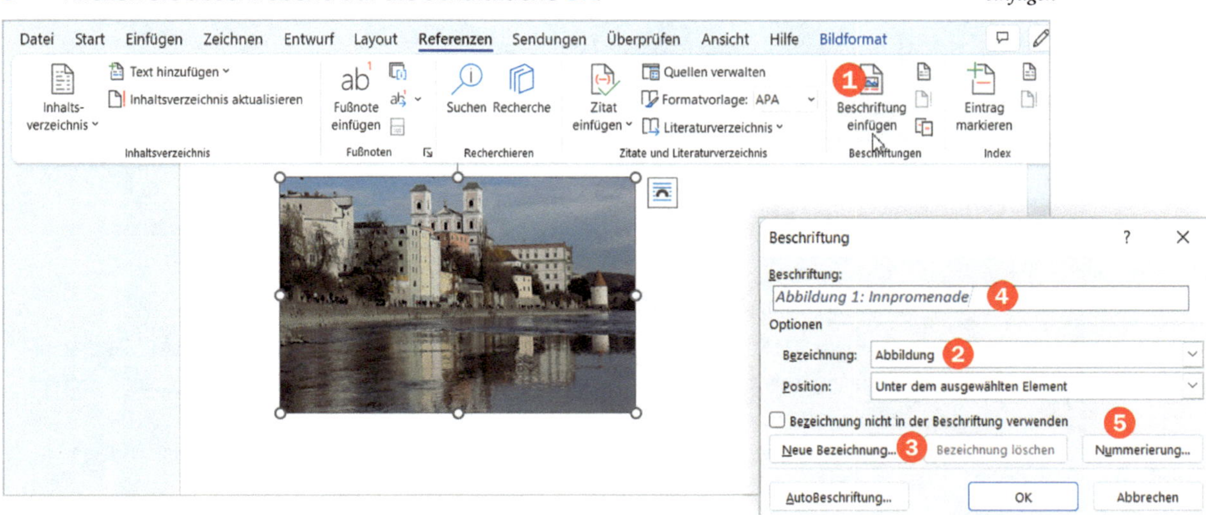

Tipp: Ihren Text zur Beschriftung können Sie auch direkt im Dokument eingeben oder nachträglich ändern.

Beschriftung entfernen

Zum Entfernen einer Beschriftung markieren Sie diese durch Anklicken und betätigen die **Entf**-Taste.

Bild zusammen mit Beschriftung verschieben

Die Beschriftung wird als eigenständiges Objekt, d. h. unabhängig vom Bild eingefügt und falls Sie das Bild nachträglich an eine andere Stelle im Dokument verschieben möchten, werden Sie feststellen, dass die Beschriftung nicht mit wandert.

Damit die Beschriftung zusammen mit dem Bild verschoben wird, müssen Sie beide zu einer Gruppe zusammenfassen, wie im kleinen Bild links unten. Dazu markieren Sie das Bild und danach mit gleichzeitig gedrückter **Strg**-Taste die Bildbeschriftung ❶, klicken im Menüband, Register *Bildformat* ▶ *Anordnen* auf *Objekte gruppieren* ❷ und wählen *Gruppieren*. Oder klicken Sie mit der rechten Maustaste und auf den Befehl *Gruppieren* ❸, wie im Bild unten.

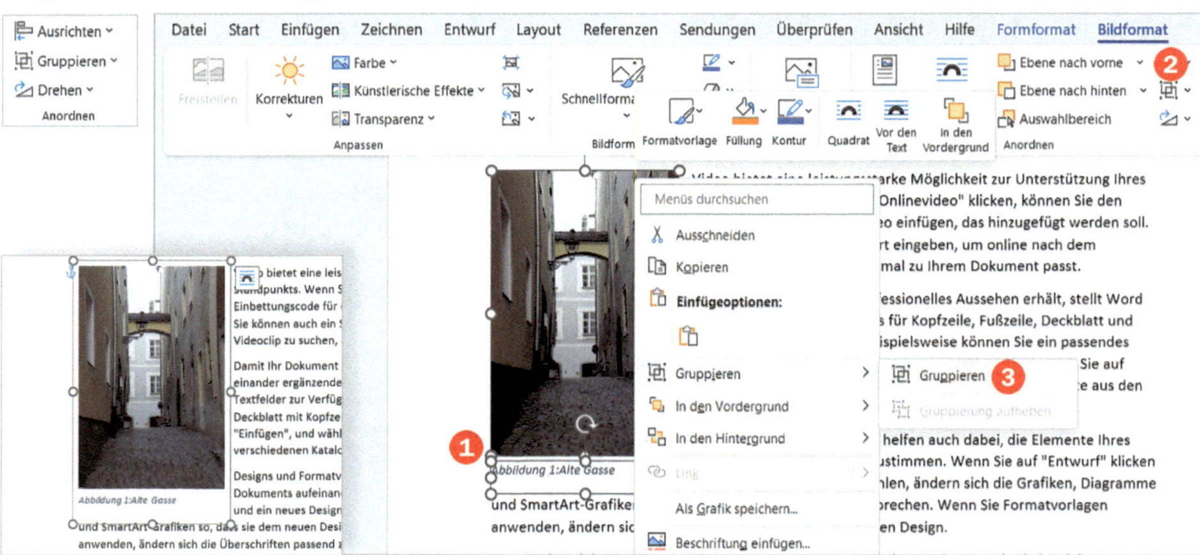

Bild 4.45 Markieren Sie Bild und Bildbeschriftung und klicken Sie auf Gruppieren

> **Achtung: Gruppieren ist nur bei Objekten mit Textumbruch möglich!**
>
> Wenn für das Bild kein Textumbruch bzw. das Layout *Mit Text in Zeile* gewählt wurde, dann wird die Beschriftung als Absatz eingefügt und damit ist kein Gruppieren möglich. Um dies zu vermeiden sollten Sie dem Bild vor dem Einfügen der Beschriftung über das Symbol *Layoutoptionen* einen Textumbruch, z. B. *Quadrat* oder *Oben und unten* zuweisen. Eine bereits vorhandene Beschriftung muss dagegen zuvor entfernt werden.

Beschriftungen formatieren

Das Aussehen der Beschriftungen, z. B. Schriftart und -farbe beruht auf der Formatvorlage *Beschriftung*. Falls Sie eine andere Schrift wünschen, dann brauchen Sie nur diese Formatvorlage ändern. Am einfachsten klicken Sie dazu in eine Beschriftung, blenden den Bereich *Formatvorlagen* ein (Register *Start* ▶ *Formatvorlagen* und Klick auf das Pfeilsymbol). Klicken Sie dann mit der rechten Maustaste auf die Formatvorlage Beschriftung und auf *Ändern...*, wie in Bild 4.46.

Näheres zum Umgang mit Formatvorlagen siehe Kapitel 3.3, Formatvorlagen zur Textformatierung nutzen.

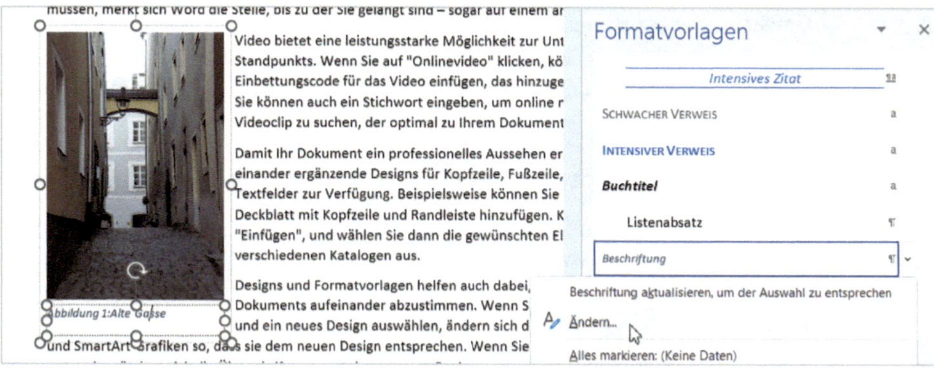

Bild 4.46 Formatvorlage Beschriftung ändern

Querverweise auf Bildbeschriftungen

Um an der Cursorposition einen Querverweis auf ein Bild bzw. eine Bildbeschriftung einzufügen, klicken Sie im Menüband, Register *Referenzen* auf *Querverweis* ❶. Wählen Sie den Verweistyp, hier *Abbildung* ❷ und klicken Sie auf die gewünschte Bildbeschriftung ❸. Im Feld *Verweisen auf* geben Sie an, ob Sie z. B. die *Gesamte Beschriftung*, *Nur Bezeichnung und Nummer* oder die *Seitenzahl* einfügen möchten.

Querverweise, siehe Kapitel 1.5.

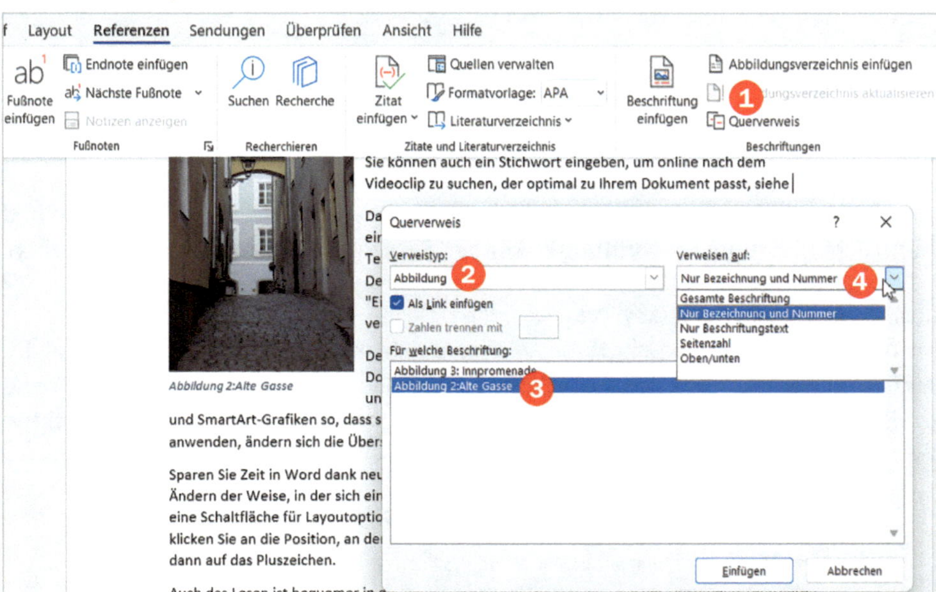

Bild 4.47 Querverweis auf Bildbeschriftung einfügen

Tabellen und Diagramme beim Einfügen automatisch beschriften

Im Dialogfenster *Beschriftung* (Register *Referenzen* ▶ *Beschriftung einfügen*) finden Sie auch die Schaltfläche *AutoBeschriftung...* (Bild 4.48). Dahinter steckt die Idee, beim Einfügen eines Objekts automatisch auch gleich eine nummerierte Beschriftung zu erstellen. Dies kann eine Menge Arbeit sparen, funktioniert aber leider nur mit bestimmten Objekten, z. B. Word- oder Excel-Tabellen oder Diagrammen.

Tabellen beim Einfügen automatisch beschriften lassen

So gehen Sie vor, wenn Sie eine Tabelle beim Einfügen mit einer automatischen Beschriftung versehen möchten:

1. Klicken Sie im Menüband, Register *Referenzen* auf *Bildbeschriftung einfügen* (vorheriges Markieren einer Tabelle ist nicht nötig) und auf *AutoBeschriftung...* ❶.

Sie können auch gleich mehrere Objekttypen aktivieren.

2. Aktivieren Sie in der Liste das Kontrollkästchen des betreffenden Objekttyps, z. B. *Microsoft Word-Tabelle* ❷ oder *Microsoft Excel-Spreadsheet*. Wählen Sie eine Position sowie die Bezeichnung *Tabelle* ❸ oder legen Sie eine neue Beschriftung an ❹ und klicken Sie auf *OK*.

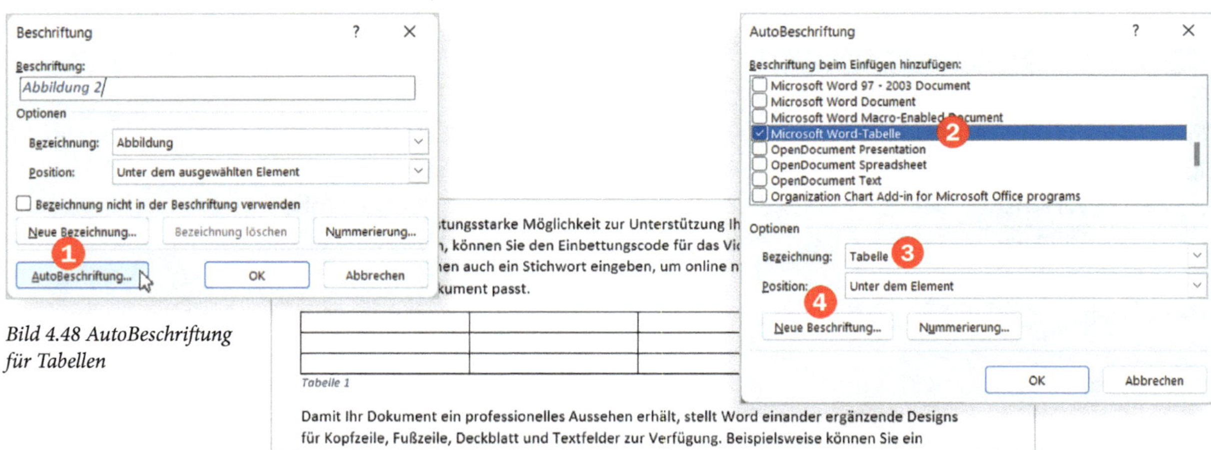

Bild 4.48 AutoBeschriftung für Tabellen

Damit erhält ab sofort jede neue Tabelle beim Einfügen eine Beschriftung, wie im Bild oben. Nicht benötigte Beschriftungen können Sie problemlos markieren und löschen.

Automatische Beschriftung deaktivieren

Um die automatische Beschriftung wieder zu deaktivieren, klicken Sie erneut im Menüband, Register *Referenzen* auf *Bildbeschriftung einfügen* und auf die Schaltfläche *AutoBeschriftung....* Deaktivieren Sie die Kontrollkästchen der betreffenden Objekttypen und klicken Sie auf *OK*.

Achtung die AutoBeschriftung beschränkt sich nicht nur auf das aktuelle Dokument

Wird die automatische Beschriftung nicht mehr benötigt, sollten Sie diese unbedingt wieder deaktivieren, da damit auch in allen übrigen Word-Dokumenten Tabellen beim Einfügen automatisch beschriftet werden.

4.6 Andere Objekttypen in ein Dokument einfügen

Excel-Diagramm einfügen

Um ein Diagramm in ein Word-Dokument einzufügen, gibt es zwei Wege. Welchen Sie wählen oder verwenden können, hängt von verschiedenen Faktoren ab. Wenn Microsoft Excel auf Ihrem PC vorhanden ist, dann bietet sich natürlich das Kopieren über die Zwischenablage an. Falls dies nicht möglich ist, können Sie alternativ Ihr Diagramm aus Word heraus mit dem entsprechenden Werkzeug erstellen, wie Sie dabei vorgehen, erfahren Sie weiter unten auf Seite 197.

Excel-Diagramm über die Zwischenablage einfügen

Um ein bereits vorhandenes Diagramm aus einer Excel-Arbeitsmappe in ein Word-Dokument einzufügen, benutzen Sie die Zwischenablage. **Achtung**: Dazu müssen Quell- und Zieldatei gleichzeitig geöffnet sein.

1 Markieren Sie in der Excel-Arbeitsmappe das Diagramm und kopieren Sie es mit **Strg+C** oder Rechtsklick und den Befehl *Kopieren* in die Zwischenablage. Wechseln Sie dann über die Taskleiste in das Word-Dokument, positionieren Sie den Cursor an der gewünschten Stelle und verwenden Sie die Tasten **Strg+V** oder aus dem Kontextmenü den Befehl *Einfügen*.

2 **Wie soll das Diagramm eingefügt werden?** Beim Einfügen entscheiden Sie, wie das Diagramm eingefügt wird und davon hängt auch die weitere Behandlung des Diagramms ab:

Unmittelbar nach dem Einfügen erscheint im Dokument an der Einfügestelle das Symbol *Einfügeoptionen* (Bild unten). Klicken Sie auf das Symbol oder drücken Sie die **Strg**-Taste, um die dazugehörigen Optionen anzuzeigen. Dieselben Optionen erhalten Sie auch, wenn Sie zum Einfügen statt der Tastenkombination auf den Dropdown-Pfeil des Symbols *Einfügen* (Register *Start* ▶ *Zwischenablage*) klicken. Die Symbole allein sind wenig aussagekräftig, aber Sie erhalten beim Zeigen einen kurzen Infotext und, noch wichtiger, eine Vorschau im Dokument. Eine Übersicht finden Sie in der nachfolgenden Tabelle.

Bild 4.49 Klicken Sie auf das Symbol Einfügeoptionen oder drücken Sie die Strg-Taste

Design, siehe Kapitel 3.2, Designs als Ausgangsbasis für die Dokumentgestaltung.

Symbol	Beschreibung
	Zieldesign verwenden und Arbeitsmappe einbetten Das Diagramm erhält die Schriften und Farben des Word-Dokuments und wird als Kopie zusammen mit dem Dokument gespeichert.
	Ursprüngliche Formatierung beibehalten und Arbeitsmappe einbetten Das Diagramm behält das ursprüngliche Aussehen. Es wird ebenfalls als Kopie eingefügt und zusammen mit dem Word-Dokument gespeichert.
	Zieldesign verwenden und Daten verknüpfen Das Diagramm erhält die Schriften und Farben des Word-Dokuments, aber alle nachträglichen Änderungen erfolgen in der Originaldatei und die Daten werden nicht im Word-Dokument gespeichert. Dies ist auch die Standardeinstellung, wenn nichts anderes angegeben wird.
	Ursprüngliche Formatierung beibehalten und Daten verknüpfen Das Diagramm behält das ursprüngliche Aussehen. Nachträgliche Änderungen erfolgen ausschließlich in der Originaldatei.
	Grafik Das Diagramm wird als Bild eingefügt und beim Formatieren als solches behandelt. Änderungen am Diagramm selbst sind nicht mehr möglich.

Verknüpfen oder einbetten?

Im wesentlichen entscheiden Sie anhand der Einfügeoptionen, ob die ursprüngliche Formatierung beibehalten oder das Design des Word-Dokuments verwendet wird und ob die Arbeitsmappe zusammen mit dem Dokument gespeichert wird (Einbetten) oder eine Verknüpfung zu den Daten der Excel-Arbeitsmappe erstellt wird. Beide Möglichkeiten haben jeweils Vor- und Nachteile.

- **Excel-Arbeitsmappe einbetten**
  Mit der Auswahl *Arbeitsmappe einbetten* wird eine Kopie der Arbeitsmappe zusammen mit dem Word-Dokument gespeichert und erhöht natürlich den Dateiumfang entsprechend. Nachträgliche Änderungen an der Originaldatei werden in Word nicht berücksichtigt.

- **Excel-Arbeitsmappe verknüpfen**
  Wenn Sie *Daten verknüpfen* wählen, dann wird im Word-Dokument nur eine Verknüpfung zur Excel-Arbeitsmappe gespeichert und nachträgliche Änderungen in der Excel-Arbeitsmappe erscheinen auch im Word-Dokument. **Nachteil**: Bei einer eventuellen Weitergabe des Dokuments müssen Sie auch die Excel-Arbeitsmappe mit kopieren. In solchen Fällen sollte sich die Arbeitsmappe am besten im selben Ordner wie das Word-Dokument oder in einem Unterordner befinden.

- **Grafik**
  Diese Einfügemethode erlaubt keinerlei Änderungen im Diagramm und wird automatisch gewählt, wenn Sie ein Diagramm einfügen, das mit dem Excel Add-In People Graph erstellt wurde, da dieses in Word nicht verfügbar ist.

Ein Diagramm mit Word erstellen

Diagramme erhalten wie Bilder beim Einfügen automatisch das Standardlayout *mit Text in Zeile* und sollten daher in einen leeren Absatz eingefügt werden. Sorgen Sie also dafür, dass sich der Cursor in einem leeren Absatz befindet und klicken Sie im Menüband, Register *Einfügen* ▶ *Illustrationen* auf *Diagramm* ❶.

Im nachfolgenden Fenster *Diagramm einfügen* wählen Sie den gewünschten Diagrammtyp aus. Klicken Sie in der Spalte links auf einen grundlegenden Typ, z. B. Säule, Balken ❷ oder Kreis, so erhalten Sie rechts mehrere Untertypen ❸ zur Auswahl. Unter anderem können Sie zwischen 2D- und 3D-Darstellung wählen, bei Säulen und Balken auch noch zwischen gruppiert und gestapelt, wie im Bild unten. Unterhalb erhalten Sie eine Vorschau ❹ auf den markierten Untertyp, für weitere Details bzw. zum Vergrößern zeigen Sie in die Vorschau. Mit *OK* ❺ übernehmen Sie das Diagramm.

Bild 4.50 Klicken Sie auf Diagramm

Bild 4.51 Wählen Sie einen Diagrammtyp

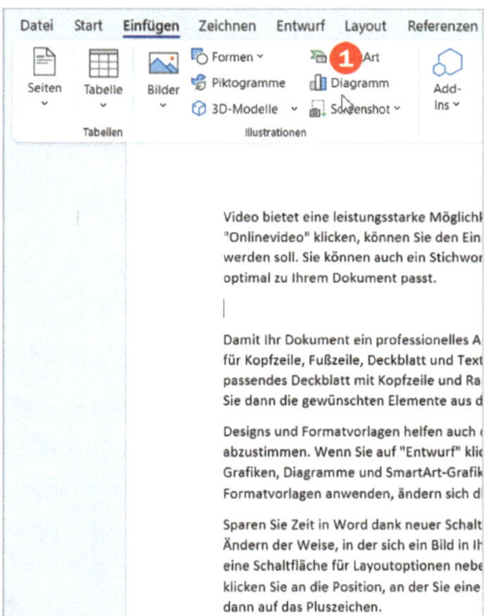

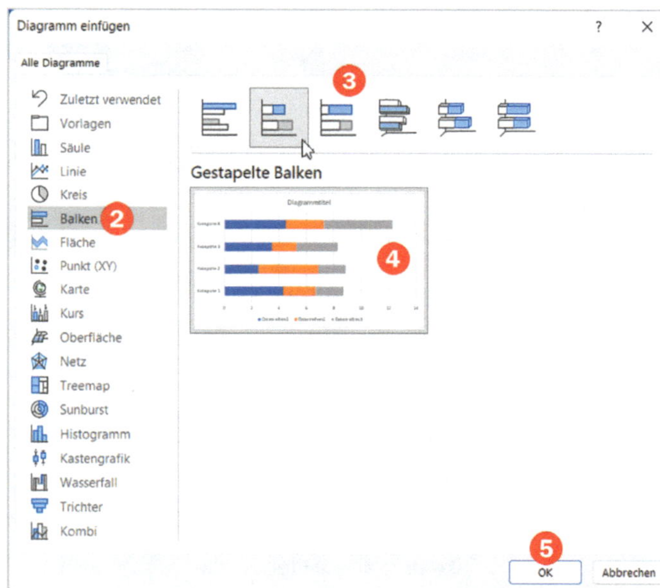

Das Diagramm wird an der Cursorposition in das Dokument eingefügt, gleichzeitig erscheint in einem gesonderten Fenster ein Tabellenblatt mit den, im Diagramm verwendeten Beispieldaten. Diese Daten, einschließlich der Zeilen- und Spaltenbeschriftungen, überschreiben Sie nun mit Ihren Werten. Das Diagramm im Dokument passt sich bereits während der Eingabe automatisch an.

Falls das Diagramm nicht Ihren Vorstellungen entspricht, können Sie auch nachträglich den Typ jederzeit ändern.

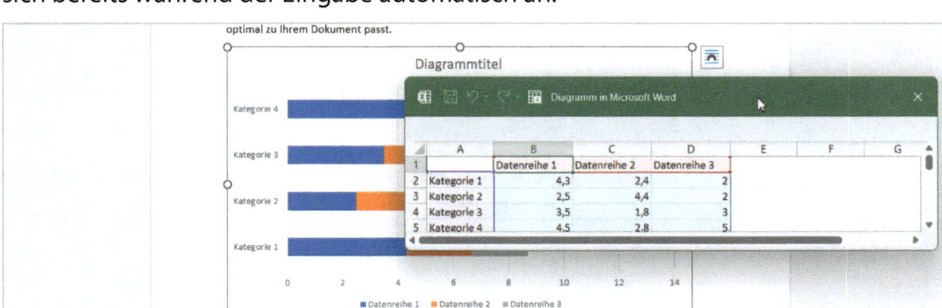

Bild 4.52 Das Diagramm mit dem Datenblatt und den Beispieldaten

Daten im Datenblatt eingeben und Datenbereich ändern

Wenn Sie mehr Zeilen und/oder Spalten benötigen, als Beispieldaten vorhanden sind, dann ist dies kein Problem, der Datenbereich wird während der Eingabe automatisch erweitert. Der verwendete Datenbereich ist an der farbigen Markierung zu erkennen.

Als Alternative löschen Sie die gesamte Zeile oder Spalte, indem Sie diese mit Klick in die Nummer (1, 2, 3,... bzw. A, B, C, ...) markieren und anschließend die **Entf**-Taste betätigen

Brauchen Sie dagegen weniger Zeilen und/oder Spalten, wie im Bild unten, dann genügt das Löschen überflüssiger Beispielwerte nicht. Damit das Diagramm keine Lücken aufweist, müssen Sie den Datenbereich manuell verkleinern. Dazu zeigen Sie mit der Maus auf die Marke ◢ in der rechten unteren Ecke des Datenbereichs. Als Mauszeiger erscheint ein Doppelpfeil, verkleinern Sie nun durch Ziehen den Datenbereich ❶. Auf diese Weise brauchen Sie nicht benötigte Daten nicht extra löschen.

Bild 4.53 Datenbereich verkleinern

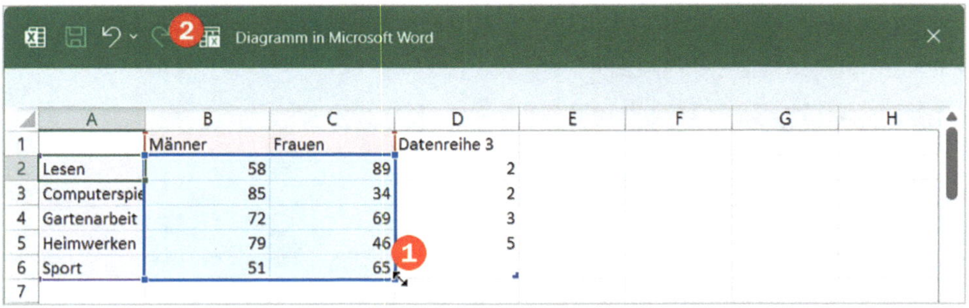

Daten mit Excel eingeben und bearbeiten

Wenn Excel auf dem PC installiert ist, können Sie die Diagrammwerte auch mit Excel eingeben und bearbeiten. **Der Vorteil**: Im Gegensatz zum Datenblatt sind mit Excel auch Berechnungen möglich und Sie können die Werte sortieren. Klicken Sie dazu in der Titelleiste des Datenblatt-Fensters auf das Symbol *Bearbeiten Sie Daten in Microsoft-Excel* ❷ (siehe Bild oben). Die Tabelle mit den Diagrammwerten wird mit Excel geöffnet und Sie können die Bearbeitung fortsetzen.

Daten kopieren: Liegen die Daten bereits in Tabellenform vor, egal ob in Word oder Excel, dann können Sie diese auf dem Weg über die Zwischenablage in das Datenblatt einfügen.

Datenblatt schließen und erneut öffnen

Wird das Datenblatt bzw. Excel nicht mehr benötigt, dann schließen Sie einfach das Datenblatt-Fenster mit dem Schließen-Symbol in der rechten oberen Ecke. **Achtung**: Wenn Sie ein weiteres Diagramm einfügen möchten, müssen Sie es zuvor in jedem Fall schließen, Sie erhalten sonst eine Fehlermeldung. Zum erneuten Öffnen klicken Sie im Word-Dokument in das Diagramm und anschließend im Menüband, Register *Diagrammentwurf* ▶ *Daten* auf *Daten bearbeiten*.

Ein Klick direkt auf das Symbol öffnet das Datenblatt, klicken Sie dagegen auf den Pfeil dieser Schaltfläche, so haben Sie die Wahl zwischen Datenblatt (*Daten bearbeiten*) und Excel.

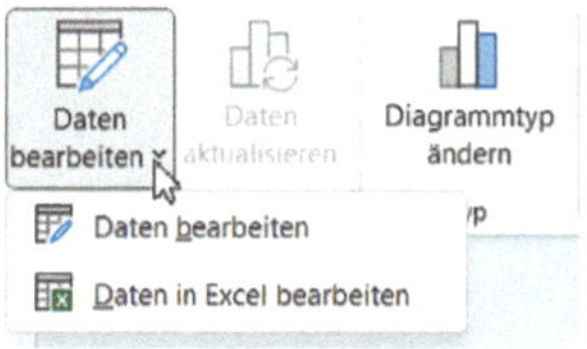

Wo sind die Daten des Diagramms gespeichert?

Egal, ob Sie Ihre Werte im Datenblatt oder mit Excel eingeben. Die Daten werden zusammen mit dem Word-Dokument gespeichert, daher erhalten Sie auch beim Schließen von Excel bzw. des Datenblatts keine Rückfrage, ob Sie Änderungen speichern möchten.

Diagrammtyp ändern

Zum nachträglichen Ändern des Diagrammtyps klicken Sie im Menüband, *Diagrammentwurf* ▶ *Typ* auf *Diagrammtyp ändern* ❶ (Bild 4.54). Das nachfolgende gleichnamige Fenster ist identisch mit dem Fenster *Diagramm einfügen*. Klicken Sie auf den gewünschten Typ und übernehmen Sie diesen mit Klick auf *OK*.

Datenreihen umstellen

Einige Diagrammtypen, z. B. Säulen-, Balken- und Liniendiagramme, können mehrere Datenreihen darstellen. Diese werden standardmäßig aus den Spalten gebildet, im Beispiel in Bild 4.53 Männer und Frauen, und die Zeilenbeschriftungen werden auf der Achse abgebildet (Kategorie). Falls Sie erst nachträglich feststellen, dass es sinnvoller wäre, die Datenreihen aus den Zeilen der Tabelle zu bilden, dann müssen Sie die Daten nicht neu eingeben, sondern vertauschen einfach Zeilen und Spalten im Diagramm.

Sorgen Sie dafür, dass das Datenblatt bzw. Excel geöffnet ist, klicken Sie an eine beliebige Stelle des Diagramms und dann im Register *Diagrammentwurf* ▶ *Daten* auf *Zeile/Spalte tauschen* ❷.

Bild 4.54 Diagrammtyp ändern, Zeile/Spalte tauschen

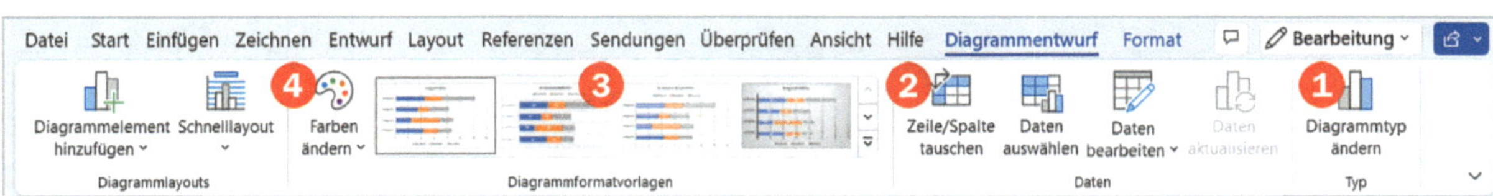

Diagramm formatieren

Zur schnellen Formatierung wählen Sie eine der Diagrammformatvorlagen ❸ (Register *Diagrammentwurf*); über *Farben ändern* ❹ erhalten Sie einige Farbvarianten der verwendeten Designfarben.

Falls Sie einzelne Diagrammelemente individuell formatieren möchten, dann benutzen Sie dazu die Werkzeuge des Registers *Format*. Diese unterscheiden sich kaum von der Formatierung von Formen, siehe Seite 179.

Bild 4.55 Register Format

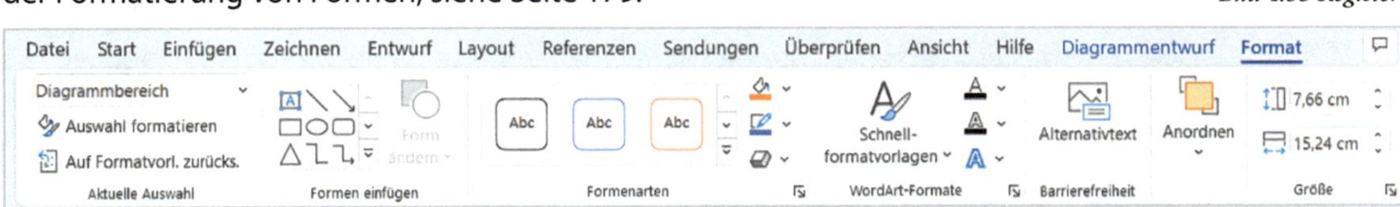

> **Diagrammelemente und Datenreihen markieren**
>
> Im Gegensatz zu den Diagrammformatvorlagen, die automatisch das gesamte Diagramm einbeziehen, müssen Sie zur individuellen Formatierung das betreffende Element zuerst markieren.
>
> Beachten Sie beim Markieren von Datenreihen: Der erste Klick markiert die gesamte Reihe, mit einem zweiten Klick kann dann gezielt ein einzelner Datenpunkt dieser Reihe markiert werden.

Diagrammelemente hinzufügen

Standardmäßig verfügt jedes Diagramm bereits über einen Diagrammtitel und eine Legende, diese wird automatisch aus den Beschriftungen der Datenreihen gebildet, im Diagrammtitel fehlt dagegen der passende Text. Zum Ändern des Diagrammtitels markieren Sie diesen mit einem Klick und geben anschließend Ihren Text ein.

Weitere Beschriftungs- und Diagrammelemente fügen Sie hinzu, indem Sie im Menüband, Register *Diagrammentwurf* ▶ *Diagrammlayouts* auf *Diagrammelement hinzufügen* klicken, anschließend auf das gewünschte Element zeigen und eine Position wählen (Bild 4.56). Auch die Position bereits vorhandener Elemente, z. B. Legende können Sie auf diese Weise schnell ändern. Als Alternative stehen über die Schaltfläche *Schnelllayout* einige vorgefertigte Diagrammlayouts zur Auswahl.

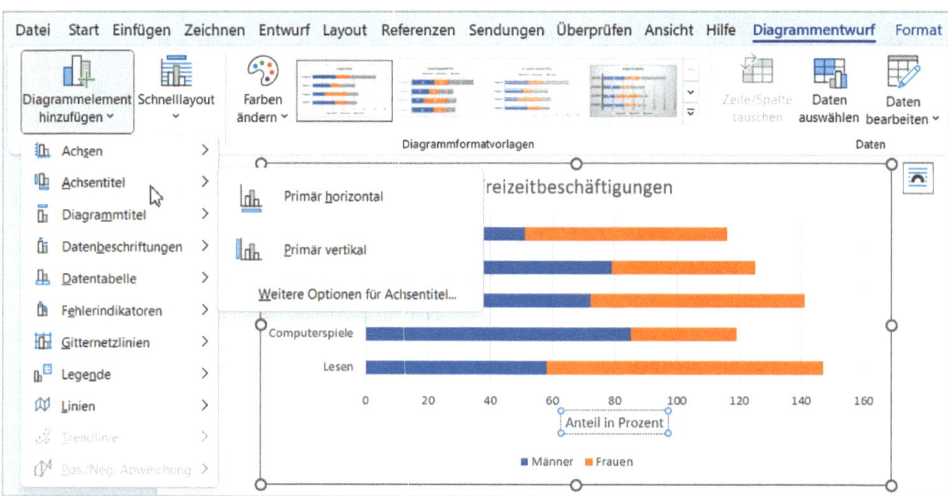

Bild 4.56 Diagrammelemente hinzufügen, Beispiel Diagrammtitel

Diagramme beschriften und fortlaufend nummerieren

Wie Sie ein Abbildungs- und Diagrammverzeichnis erstellen, lesen Sie in Kapitel 6.2.

Genau wie Bilder lassen sich auch Diagramme beschriften und mit einer fortlaufenden Nummerierung versehen, um diese für Querverweise zu nutzen oder ein Verzeichnis daraus zu erstellen. Die Vorgehensweise wurde auf Seite 190 bereits ausführlich beschrieben.

Hinweis: Falls Sie statt der Bezeichnung *Abbildung* lieber *Diagramm* verwenden möchten, dann müssen Sie die Bezeichnung mit Klick auf die Schaltfläche *Neue Bezeichnung...* erstellen, da diese standardmäßig nicht existiert.

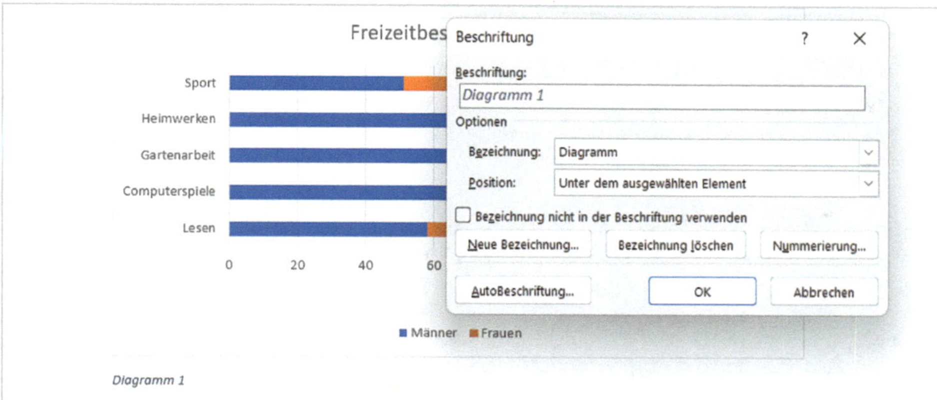

Bild 4.57 Diagramm beschriften

Eine Excel-Tabelle über die Zwischenablage einfügen

Wie bei Diagrammen, stehen auch beim Einfügen einer Excel-Tabelle über die Zwischenablage mit den Einfügeoptionen verschiedene Möglichkeiten zur Verfügung:

Achtung: Verknüpfung eignet sich nicht, wenn Sie das Dokument weitergeben möchten!

Als Word-Tabelle (Standardeinstellung, wie in Bild 4.58) oder als Verknüpfung, siehe Seite 196, zusammen mit der Frage, ob die ursprüngliche Formatierung beibehalten oder an das Format des Dokuments angepasst werden soll. Die Option *Nur den Text übernehmen* fügt dagegen keine echte Tabelle ein, sondern mit Tabstopps getrennte Spalten.

Mit der Wahl einer Verknüpfung wird die Tabelle als Feld eingefügt und alle Änderungen, die Sie mit Excel an der Tabelle vornehmen, erscheinen auch in Word. In Word können Sie zwar die Feldinhalte überschreiben, damit erfolgt aber keine automatische Neuberechnung eventuell vorhandener Formeln und nach der nächsten Aktualisierung, z. B. Rechtsklick und *Verknüpfungen aktualisieren* oder **F9**, erscheinen wieder die Excel-Inhalte.

Felder, siehe Kapitel 5.

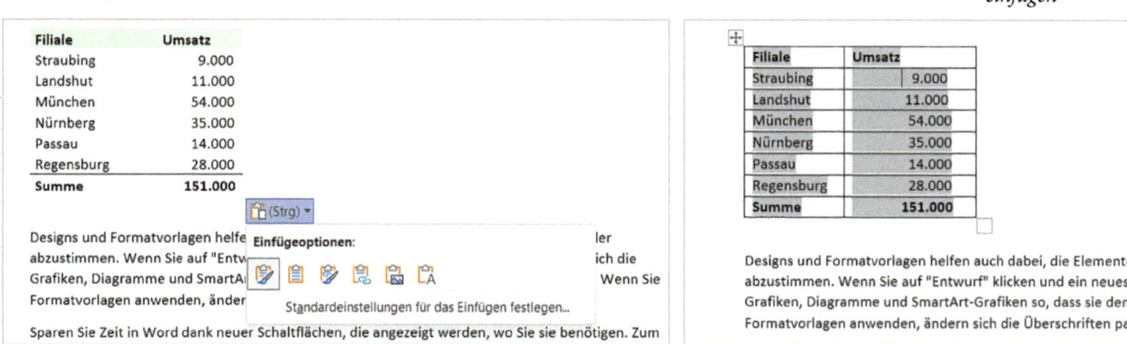

Bild 4.58 Excel-Tabelle über die Zwischenablage einfügen

Excel-Tabelle als Objekt einfügen und bearbeiten

Wenn Sie dagegen die Excel-Tabelle als Objekt in das Word-Dokument einfügen, dann ist auch aus Word heraus die Bearbeitung der Tabelle mit Excel möglich. Leider finden

Sie diese Möglichkeit nicht in den Einfügeoptionen und müssen daher beim Einfügen anders vorgehen:

1. Klicken Sie zum Einfügen aus der Zwischenablage auf den Pfeil der Schaltfläche *Einfügen* (Menüband, Register *Start* ▶ *Zwischenablage*) und hier auf *Inhalte einfügen...* ❶.
2. Das Fenster *Inhalte einfügen* öffnet sich. Klicken Sie auf *Microsoft Excel-Arbeitsmappe-Objekt* ❷ und wählen Sie zwischen *Einfügen* ❸, d. h. als Objekt einbetten und zusammen mit dem Dokument speichern und *Verknüpfung einfügen*.
3. Klicken Sie zuletzt auf *OK*. Die Tabelle wird mit der Originalformatierung eingefügt und erhält im Gegensatz zu normalen Word-Objekten beim Anklicken bzw. Markieren viereckige Markierungspunkte (Bild 4.62 auf Seite 203).

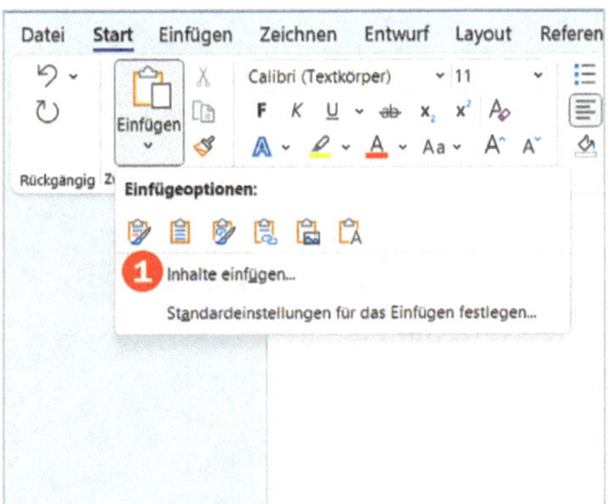

Bild 4.59 Einfügen - Inhalte einfügen

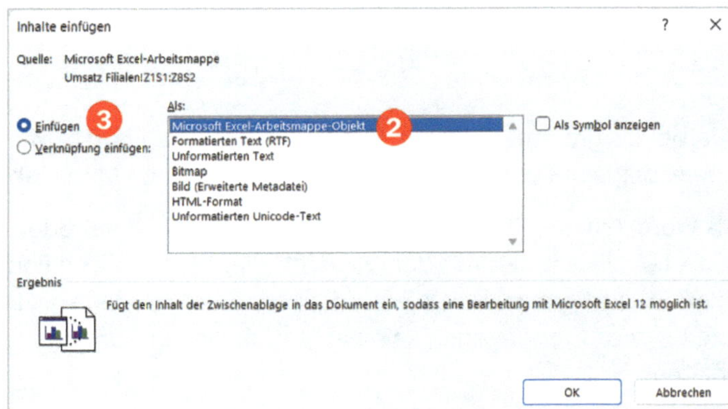

Bild 4.60 Wählen Sie Microsoft Excel-Arbeitsmappe-Objekt

Tabelleninhalt bearbeiten

Zum Bearbeiten der Tabelleninhalte doppelklicken Sie in die Tabelle. Anstelle der Word-Befehle erscheint das Menüband von Excel ❶ zusammen mit der Bearbeitungsleiste und Sie können nun die Tabelle in der Excel-Umgebung bearbeiten.

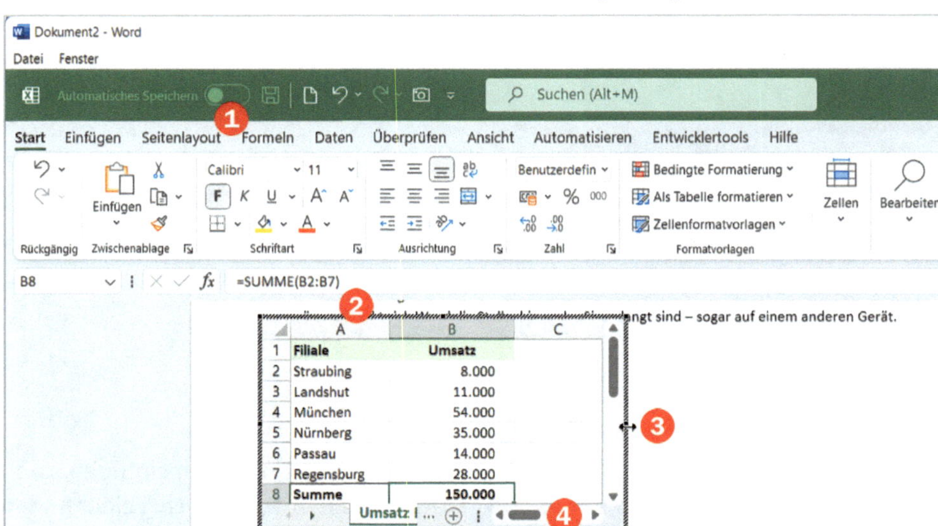

Bild 4.61 Tabelleninhalte mit Excel bearbeiten

Falls Sie weitere Spalten und/oder Zeilen hinzufügen möchten, so zeigen Sie auf einen der Punkte in der schraffierten Umrandung ❷. Als Mauszeiger erscheint ein Doppelpfeil ❸, ziehen Sie in die gewünschte Richtung; über die Bildlaufleisten ❹ verschieben Sie den sichtbaren Ausschnitt.

Zurück zu Word: Die Excel-Umgebung verschwindet automatisch wieder, sobald Sie an eine beliebige Stelle des Dokuments außerhalb der Tabelle klicken. Von Word wird dagegen die Tabelle als ein Objekt behandelt und kann markiert und anschließend z. B. mit einem Rahmen versehen oder mit der **Entf**-Taste gelöscht werden.

Bild 4.62 Die markierte Excel-Tabelle im Dokument

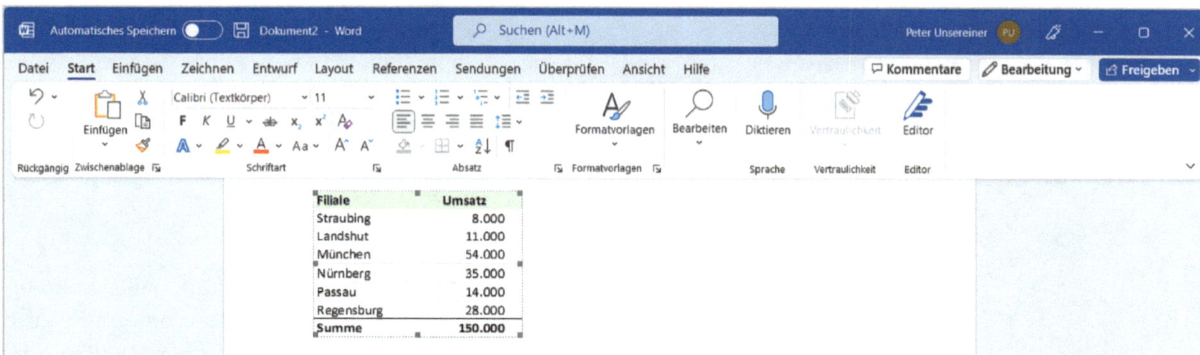

Achtung: Wenn Sie in Word versuchen, das Excel-Objekt mit der Maus zu vergrößern oder zu verkleinern, dann wird es wie ein Bild behandelt, die Schriftgröße des Originals ändert sich nicht. Beachten Sie auch, dass dadurch keine weitere Spalte oder Zeile hinzugefügt, sondern unter Umständen die Tabelle verzerrt wird.

Und noch ein Hinweis: Im Dokument und in der Seitenansicht bzw. Druckvorschau sind zwar die Gitternetzlinien von Excel sichtbar, diese werden aber, genau wie in Excel, nicht gedruckt und auch beim Export in eine PDF-Datei nicht berücksichtigt.

Eine neue Tabelle als Excel-Objekt einfügen

Rechnen zählt bekanntlich nicht zu den Stärken von Word. Wenn Sie mit Excel vertraut sind und in einem Word-Dokument eine Tabelle mit Berechnungen benötigen, dann haben Sie auch die Möglichkeit, statt einer normalen Word-Tabelle eine neue, leere Excel-Tabelle als Objekt einzufügen. Die anschließenden Bearbeitungsmöglichkeiten sind dieselben, wie oben beschrieben. So gehen Sie vor:

Ein einfaches Beispiel für Berechnungen mit Word finden Sie in Verbindung mit Feldern in Kapitel 5.4.

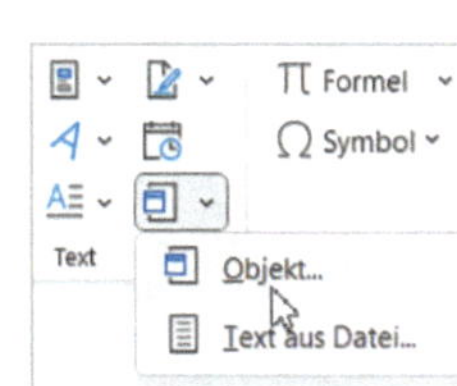

1. Setzen Sie den Cursor in einen leeren Absatz und klicken Sie im Menüband, Register *Einfügen* ▶ *Text* auf *Objekt*.
2. Klicken Sie im Fenster *Objekt* auf das Register *Neu erstellen* ❶ und auf den Objekttyp *Microsoft Excel-Arbeitsblatt* bzw. *Microsoft Excel Worksheet* (Bild 4.63).

   Achtung: Das Kontrollkästchen *Als Symbol anzeigen* ❷ darf nicht aktiviert sein, da sonst im Dokument statt der Tabelle nur das Excel-Symbol erscheint.

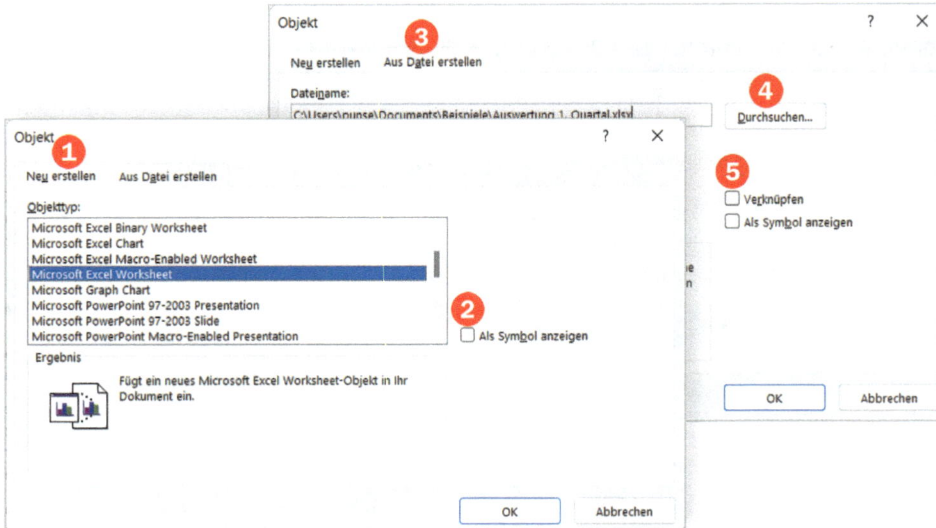

Bild 4.63 Neu erstellen und Objekttyp auswählen

Bild 4.64 Objekt aus Datei erstellen

Tipp: Statt auf dem Weg über die Zwischenablage können Sie auch im Register *Aus Datei erstellen* und mit Klick auf *Durchsuchen* eine bestehende Excel-Mappe auswählen und entweder einbetten oder als Verknüpfung einfügen.

3 Mit Klick auf *OK* wird im Dokument eine Excel-Tabelle eingefügt, gleichzeitig erscheint die Excel-Arbeitsumgebung und Sie können Ihre Daten eingeben. Zum Vergrößern und Verkleinern der Tabelle benutzen Sie wieder die Markierungspunkte des schraffierten Rahmens.

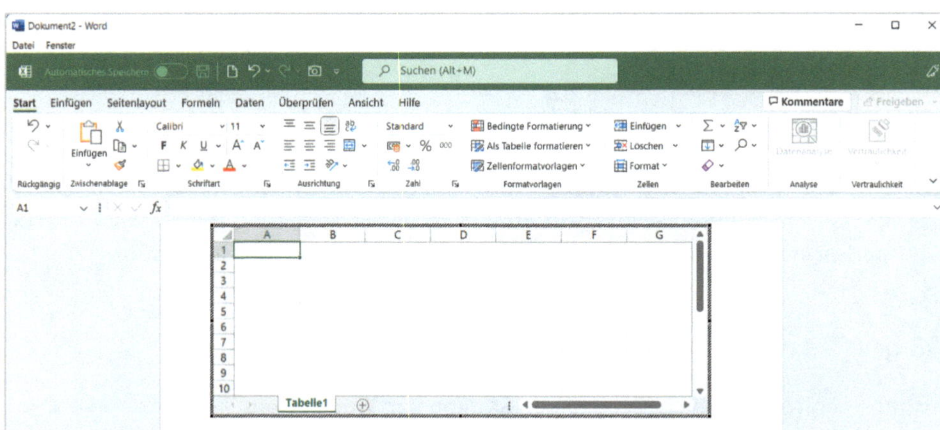

Bild 4.65 Geben Sie Ihre Daten in die neue Excel-Tabelle ein

PDF-Datei in ein Word-Dokument einfügen

Auch eine PDF-Datei lässt sich in ein Word-Dokument als Objekt einfügen, die Vorgehensweise ist dieselbe, wie bei einem Excel-Objekt.

1 Setzen Sie den Cursor an die betreffende Stelle des Dokuments und klicken Sie im Menüband, Register *Einfügen* auf *Objekt*.

2 Aktivieren Sie im nachfolgenden Fenster *Objekt* das Register *Aus Datei erstellen* ❸ (Bild 4.64 oben) und klicken Sie beim Feld *Dateiname* auf *Durchsuchen* ❹, um die Datei auszuwählen. In der Standardeinstellung wird die Datei eingebettet,

d. h. zusammen mit dem Word-Dokument gespeichert, falls Sie die PDF-Datei lieber verknüpfen möchten, so aktivieren Sie das Kontrollkästchen *Verknüpfen* ❺.

Achtung: Umfasst die PDF-Datei mehr als eine Seite, so kann nur die erste Seite im Word-Dokument angezeigt werden.

4.7 Mit Textfeldern arbeiten

Textfeld einfügen

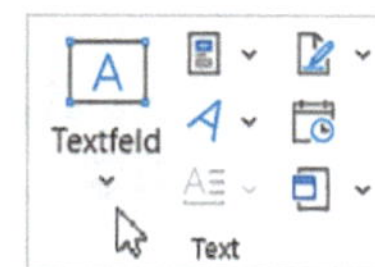

Um Text wie ein grafisches Objekt auf der Seite frei zu positionieren, benötigen Sie ein Textfeld. Dieses kann neben Text auch Grafiken und Tabellen enthalten. Zum Einfügen klicken Sie im Menüband, Register *Einfügen* ▶ *Text*, auf *Textfeld* und wählen eine Vorlage ❶. Die Cursorposition spielt beim Einfügen keine Rolle.

Vorlage verwenden
Auf einer Vorlage basierende Textfelder werden an ihrer vorgegebenen Position, z. B. am linken Rand oder in der Mitte wie im Bild unten, eingefügt, können aber jederzeit mit der Maus verschoben werden. Auch das Symbol *Layoutoptionen* (siehe Punkt 4.3 auf Seite 171) erscheint, sobald Sie auf den Rahmen des Textfeldes klicken. Der Platzhaltertext wird beim Anklicken automatisch markiert und kann überschrieben werden. Die Höhe des Textfeldes passt sich während der Eingabe automatisch an, nicht aber die Breite; Höhe und Breite können Sie aber auch beliebig mit der Maus ändern.

Bild 4.66 Textfeld aus Vorlage erstellen

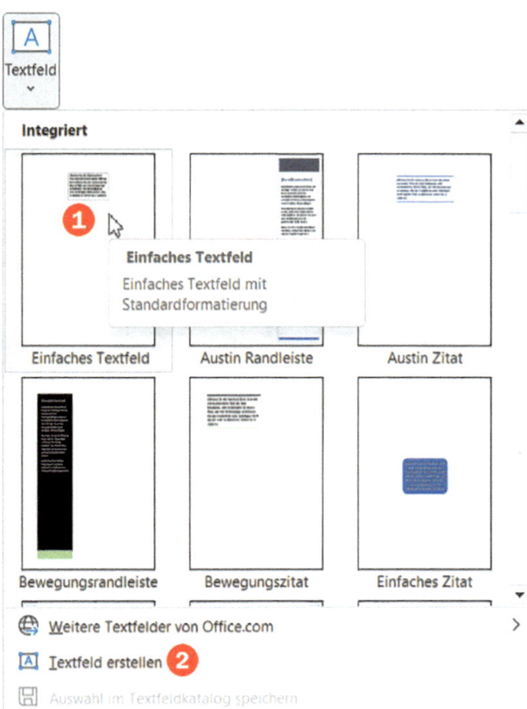

Video bietet eine leistungsstarke Möglichkeit zur Unterstützung Ihres Standpunkts. Wenn Sie auf "Onlinevideo" klicken, können Sie den Einbettungscode für das Video einfügen, das hinzugefügt werden soll. Sie können auch ein Stichwort eingeben, um online nach dem Videoclip zu suchen, der optimal zu Ihrem Dokument passt.

Damit Ihr Dokument ein professionelles Aussehen erhält, stellt Word einander ergänzende Designs für Kopfzeile, Fußzeile, Deckblatt und Textfelder zur Verfügung. Beispielsweise können Sie ein passendes Deckblatt mit Kopfzeile und Randleiste hinzufügen. Klicken Sie auf "Einfügen", und wählen Sie dann die gewünschten Elemente aus den verschiedenen Katalogen aus.

[Wecken Sie das Interesse Ihrer Leser mit einem passenden Zitat aus dem Dokument, oder verwenden Sie diesen Platz, um eine Kernaussage zu betonen. Um das Textfeld an einer beliebigen Stelle auf der Seite zu platzieren, ziehen Sie es einfach.]

Designs und Formatvorlagen helfen auch dabei, die Elemente Ihres Dokuments aufeinander abzustimmen. Wenn Sie auf "Entwurf" klicken und ein neues Design auswählen, ändern sich die Grafiken, Diagramme und SmartArt-Grafiken so, dass sie dem neuen Design entsprechen. Wenn Sie Formatvorlagen anwenden, ändern sich die Überschriften passend zum neuen Design.

Sparen Sie Zeit in Word dank neuer Schaltflächen, die angezeigt werden, wo Sie sie benötigen. Zum Ändern der Weise, in der sich ein Bild in Ihr Dokument einfügt, klicken Sie auf das Bild. Dann wird eine Schaltfläche für Layoutoptionen neben dem Bild angezeigt Beim Arbeiten an einer Tabelle klicken Sie an die Position, an der Sie eine Zeile oder Spalte hinzufügen möchten, und klicken Sie dann auf das Pluszeichen.

Auch das Lesen ist bequemer in der neuen Leseansicht. Sie können Teile des Dokuments reduzieren und sich auf den gewünschten Text konzentrieren. Wenn Sie vor dem Ende zu lesen aufhören müssen, merkt sich Word die Stelle, bis zu der Sie gelangt sind – sogar auf einem anderen Gerät.

Ein benutzerdefiniertes Textfeld einfügen

Um ein benutzerdefiniertes Textfeld einzufügen, klicken Sie auf *Textfeld* und auf *Textfeld erstellen* ❷ (Bild 4.66). Mit einem Fadenkreuz als Mauszeiger ziehen Sie anschließend mit der Maus im Dokument ein rechteckiges Textfeld auf. Im Gegensatz zu den Vorlagen erhält dieses zunächst den Textumbruch *Vor den Text* und während der Texteingabe erfolgt kein automatisches Anpassen der Höhe, Sie müssen also selbst darauf achten, dass keine Inhalte abgeschnitten werden.

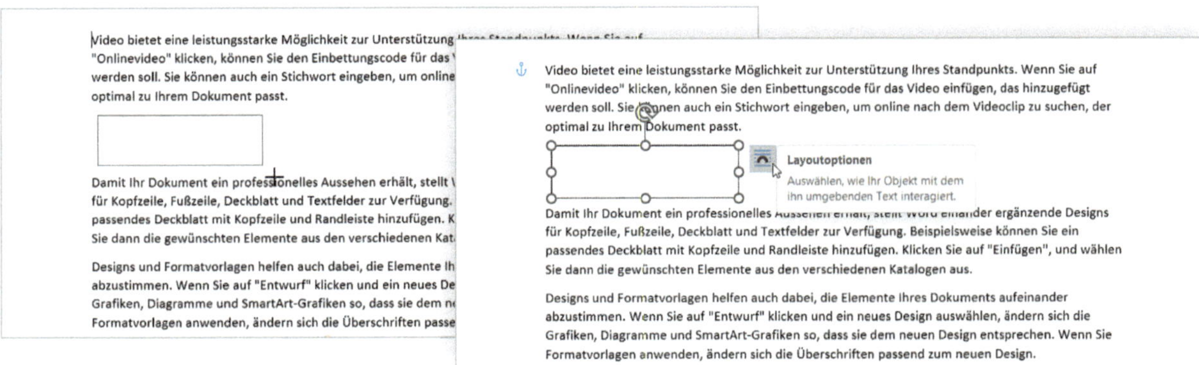

Bild 4.67 Textfeld durch Ziehen erstellen

Bild 4.68 Keine automatische Anpassung an den Inhalt

Textfelder verknüpfen

Wenn die Größe eines Textfeldes oder der verfügbare Platz nicht ausreichen, können Sie zwei oder mehr Textfelder miteinander verknüpfen und so den Überlauftext in das nächste Textfeld fließen lassen. So geht's:

1 Fügen Sie zusätzlich zum ersten Textfeld mit einer der oben beschriebenen Methoden ein zweites Textfeld ein.

2 Markieren Sie dann das erste Textfeld ❶, dessen Überlauf Sie in das zweite Textfeld fließen lassen möchten und klicken Sie im Menüband, Register *Formformat* ▶ *Text* auf *Verknüpfung erstellen* ❷.

3 Der Mauszeiger nimmt die Form einer Tasse an. Klicken Sie mit dieser in das zweite Textfeld ❸, um hier den Überlauftext einzufügen. Achten Sie auf den Mauszeiger bzw. die Tasse: Dieses Aussehen verknüpft das Textfeld.

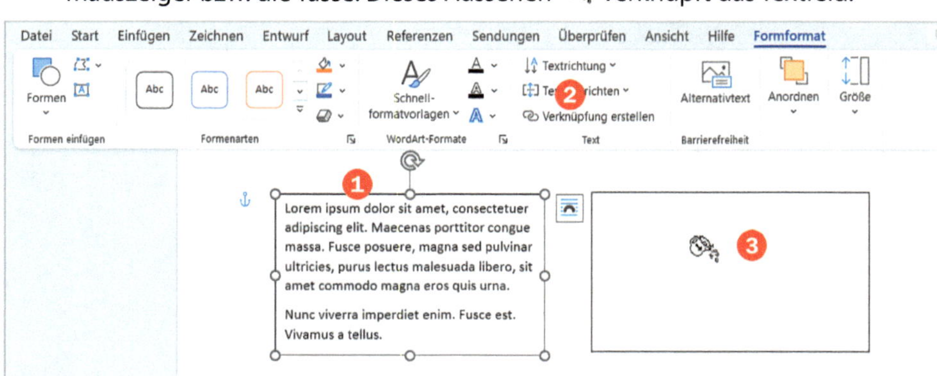

Bild 4.69 Klicken Sie auf das zweite Textfeld

Bei bereits verknüpften Textfeldern erscheint an dieser Stelle ❷ *Verknüpfung aufheben*. Damit lässt sich die Verknüpfung zum zweiten Textfeld wieder entfernen.

Abstand zum Text und automatisches Anpassen der Höhe

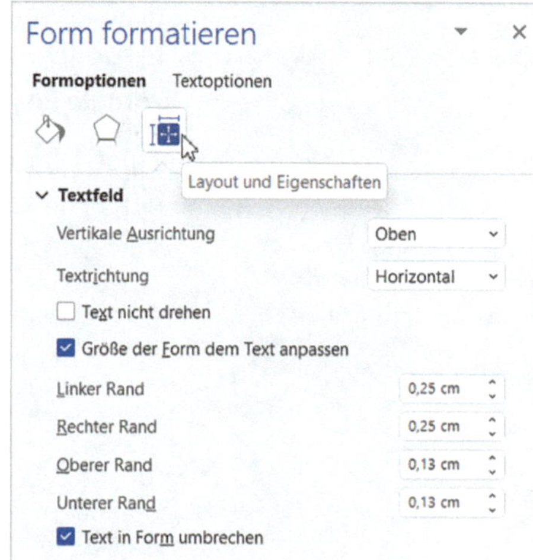

- Wenn sich die Höhe eines benutzerdefinierten Textfeldes automatisch an den Inhalt anpassen soll, dann klicken Sie mit der rechten Maustaste in das Textfeld und auf *Form formatieren...*. Klicken Sie dann im gleichnamigen Aufgabenbereich auf das Register *Layout und Eigenschaften* und aktivieren Sie im Abschnitt *Textfeld* das Kontrollkästchen *Größe der Form dem Text anpassen*.
- Unterhalb können Sie bei Bedarf in den Feldern *Linker Rand*, usw. den Abstand zwischen Text und Rahmen ändern.

Füllfarbe und Rahmen

Die Formatierungsmöglichkeiten im Register *Formformat* ▶ *Formenarten* lassen sich auch auf Textfelder anwenden. Sie können also entweder eine Vorlage verwenden oder über *Formkontur* Linienfarbe und Strichstärke und mit der Schaltfläche *Füllfarbe* eine Hintergrundfarbe auswählen. Zum Entfernen eines Rahmens klicken Sie auf *Formkontur* und wählen *Keine Kontur*.

Text in die Marginalspalte setzen

Mit Textfeldern lassen sich auch, wie in diesem Buch, Anmerkungen und Hinweise in eine Marginalspalte am linken oder rechten Seitenrand setzen, vorausgesetzt hier ist ausreichend Platz vorhanden. Der Seitenrand muss also über *Seite einrichten* zuerst entsprechend vergrößert werden.

Hier ein kleines Beispiel, das ein Textfeld in die Marginalspalte am rechten Seitenrand einfügt, als rechter Seitenrand wurden 5 cm festgelegt.

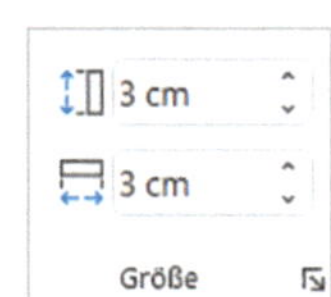

1. Fügen Sie an beliebiger Stelle des Dokuments ein Textfeld ein und legen Sie über die Felder der Gruppe *Größe* die gewünschte Breite, hier 3 cm fest. Die Höhe kann dagegen auch später an den Inhalt angepasst werden.

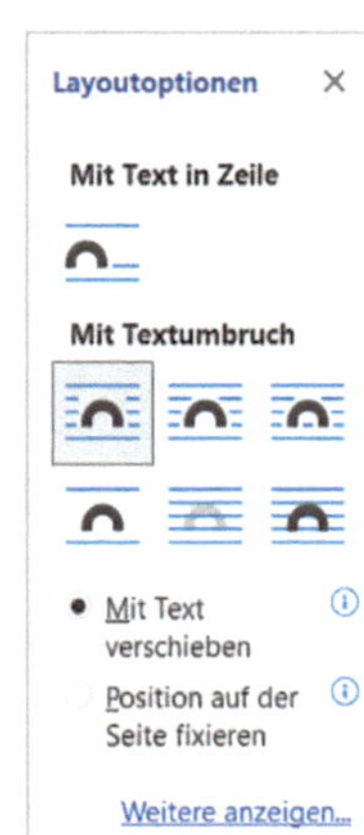

2. Klicken Sie auf das Symbol *Layoutoptionen* und wählen Sie einen beliebigen Textumbruch. z. B. *Quadrat* oder *Vor den Text*. Wenn das Textfeld zusammen mit dem verbundenen Absatz verschoben werden soll, dann muss die Option *Mit Text verschieben* ausgewählt sein.
3. In diesem Fall wird eine genaue Position benötigt, klicken Sie daher in den Layoutoptionen auf *Weitere anzeigen...* bzw. auf *Weitere Layoutoptionen....*
4. Klicken Sie im Dialogfenster *Layout* auf das Register *Position*. Wählen Sie die Option *Absolute Position* und als horizontalen Bezug *rechts von* geben Sie an *Rechter Seitenrand*. Den Abstand zwischen Seitenrand und Textfeld, im Beispiel unten 0,7 cm, geben Sie im Feld *Absolute Position* ein. Da das Textfeld mit der Oberkante des verbundenen Absatzes abschließen soll, legen Sie als vertikale absolute Position 0 cm fest, *unterhalb Absatz*.

Hinweis: Wenn das Dokument beidseitig gedruckt werden soll und sich die Marginalspalte entsprechend außen befindet, dann wählen Sie als Bezug für die horizontale Position *rechts von Äußerer Rand*.

5 Zuletzt formatieren Sie das Textfeld, z. B. mit oder ohne Rahmen und/oder mit einer Füllfarbe.

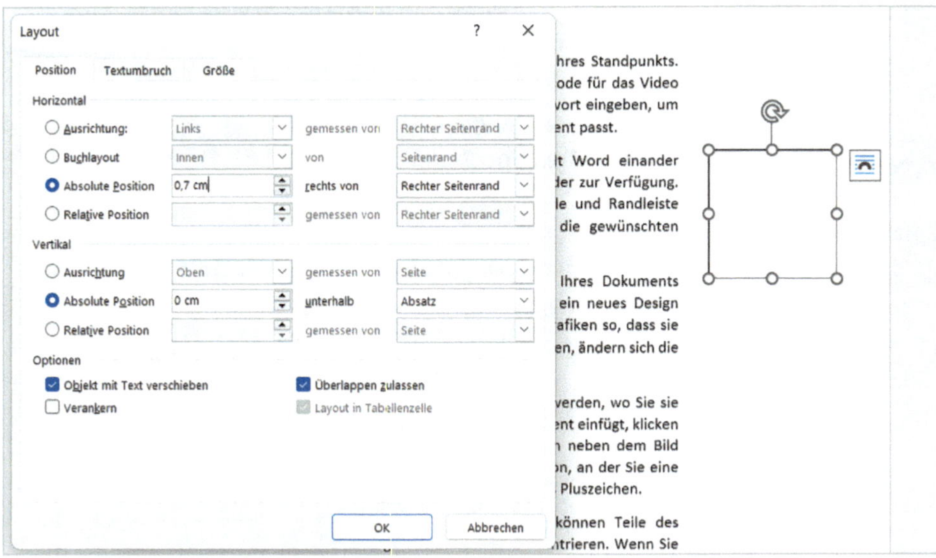

Bild 4.70 Legen Sie im Dialogfenster Layout die Position des Textfeldes fest

Tipp: Textfeld als Vorlage im Textfeldkatalog speichern

Näheres zum Thema Bausteine lesen Sie in Kapitel 1.4.

Da ein solches Textfeld in der Marginalspalte meist mehrfach benötigt wird, sparen Sie Arbeit, wenn Sie das fertige Textfeld anschließend als Baustein im Textfeldkatalog speichern. Hier steht es anschließend über die Schaltfläche *Einfügen* ▶ *Textfeld* zusammen mit den übrigen Vorlagen in der Kategorie *Allgemein* zur Verfügung und kann im aktuellen Dokument und in allen anderen Dokumenten verwendet werden. Die nachfolgende Vorgehensweise lässt sich natürlich auf alle Textfelder anwenden.

1 Entfernen Sie zunächst eventuell vorhandenen Text aus dem Textfeld. Markieren Sie dann das Textfeld, klicken Sie im Register *Einfügen* auf *Textfeld* und hier auf *Auswahl im Textfeldkatalog speichern*.

2 Geben Sie im Fenster *Neuen Baustein erstellen* einen Namen für die Vorlage ein, der Katalog *Textfelder* ist bereits ausgewählt und die Option *Nur Inhalt einfügen* kann beibehalten werden. Klicken Sie zum Speichern auf *OK*.

Achtung: Speichern des Bausteins nicht vergessen!

Der Textfeldbaustein wird in der Datei *Building Blocks* gespeichert. Damit das Textfeld auch in anderen Dokumenten verfügbar ist, müssen Sie beim Beenden von Word auch Änderungen in dieser Datei speichern.

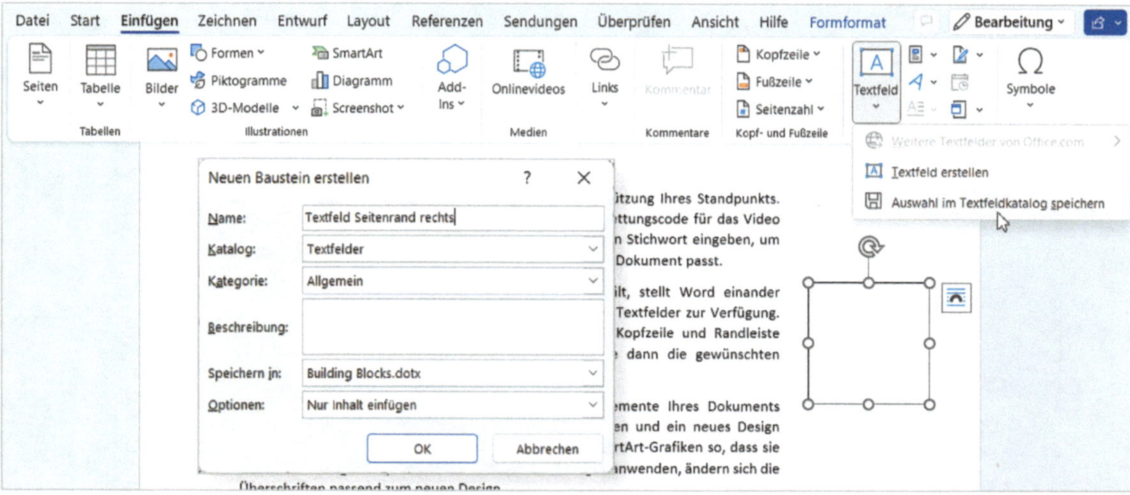

Bild 4.71 Markiertes Textfeld als Vorlage speichern

Textfeldbaustein einfügen

Um später den Textfeldbaustein einzufügen, positionieren Sie den Cursor in dem Absatz, mit dem das Textfeld verbunden werden soll (Anker) und klicken im Menüband, Register *Einfügen* auf *Textfeld*. Hier erscheint Ihr Textfeld unter der Kategorie *Allgemein*.

Bild 4.72 Textfeldbaustein einfügen

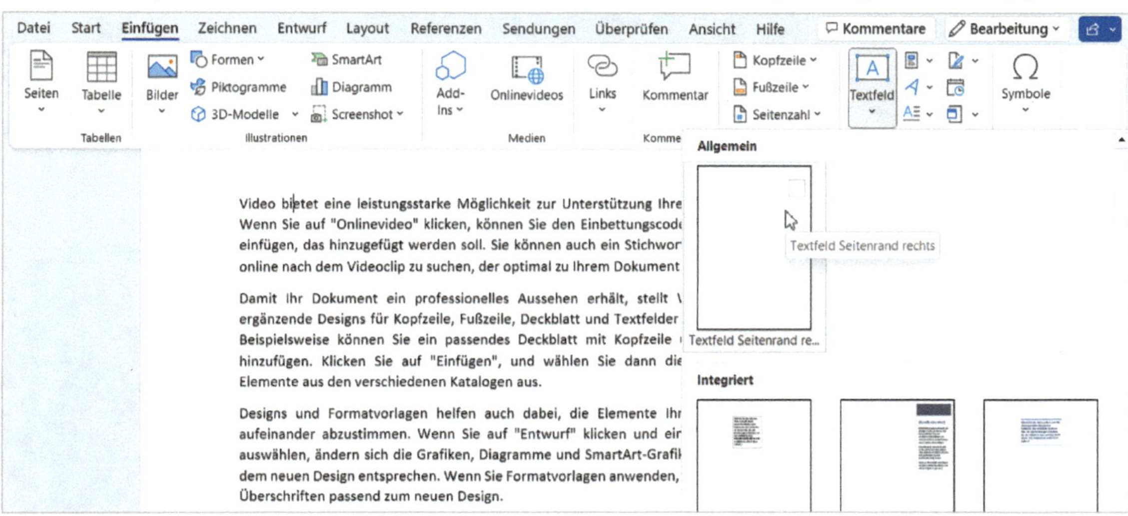

5 Dokumente mit Feldern automatisieren

In diesem Kapitel lernen Sie ...

- Felder einfügen und bearbeiten
- den Aufbau einer Feldfunktion
- Umgang mit Feldern in Dokumenten
- Felder aktualisieren
- Beispiele für besonders nützliche Felder
- Berechnungen mit Feldern

Das sollten Sie bereits wissen

- Formatvorlagen erstellen, anpassen und verwenden
- Kopf- und Fußzeilen
- Tabellen einfügen

Werden im Dokument variable Informationen benötigt, dann erweisen sich Felder als äußerst nützlich. Beispiele für solche Felder sind ein aktualisierbares Datum, Seitenzahlen zum Durchnummerieren der Seiten eines Dokuments, Seriendruckfelder in Serienbriefen, ein Inhaltsverzeichnis oder ein Index. In vielen Fällen bemerken Sie nicht einmal, dass es sich um ein Feld handelt.

5.1 Datumsfelder einfügen

Ein aktualisierbares Datum einfügen

Wenn im Dokument oder in einer Dokumentvorlage automatisch stets das aktuelle Datum erscheinen soll, dann benötigen Sie dazu ein Feld, im einfachsten Fall das jeweils aktuelle Datum.

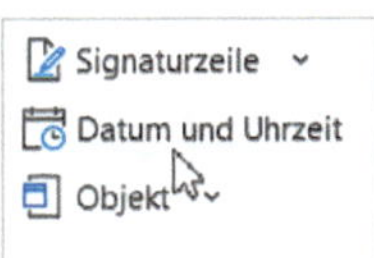

Zum Einfügen an der Cursorposition klicken Sie im Menüband, Register *Einfügen* ▶ *Text* auf *Datum und Uhrzeit* ❶ und wählen anschließend im gleichnamigen Dialogfenster die gewünschte Schreibweise aus ❷ (Bild unten). **Achtung**: Damit stets das aktuelle Datum angezeigt wird, müssen Sie das Kontrollkästchen *Automatisch aktualisieren* ❸ aktivieren, bevor Sie das Feld mit Klick auf *OK* in das Dokument übernehmen.

Bild 5.1 Datum als Feld einfügen

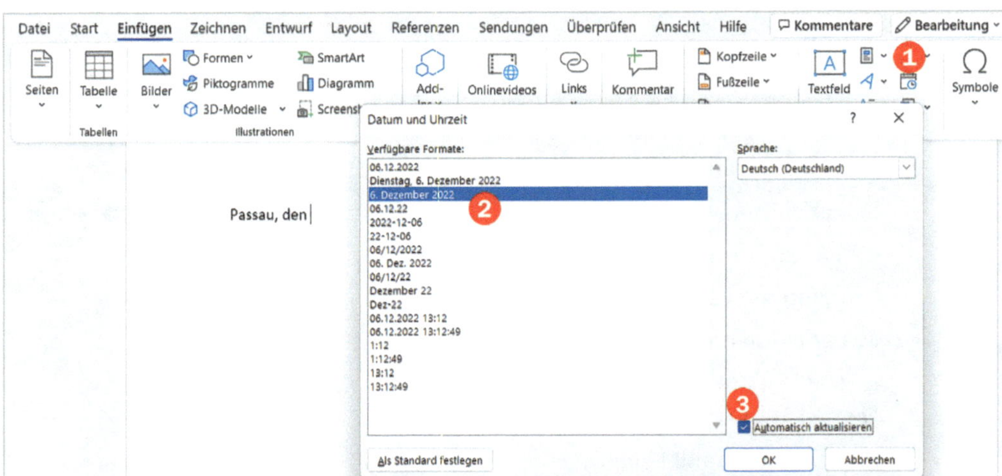

Bild 5.2 Felder werden beim Anklicken grau hervorgehoben

Im Dokument erkennen Sie in der Standardeinstellung ein Feld an der grauen Schattierung; diese wird allerdings erst sichtbar, wenn Sie das Feld anklicken und darf nicht mit markiertem Text verwechselt werden.

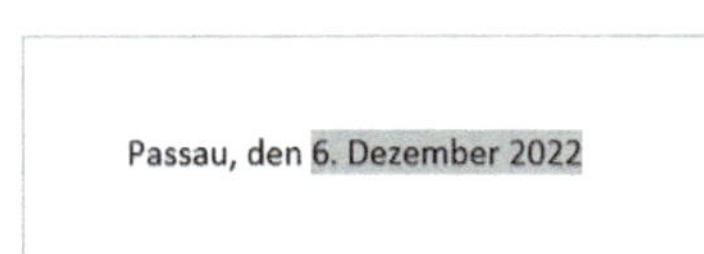

Datum aktualisieren

Die Aktualisierung des Datums erfolgt automatisch beim Öffnen; wenn Sie Datum oder Uhrzeit manuell aktualisieren möchten, dann betätigen Sie die Taste **F9**.

Nachteil des einfachen aktualisierbaren Datums
In Briefen ist beim späteren Öffnen des fertigen und gespeicherten Briefes nicht mehr ersichtlich, wann der Brief erstellt bzw. gedruckt wurde, da das Datumsfeld ja immer das aktuelle Datum anzeigt.

Weitere Datumsfelder

Besser geeignet ist in vielen Fällen das Datum, an dem das Dokument erstellt oder gedruckt wurde, vor allem in Dokumentvorlagen für Briefe. Diese Datumsfelder werden, wie alle Felder, über das Dialogfenster *Feld* in das Dokument eingefügt. Als Beispiel soll das Datum der Erstellung an der Cursorposition eingefügt werden:

Bild 5.3 Register Einfügen, Gruppe Text

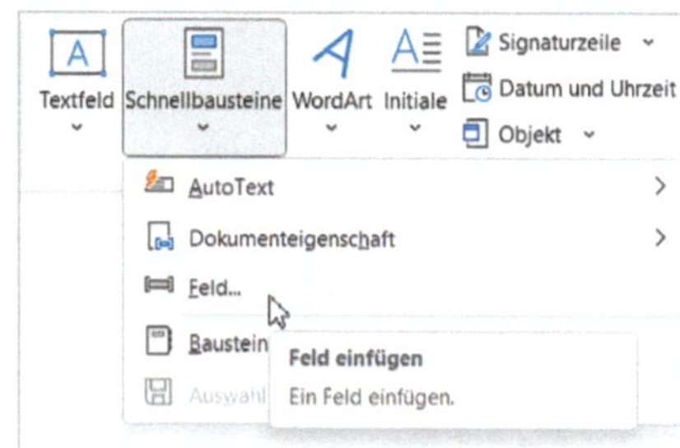

1 Klicken Sie im Menüband, Register *Einfügen* auf *Schnellbausteine* und hier im Untermenü auf *Feld...*.

2 Das Fenster *Feld* öffnet sich und in der Liste *Feldnamen* ❶ werden alle Felder aufgeführt. Da die Liste sehr umfangreich und alphabetisch geordnet ist, klicken Sie am besten zunächst in das Feld *Kategorie* ❷ und wählen *Datum und Uhrzeit* ❸ aus.

3 Unterhalb erscheinen nun ausschließlich Datums- und Uhrzeitfelder. Klicken Sie auf das Feld *CreateDate* ❹ (Erstelldatum). Im mittleren Bereich *Feldeigenschaften* können Sie anschließend die gewünschte Schreibweise auswählen ❺ und mit *OK* übernehmen Sie das Datumsfeld in das Dokument.

Bild 5.4 Weitere Datumsfelder über das Fenster Feld einfügen

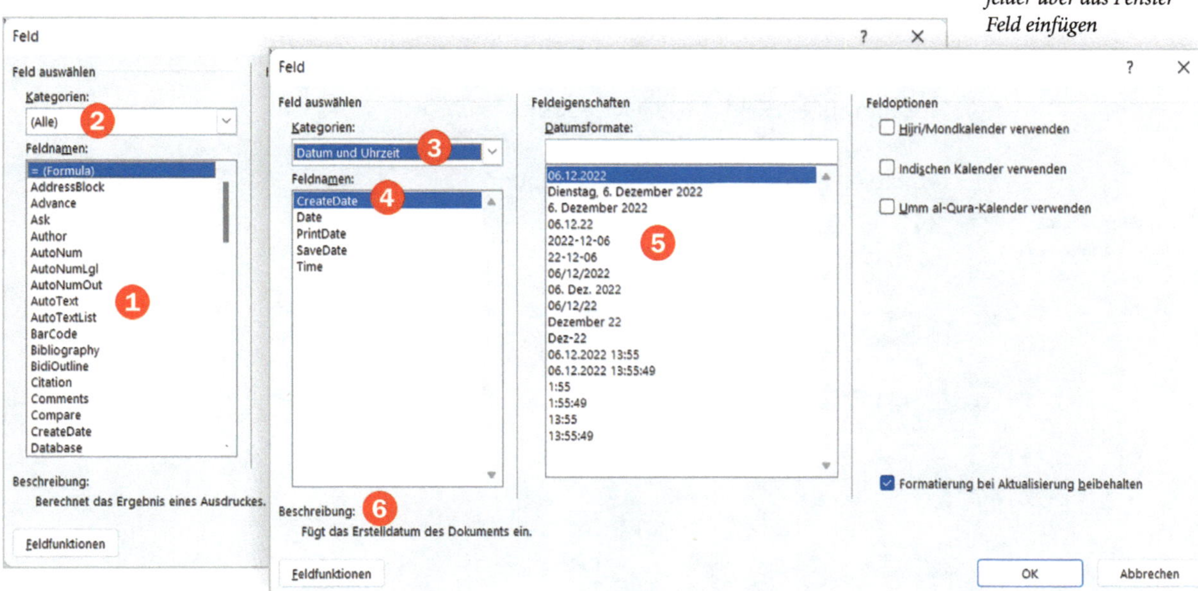

Tipp: Leider verwendet Word ausschließlich englische Feldnamen. Sie erhalten jedoch im unteren Bereich eine kurze Beschreibung ❻ des markierten Feldes auf deutsch.

Alternativ eignet sich auch das Feld PrintDate (Druckdatum).

Das Feld *CreateDate* (Erstelldatum) ist für Dokumentvorlagen, insbesondere Briefvorlagen äußerst nützlich, da das Datum nur aktualisiert wird, wenn aus der Vorlage ein neues Dokument erstellt wird, nicht aber beim späteren Öffnen des Dokuments. Eine Übersicht über die übrigen Datumsfelder finden Sie in der nachfolgenden Tabelle.

Hinweis: Falls das Datum z. B. nur in englischer Schreibweise verfügbar sein sollte, kann dies daran liegen, dass an der Cursorposition die Sprache Englisch ausgewählt wurde.

Sprache festlegen, siehe Seite 24.

Feld	Funktionsweise
SaveDate	Fügt das Datum ein, an dem die Datei das letzte Mal gespeichert wurde. So können Sie beispielsweise die Aktualität dokumentieren.
PrintDate	Fügt das Datum ein, an dem das Dokument das letzte Mal ausgedruckt wurde. Wenn noch kein Ausdruck erfolgt ist, dann erscheinen Nullen, 00.00.0000.
Date	Das Datum wird bei jedem Öffnen des Dokuments automatisch aktualisiert.
Time	Fügt Datum und Uhrzeit ein, die tatsächliche Anzeige richtet sich nach dem vorgegebenen Datumsformat, z. B. TIME \@ "dd.MM.yyyy HH:mm". Dieses Feld wird auch von der Schaltfläche Einfügen - Datum und Uhrzeit eingefügt (siehe oben).

5.2 Das Dialogfenster Feld

Sämtliche Felder finden Sie im gleichnamigen Dialogfenster, das Sie über das Menüband, Register *Einfügen* über die Schaltfläche *Schnellbausteine* und den Menübefehl *Feld...* öffnen.

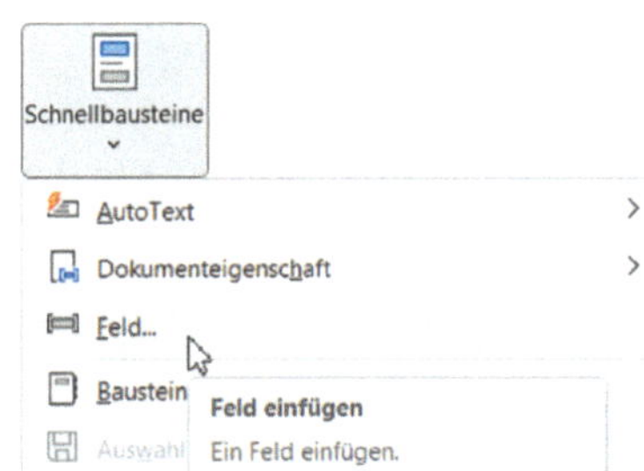

Bild 5.5 Klicken Sie im Register Einfügen auf Schnellbausteine

Wählen Sie zunächst eine Kategorie und klicken Sie dann auf ein Feld, z. B. die Kategorie *Dokumentinformationen* ❶ und das Feld *FileName* ❷. Unterhalb erscheint eine kurze Beschreibung ❸.

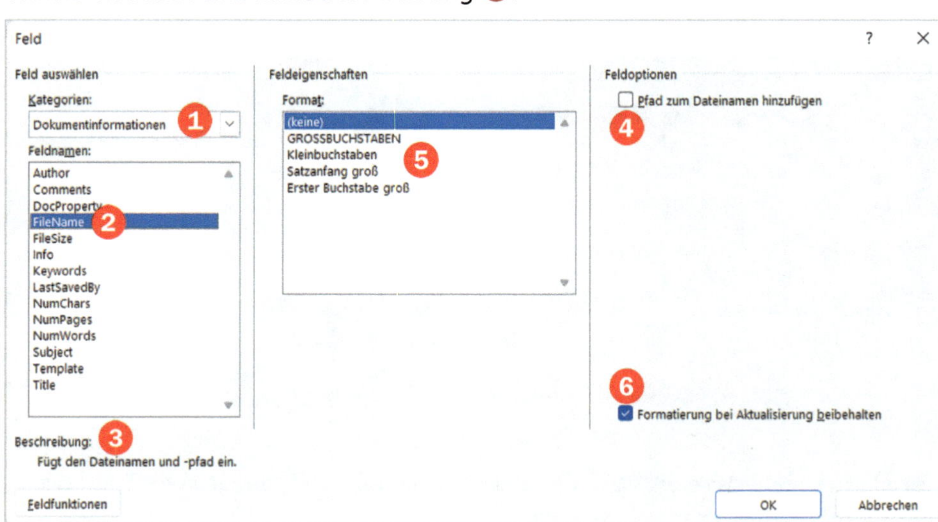

Bild 5.6 Beispiel: Dokumentinformationen - Feld FileName

Feldoptionen und Feldeigenschaften

Allerdings liefert z. B. das Feld *FileName* in der Grundeinstellung nur den Dateinamen; wenn Sie zusätzlich auch den Dateipfad benötigen, dann müssen Sie im Bereich *Feldoptionen* das Kontrollkästchen *Pfad zum Dateinamen hinzufügen* ❹ aktivieren (Bild 5.6). Welche Feldoptionen verfügbar sind, hängt vom jeweiligen Feld ab.

Im Bereich *Feldeigenschaften* bzw. *Format* ❺ können Sie bei Bedarf die Schreibweise genauer spezifizieren und beispielsweise für Zahlen ein Zahlenformat (*Numerisches Format*) wählen.

Die Feldeigenschaft *Format* bzw. *Numerisches Format* steuert die Anzeige des Feldinhalts, beispielsweise die Schreibweise eines Datums und darf nicht verwechselt werden mit Textformaten im Dokument, wie z. B. Fett oder Unterstrichen.

Anwendern von Excel dürften die Zahlenformate für Felder bekannt vorkommen.

Textformate des Dokuments beibehalten

Felder können im Dokument wie jeder andere Text formatiert werden, z. B. in abweichender Schriftfarbe. Damit diese Formatierung auch nach einer Aktualisierung des Feldes beibehalten wird, sollte in jedem Fall das Kontrollkästchen *Formatierung bei Aktualisierung beibehalten* aktiviert sein ❻ (Bild 5.6). Dies bezieht sich jedoch nicht auf die Formate, die Sie in den *Feldeigenschaften* festlegen.

Damit sind alle erforderlichen Angaben gemacht und das Feld kann mit *OK* in das Dokument übernommen werden.

Feldfunktionen einblenden und bearbeiten

Streng genommen liefert ein Feld eigentlich das Ergebnis einer Funktion, vergleichbar mit den Funktionen von Microsoft-Excel. Word-Feldfunktionen besitzen jedoch einen anderen Aufbau und die Funktionsargumente, die Aussehen und Verhalten des Funktionsergebnisses näher definieren, werden als Schalter bezeichnet.

Feldfunktion anzeigen

Falls Sie im Fenster *Feld* statt der normalen Anzeige von Feldeigenschaften bzw. Formaten und Feldoptionen lieber die Feldfunktion anzeigen oder bearbeiten möchten, dann klicken Sie auf die Schaltfläche *Feldfunktionen* (Bild 5.6 auf Seite 214).

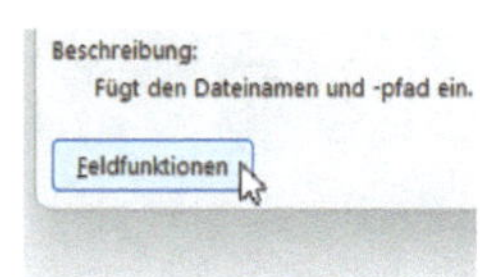

Mit Klick auf die Schaltfläche *Feldfunktionen ausblenden* an derselben Stelle gelangen Sie wieder zurück zur vorherigen Anzeige.

Anschließend sehen Sie unter *Erweiterte Feldeigenschaften* ❶ die ausgewählte Feldfunktion, hier *FILENAME* mit eventuell zuvor festgelegten Feldoptionen und Formaten (Bild 5.7).

Schalter hinzufügen

Um der Funktion Formate und Feldoptionen hinzuzufügen, klicken Sie auf die Schaltfläche *Optionen...* ❷. Im Fenster *Feldoptionen* können Sie nun einzelne Schalter markieren und mit der Schaltfläche *Hinzufügen* in die Feldfunktion aufnehmen.

Beispiel Dateiname und -pfad:

- Wählen Sie für das Feld *FileName*, wie im Bild unten, im Fenster *Feldoptionen*, Register *Allgemeine Schalter* das Format *GROSSBUCHSTABEN* und klicken Sie auf *Hinzufügen*. In der Zeile *Feldfunktionen* erscheint der entsprechende Schalter und die vollständige Feldfunktion lautet: FILENAME * Upper ❸.
- Falls Sie im Register *Spezifische Schalter* ❹ noch den Dateipfad mit dem Schalter \p hinzufügen, so lautet der vollständige Ausdruck: FILENAME * Upper \p.
- Überflüssige Schalter können Sie im Eingabefeld *Feldfunktionen* markieren und per Tastatur löschen.

Bild 5.7 Feldfunktionen im Fenster Feldoptionen bearbeiten

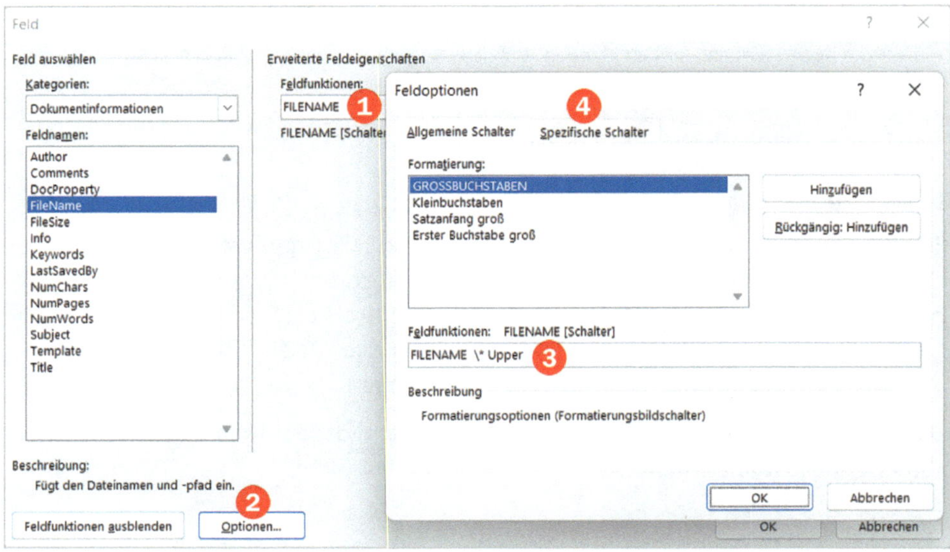

Aufbau einer Feldfunktion

Lassen Sie sich nicht davon irritieren, dass Word die Feldfunktionen manchmal in Großbuchstaben schreibt. Die Groß- und Kleinschreibung spielt bei Feldnamen keine Rolle.

- **Feldname**: Zuerst kommt der Name der Feldfunktion, z. B. *FileName* oder *Date*. Teilweise schließen sich daran weitere Argumente an, etwa bei *DocProperty* (Dokumenteigenschaften) die ausgewählte Dokumenteigenschaft, beispielsweise *Company* (Firma). Groß- oder Kleinschreibung von Feldnamen ist irrelevant.
- **Schalter**: Danach folgen meist noch ein oder mehrere Schalter zur näheren Spezifizierung der Funktion, siehe Tabelle unten. **Wichtig:** Zwischen Funktionsname und Schalter muss sich mindestens ein Leerzeichen befinden.

Wissenswertes über Schalter

- Jeder einzelne Schalter beginnt mit dem Backslash \ (Eingabe über die Tasten **Alt Gr+ß**).

Die Zeichen entnehmen Sie der Tabelle weiter unten.

- Möchten Sie mit dem Schalter ein Format festlegen, so folgt ein weiteres Zeichen, das angibt, ob es sich um ein Text-, Zahlen- oder Datumsformat handelt, gefolgt vom eigentlichen Zahlen- oder Datumsformat in Anführungszeichen " ".

- Eine Feldfunktion kann, getrennt durch mindestens ein Leerzeichen, auch mehrere Schalter enthalten.
- Der Schalter ** MERGEFORMAT* sorgt dafür, dass Textformate des Dokuments nach dem Aktualisieren beibehalten werden. Dieser wird bei aktiviertem Kontrollkästchen automatisch hinzugefügt.

Schalter für Text- Zahlen- und Datumsformate

Schalter	Wird verwendet für...	Beispiel Feldfunktion	Beispiel Anzeige
*	Texte	FILENAME * Upper	BERICHT.DOCX
\#	Zahlenformate, das eigentliche Zahlenformat wird dahinter in Anführungszeichen " " angegeben. Auch Zusätze wie z. B. Währungsangaben sind erlaubt.	FILESIZE \# "0,00" FILESIZE \# "#.##0 Byte"	18630,20 15.319 Byte
\@	Datumsformate, auch hier wird anschließend das eigentliche Datumsformat in Anführungszeichen angegeben.	DATE \@ "dd.MM.yyyy"	01.04.2023

Es macht keinen Unterschied, ob Sie beim Einfügen eines Feldes einfach die Feldeigenschaften und -optionen auswählen oder die Feldfunktion einblenden und hier die entsprechenden Schalter hinzufügen.

Beim eigentlichen Zahlen- oder Datumsformat unterscheiden sich Feldfunktionen in Word nur geringfügig von benutzerdefinierten Formaten in Microsoft Excel. Das Format muss in Anführungszeichen angegeben werden, als Dezimalzeichen wird standardmäßig das Komma und als Tausendertrennzeichen der Punkt verwendet. Zusätzliche Zeichen, z. B. Leerzeichen oder Währungsangaben sind erlaubt. Für negative Zahlen können Sie, getrennt durch Semikolon (;) ein zweites Zahlenformat mit negativem Vorzeichen angeben, z. B. "0,00;-0,00".

Bei Datumsangaben legt die Anzahl der Platzhalterzeichen, beispielsweise d für day (Tag) fest, ob der Tag als ein- oder zweistellige Zahl (d bzw. dd) oder als Wochentag abgekürzt (ddd = Mo) bzw. vollständig (dddd = Montag) angezeigt wird. Dasselbe gilt auch für Monate (M). In der Tabelle unten einige Beispiele:

Achtung: Der Platzhalter für den Monat muss unbedingt in Großbuchstaben M angegeben werden, da der Kleinbuchstabe m für die Minuten einer Zeitangabe steht.

Format	Ausgangswert	Ergebnis
\# "0"	1234,2	1234
\# "0,00"	1234	1234,00
\# "#.##0,0"	1234	1.234,0
\# "#.##0,00 EUR"	1234	1.234,00 EUR
\# "0,0"	-35	35,0
\# "0,00;-0,00"	-35	-35
* ALPHABETIC	2	B (Großbuchstaben)
* alphabetic	4	d (Kleinbuchstaben)

Format	Ausgangswert	Ergebnis
* ROMAN	2	II (röm. Großbuchstaben)
* roman	3	iii (röm. Kleinbuchstaben)
\@ "dd.MM.yyyy"	01.04.2023	01.04.2023
\@ "ddd, d. MMM. yyyy	01.04.2023	Sa, 1. Apr. 2023
\@ "dddd, dd.MMMM yyyy"	01.04.2023	Samstag, 01. April 2023

Tipp: Seriendruckfelder mit Schaltern formatieren

Enthält ein Seriendruckfeld eine Zahl oder ein Datum, dann ist ein Zahlen- oder Datumsformat erforderlich, wenn z. B. die Zahl mit einer bestimmten Anzahl Dezimalstellen oder das Datum in einer genau festgelegten Schreibweise angezeigt werden soll. In solchen Fällen können Sie ein beliebiges Datumsfeld oder mit einer Zahl, z. B. *FileSize* (Dateigröße) auswählen, zusammen mit der Feldfunktion den passenden Schalter anzeigen lassen und diesen über die Zwischenablage direkt im Dokument in die Funktion kopieren.

5.3 Felder im Dokument bearbeiten

So erkennen Sie Felder

Bild 5.8 Felder werden schattiert hervorgehoben

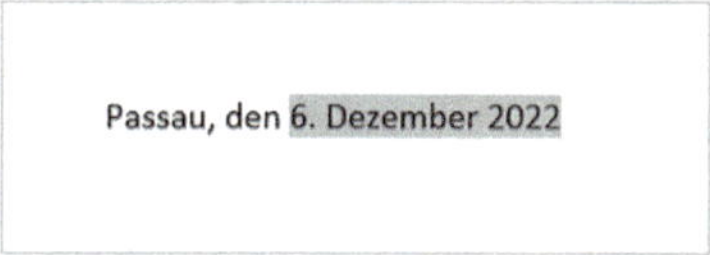

Felder erkennen Sie im Dokument an der grauen Schattierung, diese wird allerdings in der Standardeinstellung nur sichtbar, wenn sich der Cursor im Feld befindet bzw. wenn Sie das Feld anklicken. Enthält ein Dokument sehr viele Felder, dann kann es zur besseren Übersicht sinnvoll sein, grundsätzlich alle Felder hervorzuheben. Die Schattierung ist nur am Bildschirm sichtbar, nicht aber auf dem Ausdruck.

Optionen zur Feldschattierung

Die Schattierung von Feldern steuern Sie in den Word-Optionen. Klicken Sie im Register *Datei* auf *Optionen* und hier auf *Erweitert* ❶. Scrollen Sie dann nach unten bis zum Abschnitt *Dokumentinhalt anzeigen*.

- Wählen Sie im Feld *Feldschattierung* ❷ zwischen *Nie*, *Immer* und *Wenn ausgewählt* (Standardeinstellung).

Alt+**F9**: Anzeige der Feldfunktionen ein/aus.

- Das Kontrollkästchen *Feldfunktionen anstelle von Werten anzeigen* ❸ erlaubt die Anzeige von Feldfunktionen als Standardanzeige, dies dürfte jedoch nur in Ausnahmefällen sinnvoll sein. Schneller geht's, wenn Sie im Dokument mit der Tastenkombination **Alt**+**F9** zwischen den beiden Anzeigearten wechseln.

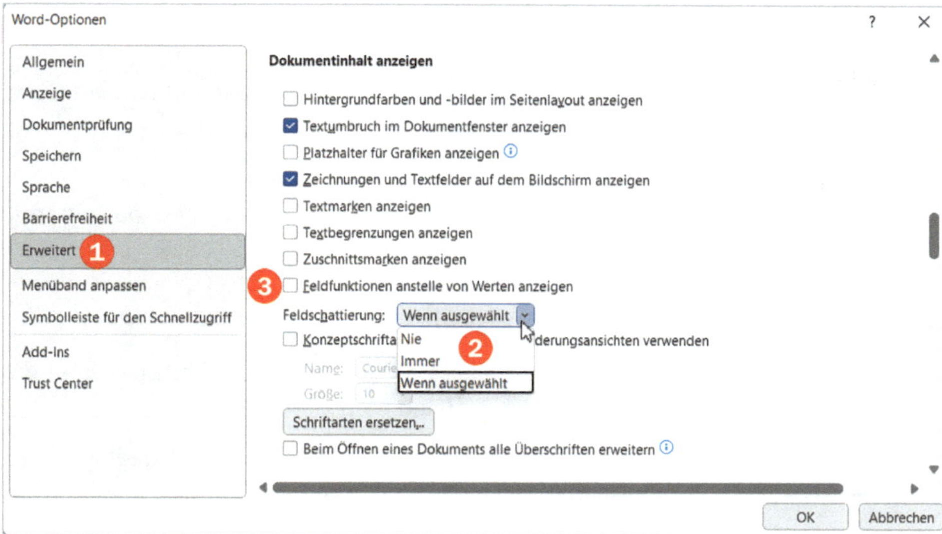

Bild 5.9 Feldschattierung steuern

Tipp: Felder ansteuern
Eine Möglichkeit zum schnellen Bewegen zwischen Feldern bietet die Funktionstaste **F11**: Mit **F11** markieren Sie automatisch das nächste Feld, **Umschalt**+**F11** markiert dagegen das vorherige Feld.

Felder aktualisieren

Felder werden nicht automatisch aktualisiert!

Felder müssen, bis auf wenige Ausnahmen siehe weiter unten, nach Änderungen manuell aktualisiert werden. So verhält sich beispielsweise das Feld *Time* zur Anzeige der Uhrzeit in einem geöffneten Dokument nicht wie eine Digitaluhr, sondern zeigt erst nach dem Aktualisieren wieder die aktuelle Uhrzeit an. Auch Inhaltsverzeichnisse reagieren nicht automatisch auf Änderungen der Überschriften. Zum Aktualisieren von Feldern wählen Sie eine der folgenden Möglichkeiten:

- Klicken Sie mit der rechten Maustaste in das Feld und wählen Sie *Felder aktualisieren*. Befindet sich das Feld in einem Platzhalter, z. B. bei einem Inhaltsverzeichnis, so erscheint der Befehl *Aktualisieren* zusammen mit dem Rahmen des Platzhalters automatisch, sobald Sie in das Feld klicken.

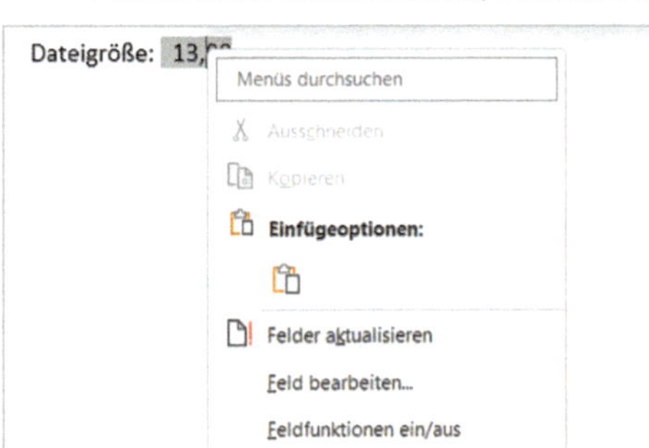

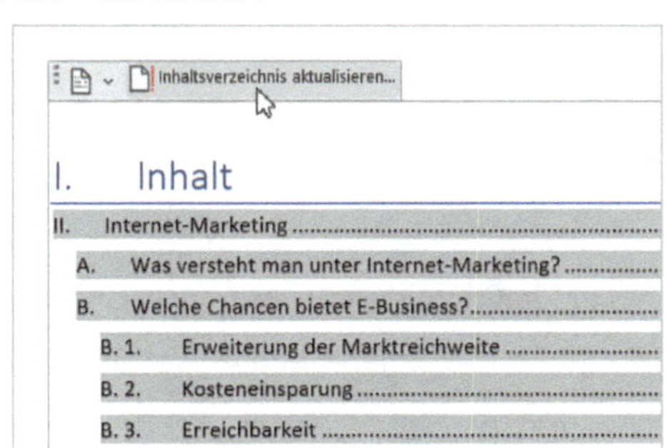

Bild 5.10 Feld über das Kontextmenü aktualisieren

Bild 5.11 Platzhalter aktualisieren

Markiertes Feld aktualisieren: **F9**

- Markieren Sie das Feld oder setzen Sie den Cursor in das Feld und drücken Sie die Funktionstaste **F9**.
- Für einige Felder besteht auch im Menüband die Möglichkeit der Aktualisierung, z. B. Register *Referenzen* ▶ *Inhaltsverzeichnis*, Schaltfläche *Inhaltsverzeichnis aktualisieren*.
- Alle Felder des Dokuments aktualisieren Sie, indem Sie mit **Strg+A** das gesamte Dokument markieren und danach **F9** drücken.

Keine Regel ohne die entsprechenden Ausnahmen

- Einige Felder werden automatisch aktualisiert. Hierzu zählt beispielsweise das Feld *PrintDate*, welches das Datum des letzten Ausdrucks anzeigt.
- Andere Felder werden aktualisiert, wenn das Dokument erneut geöffnet wird. Hierzu gehören beispielsweise die Felder *Time* und *Date*.

Zur Verwendung von StyleRef, siehe Seite 223.

- Bei manchen Feldern erfolgt die Aktualisierung abhängig von ihrer Position. *Page* (Seitenzahl), *Numpages* (Anzahl Seiten) oder *StyleRef* (zeigt den Inhalt einer bestimmten Formatvorlage an) werden automatisch aktualisiert, wenn sie sich in der Kopf- oder Fußzeile befinden. Außerhalb dieser Bereiche müssen die Felder manuell aktualisiert werden.

Felder vor dem Drucken aktualisieren

Sollen Felder beim Drucken automatisch aktualisiert werden, dann steuern Sie dies in den Word-Optionen. Klicken Sie im Register *Datei* auf *Optionen* und im Fenster *Word-Optionen* auf *Anzeige*. Im Abschnitt *Druckoptionen* können Sie nun das Kontrollkästchen *Felder vor dem Drucken aktualisieren* aktivieren.

Bild 5.12 Aktivieren Sie das Kontrollkästchen Felder vor dem Drucken aktualisieren.

Felder für Aktualisierung sperren/entsperren

Feld sperren: **Strg+F11**

Wenn Sie in Ausnahmefällen verhindern möchten, dass ein bestimmtes Feld aktualisiert wird, so erreichen Sie dies durch Sperren des Feldes: Klicken Sie in das Feld und drücken Sie die Tasten **Strg+F11** (oder **Strg+3**). Mit den Tasten **Strg+Umschalt+F11** oder **Strg+4** heben Sie die Sperre wieder auf.

Feldfunktionen im Dokument anzeigen und bearbeiten

- Im Dokument kann ein Feld entweder die Feldfunktion anzeigen,
- oder das Ergebnis der Feldfunktion, dies ist gleichzeitig die Standardanzeige.

Zwischen diesen beiden Anzeigearten wechseln Sie entweder, indem Sie mit der rechten Maustaste in das Feld und auf den Befehl *Feldfunktionen ein/aus* klicken oder mit der Tastenkombination **Alt+F9**. Eingeblendete Feldfunktionen sind in geschweifte Klammern eingeschlossen, wie in Bild 5.14.

Feldfunktion anzeigen: **Alt+F9**

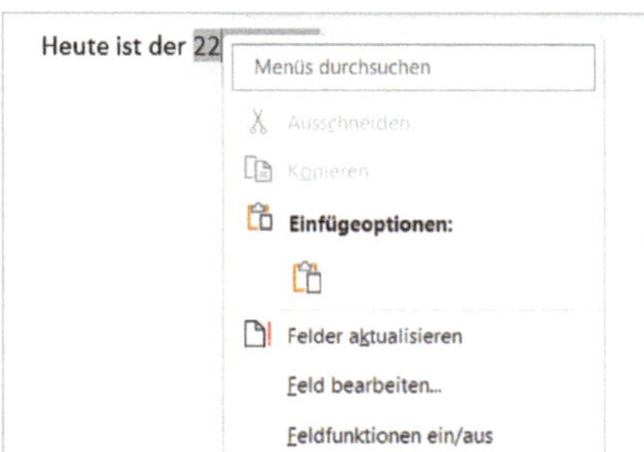

Bild 5.13 Feldfunktionen ein/aus

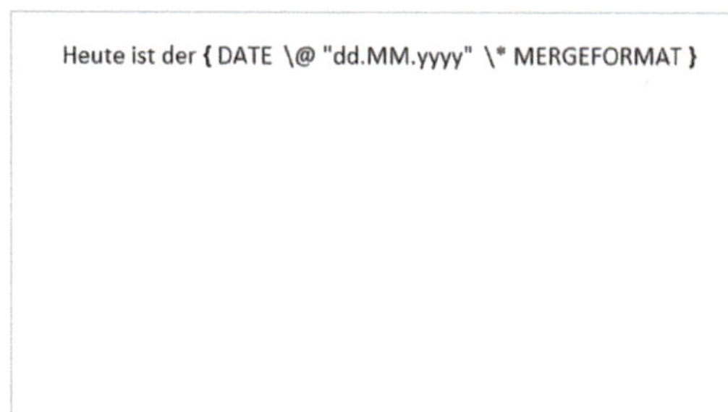

Bild 5.14 Das Datum als Feldfunktion

Feldfunktion nachträglich ändern

Sie können das Ergebnis einer Feldfunktion zwar im Dokument ändern, diese Änderung geht jedoch bei der nächsten Aktualisierung wieder verloren. Haben Sie beispielsweise versehentlich ein Datumsformat mit einer zweistelligen Jahresangabe gewählt, benötigen das Jahr aber vierstellig, dann könnten Sie theoretisch die fehlenden Ziffern auch einfach in das Feldergebnis hineinschreiben. Sobald aber das Feld aktualisiert wird, erscheint wieder die alte Schreibweise.

Sie müssen also in einem solchen Fall die Feldfunktion ändern, dazu haben Sie zwei Möglichkeiten:

- Klicken Sie mit der rechten Maustaste in das Feld und wählen Sie im Kontextmenü *Feld bearbeiten* aus. Das Dialogfenster *Feld* wird wieder angezeigt und die Feldeigenschaften wie Datumsformate etc. können hier geändert werden.
- Oder blenden Sie anstelle des Feldergebnisses die Feldfunktion ein (Rechtsklick und *Feldfunktionen ein/aus* oder **Alt+F9**, siehe oben) und ändern Sie dann das Datumsformat direkt im Dokument, wie im Bild unten. Dies setzt aber voraus, dass Ihnen der Aufbau einer Feldfunktion und die Bedeutung der Schalter sowie die Verwendung von Zahlen- und Datumsformaten bekannt sind (siehe Seite 216).

Bild 5.15 Feldfunktion im Dokument ändern

Feld löschen

Um ein Feld aus dem Dokument zu entfernen, setzen Sie den Cursor an den Beginn des Feldes und drücken die **Entf**-Taste. Dadurch wird zunächst das Feld markiert und erst nochmaliges Drücken der **Entf**-Taste löscht das gesamte Feld. Alternativ setzen Sie den Cursor an das Ende des Feldes und verwenden die Korrektur-Taste (Backspace).

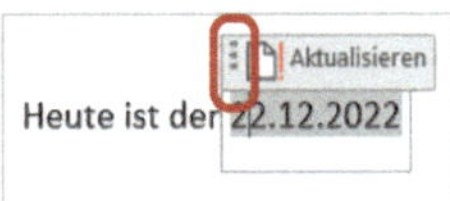

Wird die Feldfunktion in einem Platzhalter angezeigt, dann markieren Sie den Platzhalter durch Anklicken der drei senkrechten Punkte und drücken die **Entf**-Taste.

Achtung: Manchmal wird mit der Entf-Taste oder der Korrektur-Taste versehentlich nur ein Teil des Feldes gelöscht. Dann erscheint nach der Aktualisierung wieder das gesamte Feld oder Sie erhalten statt des Feldergebnisses einen Fehler. Achten Sie also darauf, das gesamte Feld zu markieren, bevor Sie es löschen.

Feldfunktion per Tastatur eingeben

Feld bzw. geschweifte Klammern einfügen: **Strg+F9**.

Ist der Aufbau eines Feldes bekannt, dann kann ein Feld bzw. die dazugehörige Feldfunktion statt über den Weg *Einfügen* ▶ *Schnellbausteine* ▶ *Feld* auch per Tastatureingabe in das Dokument einfügt werden. Beachten Sie aber unbedingt, dass es sich bei den geschweiften Klammern nicht um normale Klammern handelt. Diese dürfen daher keinesfalls einfach über die Tastatur eingegeben werden, sondern müssen mit der Tastenkombination **Strg+F9** eingefügt werden. Zur besseren Kontrolle der Leerzeichen empfiehlt es sich bei dieser Vorgehensweise auch, vorübergehend die nicht druckbaren Steuerzeichen einzublenden.

Fügen Sie in diesem Fall an der Cursorposition zunächst mit **Strg+F9** das Klammernpaar ein und geben Sie dann dazwischen die Feldfunktion ein. Groß- und Kleinschreibung spielt beim Feldnamen keine Rolle. Details zum Aufbau einer Feldfunktion und zur Bedeutung der einzelnen Schalter siehe Seite 216.

Bild 5.16 Feldfunktion per Tastatur eingeben

Tipp: Feldfunktion drucken

Enthält ein Dokument bzw. eine Dokumentvorlage zahlreiche Felder, dann kann es manchmal sinnvoll sein, anstelle der Ergebnisse die Feldfunktionen zu drucken. Dazu klicken Sie im Register *Datei* auf *Optionen* und hier auf *Erweitert*. Scrollen Sie dann nach unten bis zum Abschnitt *Drucken* und aktivieren Sie das Kontrollkästchen *Feldfunktionen anstelle von Werten drucken*. **Achtung**: Nach dem Drucken wieder deaktivieren!

Feldinhalt in normalen Text umwandeln

Feld in Text umwandeln: **Strg+Umschalt+F9**

In manchen Fällen kann es auch sinnvoll sein, ein Feld in normalen Text umzuwandeln, um spätere ungewollte Aktualisierungen zu vermeiden. Dazu markieren Sie das Feld und betätigen die Tastenkombination **Strg+Umschalt+F9**. Achtung: Ein späteres Zurückverwandeln in ein Feld ist danach nicht mehr möglich!

Übersicht Tastenkombinationen für Felder

Nicht alle Befehle zum Umgang mit Feldern sind im Menüband oder im Kontextmenü der rechten Maustaste verfügbar, daher an dieser Stelle eine Zusammenstellung aller wichtigen Tastenkombinationen in Verbindung mit Feldern.

Bedeutung	Tasten
Das aktuelle bzw. markierte Feld aktualisieren	F9
Umschalten zwischen der Anzeige der Feldfunktion und dem Feldergebnis (Gesamtes Dokument)	Alt+F9
Umschalten zwischen der Anzeige der Feldfunktion und dem Feldergebnis (Aktuelles Feld)	Umschalt+F9
Feld einfügen (Nur die geschweiften Klammern)	Strg+F9
Feldfunktion durch das Ergebnis ersetzen, das Feld wird in normalen Text umgewandelt	Strg+Umschalt+F9
Nächstes Feld markieren Vorheriges Feld markieren	F11 Umschalt+F11
Feld sperren, keine Aktualisierung möglich	Strg+F11
Sperre wieder aufheben	Umschalt+Strg+F11

5.4 Ausgewählte nützliche Felder

Neben den, am Anfang des Kapitels vorgestellten Feldern der Kategorie *Datum und Uhrzeit*, stellt Word noch zahlreiche weitere Funktionen zur Verfügung, denen Sie an vielen Stellen begegnen. So handelt es sich z. B. auch bei den bekannten Elementen von Kopf- und Fußzeilen, Seitenzahl (*Page*), Anzahl der Seiten (*NumPages*), Dateiname (*FileName*) und -pfad um Felder, deren Feldfunktion Sie ebenfalls mit **Alt**+**F9** ein- und ausblenden können. Auch hinter Inhalts- und anderen Verzeichnissen oder Indexeinträgen verbergen sich Felder. Sie alle detailliert zu beschreiben, würde den Rahmen dieses Buches sprengen, zumal sich viele davon auch ohne genaue Kenntnisse der Feldfunktion komfortabel einfügen lassen. Stattdessen an dieser Stelle einige ausgewählte Felder, die Ihnen viel Tipparbeit ersparen können.

Kapitelüberschrift in der Kopfzeile

In längeren Dokumenten, z. B. Fach- und Hausarbeiten oder Dokumentationen soll häufig die jeweilige Kapitelüberschrift in der Kopfzeile stehen, auch als „lebender Kolumnentitel" bezeichnet. Damit Sie diese nicht einzeln eintippen müssen, verwenden Sie das Feld *StyleRef*. Dieses Feld fügt Text ein, der mit der angegebenen Formatvorlage formatiert ist. Um also beispielsweise die jeweilige Überschrift der Ebene 1 zu erhalten, müssen daher als Voraussetzung alle entsprechenden Überschriften des Dokuments konsequent mit der Formatvorlage *Überschrift 1* formatiert sein.

StyleRef fügt Text ein, der mit der angegebenen Formatvorlage formatiert wurde.

Hinweis: *Schnellbausteine* und den Befehl *Feld...* finden Sie auch im Register *Kopf- und Fußzeile* des Menübands

Beispiel: Überschrift der Ebene 1 in Kopfzeile anzeigen

1 Öffnen Sie den Bereich Kopfzeile, positionieren Sie den Cursor an der gewünschten Stelle und klicken Sie im Menüband auf *Einfügen* ▶ *Schnellbausteine* ▶ *Feld*.

2 Wählen Sie die Kategorie *Verknüpfungen und Verweise* aus und klicken Sie auf das Feld *StyleRef*.

3 Im Bereich *Feldeigenschaften* wählen Sie nun die Formatvorlage *Überschrift 1* und in den *Feldoptionen* ggf. die Suchrichtung (s. weiter unten). Klicken Sie abschließend auf *OK*, um das Feld in die Kopfzeile zu übernehmen.

Bild 5.17 StyleRef markieren und eine Formatvorlage auswählen

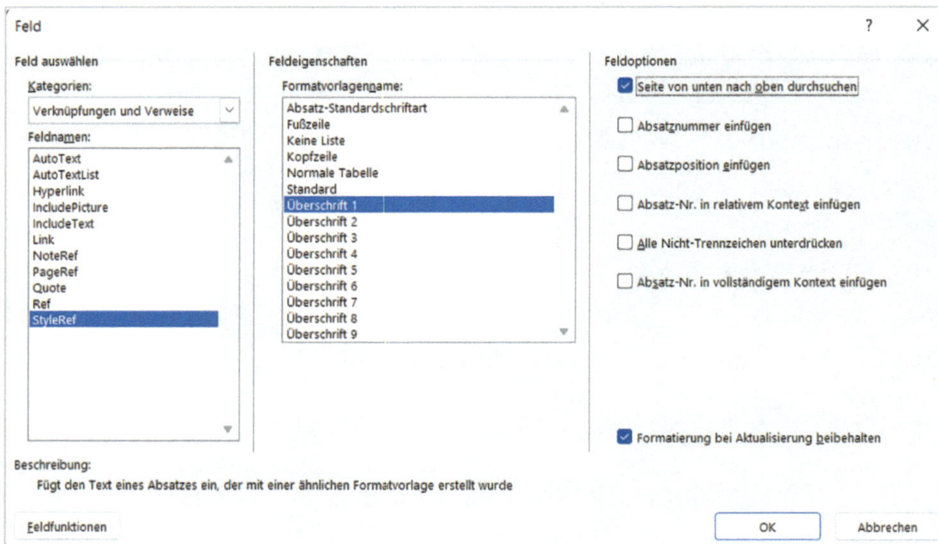

Die Kopfzeile bzw. das Feld kann anschließend beliebig formatiert werden, wie im Bild unten.

Bild 5.18 Das Ergebnis in der Kopfzeile

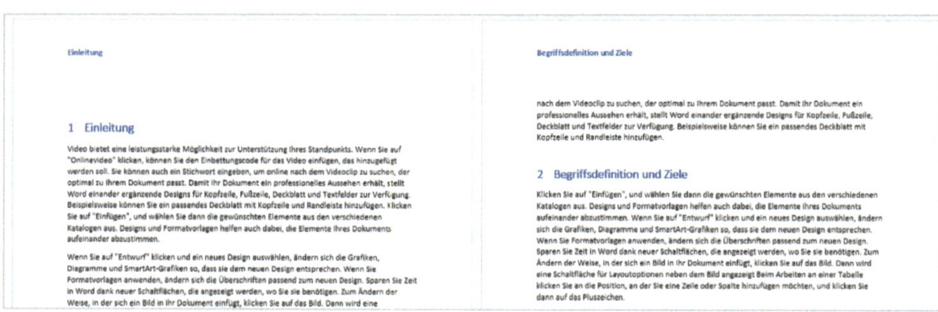

Funktionsweise und Feldoptionen

Das Feld *StyleRef* verwendet den ersten Absatz der aktuellen Seite, der mit der angegebenen Formatvorlage formatiert ist und wiederholt den Absatztext für alle nachfolgenden Seiten bis der nächste Absatz mit dieser Formatvorlage gefunden wird. Befindet sich auf einer Seite eine zweite Überschrift mit derselben Formatvorlage, wird diese nicht berücksichtigt. Unter *Feldoptionen* steht Ihnen jedoch die Option *Seite von unten nach oben durchsuchen* zur Verfügung. Damit kommt die unterste Überschrift einer Seite zur Verwendung.

Kapitelnummerierungen anzeigen

StyleRef fügt nur den Inhalt des Absatzes ein, berücksichtigt aber keinerlei Formatierungen. Dies gilt leider auch für die Nummerierung von Überschriften. Wenn die Kapitelnummer ebenfalls erscheinen soll, dann müssen Sie das Feld *StyleRef* ein zweites Mal einfügen. Dazu wählen Sie wieder dieselbe Formatvorlage und aktivieren diesmal unter *Feldoptionen* das Kontrollkästchen *Absatznummer einfügen*.

Bild 5.19 Zur Anzeige der Kapitelnummer benötigen Sie StyleRef ein zweites Mal mit dem Schalter \n

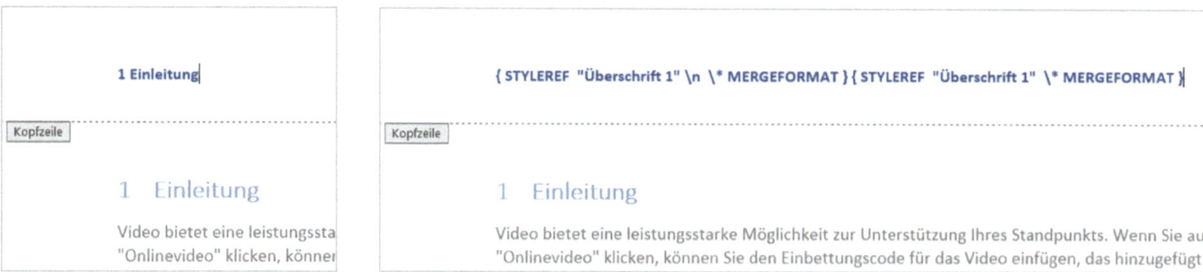

> **Hinweis**: Wird dagegen im Dokumenttext ein Verweis auf eine bestimmte Überschrift bzw. Formatvorlage benötigt, dann fügen Sie diesen besser über das Register *Referenzen* ▶ *Beschriftungen* ▶ *Querverweis* ein. Querverweise basieren zwar ebenfalls auf einer Feldfunktion, bieten aber im Fenster *Querverweis* erheblich mehr Varianten zur Auswahl, z. B. die gezielte Auswahl einer bestimmten Überschrift oder die Seitenzahl. Siehe Kapitel 1.5, Verweise.

Weitere Tipps

StyleRef berücksichtigt auch Zeichenformatvorlagen, auf diese Weise kann ein Bezug auf bestimmte Wörter hergestellt werden.

Beispiel Namensverzeichnis

In der Kopfzeile eines Telefonnummern- oder Adressverzeichnisses sollen jeweils der erste und der letzte Nachname auf der Seite angezeigt werden. Dazu erstellen Sie im ersten Schritt eine Zeichenformatvorlage, mit der Sie jeden Nachnamen formatieren. Anschließend fügen Sie in die Kopfzeile das Feld *StyleRef* zweimal ein. Das zweite Feld erhält zusätzlich den Schalter \l (Seite von unten nach oben durchsuchen). Die Feldfunktionen sehen damit aus wie folgt, wobei *NachnameFett* der Name der Zeichenformatvorlage ist.

{STYLEREF "NachnameFett"} - {STYLEREF "NachnameFett" \l}

Das Ergebnis könnte so aussehen: Abel - Dobermann

Berechnungen mit Feldern

Achtung: Dieses Feld darf nicht verwechselt werden mit der Schaltfläche *Formel* im Register *Einfügen*, die Sie bei der Eingabe mathematischer Formeln mit den entsprechenden Sonderzeichen unterstützt.

Siehe Kapitel 9.2.

Falls Sie in einem Word-Dokument Berechnungen durchführen möchten, benötigen Sie dazu das Feld *= (Formula)* und geben im einfachsten Fall, wie im Beispiel unten, die Zahlen direkt zusammen mit der Formel ein.

1 Wählen Sie im Dialogfenster *Feld* die Kategorie *Formeln und Ausdrücke* und klicken Sie auf das Feld *= (Formula)* ❶.

2 Um anschließend die eigentliche Formel einzugeben, klicken Sie auf die Schaltfläche *Formeln...* ❷.

3 Das Fenster *Formel* öffnet sich. Geben Sie im Feld *Formel* die gewünschte Rechenoperation ein ❸, im einfachsten Fall wie im Bild unten = 100*6. **Achtung:** das Gleichheitszeichen ist zwingend erforderlich!

4 Wählen Sie unterhalb mit Klick auf den Dropdown-Pfeil ein Zahlenformat für das Ergebnis aus ❹ und übernehmen Sie mit *OK* die Formel in das Dokument.

Bild 5.20 Feld für Berechnungen einfügen

Falls Sie eine mathematische Funktion, z. B. Mittelwert benötigen, wählen Sie diese hier ❺ aus.

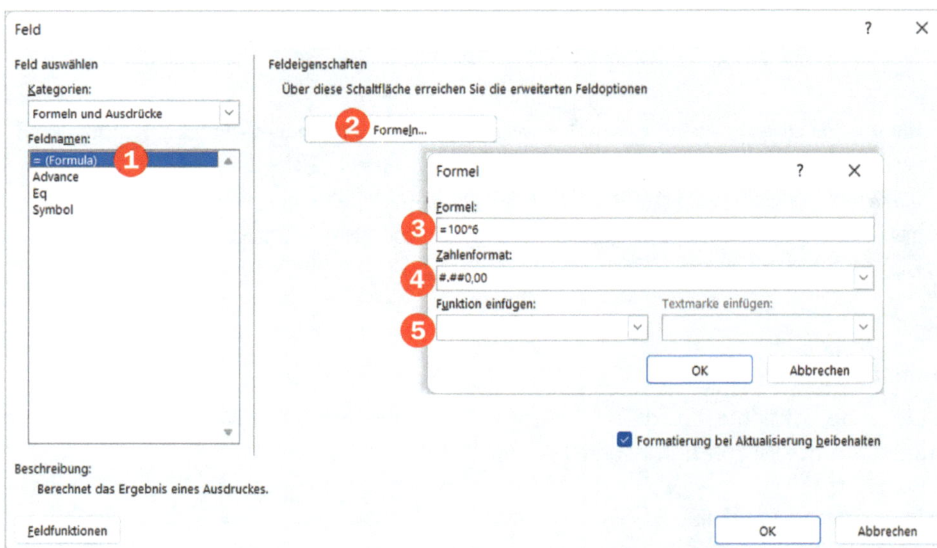

Der Aufbau der Feldfunktion ist einfach: Die Formel mit dem Gleichheitszeichen gefolgt vom Backslash und dem Zahlenformat in Anführungszeichen.

Bild 5.21 Das Ergebnis und die Feldfunktion im Dokument

Achtung: Formeln werden in Word nicht automatisch aktualisiert!

Falls sich die Zahlen einer Formel ändern, müssen Sie das Feld manuell aktualisieren, z. B. mit F9 oder Rechtsklick und Befehl *Felder aktualisieren*!

Natürlich lässt sich mit Zahlen in der Formel, wie im Beispiel oben, in der Praxis wenig anfangen, interessant werden erst Berechnungen mit Zahlen, die sich an anderer Stelle im Dokument befinden und/oder beispielsweise vom Benutzer in ein Formularfeld eingegeben werden. Leider müssen Sie dafür etwas mehr Arbeit investieren, da sich Formeln in Word nur auf Textmarken oder Tabellenzellen beziehen können.

Textmarken in Formeln verwenden

Wenn Sie Textmarken statt Zahlen in der Formel verwenden, bringt dies zwei Nachteile mit sich: Sie müssen im Dokument zuerst an den entsprechenden Stellen jeweils eine Textmarke einfügen; was aber wesentlich schwerer wiegt, ist die Tatsache, dass häufig bei der Eingabe oder beim Überschreiben einer Zahl auch gleichzeitig die Textmarke gelöscht wird.

Details zum Umgang mit Textmarken lesen Sie in Kapitel 1.5, Verweise.

Als Beispiel ein Feld, das anhand des monatlichen Beitrags, z. B. zu einem Verein den Gesamtjahresbeitrag berechnet.

1 Markieren Sie die erste, in der Formel benötigte Zahl, im Beispiel im Bild unten den monatlichen Beitrag ❶, und klicken Sie im Menüband auf *Einfügen* ▶ *Links* ▶ *Textmarke*. Geben Sie dann einen aussagefähigen Namen für die Textmarke ein ❷ und klicken Sie auf *Hinzufügen* ❸.

Falls Sie noch weitere Zahlen im Dokument in der Formel verwenden möchten, wiederholen Sie diesen Schritt für jede der Zahlen.

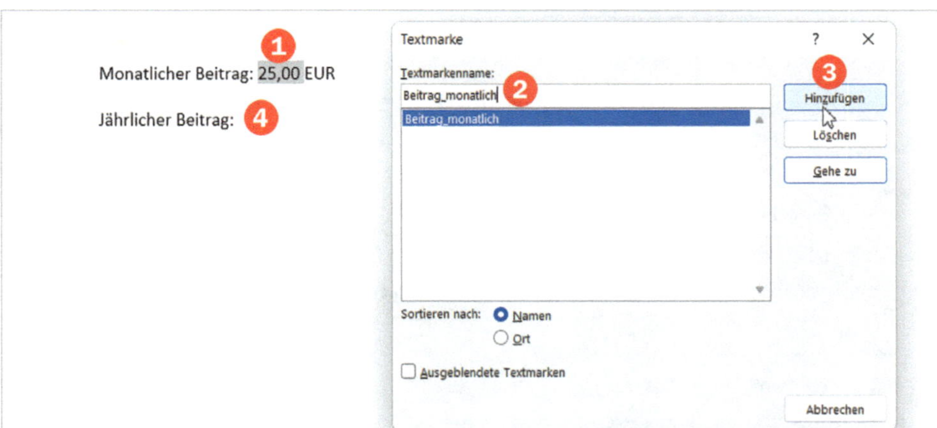

Bild 5.22 Fügen Sie für alle benötigten Formelbestandteile Textmarken hinzu

2 Anschließend fügen Sie an der Stelle, an der Sie das Ergebnis berechnen möchten ❹, das Feld *= (Formula)* ein und klicken anschließend auf *Formeln…*.

Bild 5.23 Textmarke in Formel einfügen

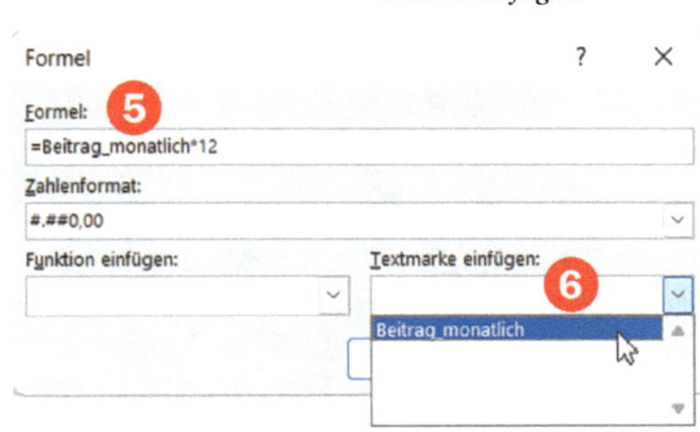

3 In der Formel geben Sie nun den Namen der Textmarke anstelle der Zahl ein ❺, zum Einfügen klicken Sie in das Feld *Textmarke einfügen* ❻ und auf den gewünschten Namen. Wählen Sie außerdem wieder ein Zahlenformat für das Formelergebnis aus.

Hinweis: Da die Zahl 12 (Monate) konstant bleibt, kann sie auch direkt in die Formel eingegeben werden.

Berechnungen mit Tabellenzellen

In den meisten Fällen erfolgen Berechnungen ohnehin in Tabellen, da sich hier die Zahlen besser ausrichten lassen. Daher ist es naheliegend, in solchen Fällen statt einer Textmarke Bezüge auf Tabellenzellen zu verwenden. Ohne Textmarke lassen sich die Zahlen problemlos eingeben und wieder ändern. Als Beispiel ein Bestellformular:

Bild 5.24 Ein Bestellformular als Tabelle

Bestellformular

Bestellnr.	Titel	Anzahl	Einzelpreis	Gesamtpreis
100547	Word 2021 – Stufe 2: Aufbauwissen	5	19,90	
100543	Excel 2021 – Stufe 1: Grundlagen	3	14,90	
100548	Excel 2021 – Stufe 2: Aufbauwissen	10	19,90	

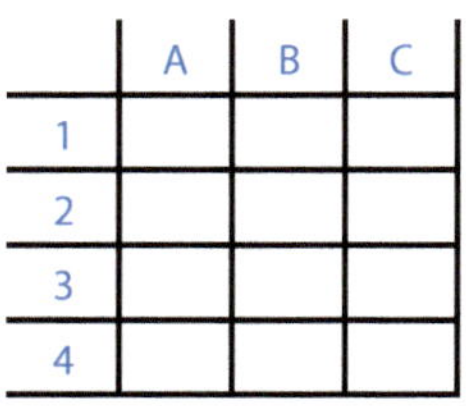

Die Adressierung einer Tabellenzelle unterscheidet sich nicht von Excel, allerdings sind die Spalten- und Zeilennummern in Word nicht sichtbar. Die Tabellenspalten werden mit Buchstaben von links nach rechts nummeriert, die erste Spalte links hat also die Nummer A, die zweite B, usw.. Die Tabellenzeilen werden dagegen mit Zahlen durchnummeriert und die Adresse einer einzelnen Zelle setzt sich zusammen aus Spalten- und Zeilennummer, z. B. A1.

Im oben abgebildeten Bestellformular befindet sich also die Anzahl des ersten Artikels in der Tabellenzelle C2, da auch die Überschriftzeile hinzugerechnet werden muss. Der Einzelpreis befindet sich in D2.

Nun fügen Sie in der Spalte Gesamtpreis das Feld *=(Formula)* ein und berechnen den Gesamtpreis mit folgender Formel: = C2 * D2.

Tipp: Formel schnell in Tabelle einfügen

Um in eine Tabelle eine Formel einzufügen, klicken Sie am einfachsten im Menüband, Register *Layout* ▶ *Daten* auf *Formel*. Damit öffnet sich sofort das Fenster *Formel* ohne Umweg über das Dialogfenster *Feld*.

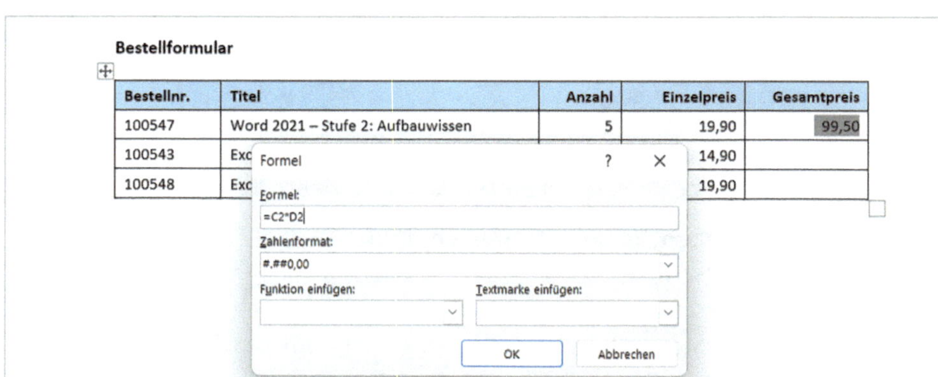

Bild 5.25 Beispiel: Tabellenzellen in Formelfeld verwenden

Beachten Sie: Im Gegensatz zu Excel kann in Word eine Formel nicht einfach kopiert werden, sondern muss für jede Tabellenzeile einzeln eingegeben werden. Um in der nächsten Zeile die Gesamtsumme zu berechnen, müssen Sie hier =C3*D3 eingeben.

Summen berechnen

Die Berechnung von Summen gestaltet sich in einer Tabelle dagegen relativ einfach. Meist schlägt Word bereits die passende Funktion *= SUM* bereits vor, wenn Sie im Menüband, Register *Layout* ▶ *Daten* auf *Formel* klicken. Die Formel *=SUM(ABOVE)* addiert alle Zellen oberhalb der aktuellen Zelle, wobei Text ignoriert wird.

Die Funktion SUM (Summe) unterstützt neben dem Parameter ABOVE auch noch die Berechnung von Zeilensummen mit der Angabe von LEFT (Links) oder RIGHT (Rechts).

Bestellnr.	Titel	Anzahl	Einzelpreis	Gesamtpreis
100547	Word 2021 – Stufe 2: Aufbauwissen	5	19,90	{ =C2*D2 \# "#.##0,00" }
100543	Excel 2021 – Stufe 1: Grundlagen	3	14,90	{ =C3*D3 \# "#.##0,00" }
100548	Excel 2021 – Stufe 2: Aufbauwissen	10	19,90	{ =C4*D4 \# "#.##0,00" }
			Summe	{ =SUM(ABOVE) \# "#.##0,00" }

Bild 5.26 Das Bestellformular mit eingeblendeten Funktionen

Meine Empfehlung für Berechnungen in Word

Verwenden Sie Formularfelder zur Eingabe der Werte und weisen Sie anschließend den Formularfeldern, die zur Berechnung benötigt werden, eine Textmarke zu. Wenn außerdem das Ergebnis sofort nach der Eingabe automatisch aktualisiert werden soll, dann verwenden Sie statt der Inhaltssteuerelemente die Formularfelder aus Vorversionen.

Näheres zum Thema Formulare und Formularfelder lesen Sie in Kapitel 8.

Bedingungen mit der Funktion IF prüfen

Excel-Anwendern dürfte sicherlich die Funktion WENN bekannt sein, die es erlaubt, eine Formel abhängig von einer Bedingung zu berechnen. Eine solche Möglichkeit steht auch in Word mit der Funktion *IF* für Formeln zur Verfügung.

WENN(Wahrheitstest;Wert_wenn_wahr;Wert_wenn_falsch) oder in der Programmierung *If... Then... Else.*

Als Beispiel soll ein Skonto, abhängig vom Bestellwert berechnet werden. Ab einem Bestellwert von 200,00 EUR Netto werden 2 % Skonto gewährt, ansonsten kein Skonto. Das Bestellformular wurde zu diesem Zweck um eine zusätzliche Zeile erweitert. Der Zwischensumme wurde die Textmarke *Summe* zugewiesen, der Vergleichsumsatz (hier 200,00) erhielt die Textmarke *Mindestumsatz* und der Skonto, hier 2% (einschl. Prozentzeichen) den Textmarkennamen *Skonto*.

Der Einfachheit halber und zur besseren Kontrolle soll hier nur der Skonto, also 2 % oder 0 % ausgewiesen werden, selbstverständlich können Sie aber auch gleich den Betrag in der Formel berechnen.

Bestellnr.	Titel	Anzahl	Einzelpreis	Gesamtpreis
100547	Word 2021 – Stufe 2: Aufbauwissen	5	19,90	99,50
100543	Excel 2021 – Stufe 1: Grundlagen	3	14,90	44,70
100548	Excel 2021 – Stufe 2: Aufbauwissen	10	19,90	199,00
			Summe	343,20
			ab 200,00 EUR Netto 2% Skonto	

Bild 5.27 Skonto, abhängig vom Umsatz ausweisen

1. Zur Berechnung des Skontos klicken Sie in die entsprechende Zelle der Tabelle und dann im Menüband, Register *Layout* auf *Formel*. Das Fenster *Formel* zur Formeleingabe wird geöffnet.
2. Sollte sich hier bereits eine Formel befinden, z. B. SUM(ABOVE), so löschen Sie diese, das Gleichheitszeichen muss allerdings unbedingt stehen bleiben.
3. Klicken Sie dann im Feld *Funktion einfügen* auf den Dropdown-Pfeil und wählen Sie die Funktion *IF* aus.
4. Geben Sie dann innerhalb der runden Klammern zuerst die Bedingung (*Wahrheitswert*) und danach den Dann-Teil bzw. *Wert_wenn_wahr* ein, durch Semikolon (;) getrennt. Geben Sie dann ein weiteres Semikolon ein und danach den Sonst-Teil, hier 0. Die Funktion lautet also:

   =IF(Summe >= Mindestumsatz;Skonto*100;0)
5. Weisen Sie zuletzt dem Ergebnis das Zahlenformat 0% zu und übernehmen Sie die Formel mit *OK*.

Bild 5.28 Fügen Sie in die Formel die Funktion IF ein

Bild 5.29 und geben Sie anschließend Bedingung, Dann-Teil und Sonst-Teil ein

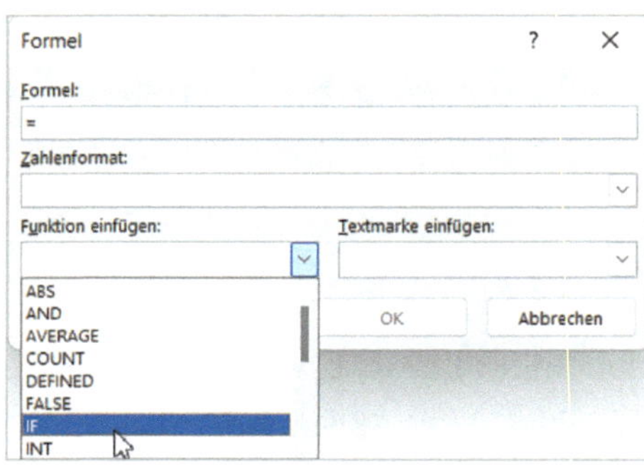

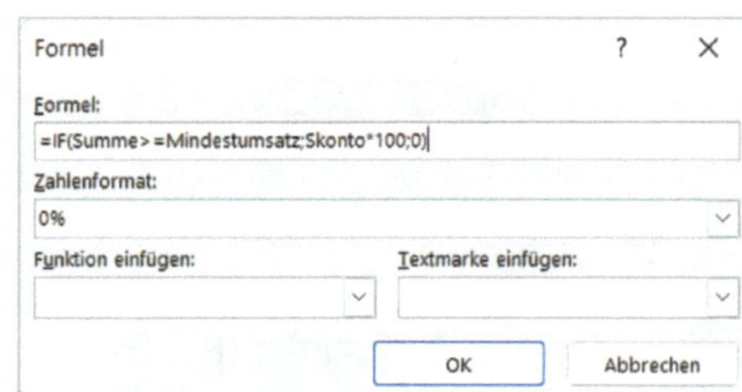

Im Bild unten das Ergebnis in der Tabelle. Testen Sie die Formel und geben Sie in der Spalte Anzahl eine größere Bestellmenge ein. **Achtung**: anschließend mit **Strg+A** alles markieren und dann mit **F9** die Felder aktualisieren!

Bild 5.30 Das Ergebnis in der Tabelle

Bestellformular

Bestellnr.	Titel	Anzahl	Einzelpreis	Gesamtpreis
100547	Word 2021 – Stufe 2: Aufbauwissen	5	19,90	99,50
100543	Excel 2021 – Stufe 1: Grundlagen	3	14,90	44,70
100548	Excel 2021 – Stufe 2: Aufbauwissen	10	19,90	199,00
			Summe	343,20
			ab 200,00 EUR Netto 2% Skonto	2%

Beispiele für das Feld IF finden Sie im Kapitel Seriendruck.

Achtung: Nicht verwechseln mit dem gleichnamigen Feld für Seriendrucke

Die Funktion *IF* wird in Formeln verwendet und darf nicht verwechselt werden mit dem Feld *IF*, das Sie im Fenster *Feld* in der Kategorie *Seriendruck* finden. Dieses Feld *IF* kommt ausschließlich in Verbindung mit Seriendruckfeldern zum Einsatz und kann nicht für Berechnungen und Formeln verwendet werden.

Bild als verknüpfte Datei einfügen

Ein Beispiel für verknüpfte Bilder finden Sie in Kap. 10.5.

In umfangreichen Dokumenten lässt sich die Dateigröße erheblich reduzieren, wenn Sie Bilder nicht zusammen mit dem Dokument speichern, sondern stattdessen eine Verknüpfung zur Bilddatei einfügen, vorausgesetzt des Bild befindet sich auf der Festplatte Ihres Geräts, am besten im selben Ordner wie das Word-Dokument. Das Feld *IncludePicture* (Kategorie *Verknüpfungen und Verweise*) erlaubt darüber hinaus auch relative Pfadangaben, z. B. um Dokument und verknüpfte Bilder weiterzugeben. Eine ausführliche Beschreibung zur Verwendung dieses Feldes finden Sie in Kapitel 10.5. Als Beispiel im Bild unten das verknüpfte Bild und die dazugehörige Feldfunktion.

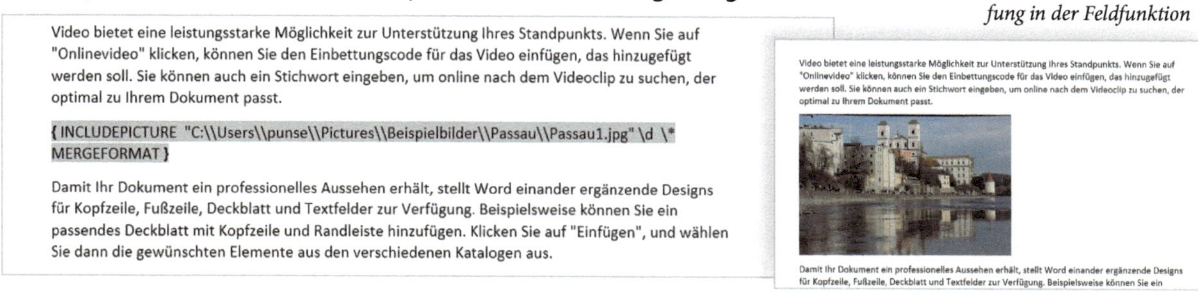

Video bietet eine leistungsstarke Möglichkeit zur Unterstützung Ihres Standpunkts. Wenn Sie auf "Onlinevideo" klicken, können Sie den Einbettungscode für das Video einfügen, das hinzugefügt werden soll. Sie können auch ein Stichwort eingeben, um online nach dem Videoclip zu suchen, der optimal zu Ihrem Dokument passt.

{ INCLUDEPICTURE "C:\\Users\\punse\\Pictures\\Beispielbilder\\Passau\\Passau1.jpg" \d * MERGEFORMAT }

Damit Ihr Dokument ein professionelles Aussehen erhält, stellt Word einander ergänzende Designs für Kopfzeile, Fußzeile, Deckblatt und Textfelder zur Verfügung. Beispielsweise können Sie ein passendes Deckblatt mit Kopfzeile und Randleiste hinzufügen. Klicken Sie auf "Einfügen", und wählen Sie dann die gewünschten Elemente aus den verschiedenen Katalogen aus.

Video bietet eine leistungsstarke Möglichkeit zur Unterstützung Ihres Standpunkts. Wenn Sie auf "Onlinevideo" klicken, können Sie den Einbettungscode für das Video einfügen, das hinzugefügt werden soll. Sie können auch ein Stichwort eingeben, um online nach dem Videoclip zu suchen, der optimal zu Ihrem Dokument passt.

Damit Ihr Dokument ein professionelles Aussehen erhält, stellt Word einander ergänzende Designs für Kopfzeile, Fußzeile, Deckblatt und Textfelder zur Verfügung. Beispielsweise können Sie ein

Bild 5.31 Das Bild im Dokument und als Verknüpfung in der Feldfunktion

Dokumenteigenschaften als Feld einfügen

Die Dokumenteigenschaften, z. B. Dateigröße, Titel oder Name des Autors sind im Register *Datei* ▶ *Informationen* sichtbar und können ebenfalls als Feld eingefügt werden. Einige der Eigenschaften stellt Word automatisch zu Verfügung, z. B. Dateigröße, Anzahl der Wörter, Änderungsdatum usw., andere müssen Sie selbst festlegen.

Dokumenttitel und Autor

Zwei nützliche Eigenschaften, insbesondere von umfangreichen Dokumenten sind Autor und Titel, wobei letzterer nicht identisch ist mit dem Dateinamen und daher nicht mit diesem verwechselt werden darf. Beide Eigenschaften müssen manuell festgelegt werden, damit sie anschließend als Feld beispielsweise in Kopf- oder Fußzeile und/oder an anderen Stellen des Dokuments eingefügt werden können. **Der Vorteil**: Bei eventuellen nachträglichen Änderungen der Dokumenteigenschaft brauchen Sie nur alle entsprechenden Felder im Dokument aktualisieren.

Beispiel: Der Titel einer wissenschaftlichen Arbeit in die Kopfzeile einfügen

Zunächst einmal müssen Sie den Titel festlegen, dies ist auf verschiedenen Wegen möglich.

- Positionieren Sie den Cursor an der gewünschten Stelle, z. B. in der Kopfzeile wie in Bild 5.32 und klicken Sie im Menüband, Register *Einfügen* ▶ *Schnellbausteine* auf *Feld...*. Wählen Sie die Kategorie *Dokumentinformationen* und hier *Title*. Geben Sie dann unter *Feldeigenschaften*, *Neuer Titel* den gewünschten Titel ein und klicken Sie auf die Schaltfläche *OK*.

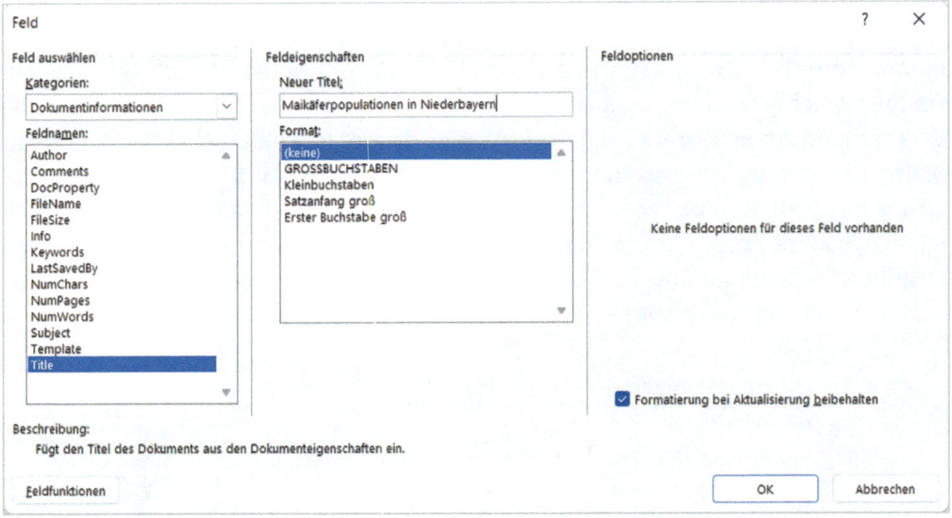

Bild 5.32 Titel im Fenster Feld festlegen und einfügen

- Als Alternative fügen Sie über die Schaltfläche *Schnellbausteine* ▶ *Dokumenteigenschaft* ❶ und die Auswahl *Titel* ❷ den zunächst leeren Titel an der Cursorposition in das Dokument ein. Anschließend können Sie den Titel direkt im Dokument in das Feld eingeben ❸ oder ändern. Der Rahmen verschwindet automatisch, sobald Sie an eine andere Stelle klicken.

Bild 5.33 Titel über die Schaltfläche Schnellbausteine einfügen und anschließend bearbeiten

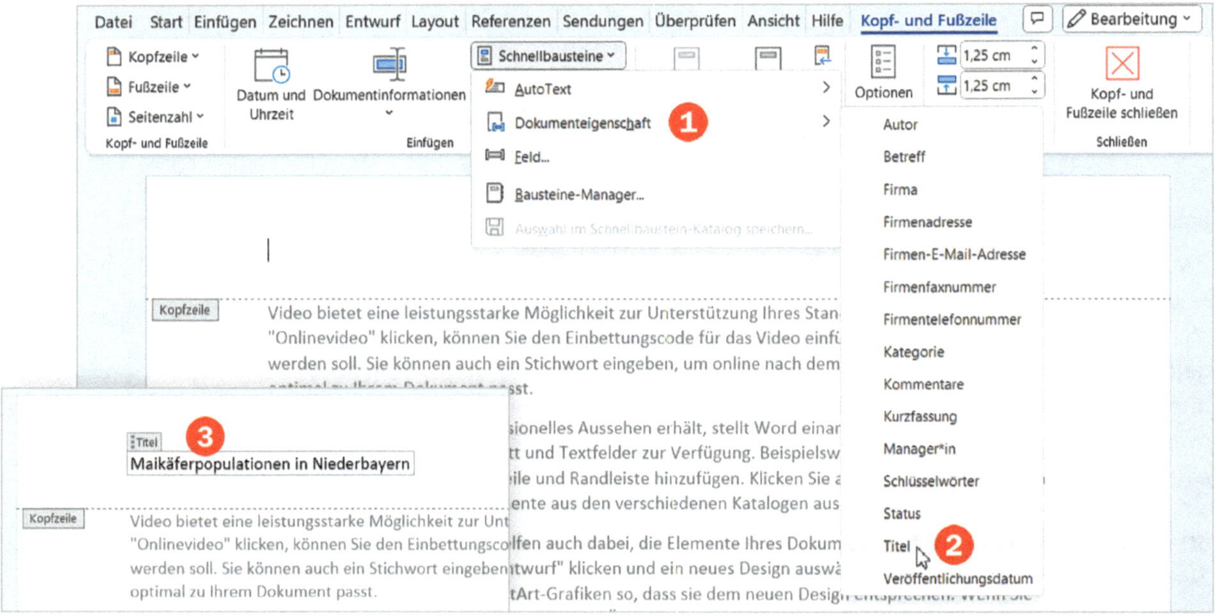

- Oder klicken Sie im Register *Datei* ▶ *Informationen* unter *Eigenschaften* in das Feld *Titel hinzufügen* und geben Sie hier den gewünschten Titel ein (Bild unten).

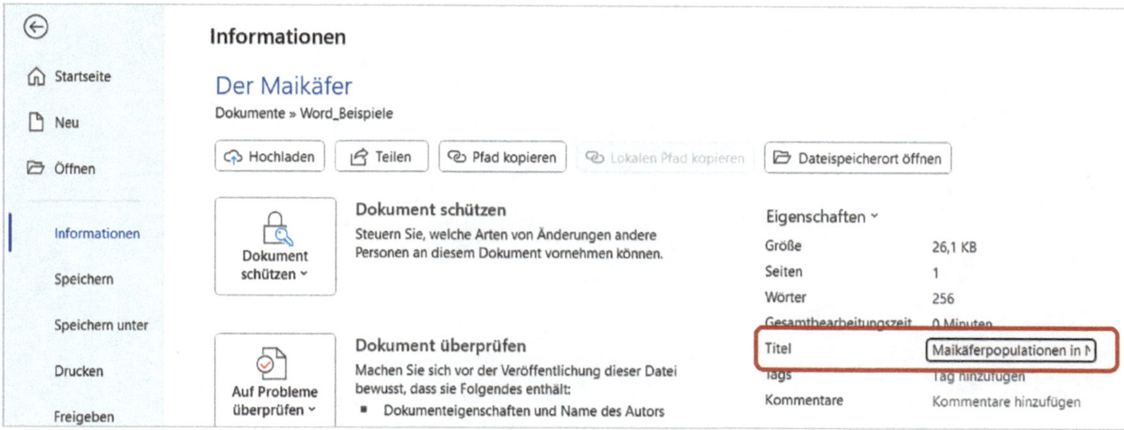

Bild 5.34 Titel des Dokuments im Register Datei - Eigenschaften erfassen

Egal, welche Methode Sie wählen, das Feld *Titel* kann anschließend auch an mehreren Stellen in das Dokument eingefügt werden und sein Inhalt bleibt auch erhalten, falls Sie das Feld später wieder aus dem Dokument entfernen. Ob Sie den Titel über den Befehl *Dokumenteigenschaften* oder das Fenster *Feld* einfügen, spielt keine Rolle.

Autor und Firma festlegen

Genauso verfahren Sie, wenn Sie Autor oder Firma zur Verwendung als Feld speichern möchten. **Achtung**: Ändern des Autors ist im Register *Datei* nur per Rechtsklick möglich.

Weitere Dokumenteigenschaften

In der Kategorie *Dokumentinformationen* (*Einfügen* ▶ *Schnellbausteine* ▶ *Feld*) finden Sie noch weitere, manchmal hilfreiche Felder:

- **Anzahl Wörter und/oder Zeichen**
  Falls Sie die Anzahl der Wörter des Dokuments benötigen, so verwenden Sie dazu *NumWords*, *NumChars* liefert dagegen die Anzahl der Zeichen im Dokument.
- **Name der Dokumentvorlage**
  Template fügt den Namen der verwendeten Dokumentvorlage ein. Nützlich bei Dokumenten für interne Zwecke, die auf besonderen Vorlagen beruhen, z. B. Verträge.
- **Datumsinformationen und noch mehr Eigenschaften**
  Noch mehr Dokumenteigenschaften erhalten Sie mit der Auswahl *DocProperty*, s. Bild rechts. Hier finden Sie unter *Feldeigenschaften* eine umfangreiche Liste, darunter das Datum, an dem das Dokument zuletzt gedruckt wurde (*LastPrinted*) oder von wem das Dokument zuletzt gespeichert wurde (*LastSavedBy*).

Bild 5.35 Weitere Dokumenteigenschaften finden Sie beim Feld DocProperty

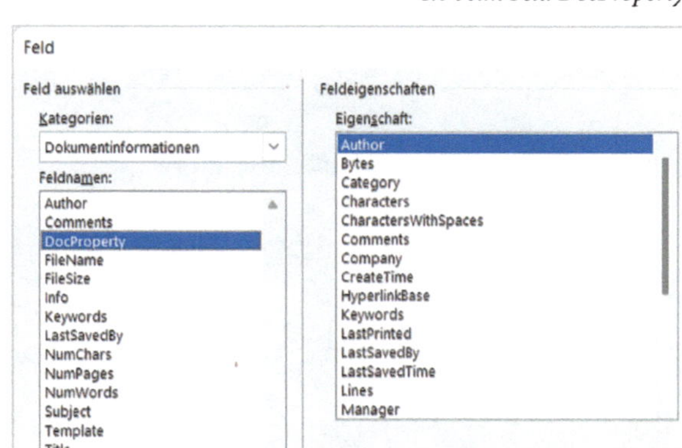

6 Verzeichnisse und Indizes

In diesem Kapitel lernen Sie ...

- wie Sie ein Inhaltsverzeichnis und Abbildungsverzeichnis erstellen und hinzufügen
- wie Sie Stichworte festlegen und einen Index generieren
- wie Sie ein komplettes Literaturverzeichnis zusammenstellen

Das sollten Sie bereits wissen

- Listen mit mehreren Ebenen erstellen und Überschriften nummerieren
- Formatvorlagen einsetzen
- Umgang mit Feldern
- Textmarken einfügen

In umfangreichen Dokumenten, wie Handbüchern, Dokumentationen, wissenschaftliche Arbeiten, Protokollen oder Broschüren, benötigen Sie meist Helfer die für Übersicht sorgen und den Zugriff auf Inhalte erleichtern. Die Rede ist von Inhalts-, Abbildungs- oder Stichwortverzeichnissen, die in Word mit etwas Vorbereitung und wenigen Mausklicks erstellt und eingefügt werden können und nicht umständlich von Hand zusammengetragen werden müssen! Weitere Vorteile: Nummerierungen werden automatisch und wunschgemäß generiert und Seitenzahlen und andere Verweise lassen sich schnell aktualisieren. So muss man sich am Ende nicht fragen: „Ist das wirklich Gliederungspunkt 3.1.2" oder „Steht diese Überschrift tatsächlich auf Seite 36?"

Sämtliche Verzeichnisse basieren auf Feldern, die in diesem Buch bereits im Kapitel 5 ausführlich behandelt wurden. Formatvorlagen steuern das Aussehen aller Verzeichnisse und sind Bezugsgrundlage für die Erstellung von Inhalts- und Abbildungsverzeichnissen. Der Umgang mit Formatvorlagen sollte Ihnen also ebenfalls geläufig sein, bevor Sie mit diesem Kapitel beginnen.

6.1 Inhaltsverzeichnis

Voraussetzung Formatvorlagen

Die integrierten Überschriftformatvorlagen anpassen und z. B. mit einer Nummerierung versehen, siehe Kap 3.

Das Inhaltsverzeichnis ist eine Zusammenstellung der Überschriften im Dokument unter Angabe von Seitenzahlen, wobei nicht zwangsläufig alle Ebenen berücksichtigt werden müssen. Word generiert ein Inhaltsverzeichnis anhand der Formatvorlagen, d. h. ein Inhaltsverzeichnis kann nur erstellt werden, wenn die Überschriften des Dokuments mit eindeutigen Formatvorlagen, idealerweise den integrierten Vorlagen *Überschrift 1*, *Überschrift 2* etc. formatiert sind. Falls stattdessen andere, benutzerdefinierte Formatvorlagen für Überschriften verwendet werden, ist etwas mehr Aufwand nötig, da das Inhaltsverzeichnis entsprechend angepasst werden muss.

Hinweis: Die Nummerierung der Überschriften erfolgt ebenfalls über die Formatvorlagen, Details hierzu finden Sie in Kap. 3.6 dieses Buches.

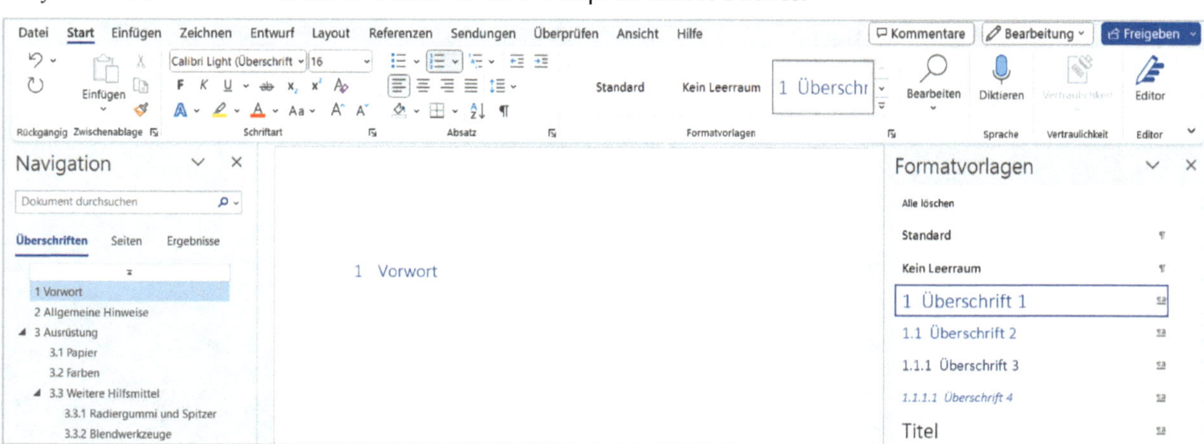

Bild 6.1 Die Überschrift „Vorwort" wurde hier mit der Formatvorlage „Überschrift 1" versehen

Ein einfaches Inhaltsverzeichnis einfügen

Die Befehle zur Erstellung eines Inhaltsverzeichnisses finden Sie im Register *Referenzen* des Menübands. Um ein automatisches Inhaltsverzeichnis zu generieren, stehen die beiden Auswahlmöglichkeiten *Automatisches Verzeichnis 1* und *Automatisches Verzeichnis 2* zur Verfügung. Beide setzen voraus, dass die Überschriften im Dokument mit den Formatvorlagen *Überschrift1* usw. formatiert sind und erstellen aus den Überschriftebenen eins bis drei ein Inhaltsverzeichnis. Sie unterscheiden sich eigentlich nur durch die Überschrift für das Verzeichnis, nämlich *Inhalt* und *Inhaltsverzeichnis*.

Weitere Überschriftebenen einbeziehen, siehe Seite 242.

Leere Seite einfügen: Wenn das Inhaltsverzeichnis am Beginn des Dokuments eingefügt werden soll, dann fügen Sie an dieser Stelle am besten zunächst eine neue leere Seite ein. Entweder über das Register *Einfügen* ▶ *Leere Seite* oder das Register *Layout* ▶ *Umbrüche* ▶ *Seite* oder die Tasten **Strg+Eingabetaste**.

Der Rest ist schnell erledigt:

- Setzen Sie den Cursor an die Stelle, ab der Sie das Inhaltsverzeichnis einfügen möchten ❶. Klicken Sie im Menüband, Register *Referenzen* ▶ *Inhaltsverzeichnis* auf *Inhaltsverzeichnis* ❷ und wählen Sie zwischen *Automatisches Verzeichnis 1* und *Automatisches Verzeichnis 2*. Das Inhaltsverzeichnis wird in einem Platzhalter eingefügt ❸.

Die dritte Vorlage *Manuelles Verzeichnis* erfordert manuelles Eintragen aller Überschriften und Seitenzahlen und nachträgliche Änderungen können nicht aktualisiert werden. Diese Variante wird nur in Ausnahmefällen benötigt und daher nicht näher beschrieben.

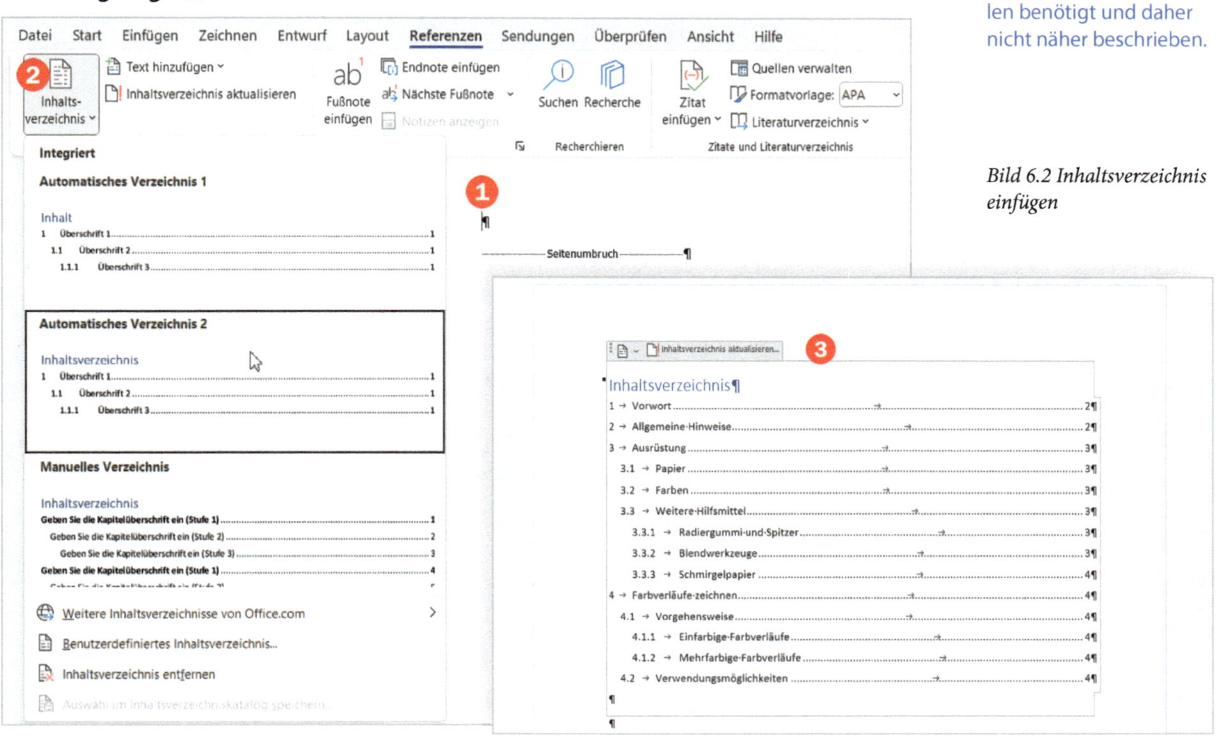

Bild 6.2 Inhaltsverzeichnis einfügen

> **Tipp**: Das Inhaltsverzeichnis ermöglicht eine schnelle Navigation zu den einzelnen Überschriften im Text. Halten Sie die **Strg**-Taste gedrückt und klicken Sie die entsprechende Überschrift an.

Inhaltsverzeichnis aktualisieren oder entfernen

Ändern sich der Text von Überschriften, Seitenzahlen oder werden neue Überschriften hinzugefügt, muss das Inhaltsverzeichnis aktualisiert werden, dies kann mit einer der folgenden Methoden passieren:

- Klicken Sie an eine beliebige Stelle des Inhaltsverzeichnisses und auf *Inhaltsverzeichnis aktualisieren* ❶.
- Alternativ verwenden Sie im Menüband, Register *Referenzen* ▶ *Inhaltsverzeichnis* den Befehl *Inhaltsverzeichnis aktualisieren* ❷.
- Oder Rechtsklick an eine beliebige Stelle im Inhaltsverzeichnis und Befehl *Felder aktualisieren* ❸ oder drücken Sie die Taste **F9**. Anschließend entscheiden Sie, ob nur die Seitenzahlen oder das gesamte Verzeichnis aktualisiert ❹ werden sollen.

Bild 6.3 Inhaltsverzeichnis aktualisieren

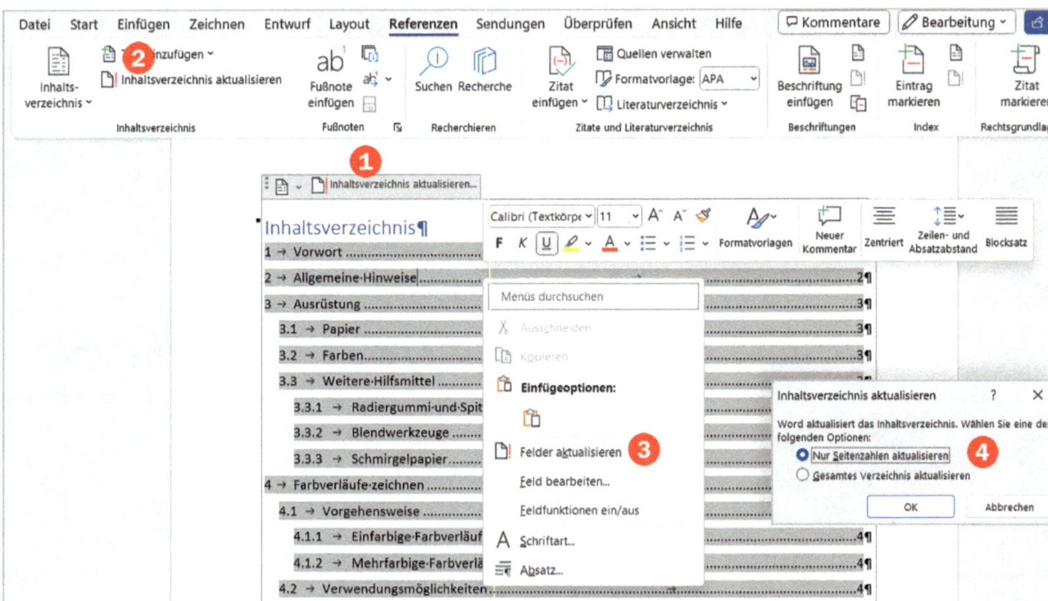

> Nehmen Sie keine manuellen Berichtigungen im Inhaltsverzeichnis vor, beispielsweise eine Erhöhung des Zeilenabstand oder Korrektur eines Rechtschreibfehlers. Nach dem Aktualisieren gehen diese Änderungen wieder verloren.
>
> - Rechtschreibfehler korrigieren Sie in der Überschrift im Fließtext.
> - Abstände beeinflussen Sie über die Formatvorlagen für das Inhaltsverzeichnis. Dazu gleich mehr.

Inhaltsverzeichnis entfernen

Um ein Inhaltsverzeichnis zu löschen, klicken Sie im Menüband, Register *Referenzen* ▶ *Inhaltsverzeichnis* erneut auf *Inhaltsverzeichnis* und wählen *Inhaltsverzeichnis entfernen*.

Das Aussehen des Inhaltsverzeichnisses verändern

Das Aussehen des Inhaltsverzeichnisses wird bestimmt durch die Formatvorlagen *Verzeichnis 1* bis *9*. Damit steht für jede Überschriftebene eine zweite Formatvorlage zur Verfügung, die deren Aussehen im Inhaltsverzeichnis steuert. Die Formatierung der Überschrift des Inhaltsverzeichnisses wird durch die Formatvorlage *Inhaltsverzeichnisüberschrift* festgelegt. Um das Inhaltsverzeichnis nach Ihren Vorstellungen zu gestalten, brauchen Sie also nur die entsprechenden Formatvorlagen ändern.

Bild 6.4 Inhaltsverzeichnis formatieren

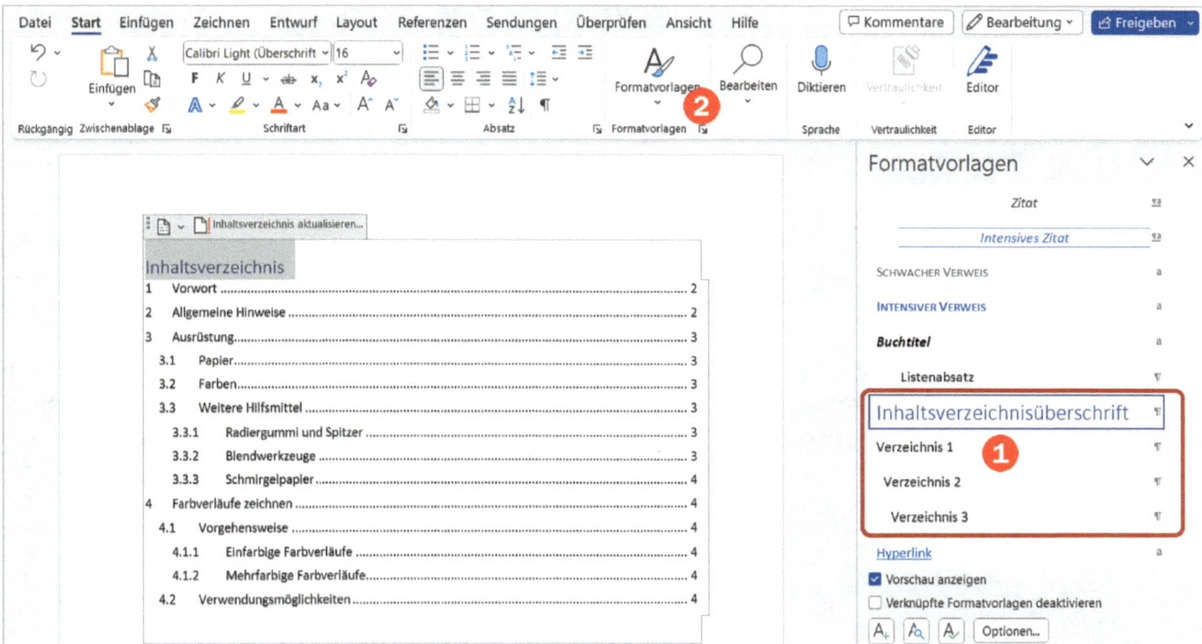

Um den Aufgabenbereich *Formatvorlagen* anzuzeigen, klicken Sie hier ❷.

Das Ändern der Formatvorlagen für Verzeichnisse unterscheidet sich nicht von der Bearbeitung anderer Formatvorlagen, die genaue Vorgehensweise lesen Sie in Kapitel 3.3 nach. Als Beispiel soll daher im Folgenden nur das Aussehen der Formatvorlage *Verzeichnis 1* geändert werden:

Beispiel: Formatvorlage Verzeichnis 1 ändern

Die Formatvorlage *Verzeichnis 1* erhält zur Hervorhebung das Attribut *Fett*, eine etwas größere Schrift und eine andere Schriftfarbe. Außerdem wird zusätzlich zum Zeilenabstand ein größerer Abstand vor dem Absatz benötigt. Am einfachsten ändern Sie die Formatvorlage wie folgt:

1. Markieren Sie im Inhaltsverzeichnis eine beliebige Überschrift der Ebene 1 ❶ bzw. mit der Formatvorlage *Verzeichnis 1* (Bild 6.5) und formatieren Sie diese mit allen gewünschten Merkmalen.
2. Klicken Sie dann im Aufgabenbereich *Formatvorlagen* mit der rechten Maustaste auf die zu ändernde Formatvorlage, hier *Verzeichnis 1* ❷ und auf *Verzeichnis 1 aktualisieren, um der Auswahl zu entsprechen* ❸.

Alternativ können Sie Formatvorlagen natürlich auch per Rechtsklick und den Befehl *Ändern* im Dialogfenster *Formatvorlage ändern* bearbeiten, wie in Kap. 3.3 beschrieben.

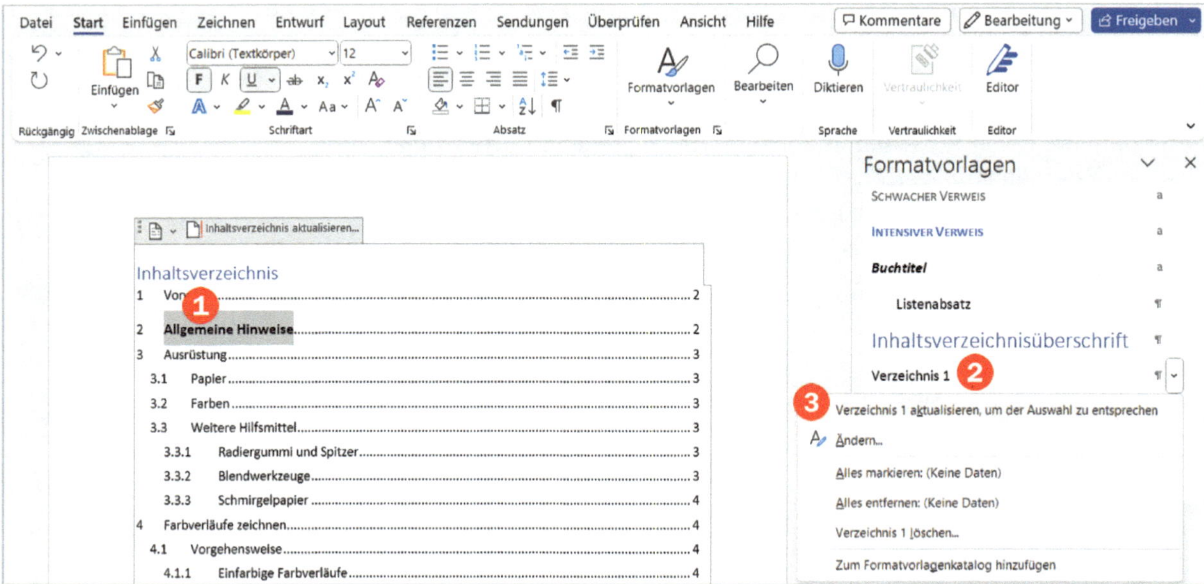

Bild 6.5 Verzeichnisebene 1 formatieren

3 Daraufhin ändert sich das Aussehen aller Verzeichniseinträge der Ebene 1 entsprechend. Verfahren Sie anschließend genauso mit den übrigen Verzeichnisebenen und der Formatvorlage *Inhaltsverzeichnisüberschrift*. Das Ergebnis könnte aussehen, wie im Bild unten.

Bild 6.6 Ergebnis

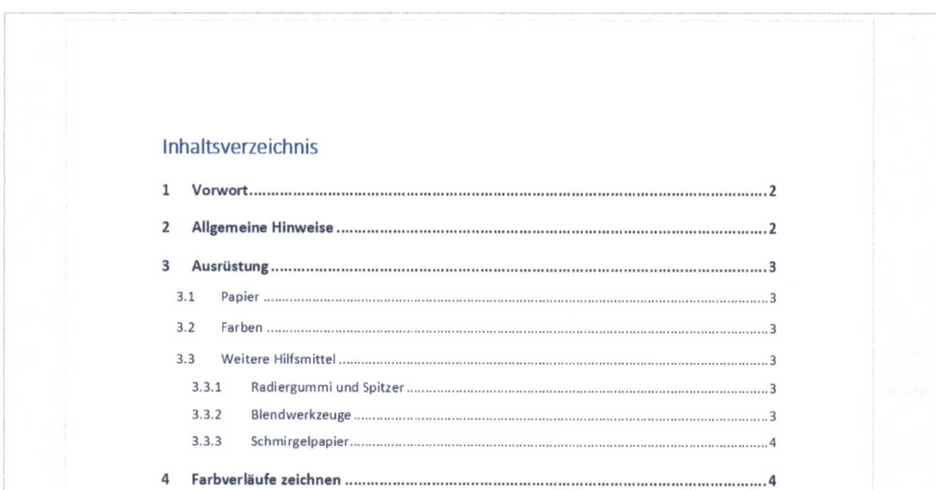

Inhaltsverzeichnisüberschrift:
Schrift: 16pt, fett, blau
Abstand: Vor 12pt, Nach 12pt

Verzeichnis 1
Schrift: 12pt, fett, blau
Abstand: Vor 12pt, Nach 6pt

Verzeichnis 2
Schrift: 12pt
Abstand: Vor 8pt, Nach 6pt

Verzeichnis 3
Schrift: 11pt, blau
Abstand: Vor 2pt, Nach 5pt

Formatvorlagen für Verzeichnisse werden automatisch aktualisiert!

In der Standardeinstellung werden Formatvorlagen für Verzeichnisse automatisch aktualisiert. Das bedeutet, wenn Sie im Inhaltsverzeichnis eine Verzeichnisebene anklicken und für diese das Absatzformat ändern, dann wird automatisch auch das Aussehen aller übrigen Verzeichniseinträge dieser Ebene geändert. Dies betrifft allerdings nur Absatzformate, z. B. Abstände, beim Ändern der Zeichenformate müssen Sie vorgehen, wie oben beschrieben.

Einzüge und Tabstopps im Inhaltsverzeichnis

Je tiefer die Verzeichnisebene, umso weiter wird die Überschrift im Inhaltsverzeichnis eingerückt. Wer diese Treppendarstellung vermeiden möchte, verändert die Einzüge, auch dies geschieht am einfachsten direkt im Inhaltsverzeichnis, da Sie hier sofort die Wirkung beurteilen können.

Als Beispiel soll Ebene 2 am linken Seitenrand beginnen.

- **Einzug verkleinern**: Klicken Sie im Inhaltsverzeichnis in eine beliebige Überschrift der Ebene 2 und im Menüband, Register *Start* ▶ *Absatz* auf *Einzug verkleinern*. Oder öffnen Sie mit Rechtsklick und den Befehl *Absatz* das gleichnamige Dialogfenster und ändern hier den *Einzug Links* auf 0 ❶.
- **Tabstopp verschieben**: Da nun der Abstand zwischen Nummerierung und Text zu groß ist, muss auch noch der Tabstopp geändert werden. Hier leistet das Lineal gute Dienste (Einblenden über das Register *Ansicht*). Verschieben Sie hier den Tabstopp des aktuellen Absatzes ❷ mit der Maus, wie im Bild unten.

Achtung: Da es sich um Absatzformate handelt, sollten in der Standardeinstellung eigentlich alle Absätze derselben Ebene automatisch ebenfalls geändert werden. Falls nicht, müssen Sie die Formatvorlage manuell aktualisieren, siehe Seite 239.

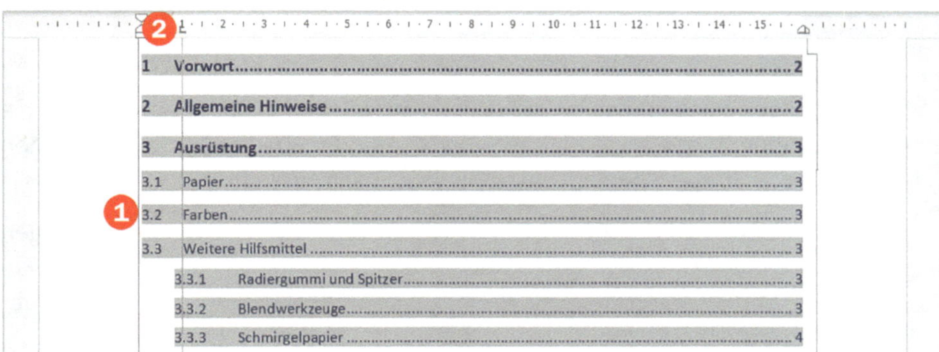

Bild 6.7 Einzug und Tabstopp der Ebene 2 ändern

Genauso verfahren Sie mit den übrigen Verzeichnisebenen und verkleinern oder vergrößern, falls gewünscht auch für diese den Einzug. Der dazugehörige Tabstopp muss in den meisten Fällen selbstverständlich ebenfalls geändert werden.

Zweizeilige Überschriften

Kein häufiges Problem - aber manchmal benötigen Überschriften zwei Zeilen. Leider berücksichtigen die Standardformatvorlagen für Verzeichnisse diesen Sonderfall nicht und der Text der zweiten Zeile beginnt unterhalb der Nummerierung. Hier schafft ein hängender Einzug Abhilfe:

Klicken Sie im Inhaltsverzeichnis mit der rechten Maustaste auf eine Überschrift dieser Ebene ❶ und auf *Absatz...* und wählen Sie als Sondereinzug *Hängend* aus ❷. Der Wert, der automatisch im Feld *Um* erscheint, entspricht einer vorhandenen Tabstoppposition.

Leider wird damit in vielen Fällen der Text immer noch nicht korrekt untereinander ausgerichtet, da sich der Tabstopp nach dem linken Seitenrand, der hängende Einzug aber nach dem linken Einzug richtet. Statt Kopfrechnen oder Ausprobieren, verschieben Sie daher am einfachsten im Lineal den hängenden Einzug ❸ mit der Maus an die gewünschte Position.

Bild 6.8 Hängenden Einzug anpassen

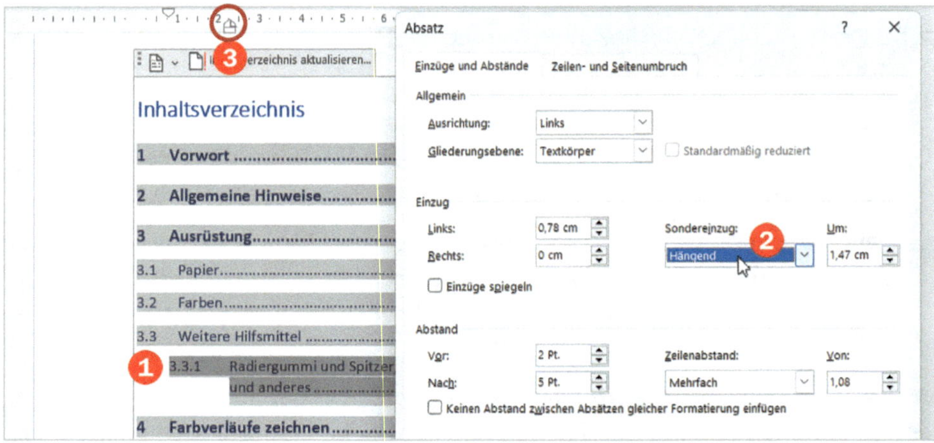

Benutzerdefiniertes Inhaltsverzeichnis erstellen

Wenn im Inhaltsverzeichnis mehr als drei Überschriftebenen benötigt werden oder die Seitenzahlen ohne Füllzeichen hinter der Überschrift oder überhaupt nicht erscheinen sollen, dann erstellen Sie ein benutzerdefiniertes Inhaltsverzeichnis.

- Klicken Sie im Menüband, Register *Referenzen* auf *Inhaltsverzeichnis* und wählen Sie statt eines automatischen Verzeichnisses *Benutzerdefiniertes Inhaltsverzeichnis...* ❶. Im Dialogfenster *Inhaltsverzeichnis* bearbeiten Sie nun die unten abgebildeten Einstellungen.

Bild 6.9 Benutzerdefiniertes Inhaltsverzeichnis

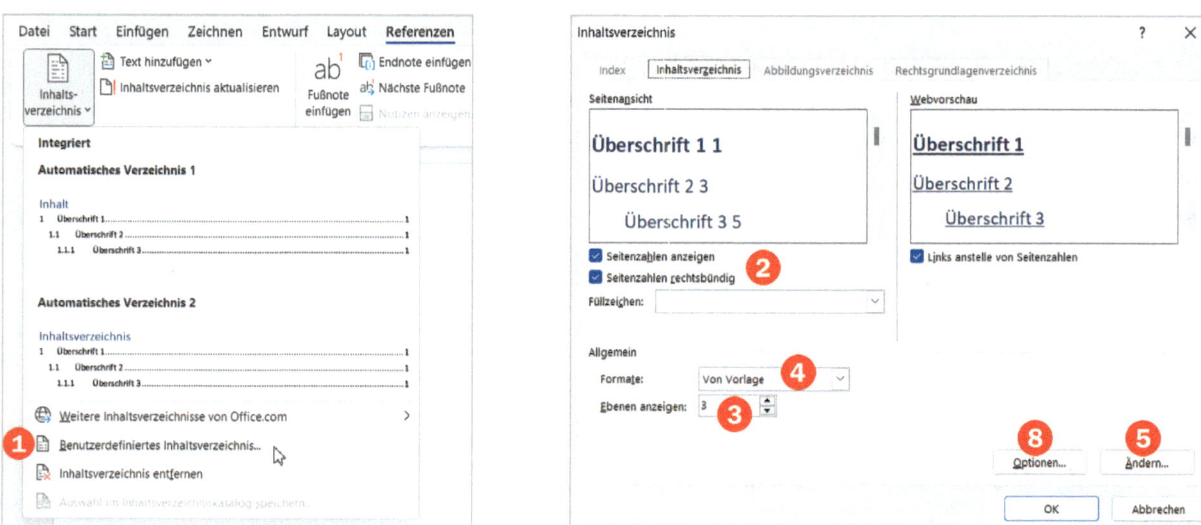

- **Seitenzahlen**: Anzeige und Position der Seitenzahlen sowie die Füllzeichen zwischen Überschrift und Seitenzahl legen Sie hier fest ❷. Deaktivieren Sie z. B. das Kontrollkästchen *Seitenzahlen rechtsbündig*, so erscheinen diese unmittelbar hinter der Überschrift.
- **Hyperlinks als Seitenzahlen**: In der Standardeinstellung gelangen Sie durch Anklicken mit gedrückter Strg-Taste aus dem Inhaltsverzeichnis im Dokument an die entsprechende Stelle. Dies wird über das Kontrollkästchen *Links anstelle von Seitenzahlen* gesteuert.
- **Anzahl Ebenen**: Im Feld *Ebenen anzeigen* ❸ bestimmen Sie, wie viele Überschriftebenen im Inhaltsverzeichnis berücksichtigt werden. Benötigen Sie eine vierte Ebene, dann wählen Sie hier 4 statt der Standardeinstellung 3 aus, vorausgesetzt, die Überschriften sind korrekt mit der Formatvorlage *Überschrift 4* formatiert.
- **Formate**: Im Feld *Formate* ❹ stehen verschiedene Vorlagenstile, z. B. *Klassisch* oder *Elegant* zur Auswahl. Wählen Sie dagegen *Von Vorlage*, so können Sie über die Schaltfläche *Ändern* ❺ jede Verzeichnisformatvorlage einzeln bearbeiten. Die Änderung erfolgt in diesem Fall im Fenster *Formatvorlage ändern*, siehe Kap. 3.3.

Bild 6.10 Inhaltsverzeichnis nach eigenen Vorstellungen zusammenstellen

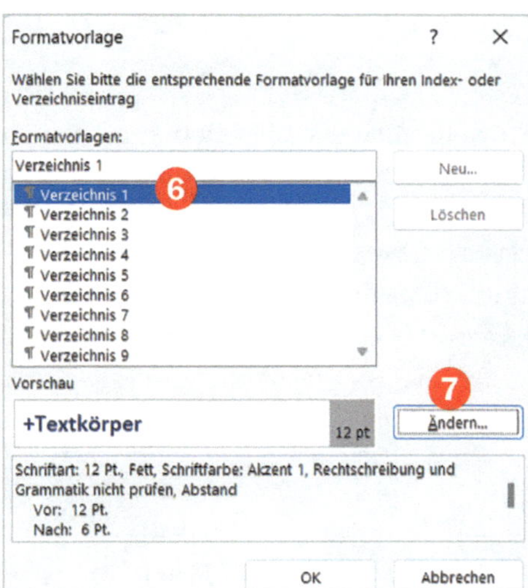

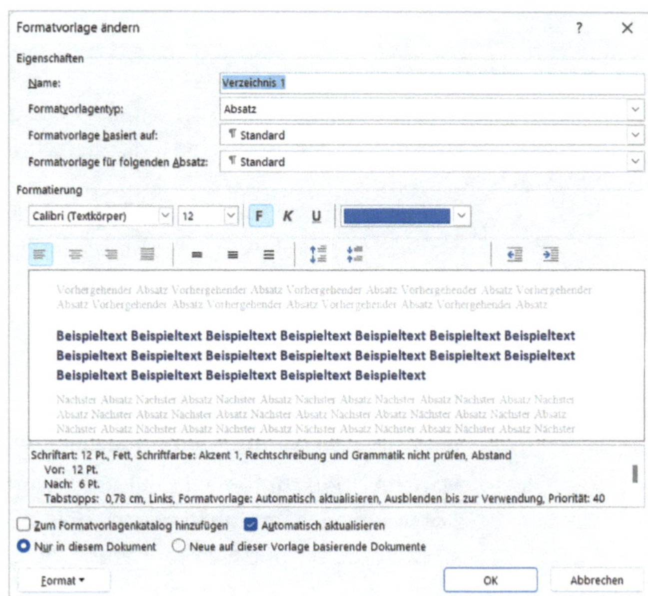

▶ Bestätigen Sie abschließend Ihre Änderungen jeweils über die Schaltfläche *OK*. Ist bereits ein Inhaltsverzeichnis vorhanden, so werden Sie in einem weiteren Fenster gefragt, ob Sie das aktuelle Inhaltsverzeichnis ersetzen möchten.

Ein Inhaltsverzeichnis aus benutzerdefinierten Formatvorlagen erstellen

Wie bereits mehrfach erwähnt, berücksichtigt das Inhaltsverzeichnis standardmäßig nur Überschriften, die mit den Formatvorlagen Überschrift1 bis Überschrift 9 formatiert wurden. Falls Sie im Dokument für Ihre Überschriften andere Formatvorlagen verwendet haben, müssen Sie die jeweilige Überschriftformatvorlage mit der entsprechenden Verzeichnisformatvorlage verbinden, so gehen Sie vor:

1. Wählen Sie *Benutzerdefiniertes Inhaltsverzeichnis* und klicken Sie anschließend auf die Schaltfläche *Optionen* ❽ (siehe Bild 6.9 auf Seite 242).
2. Anschließend tragen Sie im Fenster *Optionen für Inhaltsverzeichnis* für jeder Überschrift-Formatvorlage im Feld rechts daneben die entsprechende Verzeichnisebene als Zahl ein, wie im Bild unten.

Bild 6.11 Benutzerdefinierten Formatvorlagen eine Verzeichnisebene zuweisen

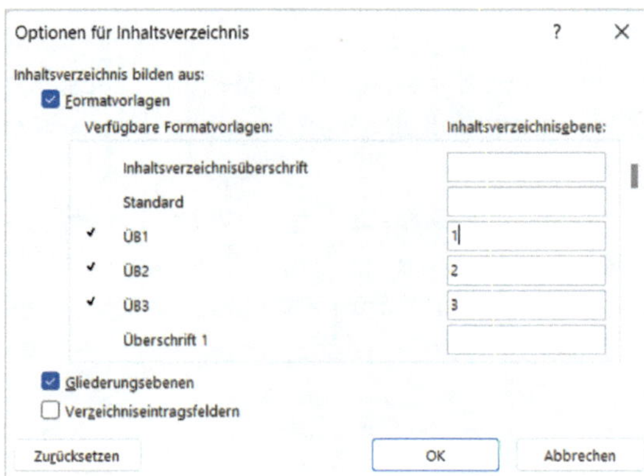

Beispiele:

Statt *Überschrift 1* wird die benutzerdefinierte Formatvorlage ÜB1 verwendet. Damit sie im Inhaltsverzeichnis als Verzeichnisebene 1 erscheint, tragen Sie im Feld rechts daneben eine 1 ein.

Wenn dagegen *Überschrift 1* nicht mehr berücksichtigt werden soll, dann entfernen Sie hier die 1.

Tipp: Auf diesem Weg können, falls nötig, auch weitere Überschriftebenen zusätzlich zu den Standardüberschriften (Überschrift 1 bis Überschrift 9) aufgenommen werden.

> Wenn Sie eine neue Formatvorlage auf Grundlage einer Standardformatvorlage für Überschriften, z. B. *Überschrift 1* erstellen (*Basiert auf...*), so erhält diese automatisch deren Eigenschaften und damit auch die Inhaltsverzeichnisebene. Das bedeutet, Überschriften, die mit dieser neuen Formatvorlage formatiert sind, werden automatisch im Inhaltsverzeichnis berücksichtigt.

Workshop: Überschriften ohne Nummerierung

Manche Überschriften wie z. B. „Stichwortverzeichnis" oder „Vorwort" sollen häufig im Dokument und im Inhaltsverzeichnis das Aussehen der Formatvorlage *Überschrift 1* erhalten, aber ohne Nummerierung. So gehen Sie vor:

1. Erstellen Sie für diese Überschriften eine neue Formatvorlage und geben Sie der Formatvorlage einen Namen, z. B. *Überschrift_ohne_Nummer*. Wählen Sie im Feld *Formatvorlage basiert auf* die Formatvorlage *Überschrift 1* aus ❶
2. Klicken Sie auf die Schaltfläche *Format*, wählen Sie *Nummerierung* ❷ aus und klicken auf *Ohne* ❸, um die Nummerierung zu entfernen. Schließen Sie dann nacheinander alle Fenster mit *OK*.

Da das neue Überschriftsformat auf der Formatvorlage *Überschrift 1* basiert, wird es automatisch in das Inhaltsverzeichnis übernommen.

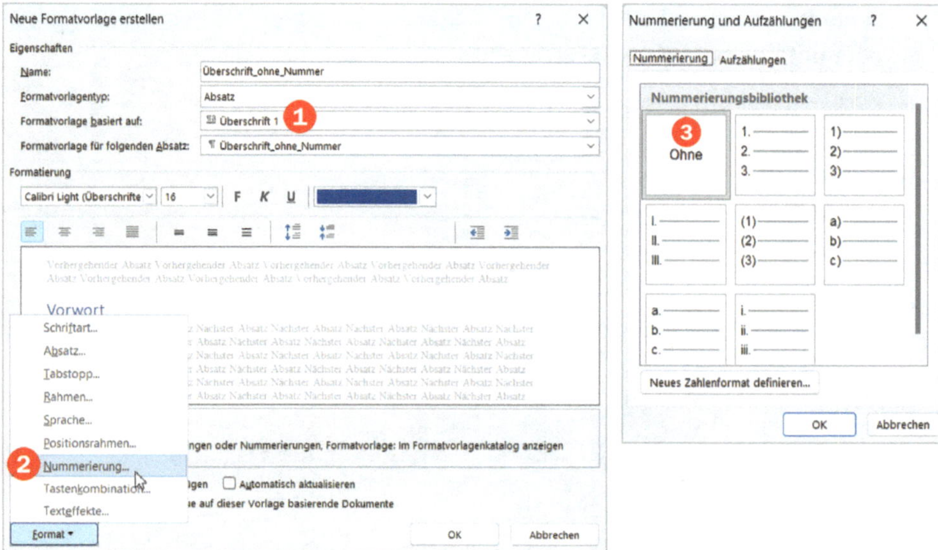

Bild 6.12 Überschrift ohne Nummerierung

6.2 Abbildungs- und andere Verzeichnisse

In längeren Dokumenten werden üblicherweise Bilder, Tabellen, Diagramme oder Formeln durchnummeriert, benannt und in einem Abbildungsverzeichnis mit Nummer, Name und Seitenzahl aufgelistet. Auch mehrere gesonderte Verzeichnisse, beispielsweise getrennt für Bilder und Tabellen, sind möglich. Voraussetzung ist in allen Fällen, dass die Objekte (Tabellen, Diagramme etc.) entsprechend beschriftet werden. Diese lassen sich dann in einem Abbildungsverzeichnis zusammenfassen und mit der jeweiligen Seitenzahl versehen. Das Abbildungsverzeichnis wird in der Regel im Anschluss an das Inhaltsverzeichnis eingefügt.

Bilder beschriften

Wie Sie Bilder, Tabellen und andere Elemente beschriften, wurde in Kapitel 4.5 ausführlich beschrieben, daher an dieser Stelle nur eine kurze Zusammenfassung:

1. Markieren Sie das Bild ❶ und klicken Sie im Menüband, im Register *Referenzen* ▶ *Beschriftungen* auf *Beschriftung einfügen* ❷.
2. **Bezeichnung festlegen**: Wählen Sie im Feld *Bezeichnung* ❸ eine passende Bezeichnung, z. B. *Abbildung*, *Tabelle* oder *Formel*.
3. **Beschriftungstext hinzufügen**: Im Feld *Beschriftung* sehen Sie eine Vorschau ❹, der Sie beliebigen erklärenden Text hinzufügen können. Sie können zusätzlichen Text aber auch nachträglich im Dokument ergänzen oder ändern.

4 **Beschriftungsposition**: Im Feld *Position* ❺ legen Sie fest, ob die Beschriftung ober- oder unterhalb des Objekts erscheint.

5 Klicken Sie abschließend auf *OK*.

Bild 6.13 Abbildungen mit durchnummerierter Beschriftung versehen

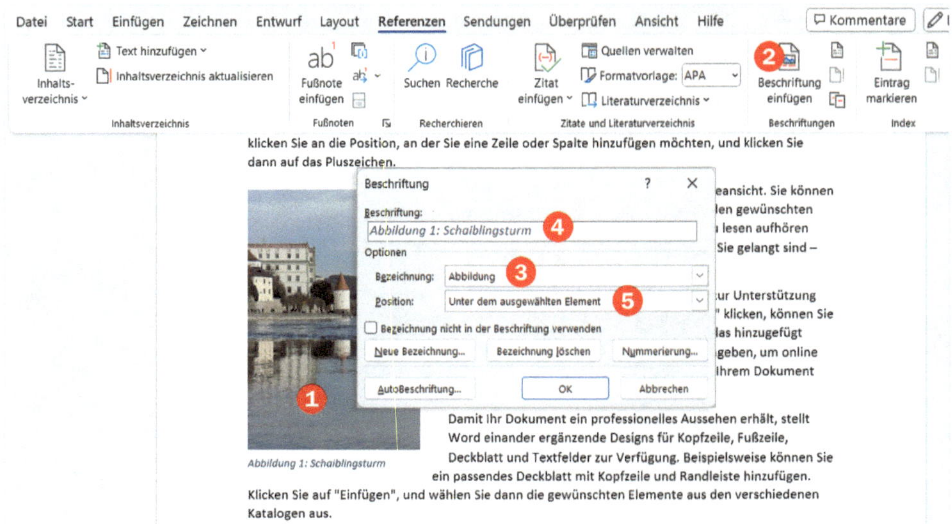

Benötigen Sie statt der standardmäßigen arabischen Ziffern ein anderes Zahlenformat, z. B. Buchstaben oder römische Zahlen, so klicken Sie auf die Schaltfläche *Nummerierung*.

Genauso verfahren Sie auch mit den übrigen Bildern, die Nummerierung erfolgt automatisch und richtet sich nach der Reihenfolge der Bilder im Dokument.

Abbildungsverzeichnis einfügen

Genau wie das Inhaltsverzeichnis wird auch das Abbildungsverzeichnis an der Cursorposition eingefügt. Setzen Sie also den Cursor an die gewünschte Stelle, z. B. am Anfang oder am Ende des Dokuments und fügen Sie eventuell hier noch eine leere Seite ein.

1 Klicken Sie dann im Menüband auf *Referenzen* ▶ *Beschriftungen* auf *Abbildungsverzeichnis einfügen*. Im Dialogfenster *Abbildungsverzeichnis* nehmen Sie dann die weiteren Einstellungen vor.

Bild 6.14 Abbildungsverzeichnis einfügen

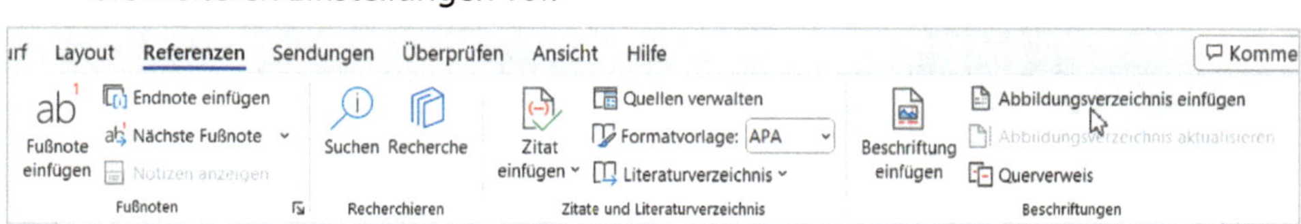

Erscheint im Dokument anstelle des Abbildungsverzeichnisses die Meldung *Es konnten keine Einträge für ein Abbildungsverzeichnis gefunden werden*, dann haben Sie vermutlich die falsche *Bezeichnung* gewählt.

2 Wählen Sie zunächst im Auswahlfeld *Beschriftung* ❶ die Bezeichnung aus (*Abbildung*, *Tabelle* etc., siehe oben auf Seite 245), für die das Verzeichnis erstellt werden soll, in diesem Fall *Abbildung*. Haben Sie statt der Standardbezeichnungen eine andere Bezeichnung, z. B. *Bild* neu hinzugefügt und verwendet , dann muss diese ausgewählt werden.

3 Wie beim Inhaltsverzeichnis können Sie auch hier Anzeige und Position der Seitenzahlen ❷ sowie die Verwendungen von Füllzeichen steuern. Oberhalb sehen Sie unter *Seitenansicht* ❸ eine Vorschau auf das Ergebnis.

4 Falls das Verzeichnis nur den Text ohne die Bezeichnung *Abbildung*, usw. enthalten soll, so deaktivieren Sie dieses Kontrollkästchen ❹.

5 Klicken Sie zuletzt auf *OK*, im Bild unten rechts das Ergebnis. **Achtung**: Die Überschrift muss manuell hinzugefügt werden.

Bild 6.15 Abbildungsverzeichnis erstellen

Bild 6.16 Ergebnis

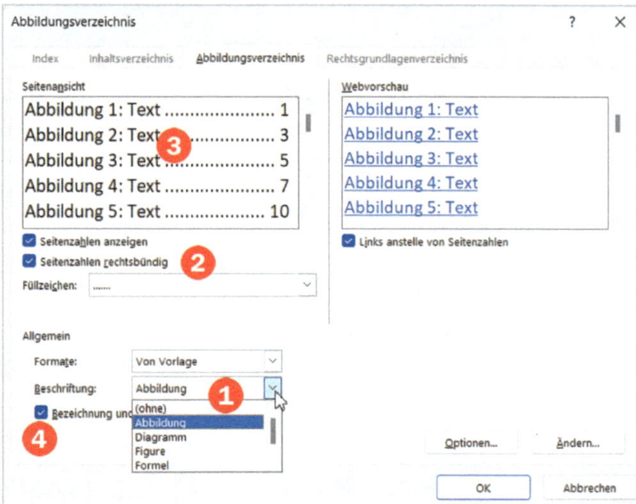

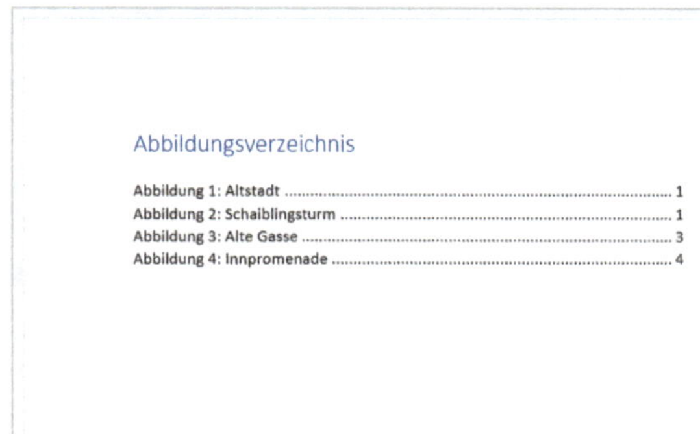

Ein Abbildungsverzeichnis wird ohne Überschrift eingefügt. Sie können also das Verzeichnis mit einer Überschrift ganz nach ihren Wünschen versehen.

Bild 6.17 Verzeichnis aktualisieren

Abbildungsverzeichnis aktualisieren

Werden nach Einfügen eines Abbildungsverzeichnisses noch Änderungen am Text vorgenommen, z. B. Hinzufügen eines weiteren Bildes oder Einfügen weiterer Seiten, muss das Verzeichnis aktualisiert werden.

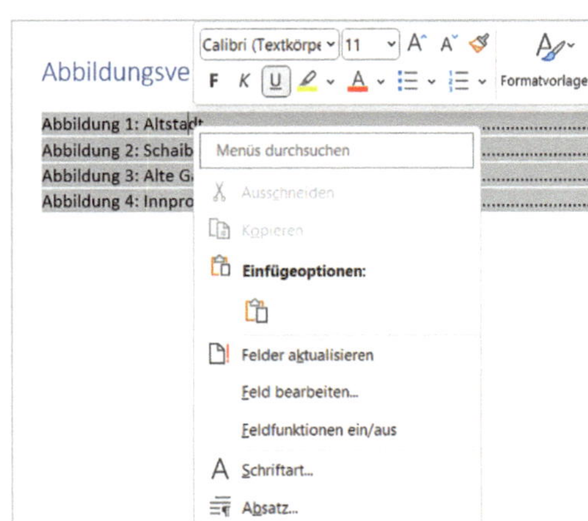

- Klicken Sie dazu mit der rechten Maustaste in das Abbildungsverzeichnis und wählen Sie *Felder aktualisieren*. Anschließend wählen Sie zwischen *Nur Seitenzahlen* oder *Gesamtes Verzeichnis aktualisieren*.
- Oder klicken Sie in das Abbildungsverzeichnis und im Menüband, Register *Referenzen* auf *Abbildungsverzeichnis aktualisieren*.

> **Rechtschreibfehler in Verzeichnissen korrigieren**
> Falls Sie im Abbildungs- oder einem anderen Verzeichnis einen Rechtschreibfehler entdecken, so müssen Sie diesen im Dokument korrigieren und danach das Verzeichnis aktualisieren. Im Verzeichnis selbst vorgenommene Änderungen verschwinden bei der nächsten Aktualisierung.

Tabellenverzeichnis erstellen

Die oben beschriebene Vorgehensweise gilt auch, wenn Sie ein Tabellen- oder Formelverzeichnis erstellen wollen. Die Nummerierung erfolgt für jede Bezeichnung, also z. B. *Abbildung*, *Tabelle*, *Formel* usw. gesondert, so dass Sie auch mehrere Verzeichnisse einfügen können, falls das Dokument neben Bildern auch Tabellen enthält.

Hier als Beispiel ein Tabellenverzeichnis.

- **Tabellen beschriften**
  Klicken Sie in die Tabelle und im Menüband, Register Referenzen ▶ *Beschriftungen* auf *Beschriftung einfügen*. Wählen Sie die Bezeichnung *Tabelle* aus oder legen Sie über die Schaltfläche *Neue Bezeichnung* eine andere passende Bezeichnung an und ergänzen Sie diese im Feld *Beschriftung*.

- **Tabellenverzeichnis erstellen**
  Um ein Tabellenverzeichnis einzufügen, setzen Sie den Cursor an die gewünschte Stelle, klicken im Menüband ▶ *Referenzen* auf *Abbildungsverzeichnis* und wählen diesmal im Feld *Beschriftung* die Bezeichnung *Tabelle* aus.

Bild 6.18 Weitere Beschriftung für ein separates Abbildungsverzeichnis erstellen

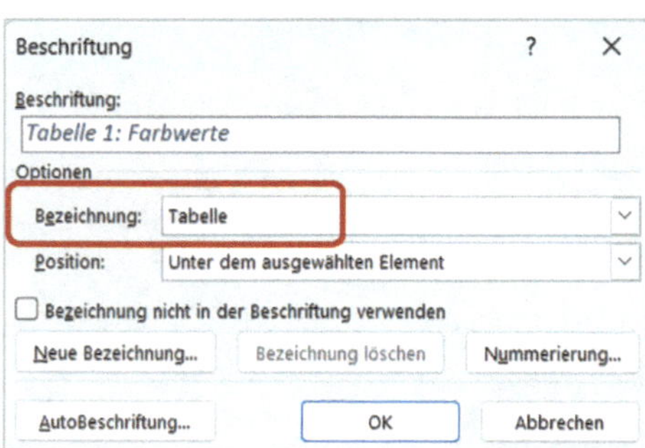

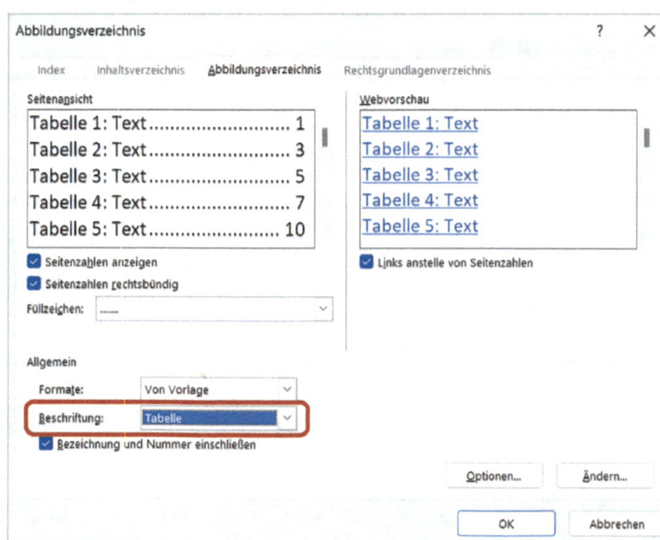

Irreführend ist, dass Word einmal *Bezeichnung* und ein andermal *Beschriftung* verwendet.

6.3 Index

Ein Index oder Stichwortverzeichnis ist eine alphabetisch sortierte Liste aller wichtigen Begriffe im Dokument unter Angabe der Seitenzahlen und ermöglicht dem Leser schnellen Zugriff auf bestimmte Inhalte. Der Index befindet sich in der Regel am Ende des Dokuments, häufig in zwei Spalten und trägt die Überschrift Index oder Stichwortverzeichnis. Für diese Überschrift wird in der Regel die Formatierung bzw. Formatvorlage der Überschriftebene1 verwendet.

Damit ein Index generiert werden kann, müssen im Dokument Stichwörter als Indexeinträge festgelegt werden. Sie vermeiden unnötigen Aufwand und schonen Ihre Nerven, wenn Sie vor dem Festlegen der Indexeinträge einige Dinge beachten.

Indexeinträge erst zum Schluss festlegen
Legen Sie die Indexeinträge erst fest, wenn der Text fertig ist, da bei nachträglichen Korrekturen Indexeinträge versehentlich gelöscht werden können.

Achten Sie auf eine einheitliche Schreibweise der Indexeinträge
Mehrfach im Dokument vorkommende Begriffe erscheinen im Stichwortverzeichnis nur einmal und mit allen dazugehörigen Seitenzahlen. Dies gilt allerdings nur bei exakt übereinstimmender Schreibweise der Indexeinträge. So erzeugen beispielsweise die Indexeinträge *HDMI-Anschluss*, *HDMI-Anschluß*, *HDMI Anschluss* und *HDMI-anschluss* jeweils einen eigenen Eintrag im Stichwortverzeichnis, was sicher nicht gewollt ist. Achten Sie also auf eine einheitliche Schreibweise, da jede Abweichung z. B. Rechtschreibfehler, Plural und Singular, unterschiedliche Verwendung von Bindestrichen, Leerzeichen sowie Klein- und Großbuchstaben einen gesonderten Eintrag im Index zur Folge hat.

Legen Sie am besten für sich einige Regeln, z. B. Plural oder Singular fest und halten Sie diese konsequent ein.

Tipp für die richtige Seitenzahl
Setzen Sie bei längeren Textpassagen den Indexeintrag immer an den Anfang des Abschnitts, auf den Sie verweisen möchten. So verhindern Sie, dass sich der Indexeintrag auf die Folgeseite bezieht und somit die falsche Seitenzahl im Index erscheint.

Indexeinträge festlegen

Haupteinträge

1 Markieren Sie im Dokument das Wort ❶, das Sie in den Index aufnehmen möchten, auch mehrere Wörter können markiert werden. Falls sich das Wort zwar im selben Absatz, aber auf der nächsten Seite befindet oder an dieser Stelle in abweichender Schreibweise (s. oben) vorkommt, so setzen Sie den Cursor an die Stelle, auf die Sie Bezug nehmen möchten.

2 Rufen Sie das Dialogfenster *Indexeintrag festlegen* über das Menüband, Register *Referenzen* ▶ *Index* mit Klick auf *Eintrag markieren* ❷ auf oder benutzen Sie die Tastenkombination **Alt**+**Umschalt**+**X**.

3 Der markierte Text wird in das Feld *Haupteintrag* ❸ übernommen. Wurde kein Wort markiert, so tragen Sie den Begriff im Feld *Haupteintrag* ein. Selbstverständlich kann der Haupteintrag auch ergänzt oder geändert werden.

4 Achten Sie darauf, dass die Option *Aktuelle Seite* ausgewählt ist. Um den Eintrag endgültig festzulegen, klicken Sie dann auf *Markieren* ❹.

Ist der Begriff im Haupteintrag mehrfach im Dokument vorhanden, können über die Schaltfläche *Alle markieren* auch gleich Indexeinträge für alle Fundstellen vereinbart werden, wobei mehrfache Einträge pro Seite jeweils nur einmal berücksichtigt werden.

Bild 6.19 Indexeintrag festlegen - Haupteintrag

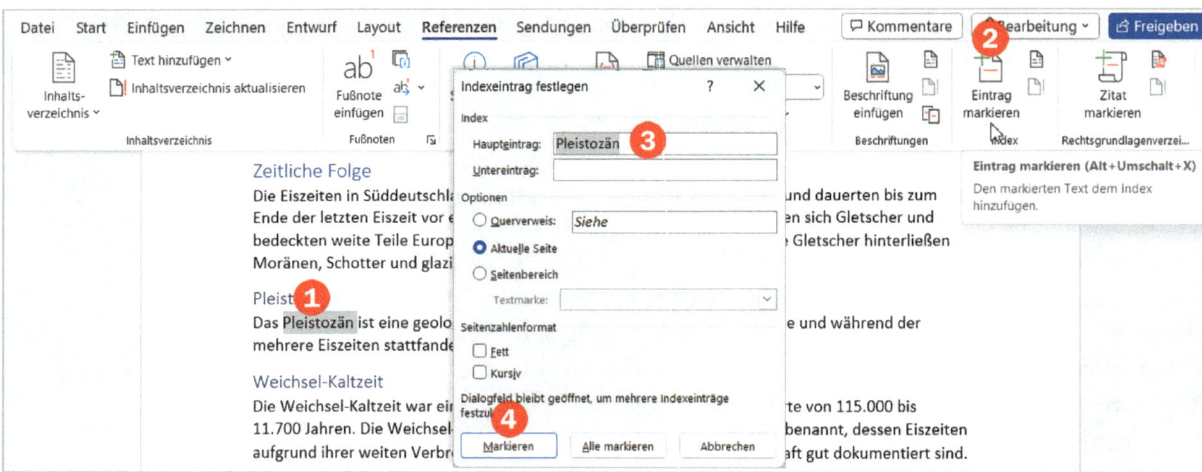

5 **Nächsten Indexeintrag festlegen**: Das Fenster *Indexeintrag festlegen* bleibt geöffnet. Markieren Sie nun im Dokument den nächsten künftigen Indexeintrag und klicken Sie in das Feld *Haupteintrag*, um das markierte Wort zu übernehmen. Oder setzen Sie den Cursor an die nächste Stelle des Dokuments, klicken in das Feld *Haupteintrag* und geben hier den Begriff per Tastatur ein. Klicken Sie dann auf *Markieren* oder drücken Sie die Tasten **Alt**+**Umschalt**+**X**.

Sollten Sie das Fenster *Indexeintrag festlegen* zwischenzeitlich geschlossen haben, so öffnet es sich automatisch wieder, wenn Sie den nächsten Eintrag markieren und die Tastenkombination **Alt**+**Umschalt**+**X** drücken.

Indexeinträge im Dokument anzeigen/ausblenden

Info: Indexeinträge werden im Gegensatz zu den übrigen Feldfunktionen (s. Kap. 5) zusammen mit den Steuerzeichen bzw. Formatierungssymbolen ein- und ausgeblendet.

Mit dem Einfügen des ersten Indexeintrags werden im Dokument automatisch alle Formatierungssymbole und damit auch der Indexeintrag sichtbar. Dieser ist an den geschweiften Klammern zu erkennen und beginnt mit der Feldfunktion *XE*. Zum Aus- oder Einblenden der Indexeinträge klicken Sie im Menüband, Register *Start* ▶ *Absatz* auf das Symbol *Alle anzeigen*.

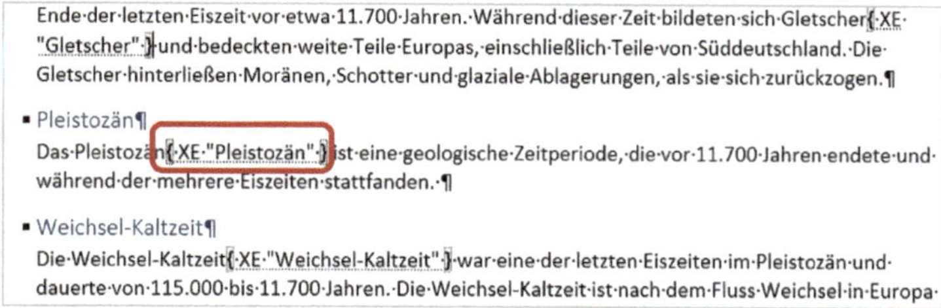

Bild 6.20 Indexeinträge werden im Dokument zusammen mit den Steuerzeichen ein- und ausgeblendet

Tipps und Hinweise

- **Korrekturen nur bei eingeblendeten Indexeinträgen**
  Falls Sie nach dem Festlegen der Indexeinträge noch Korrekturen im Text vornehmen, sollten Sie die Indexeinträge einblenden. So verhindern Sie versehentliches Löschen von Indexeinträgen.

- **Vorsicht bei Zeichenformaten**
  Zeichenformate, z. B. Fett, eine abweichende Schriftfarbe oder Formatierung in Großbuchstaben werden in das Stichwortverzeichnis mit übernommen. Enthält also der Indexbegriff im Dokument ein Zeichenformat, wie dies in der Regel bei Überschriften der Fall ist, dann müssen Sie als Abhilfe entweder den Begriff per Tastatur in das Feld *Haupteintrag* eintippen. Oder blenden Sie die Indexeinträge im Dokument ein und entfernen die Formatierung vom Indexeintrag in geschweiften Klammern, wie im Bild unten.

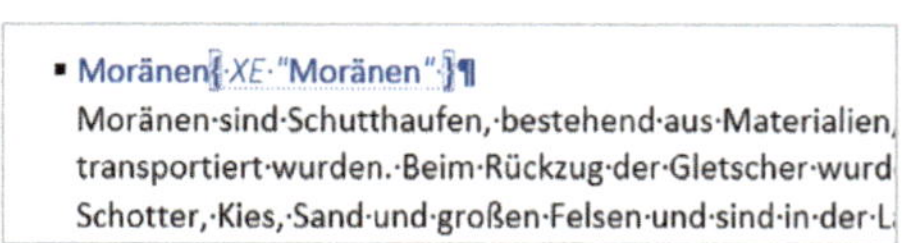

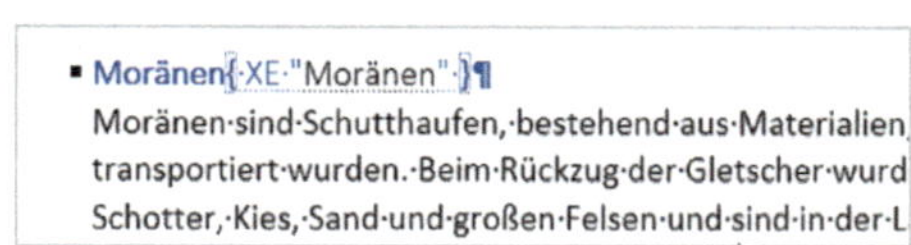

Bild 6.21 Entfernen Sie Zeichenformate von Indexeinträgen

Untereinträge

Sie können mit Word zu einem Haupteintrag auch Untereinträge erstellen. Allerdings ist diese Prozedur etwas umständlich, da ein Untereintrag nicht aus dem Dokument übernommen wird, sondern ausschließlich manuell bzw. über die Tastatur eingegeben werden muss.

Bild 6.22 Untereintrag festlegen

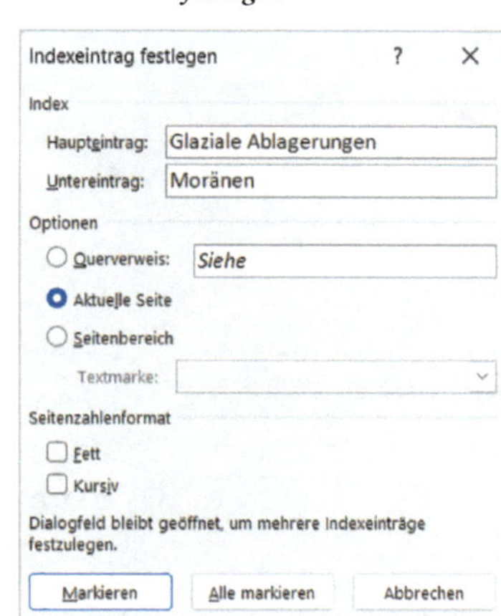

1. Setzen Sie im Dokument den Cursor an die entsprechende Stelle und rufen Sie das Fenster *Indexeintrag festlegen* auf.
2. Tragen Sie im Feld *Haupteintrag* den übergeordneten Begriff ein und im Feld *Untereintrag* den Begriff, auf den verwiesen werden soll, hier Moränen.

   Tipp: Die **Tab**-Taste wechselt zum nächsten Feld.
3. Klicken Sie auf *Markieren*.

Tipp: Untereinträge erscheinen im Dokument mit Doppelpunkt vom Haupteintrag getrennt. Sie können zumindest etwas Arbeit sparen, wenn Sie Untereinträge zunächst als Haupteintrag festlegen und dann im Dokument diesen einfach den jeweiligen Haupteintrag mit Doppelpunkt per Tastatureingabe voranstellen.

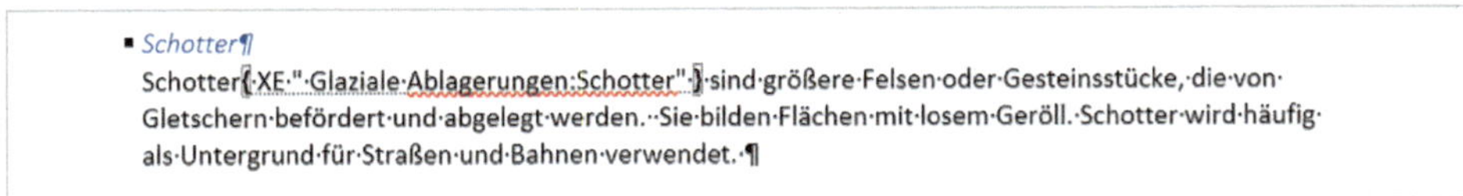

Bild 6.23 Untereinträge werden mit Doppelpunkt vom Haupteintrag getrennt

Unter-Untereintrag vereinbaren

Durch händische Eingabe eines Doppelpunkts können Indexeinträge noch weiter untergliedert werden. Auch in diesem Fall können Sie einen weiteren Untereintrag entweder direkt im Dialogfenster eingeben oder nachträglich innerhalb der Feldfunktion eine Ergänzung vornehmen.

Verweisoptionen und Seitenzahlenformat

Neben dem Verweis auf die aktuelle Seite finden Sie beim Festlegen eines Indexeintrags im Dialogfenster noch die folgenden Optionen:

Querverweis statt Seitenzahl

Verwenden Sie in Ihrem Dokument synonyme Fachbegriffe, so sollten Sie sich für einen der Begriffe entscheiden und diesen als Haupteintrag mit Seitenzahlen festlegen. Den zweiten Begriff können Sie ebenfalls in das Stichwortverzeichnis aufnehmen, allerdings mit einem Verweis auf den ersten. Dazu wählen Sie beim Festlegen des Eintrags die Option *Querverweis* und tragen hinter *Siehe* den Haupteintrag ein, z. B. *Gletscherseen, siehe Seen.*

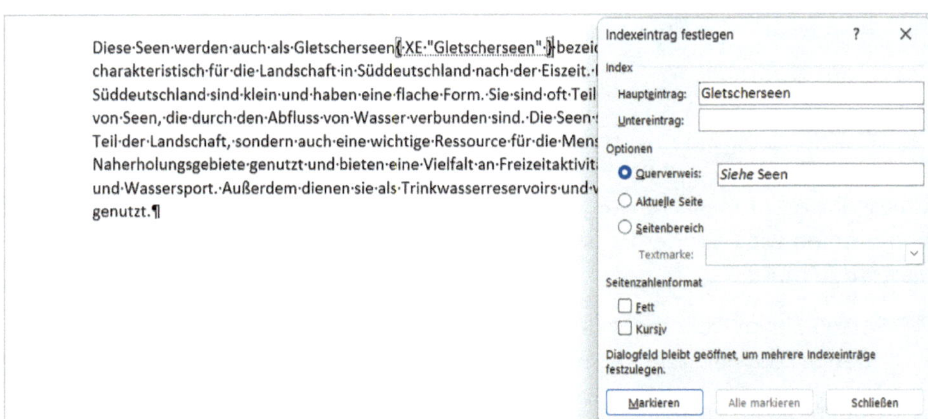

Bild 6.24 Indexeintrag mit Querverweis

Verweis auf Seitenbereich

Wenn Sie im Index auf mehrere aufeinanderfolgende Seiten des Dokuments verweisen möchten, dann wählen Sie die Option *Seitenbereich*. Voraussetzung dafür ist eine Textmarke, die vor Festlegung des Indexeintrags gesetzt werden muss.

Textmarken, siehe Kap. 1.

1 **Textmarke festlegen**: Markieren Sie den Bereich im Text, auf den Sie verweisen möchten. Klicken Sie im Menüband, Register *Einfügen* ▶ *Links* auf *Textmarke,* ge-

ben Sie im Feld *Textmarkenname* eine Bezeichnung ein und klicken Sie auf *Hinzufügen* (Bild 6.25).

2 **Indexeintrag**: Setzen Sie den Cursor nun an eine beliebige Stelle dieses Bereichs und rufen Sie das Fenster *Indexeintrag festlegen* auf.

3 Geben Sie im Feld *Haupteintrag* einen Namen für den Indexeintrag ein. Dieser muss nicht zwingend mit dem Textmarkennamen übereinstimmen. Es ist aber aus Gründen der Übersichtlichkeit ratsam, für die Textmarke einen Namen zu wählen, der mit dem Haupteintrag korrespondiert.

4 Wählen Sie die Option *Seitenbereich* und im dazugehörigen Listenfeld die festgelegte Textmarke aus und klicken Sie auf *Markieren*.

Bild 6.25 Textmarke festlegen

Bild 6.26 Indexeintrag mit Seitenbereich

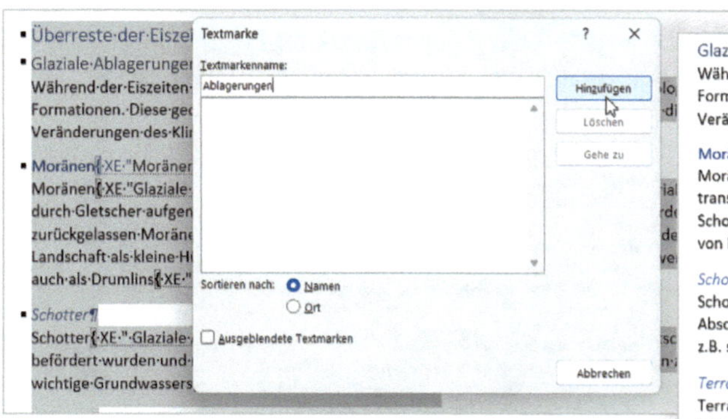

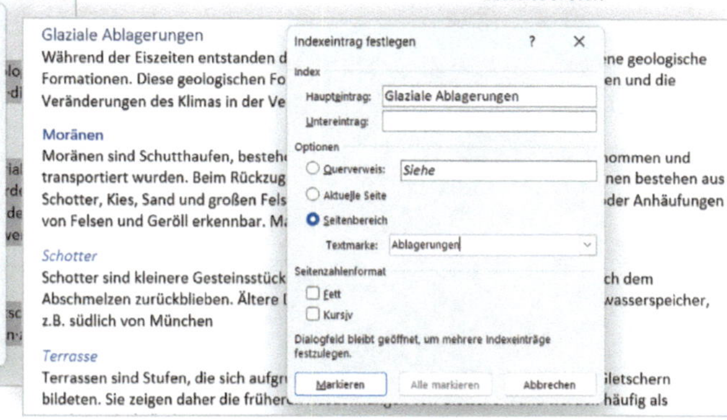

Seitenzahlenformat

Falls im Index einzelne Seitenzahlen abweichend kursiv, fett kursiv oder fett erscheinen sollen, so legen Sie dies für den jeweiligen Eintrag im Dialogfenster *Indexeintrag festlegen* im Bereich *Seitenzahlenformat* fest. Sofern das Fenster geöffnet bleibt, wird das Aussehen der Seitenzahl automatisch auch für den nächsten Indexeintrag übernommen. **Achtung**: Wollen Sie die Formatierung für den gesamten Index verändern, so steuern Sie dies über die Formatvorlagen für den Index. Wie das geht erfahren Sie ab Seite 257.

Indexeintrag suchen, berichtigen und löschen

Leider bietet Word im Gegensatz zu professionellen Satzprogrammen keine Möglichkeit, Indexeinträge zu verwalten. Sie müssen sich daher anderweitig behelfen. In jedem Fall müssen Sie zuvor im Dokument die Indexeinträge einblenden, entweder mit Klick auf das Symbol ¶ im Menüband, Register Start oder mit den Tasten **Strg**+**Umschalt**+Pluszeichen (+).

- **Indexeintrag löschen**
  Sie entfernen einen Index-Eintrag, indem Sie diesen einschließlich der geschweiften Klammern aus dem Text löschen.

- **Rechtschreibfehler korrigieren**
  Rechtschreibfehler oder falsche Bezeichnungen berichtigen Sie am einfachsten innerhalb der Feldfunktion.

- **Indexeintrag suchen**
  Falls Sie einen Indexeintrag gerade nicht finden können, nehmen Sie die Suche zu Hilfe: Rufen Sie mit den Tasten **Strg**+**F** die Suche des Navigationsbereichs auf oder blenden Sie über das Menüband, Register *Ansicht* mit Klick auf *Navigationsbereich* den gleichnamigen Bereich ein und wählen hier *Ergebnisse*. Geben Sie dann *XE* als Suchbegriff ein. Die Suchergebnisse werden im Navigationsbereich untereinander aufgelistet und durch Anklicken wechseln Sie Im Dokument zum jeweiligen Indexeintrag. Hier ist die gesuchte Zeichenfolge gelb markiert.

  Sollten im Navigationsbereich keine Treffer erscheinen, so kontrollieren Sie, ob der Bereich *Ergebnisse* ausgewählt ist und die Indexeinträge sichtbar sind.

Bild 6.27 Indexeinträge suchen

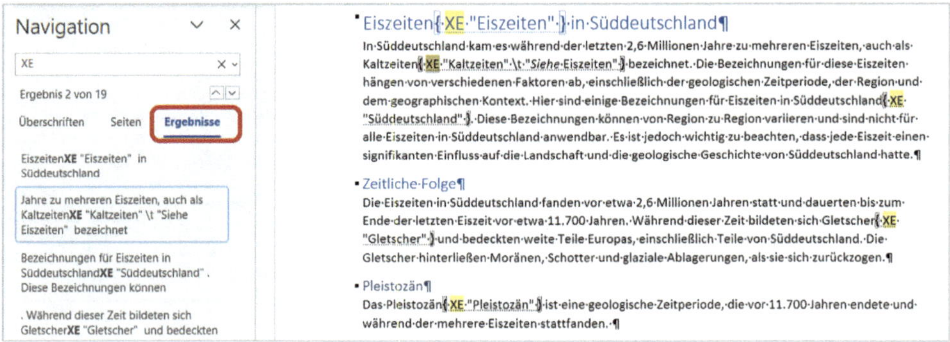

- **Mehrere Indexeinträge löschen**
  Sollen gleich mehrere Indexeinträge gelöscht werden, verwenden Sie die Funktion *Suchen und Ersetzen*. Diese rufen Sie entweder im Menüband im Register *Start* ▶ *Bearbeiten* auf oder mit den Tasten **Strg**+**H**.

Bild 6.28 Mittels Suchen und Ersetzen Indexeinträge löschen

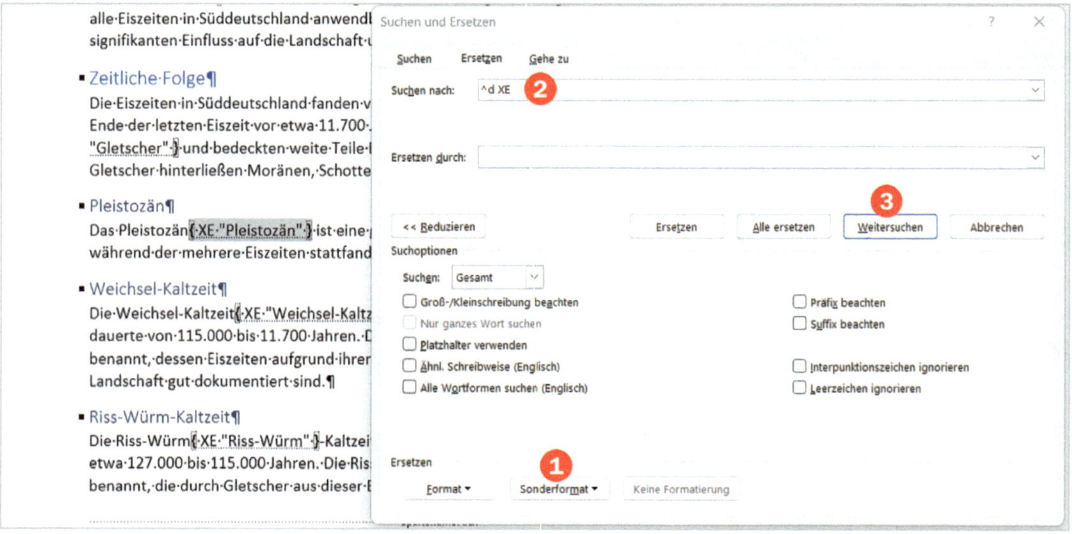

- Klicken Sie in das Feld *Suchen nach* und wählen Sie dann über die Schaltfläche *Sonderformat* ❶ die Option *Feld* aus. Im Feld *Suchen nach* steht nun *^d*. Falls die Schaltfläche *Sonderformat* nicht angezeigt wird, klicken Sie auf *Erweitern*.
- Anschließend fügen Sie im Feld *Suchen nach* noch ein Leerzeichen und *XE* ❷ hinzu, um sicherzustellen, dass nur Indexeinträge und keine anderen Felder gefunden werden. Lassen Sie das Feld *Ersetzen durch* leer.
- Nun springen Sie durch Anklicken der Schaltfläche *Weitersuchen* ❸ von Indexeintrag zu Indexeintrag. Zum Entfernen eines Eintrags klicken Sie auf *Ersetzen*.

Stichwortverzeichnis einfügen

Nachdem die Indexeinträge festgelegt wurden, fügen Sie das Stichwortverzeichnis ein, in der Regel am Ende des Dokuments. Da das Stichwortverzeichnis auf einer neuen Seite beginnen sollte, fügen Sie hier zunächst einen Seitenumbruch ein.

1. Klicken Sie in die neue Seite und geben Sie hier zunächst die Überschrift *Stichwortverzeichnis* oder *Index* ein und formatieren Sie diese. Wenn die Überschrift auch im Inhaltsverzeichnis erscheinen soll, dann verwenden Sie dazu eine Überschriftformatvorlage.
2. Setzen Sie dann den Cursor an die Stelle, ab der das Stichwortverzeichnis eingefügt werden soll und rufen Sie im Menüband, Register mit *Referenzen* ▶ *Index* mit Klick auf *Index einfügen* das Dialogfenster *Index* auf.

3. Im Feld *Formate* legen Sie das Aussehen Ihres Index fest. Dazu können Sie mit Klick in das Feld entweder eine Vorgabe auswählen, z. B. *Klassisch*, oder mit der Auswahl *Von Vorlage* und der Schaltfläche *Ändern* die Indexformatvorlagen bearbeiten. In der Abbildung unten haben wir uns für das Format *Klassisch* entschieden.

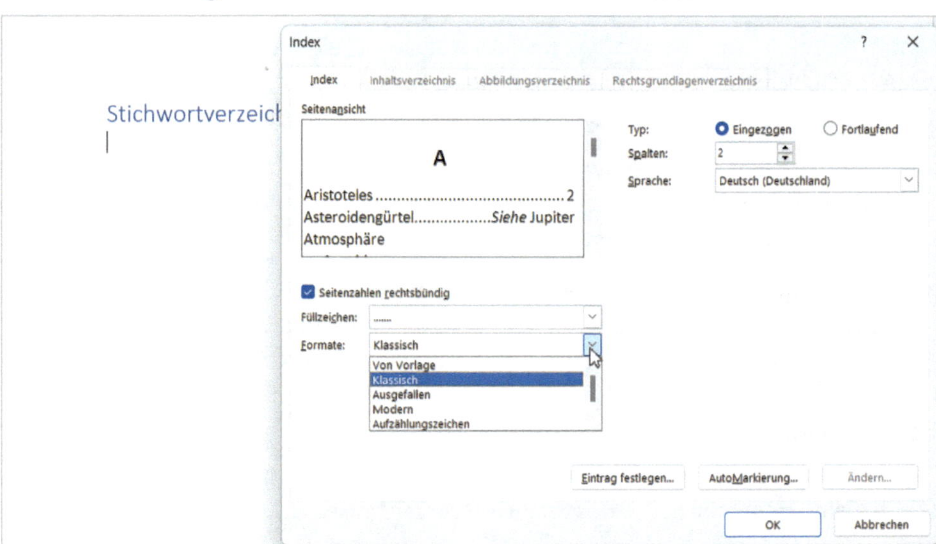

Bild 6.29 Erstellen eines Stichwortverzeichnisses im Format „Klassisch".

4 Entscheiden Sie, ob die Seitenzahl unmittelbar hinter dem Indexeintrag angezeigt werden soll oder am rechten Rand. In diesem Fall aktivieren Sie das Kontrollkästchen *Seitenzahlen rechtsbündig* und wählen Sie im Feld *Füllzeichen* Punkte oder eine Linie als Füllzeichen aus.

5 Sollen die Untereinträge unterhalb des Haupteintrags erscheinen, wie im Bild unten, dann wählen Sie als *Typ* die Option *Eingezogen*. *Fortlaufend* dagegen zeigt die Untereinträge zusammen mit dem Haupteintrag in einer Zeile an. Die Option *Seitenzahlen rechtsbündig* steht in diesem Fall nicht zur Verfügung.

6 Legen Sie zu guter Letzt bei *Spalten* fest auf wie viele Spalten der Index aufgeteilt werden soll, hier 2. Das Ergebnis könnte aussehen, wie im Bild unten.

Bild 6.30 Ergebnis Stichwortverzeichnis

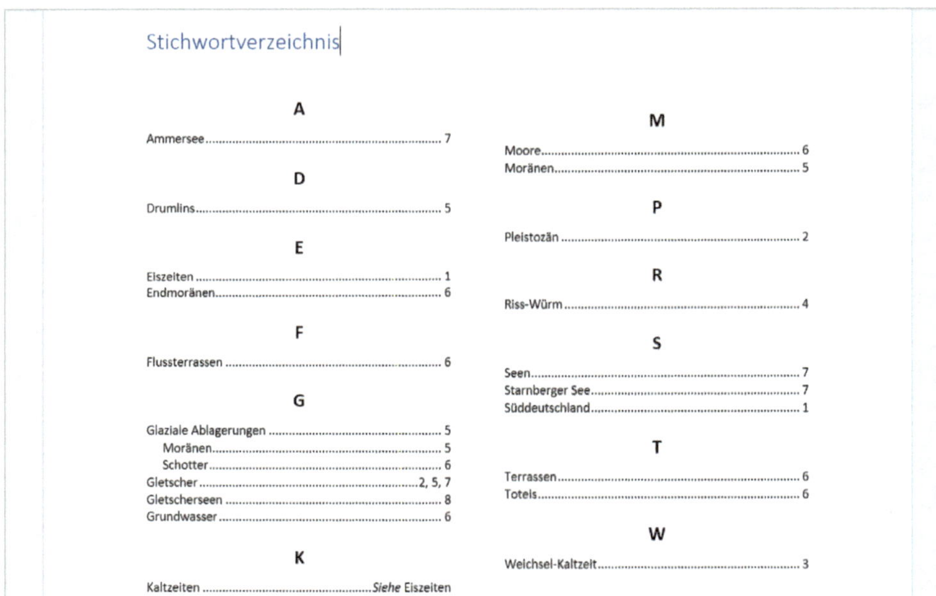

Stichwortverzeichnis

A

Ammersee 7

D

Drumlins 5

E

Eiszeiten 1
Endmoränen 6

F

Flussterrassen 6

G

Glaziale Ablagerungen 5
  Moränen 5
  Schotter 6
Gletscher 2, 5, 7
Gletscherseen 8
Grundwasser 6

K

Kaltzeiten .... *Siehe* Eiszeiten

M

Moore 6
Moränen 5

P

Pleistozän 2

R

Riss-Würm 4

S

Seen 7
Starnberger See 7
Süddeutschland 1

T

Terrassen 6
Toteis 6

W

Weichsel-Kaltzeit 3

Hinweis: Das Format *Von Vorlage* enthält im Gegensatz zu den übrigen Formaten keine Buchstaben als Überschriften.

Kontrollieren Sie das Stichwortverzeichnis auf eventuelle Fehler und berichtigen Sie diese im Dokument, siehe Seite 253. **Achtung**: Falls Änderungen vorgenommen wurden, müssen Sie anschließend das Stichwortverzeichnis aktualisieren, siehe unten.

- Doppelte Einträge sind meist darauf zurückzuführen, dass ein Eintrag ein Mal im Singular und an anderer Stelle im Plural festgelegt wurde, manchmal ist auch ein (unsichtbares) Leerzeichen die Ursache.
- Abweichende Formatierungen einzelner Begriffe, z. B. fett oder anderer Schriftfarbe wurden beim Markieren des Indexeintrags mit übernommen. Auch hier können Sie im Dokument die Formatierung vom Indexeintrag entfernen.

Index aktualisieren bzw. löschen

- **Aktualisieren:** Um den Index zu aktualisieren, klicken Sie mit der rechten Maustaste an eine beliebige Stelle des Stichwortverzeichnisses und auf *Felder aktualisieren* oder klicken Sie in den Index und im Menüband, Register *Referenzen* ▶ *Index* auf *Index aktualisieren*.

- **Löschen**: Falls Sie den gesamten Index löschen möchten, so markieren Sie diesen und drücken dann die **Entf**-Taste.

> **Achtung Seitenzahlen!**
>
> Beim Erstellen oder Aktualisieren des Index sollten die nichtdruckbaren Zeichen ausgeblendet sein (Menüband, Register *Start* ▶ *Absatz* ¶). Der Grund: Durch die Anzeige der Feldfunktionen vergrößert sich der Textumfang und es können andere Seitenumbrüche entstehen. Dadurch kann auch das Stichwortverzeichnis falsche Seitenzahlen aufweisen.

Formate des Stichwortverzeichnisses anpassen

Formatvorlagen bearbeiten, siehe Kap. 3.3.

Das Aussehen des Index beruht auf den Formatvorlagen *Indexüberschrift* und *Index 1 bis 9*, dabei dient die Formatvorlage *Indexüberschrift* zur Formatierung der alphabetischen Überschriften im Index. Die Formatvorlage *Index 1* gestaltet die Haupteinträge, *Index 2* ist für die Untereinträge zuständig. Die weiteren Formatvorlagen stehen für Unter-Untereinträge zur Verfügung. Sie können die Formatvorlagen im Bereich *Formatvorlagen* bearbeiten.

Sollen z. B. die Buchstaben bzw. Indexüberschriften linksbündig statt zentriert ausgerichtet werden, so blenden Sie mit Klick auf das Symbol ⧉ der Gruppe *Formatvorlagen* (Menüband, Register *Start*) den Bereich *Formatvorlagen* ein. Klicken Sie mit der rechten Maustaste auf die Vorlage *Indexüberschrift*, danach auf *Ändern...* und wählen Sie anschließend linksbündige Ausrichtung.

Bild 6.31 Beispiel Indexüberschrift ändern

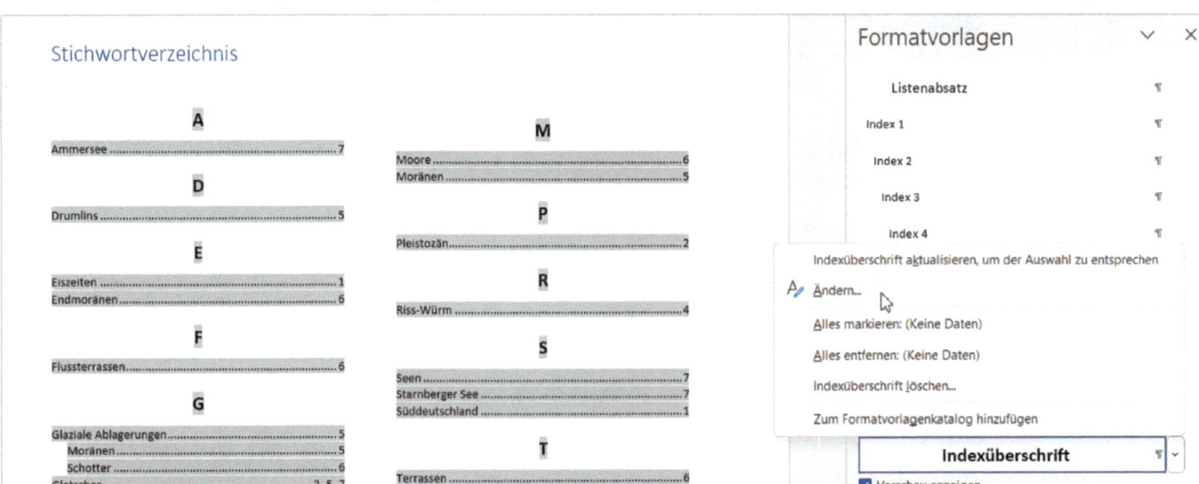

> Formatieren Sie nie Elemente im Stichwortverzeichnis. Die Formatierung wird zwar vorübergehend angezeigt, verschwindet aber nach der nächsten Aktualisierung wieder.

Alternativ können Sie im Zuge der Erstellung des Stichwortverzeichnisses im Feld *Formate* die Option *Von Vorlage* auswählen und danach über die Schaltfläche *Ändern* die Index-Formatvorlagen anzeigen. Markieren Sie die gewünschte Formatvorlage und klicken Sie erneut auf *Ändern*. Alternativ wählen Sie über *Formate* eine andere Darstellung aus.

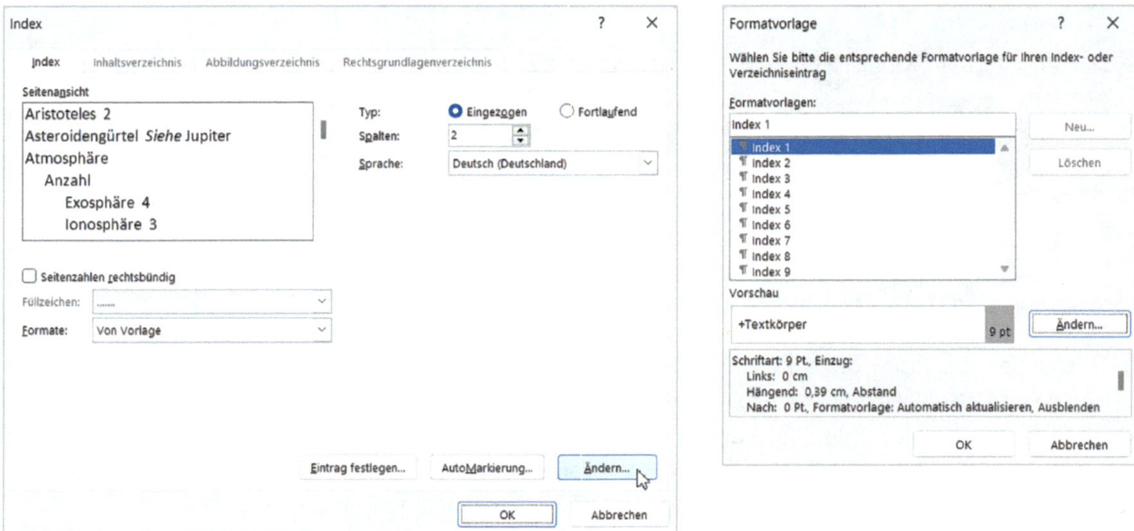

Bild 6.32 Stichwortverzeichnis Format „von Vorlage"

Einen zweiten Index, z. B. Personenregister erstellen

Benötigen Sie zwei getrennte Stichwortverzeichnisse, z. B. ein Sach- und ein Personenregister, dann bietet Word auch hierfür eine Lösung. Im folgenden Beispiel soll ein normaler Index mit wichtigen Begriffen (Sachregister) den Zugriff auf allgemeine Dokumentinhalte erleichtern und in einem zweiten Index sollen die, im Text vorkommenden Personen in einem Personenregister namentlich aufgeführt werden.

1 **Sachregister:** Für das Sachregister erstellen Sie die Indexeinträge wie oben beschrieben.

2 **Personenregister, Indexeinträge:** Beim Personenregister gehen Sie wie folgt vor:

Erstellen Sie zunächst, wie gewohnt, den ersten Indexeintrag mit dem Namen. Danach muss allerdings die Feldfunktion des Eintrags erweitert werden und zwar um einen Schalter, der den Eintrag einem zweiten Index zuordnet. Geben Sie in der Feldfunktion nach dem Namen und dem Anführungszeichen den Schalter */f* gefolgt von einem Leerzeichen ein und danach in Anführungszeichen oben eine Bezeichnung für den zweiten Index, z. B. *"Personenregister"*.

Bild 6.33 Ergänzen Sie den Indexeintrag um den Schalter \f

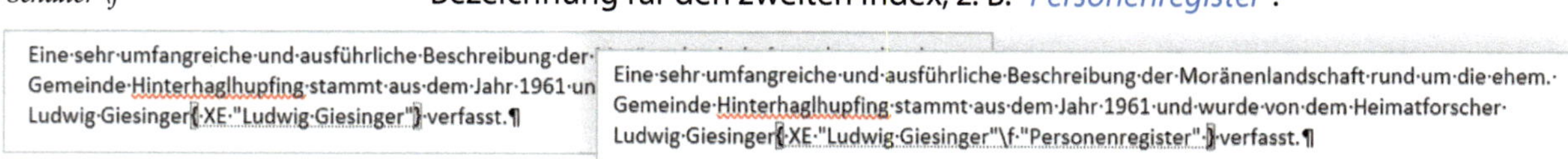

Die vollständige Feldfunktion lautet dann:
{"Ludwig Giesinger"\f "Personenregister"}

Beachten Sie dabei:

- Verwenden Sie unbedingt gerade Anführungszeichen oben. Kopieren Sie dazu einfach die Anführungszeichen, die in der Feldfunktion bereits enthalten sind
- Zwischen /f und dem nachfolgenden Anführungszeichen muss ein Leerzeichen eingegeben werden.
- Die Bezeichnung „Personenregister" ist frei wählbar und kann auch beispielsweise auf einen Buchstaben reduziert werden.
- Die geschweifte Klammer darf nicht überschrieben werden.
- **Tipp**: Wenn Sie den Zusatz einmal eingegeben haben, dann kopieren Sie diesen Teil und fügen ihn den weiteren Indexeinträgen hinzu.
- **Und noch ein Hinweis**: Im Text wird eine Person meist mit Vor- und Nachname genannt. Wenn im Personenregister dagegen nach dem Nachnamen gesucht werden soll, dann müssen Sie auch noch den eigentlichen Indexeintrag ändern und z. B. Giesinger, Ludwig statt Ludwig Giesinger angeben.

3 **Stichwortverzeichnis (Sachregister) erstellen**
Geben Sie eine Überschrift für das erste Stichwortverzeichnis ein, z. B. Sachregister und generieren Sie dieses wie gewohnt.

4 **Personenregister erstellen**
Geben Sie unterhalb des ersten Index oder auf der nächsten leeren Seite eine Überschrift für das zweite Stichwortregister ein, z. B. Personenregister und generieren Sie auch dieses wie gewohnt über das Menüband, Register *Referenzen* ▶ *Index einfügen*.

Word versucht nun, den bereits vorhandenen Index zu ersetzen und blendet eine entsprechende Meldung ein. Klicken Sie auf die Schaltfläche *Nein*. Word fügt nun einen zweiten Index ein, der Inhalt ist identisch mit dem ersten.

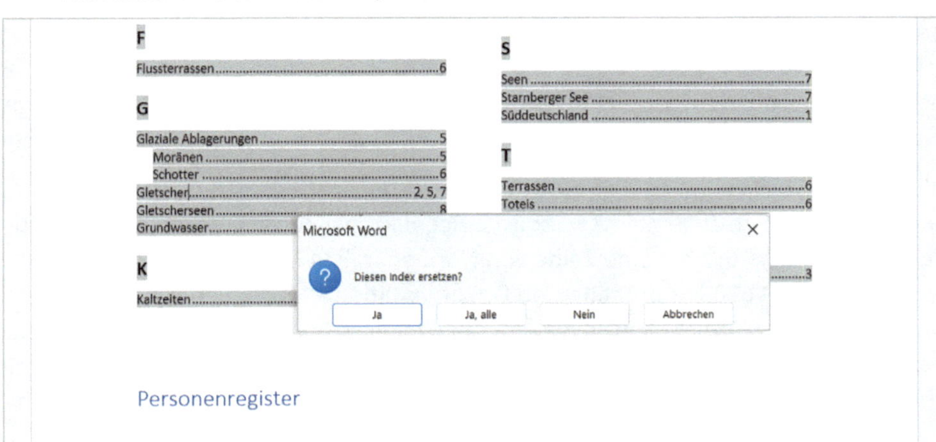

Bild 6.34 Index ersetzen? Klicken Sie auf Nein

Bild 6.35 Zweites Stichwortverzeichnis ist momentan noch fehlerhaft

5 Als nächstes müssen Sie die Feldfunktion ändern: Klicken Sie mit der rechten Maustaste in den zweiten Index und wählen Sie *Feldfunktionen ein/aus* oder verwenden Sie die Tasten **Alt**+**F9**. Fügen Sie dann den Schalter \f "Personenregister" auch in diese Feldfunktion ein und zwar hinter *INDEX* wie in Bild 6.36.

6 Klicken Sie anschließend wieder mit der rechten Maustaste in die Feldfunktion und wählen Sie *Feldfunktionen ein/aus* oder drücken Sie die Tasten **Alt**+**F9**. Nun erscheint statt der Feldfunktion wieder der Index, allerdings immer noch mit den Einträgen des Sachregisters. Klicken Sie mit der rechten Maustaste in den Index und wählen Sie *Felder aktualisieren* oder drücken Sie die Taste **F9**.

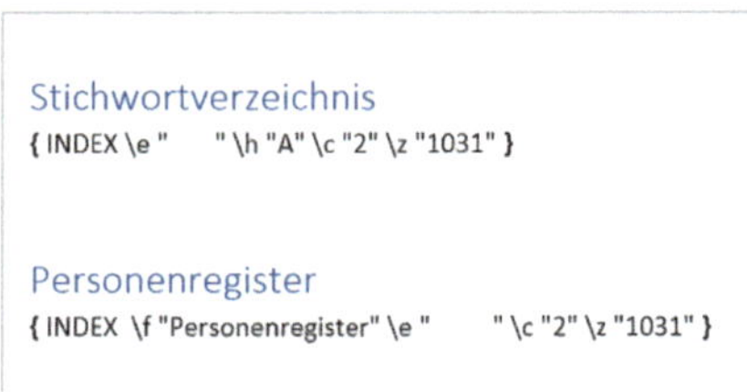

Bild 6.36 Personenregister mit Schalter versehen

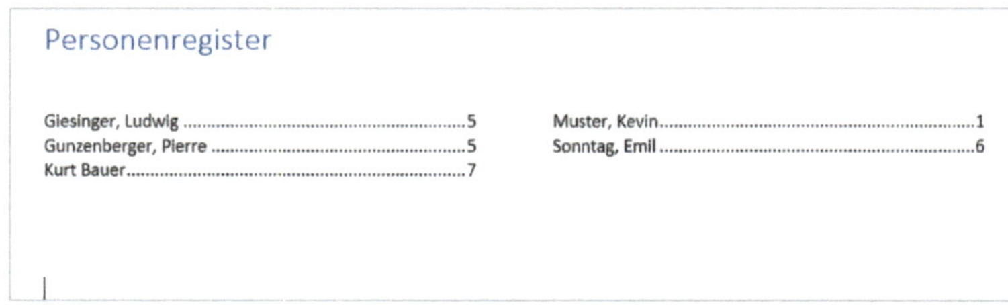

Bild 6.37 Stichwortverzeichnis aktualisieren

Selbstverständlich könnten Sie das zweite Stichwortverzeichnis auch über *Einfügen* ▶ *Schnellbausteine* ▶ *Feld* ▶ Feldname *Index* einfügen und hier dem Index den notwendigen Schalter hinzufügen. Allerdings haben Sie in diesem Fall keinen Zugriff auf Formate und müssen beispielsweise auf die zweispaltige Anordnung, die Füllzeichen und rechtsbündige Seitenzahlen verzichten. Aus diesem Grund wurde hier ein anderer Weg gewählt.

6.4 Quellenangaben und Literaturverzeichnis

In wissenschaftlichen Arbeiten müssen direkte und indirekte Zitate durch die Angabe der Quelle belegt werden. Die Quellenangabe kann entweder direkt im Fließtext stehen (Mustermann, 2009: S. 233) oder als Fußnote eingefügt werden. Am Ende der Arbeit wird ein Literaturverzeichnis erstellt, das alle Lehrbücher, Zeitschriftenbeiträge, Internetseiten etc. auflistet, auf die in der wissenschaftlichen Arbeit durch Quellenangabe Bezug genommen wurde.

Leider gibt es keine allgemeinverbindliche Regel für die Zitierweise in wissenschaftlichen Arbeiten, dafür aber eine Reihe von Normen, z. B. APA (American Psychological Association), ISO 690 (Information und Dokumentation – Richtlinien für Titelangaben und Zitate von Informationsressourcen), die Richtlinien der MLA (Modern Language Association of America) oder die Harvard-Methode, die in verschiedenen Fachbereichen Anwendung finden. Die für Sie verbindliche Zitierregel sollten Sie an Ihrem Lehrstuhl erfragen.

Quelle erstellen und einfügen

Vor der Zusammenstellung eines Literaturverzeichnisses steht die Eingabe der Quelle. Wie Sie zu einem fertigen Literaturverzeichnis kommen, kann grundsätzlich auf zwei Arten erfolgen:

- Sie fügen in Ihre Arbeit ein Zitat ein, welches Sie mit einer Quellenangabe versehen möchten. Im Zuge dessen hinterlegen Sie die notwendigen bibliographischen Informationen zum Buch. In der anschließenden Beschreibung wird von dieser Vorgehensweise ausgegangen.
- Oder hinterlegen Sie zunächst die Informationen zum Buch oder einer Reihe von Büchern, um für die spätere Eingabe eines Zitats vorbereitet zu sein. Details zu dieser Methode lesen Sie weiter unten auf Seite 264.

Die Befehle zum Einfügen von Quellenangaben und Literaturverzeichnis befinden sich im Register *Referenzen* in der Gruppe *Zitate und Literaturverzeichnis*.

Zitatformat auswählen

Zunächst müssen Sie eine Formatvorlage auswählen, die das Aussehen der Quellenangabe im Text und die Darstellung der Quelle im Literaturverzeichnis bestimmt. Klicken Sie dazu im Menüband, Register *Referenzen* ▶ *Zitate und Literaturverzeichnis* beim Feld *Formatvorlage* auf den Dropdown-Pfeil und wählen Sie die gewünschte Norm aus.

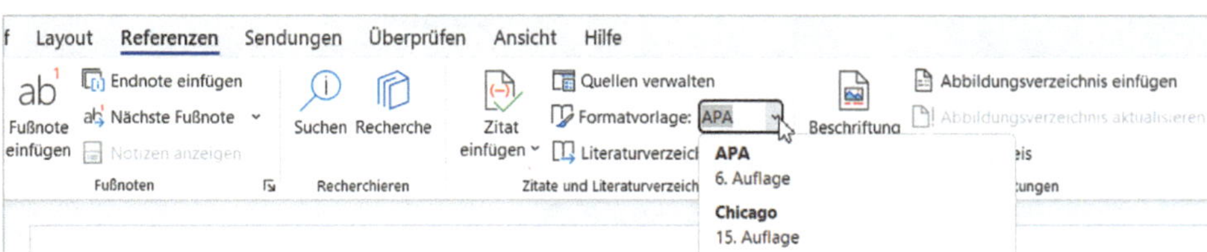

Bild 6.38 Darstellungsnorm auswählen

In der Tabelle finden Sie eine Auswahl möglicher Darstellungsnormen: Die Quellenangabe im Text wird bei allen Formatvorlagen in Klammern dargestellt, meist mit Nennung des Namens und der Jahreszahl. z. B. (Mayer, 2002). Die Quellenangabe im Text kann durch eine Seitenangabe erweitert werden. Die Darstellung im Literaturverzeichnis unterscheidet sich durch Verwendung unterschiedlicher Satzzeichen zwischen den Einträgen Auto, Titel, Ort, etc., unterschiedlicher Position des Erscheinungsjahrs und verschiedener Schriftschnitte.

Norm	Quellenangabe	Literaturverzeichnis, Darstellung für Quellentyp Buch
APA	(Musterfrau, 1999)	Musterfrau, S. (1999). *Beispielbuch*. Berlin: Musterverlag.
Chicago	(Musterfrau 1999)	Musterfrau, Susanne. *Beispielbuch*. Berlin: Musterverlag, 1999.
Harvard - Anglia	(Musterfrau, 1999)	Musterfrau, S., 1999. *Beispielbuch*. Berlin: Musterverlag.
ISO 690 - Erstes Element und Datum	(Musterfrau, 1999)	**Musterfrau, Susanne. 1999.** *Beispielbuch*. Berlin : Musterverlag, 1999.
ISO 690 - Nummerische Referenz	(1)	1. **Musterfrau, Susanne.** *Beispielbuch*. Berlin : Musterverlag, 1999.

Quelle im Text einfügen und bibliographische Angaben speichern

Setzen Sie den Cursor an die Position, an der die Quellenangabe im Text eingefügt werden soll. Klicken Sie dann im Register *Referenzen* auf die Schaltfläche *Zitat einfügen* und wählen *Neue Quelle hinzufügen* aus.

Tipp: Wenn Sie nicht sicher sind, in welcher Reihenfolge Vorname und Nachname einzugeben sind, dann klicken Sie neben dem Feld *Autor* auf die Schaltfläche *Bearbeiten.*

Im Fenster *Quelle erstellen* hinterlegen Sie dann die Quellangaben:

- Bestimmen Sie den *Quellentyp*, z. B. *Buch*, *Elektronische Quelle* etc.
- Die gewählte Norm wird im Dialogfenster nochmals angezeigt.
- Tragen Sie die Informationen in die einzelnen Felder ein. Nachdem Sie den Cursor in ein Feld gesetzt haben, erhalten Sie Eingabehinweise im unteren Bereich.
- Angezeigt werden zunächst nur die Pflichtfelder. Durch Aktivierung von *Alle Literaturverzeichnisfelder anzeigen* blenden Sie weitere ein.

Bild 6.39 Quellenangaben hinterlegen

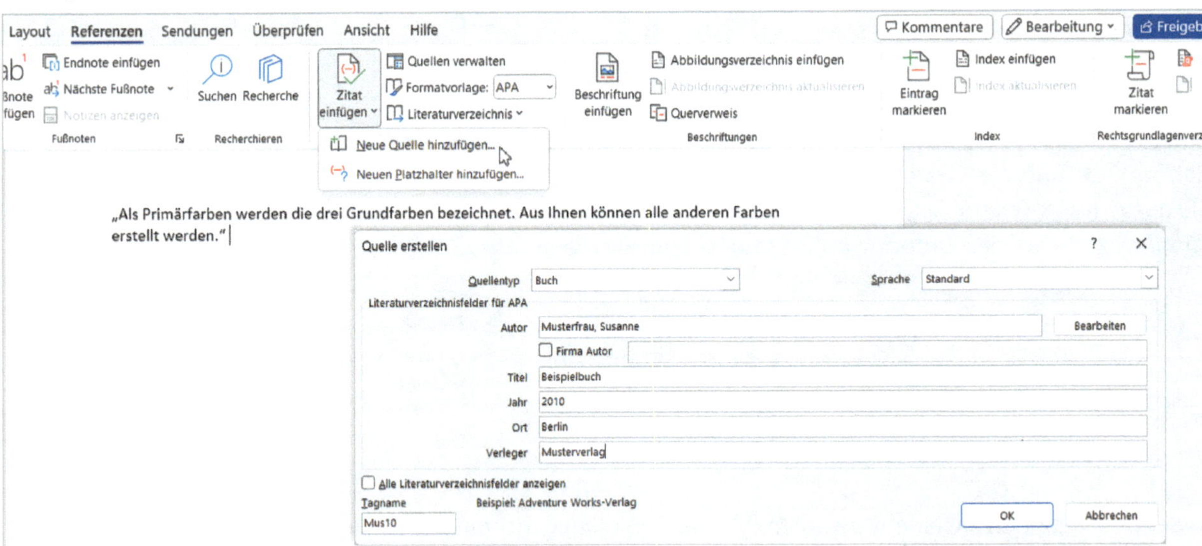

Im Text erscheint die Quellenangabe, genau wie Formularsteuerelemente und Formeln in einem Platzhalter. Die Quelle selbst steht ab jetzt über die Schaltfläche *Zitat einfügen* zur Verfügung. Wenn Sie das nächste Mal aus diesem Buch zitieren, dann klicken Sie auf die Schaltfläche *Zitat einfügen* und wählen die passende Quelle aus.

Bild 6.40 Quelle steht jetzt für das nächste Zitat zur Verfügung

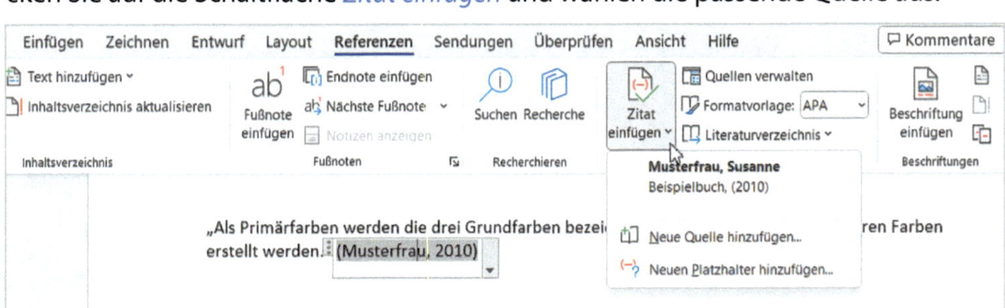

Zur Quellenangabe eine Seitenzahl hinzufügen

Oft ist gewünscht, dass hinter dem Kurzbeleg angegeben wird, auf welcher Seite im Buch das Zitat entnommen wurde. Klicken Sie dazu in den Platzhalter der Quellenangabe, danach auf den Dropdown-Pfeil und wählen Sie *Zitat bearbeiten* aus. Im Fenster *Zitat bearbeiten* können Sie nun im Feld *Seiten* die Seitenzahl eingeben. Ob die Abkürzung S. für Seite hinzugefügt wird, hängt vom gewählten Zitatformat ab und wird automatisch erledigt. Beispielsweise wird für *ISO 690* ein S. eingefügt, für *Chicago* nicht.

Sollte eine der Optionen *Autor*, *Jahr* oder *Titel* von der Anzeige im Kurzbeleg ausgeschlossen werden, aktivieren Sie unter *Unterdrücken* das entsprechende Kontrollkästchen. Das muss dann für jeden Kurzbeleg einzeln vereinbart werden.

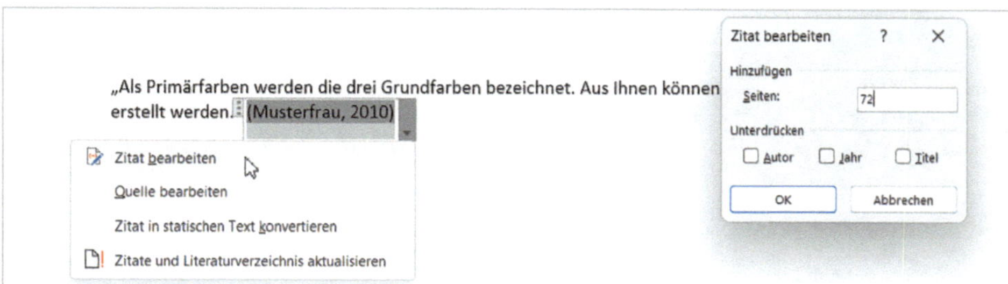

Bild 6.41 Kurzbeleg der Quelle im Text bearbeiten und Seitenzahl hinzufügen

Platzhalter als Erinnerung einfügen

Wer kennt das nicht, das Zitat steht schon im Text, aber das Buch zur Eingabe der korrekten Quellenangaben ist gerade nicht zur Hand. In diesem Fall können Sie über *Zitat einfügen* ▶ *Neuen Platzhalter hinzufügen* sozusagen eine Erinnerung einfügen, dass hier die korrekten Angaben noch fehlen. Als Platzhaltername ist nur eine einzige Zeichenfolge zulässig, auch Satzzeichen sind mit Ausnahme des Unterstrichs _ nicht erlaubt. Sie können sich aber mit Großbuchstaben oder Unterstrichen behelfen. Versuchen Sie außerdem, eine eindeutige Bezeichnung zu finden. Unter Umständen ist es sinnvoll, wenn alle Platzhalter mit demselben Begriff beginnen, z. B. mit *EINÜGEN_*. So werden fehlende Quellenangaben gemeinsam angezeigt.

Auch Platzhalter mit fehlenden Quellenangeben erscheinen beim Klick auf *Zitat einfügen* und können für weitere Zitate aus demselben Buch als Platzhalter eingefügt werden. Wie Sie den Platzhalter durch korrekte Quellenangaben ersetzen, erfahren Sie gleich im Anschluss.

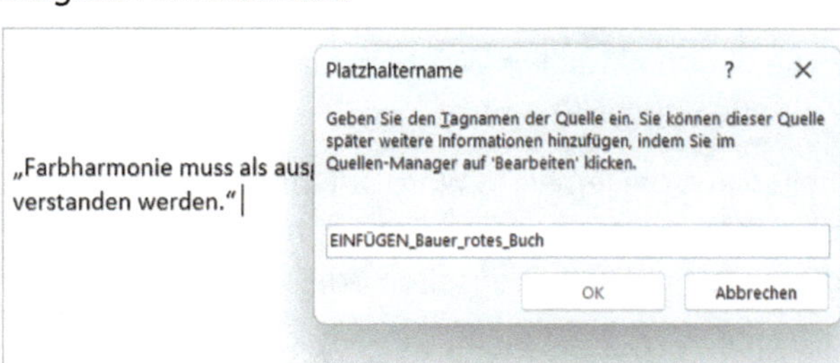

Bild 6.42 Platzhalter einfügen

Quellen verwalten

Ein Übersicht über alle Ihre Quellen erhalten Sie im Quellen-Manager. Außerdem können Sie hier Quellenangaben neu eingeben sowie vorhandene nachträglich bearbeiten oder löschen. Falls Sie zunächst eine Reihe von Quellen hinterlegen möchten, ohne speziellen Bezug zu einem Zitat im Text, dann erledigen Sie dies ebenfalls im Quellen-Manager.

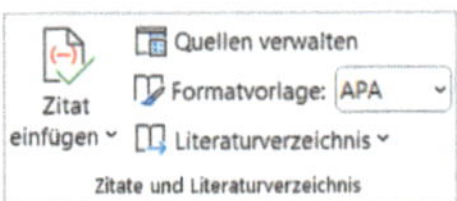

Bild 6.43 Quellen-Manager

Sie rufen den Quellen-Manager über das Menüband, Register *Referenzen* ▶ *Zitate und Verzeichnisse* mit Klick auf *Quellen verwalten* auf.

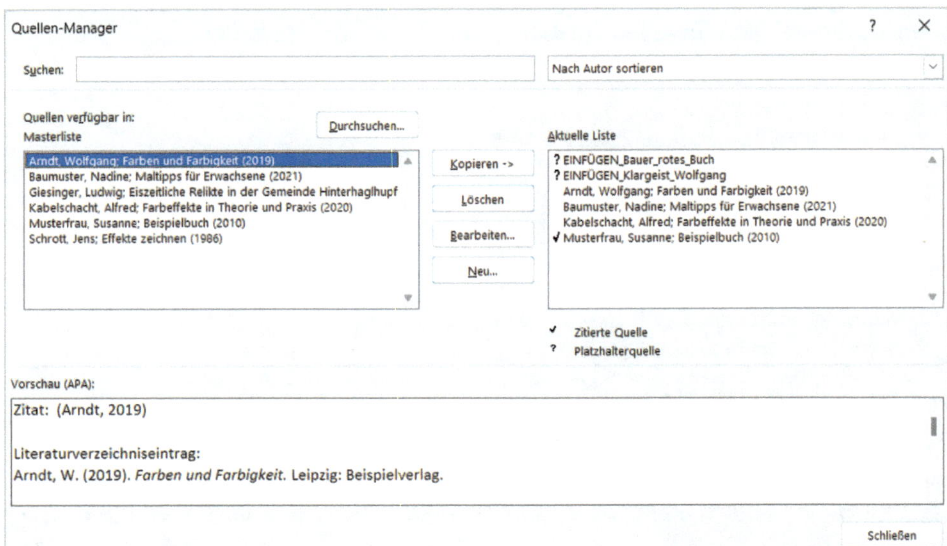

Im unteren Bereich erhalten Sie eine Vorschau auf die markierte Quelle

Neue Quelle eingeben

Um im Quellen-Manager eine neue Quellenangabe zu hinterlegen, klicken Sie auf die Schaltfläche *Neu*. Sie erhalten dieselbe Eingabemaske, die Sie bereits von Seite 263 kennen und auch die Eingabe unterscheidet sich nicht, es wird nur kein Kurzbeleg im Text erstellt. Auch dieses Werk steht dann über die Schaltfläche *Zitat einfügen* zur Auswahl bereit.

Masterliste und Aktuelle Liste

Der Quellen-Manager ist in zwei Bereiche geteilt: Links die *Masterliste* und rechts die *Aktuelle Liste*. Jede neue Quelle, die Sie im aktuellen Word-Dokument speichern, erscheint sowohl in der *Masterliste* als auch in der *Aktuellen Liste*.

- Die *Masterliste* listet alle Quellen auf, die jemals in Word auf Ihrem Computer gespeichert wurden. Dabei ist der *Quellentyp* unerheblich, d. h. Sie finden in der *Masterliste* neben hinterlegten Büchern auch Webseiten oder Zeitungsartikel.
- Die *Aktuelle Liste* enthält alle Bücher, Zeitschriftenartikel, Webseiten des aktuellen Dokuments, diese erscheinen auch beim Klick auf *Zitat einfügen*. Quellen, für

die im aktuellen Dokument ein Kurzbeleg als Quellenangabe hinterlegt wurde, sind mit einem Häkchen versehen und somit als *zitierte Quelle* gekennzeichnet. Diese Quellen werden in das Literaturverzeichnis aufgenommen.

- Haben Sie ein Zitat aus Ihrer Arbeit entfernt oder eine Reihe von Büchern über die Schaltfläche *Neu* des Quellen-Managers hinterlegt, erscheint kein Häkchen vor diesen Quellen, da diese sich nicht auf ein Zitat beziehen. Dennoch werden auch diese Einträge in das Literaturverzeichnis aufgenommen.
- Befinden sich Platzhalter in Ihrem Text, dann sind diese im Bereich *Aktuelle Liste* mit einem Fragezeichen versehen. Sie erscheinen nicht in der *Masterliste* und werden nicht ins Literaturverzeichnis aufgenommen.

Inhalte aus der Masterliste in die aktuelle Liste übernehmen

Verfassen Sie mehrere Arbeiten zu ähnlichen Themen, dann enthält die *Masterliste* unter Umständen Bücher, die Sie schon einmal verwendet haben und die Sie in der vorliegenden Arbeit wieder als Quelle einbeziehen möchten. Um eine Quelle von der *Masterliste* in die *Aktuelle Liste* zu übernehmen, markieren Sie diese und klicken dann auf *Kopieren*. Die Quelle steht dadurch auch über *Zitat einfügen* zur Verfügung und kann sofort verwendet werden.

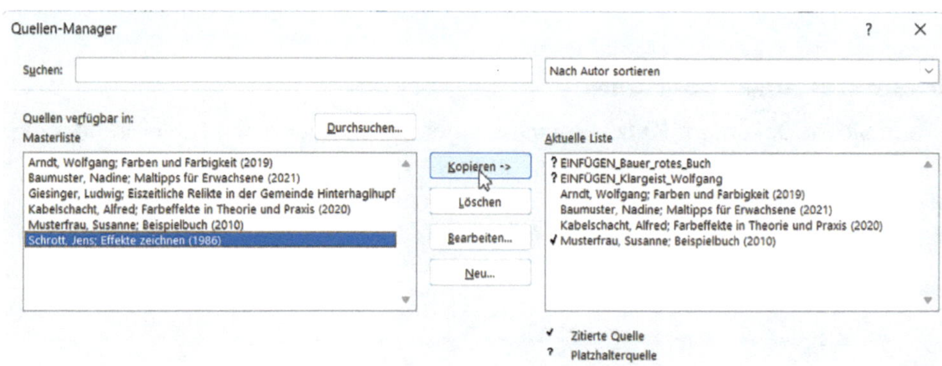

Bild 6.44 Werke, die aus der Masterliste in die Aktuelle Liste übernommen wurden, sind dadurch auch bei Zitat einfügen verfügbar.

> **Achtung**: Quellen der Masterliste können von der aktuellen Formatvorlage (Zitatnorm) abweichen. Eine kopierte Quelle wird zwar so angezeigt, wie es die aktuell verwendete Formatvorlage des Dokuments vorsieht, es können allerdings Informationen fehlen. Wechseln Sie beispielsweise von APA auf ISO 690, so muss für ein Buch die Standardnummer (ISBN) nachgetragen werden. Wie Sie eine Quelle bearbeiten, finden Sie auf Seite 266.

Einträge aus der Masterliste entfernen

Wenn Sie sicher sind, dass Sie einen Eintrag in der *Masterliste* weder jetzt noch für eine kommende Arbeit benötigen, dann markieren Sie diesen und klicken zum Entfernen aus der Liste auf die Schaltfläche *Löschen*. Falls Sie die gesamte Masterliste leeren möchten, so klicken Sie zum Markieren auf den ersten Eintrag, halten Sie die **Umschalt**-Taste gedrückt und klicken auf den letzten Eintrag. **Wichtig**: Einträge die gleichzeitig auch in der *Aktuellen Liste* enthalten sind, werden durch diese Aktion nur aus der *Masterliste*, nicht aber aus der *Aktuellen Liste* entfernt.

Quellen durchsuchen und sortieren

Zum schnelleren Auffinden von Quellen benutzen Sie ganz oben im Quellen-Manager die Felder *Suchen* und *Sortieren*.

- **Quellen durchsuchen**: Durch Eingabe eines Begriffs in das Feld *Suchen* werden beide Listen durchsucht. Sie können nach Titel, Autor, Jahreszahl etc. suchen. Die Suche bezieht alle Literaturverzeichnisfelder ein.
- **Sortierung**: Inhalte der *Masterliste* bzw. der *Aktuellen Liste* werden standardmäßig nach Autor sortiert angezeigt. Andere Sortierungen, z. B. nach Titel stehen über das Listenfeld zur Verfügung. Mit Ausnahme der *Sortierung nach Tag* werden in der *Aktuellen Liste* die Platzhalter getrennt von den Quellen angezeigt.

Bild 6.45 Quellen suchen und sortieren

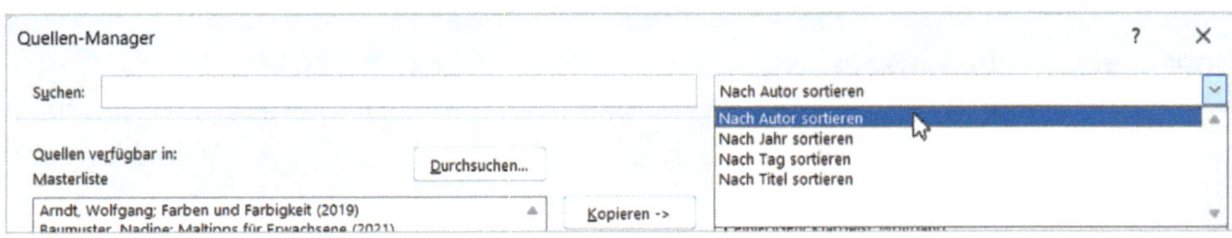

Quellen und Platzhalter bearbeiten

Wenn Sie im Dokument Platzhalter verwendet haben oder einen Fehler in der Quellenangabe korrigieren möchten, dann markieren Sie den Platzhalter bzw. die Quelle in der *Aktuellen Liste* und klicken auf die Schaltfläche *Bearbeiten*. Im Dialogfenster *Quelle bearbeiten* können Sie jetzt die bibliographischen Angaben hinzufügen.

Bild 6.46 Platzhalter mit den notwendigen Informationen versehen

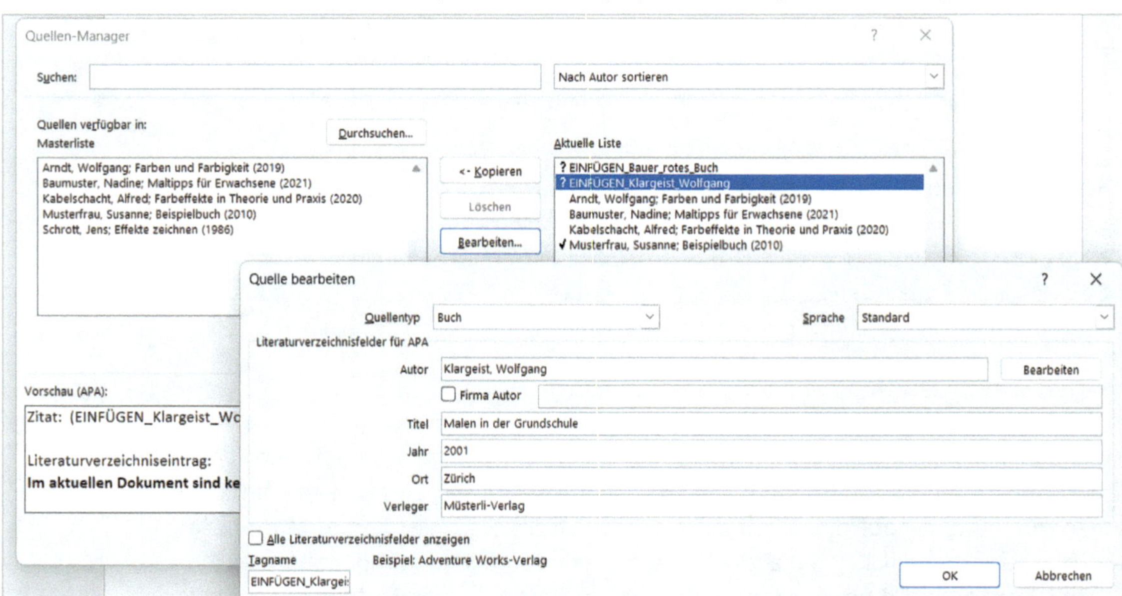

Nachdem Sie auf *OK* geklickt haben, werden die dazugehörigen Platzhalter im Fließtext des Dokuments automatisch mit allen notwendigen Informationen gefüllt. In der *Aktuellen Liste* wird der Platzhalter durch die Quellenangabe ersetzt und mit einem Häkchen versehen, sofern das Zitat nicht aus dem Text gelöscht wurde.

Quellen löschen

Quellen, für die eine Quellenangabe im Fließtext vorhanden ist (Häkchen), können im Quellen-Manager nicht gelöscht werden. Die Schaltfläche *Löschen* ist in diesem Fall inaktiv. So wird verhindert, dass im Literaturverzeichnis Angaben fehlen. Wird also eine Quellenangabe nicht mehr benötigt, muss zunächst das Zitat mit Kurzbeleg im Text gelöscht werden. Erst danach kann die Quelle in der *Aktuellen Liste* über die Schaltfläche *Löschen* entfernt werden. Aus der *Aktuellen Liste* entfernte Quellen bleiben dennoch in der Masterliste erhalten.

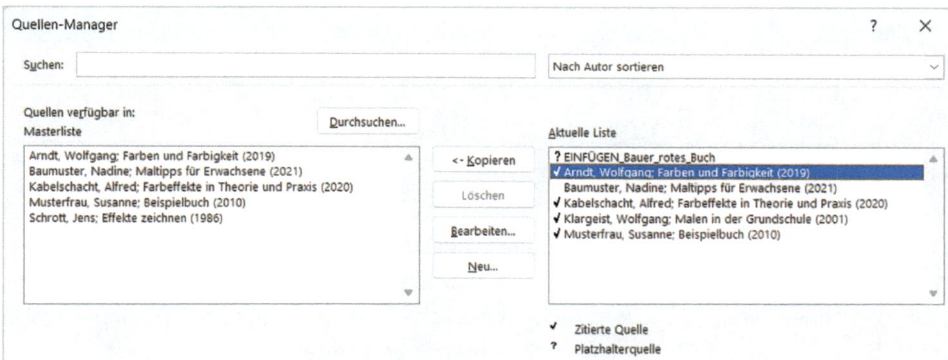

Bild 6.47 Quellen, die mit einem Häkchen versehen sind, wurden im Dokument zitiert. Auf Quellen ohne Häkchen wurde im Text nicht verwiesen. Zitat und die dazugehörige Quellenangabe wurden wahrscheinlich im Text entfernt.

Achtung! Quellenangaben ohne Häkchen erscheinen trotzdem im Literaturverzeichnis. Sie sollten also beim Fertigstellen der Arbeit diese Angaben nochmals durchgehen und sie löschen, da im Literaturverzeichnis nur auf Werke verwiesen werden darf, auf die in der Arbeit Bezug genommen wird.

Wenn Sie ein Zitat mit einem Platzhalter im Fließtext löschen, so bleibt der dazugehörige Platzhalter dennoch in der *Aktuellen Liste* des Quellen-Managers erhalten. Um die Liste übersichtlich zu halten, sollten Sie nicht mehr benötige Platzhalter auch hier entfernen. Wie bei Quellen gilt auch für Platzhalter: Solange noch ein Kurzbeleg im Fließtext ist, kann der Platzhalter nicht aus der *Aktuellen Liste* entfernt werden.

Literaturverzeichnis einfügen

Um ein Literaturverzeichnis einzufügen, setzen Sie den Cursor an die betreffende Position, klicken im Menüband, Register *Referenzen* ▶ *Zitate und Literaturverzeichnis* auf *Literaturverzeichnis* und wählen eine der Vorlagen aus.

Falls Sie ein vorhandenes Literaturverzeichnis nach Änderungen aktualisieren möchten, klicken Sie es an und wählen *Zitate und Literaturverzeichnis aktualisieren* aus.

Bild 6.48 Literaturverzeichnis einfügen

Achtung! Im Literaturverzeichnis erfolgt keine Trennung nach Quellentyp, also z. B. Lehrbücher, Webseiten oder Zeitschriften.

Literaturverzeichnis verwenden ohne Quellenangaben

Die Vorgaben zur Darstellung von Quellenangaben im Text mögen für einige Benutzer nicht ausreichend sein. Beispielsweise ist eine Darstellung der Quellenangabe in der Fußnote ohne Klammer in Word nicht vorgesehen. Auch Zusätze zur Quellenangabe wie z. B. „vgl." oder „ebd." können nicht eingetragen werden.

Es ist zwar möglich, eine Quellenangabe über die Schaltfläche *Zitat einfügen* in die Fußnote zu integrieren und diese dann über das Menü in Text zu konvertieren. Diese Art der Bearbeitung erscheint allerdings für eine Vielzahl von Fußnoten zu aufwendig.

Außerdem wird durch die Konvertierung die Quelle in der *Aktuellen Liste* nicht mehr als zitierte Quelle aufgeführt. Damit gehen auch die Vorteile einer Verbindung zwischen Literaturverzeichnis und Quellenangabe verloren.

Falls Sie speziellere Angaben und Darstellungen benötigen, müssen Sie die Quellenangaben im Text von Hand eintragen. Dennoch können Sie das Literaturverzeichnis nutzen.

Zum Eintragen der bibliographischen Angaben klicken Sie auf die Schaltfläche *Quellen verwalten* und dann auf *Neu*. Tragen Sie in das nächste Fenster die nötigen Informationen ein. Durch diese Vorgehensweise wird keine Quellenangabe im Fließtext erstellt. Dennoch haben Sie bibliographische Angaben hinterlegt, die sie in einem Literaturverzeichnis darstellen können.

7 Seriendruck mit Word

In diesem Kapitel lernen Sie ...

- einfache Serienbriefe erstellen
- Etiketten drucken, Umschläge und Telefonlisten erstellen
- wie Sie E-Mails als Seriendokument senden
- Adressen für den Serienbrief sortieren und filtern
- mit Bedingungen arbeiten und das Adressfeld gestalten
- Titel in Adressfeld und in der Briefanrede hinzufügen
- Fotos mit einem Seriendruck verbinden

Das sollten Sie bereits wissen

- Text eingeben und formatieren
- Umgang mit Feldern
- Grundlegende Kenntnisse des Programms (Excel, Access etc.), welches die Adressinformationen enthält

Als Seriendruck bezeichnet man die Möglichkeit, Briefe mit gleichlautendem Inhalt, aber unterschiedlichen Adressen und mit persönlicher Anrede an einen größeren Empfängerkreis zu erstellen. Dabei werden beim Drucken individuelle Elemente wie Anschrift oder Anrede aus einem gesonderten Dokument nacheinander in den Brief bzw. in die dafür vorgesehenen Platzhalter eingesetzt. Neben Serienbriefen sind auch Umschläge und Etiketten möglich.

Die Adressdaten können aus unterschiedlichen Quellen stammen: z. B. Excel-Arbeitsmappe, Outlook-Kontaktdaten, Datenbank, CSV-Dateien oder Word-Dokument. Voraussetzung für den Seriendruck sind demnach folgende Dateien:

- ein Word-Dokument mit dem eigentlichen Brieftext (**Hauptdokument**),
- eine zweite Datei mit den individuellen Adressdaten (**Datenquelle**).

Alle Befehle für den Seriendruck finden Sie im Menüband, Register *Sendungen*.

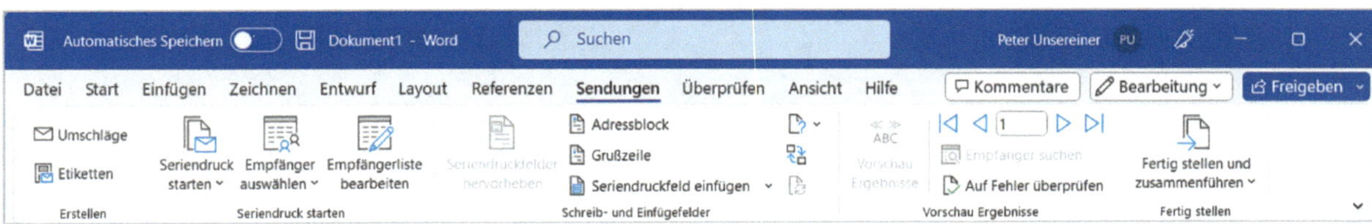

Bild 7.1 Register Sendungen.

Kleine Begriffskunde

Begriff	Bedeutung
Datensatz	Als Datensatz bezeichnet man alle in einer Datenbank gesammelten Informationen zu einer Person oder Firma z.B. Name, Firma, Adresse, Telefonnummer, Kundennummer, Umsätze etc. In einer Tabelle entspricht ein Datensatz einer Zeile.
Datenfeld	Als Datenfelder bezeichnet man die Spalten der Tabelle einer Datenbank.
Feldname	Die erste Zeile der Tabelle enthält die Spaltenüberschriften, z. B. Vorname | Nachname | Ort etc. Diese Spaltenüberschriften werden Feldnamen genannt.
Seriendruckfeld	Das Seriendruckfeld ist der Platzhalter im Word-Dokument für Informationen aus der Datenquelle. Beispielsweise gibt es standardmäßig das Seriendruckfeld <<Anrede>>, welches die Anfangsgrußformel „Sehr geehrte Frau Muster" enthält.

7.1 Die Datenquelle genauer betrachtet

CSV, Abkürzung für Comma separated values.

Bevor wir mit dem eigentlichen Seriendruck beginnen, werfen wir zunächst einmal einen Blick auf die Datenquelle. Im Normalfall sind die Adressen für den Seriendruck bereits vorhanden: Häufig als Microsoft Excel-Tabelle oder als Abfrage bzw. Tabelle aus einer Datenbank. Neben den Office-Anwendungen unterstützt Word auch andere gängige Dateiformate; im einfachsten Fall können die Daten auch als Textdatei im CSV-Dateiformat mit Semikolon (;) getrennt, vorliegen.

Wie muss die Datenquelle aufgebaut sein?

- Die erste Zeile der Datenquelle muss in jedem Fall Überschriften für die einzelnen Spalten oder Datenfelder enthalten, wobei jede Spalte eine eindeutige Überschrift benötigt. Diese bezeichnen später die Platzhalter (Seriendruckfelder) im Word-Dokument, verwenden Sie daher möglichst aussagekräftige Überschriften.
- Jede Information sollte sich in einem eigenen Datenfeld bzw. einer eigenen Spalte befinden. Sind beispielsweise Vorname und Nachname in einer Spalte zusammengefasst, so ist eine individuelle Briefanrede (Sehr geehrter Herr Müller) nicht möglich, da hier nur der Nachname benötigt wird. Eine Ausnahme bilden normalerweise Straße und Hausnummer, diese können sich auch in einem Datenfeld befinden.
- Falls die Datensätze akademische Titel enthalten, z. B. Dr., so muss der Titel ebenfalls in eine gesonderte Spalte. Berücksichtigen Sie außerdem, dass ein Professor in der Regel auch den Titel Dr. hat (Frau Professor Dr. Eva Müller), für diesen benötigen Sie eine zweite Spalte. Der Grund: In der persönlichen Anrede wird der Doktortitel weggelassen (Sehr geehrte Frau Professor Müller). Für die Abkürzung Prof. benötigen Sie dagegen kein extra Feld, da diese mit Hilfe von Bedingungen eingefügt werden kann.
- Wenn Sie im Brief eine persönliche Anrede wünschen, dann benötigen Sie ein Datenfeld, aus dem das Geschlecht hervorgeht (z. B. m, w, d oder auch Herr, Frau, Divers). Stammen die Daten aus einer Datenbank, dann enthält die Datenquelle idealerweise bereits die vollständige Briefanrede (Sehr geehrte Frau Muster, Sehr geehrter Herr Beispiel), andernfalls lässt sich die Anrede auch in Word mit Bedingungen zusammensetzen.
- Formatierungen werden aus der Datenquelle nicht in das Hauptdokument übernommen. Wenn beispielsweise in einer Excel-Arbeitsmappe eine Zahl mit zwei Nachkommastellen und mit dem Eurosymbol formatiert ist, dann erscheint im Word-Dokument nur die Zahl, dasselbe gilt auch für Datumsangaben. Im Laufe dieses Kapitels werden Sie hierzu eine Problemlösung kennenlernen.

Bild 7.2 Beispiel Excel-Tabelle

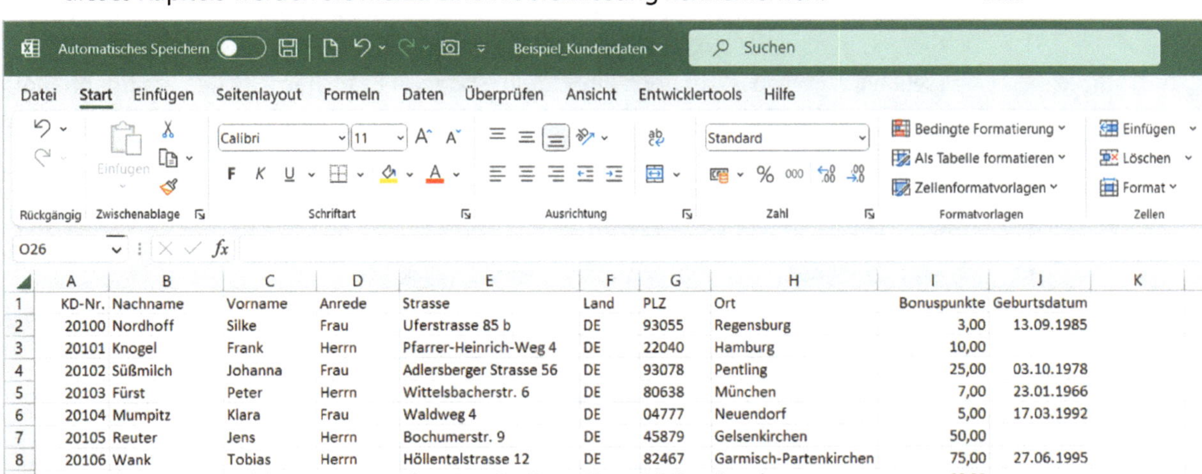

	A	B	C	D	E	F	G	H	I	J	K
1	KD-Nr.	Nachname	Vorname	Anrede	Strasse	Land	PLZ	Ort	Bonuspunkte	Geburtsdatum	
2	20100	Nordhoff	Silke	Frau	Uferstrasse 85 b	DE	93055	Regensburg	3,00	13.09.1985	
3	20101	Knogel	Frank	Herrn	Pfarrer-Heinrich-Weg 4	DE	22040	Hamburg	10,00		
4	20102	Süßmilch	Johanna	Frau	Adlersberger Strasse 56	DE	93078	Pentling	25,00	03.10.1978	
5	20103	Fürst	Peter	Herrn	Wittelsbacherstr. 6	DE	80638	München	7,00	23.01.1966	
6	20104	Mumpitz	Klara	Frau	Waldweg 4	DE	04777	Neuendorf	5,00	17.03.1992	
7	20105	Reuter	Jens	Herrn	Bochumerstr. 9	DE	45879	Gelsenkirchen	50,00		
8	20106	Wank	Tobias	Herrn	Höllentalstrasse 12	DE	82467	Garmisch-Partenkirchen	75,00	27.06.1995	
9	20107	Adler	Christine	Frau	Pfarrer-Wenz-Str. 88	DE	96317	Kronach	80,00		

> **Adressen selbst eingeben**
>
> Falls die notwendigen Adressen noch nirgends gespeichert sind, haben Sie mehrere Möglichkeiten:
>
> - Wenn Sie mit Microsoft Excel vertraut sind, dann bietet sich die Dateneingabe mit Excel an, zumal Sie hier auch Berechnungen durchführen können und Möglichkeiten zur Datenkontrolle haben.
> - Aber auch Word bietet zwei Möglichkeiten Adressen zu erfassen, nämlich in einem normalen Word-Dokument oder im Rahmen des Seriendrucks in einer kleinen Datenbank.

Adressen mit Word erfassen

Adressen in einem einfachen Word-Dokument speichern

Wenn Sie die Adressen in einem Word-Dokument erfassen und speichern möchten, dann verwenden Sie dazu am besten eine Tabelle. Beachten Sie aber, dass die Tabelle unmittelbar am Dokumentanfang beginnen muss. Auf Formatierungen können Sie dagegen verzichten. Als einfache Alternative können Sie die einzelnen Felder wie Name, PLZ und Ort auch mit Tabstopps oder Semikolon (;) trennen und in einer einfachen Textdatei (.txt oder .csv) speichern, wie im Bild unten.

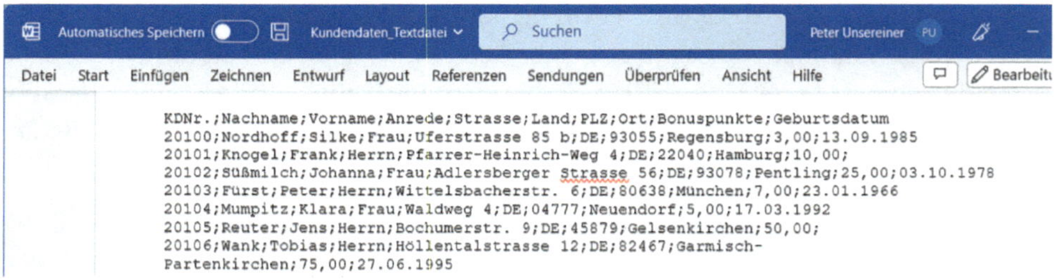

Bild 7.3 Im einfachsten Fall kann auch eine durch Strichpunkt getrennte Liste in Word als Datenquelle genutzt werden

Neue Adressenliste eingeben

Die zweite Alternative zur Eingabe von Adressen mit Word hat den Vorteil, dass Ihnen hier eine vollständige Tabelle mit allen Datenfeldern für Adressen zur Verfügung gestellt wird, in die Sie nur noch Ihre Daten eingeben brauchen. Da die Liste unabhängig vom aktuellen Dokument gesondert gespeichert wird, brauchen Sie dafür kein neues Dokument öffnen und sie kann auch für weitere Serienbriefe genutzt werden. So gehen Sie vor:

1. Klicken Sie im Menüband, Register *Sendungen* auf *Empfänger auswählen* und wählen Sie *Neue Liste eingeben*.
2. Word öffnet ein Fenster mit einer leeren Tabelle. Hier beginnen Sie ab der ersten Zeile mit der Eingabe der Adressen. Mit der **Tab**-Taste gelangen Sie zur nächsten Spalte, mit der Schaltfläche *Neuer Eintrag* fügen Sie weitere Adressen hinzu. Vorsicht mit der **Eingabetaste**: Diese steht für die Schaltfläche *OK* und schließt das Fenster.

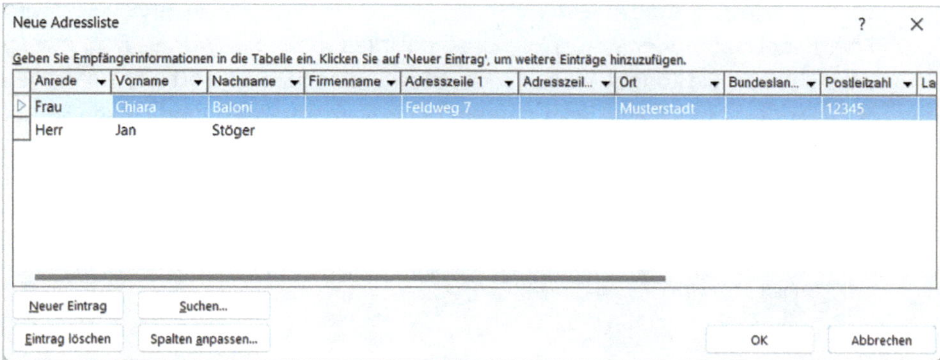

Bild 7.4 Neuen Datensatz eingeben

3 Wenn Sie die vorgegebene Tabelle an Ihre Wünsche anpassen möchten, z. B. weitere Spalten hinzufügen oder nicht benötigte entfernen, dann klicken Sie auf die Schaltfläche *Spalten anpassen*.

- **Spalten hinzufügen**: Um eine Spalte hinzuzufügen, beispielsweise für eine Kundennummer, klicken Sie im Dialogfenster *Adressliste anpassen* auf die Schaltfläche *Hinzufügen* ❶ und geben im nachfolgenden Fenster einen Namen für die neue Spalte ein ❷. Beachten Sie, dass Feldnamen nur Buchstaben und Ziffern enthalten dürfen, Leerzeichen und sonstige Sonderzeichen sind mit Ausnahme von Bindestrich und Unterstrich nicht erlaubt. Das neue Feld wird unterhalb des markierten Felds eingefügt.
- **Reihenfolge ändern**: Mit den Schaltflächen *Nach oben* oder *Nach unten* ❸ verschieben Sie eine markierte Spalte an die gewünschte Position.
- **Spalten entfernen**: Zum Entfernen nicht benötigter Spalten, z. B. *Bundesland/Kanton* markieren Sie diese und klicken auf *Löschen* ❹.
- **Spalten umbenennen**: Mit der Schaltfläche *Umbenennen* können Sie das markierte Feld umbenennen, z. B. *Adresszeile1* in *Straße_HsNr.*

4 Mit der Schaltfläche *OK* beenden Sie die Eingabe und schließen das Fenster *Neue Adressliste*.

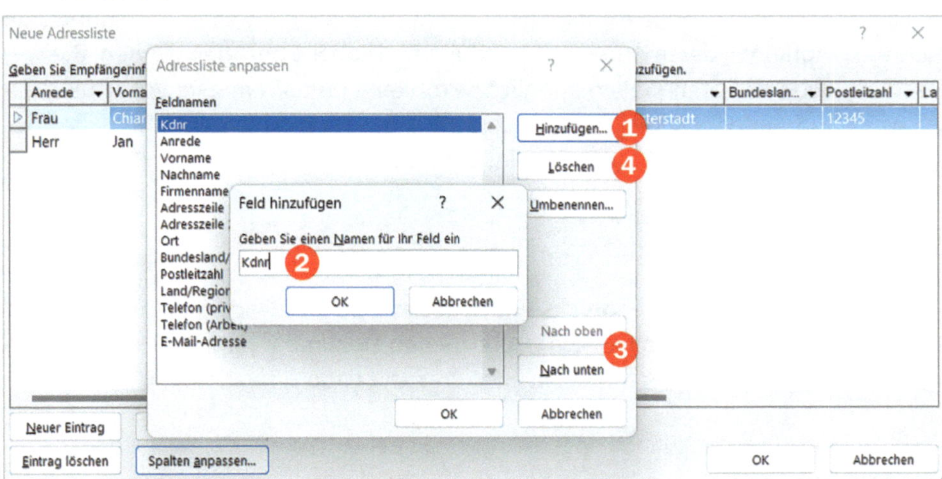

Bild 7.5 Weitere Spalte hinzufügen

5 Zuletzt speichern Sie die Adressen als *Microsoft Office Adressliste*. Als Speicherort wird in der Regel der Ordner *Meine Datenquellen* (Unterordner des Ordners *Dokumente*) vorgeschlagen, Sie können jedoch auch jeden anderen Speicherort wählen. Tragen Sie im Feld *Dateiname* eine Bezeichnung für die Datenquelle ein und klicken Sie auf *Speichern*.

Bild 7.6 Adressliste speichern

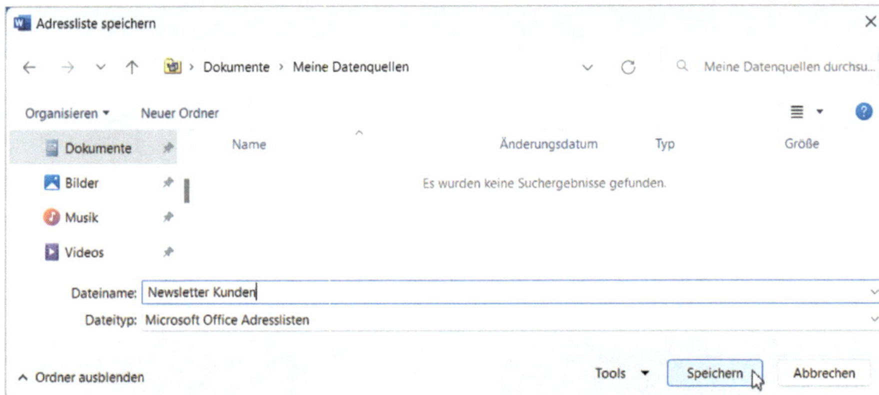

Info: Die Adressliste wird als Microsoft Access Datenbank abgespeichert, allerdings im alten Dateiformat .mdb.

Eine auf diese Weise erstellte Adressliste ist damit automatisch mit dem aktuellen Dokument als Hauptdokument verbunden und Sie können mit der Erstellung des Serienbriefs beginnen.

7.2 Einfachen Serienbrief erstellen und drucken

Der Ablauf beim Erstellen eines Serienbriefs ist eigentlich immer gleich: Sie legen das aktuelle Dokument als Hauptdokument fest und verbinden es mit der Datenquelle. Anschließend fügen Sie die benötigten Adressfelder, in der Folge als Seriendruckfelder bezeichnet, für die einzelnen Adressinformationen hinzu und drucken die Briefe nacheinander aus.

Im Folgenden führe ich Sie exemplarisch durch die Erstellung eines Serienbriefs an mehrere Empfänger, deren Adressen aus einer Excel-Tabelle bezogen werden. Die Verwendung anderer Datenquellen, mögliche Probleme und alternative Vorgehensweisen werden in weiteren Kapiteln besprochen. Wenn Sie schon mit den Grundlagen des Serienbriefs vertraut sind, können Sie diesen Punkt überspringen.

Dokument vorbereiten und mit Datenquelle verbinden

Die häufigste Form des Seriendrucks sind Briefe mit einer individuellen Anschrift und Anrede. Sie können dazu mit einem neuen, leeren Dokument beginnen oder ein bereits vorhandenes Dokument bzw. eine Dokumentvorlage verwenden.

> Speichern Sie das Dokument, bevor Sie mit der Erstellung des eigentlichen Serienbriefs beginnen!

Schreiben und formatieren Sie den Brieftext. Die Anschrift sowie individuelle Bestandteile des Briefs, beispielsweise eine persönliche Anrede, lassen Sie vorerst leer. Speichern Sie das Dokument, bevor Sie mit dem eigentlichen Seriendruck beginnen.

1. Schritt: Hauptdokument und Dokumenttyp festlegen

Im ersten Schritt wandeln Sie das aktuelle Dokument in ein Seriendruck-Dokument um: Klicken Sie im Menüband, Register *Sendungen* auf *Seriendruck starten* und wählen Sie einen Typ, hier *Briefe*.

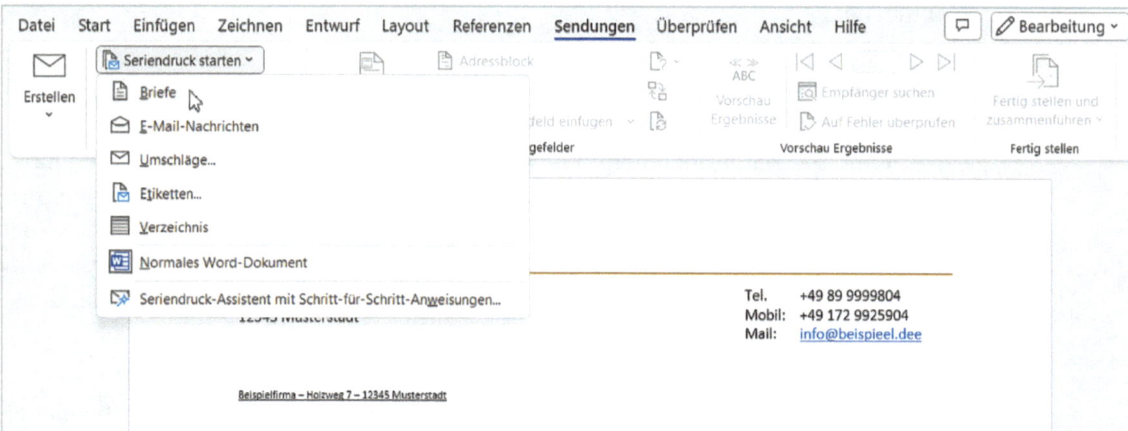

Bild 7.7 Hauptdokument festlegen bzw. Dokumenttyp wählen

2. Schritt: Mit Empfängeradressen verbinden

Im nächsten Schritt verbinden Sie das aktuelle Hauptdokument mit der Datenquelle, in diesem Beispiel mit der Excel-Tabelle in Bild 7.2 auf Seite 271. Klicken Sie im Menüband ► *Sendungen* auf *Empfänger auswählen* ❶ und hier auf *Vorhandene Liste verwenden*. Wählen Sie die gewünschte Excel-Arbeitsmappe und anschließend das Tabellenblatt ❷ mit den Adressen aus und klicken Sie auf *OK*.

- **Achtung**: Eine Excel-Arbeitsmappe enthält meist mehrere Arbeitsblätter, möglicherweise werden hier auch noch Tabellenbereiche aufgeführt; vergewissern Sie sich also im Zweifelsfall vorher, welches Blatt das richtige ist.
- Kontrollieren Sie auch das Kontrollkästchen *Erste Datenreihe enthält Spaltenüberschriften* ❸, im Normalfall sollten sich in der ersten Zeile die Spaltenüberschriften befinden.

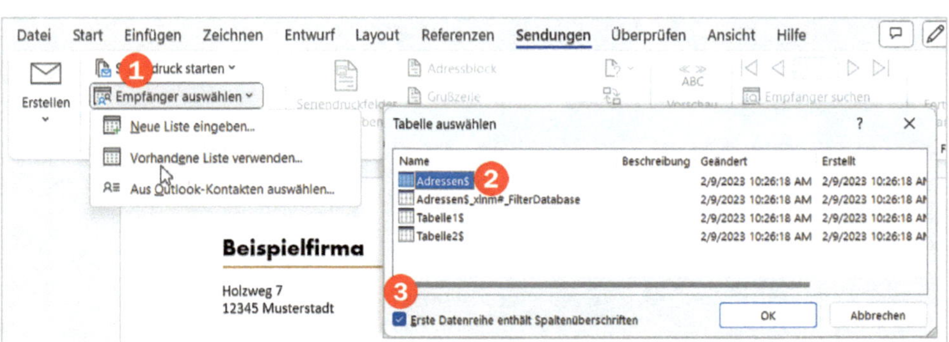

Bild 7.8 Datenquelle verbinden

Das Dokument ist nun fest mit der Datenquelle verbunden. Diese Verbindung wird auch zusammen mit dem Dokument gespeichert und wird beim nächsten Öffnen des Hauptdokuments automatisch wiederhergestellt.

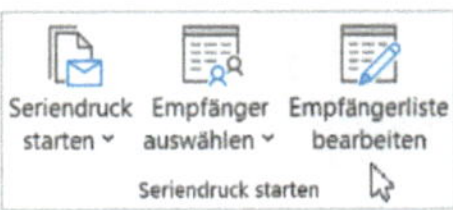

Tipp: Adressen kontrollieren

Wenn Sie nicht sicher sind, ob Sie die richtige Datenquelle gewählt haben oder ob die Adressen korrekt erkannt wurden, dann können Sie diese mit Klick auf *Empfängerliste bearbeiten* in einem gesonderten Fenster anzeigen. Näheres hierzu lesen Sie weiter unten nach.

Seriendruckfelder einfügen

Nachdem das Hauptdokument mit der Datenquelle verbunden wurde, stehen Ihnen auch die Seriendruckfelder zur Verfügung. Diese werden aus den Spaltenüberschriften bzw. Feldnamen der Datenquelle gebildet, sie dienen als Platzhalter im Brieftext, und werden später beim Drucken durch die Inhalte der jeweiligen Spalte ersetzt. Im nächsten Schritt fügen Sie nun an den passenden Stellen die Seriendruckfelder ein.

Postanschrift aus Seriendruckfeldern bilden

Die Postanschrift kann auf zweierlei Wegen eingefügt werden, nämlich entweder als kompletter Adressblock, siehe weiter unten, oder Sie setzen die Anschrift aus den Seriendruckfeldern selbst zusammen. Diese Möglichkeit werden wir als erstes betrachten:

1. Setzen Sie den Cursor an die Stelle, an der Sie das erste Feld der Postanschrift einfügen möchten und klicken Sie im Menüband, Register *Sendungen* auf den Dropdown-Pfeil der Schaltfläche *Seriendruckfeld einfügen*.
2. Klicken Sie in der Liste auf das benötigte Feld, hier *Anrede*. Das Seriendruckfeld wird an der Cursorposition in doppelten spitzen Klammern in das Dokument eingefügt. Geben Sie dahinter ein Leerzeichen ein und fügen Sie danach auf demselben Weg das nächste Seriendruckfeld *Vorname* ein.

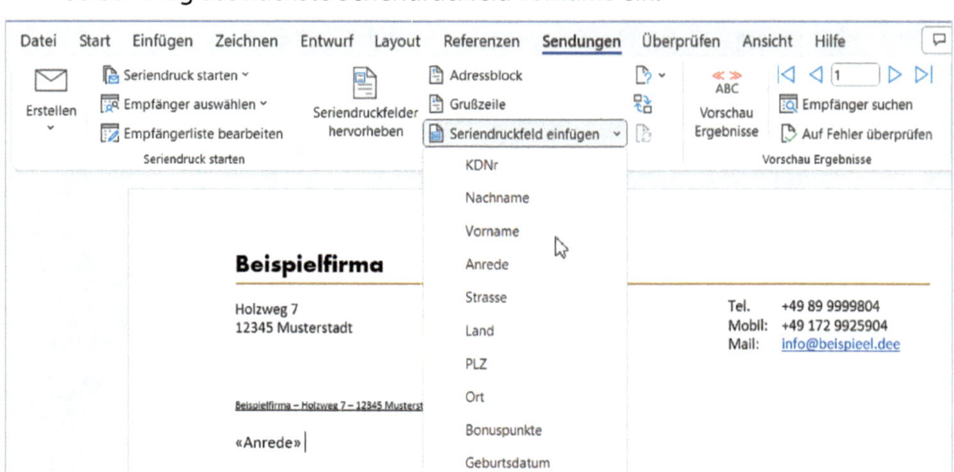

Bild 7.9 Seriendruckfelder einfügen, Beispiel Postanschrift

Fügen Sie dann nacheinander auch die übrigen Seriendruckfelder bzw. Adressfelder ein und beachten Sie, dass die erforderlichen Leerzeichen bzw. Zeilenumbrüche zwischen den Seriendruckfeldern manuell eingegeben werden müssen.

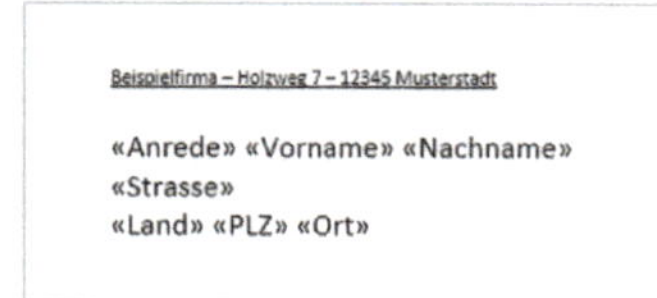

Achtung, die Schaltfläche Seriendruckfeld einfügen ist zweigeteilt: Ein Klick auf den DropDown-Pfeil öffnet die oben beschriebene Liste, aus der Sie bequem durch Anklicken ein Feld einfügen können. Klicken Sie dagegen direkt auf die Schaltfläche bzw. das Symbol, so öffnet sich das gleichnamige Fenster mit allen verfügbaren Seriendruckfeldern.

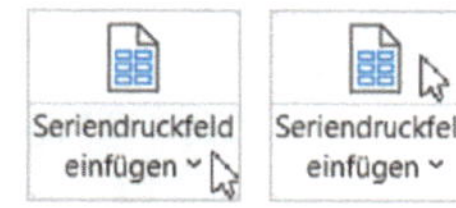

Achten Sie darauf, dass die Optionen *Datenbankfelder* ausgewählt ist, markieren Sie das erste Feld und klicken Sie auf die Schaltfläche *Einfügen*. Schneller geht's mit Doppelklick. Das Fenster bleibt geöffnet, so dass Sie nun nacheinander auch die übrigen Seriendruckfelder auf dieselbe Weise einfügen können. Allerdings müssen Sie dann nach dem Schließen des Fensters dazwischen noch die erforderlichen Leerzeichen und Zeilenumbrüche ergänzen.

Info: Die Option *Adressfelder* listet alle Felder der Outlook-Kontakte auf, die Sie aber vermutlich nicht brauchen.

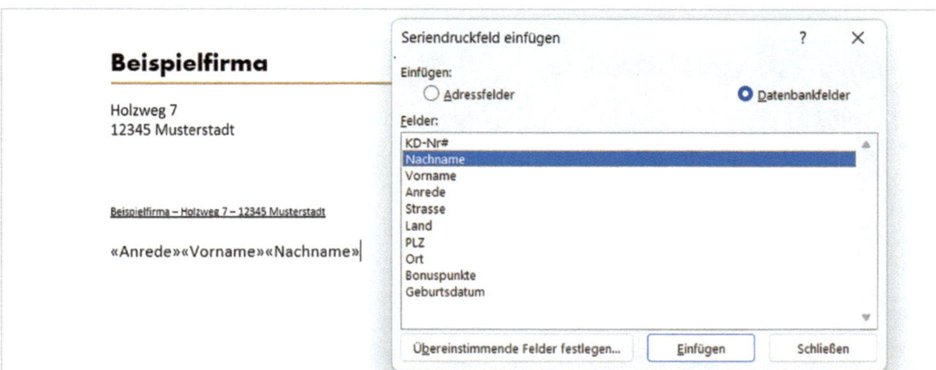

Bild 7.10 Das Fenster Seriendruckfeld einfügen

> **Problem Leerzeichen**
>
> Ist in der Datenquelle ein Feld leer, so erscheinen auf dem Ausdruck trotzdem die Leerzeichen vor und hinter diesem Feld, aus leeren Feldern resultierende Leerzeilen dagegen nicht. Was Sie gegen die Leerzeichenproblematik unternehmen können, lesen Sie am Ende dieses Kapitels.

Adressblock einfügen

Als zweite Möglichkeit kann die Anschrift auch als Adressblock in einem einzigen Platzhalter eingefügt werden. Dieser Weg hat den Vorteil, dass unter anderem auch länderspezifische Schreibweisen berücksichtigt werden, z. B. ob und in welchen Fällen die Anschrift auch das Land enthalten soll.

1 Um den Adressblock zu verwenden, klicken Sie im Register *Sendungen* auf *Adressblock*. Im nachfolgenden Dialogfenster *Adressblock einfügen* können Sie nun das Aussehen des Adressblocks näher definieren.

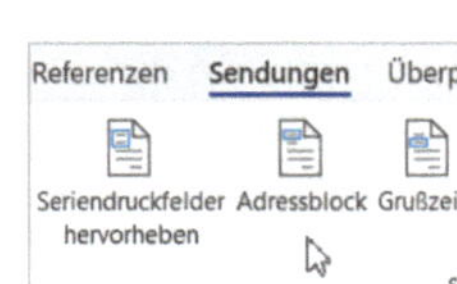

- **Name und Anrede**: Bei *Empfängernamen in diesem Format einfügen* können Sie zwischen verschiedenen Schreibweisen wählen und beispielsweise vereinbaren, dass im Adressfeld keine Anrede (Frau/Herr) verwendet wird.
- **Firmenname**: Handelt es sich um eine Firmenanschrift, dann entscheiden Sie bei *Firmennamen einfügen*, ob dieser Teil der Adresse sein soll, was in der Regel der Fall sein dürfte. Wenn die entsprechende Spalte in der Datenquelle mit *Firma* beschriftet ist, sollten hier keine Probleme entstehen.
- **Postanschrift**: Durch Entfernen des Häkchens bei *Postanschrift einfügen* enthält der Adressblock nur den Namen des Empfängers. Die Optionen für *Land/Region* setzen voraus, dass die Datenquelle das Feld *Land* enthält.

2 Rechts im Fenster sehen Sie eine Vorschau auf den Adressblock und mit den Pfeilsymbolen blättern Sie durch die Datensätze.

Bild 7.11 Adressblock bearbeiten

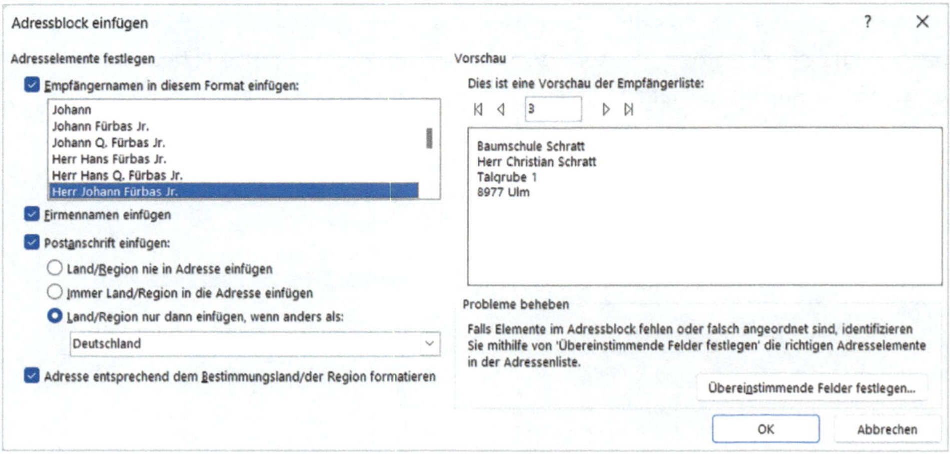

Achtung: Die Verfügbarkeit einiger Optionen hängt davon ab, ob ein entsprechendes Feld in der Datenquelle vorhanden ist.

3 Klicken Sie zuletzt auf *OK*, um den Adressblock einzufügen. Im Gegensatz zum Einfügen der einzelnen Seriendruckfelder erscheint im Brief nur das Feld *<<Adresse>>*, welches die gesamten Adressinformationen enthält.

Der Adressblock - Arbeitsersparnis oder Mehraufwand?

Beachten Sie, dass sich der Adressblock aus den Feldern der Tabelle zusammensetzt, die für die Dateneingabe über *Neue Liste* zur Verfügung gestellt wird. Dieselben Felder verwenden auch die Outlook-Kontakte, so dass bei diesen als Datenquelle der Adressblock ebenfalls keine Probleme bereiten dürfte.

Nicht übereinstimmende Feldnamen dagegen, etwa wenn Sie eines der Felder umbenannt, z. B. *Adresszeile 1* in *Straße* oder weitere Felder hinzugefügt haben, werden nicht erkannt und müssen manuell zugeordnet werden. Dies gilt natürlich insbesondere für alle übrigen Datenquellen, also z. B. Excel-Tabellen oder den Export aus Datenbanken. Hier stimmen die Feldnamen nur selten überein und die Adresse weist in der Vorschau entsprechende Lücken auf.

Wie Sie dieses Problem lösen und auch mit Adressen aus anderen Datenquellen einen Adressblock bilden, lesen Sie auf Seite 296.

Grußzeile einfügen

Benötigen Sie eine individuelle Briefanrede, z. B. „Sehr geehrte Frau Beispiel" oder „Sehr geehrter Herr Muster", dann können Sie ebenfalls auf eine vorformulierte Grußzeile zurückgreifen. Klicken Sie dazu im Register *Sendungen* auf *Grußzeile*.

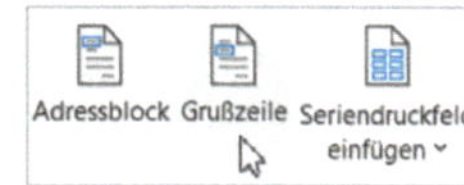

- Unter *Format für Grußzeile* wählen Sie für Anrede und Name jeweils eine Schreibweise ❶, das dritte Feld legt das Zeichen nach der Anrede fest, meist ein Komma. Wird stattdessen ein anderes Zeichen, z. B. Ausrufezeichen benötigt, so tragen Sie dieses hier ❷ ein.

  Tipp: Wenn Sie eine neutrale Anrede bevorzugen, z. B. „Guten Tag Eva Muster", wie in Bild 7.13, dann überschreiben Sie *Sehr geehrte(r)* einfach mit *Guten Tag* ❸ und wählen im Feld daneben die Schreibweise Vorname Nachname aus, .

- Bei einer fehlenden Anrede wird im Feld *Grußzeile für ungültige Empfängernamen* automatisch *„Sehr geehrte Damen und Herren"* ❹ eingetragen, alternativ wählen Sie *(ohne)* oder tragen stattdessen Ihren Text hier ein.

- Unterhalb können Sie das Ergebnis anhand einer Vorschau kontrollieren und mit den Pfeilen durch die Datensätze blättern. Sollte die Anrede nicht korrekt dargestellt werden, ist dies wie beim Adressblock auf nicht übereinstimmende Feldnamen in der Datenquelle zurückzuführen, Tipps zur Abhilfe finden Sie auf Seite 296.

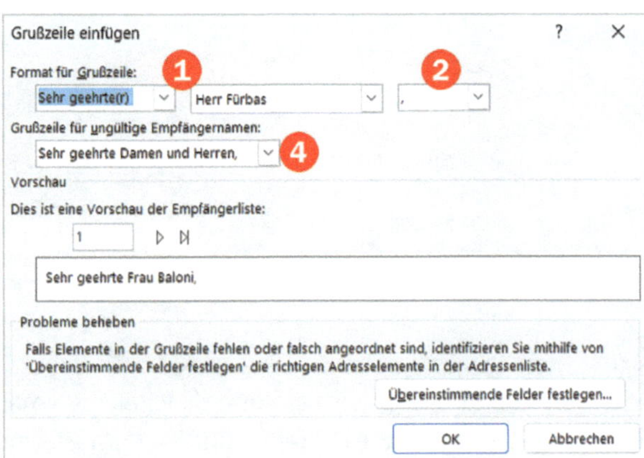

Bild 7.12 Grußzeile für die individuelle Anrede des Briefempfängers einfügen

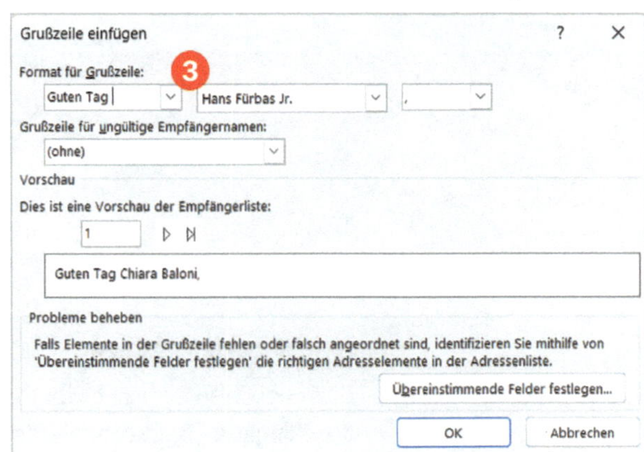

Bild 7.13 Beispiel für eine neutrale Briefanrede

- Mit Klick auf *OK* fügen Sie die Grußzeile in das Dokument ein. Hier erscheint nun das Feld mit der Bezeichnung *<<Anrede>>* .

Leider berücksichtigt die Grußzeile keinerlei Titel. Diese können Sie nur unter Zuhilfenahme von Bedingungen in die Briefanrede einfügen, Näheres hierzu lesen Sie auf Seite 299.

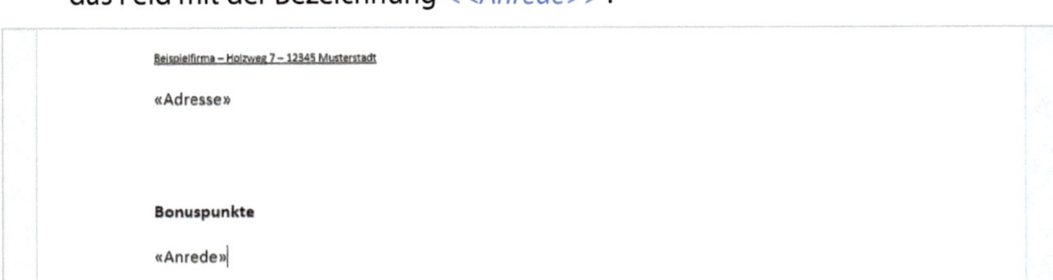

Weitere Seriendruckfelder einfügen

Seriendruckfelder können nicht nur als Anschrift und Briefanrede eingefügt werden, sondern auch im Brieftext, z. B. Geburtsdatum, Bonuspunkte, Kundennummer usw., ein Beispiel sehen Sie in Bild 7.14. Diese fügen Sie, wie auf Seite 276 beschrieben ein, Leerzeichen und eventuell erforderliche Zeilenumbrüche vor und nach den Seriendruckfeldern müssen manuell eingegeben werden.

Seriendruckfelder hervorheben

Wie alle Felder erscheinen auch Seriendruckfelder beim Anklicken grau hervorgehoben. Für einen schnellen Überblick über alle Seriendruckfelder, z. B. zur Kontrolle auf Vollständigkeit oder auf Leerzeichen zwischen den Feldern, können Sie auch alle Seriendruckfelder dauerhaft hervorheben. Klicken Sie dazu im Menüband, Register *Sendungen* auf *Seriendruckfelder hervorheben* ❶ und mit derselben Schaltfläche blenden Sie die Hervorhebungen auch wieder aus.

Bild 7.14 Hervorgehobene Seriendruckfelder

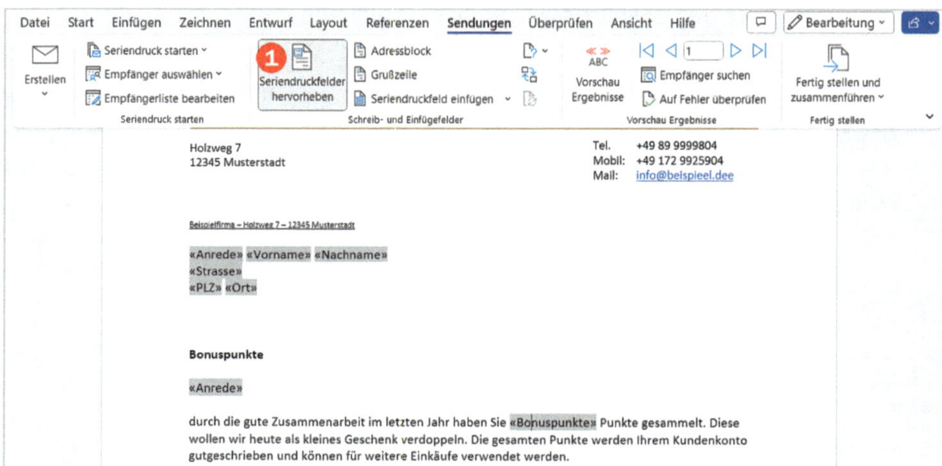

Achtung! Die Hervorhebung sollte vor dem Drucken wieder entfernt werden, da die graue Schattierung mitgedruckt wird.

Seriendruckfeld löschen

Zum Löschen eines Feldes setzen Sie den Cursor hinter das Feld und drücken zweimal die **Korrektur** (Backspace)-Taste. Einmal um das Feld zu markieren und nochmals, um das Seriendruckfeld zu entfernen. Analog verwenden Sie die **Entf**-Taste, nur dass sich dann der Cursor links vom Seriendruckfeld befinden muss.

Briefe in der Vorschau kontrollieren

Nach dem Einfügen der Seriendruckfelder sollten Sie die Ergebnisse in einer Vorschau im Dokument überprüfen. Klicken Sie dazu im Menüband, *Sendungen* auf *Vorschau Ergebnisse* ❶. Nun erscheinen im Dokument anstelle der Seriendruckfelder die Inhalte der Datenquelle und um nacheinander durch die einzelnen Adressen zu blättern, benutzen Sie die Pfeile ❷ *Nächster Datensatz*, *Letzter Datensatz* und *Vorheriger* bzw. *Erster Datensatz* |◁ ◁ 3 ▷ ▷| . Die Datensätze erscheinen in der Reihenfolge, in der sie in der Datenquelle hinterlegt sind, außer Sie haben eine Sortierung festgelegt, siehe Seite 284.

Eventuell fehlende Leerzeichen zwischen Seriendruckfeldern oder Zeilenumbrüche können problemlos in der Vorschau korrigiert werden. Rechtschreibfehler dagegen, sind Fehler in der Datenquelle und müssen dort berichtigt werden.

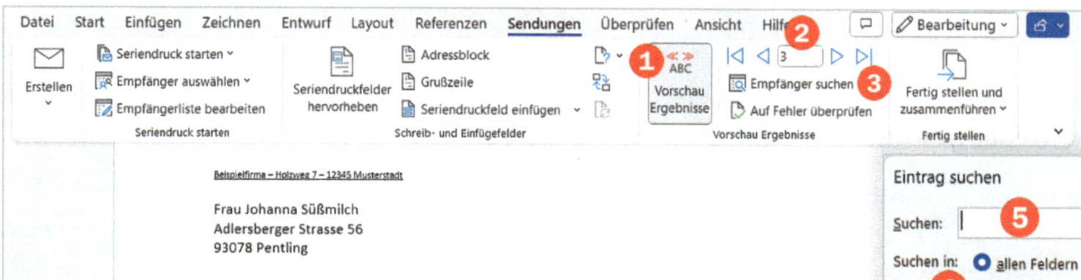

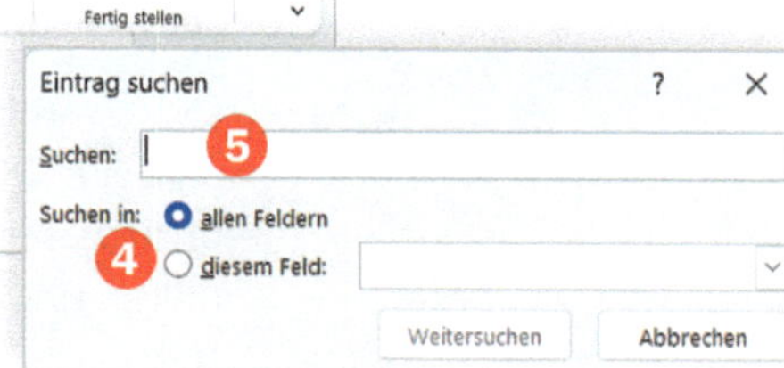

Bild 7.15 Vorschau Ergebnisse

Bild 7.16 Empfänger suchen

Tipp: In der Praxis und bei Serienbriefen im großen Umfang können unmöglich alle Adressen kontrolliert werden. Hier empfiehlt es sich, die ersten und letzten Datensätze, sowie einzelne Datensätze stichprobenartig zu kontrollieren. Wenn Sie einen bestimmten Datensatz anzeigen möchten, ohne sich durch alle Adressen zu klicken, dann verwenden Sie die Suche: Klicken Sie auf *Empfänger suchen* ❸ und wählen Sie, ob Sie in *allen Feldern* ❹ oder nur einem bestimmten Feld suchen möchten. Den Suchbegriff tragen Sie im Feld oberhalb ❺ ein.

Zusammenführen und drucken

Im letzten Schritt müssen Sie die Briefe nur noch drucken. Klicken Sie dazu im Menüband, Register *Sendungen* auf *Fertig stellen und zusammenführen* und wählen Sie eine der folgenden Optionen:

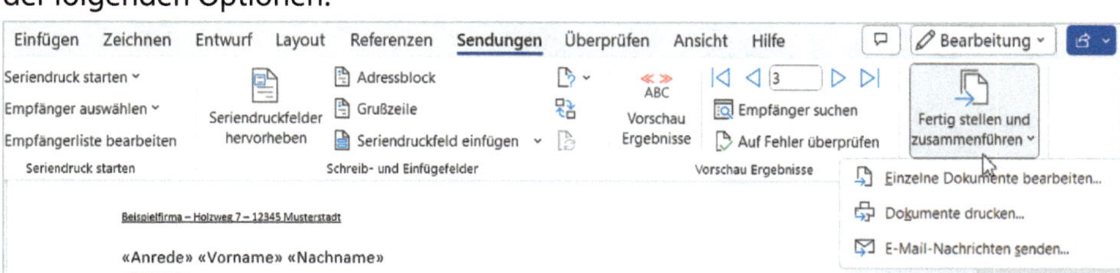

Bild 7.17 Fertig stellen und zusammenführen

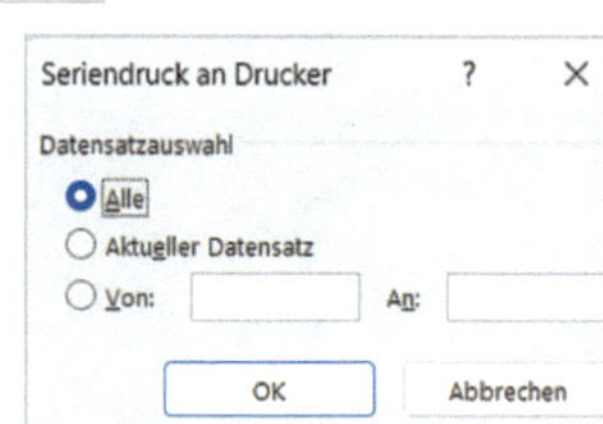

- Wenn die Briefe sofort auf dem Drucker ausgegeben werden sollen, dann wählen Sie *Dokumente drucken....* Im nachfolgenden Dialogfenster geben Sie an, ob Sie alle, oder eine bestimmte Anzahl von Datensätzen drucken möchten, z. B. von 1 bis 500 und starten mit Klick auf *OK* den Druck.
- Die Auswahl *Einzelne Dokumente bearbeiten* bedeutet, die Briefe werden nicht auf dem Drucker, sondern in ein neues Dokument ausgegeben. Dieses trägt standardmäßig den vorläufigen Namen *Serienbriefe1* und wird automatisch geöffnet. Hier können Sie nun einzelne Briefe nachträglich bearbeiten, speichern und wie ein normales Dokument drucken. **Achtung**: Die Anzahl der Seiten im Doku-

ment entspricht bei einem einseitigen Brief der Anzahl der Adressen, daher eignet sich diese Option nicht für umfangreiche Mailings mit 1.000 und mehr Adressen.

- Näheres zur dritten Option *E-Mail Nachrichten senden* lesen Sie weiter unten.

Outlook-Kontakte als Datenquelle

Auch die Outlook-Kontakte können als Datenquelle verwendet werden, vorausgesetzt es sind alle nötigen Informationen vorhanden. Adressblock und Grußzeile sollten sich in diesem Fall ohne Probleme verwenden lassen.

1. Dazu wählen Sie beim Klick auf *Empfänger auswählen* die Variante *Aus Outlook-Kontakten auswählen....* Falls Sie anschließend aufgefordert werden, ein Profil zu wählen, können Sie in der Regel das vorgeschlagene Profil *Outlook* beibehalten und auf *OK* klicken.
2. Im nächsten Schritt wählen Sie einen Kontaktordner aus. Möglicherweise werden hier gleich mehrere Ordner zur Auswahl angeboten, z. B. das globale Adressbuch der Firma, lokal gespeicherte Kontakte oder Kontakte, die zu einer zweiten E-Mail Adresse gehören. Klicken Sie auf den Ordner und auf *OK*.

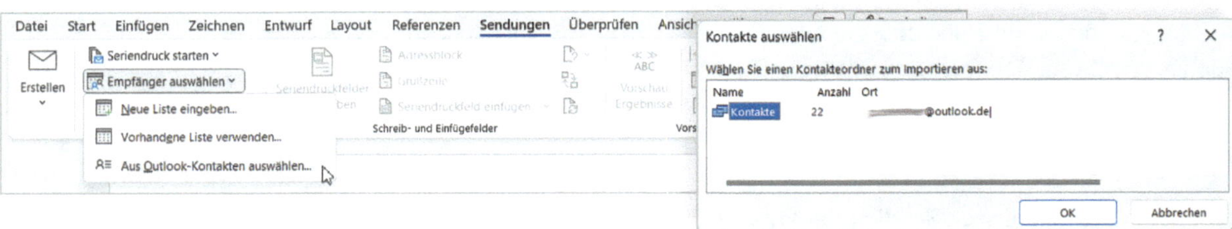

Bild 7.18 Outlook-Kontakte als Datenquelle

Adressdaten aus einer Access-Datenbank beziehen

Wenn Sie Ihre Adressen in einer Access-Datenbank verwalten, können Sie beim Seriendruck direkt auf eine Tabelle oder Abfrage mit den passenden Daten zugreifen. In diesem Fall erscheint nach der Auswahl der Datenbankdatei und dem Öffnen ein Fenster mit allen Tabellen und Abfragen.

Stammen die Daten dagegen aus einer anderen Datenbank, z. B. MySQL, so empfiehlt sich ein Export der Adressen in eine Excel-Arbeitsmappe oder CSV-Datei, die Sie dann als Datenquelle verwenden.

7.3 Datensätze filtern, sortieren und in der Datenquelle bearbeiten

Verbindung zur Datenquelle

Beim Öffnen erneut mit der Datenquelle verbinden

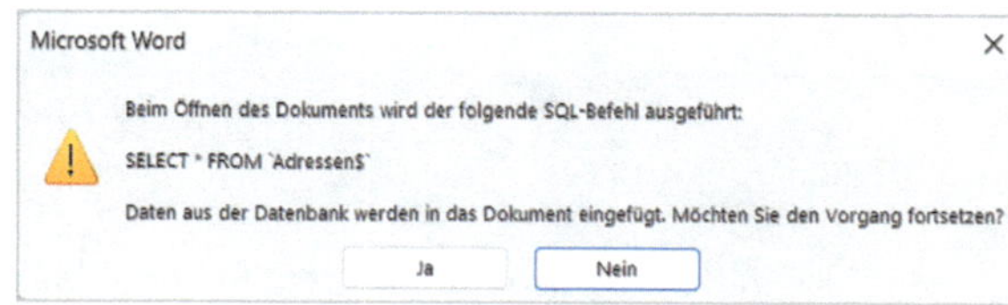

Word speichert zusammen mit dem Hauptdokument auch die Verbindung zur Datenquelle und stellt diese beim nächsten Öffnen des Hauptdokuments wieder her bzw. fügt die Daten bzw. Adressen wieder in das Dokument ein, vorausgesetzt Sie haben Ihre Änderungen gespeichert. Beim Öffnen erscheint daher die nebenstehende Meldung, die Sie mit Klick auf die Schaltfläche *Ja* bestätigen müssen. Mit *Nein* hingegen wird zwar das Hauptdokument geöffnet, aber ohne Zugriff auf die Informationen der Datenquelle.

Lassen Sie sich nicht vom Begriff *SQL-Befehl* irritieren: SQL ist eine gängige Datenbankabfragesprache und der genannte Befehl ruft die Daten einer bestimmten Tabelle ab.

Datenquelle suchen

Falls die Datenquelle zwischenzeitlich gelöscht, verschoben oder umbenannt wurde, so erhalten Sie beim Versuch, die Verbindung erneut herzustellen, eine Fehlermeldung. In diesem Fall bestätigen Sie zunächst die Fehlermeldung (dies können auch mehrere sein) mit *OK*, bis Sie die Möglichkeit erhalten, die Datenquelle zu suchen. Danach können Sie das Hauptdokument erneut mit der Datenquelle verbinden.

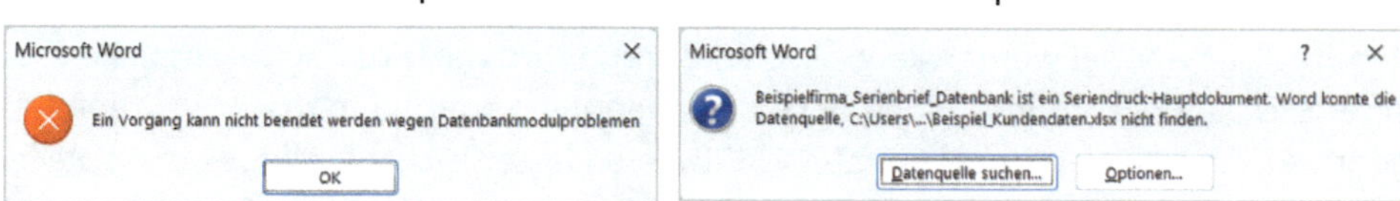

Bild 7.19 Datenquelle suchen und erneut verbinden

Datenquelle durch eine andere ersetzen

Sie können ein Hauptdokument auch jederzeit mit einer anderen Datenquelle verbinden. Falls allerdings im Hauptdokument bereits Seriendruckfelder vorhanden sind, deren Feldnamen nicht mit denen der neuen Datenquelle übereinstimmen, so müssen Sie diese neu zuordnen. So gehen Sie vor:

1. Klicken Sie im Menüband, Register *Sendungen* auf *Empfänger auswählen* und wählen Sie die neue Datenquelle aus. Eine eventuell noch vorhandene Verbindung zur alten Datenquelle wird dadurch automatisch ersetzt.
2. Aktivieren Sie die *Vorschau Ergebnisse*. Falls ein oder mehrere Seriendruckfelder der neuen Datenquelle nicht mit den im Dokument vorhandenen übereinstimmen, erscheint das Fenster *Ungültiges Seriendruckfeld*, im Bild handelt es sich dabei um das Feld *Bonuspunkte* ❶. Klicken Sie in das Feld *Felder in Datenquelle* und wählen Sie das passende Feld, hier *Guthaben* ❷ aus.

   Genauso verfahren Sie auch mit den übrigen ungültigen Seriendruckfeldern.

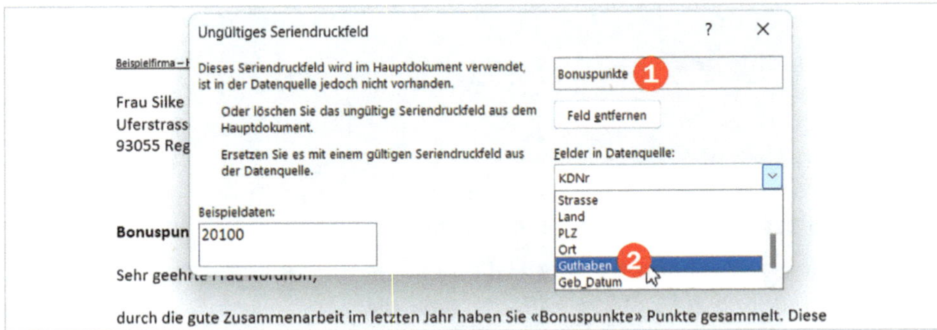

Bild 7.20 Ungültige Seriendruckfelder neu zuordnen

Hauptdokument in normales Word-Dokument umwandeln/Datenquelle trennen

Hauptdokument und Datenquelle können auch im geöffneten Word-Dokument getrennt werden. Wählen Sie dazu im Menüband, Register *Sendungen* auf *Seriendruck starten* und wählen Sie *Normales Word-Dokument*.

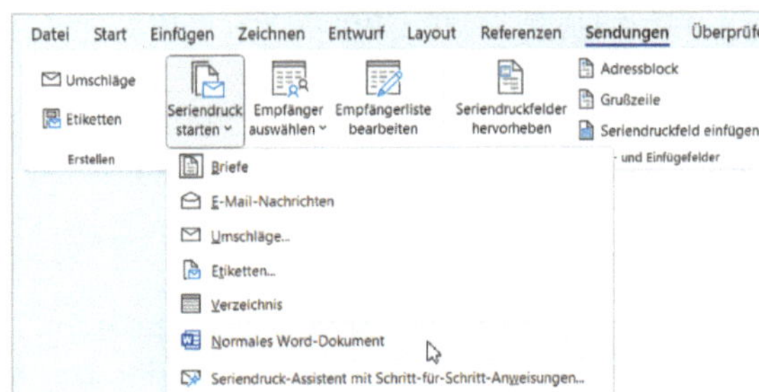

Bild 7.21 Hauptdokument in normales Word-Dokument umwandeln

Datensätze sortieren und filtern

Hinweis: Falls eine Excel-Tabelle nachträglich in Excel sortiert wird, d. h. nachdem sie mit dem Hauptdokument verbunden wurde, wird die Sortierung ebenfalls übernommen.

Idealerweise ist die Datenquelle so vorbereitet, dass sie ohne Änderungen für den Seriendruck verwendet werden kann. Auch die Sortierung wird aus der Datenquelle, z. B. einer Excel-Tabelle übernommen und die Serienbriefe werden in dieser Reihenfolge gedruckt. Andere Datenquellen, z. B. CSV-Dateien lassen sich allerdings nicht so einfach sortieren, in solchen Fällen müssen Sie die Datensätze in Word sortieren. Auswahl und Sortierung der Datensätze nehmen Sie im Fenster *Seriendruckempfänger* vor, das Sie im Menüband, Register *Sendungen* mit Klick auf *Empfängerliste bearbeiten* öffnen.

Bild 7.22 Empfängerliste bearbeiten

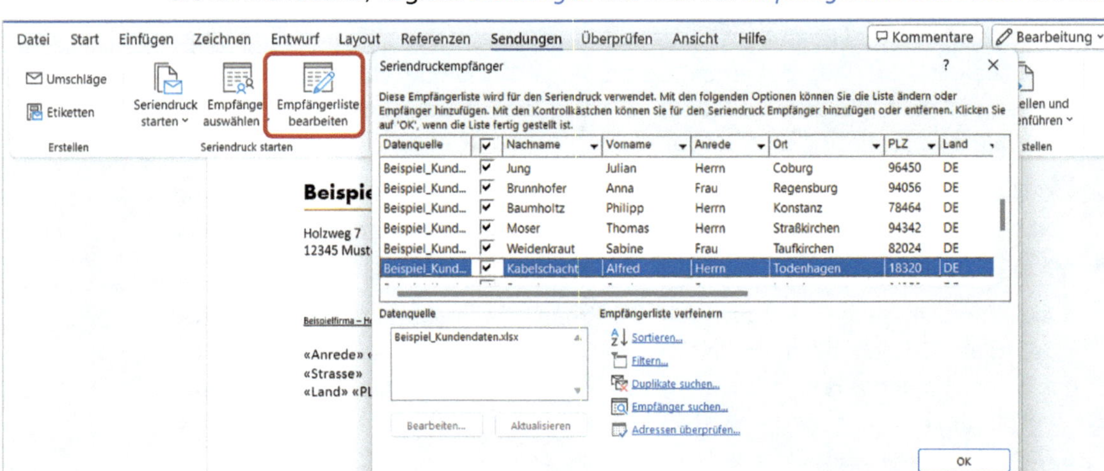

Beachten Sie, dass Filter und Sortierungen, die Sie mit Word vornehmen, zusammen mit dem Hauptdokument gespeichert werden. Nachträglich erfolgte Änderungen der Sortierung, z. B. mit Excel haben dann keine Auswirkungen mehr auf die Reihenfolge im Word-Serienbrief. Es sei denn, Sie entfernen in Word Sortierung und Filter wieder.

Beispiel: Adressen nach Postleitzahlen sortieren

In vielen Fällen ist für den Versand von Serienbriefen eine Sortierung nach Postleitzahlen erforderlich. Falls die Empfängeradressen noch nicht entsprechend sortiert sind, nehmen Sie dies in Word vor: Öffnen Sie dazu das Fenster *Seriendruckempfänger* (Register *Sendungen* ▶ *Empfängerliste bearbeiten*).

- Für einfache Sortierungen nach einer Spalte, z. B. *Postleitzahlen* klicken Sie auf den Dropdown-Pfeil der Überschrift der betreffenden Spalte ❶ und auf *Aufsteigend* oder *Absteigend sortieren*.
- Benötigen Sie dagegen eine Sortierung nach zwei oder mehr Spalten, z. B. *Land* und danach nach *PLZ*, so wählen Sie entweder *(Weitere Optionen...)* oder klicken unter *Empfängerliste verfeinern* auf *Sortieren...* ❷. Wählen Sie anschließend im Dialogfenster *Filtern und Sortieren* diejenigen Felder aus, nach denen Sie sortieren möchten, im Bild unten erfolgt zuerst eine Sortierung nach *Land* ❸ und anschließend nach der *Postleitzahl* ❹. Maximal drei Sortierkriterien sind möglich. Die Schaltfläche *Alle löschen* ❺ entfernt bei Bedarf alle vorhandenen Sortierungen wieder.

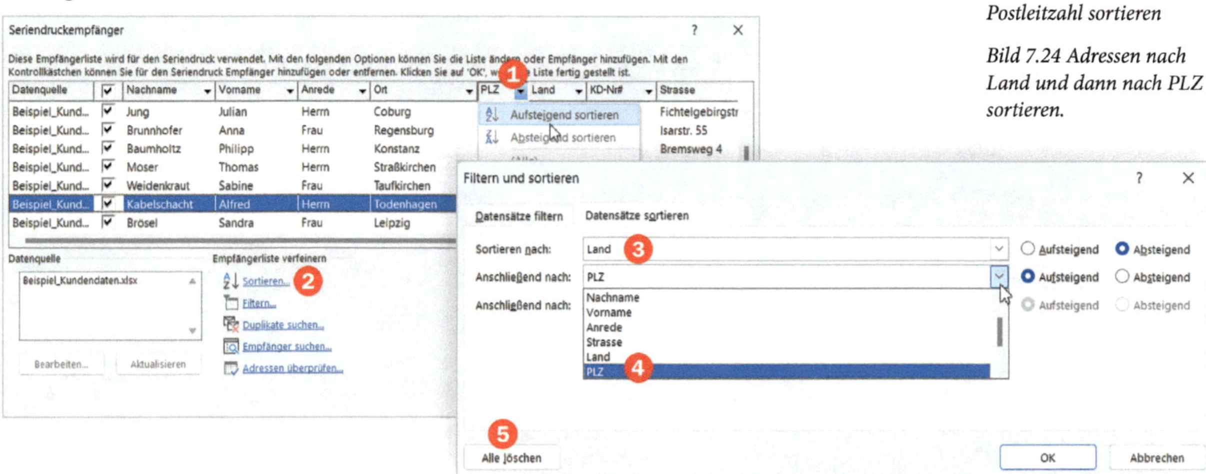

Bild 7.23 Adressen nach Postleitzahl sortieren

Bild 7.24 Adressen nach Land und dann nach PLZ sortieren.

Einzelne Datensätze ausschließen

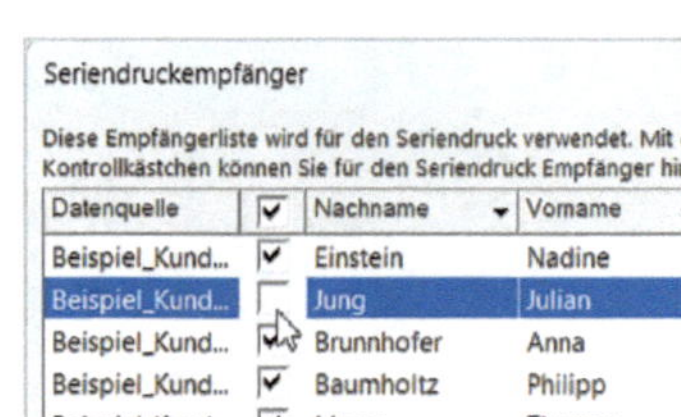

Am einfachsten schließen Sie einzelne Adressen aus, indem Sie im Fenster Seriendruckempfänger das Kontrollkästchen der jeweiligen Person deaktivieren. Die Adresse wird dadurch nicht aus der Datenquelle entfernt. Allerdings ist dieser Weg nur selten zielführend, da meist ganz konkrete Auswahlkriterien benötigt werden. In solchen Fällen setzen Sie Filter ein.

Leere Feldinhalte ausschließen

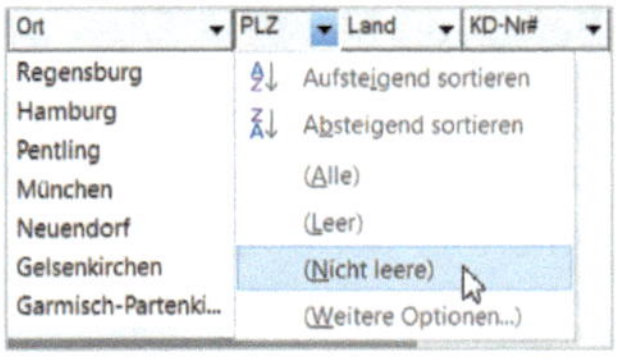

Auch Empfänger, bei denen der Inhalt eines bestimmten Feldes, z. B. die Postleitzahl leer ist, lassen sich auf einfache Weise ausschließen: Klicken Sie dazu auf den Dropdown-Pfeil der betreffenden Spaltenüberschrift und wählen Sie *(Nicht leere)*.

Filterkriterien zur Auswahl verwenden

Weitergehende Möglichkeiten, nur bestimmte Adressen für Serienbriefe auszuwählen, erhalten Sie mit Filtern. Klicken Sie dazu im Fenster *Seriendruckempfänger* (*Sendungen* ▶ *Empfängerliste bearbeiten*) unter *Empfängerliste verfeinern* auf *Filtern...* ❶.

Im nachfolgenden Fenster *Filtern und sortieren*, Register *Datensätze filtern* können Sie nun Ihre Auswahlkriterien festlegen. **Achtung**: Bei Verwendung mehrerer Filterkriterien müssen diese mit *Und* oder *Oder* ❷ verknüpft werden: *Und* bedeutet, dass jeder Datensatz beide Bedingungen erfüllen muss. Verwenden Sie dagegen *Oder*, so genügt es, wenn eine der beiden Bedingungen erfüllt ist.

Beispiel: Alle Datensätze in Deutschland, deren Postleitzahl mit 8 beginnt

Das unten abgebildete Beispiel liefert alle Adressen in Deutschland, deren Postleitzahl mit 8 beginnt.

Bild 7.25 Beispiel Adressen in Deutschland, deren PLZ mit 8 beginnt

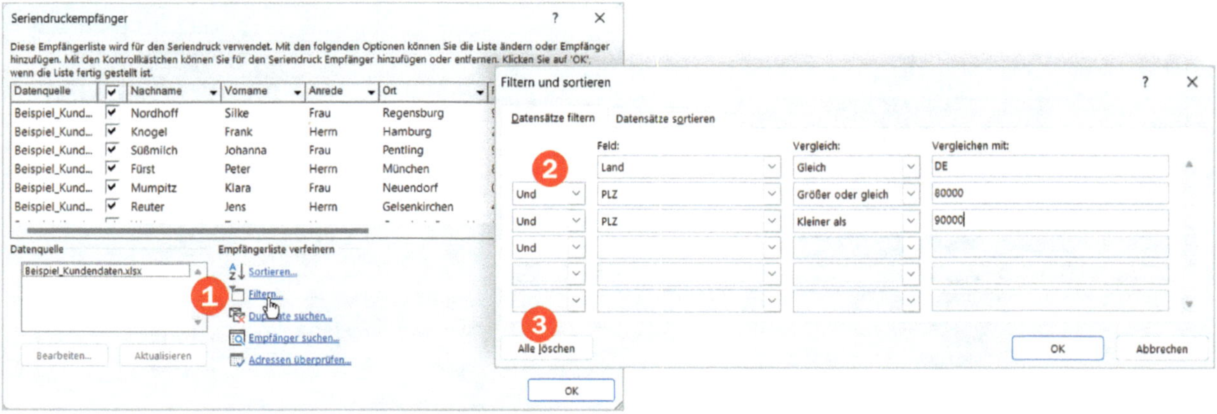

Achtung! Filter werden zusammen mit dem Hauptdokument gespeichert, vergessen Sie also nicht, die Filter mit der Schaltfläche *Alle löschen* ❸ zu entfernen, wenn wieder alle Adressen benötigt werden.

Filter, die Sie in Excel auf die Datensätze angewendet haben, haben keine Auswirkungen auf den Word-Serienbrief. In diesem Fall sollten Sie die gefilterten Datensätze in ein neues Tabellenblatt kopieren und dieses dann als Datenquelle verwenden.

Datensätze in der Datenquelle bearbeiten

Falls Sie bei der Durchsicht des Serienbriefs Fehler in den Datensätzen entdecken, z. B. Rechtschreibfehler oder fehlende Inhalte, so müssen Sie diese in der Datenquelle korrigieren. Dies ist auf zwei Wegen möglich:

Datenquelle aus Word heraus bearbeiten

1 Klicken Sie auf *Empfängerliste bearbeiten*, markieren Sie im Feld *Datenquelle* die Datei ❶ durch Anklicken und klicken Sie auf die Schaltfläche *Bearbeiten...* ❷.

2 Im nächsten Fenster scrollen Sie entweder durch die Liste der Einträge oder verwenden die Schaltfläche *Suchen*. Klicken Sie in das Feld, welches den Fehler enthält, korrigieren Sie diesen und schließen Sie das Fenster mit *OK*.

3 Klicken Sie im nachfolgenden Meldungsfenster auf *Ja*, um die Änderungen zu speichern und die Datenquelle zu aktualisieren. Schließen zuletzt das Fenster *Seriendruckempfänger* mit *OK*.

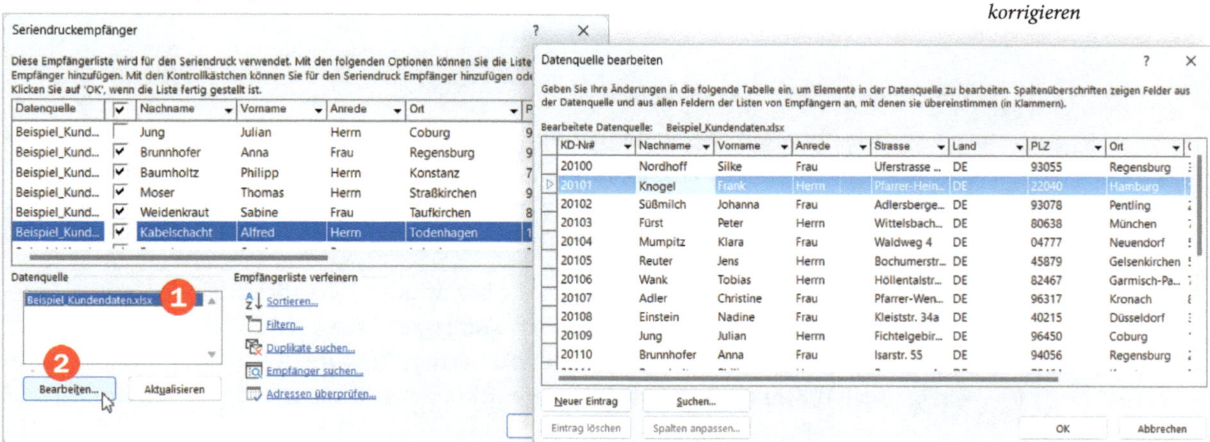

Bild 7.26 Datenquelle bearbeiten und Datensatz korrigieren

Beachten Sie, dass Sie nach vorgenommenen Korrekturen in der Datenquelle unter Umständen auch im Hauptdokument das betreffende Seriendruckfeld aktualisieren müssen, damit die Änderung in der Vorschau erscheint. Klicken Sie dazu in das Feld und drücken Sie die Taste **F9** oder Rechtsklick und Befehl *Aktualisieren*.

Datenquelle öffnen

Als Alternative öffnen Sie die Datenquelle mit der dazugehörigen Anwendung, z. B. Microsoft Excel. Beachten Sie aber, dass dann das dazugehörige Hauptdokument nicht mit Word geöffnet sein darf, da sonst die Arbeitsmappe schreibgeschützt geöffnet wird. Schließen Sie also das Word-Dokument, bevor Sie die Excel-Arbeitsmappe öffnen.

Bild 7.27 Datenquelle kann nicht geöffnet werden, solange das Word-Hauptdokument geöffnet ist

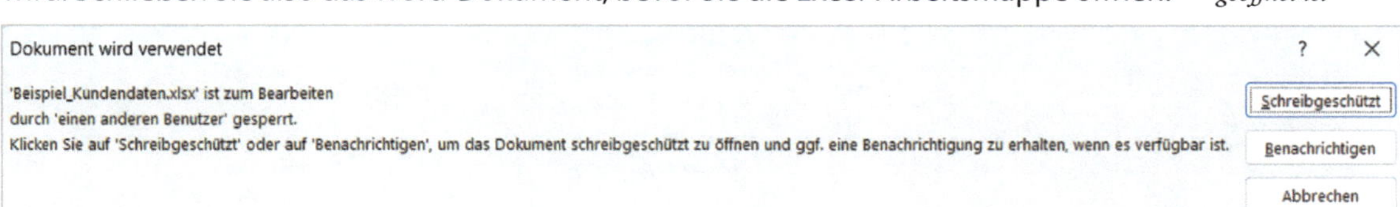

7.4 Weitere Möglichkeiten des Seriendrucks

Neben Briefen können auch andere Dokumentformate mit Seriendruckinformationen versehen und gedruckt werden. Dazu zählen beispielsweise Umschläge oder Etiketten, aber auch E-Mails. Zur Auswahl einer Option klicken Sie im Menüband, Register *Sendungen* auf *Seriendruck starten*.

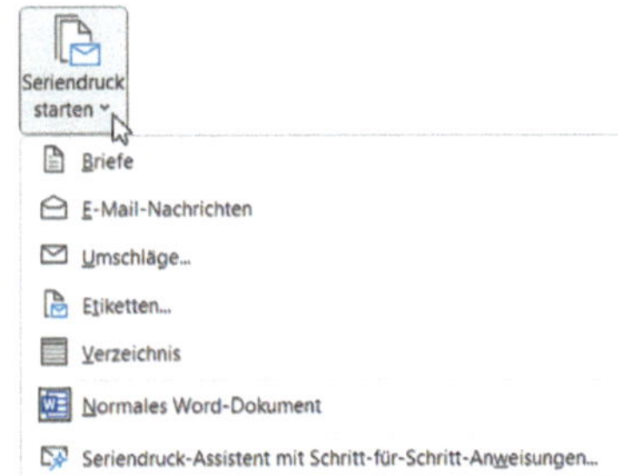

Verzeichnis oder Liste erstellen

Im Gegensatz zu Serienbriefen, bei denen mit jedem Datensatz der Datenquelle automatisch auch eine neue Druckseite beginnt, werden mit der Auswahl *Verzeichnis* alle Datensätze unmittelbar nacheinander gedruckt. Auf diese Weise lassen sich z. B. Teilnehmer- oder Telefonlisten oder eine Aufstellung von Produkten und Preisen erzeugen.

Beispiel: Einfache Teilnehmerliste

1 Beginnen Sie mit einem neuen leeren Word-Dokument und speichern Sie das Dokument. Klicken Sie im Menüband, *Sendungen* auf *Seriendruck starten* und wählen Sie *Verzeichnis*, danach verbinden Sie das Dokument wie gewohnt über *Empfänger auswählen* mit der Datenquelle.

Hinweis: Falls Sie die Liste in Tabellenform ausrichten möchten, dann fügen Sie eine einzige Tabellenzeile mit der gewünschten Anzahl Spalten ein.

2 Fügen Sie dann nebeneinander die benötigten Seriendruckfelder ein, hier Anrede, Vorname, Nachname und Ort. **Wichtig**: Schließen Sie unbedingt die Zeile mit der **Eingabetaste** (Absatzende) ab, die nächste Zeile muss einen leeren Absatz enthalten, wie im Bild unten. Das Hauptdokument besteht also in diesem Fall aus einer einzigen Zeile.

3 Klicken Sie dann auf *Fertig stellen und zusammenführen* und wählen Sie *Einzelne Dokumente bearbeiten*. Im nächsten Fenster können Sie im Bedarfsfall die zu verbindenden Datensätze auswählen, in der Regel *Alle*.

4 Als Ergebnis erhalten Sie in einem neuen Dokument die unten abgebildete Liste.

Bild 7.28 Teilnehmerliste erstellen

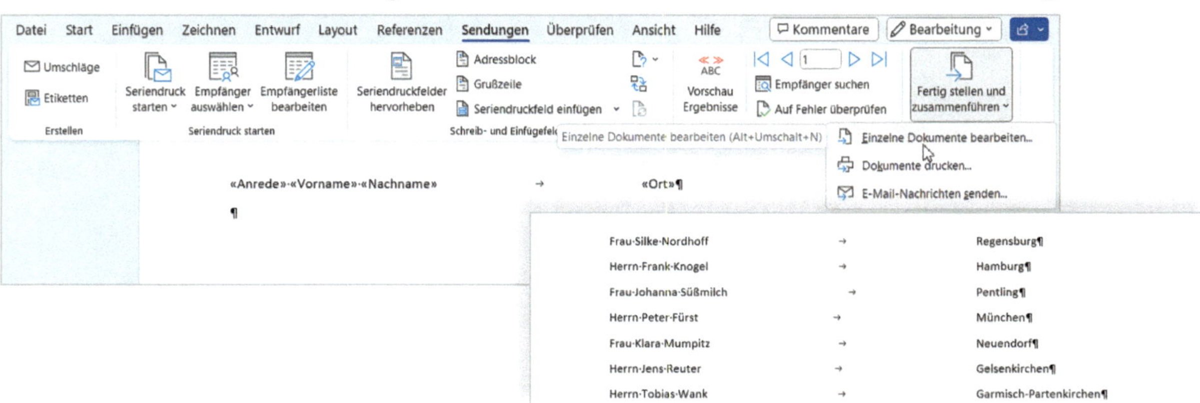

Dieses Dokument können Sie anschließend speichern und nach Ihren Vorstellungen gestalten, z. B. eine Überschrift und weitere Informationen hinzufügen oder die Liste in eine Tabelle umwandeln.

Bild 7.29 Fügen Sie weitere Informationen hinzu

Tabelle mit Überschrift

Falls Sie Zusatzinformationen und z. B. Tabellenüberschriften bereits vorab in das Hauptdokument eingeben möchten, müssen Sie diese in die Kopfzeile einfügen. Als Beispiel eine Teilnehmerliste in Tabellenform mit einer Überschriftzeile.

1. Fügen Sie in das Dokument eine Tabelle mit einer Zeile und der benötigten Anzahl Spalten, hier drei ein und passen Sie die Spaltenbreiten nach Bedarf an. Fügen Sie dann hier die benötigten Seriendruckfelder ein.

2. Kopieren Sie die Tabelle, fügen Sie die Kopie in die Kopfzeile ein und geben Sie hier Ihre Spaltenüberschriften ein.

3. Um den Abstand zwischen Überschriftzeile und Tabelle möglichst gering zu halten, erhält der Absatz unterhalb der Tabellenzeile mit den Überschriften Schriftgröße 1 Pt, sowie 0 als Abstand davor und danach. Formatieren Sie außerdem Tabelle und Überschriftzeile am besten ohne Rahmenlinien oder entfernen Sie zumindest von der Überschriftzeile die untere Rahmenlinie.

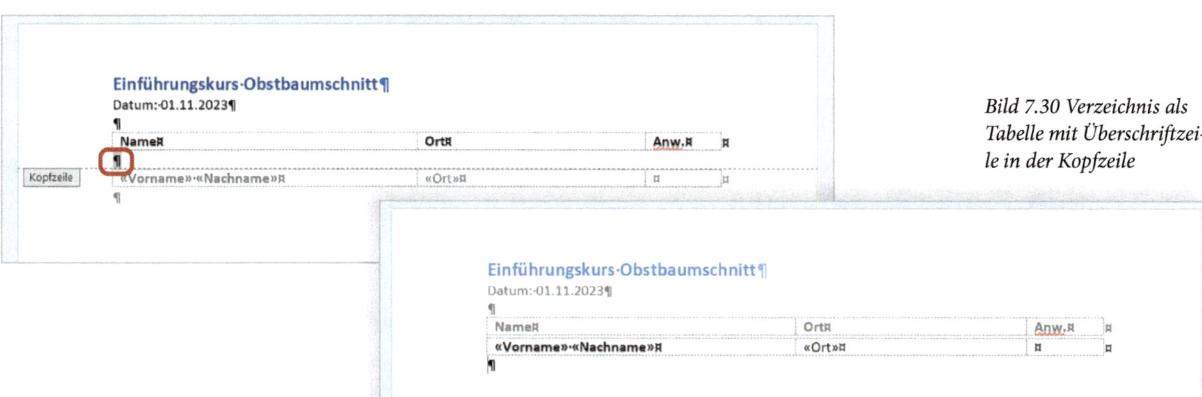

Bild 7.30 Verzeichnis als Tabelle mit Überschriftzeile in der Kopfzeile

Selbstverständlich können Sie stattdessen auch erst das Ergebnis in eine Tabelle umwandeln und dieser eine Überschriftzeile hinzufügen, siehe oben.

E-Mails versenden

Auch zum Senden von Serienbriefen per E-Mail bzw. von E-Mails an einen größeren Personenkreis kann die Seriendruckfunktion von Word genutzt werden, vorausgesetzt Outlook ist auf dem Gerät installiert. Die Vorteile: Neben der Möglichkeit einer personalisierten Anrede sparen Sie sich das Eintippen der E-Mail Adressen von Hand in das Feld *An* bzw. *Bcc* und da jede E-Mail einzeln gesendet wird, sind die übrigen E-Mail Adressen für den jeweiligen Empfänger nicht sichtbar.

Bevor Sie allerdings massenhaft E-Mails, z. B. an Ihre Kunden versenden, sollten Sie unbedingt folgende Punkte beachten: Der Versand von E-Mails, z. B. in Form eines Newsletters ist rechtlich nur erlaubt, wenn der Empfänger dem explizit zugestimmt hat. Außerdem beschränken die meisten E-Mail Provider die Anzahl der E-Mails pro Zeiteinheit, z. B. 100 pro Tag. Erkundigen Sie sich also zuvor bei Ihrem E-Mail Provider.

1 Der Ablauf unterscheidet sich wenig von Serienbriefen. Beginnen Sie mit einem neuen Dokument oder einer entsprechenden Vorlage, klicken Sie im Menüband, Register *Sendungen* auf *Seriendruck starten* und wählen Sie *E-Mail-Nachrichten*.

2 Verbinden Sie dann über *Empfänger auswählen* das Hauptdokument mit der Datenquelle. Es versteht sich von selbst, dass in der Datenquelle die entsprechenden E-Mail-Adressen hinterlegt sein müssen.

3 Fügen Sie eine Grußzeile bzw. eine persönliche Anrede ein und geben Sie den Nachrichtentext ein. Beachten Sie außerdem, dass eine in Outlook hinterlegte Signatur mit Grußformel, Name, Firmenanschrift usw. nicht in eine Seriendruck-E-Mail übernommen wird. Diese Informationen müssen Sie also ebenfalls in Word eintragen.

Bild 7.31 Seriendruck E-Mail vorbereiten

4 Klicken Sie abschließend auf *Fertig stellen und zusammenführen* und wählen Sie *E-Mail-Nachrichten senden*.

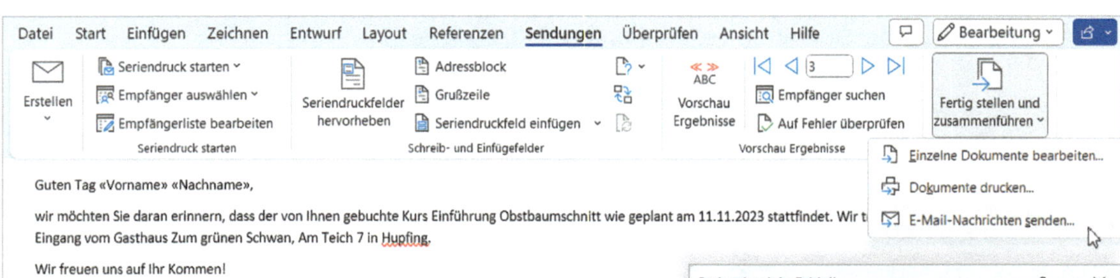

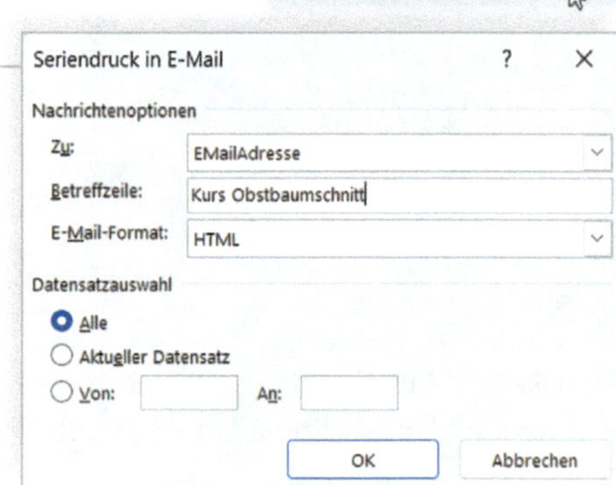

5 Im nächsten Fenster tragen Sie folgende Informationen ein:

- Im Feld *Zu* wählen Sie aus, welches Feld der Datenquelle die E-Mail Adresse enthält (in unserem Beispiel ist dies die Spaltenüberschrift *EMailAdresse*).

- Geben Sie im Feld *Betreffzeile* einen Betreff für die E-Mail ein.
- Im Feld *E-Mail-Format* haben Sie die Wahl zwischen *HTML*, das auch Formatierungen und Bilder im Text unterstützt. *Nur Text* dagegen sendet die Nachricht ohne Formatierungen und ohne Bilder. Außerdem können unter Umständen im Nachrichtentext Umlaute nicht korrekt dargestellt werden.

6 Nachdem Sie auf *OK* geklickt haben, wird für jeden Datensatz eine E-Mail-Nachricht erzeugt und automatisch mit Outlook versendet.

Etiketten drucken

Auf ähnliche Weise erstellen und drucken Sie auch Etiketten, z. B. in Form von Adressaufklebern. Beginnen Sie mit einem neuen, leeren Dokument, klicken Sie im Menüband, Register *Sendungen* auf *Seriendruck starten* und wählen Sie *Etiketten*.

Achtung: Verwechseln Sie dies nicht mit der Schaltfläche *Etiketten*, ebenfalls im Register *Sendungen*. Hier erstellen Sie ein einzelnes Etikett für eine einzige Adresse.

Bild 7.32 Seriendruck starten - Etiketten...

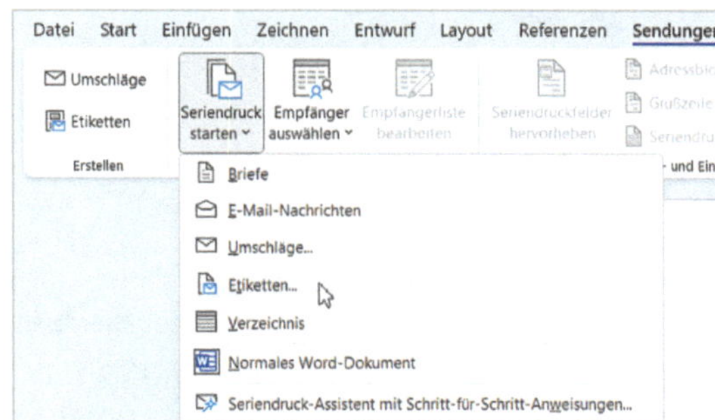

Etikettengröße festlegen

Im nächsten Schritt öffnet sich das Fenster *Etiketten einrichten* zur Angabe des Etikettenformats. Beginnen Sie zunächst mit der Auswahl des Etikettenherstellers, z. B. HERMA ❶. Im Feld unterhalb erscheinen nun alle gängigen Etiketten- bzw. Bestellnummern ❷ dieses Herstellers und rechts davon sehen Sie die Abmessungen des markierten Etiketts. Im Normalfall dürften die Etiketten auf einer A4-Seite angeordnet sein, falls Sie stattdessen Endlosetiketten verwenden wollen oder sich die Etiketten in einem anderen Papierschacht befinden, so geben Sie dies unter *Druckerinformationen* ❸ an. Haben Sie Ihr Etikett gefunden, so markieren Sie dieses und klicken auf die Schaltfläche *OK*.

Bild 7.33 Hersteller und Bestellnummer auswählen

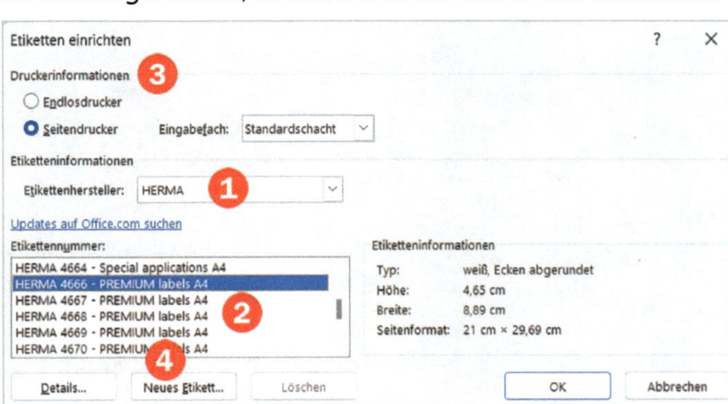

Bild 7.34 oder genaue Etikettenmaße eingeben

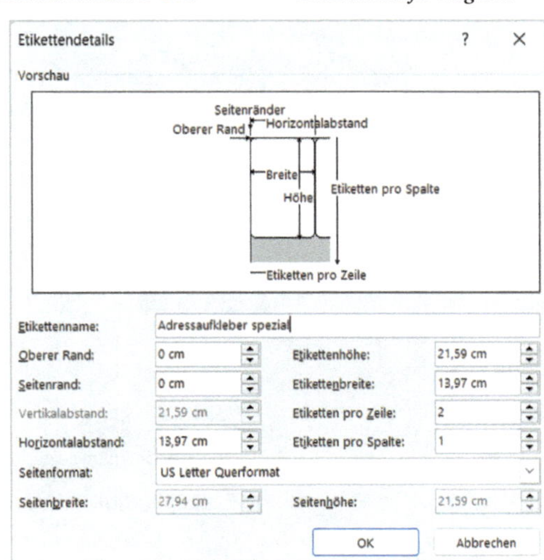

Tipp: Noch mehr Informationen zum markierten Etikett erhalten Sie, wenn Sie auf *Details...* klicken. Zudem können Sie hier auch einzelne Maße ändern.

Benutzerdefinierte Etiketten: Falls dagegen Hersteller und/oder Bestellnummer unbekannt sind oder nicht in der Liste aufgeführt sein sollten, so klicken Sie auf *Neues Etikett...* ❹. Definieren Sie im nachfolgenden Fenster unter Angabe der genauen Maße (Bild 7.34) Ihr eigenes Etikettenformat und speichern Sie dieses unter einem Namen. Falls Sie das Etikett zu einem späteren Zeitpunkt erneut verwenden möchten, so wählen Sie *Andere/Benutzerdefiniert* im Feld *Etikettenhersteller*.

Nachdem Sie auf *OK* geklickt haben, erstellt Word im aktuellen Dokument eine Tabelle nach den angegebenen Maßen.

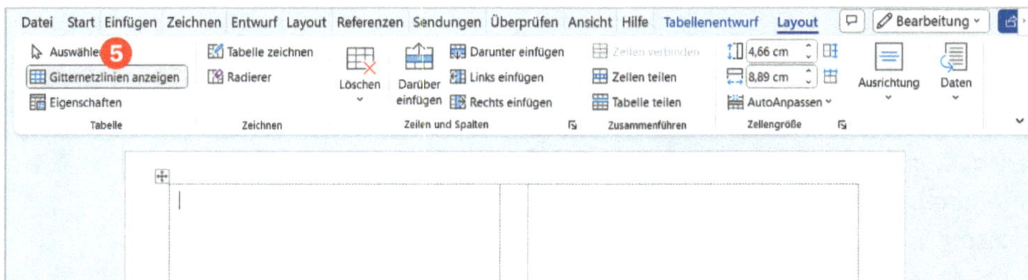

Bild 7.35 Gitternetzlinien der Tabelle anzeigen

Tipp: Zur besseren Übersicht sollten die Tabellenbegrenzungslinien eingeblendet sein. Sollte dies nicht der Fall sein, so klicken Sie in die Tabelle und im Menüband, Register *Layout* ▶ *Tabelle* auf *Gitternetzlinien anzeigen* ❺.

Seriendruckfelder anordnen, Etiketten aktualisieren

1. Verbinden Sie anschließend über die Schaltfläche *Empfänger auswählen* das Hauptdokument mit einer Datenquelle. Klicken Sie in das **erste Etikett** bzw. die erste Zelle der Tabelle und fügen Sie hier die benötigten Seriendruckfelder ein.

   Formatieren Sie die Seriendruckfelder, falls erforderlich und entfernen Sie beispielsweise unnötige Abstände vor und nach den Absätzen.

2. Nun müssen Sie nur noch die übrigen Etiketten aktualisieren. Klicken Sie dazu im Menüband, *Sendungen* auf *Etiketten aktualisieren* ❻. Damit werden die Seriendruckfelder automatisch in die weiteren Felder übertragen und Sie können nun über *Vorschau Ergebnisse* alle Adressen anzeigen und kontrollieren.

Bild 7.36 Fügen Sie die Seriendruckfelder in das erste Etikett ein und klicken Sie auf Etiketten aktualisieren

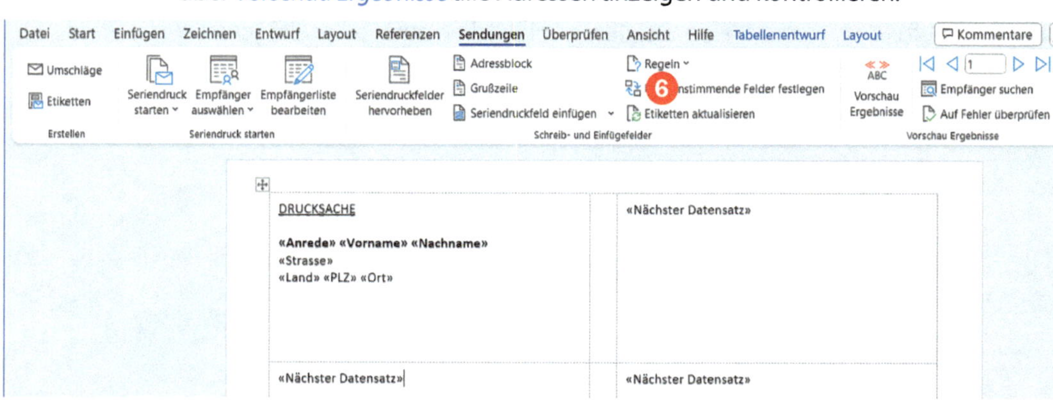

Achtung: Bearbeiten und ändern Sie grundsätzlich nur das erste Etikett!

Sollten nachträgliche Änderungen erforderlich sein, so nehmen Sie diese immer am ersten Etikett in der linken oberen Ecke vor und aktualisieren anschließend erneut alle übrigen Etiketten.

Zum Drucken verwenden Sie wieder die Schaltfläche *Fertigstellen und zusammenführen* und wählen *Dokumente drucken*.

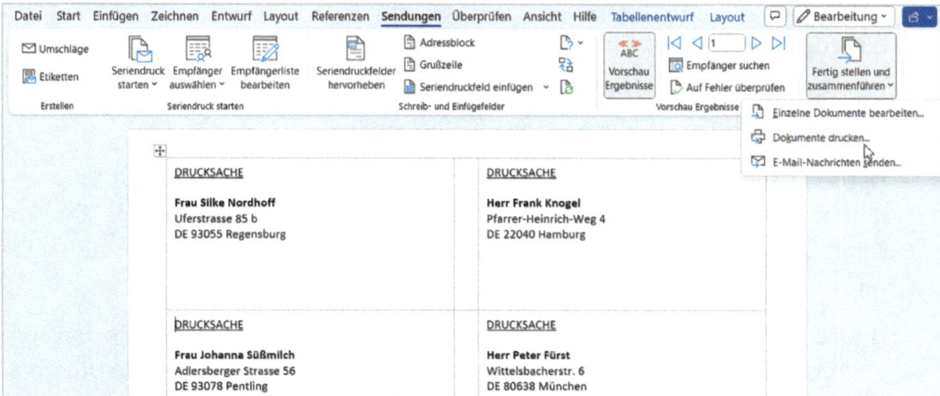

Bild 7.37 Adressetiketten drucken

Bild 7.38 Briefumschläge bedrucken

Umschläge mit Adressen versehen

Briefumschläge können ebenfalls mit der Seriendruckfunktion von Word erstellt und gedruckt werden, der Ablauf ist ähnlich wie beim Drucken von Etiketten.

1. Klicken Sie im Register *Sendungen* auf *Seriendruck starten* und wählen Sie *Umschläge…* aus. Das nachfolgende Dialogfenster *Umschlagoptionen* enthält zwei Register.
   - Im Register *Umschlagoptionen* wählen Sie die Maße des Briefkuverts und legen Position und Schrift jeweils getrennt für Empfänger- und Absenderadresse fest. Wählen Sie zunächst im Feld *Umschlagformat* das passende Format aus; das gängige Format für einen A4-Brief, zweimal gefaltet, ist *DL* ❶.
   - Im zweiten Register *Druckoptionen* geben Sie an, wie die Briefumschläge in den Drucker eingelegt werden ❷ und wählen einen eventuell abweichenden Einzugsschacht. Klicken Sie dann auf *OK*.

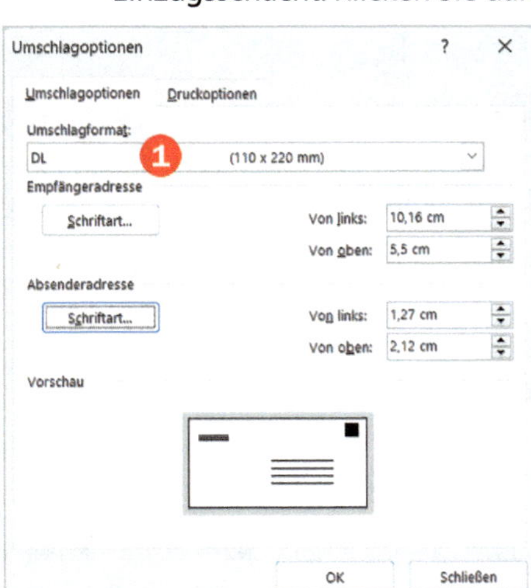

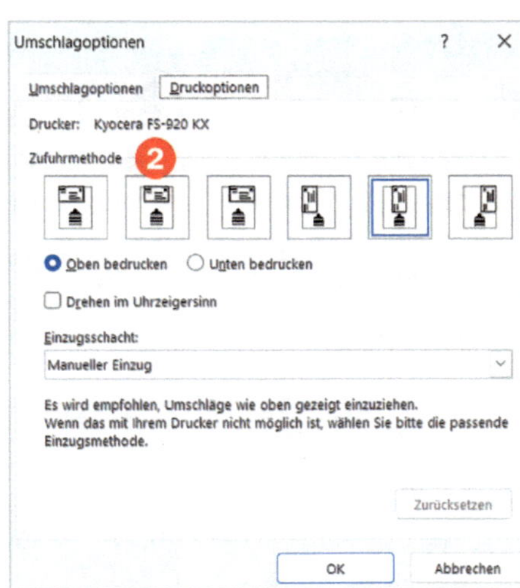

Bild 7.39 Umschlagformat, Schrift und Position von Absender- und Empfängeradresse

Bild 7.40 Zufuhrmethode

2 Die Maße des aktuellen Dokuments werden der angegebenen Umschlaggröße angepasst. Geben Sie zunächst im Feld links oben ❸ die Absenderadresse ein. Sollten Sie, wie weiter unten beschrieben, Ihre Absenderinformationen in Word hinterlegt haben, dann erscheint diese hier automatisch.

3 Klicken Sie dann wieder auf *Empfänger auswählen*, um das Hauptdokument, hier den Umschlag, mit der Datenquelle zu verbinden.

4 Das für die Empfängeradresse vorgesehene Textfeld ist nicht schattiert oder umrandet und deshalb etwas schwierig zu finden. Klicken Sie auf die ungefähre Position der Anschrift (Mitte unten) und ein Rahmen ❹ erscheint. Hier fügen Sie nun die Seriendruckfelder für die Adresse ein.

5 Über die Schaltfläche *Fertig stellen und zusammenführen* übergeben Sie den Seriendruck entweder sofort an den Drucker oder geben zur Kontrolle die Umschläge in ein neues Dokument aus.

Bild 7.41 Seriendruck: Umschläge

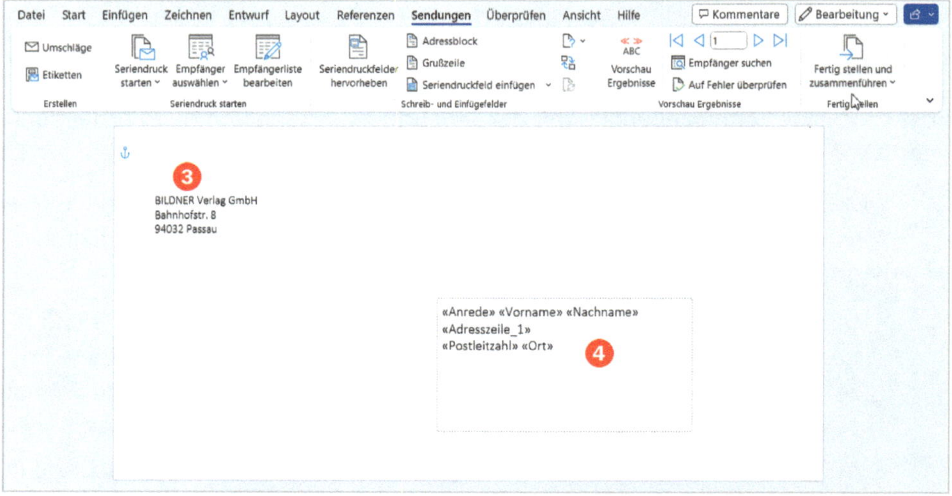

Etikett oder Umschlag mit einer einzelnen Adresse drucken

Im Register *Sendungen* des Menübands finden Sie ganz links in der Gruppe *Erstellen* auch noch die beiden Symbole *Umschläge* und *Etiketten*. Diese haben nichts mit dem Seriendruck zu tun, sondern bedrucken beides jeweils nur mit einer einzigen Adresse.

Bild 7.42 Etikett oder Umschlag mit einer Adresse bedrucken

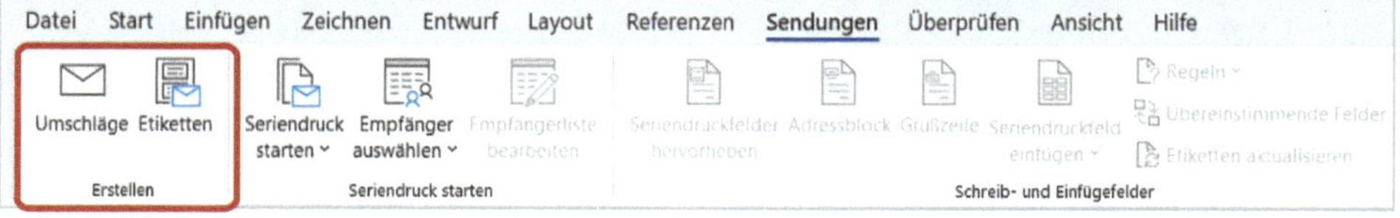

Etikett drucken

1 Nachdem Sie in der Gruppe *Erstellen* auf *Etiketten* geklickt haben, öffnet sich das Fenster *Umschläge und Etiketten* mit dem Register *Etiketten*. Geben Sie die Emp-

fängeradresse ein ❶. Das zuletzt gewählte Etikettenformat wird hier automatisch vorgeschlagen, über die Schaltfläche *Optionen...* ❷ können Sie aber stattdessen auch ein anderes Format wählen (s. Seite 291).

2 Unter *Drucken* ❸ entscheiden Sie, ob Sie *Eine Seite desselben Etiketts* bzw. mit derselben Adresse drucken oder die Adresse nur auf einem bestimmten Etikett des Etikettenbogens ausgeben möchten. In diesem Fall wählen Sie *Ein Etikett* und geben Zeile und Spalte an.

3 Klicken Sie abschließend entweder auf *Neues Dokument*, um das Dokument mit den Etiketten auf dem Bildschirm anzuzeigen und im Bedarfsfall zu bearbeiten. Mit der Auswahl *Drucken* dagegen wird das Etikett oder die Etikettenseite sofort an den Drucker gesendet.

Tipps und Hinweise

- Sie können in Word Ihre Postanschrift bzw. Absenderadresse dauerhaft hinterlegen und dann automatisch mit dem Kontrollkästchen *Absenderadresse verwenden* ❹ hinzufügen. Klicken Sie dazu im Register *Datei* auf *Optionen*, wählen Sie *Erweitert* und tragen Sie im Feld *Postanschrift* Ihre Adresse ein.
- Falls Sie die benötigte Empfängeradresse in den Outlook-Kontakten gespeichert haben, können Sie diese hier ❺ auswählen und einfügen lassen.

Bild 7.43 Etikett mit einer Adresse drucken

Bild 7.44 Einzelnen Umschlag drucken

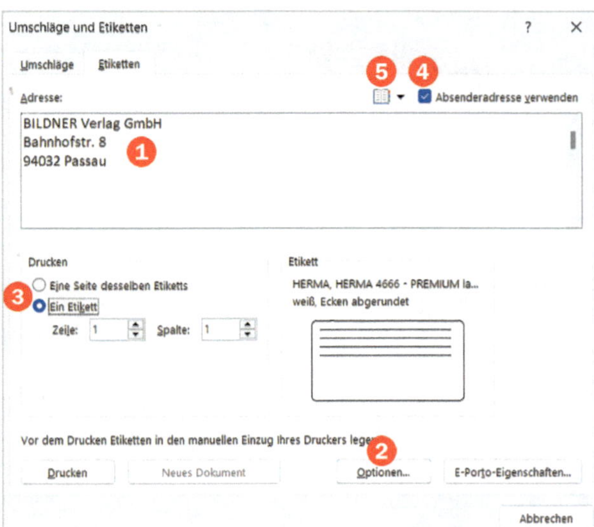

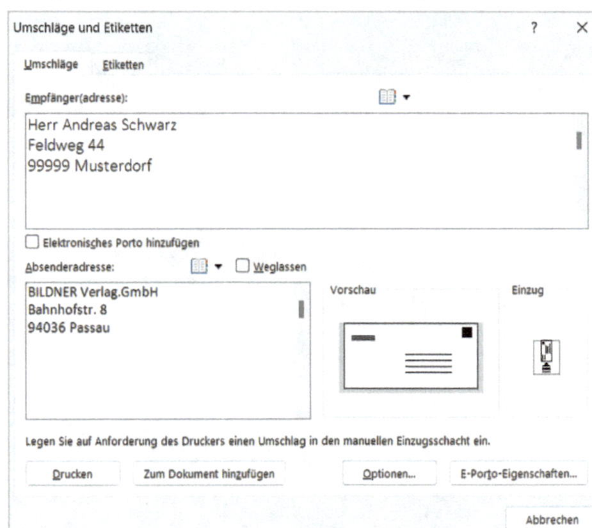

Einzelnen Umschlag beschriften

Genauso gehen Sie auch beim Beschriften eines einzelnen Briefumschlags vor. Klicken Sie in der Gruppe *Erstellen* auf *Umschläge*, tippen Sie Empfänger- und Absenderadresse ein (s. Bild 7.44 oben) oder wählen Sie einen Outlook-Kontakt aus. Über die Schaltfläche *Optionen...* wählen Sie das Umschlagformat und legen mit Klick auf *Einzug* fest, wie der Umschlag in den Drucker eingelegt wird.

7.5 Mögliche Probleme erkennen und beheben

Adressblock und Grußzeile: Nicht übereinstimmende Feldnamen zuordnen

Die Verwendung von *Adressblock* zum Einfügen der Empfängeradresse und *Grußzeile* für eine individuelle Briefanrede sind zwar praktisch, funktionieren aber nicht immer problemlos. So fehlen beispielsweise häufig Straße und Hausnummer im Adressblock.

Die Ursache liegt darin, dass sich der Adressblock aus bestimmten Feldern, genauer gesagt Feldnamen, zusammensetzt und zwar sind dies die Felder, die über *Empfänger auswählen* und *Neue Liste eingeben…* zur Adresseneingabe angeboten werden. Sofern Sie diese Möglichkeit nutzen und die vorhandenen Felder nicht umbenannt haben, dürften auch *Adressblock* und *Grußzeile* keine Probleme bereiten. Hier die Felder, aus denen der Adressblock besteht:

Anrede | Vorname | Nachname | Suffix | Firma | Adresse 1 | Adresse 2 | Ort | PLZ | Land oder Region

Anders sieht es dagegen mit Adressen aus anderen Datenquellen, z. B. Excel-Tabelle, wie im Bild unten oder Textdateien im CSV-Dateiformat aus. Hier werden häufig andere Feldnamen verwendet und bei Abweichungen, z. B. *Straße* statt *Adresse 1* können die Inhalte nicht zugeordnet werden. Die Folge sind fehlende Adressangaben ❶, wie z. B. die Straße im Bild unten.

Bild 7.45 Excel-Tabelle als Datenquelle

Bild 7.46 Adressblock mit fehlenden Angaben

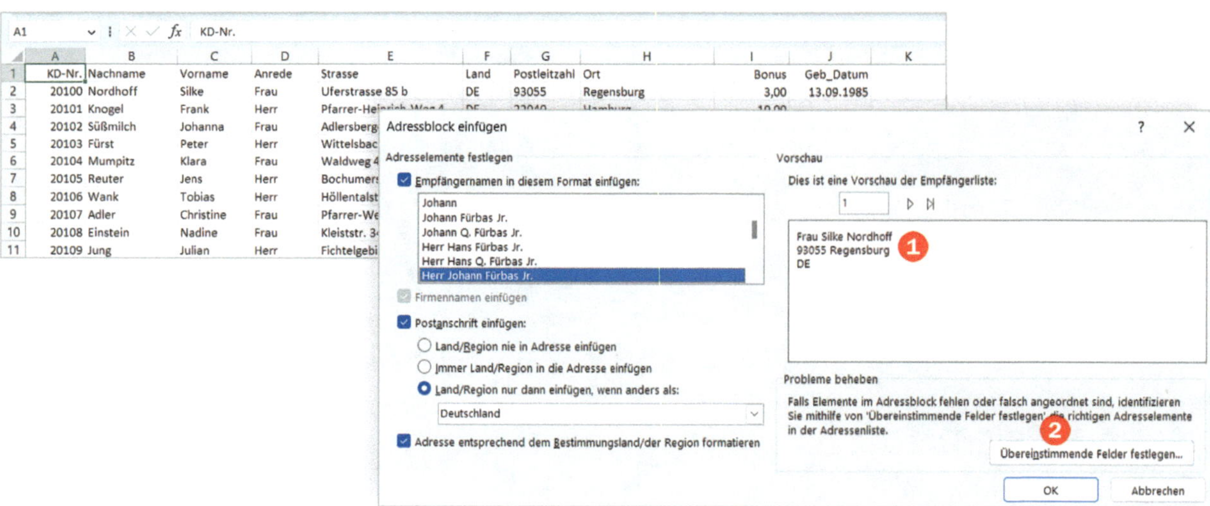

Abhilfe: Felder zuordnen

Zur Abhilfe müssen Sie die nicht übereinstimmenden Fehler Ihrer Datenquelle den Feldern des Adressblocks zuordnen:

- Klicken Sie auf die Schaltfläche *Übereinstimmende Felder festlegen…* ❷ und wählen Sie im nachfolgenden Fenster für jedes nicht zugeordnete Feld *(Nicht übereinstimmend)* das passende Feld Ihrer Datenquelle aus, hier *Strasse* beim Feld *Adresse 1* ❸.

- Genauso verfahren Sie auch mit den übrigen nicht übereinstimmenden Feldern des Adressblocks. Nicht in der Datenquelle vorhandene Felder, z. B. *Suffix* können übergangen werden.
- Klicken Sie zuletzt auf *OK*, um die Zuordnung zu übernehmen, der Adressblock müsste jetzt in der Vorschau vollständig sein.

Bei Problemen mit der Grußzeile gehen Sie analog vor. Auch hier können über die Schaltfläche *Übereinstimmende Felder festlegen* Feldnamen zugeordnet werden.

Hinweis: Die Zuordnung übereinstimmender Felder muss bei jeder späteren Verwendung dieser Datenquelle erneut vorgenommen werden. In solchen Fällen kann es sinnvoll sein, durch Aktivieren des Kontrollkästchens *Gefundene Übereinstimmungen für diesen Datenquellsatz auf diesem Computer speichern* die Zuordnung zu speichern. Damit würde z. B. das Feld *Strasse* automatisch dem Feld *Adresse 1* zugeordnet.

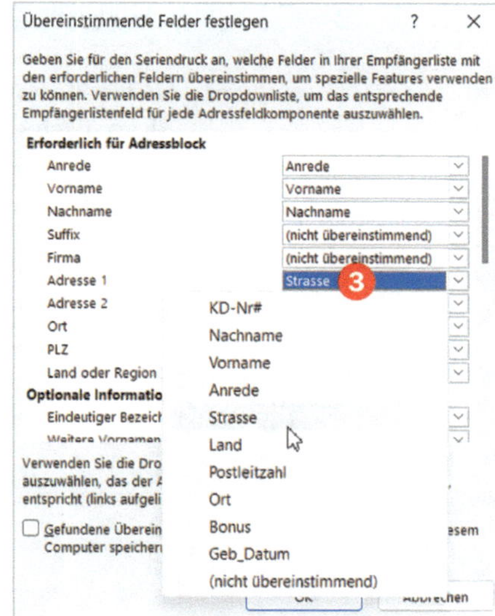

Bild 7.47 Nicht übereinstimmende Felder zuordnen

Tipp: Felder zuordnen ist nicht nur aus dem Adressblock heraus, sondern auch über das Symbol *Übereinstimmende Felder festlegen* im Menüband, *Sendungen* ▶ *Schreib- und Einfügefelder* möglich.

Adressblock für Adressen im Ausland fit machen

Enthält die Datenquelle Adressen aus verschiedenen Ländern, dann müssen Sie auch dafür sorgen, dass das Land in der Empfängeradresse erscheint. Dazu ist natürlich in der Datenquelle ein entsprechendes Feld mit dem Ländernamen erforderlich, das Sie unter Umständen ebenfalls erst zuordnen müssen, siehe oben.

Achten Sie beim Einfügen des Adressblocks darauf, dass das Kontrollkästchen *Postanschrift einfügen* ❶ aktiviert ist und wählen Sie unterhalb die gewünschte Option. Da für Sendungen im Inland das Land nicht benötigt wird, dürfte dies in der Regel *Land/Region nur dann einfügen, wenn anders als* sein, das Land, hier Deutschland wählen Sie im Feld unterhalb aus.

Das aktivierte Kontrollkästchen *Adresse entsprechend dem Bestimmungsland/der Region formatieren* ❷ sorgt außerdem für eine entsprechende Aufteilung der Anschrift, die Sie in der Vorschau ❸ kontrollieren können.

Bild 7.48 Adressblock mit Länderangabe

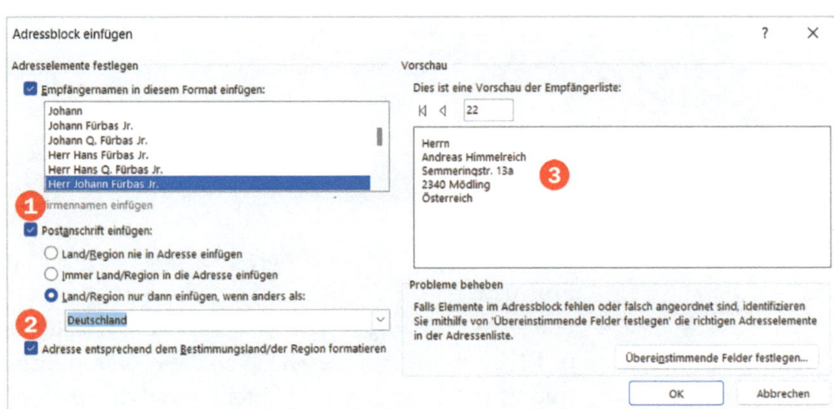

Adressblock oder einzelne Seriendruckfelder verwenden?

Der Adressblock punktet bei der korrekten Anzeige von Adressen im Ausland, da dies automatisch erfolgt, s. oben. Auch im Umgang mit fehlenden Informationen und der Vermeidung störender Lücken im Adressfeld bietet der Adressblock einige Vorteile. Setzen Sie dagegen die Adresse aus einzelnen Seriendruckfeldern zusammen, so müssen Sie meist zusätzlich Bedingungen einsetzen, um dieselben Ergebnisse zu erhalten.

Hier eine kleine Gegenüberstellung:

	Adressblock	**Seriendruckfelder**
Für dieses Beispiel wurde auf die Verwendung von Titeln verzichtet. Diesem Problem stellen wir uns später.	Office Komplett – Grubenweg 2 – 89077 Ulm «Adresse»	Office Komplett – Grubenweg 2 – 89077 Ulm «Firma» «Anrede» «Vorname» «Nachname» «Adresse_1» «PLZ» «Ort»
Kein Unterschied bei vollständigen Informationen.	Office Komplett – Grubenweg 2 – 89077 Ulm Adlerwerke AG Frau Christine Adler Pfarrer-Wenz-Str. 88 d 96317 Kronach	Office Komplett – Grubenweg 2 – 89077 Ulm Adlerwerke AG Frau Christine Adler Pfarrer-Wenz-Str. 88 d 96317 Kronach
Ein fehlender Vorname erzeugt bei Verwendung von einzelnen Seriendruckfeldern zwei aufeinanderfolgende Leerzeichen.	Office·Komplett·–·Grubenweg·2·–·89077·Ulm¶ ¶ Drögel·Verlag·GmbH¶ Frau·Drögel-Steininger¶ Waldweg·4¶ 4777·Neuendorf¤ ¶	Office·Komplett·–·Grubenweg·2·–·89077·Ulm¶ ¶ Drögel·Verlag·GmbH¶ Frau··Drögel-Steininger¶ Waldweg·4¶ 4777·Neuendorf¤
Ein fehlender Ansprechpartner erzeugt im Adressblock eine leere Zeile.	Office Komplett – Grubenweg 2 – 89077 Ulm Fürst Moden Wittelsbacherstr. 6 80638 München	Office Komplett – Grubenweg 2 – 89077 Ulm Fürst Moden Wittelsbacherstr. 6 80638 München
Fehlt die erste Information, in diesem Beispiel die Firma, wird bei beiden keine Leerzeile erzeugt.	Office Komplett – Grubenweg 2 – 89077 Ulm Frau Silke Nordhoff Uferstrasse 85 b 93055 Regensburg	Office Komplett – Grubenweg 2 – 89077 Ulm Frau Silke Nordhoff Uferstrasse 85 b 93055 Regensburg
Der Adressblock stellt ausländische Adressen korrekt dar, sofern das beim Einfügen des Adressblocks berücksichtigt wurde.	Office Komplett – Grubenweg 2 – 89077 Ulm Herr Philip Gerber Himbeerweg 4005 Linz Österreich	Office Komplett – Grubenweg 2 – 89077 Ulm Herr Philip Gerber Himbeerweg 4005 Linz

Der größte Nachteil des Adressblocks ist, dass er kein Standardfeld für Titel, wie z. B. Dr., Prof. usw. berücksichtigt. Es gibt zwar verschiedene Ansätze, den Titel dennoch im Adressblock unterzubringen, manche erfordern auch eine Überarbeitung der Datenquelle. Ich bevorzuge in diesen Fällen die Zusammenstellung von Adresse und Briefanrede mittels einzelner Seriendruckfelder und den Einsatz von Bedingungen. Näheres hierzu im nächsten Punkt.

Auch die Absatzformatierung des Adressfelds bewirkt Unterschiede. Setzt sich die Adresse aus einzelnen Seriendruckfeldern zusammen, so werden Leerzeilen bei fehlenden Informationen nur dann unterdrückt, wenn die Absätze der Adresse keinerlei Abstände *Vor* oder *Nach* aufweisen.

Mit Bedingungen mehr Individualität und weniger Fehler

Mithilfe von Regeln bzw. Bedingungen ist es in Serienbriefen möglich, Formulierungen abhängig vom Inhalt eines Seriendruckfeldes einzufügen. Dies erlaubt z. B. eine Grußzeile mit einer individuellen Briefanrede wie „Sehr geehrte Frau..." oder „Sehr geehrter Herr..." oder hilft beim Vermeiden überflüssiger Leerzeichen und vieles mehr.

Eine neutrale Grußzeile verwenden

Wenn Sie in Serienbriefen eine neutrale Formulierung bevorzugen, die das Geschlecht divers mit einschließt, dann lassen Sie einfach die Anrede in der Empfängeranschrift weg und schreiben nur Vorname und Nachname. Auch das Problem der Briefanrede lässt sich lösen, indem Sie z. B. schreiben: Guten Tag, Alex Muster, ... Möglich sind stattdessen natürlich auch Gendersternchen oder Unterstrich, wie z. B.:

> Sehr geehrte*r Alex Muster, ...
> Liebe_r Alex Muster, ...

Falls allerdings in Ihrer Datenquelle eine eindeutige Zuordnung vorhanden ist, können Sie selbstverständlich auch eine individuelle Briefanrede formulieren.

Eine einfache Bedingung einfügen

Hier ein Beispiel, wie Sie die Anrede *Guten Tag liebe Frau Müller* bzw. *Guten Tag lieber Herr Muster* selbst erstellen. Das Problem besteht in der Angleichung des Adjektivs *liebe* bzw. *lieber*. Es werden also für eine Frau bzw. einen Herrn unterschiedliche Grußzeilen benötigt.

	A	B	C	D	E	F	G	H	I
1	KD-Nr.	Nachname	Vorname	Anrede	Strasse	Land	PLZ	Ort	
2	20107	Adler	Christine	Frau	Pfarrer-Wenz-Str. 88	Deutschland	96317	Kronach	
3	20106	Wank	Tobias	Herrn	Höllentalstrasse 12	Deutschland	82467	Garmisch-Partenkirchen	
4	20113	Weidenkraut	Sabine	Frau	Kirchenplatz 1	Deutschland	82024	Taufkirchen	
5	20104	Drögel-Steininger	Klara	Frau	Waldweg 4	Deutschland	04777	Neuendorf	
6	20117	Hintermoser	Xaver	Herrn	Schrebergarten 66	Deutschland	95032	Hof	
7	20115	Brösel	Sandra	Frau	Feldweg 1	Deutschland	04259	Leipzig	
8	20101	Knogel	Frank	Herrn	Pfarrer-Heinrich-Weg 4	Deutschland	22040	Hamburg	

Bild 7.49 Datenquelle

In diesem Beispiel enthält die Datenquelle ein Feld *Anrede* mit der Information Frau bzw. Herr oder Herrn. Datenquelle und Briefdokument wurden bereits verbunden.

1. Setzen Sie den Cursor an die Stelle Ihres Serienbriefs, an der Sie die Grußzeile einfügen möchten und geben Sie über die Tastatur den ersten Teil der Anrede, *Guten Tag*, gefolgt von einem Leerzeichen ein.
2. Klicken Sie im Menüband, Register *Sendungen* auf *Regeln* und wählen Sie *Wenn... Dann... Sonst...*, um das Fenster *Bedingungsfeld einfügen* zu öffnen.

Bild 7.50 Regeln: Wenn… Dann… Sonst… einfügen

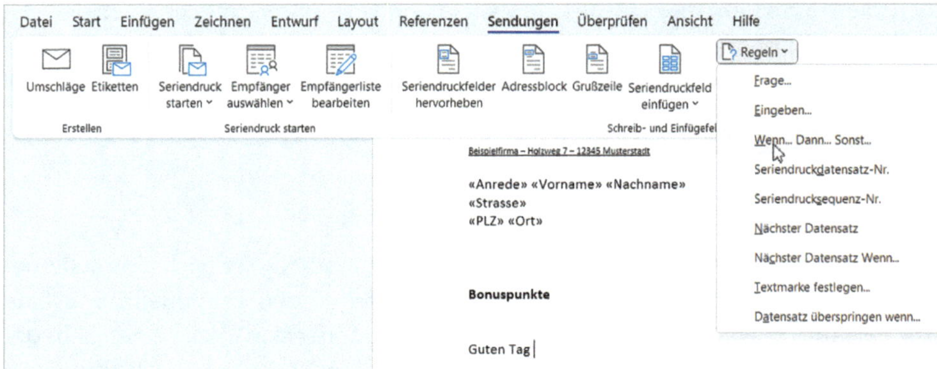

3 Im nachfolgenden Fenster *Bedingungsfeld einfügen* definieren Sie dann die zu überprüfende Bedingung und geben an, welcher Text bei zutreffender und nicht zutreffender Bedingung verwendet werden soll.

Bild 7.51 Bedingungsfeld einfügen, um eine Angleichung des Adjektivs an das Geschlecht zu vereinbaren.

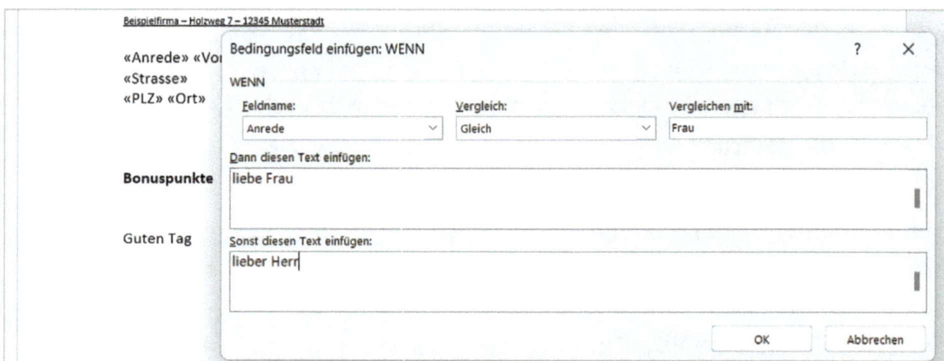

Tipp: Statt *Frau* könnten Sie als Vergleichswert natürlich auch *Herr* eingeben. Allerdings ist dies nicht zu empfehlen, da die Datenquelle als Anrede *Herr* und *Herrn* enthalten kann.

Feldname	Wählen Sie unter Feldname dasjenige Feld aus, dessen Inhalt überprüft werden soll. In diesem Beispiel befindet sich die Information *Frau* / *Herr* im Feld *Anrede*, also muss dieses Feld ausgewählt werden.
Vergleich	Hier stehen verschiedene Vergleichsoperatoren zur Auswahl, um den Inhalt der zuvor ausgewählten Spalte der Datenquelle mit dem nachfolgenden Eintrag im Feld *Vergleichen mit* zu vergleichen. Für dieses Beispiel wählen wir *Gleich*, d.h. der Inhalt muss mit dem vorgegebenen Text übereinstimmen.
Vergleichen mit	Hier geben Sie das Vergleichskriterium über die Tastatur ein, für dieses Beispiel *Frau*. Die zu prüfende Bedingung lautet somit: „Wenn der Inhalt des Feldes *Anrede gleich Frau*".
Dann diesen Text einfügen	Geben Sie den Text ein, der an dieser Stelle im Serienbrief eingefügt werden soll, wenn die Bedingung erfüllt ist. In diesem Fall *liebe Frau* gefolgt von einem Leerzeichen.
Sonst diesen Text einfügen	Geben Sie an, welcher Text eingefügt werden soll, wenn die Bedingung nicht zutrifft, hier *lieber Herr* gefolgt von einem Leerzeichen.

Das Leerzeichen dient dazu, einen Abstand zum Nachnamen zu generieren. Sie könnten das Leerzeichen aber auch zwischen Bedingungsfeld und Seriendruckfeld im Brief einfügen.

4 Klicken Sie dann auf *OK* und fügen Sie nach dem Bedingungsfeld das Seriendruckfeld Nachname gefolgt von einem Komma ein. Ob zwischen Bedingung und Nachname noch ein Leerzeichen erforderlich ist, hängt vom Text ab, den Sie im Bedingungsfeld formuliert haben.

5 Damit ist Ihre erste selbst gestaltete Briefanrede fertig und das Ergebnis könnte aussehen wie im Bild unten. Beachten Sie, dass der Inhalt des Bedingungsfeldes bei nicht aktivierter Vorschau abhängig ist vom aktuellen Datensatz.

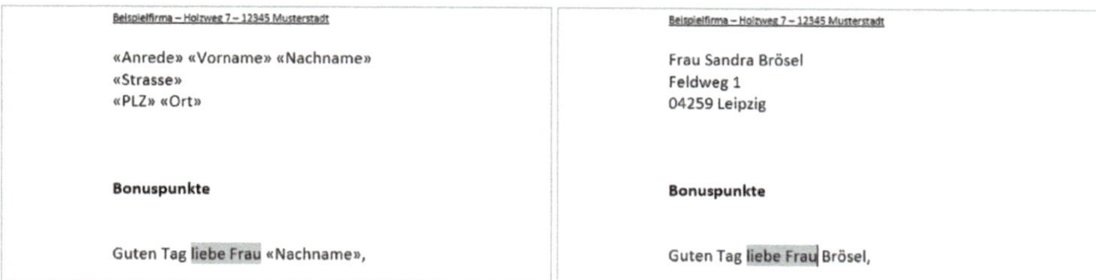

Bild 7.52 Links die Seriendruckfelder, Rechts das Ergebnis

Tipp: Leerzeichen kontrollieren

Wenn Sie Seriendruck- und Bedingungsfelder kontrollieren, sollten Sie die nicht druckbaren Zeichen und damit Leerzeichen und Absatzende über das Menüband, Register *Start* ▶ *Absatz* und das Symbol ¶ einblenden. Wechseln Sie dann zwischen den Datensätzen und überprüfen Sie, ob diese korrekt angezeigt werden oder überzählige Leerzeichen vorhanden sind.

Eine dritte Anredeform mit einer verschachtelten Bedingung einfügen

Ein Bedingungsfeld nach dem oben beschriebenen Muster eignet sich, wenn die Anrede nur zwei Möglichkeiten zulässt. In der Praxis aber fehlen bei Schreiben an Firmen hin und wieder Ansprechpartner, wie im Bild unten. Dann wird als dritte Anredeoption „Sehr geehrte Damen und Herren" benötigt.

	A	B	C	D	E	F	G	H	I
1	Nummer	Firma	Vorname	Nachname	Anrede	Ort	PLZ	Land	Strasse
2	101	Adabei GmbH	Franz	Wiesinger	Herr	Regensburg	93055	Deutschland	Feldweg 4
3	106	Adlerwerke	Christine	Adler	Frau	Kronach	96317	Deutschland	Wennzenbach 3
4	107	Baumschule Eichendorf	Tobias	Baumhotltz	Herr	Garmisch-Partenkirchen	82467	Deutschland	Höllentalstr. 12
5	104	Brettschneider KG				Osterhofen	94486	Deutschland	Siemensstr. 89
6	108	Fürrst Moden				München	80638	Deutschland	Wittelbacherstr. 16
7	105	KARG AG	Sandra	Brösel	Frau	Garching	85748	Deutschland	Brückenstr. 11

Bild 7.53 Datenquelle, in einigen Datensätzen fehlt der Ansprechpartner

1 Auch in diesem Fall beginnen Sie mit einem einfachen Bedingungsfeld: Setzen Sie den Cursor an die Stelle, an der Sie die Briefanrede beginnen möchten und fügen Sie, wie ab Seite 299 beschrieben, ein Bedingungsfeld ein.

2 Die erste Bedingung lautet wieder: Wenn das Feld *Anrede gleich Frau*. Allerdings fügen Sie jetzt im Bereich *Dann* den gesamten ersten Teil der Anrede *Guten Tag liebe Frau* und unbedingt **danach ein Leerzeichen** ein. **Achtung**: *Guten Tag* kann jetzt nicht mehr direkt in den Brief geschrieben werden, sondern muss Teil der individuellen Anrede sein, da es sonst bei manchen Datensätzen zu folgendem Ergebnis käme: *Guten Tag Sehr geehrte Damen und Herren*.

3 Im Feld *Sonst* kann vorerst noch keine Angabe gemacht werden. Dieses Feld wird erst im nächsten Schritt bearbeitet. **Tipp**: Um den Bereich *Sonst* später besser lokalisieren zu können, tragen Sie hier entweder das Wort „Platzhalter" oder ein Platzhalterzeichen, z. B. * ein. Schließen Sie dann das Fenster mit *OK*.

Bild 7.54 Erste Bedingung mit Platzhalter festlegen

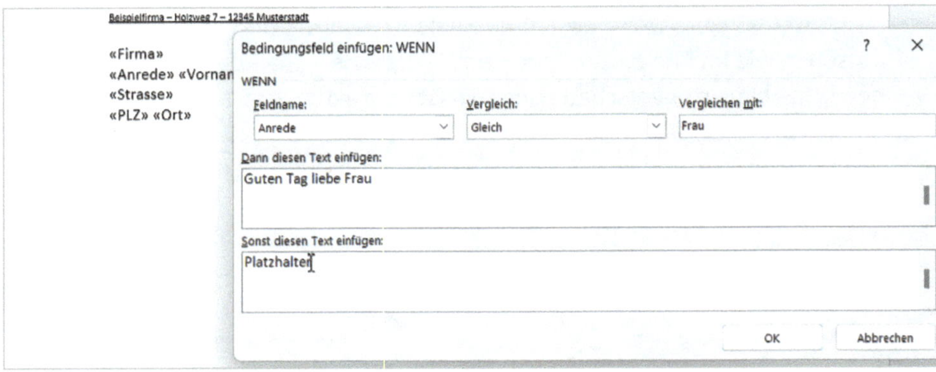

Feldfunktionen, siehe Kap. 5 dieses Buches. Auf demselben Weg blenden Sie später die Feldfunktionen auch wieder aus.

4 Im Word-Dokument erscheint nun als Briefanrede, je nach aktivem Datensatz im Hintergrund, entweder *Guten Tag liebe Frau* oder *Platzhalter* bzw. *. Da nun die Eingabe der zweiten Bedingung direkt in die Feldfunktion erfolgt, müssen Sie diese mit den Tasten **Alt**+**F9** anzeigen lassen. Damit sollte im Brief die unten abgebildete Feldfunktion erscheinen.

```
{ IF { MERGEFIELD Anrede } = "Frau" "Guten Tag liebe Frau" "Platzhalter" }
```

5 Markieren Sie das Wort *Platzhalter*, am einfachsten mit Doppelklick und löschen Sie es. Die dazugehörigen Anführungszeichen dürfen dagegen nicht gelöscht werden.

```
{ IF { MERGEFIELD Anrede } = "Frau" "Guten Tag liebe Frau" "" }
```

6 Fügen Sie dann zwischen den verbliebenen Anführungszeichen über das Symbol *Regeln* (Register *Sendungen)* und die Auswahl *Wenn... Dann... Sonst...* das zweite Bedingungsfeld mit dem unten abgebildeten Inhalt ein:

Bild 7.55 Zweite Bedingung einfügen

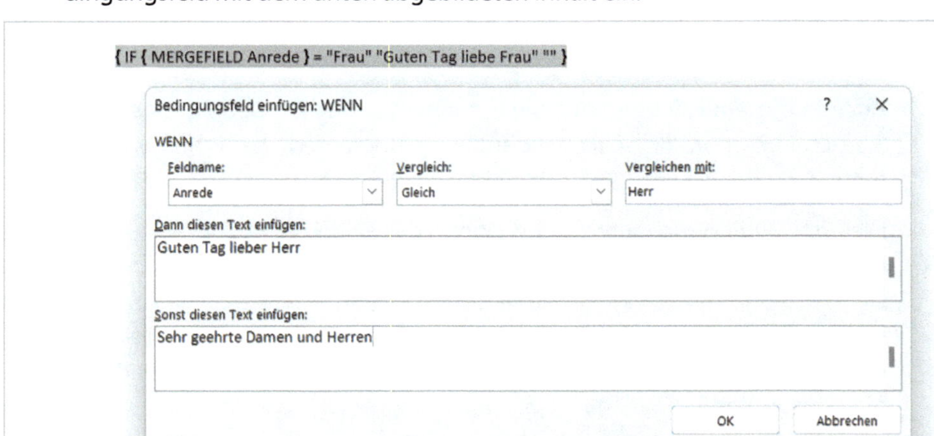

Der erste Teil lautet damit: Wenn das Feld *Anrede gleich Herr*. Im Bereich *Dann* geben Sie wieder den gesamten ersten Teil der Anrede *Guten Tag lieber Herr* und **danach ein Leerzeichen** ein. Im Bereich *Sonst* tragen Sie *Sehr geehrte Damen und Herren* ein. Verzichten Sie hier auf Leerzeichen oder Komma am Ende, da alle drei Optionen mit einem Komma abschließen und dieses daher im Brief selbst eingegeben werden muss. Das Ergebnis als Feldfunktion:

```
{ IF { MERGEFIELD Anrede } = "Frau" "Guten Tag liebe Frau " "{ IF { MERGEFIELD Anrede } = "Herr"
"Guten Tag lieber Herr " "Sehr geehrte Damen und Herren" }" }{ MERGEFIELD Nachname },
```

7 Jetzt fehlen nur noch Nachname und Komma. Blenden Sie dazu mit **Alt+F9** die Feldfunktionen wieder aus und fügen Sie am Ende der Anrede ohne Eingabe eines Leerzeichens das Seriendruckfeld Nachname, gefolgt von einem Komma ein. Testen Sie das Ergebnis in der Vorschau.

Beispielfirma – Holzweg 7 – 12345 Musterstadt

Baumschule Eichendorf
Herr Tobias Baumholtz
Höllentalstr. 12
82467 Garmisch-Partenkirchen

Guten Tag lieber Herr Baumholtz,

Beispielfirma – Holzweg 7 – 12345 Musterstadt

Brettschneider KG
Siemensstr. 89
94486 Osterhofen

Sehr geehrte Damen und Herren,

Bild 7.56 Das Ergebnis in der Vorschau

Bedingungen korrigieren oder löschen

Um ein Bedingungsfeld nachträglich zu korrigieren, benötigen Sie ebenfalls die Feldfunktion bzw. die Tastenkombination **Alt+F9**, da das Symbol *Regeln* und der Befehl *Wenn... Dann... Sonst...* nur ein weiteres Bedingungsfeld einfügt, nicht aber den Inhalt eines vorhandenen Bedingungsfeldes zur Bearbeitung anzeigt.

Haben Sie nur eine Kleinigkeit vergessen, z. B. ein Komma oder ein Leerzeichen, dann ist es wesentlich einfacher, mit **Alt+F9** die Feldfunktion anzuzeigen und dort die Berichtigungen vorzunehmen, als die Bedingung komplett neu einzugeben. Außerdem kann hier auch jederzeit eine Bedingung wieder gelöscht werden. Beachten Sie aber, dass Sie nach Korrekturen das Bedingungsfeld mit der Taste **F9** aktualisieren müssen, damit die Änderung auch im Brief erscheint.

Das Herr-Herrn-Problem lösen

Korrekterweise erhalten männliche Empfänger in der Anschrift die Anrede „Herrn" (Herrn Max Mustermann); in der Briefanrede wird allerdings „Herr" (Sehr geehrter Herr Mustermann) benötigt. Die meisten Datenquellen enthalten allerdings nur ein Feld, meist mit Herr. Auch in solchen Fällen bietet sich ein Bedingungsfeld als Lösung an. Hierzu gibt es gleich mehrere Möglichkeiten.

Achtung: Der *Adressblock* berücksichtigt die Anrede Herrn nicht. Wenn Sie hier auf Richtigkeit Wert legen, müssen Sie die Adresse aus Seriendruckfeldern selbst zusammenstellen.

Achten Sie in der Datenquelle auf einheitliche Schreibweise!

Wichtig ist, dass in der Datenquelle eine einheitliche Schreibweise verwendet wird. Eine Mischung aus „Herr" und „Herrn" im Feld *Anrede* verursacht in Word einen höheren Arbeitsaufwand und bringt im Serienbrief nicht immer das gewünschte Ergebnis. In solchen Fällen sollten Sie die Datenquelle berichtigen, z. B. mit der einfachen Funktion *Suchen und Ersetzen*. Falls das nicht möglich ist, können Sie auch im Serienbrief für ein korrektes Ergebnis sorgen. Wie das geht, erfahren Sie gleich.

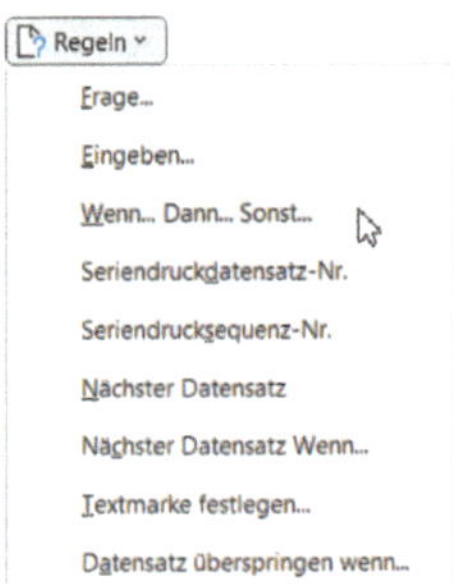

Möglichkeit 1: Ein n mittels Bedingungsfeld anhängen

Für das nachfolgende Beispiel gehen wir davon aus, dass in der Datenquelle ein Feld mit dem Namen *Anrede* existiert, in dem Frau oder Herr eingetragen ist. Setzen Sie zunächst die Anschrift aus den notwendigen Seriendruckfelder zusammen, wie im Bild unten und setzen Sie dann den Cursor unmittelbar hinter das Feld *Anrede*. Es darf sich kein Leerzeichen zwischen dem Seriendruckfeld und dem Cursor befinden. Klicken Sie im Menüband, Register *Sendungen* auf *Regeln* und wählen Sie *Wenn... Dann... Sonst*. Tragen Sie die unten abgebildeten Werte ein bzw. wählen Sie diese aus, der Sonst-Teil bleibt in diesem Fall leer.

Bild 7.57 Ein einzelnes Zeichen mittels Bedingungsfeld anfügen

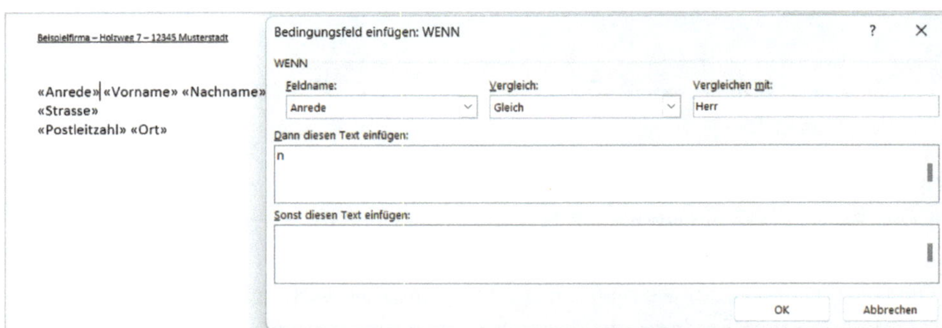

Hierzu gibt es noch eine andere Alternative. Mehr dazu auf Seite 306 unter der Überschrift *Alternative zum Bedingungsfeld*.

Möglichkeit 2: Herrn und Frau mittels Bedingungsfeld formulieren

Oder fügen Sie die Anrede statt als Seriendruckfeld gleich vollständig als Bedingungsfeld ein. Dazu setzen den Cursor unmittelbar vor das Feld *Vorname* und fügen hier ein Bedingungsfeld mit folgenden Inhalten ein:

Bild 7.58 Anrede mit Bedingungsfeld formulieren

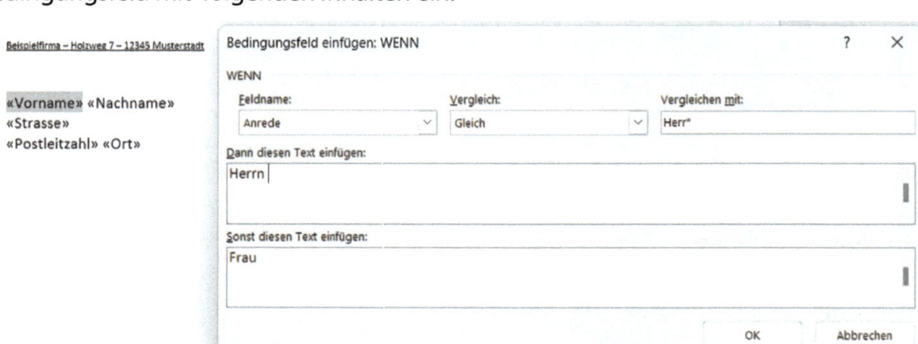

Hinweise

- Achten Sie darauf, dass jeweils nach der Anrede ein Leerzeichen erforderlich ist.
- Falls die Datenquelle im Feld Anrede sowohl die Schreibweise „Herr" als auch „Herrn" enthält, hilft das Platzhalterzeichen *, das Ihnen vielleicht von Windows bekannt sein dürfte. Der Vergleichswert Herr* sorgt dafür, dass Herr und Herrn berücksichtigt werden.
- **Achtung**: Eine fehlende Anrede in der Datenquelle liefert den Sonst-Wert „Frau". Wenn Sie dies vermeiden möchten, dann lassen Sie in einem solchen Fall mit Hilfe einer verschachtelten Bedingung die Anrede leer, wie im Bild unten (Bedingungen verschachteln, siehe Seite 260).

```
Beispielfirma – Holzweg 7 – 12345 Musterstadt

{ IF { MERGEFIELD Anrede } = "Herr*" "Herrn " "{ IF { MERGEFIELD Anrede } = "Frau" "Frau " "" }" }{
MERGEFIELD Vorname }{ MERGEFIELD Nachname }
{ MERGEFIELD Strasse }
{ MERGEFIELD Postleitzahl }{ MERGEFIELD Ort }
```

Bild 7.59 Anrede mit verschachtelter Bedingung.

Aus leeren Feldern resultierende überzählige Leerzeichen vermeiden

Beispiel: Leerzeichen bei Empfängern mit Dr. Titel

Ein häufiges Problem beim Seriendruck sind überzählige Leerzeichen, die durch fehlende Feldinhalte entstehen. Hier ein Beispiel mit akademischen Titeln wie z. B. Dr. oder Prof. im Feld *Titel*.

	A	B	C	D	E	F	G	H	I	J	K
1	Nummer	Firma	Vorname	Nachname	Anrede	Titel	Ort	PLZ	Land	Strasse	
2	101	Adabei GmbH	Franz	Wiesinger	Herrn	Dr.	Regensburg	93055	Deutschland	Feldweg 4	
3	106	Adlerwerke	Christine	Adler	Frau		Kronach	96317	Deutschland	Wennzenbach 3	
4	107	Baumschule Eichendorf	Tobias	Baumholtz	Herrn	Dr.	Garmisch-Partenkirchen	82467	Deutschland	Höllentalstr. 12	
5	104	Brettschneider KG					Osterhofen	94486	Deutschland	Siemensstr. 89	
6	108	Fürst Moden					München	80638	Deutschland	Wittelbacherstr. 16	
7	102	Hüpfli	Marco	Paletti	Herrn		Kreuzlingen	8280	Schweiz	Moosgarten 13	
8	105	KARG AG	Sandra	Brösel	Frau	Dr.	Garching	85748	Deutschland	Brückenstr. 11	

Bild 7.60 Die Datenquelle enthält das Feld Titel

Würden Sie die Anschrift einfach aus den Seriendruckfeldern Anrede, Titel, Vorname und Nachname zusammensetzen, wie im Bild unten, so werden zwar alle Adressen mit Titel korrekt angezeigt, bei einem fehlenden Titel erscheinen dagegen zwischen Anrede und Vorname zwei Leerzeichen.

```
¶
Beispielfirma—Holzweg·7—12345·Musterstadt¶
¶
«Firma»¶
«Anrede»·«Titel»·«Vorname»·«Nachname»¶
«Strasse»¶
«PLZ»·«Ort»¶
¶
```

```
¶
Beispielfirma—Holzweg·7—12345·Musterstadt¶
¶
KARG·AG¶
Frau·Dr.·Sandra·Brösel¶
Brückenstr.·11¶
85748·Garching¶
¶
```

```
¶
Beispielfirma—Holzweg·7—12345·Musterstadt¶
¶
Adlerwerke¶
Frau··Christine·Adler¶
Wennzenbach·3¶
96317·Kronach¶
¶
```

Bild 7.61 Bei einem fehlenden Titel erscheinen zwei Leerzeichen

So lösen Sie das Problem

1. Fügen Sie die Seriendruckfelder Anrede, Titel, Vorname und Nachname ein.
2. Achten Sie darauf, dass sich zwischen Titel und Vorname **kein Leerzeichen** befindet und fügen Sie an dieser Stelle ein Bedingungsfeld mit folgenden Vorgaben ein.

- Wählen Sie als *Feldname* das Feld aus, an dessen Inhalt Sie die Bedingung knüpfen möchten, hier *Titel*.
- Als *Vergleich* wählen Sie diesmal *ist nicht leer* aus, in diesem Fall braucht im Feld *Vergleichen mit* nichts eingetragen werden.
- Geben Sie im Feld *Dann diesen Text einfügen* ein Leerzeichen über die Tastatur ein. Das Feld *Sonst diesen Text einfügen* bleibt leer.

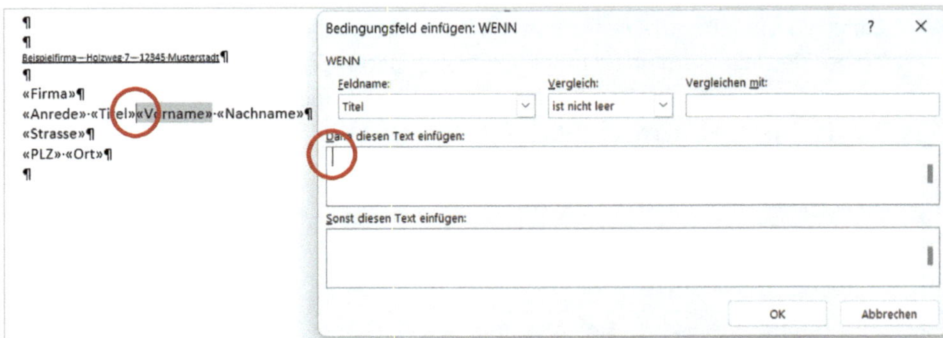

Bild 7.62 Bedingungsfeld bei vorhandenem Titel

Als Ergebnis wird zwischen den beiden Seriendruckfeldern *Titel* und *Vorname* aufgrund der Bedingung nur dann ein Leerzeichen eingefügt, wenn ein Titel vorhanden ist. Dies müssen Sie selbstverständlich auch für die Briefanrede wiederholen.

> **Tipp: Leerzeichen bei fehlenden Vornamen vermeiden**
>
> Nach diesem Muster können Sie auch zwischen den Seriendruckfeldern für Vorname und Nachname doppelte Leerzeichen bei fehlenden Vornamen vermeiden.

Alternative zum Bedingungsfeld

Ein optionales Leerzeichen kann auch noch auf andere Weise festgelegt werden. Diese Vorgehensweise funktioniert selbstverständlich auch bei fehlenden Vornamen.

1. Fügen Sie die Seriendruckfelder in das Adressfeld ein und achten Sie ebenfalls darauf, dass sich zwischen *Titel* und *Vorname* kein Leerzeichen befindet.
2. Klicken Sie mit der rechten Maustaste auf das Seriendruckfeld *Titel* und wählen Sie im Kontextmenü *Feld bearbeiten…*.

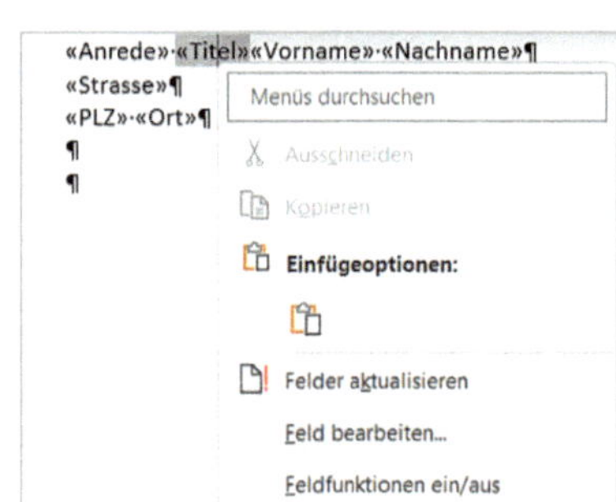

Bild 7.63 Feld bearbeiten

3. Das Dialogfenster *Feld* öffnet sich. Aktivieren Sie unter *Feldoptionen* das Kontrollkästchen *Danach einzufügender Text* ❶ und geben Sie im Feld daneben ein Leerzeichen ein ❷.

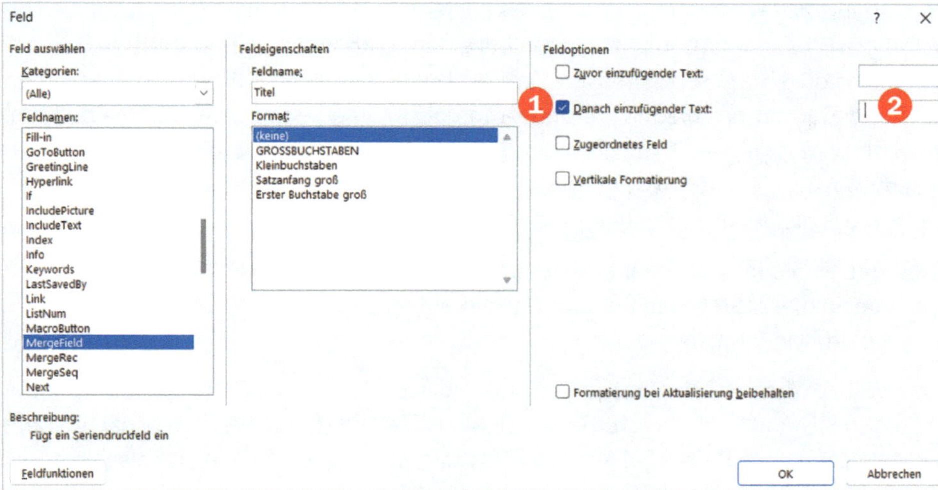

Bild 7.64 Leerzeichen als Teil des Feldinhalts hinzufügen

Outlook und Doktortitel

Outlook Kontaktdaten als Datenquelle für Serienbriefe in Word zu verwenden, ist durch die Übereinstimmung der Feldnamen im Adressblock zunächst unkompliziert. Befinden sich allerdings unter ihren Kontaktdaten auch Personen mit Doktortitel wird die Angelegenheit schon etwas komplizierter. Die Frage lautet: Wo tragen Sie den Dr. in Outlook ein? Outlook hat nämlich dafür kein Feld vorgesehen.

Als Ausweg bietet sich entweder an, für den Titel das Feld Namenszusatz (Suffix) zu verwenden oder Sie tragen den Titel zusammen mit der Anrede ein. Beide haben ihre Vor- und Nachteile

Variante 1: Titel zusammen mit der Anrede speichern

Wenn Sie in Outlook den Titel zusammen mit der Anrede im Feld *Anrede* eingeben, also „Herr Dr." oder „Frau Dr.", hat dies den Vorteil, dass Sie beim Seriendruck in Word den Adressblock ohne weitere Anpassungen nutzen können. Der Nachteil: es werden zwei Informationen, nämlich Anrede und Titel in einem einzigen Feld zusammengefasst.

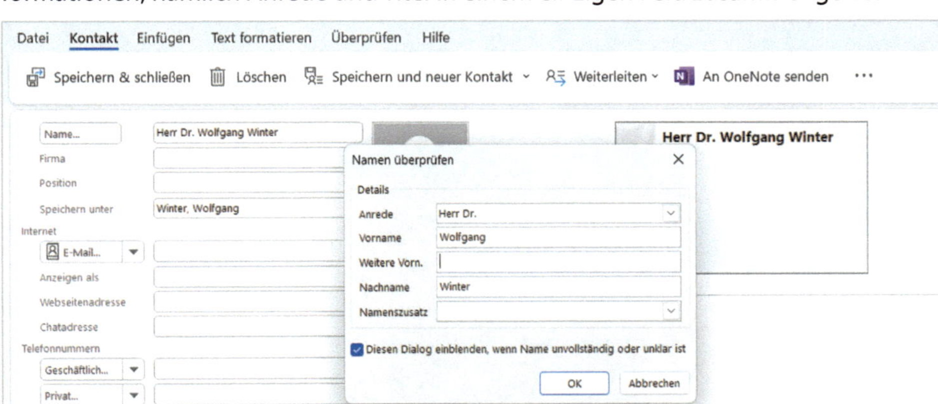

Bild 7.65 Outlook-Kontakte, Name eingeben

Problematischer wird es hingegen bei der Briefanrede. Hier können Sie nicht auf die vorgefertigte *Grußzeile* zurückgreifen, denn bei einem vorhandenen Titel steht im Feld *Anrede* nicht nur „Herr" sondern „Herr Dr.". Das bedeutet, dass nicht mehr klar zwischen Herr und Frau unterschieden werden kann und infolgedessen eine allgemeine Form gewählt wird: *Sehr geehrte(r) Herr Dr. Baumann*. Sie müssen also die Grußzeile selbst zusammenstellen, wie im Abschnitt *Bedingungen verschachteln* beschrieben. Allerdings muss die Bedingung etwas angepasst werden.

1. Geben Sie im Dokument „Sehr" gefolgt von einem Leerzeichen ein und fügen Sie an dieser Stelle ein Bedingungsfeld (*Wenn... Dann... Sonst...*) ein. Füllen Sie die Felder wie folgt aus:

   Wählen Sie das Feld *Anrede* und den *Vergleich Gleich*. Im Feld *Vergleichen mit* tragen Sie Frau* ein. Das Sternchen dient als Platzhalter für eventuelle nachfolgende Zeichen, z. B. Frau Dr. Als *Dann*-Text tragen Sie„geehrte" ein und als *Sonst*-Text geben Sie„geehrter" für die männlichen Ansprechpartner ein.

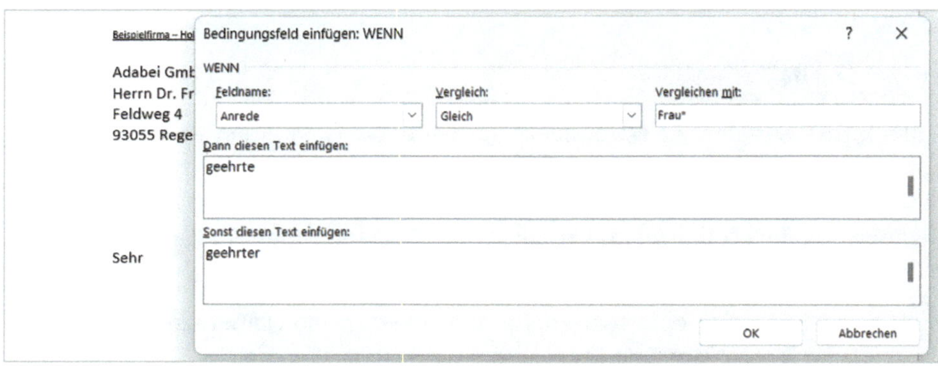

Bild 7.66 Das Feld Anrede kann Frau oder Frau Dr. enthalten.

2. Im letzten Schritt fügen Sie noch die Seriendruckfelder *Anrede* und *Nachname* mit den entsprechenden Leerstellen und einem Komma am Ende hinzu.

Variante 2

Denkbar wäre es auch, den Titel im Feld *Namenszusatz* (Suffix) der Outlook-Kontakte zu hinterlegen. Dieses Feld ist eigentlich für Junior und Senior vorgesehen und entsprechend wird der Titel dann auf der Outlook-Visitenkarte dem Namen nachgestellt.

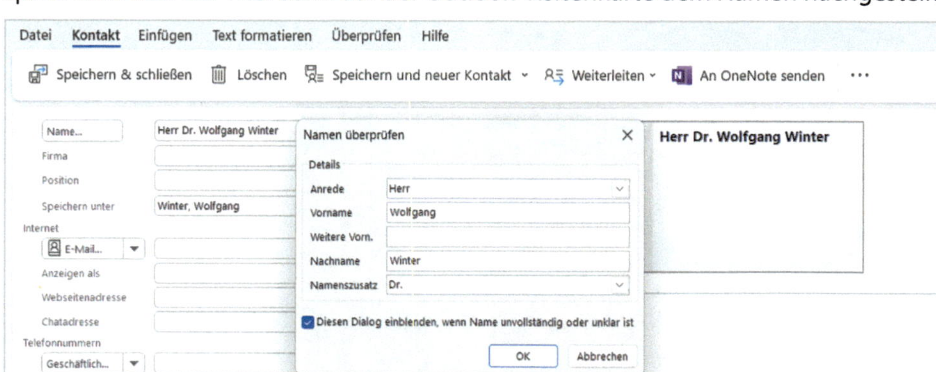

Bild 7.67 Titel im Feld Namenszusatz eingeben

Das Adressfeld und die Briefanrede müssen dann aus den einzelnen Seriendruckfeldern zusammengesetzt werden, zur Anzeige des Doktortitels wählen Sie das Seriendruckfeld *Suffix*. Außerdem benötigen Sie nach *Suffix* ein optionales Leerzeichen.

> **Bleiben Sie konsequent**
>
> Egal, für welche Variante Sie sich entscheiden, wichtig ist, dass Sie die Titel in Outlook immer im selben Feld eingeben. Mischformen machen es unmöglich, die Kontaktdaten für einen Serienbrief zu verwenden.

Datum, PLZ und andere Zahlen korrekt anzeigen

Neben den typischen Seriendruckinformationen, wie z. B. einer Adresse, können in einen Serienbrief selbstverständlich auch andere Inhalte der Datenquelle eingefügt werden: Versanddatum, gewünschter Zahlungseingang, Bonuspunkte, Betrag einer Gutschrift etc. Meist sind die Daten in der Datenquelle zwar korrekt formatiert und enthalten ein Eurosymbol oder ein Datumsformat, leider werden aber diese Formate nicht in den Serienbrief übernommen.

	A	B	C	D	E	F	G	H	I	J	K
1	KD-Nr.	Nachname	Vorname	Anrede	Strasse	Land	Postleitzahl	Ort	Bonus	Geb_Datum	
2	20100	Nordhoff	Silke	Frau	Uferstrasse 85 b	DE	93055	Regensburg	5,00 €	13.09.1985	
3	20101	Knogel	Frank	Herr	Pfarrer-Heinrich-Weg 4	DE	22040	Hamburg	10,00 €	06.07.1989	
4	20102	Süßmilch	Johanna	Frau	Adlersberger Strasse 56	DE	93078	Pentling	10,00 €	03.10.1978	
5	20103	Fürst	Peter	Herr	Wittelsbacherstr. 6	DE	80638	München	5,00 €	23.01.1966	
6	20104	Mumpitz	Klara	Frau	Waldweg 4	DE	04777	Neuendorf	5,00 €	17.03.1992	
7	20105	Reuter	Jens	Herr	Bochumerstr. 9	DE	45879	Gelsenkirchen	50,00 €	24.03.2001	
8	20106	Wank	Tobias	Herr	Höllentalstrasse 12	DE	82467	Garmisch-Partenkirchen	20,00 €	27.06.1995	
9	20107	Adler	Christine	Frau	Pfarrer-Wenz-Str. 88	DE	96317	Kronach	10,00 €	08.09.1999	
10	20108	Einstein	Nadine	Frau	Kleiststr. 34a	DE	40215	Düsseldorf	5,00 €	04.11.1982	

Bild 7.68 Die Datenquelle mit Bonus und Geburtsdatum

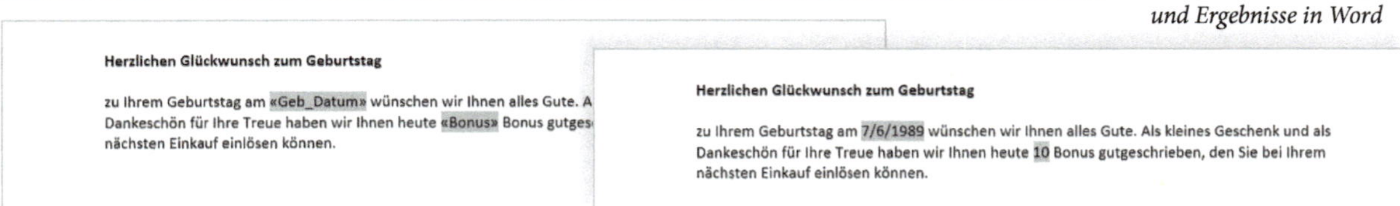
Herzlichen Glückwunsch zum Geburtstag

zu Ihrem Geburtstag am «Geb_Datum» wünschen wir Ihnen alles Gute. A
Dankeschön für Ihre Treue haben wir Ihnen heute «Bonus» Bonus gutges
nächsten Einkauf einlösen können.

Herzlichen Glückwunsch zum Geburtstag

zu Ihrem Geburtstag am 7/6/1989 wünschen wir Ihnen alles Gute. Als kleines Geschenk und als Dankeschön für Ihre Treue haben wir Ihnen heute 10 Bonus gutgeschrieben, den Sie bei Ihrem nächsten Einkauf einlösen können.

Bild 7.69 Seriendruckfelder und Ergebnisse in Word

In der Vorschau auf die Ergebnisse tauchen folgende Probleme auf:

- Ein Datum (hier das Datenfeld *Geb_Datum*) wird durch Schrägstriche getrennt und im amerikanischen Datumsformat, also beginnend mit dem Monat dargestellt. In diesem Beispiel werden außerdem eigentlich nur Tag und Monat benötigt, nicht aber das Geburtsjahr.
- Zahlen und Eurobeträge (Datenfeld *Bonus*) erscheinen als Zahl mit der tatsächlich vorhandenen Anzahl Nachkommastellen (im Bild ohne) und ohne Eurosymbol.

Diese Probleme lassen sich mit Hilfe von sogenannten Schaltern beheben, die Sie in die Feldfunktion einfügen. Dazu blenden Sie zunächst mit **Alt**+**F9** die Feldfunktionen ein. Fügen Sie dann die entsprechenden Schalter innerhalb der geschweiften Klammern unmittelbar nach dem Seriendruckfeld ein.

Details zu Feldfunktionen und der Verwendung von Schaltern lesen Sie in Kap. 5 auf Seite 216 nach.

Achten Sie bei Datumsformaten unbedingt darauf, das **M** zur Anzeige der Monate groß zu schreiben. Ein kleines **m** steht dagegen für die Minuten einer Zeitangabe.

Schalter	Wird verwendet für...	Beispiel Feldfunktion	Beispiel Anzeige
\#	Zahlenformate, das eigentliche Zahlenformat wird dahinter in Anführungszeichen " " angegeben. Auch Zusätze wie z. B. Währungsangaben sind erlaubt.	\# "0,00" \# "#.##0,00 €"	18630,20 1.500,00 €
\@	Datumsformate, auch hier wird anschließend das eigentliche Datumsformat in Anführungszeichen angegeben.	\@ "dd.MM.yyyy" \@ "d.MMMM"	01.04.2023 1. April

Bild 7.70 Seriendruckfelder mit Schaltern formatieren

Herzlichen Glückwunsch zum Geburtstag

zu Ihrem Geburtstag am { MERGEFIELD Geb_Datum\@ "d. MMMM" } wünschen wir Ihnen alles Gute. Als kleines Geschenk und als Dankeschön für Ihre Treue haben wir Ihnen heute { MERGEFIELD Bonus\# "#0,00 €" } Bonus gutgeschrieben, den Sie bei Ihrem nächsten Einkauf einlösen können.

Blenden Sie dann durch erneutes Drücken der Tasten **Alt**+**F9** die Feldfunktionen wieder aus. Achtung: Um die Ergebnisse in der Vorschau zu aktualisieren, wechseln Sie entweder zum nächsten Datensatz oder Rechtsklick in ein Feld und Befehl *Felder aktualisieren*.

Bild 7.71 Ergebnis

Herzlichen Glückwunsch zum Geburtstag

zu Ihrem Geburtstag am 6. Juli wünschen wir Ihnen alles Gute. Als kleines Geschenk und als Dankeschön für Ihre Treue haben wir Ihnen heute 10,00 € Bonus gutgeschrieben, den Sie bei Ihrem nächsten Einkauf einlösen können.

Fortlaufende Nummern in Serienbriefe einfügen

Falls Sie Ihre Serienbriefe mit einer fortlaufenden Nummer versehen möchten, nicht zu verwechseln mit Kundennummern, Artikelnummern usw., dann ist dies über das Menüband, Register *Sendungen* ▶ *Regeln* und die Auswahl *Seriendruckdatensatz-Nr.* bzw. *Seriendrucksequenz-Nr.* möglich.

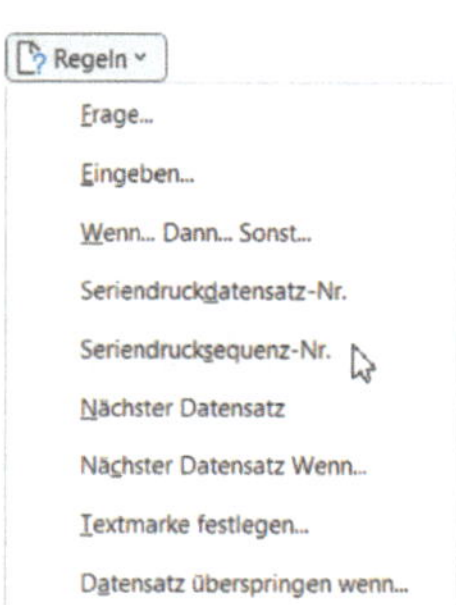

- Die *Seriendruckdatensatz-Nr.* liefert die Position des Datensatzes in der Datenquelle (2=zweite Zeile der Datenquelle, die Überschrift wird nicht mitgezählt).
- Die *Seriendrucksequenz-Nr.* zeigt an, an welcher Stelle des Seriendrucks das Dokument ausgedruckt wird. Diese Nummer wird allerdings erst beim Ausdruck bzw. bei der Übergabe in eine neues Dokument sichtbar.
- Beide Nummern sind in der Regel identisch und weichen nur voneinander ab, wenn Sie über *Empfängerliste bearbeiten* bestimmte Datensätze per Kontrollkästchen deaktiviert haben.

7.6 Bilder in Seriendruckdokumente einfügen

Auch Bilder können mittels Seriendruckfeld eingefügt werden. So kann für jeden Datensatz ein anderes Bild angezeigt werden. Diese Möglichkeit verwenden Sie beispielsweise beim Ausdruck von Mitarbeiterausweisen, Etiketten mit verschiedenen QR-Codes oder bei der Erstellung einer Verkaufsliste mit Produktbildern etc.

Beispiel Mitarbeiterausweise mit Bild

Hier als Beispiel das Drucken von Mitarbeiterausweisen mit Fotos. Wir verwenden hier den Etikettendruck, so können mehrere Ausweise auf einer Seite gedruckt werden.

Dateiname und -pfad

Die Datenquelle muss neben den benötigten Inhalten, wie z. B. Nachname, Vorname etc. auch die genaue Pfadangabe zum Speicherort des Fotos, sowie den Dateinamen enthalten. Pfad und Dateiname können in einem einzigen Feld zusammengefasst oder auf zwei Felder aufgeteilt werden, wie in diesem Beispiel. Beachten Sie außerdem, dass im Gegensatz zu gängigen Pfadangaben statt des einfachen Backslash \ ein doppelter Backslash \\ erforderlich ist und der Dateiname zusammen mit der Dateinamenerweiterung, hier *jpg* angegeben werden muss, s. Bild unten.

	A	B	C	D	E	F	G
1	Mitarbeiter-Nr.	Nachname	Vorname	Speicherort	Dateiname		
2	1005	Maurer	Bernd	D:\\Mitarbeiter\Allgemein\\	Bernd_Maurer.jpg		
3	1006	Bauer	Greta	D:\\Mitarbeiter\Allgemein\\	Greta_Bauer.jpg		
4	1007	Fuhrmann	Leonie	D:\\Mitarbeiter\Allgemein\\	Leonie_Fuhrmann.jpg		
5	1008	Jäger	Mia	D:\\Mitarbeiter\Allgemein\\	Mia_Jäger.jpg		
6	1009	Schneider	Olaf	D:\\Mitarbeiter\Allgemein\\	Olaf_Schneider.jpg		
7	1010	Kabelschacht	Philip	D:\\Mitarbeiter\Allgemein\\	Philip_Kabelschacht.jpg		

Bild 7.72 Die Datenquelle muss Pfad und Dateiname enthalten

Tipp: Wenn alle Fotos am selben Ort gespeichert sind, kann der Dateipfad des Speicherorts kopiert werden.

1 Klicken Sie im Menüband, Register *Sendungen* auf *Seriendruck starten*, wählen Sie *Etiketten* und suchen Sie das passende Etikettenformat aus. Danach sollte im Word-Dokument eine Tabelle mit den angegebenen Maßen erscheinen.

2 Verbinden Sie über *Empfänger auswählen* das Word-Dokument mit der Datenquelle. Dadurch erhalten, mit Ausnahme der ersten Tabellenzelle, alle weiteren die Feldfunktion *Nächster Datensatz*.

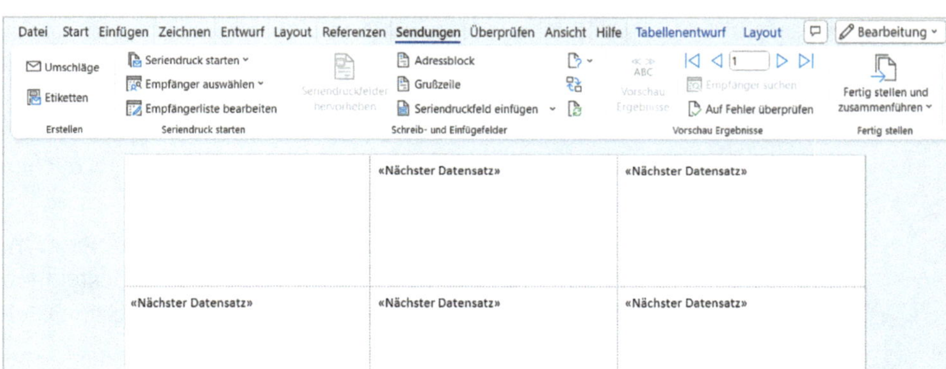

Bild 7.73 Tabelle als Vorlage für die Etiketten

Falls die Gitternetzlinien der Tabelle nicht sichtbar sein sollten, so aktivieren Sie diese im Register *Layout* des Menübands mit Klick auf *Gitternetzlinien anzeigen*.

3 In der ersten Tabellenzelle links oben gestalten Sie das erste Etikett:

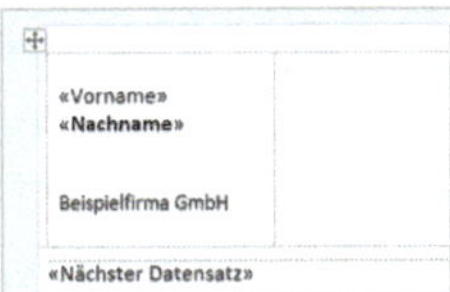

Tipp: Wenn Sie Bild und Text nebeneinander anordnen möchten, können Sie problemlos in das erste Etikett eine Tabelle einfügen. Von dieser müssen allerdings die Rahmenlinien entfernt werden. Die Tabelle wird beim Aktualisieren mit auf die übrigen Etiketten übertragen.

Fügen Sie dann die Seriendruckfelder mit den Namen der Mitarbeiter und ggf. weiteren Text ein.

Feld einfügen, siehe Kap. 5.2.

4 Positionieren Sie den Cursor an der Stelle, an der das Bild eingefügt werden soll, klicken im Menüband, Register *Einfügen* ▶ *Schnellbausteine* auf *Feld* und wählen im nachfolgenden Fenster das Feld *IncludePicture*. Um die Dateigröße klein zu halten, sollten Sie außerdem die Bilder verknüpfen statt einbetten: Klicken Sie dazu links unten auf *Feldfunktionen* und dann auf *Optionen*. Wählen Sie den Schalter *\d*, klicken Sie auf *Hinzufügen* und schließen Sie danach der Reihe nach alle Fenster mit *OK*.

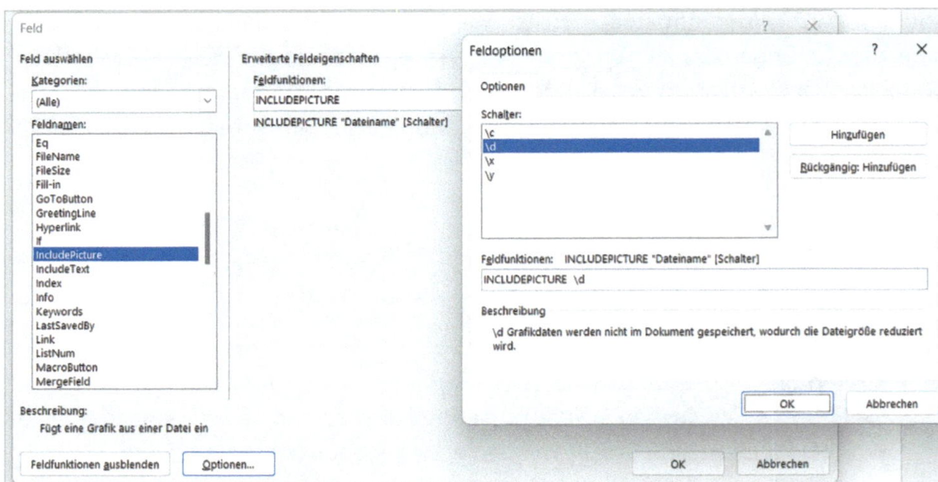

Bild 7.74 Fügen Sie die Feldfunktion IncludePicture mit dem Schalter \d ein

5 Die Feldfunktion im Dokument zeigt nun zunächst einen Fehler an, da noch kein Dateiname angegeben wurde. Diesen fügen Sie im nächsten Schritt als Seriendruckfeld hinzu.

6 Zeigen Sie durch Drücken der Tasten **Alt**+**F9** im Dokument die Feldfunktionen an und ergänzen Sie das Feld INCLUDEPICTURE wie folgt:

- Setzen Sie den Cursor hinter *INCLUDEPICTURE* und geben Sie ein Leerzeichen und danach zwei Anführungszeichen oben "" ein.
- Klicken Sie zwischen die beiden Anführungszeichen und fügen Sie hier nacheinander und ohne Leerzeichen dazwischen zuerst das Seriendruckfeld mit dem Dateipfad zum Bild ein und danach das Seriendruckfeld mit dem Dateinamen. In diesem Beispiel sind dies die Felder *Speicherort* und *Dateiname*.

```
{·INCLUDEPICTURE·"{·MERGEFIELD·Speicherort·}{·MERGEFIELD·Dateiname·}"·\d··\*·MERGEFORMAT·}¶
```

7 Blenden Sie anschließend mit den Tasten **Alt**+**F9** die Feldfunktionen wieder aus. Markieren Sie dann das gesamte Dokument mit **Strg**+**A** und drücken Sie die Funktionstaste **F9**, um die Feldfunktionen zu aktualisieren. Jetzt sollte im ersten Etikett das Foto des ersten Datensatzes erscheinen, wie im Bild unten. Dieses können Sie mit der Maus auf die gewünschte Größe ziehen.

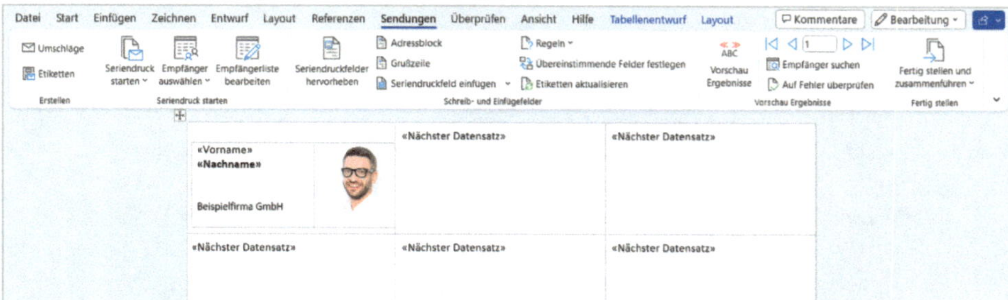

Bild 7.75 Das erste Etikett mit angepasstem Feld INCLUDEPICTURE

Info: Möglicherweise erscheint beim Aktualisieren eine Sicherheitswarnung, dass Sie externe Inhalte einfügen. Bestätigen Sie diese mit *OK*.

8 Klicken Sie dann im Register *Sendungen* auf *Etiketten aktualisieren*. Nun erscheint zunächst auf jedem Etikett dasselbe Bild. Das ist in Ordnung und wird im nächsten Schritt behoben.

9 Klicken Sie im Register *Sendungen* des Menübands auf die Schaltfläche *Fertig stellen und zusammenführen* und wählen Sie *Einzelne Dokumente bearbeiten*, um die Etiketten in ein neues Dokument auszugeben.

10 Das Bild ist immer noch dasselbe. Markieren Sie jetzt im zusammengeführten Dokument (*Adressetiketten1*) mit **Strg**+**A** das gesamte Dokument und aktualisieren Sie die Felder mit der Funktionstaste **F9**. Anschließend wird zu jedem Namen das passende Bild angezeigt und die Etiketten können jetzt gedruckt werden.

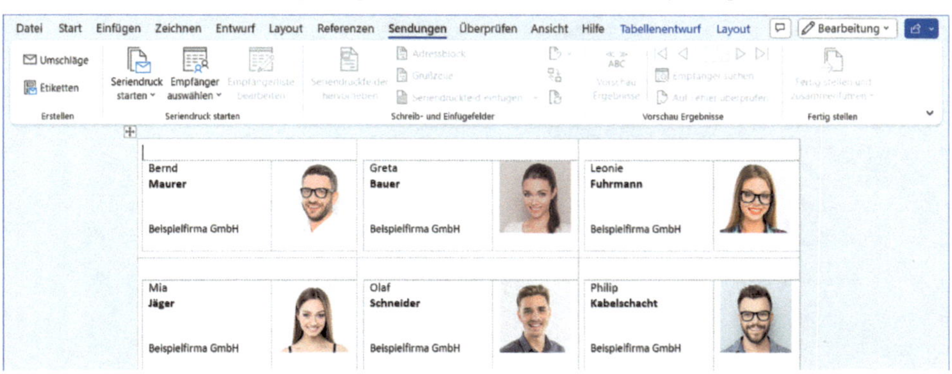

Bild 7.76 Ausgabe in ein neues Dokument und Aktualisierung. Das Dokument ist nicht gespeichert.

8 Formulare und Steuerelemente

In diesem Kapitel lernen Sie ...

- ein Formular erstellen und vor Änderungen schützen
- Inhaltssteuerelemente einfügen und bearbeiten
- das Verhalten von Textfeldern, Kontrollkästchen, Listenfeldern usw. beim Ausfüllen steuern
- Formularfelder aus Vorversionen einsetzen

Das sollten Sie bereits wissen

- Arbeiten mit Tabellen
- Arbeiten mit Dokumentvorlagen

Sie können mit Word nicht nur normale Texte, z. B. Briefe erstellen, sondern auch Formulare, also Vordrucke, die Sie oder andere Nutzer später am Bildschirm ausfüllen, speichern und drucken. Hierzu stellt Word spezielle Formularelemente zur Verfügung die Tastatureingabe, Ankreuzen oder Auswahl aus einer Liste unterstützen. Gebräuchliche Beispiele sind Urlaubsanträge, interne Kurzmitteilungen oder Personalfragebögen; damit diese beliebig oft verwendet werden können, werden sie in der Regel als Dokumentvorlage erstellt. Um unbeabsichtigte Änderungen der übrigen Formularbestandteile zu verhindern, können Sie außerdem das Formular schützen.

8.1 Die schnelle Variante: Onlinevorlagen

Am schnellsten lässt sich ein Formular mit einer der Onlinevorlagen von Word als Ausgangsbasis erstellen. Auch wenn das passende Formular nicht darunter ist, so erhalten Sie hier doch einen ersten Einblick in den Umgang mit Formularen und Anregungen zur Gestaltung eines eigenen Formulars. Um eine Formularvorlage zu finden, klicken Sie im Register *Datei* auf *Neu*. Geben Sie einen Suchbegriff, z. B. *Sitzungsprotokoll* oder ganz allgemein *Formular* ein und starten Sie die Suche mit Klick auf das Symbol Lupe.

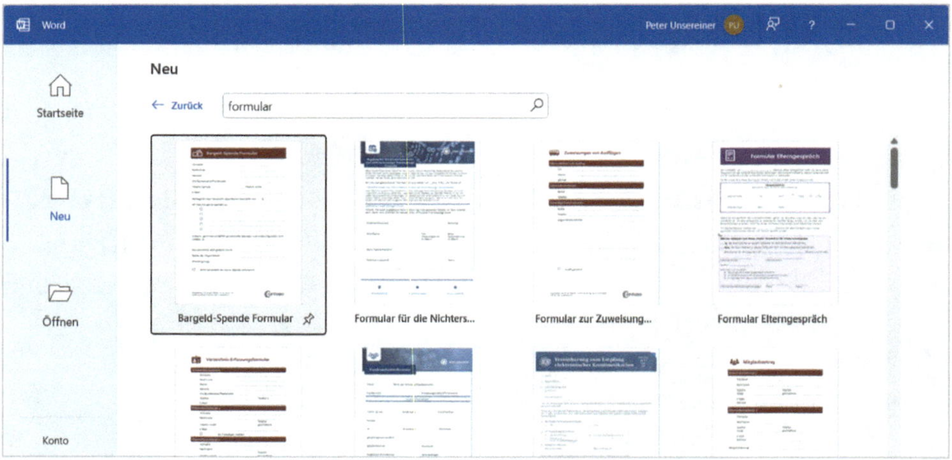

Bild 8.1 Nach Vorlagen für Formulare suchen

Beachten Sie, dass Reihenfolge, Anzahl und Aussehen der Suchergebnisse abhängig sind von Ihrer Office-Version und daher von der Abbildung abweichen können. Klicken Sie auf ein Formular, so erhalten Sie eine Vorschau und mit Klick auf *Erstellen* wird das Formular heruntergeladen und anschließend geöffnet. Als Beispiel verwenden wir ein Formular für ein Sitzungsprotokoll.

Formular anpassen und als Dokumentvorlage speichern

Im ersten Schritt passen Sie das Formular an Ihre Bedürfnisse an. Zu diesem Zweck weisen viele Formulare Platzhalter für Firmenname und -logo auf. Die eigentlichen Formularfelder werden dagegen erst bei Verwendung des Formulars ausgefüllt. Auch Änderungen der Formatierung, z. B. Schrift oder Schriftfarbe sind problemlos möglich. Anschließend klicken Sie auf *Datei* ▶ *Exportieren* und auf *Dateityp ändern*. Klicken Sie auf *Vorlage (*.dotx)* und klicken Sie auf die Schaltfläche *Speichern unter*. Selbstverständlich können Sie alternativ auch im Register *Datei* auf *Speichern* klicken, im Fenster *Speichern unter* einen Dateinamen eingeben und den Dateityp *Word-Vorlage (*.dotx)* auswählen.

Dokumentvorlage speichern, siehe Kapitel 3.1.

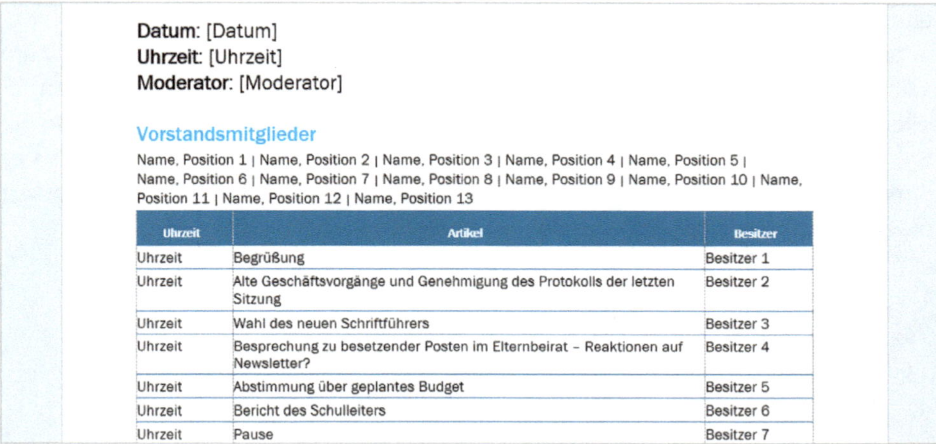

Datum: [Datum]
Uhrzeit: [Uhrzeit]
Moderator: [Moderator]

Vorstandsmitglieder

Name, Position 1 | Name, Position 2 | Name, Position 3 | Name, Position 4 | Name, Position 5 | Name, Position 6 | Name, Position 7 | Name, Position 8 | Name, Position 9 | Name, Position 10 | Name, Position 11 | Name, Position 12 | Name, Position 13

Uhrzeit	Artikel	Besitzer
Uhrzeit	Begrüßung	Besitzer 1
Uhrzeit	Alte Geschäftsvorgänge und Genehmigung des Protokolls der letzten Sitzung	Besitzer 2
Uhrzeit	Wahl des neuen Schriftführers	Besitzer 3
Uhrzeit	Besprechung zu besetzender Posten im Elternbeirat – Reaktionen auf Newsletter?	Besitzer 4
Uhrzeit	Abstimmung über geplantes Budget	Besitzer 5
Uhrzeit	Bericht des Schulleiters	Besitzer 6
Uhrzeit	Pause	Besitzer 7

Bild 8.2 Beispiel: Die Vorlage Protokoll für Sitzungen in Bildungseinrichtungen

Formular am Bildschirm ausfüllen

Erstellen Sie dann ein neues Dokument unter Verwendung der Vorlage. Entweder indem Sie im Register *Datei* ▶ *Neu* unter *Vorlagen* auf *Persönlich* und anschließend auf die Vorlage klicken oder im Windows Explorer mit Doppelklick auf die Dokumentvorlage. Anschließend füllen Sie die Formularfelder per Tastatureingabe aus; wenn ein Dropdown-Pfeil erscheint, dann öffnen Sie mit Klick auf den Pfeil oder mit den Tasten **Alt+Pfeil nach unten** ein Auswahlfeld oder einen Kalender zur Datumsauswahl. Formularfelder erscheinen grau schattiert, sobald Sie darauf klicken, manchmal erhalten Sie auch noch zusätzlichen Hilfstext.

Datum: 01.04.2023
Uhrzeit: 15:30
Moderator: Dr. Hans Muster

Uhrzeit	Artikel	Besitzer
15:30	Begrüßung	Dr. Muster
15:45	Kurzer Überblick, Agenda	Besitzer 2
Uhrzeit	Wahl des neuen Schriftführers	Besitzer 3
Uhrzeit	Besprechung zu besetzender Posten im Elternbeirat – Reaktionen auf Newsletter?	Besitzer 4

Bild 8.3 Das Formular am Bildschirm ausfüllen

8.2 Eigene Formulare - Vorbereitungen

Dokument vorbereiten

Bei der Erstellung eines eigenen Formulars beginnen Sie wie gewohnt. Richten Sie die Seitenränder ein, geben Sie den normalen, unveränderlichen Text ein, z. B. Firmenname und Anschrift und nehmen Sie alle gewünschten Formatierungen vor. Zum exakten Ausrichten von Text und Formularelementen bieten sich in vielen Fällen Tabellen an, diese sind allerdings nicht zwingend erforderlich. In der Folge erstellen wir als erstes Beispiel ein einfach auszufüllendes Formular zur Musteranforderung. Dieses könnte etwa aussehen wie im Bild unten, der Text in den gelben Tabellenzellen ist fest vorgegeben und soll später nicht mehr geändert werden können.

Bild 8.4 Beispiel: Ein Formular zur Musteranforderung, zur Ausrichtung wurde eine Tabelle verwendet

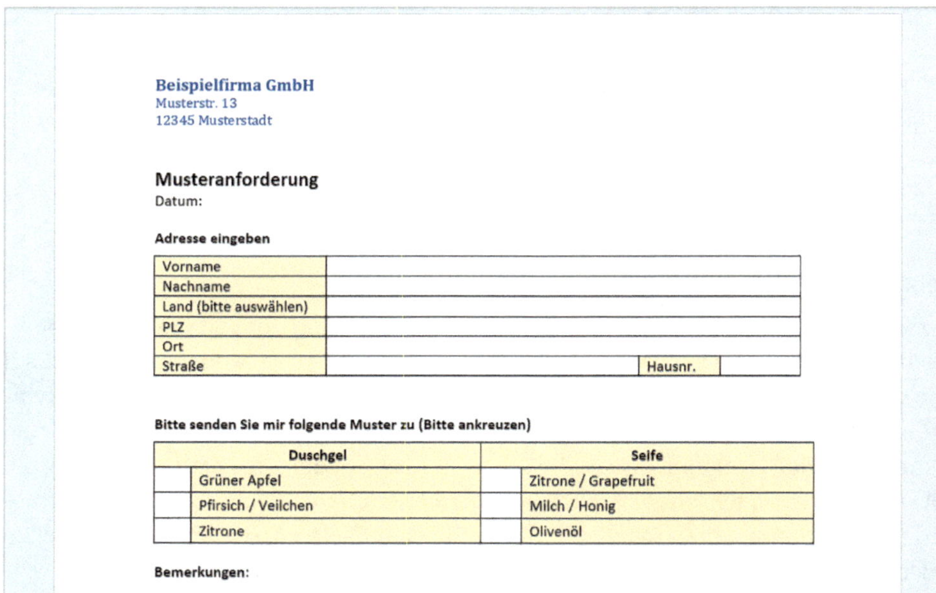

Beispielfirma GmbH
Musterstr. 13
12345 Musterstadt

Musteranforderung
Datum:

Adresse eingeben

Vorname			
Nachname			
Land (bitte auswählen)			
PLZ			
Ort			
Straße		Hausnr.	

Bitte senden Sie mir folgende Muster zu (Bitte ankreuzen)

	Duschgel		Seife
	Grüner Apfel		Zitrone / Grapefruit
	Pfirsich / Veilchen		Milch / Honig
	Zitrone		Olivenöl

Bemerkungen:

Die gelbe Hervorhebung dient in diesem Beispiel in erster Linie zur besseren Unterscheidung.

Als Dokumentvorlage speichern

Dokumentvorlagen, siehe Kap. 3.1.

Damit das Dokument später mehrfach verwendet werden kann, speichern Sie es als Dokumentvorlage, z. B. indem Sie im Register *Datei* auf *Speichern* klicken, im Fenster *Speichern unter* einen Dateinamen eingeben und den Dateityp *Word-Vorlage (*.dotx)* auswählen.

Das Register Entwicklertools einblenden

Die benötigten Formularelemente finden Sie zusammen mit weiteren nützlichen Befehlen im Register *Entwicklertools* des Menübands. Dieses Register ist normalerweise nicht sichtbar, zum Anzeigen klicken Sie mit der rechten Maustaste an eine beliebige freie Stelle im Menüband und auf den Befehl *Menüband anpassen...*.

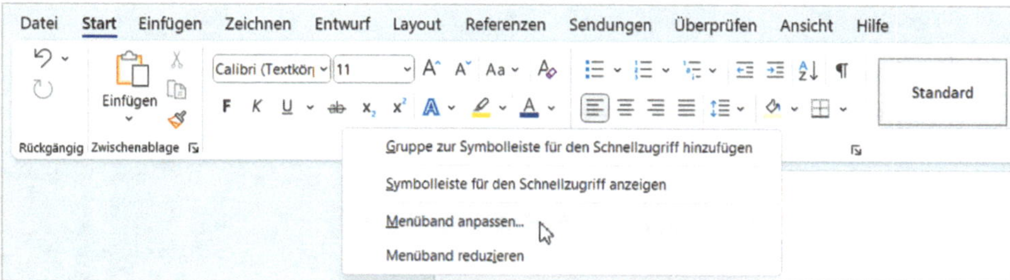

Bild 8.5 Menüband anpassen

Die Word-Optionen können Sie natürlich auch über das Register Datei öffnen

Die *Word-Optionen* öffnen sich mit der Kategorie *Menüband anpassen*. In der rechten Liste sehen Sie sämtliche Hauptregisterkarten, bereits verfügbare Registerkarten erkennen Sie am Häkchen. Aktivieren Sie das Kontrollkästchen *Entwicklertools*, falls ausgeblendet und übernehmen Sie die Änderung mit der Schaltfläche *OK*.

Bild 8.6 Register Entwicklertools einblenden

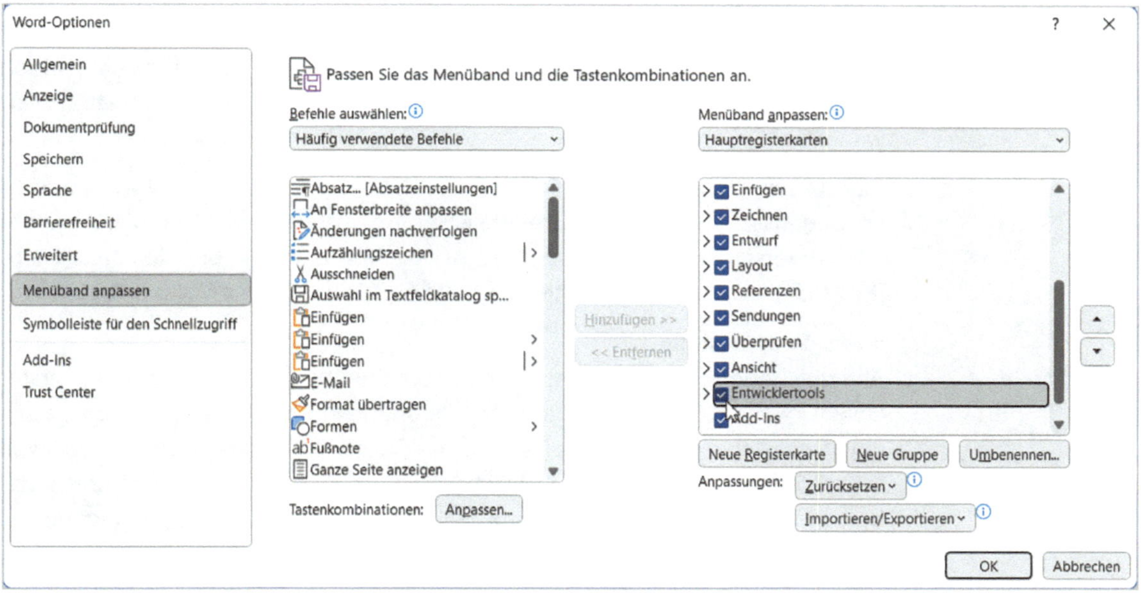

Das Register *Entwicklertools* erscheint im Menüband rechts vom letzten Register. Formularelemente und die für Formulare benötigten Elemente finden Sie in der Gruppe *Steuerelemente*.

Bild 8.7 Das Register Entwicklertools mit der Gruppe Steuerelemente

Steuerelemente - ein erster Überblick

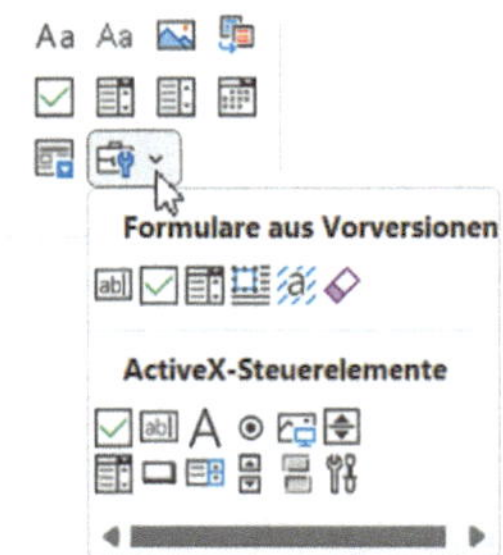

Bild 8.8 Weitere Steuerelemente anzeigen

Elemente, die später angeklickt und am Bildschirm ausgefüllt werden, werden als Steuerelemente bezeichnet, hier unterscheidet Word drei Kategorien. Wenn Sie im Register *Entwicklertools* ▶ *Steuerelemente* auf das Symbol *Vorversionstools* klicken, so erscheinen zusätzlich unter *Formulare aus Vorversionen* die Formularelemente aus älteren Word-Versionen (Word 2003 und älter) sowie die *ActiveX-Steuerelemente*.

Grundsätzlich können Elemente aller drei Kategorien verwendet werden, diese unterscheiden sich allerdings in Handhabung und Funktionsumfang zum Teil erheblich. Hier ein kurzer Überblick:

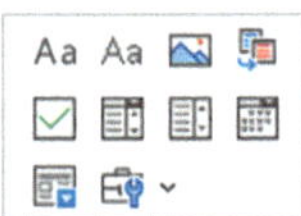

- **Inhaltssteuerelemente**
  Die Steuerelemente der aktuellen Version (Microsoft 365/ Word 2021), auch als Inhaltssteuerelemente bezeichnet, wurden mit Word 2007 eingeführt, sie finden unter anderem in den integrierten Kopf- und Fußzeilen oder Deckblättern Verwendung.

- **Formulare aus Vorversionen**
  Im Gegensatz zu den Inhaltssteuerelementen umfassen die Formularelemente aus Vorversionen nur Textfeld, Kontrollkästchen und Kombinationsfeld. Dafür lässt sich über die Eigenschaften auch die Ausführung eines Makros starten.

- **ActiveX-Steuerelemente**
  ActiveX-Steuerelemente bieten den größten Funktionsumfang. Sie sind in erster Linie für Web-Formulare vorgesehen, die online ausgefüllt werden. Da sich alle Eigenschaften und Möglichkeiten nur mit Programmierkenntnissen in VBA voll ausschöpfen lassen, würde eine Beschreibung an dieser Stelle zu weit führen, daher wird in diesem Buch auf ActiveX-Steuerelemente nicht näher eingegangen.

VBA: Visual Basic for Applications. Hierbei handelt es sich um die integrierte Programmiersprache von Microsoft Office.

8.3 Inhaltssteuerelemente verwenden

Übersicht Inhaltssteuerelemente

Befassen wir uns zunächst mit der wichtigsten Gruppe, den Inhaltssteuerelementen. In der nachfolgenden Tabelle erhalten Sie eine Übersicht und kurze Beschreibung ihrer Einsatzmöglichkeiten. Im Menüband sind die Elemente nur als Symbole sichtbar, erst beim Zeigen erscheint die dazugehörige Bezeichnung.

Element	Verwendung
Rich-Text-Inhaltssteuerelement	Hier kann entweder Text eingegeben oder ein anderes Element eingefügt werden, z. B. Tabellen, Grafiken oder Formen. Mit der Eingabetaste können auch mehrere Absätze erzeugt werden, der Text innerhalb des Elements kann außerdem beliebig formatiert werden.
Nur-Text-Inhaltssteuerelement	Erlaubt ausschließlich die Eingabe von Text oder Zahlen, die Formatierung richtet sich nach der Formatierung des gesamten Elements. Ein Absatzumbruch und damit die Eingabe mehrerer Absätze ist nicht möglich.
Bildinhaltssteuerelement	Hier kann beim Ausfüllen des Formulars ein Bild eingefügt werden.
Bausteinkatalog-Inhaltssteuerelement	Ermöglicht beim Ausfüllen die Auswahl aus einer Liste von Schnellbausteinen oder AutoTexten, die vorher über das Register *Einfügen - Schnellbausteine* erstellt wurden.
Kontrollkästchensteuerelement	Ermöglicht einfaches Aktivieren und Deaktivieren durch Anklicken oder Betätigen der Leertaste.
Kombinationsfeld-Inhaltssteuerelement	Öffnet beim Ausfüllen mit Klick auf den Pfeil eine Auswahlliste. Zusätzlich kann beliebiger Text eingegeben werden, falls der gewünschte Eintrag nicht in der Liste enthalten ist. Dieser wird nicht in der Liste gespeichert.
Dropdownlisten-Inhaltssteuerelement	Öffnet wie das Kombinationsfeld eine Auswahlliste. Im Gegensatz zum Kombinationsfeld können ausschließlich Listenelemente ausgewählt werden.
Datumsauswahl-Inhaltssteuerelement	Eingabe eines Datums, ein Klick auf den Pfeil öffnet ein Kalenderblatt zur Datumsauswahl. Im Gegensatz zu einem Datumsfeld ist dieses Datum nicht aktualisierbar!
Inhaltssteuerelement für wiederholte Abschnitte	Fasst mehrere Inhaltssteuerelemente und normalen Text zu einer Gruppe zusammen, die sich dann kopieren und mehrfach einfügen lässt.

Hinweis: Sämtliche Inhaltssteuerelemente sind nur in Dokumenten im Dateiformat .docx bzw. .dotx verfügbar!

Einfache Inhaltssteuerelemente einfügen

Die Inhaltssteuerelemente Datumsauswahl, Nur-Text, Rich-Text und Kontrollkästchen sind schnell eingefügt und bedürfen meist keiner weiteren Bearbeitung.

Datumsauswahl-Inhaltssteuerelement

Als erstes Inhaltssteuerelement fügen wir zur Datumseingabe in unser Beispiel Musteranforderung von Seite 318 ein Datumsauswahl-Inhaltssteuerelement ein. Platzieren Sie im Dokument den Cursor an der Stelle, an der das Steuerelement eingefügt werden soll und klicken Sie im Menüband, Register *Entwicklertools* auf das Symbol *Datumsauswahl*.

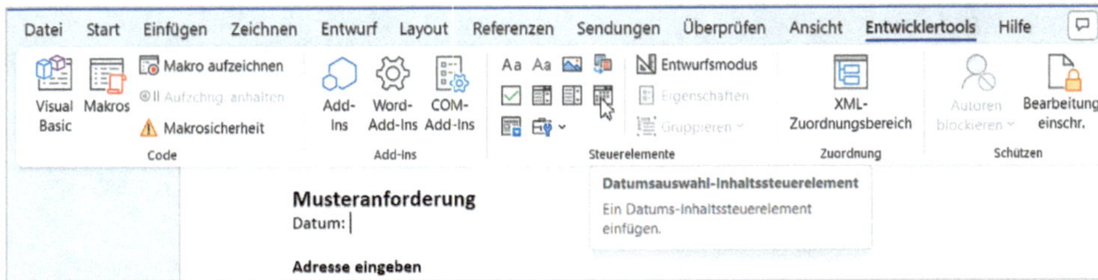

Bild 8.9 Datumsauswahl-Inhaltssteuerelement einfügen

Das eingefügte Steuerelement zeigt einen kurzen Hinweistext an und enthält einen Dropdown-Pfeil, der beim Anklicken oder mit den Tasten **Alt+Pfeil nach unten** ein Kalenderblatt zur Datumsauswahl öffnet, eine Eingabe per Tastatur ist ebenfalls möglich. Der Rahmen und die graue Schattierung sind nur sichtbar, wenn sich der Cursor im Steuerelement befindet, beide erscheinen auch nicht auf dem Ausdruck.

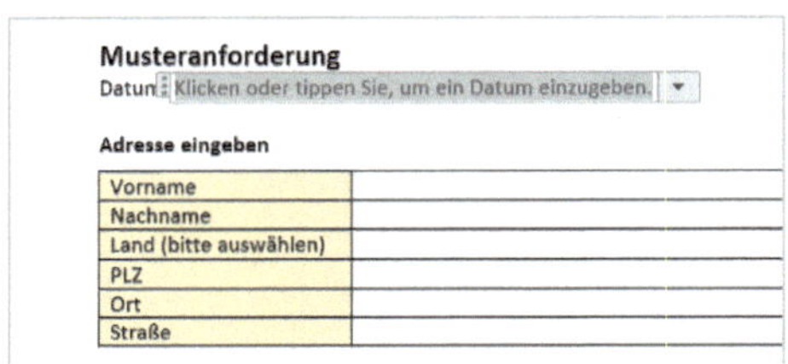

Bild 8.10 Das Steuerelement zur Datumsauswahl

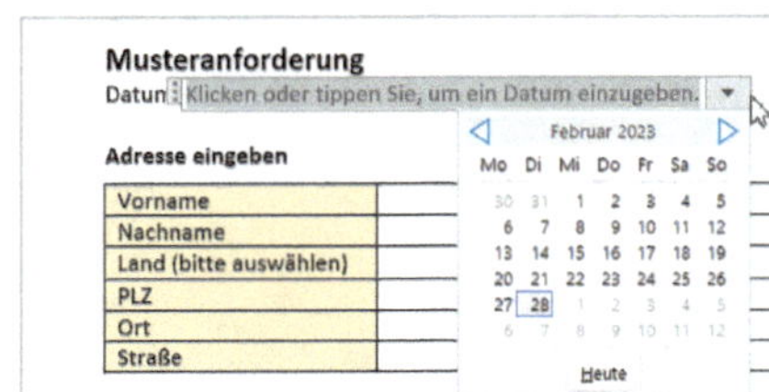

Bild 8.11 Ein Klick auf den Pfeil öffnet ein Kalenderblatt

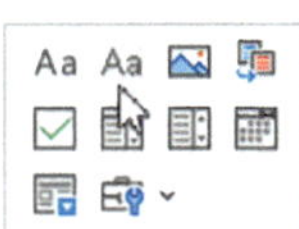

Nur-Text Inhaltssteuerelemente

Für Name und Anschrift ist mit Ausnahme des Landes jeweils eine Tastatureingabe erforderlich. Dazu eignet sich am besten das Inhaltssteuerelement Nur-Text, da es im Gegensatz zu Rich-Text keinen Absatzumbruch zulässt und daher in Tabellen ideal ist. Positionieren Sie den Cursor in der Tabelle in der Spalte neben dem Vornamen und klicken Sie auf das Symbol *Nur-Text-Inhaltssteuerelement*. Wiederholen Sie dann diesen Schritt für die Felder Nachname, PLZ, Ort, Straße und Hausnummer.

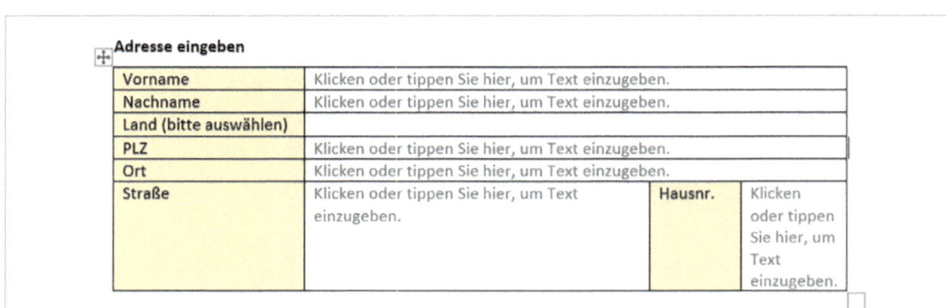

Bild 8.12 Nur-Text-Inhaltssteuerelemente zur Eingabe der Adresse

Tipp: Befehl wiederholen

Die Funktionstaste **F4** wiederholt den jeweils letzten Befehl. Um nacheinander mehrere identische Steuerelemente einzufügen wie hier, brauchen Sie nur an die jeweils nächste Einfügeposition klicken und die Taste **F4** drücken.

Kontrollkästchen

In der zweiten Tabelle werden Kontrollkästchen zum Ankreuzen benötigt. Auch diese fügen Sie ein, indem Sie wieder den Cursor an der gewünschten Stelle positionieren und auf das *Kontrollkästchensteuerelement* klicken.

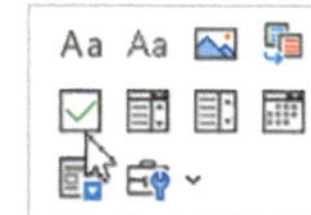

Rich-Text-Inhaltssteuerelement

Zur Eingabe von Bemerkungen fügen Sie anschließend noch ein Rich-Text-Inhaltssteuerelement hinzu. Damit können an dieser Stelle später auch mehrere Absätze eingegeben werden, da dieses Steuerelement einen Absatzumbruch unterstützt.

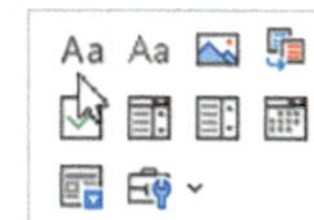

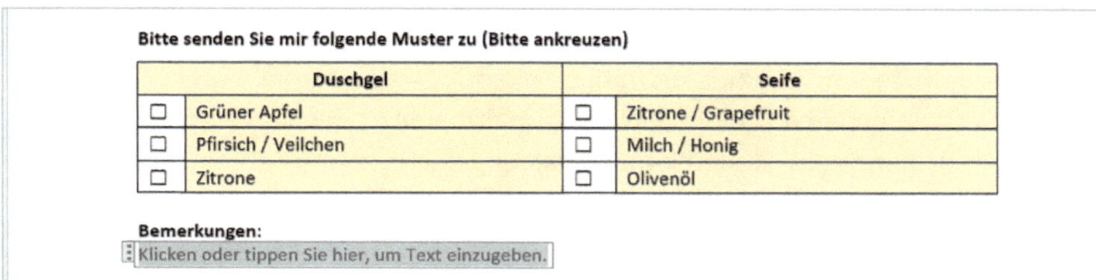

Bild 8.13 Kontrollkästchen und Rich-Text-Inhaltssteuerelement

Bildinhaltssteuerelement

Relativ einfach gestaltet sich auch der Umgang mit Bildinhaltssteuerelementen. Fügen Sie das Element ein und ziehen Sie es mit der Maus in die gewünschte Größe. Beim Klick auf das Symbol des Elements öffnet sich das Fenster *Bilder einfügen* und Sie können, wie gewohnt, Speicherort und Bilddatei auswählen.

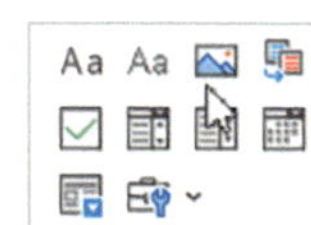

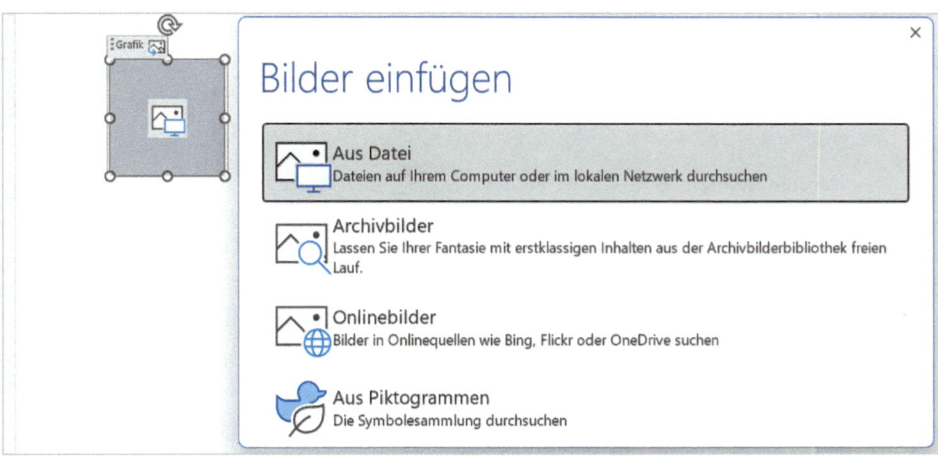

Bild 8.14 Das Bildinhaltssteuerelement: Bild einfügen

Steuerelemente markieren und löschen

In der Standardeinstellung erscheint ein Rahmen um das Steuerelement, sobald Sie darauf klicken, gleichzeitig wird der Hinweistext grau hinterlegt (siehe Bild unten links). Beides signalisiert, das Element ist aktiviert und Sie können hier Text eingeben bzw. das Kontrollkästchen ankreuzen. Die **Entf**-Taste löscht in diesem Fall den Inhalt, nicht aber der Steuerelement.

Um dagegen ein versehentlich eingefügtes Inhaltssteuerelement aus dem Dokument zu entfernen, müssen Sie das gesamte Element markieren. Dazu klicken Sie am linken Rand des Rahmens auf die Lasche mit den drei Punkten. Nun ist das Steuerelement markiert und kann mit der **Entf**- oder der **Korrektur**-Taste gelöscht werden.

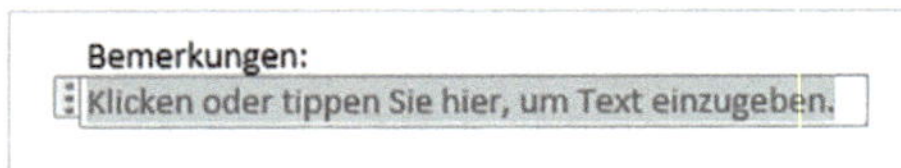

Bild 8.15 Das Steuerelement ist aktiviert

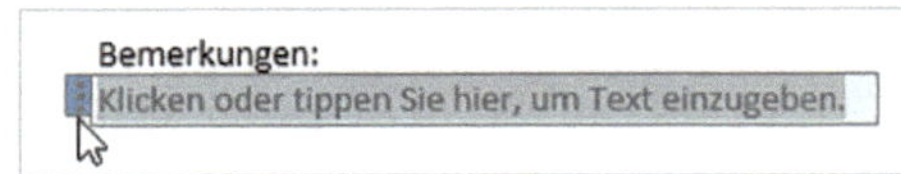

Bild 8.16 Das gesamte Steuerelement markieren

Kombinationsfeld /Dropdownlisten-Inhaltssteuerelement

Zuletzt fehlt noch ein Feld zur Auswahl des Landes. Dazu fügen Sie ein Dropdownlisten-Inhaltssteuerelement ein. Sollte in Ausnahmefällen der Hinweistext im Steuerelement nicht ganz zum Steuerelement passen, ist dies kein Problem, auf Seite 329 erfahren Sie, wie Sie diesen Text ändern.

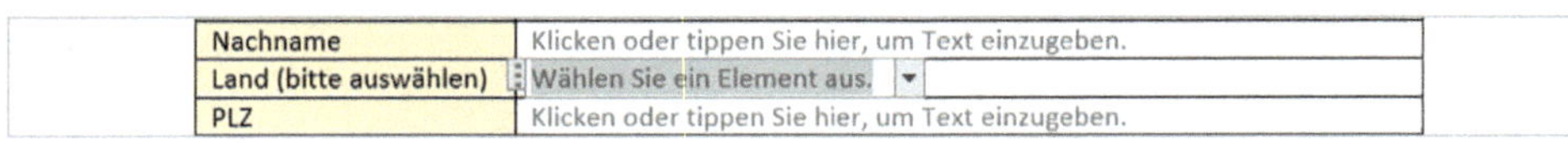

Bild 8.17 Dropdownlisten-Inhaltssteuerelement

Listeneinträge hinzufügen

Die Inhalte der Auswahllisten von Kombinations- und Dropdownlistenelementen legen Sie in deren Eigenschaften fest.

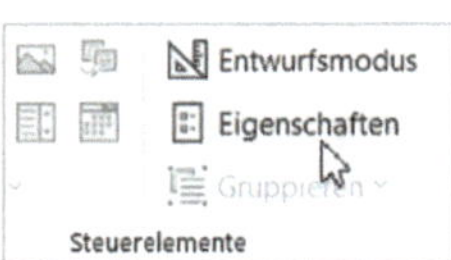

1 Dazu klicken Sie in das Steuerelement und im Menüband ► *Entwicklertools* ► *Steuerelemente* auf *Eigenschaften*.

2 Klicken Sie dann im Fenster *Eigenschaften von Inhaltssteuerelementen* unter *Dropdownlisten-Eigenschaften* auf die Schaltfläche *Hinzufügen...* ❶, geben Sie im Feld *Anzeigename* das erste Land ein ❷ und klicken Sie auf *OK* ❸.

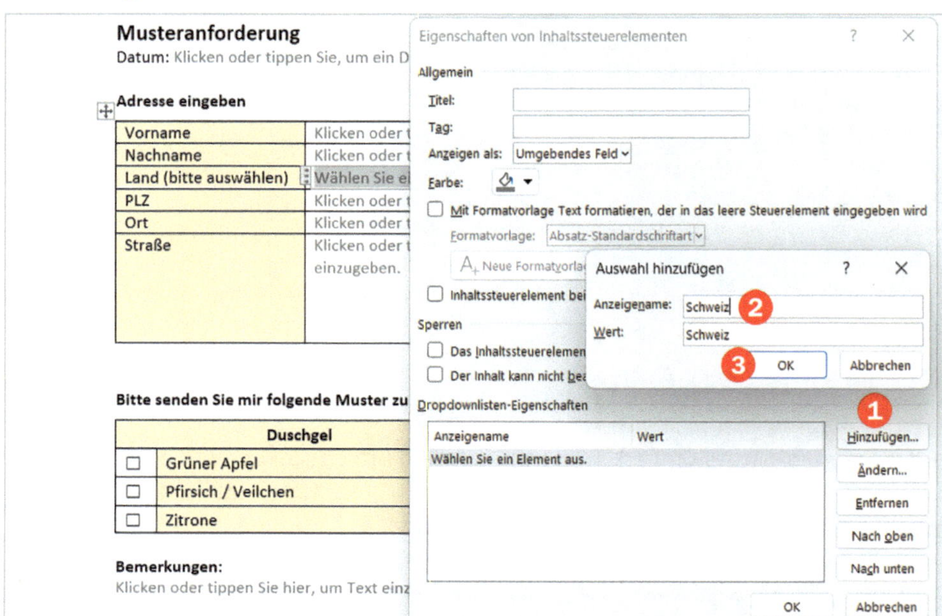

Bild 8.18 Listenelemente hinzufügen

3 Wiederholen Sie den letzten Schritt, bis alle benötigten Länder erfasst sind.

4 Der Hinweistext *Wählen Sie...* kann aus der Liste entfernt werden: Markieren Sie diesen Eintrag und klicken Sie auf die Schaltfläche *Entfernen...*.

Mit den Schaltflächen *Ändern...*, *Nach oben* und *Nach unten* können Sie Einträge umbenennen und die Reihenfolge ändern.

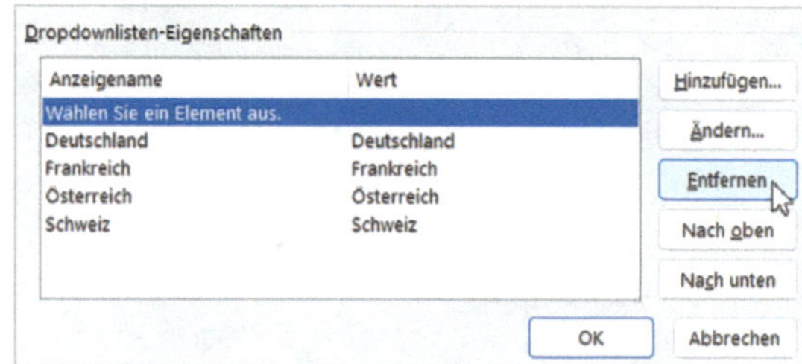

5 Schließen Sie dann das Fenster *Eigenschaften* mit *OK*.

Hinweis: Das Fenster *Auswahl hinzufügen* enthält außer dem Feld *Anzeigename* auch noch das Feld *Wert*. Falls für eine spätere Verwendung ein abweichender Inhalt benötigt wird, können Sie diesen hier eingeben, z. B. das Länderkürzel oder eine Zahl.

Das Ergebnis sehen Sie im Bild unten. Da es sich um ein Dropdownlisten-Inhaltssteuerelement handelt, kann ausschließlich unter den Listeneinträgen ausgewählt werden, auch ein Ändern ist nicht möglich.

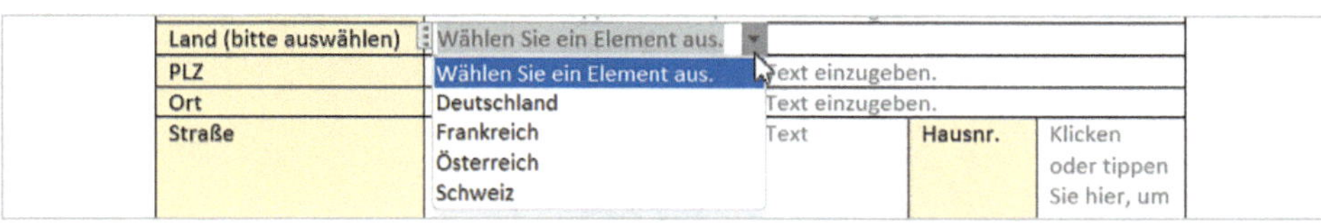

Bild 8.19 Das fertige Dropdownlisten-Inhaltssteuerelement

Bausteinkatalog-Inhaltssteuerelement

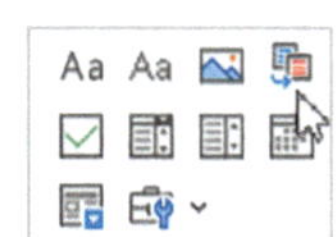

Mit dem Bausteinkatalog-Inhaltssteuerelement können Sie eine Auswahl von Textbausteinen bzw. Schnellbausteinen zur Verfügung stellen. Auf diese Weise lassen sich beispielsweise in Verträgen schnell vorgegebene Textpassagen einsetzen oder ganze Briefe aus Bausteinen zusammensetzen. Der Vorteil gegenüber dem üblichen Einfügen von Schnellbausteinen: Die Bausteine lassen sich auch von ungeübten Benutzern leicht auswählen und einfügen und Sie können die Auswahl auf bestimmte Schnellbausteine beschränken.

Weitere Vorteile: Im Gegensatz zum Dropdownlisten-Inhaltssteuerelement sind bei diesem Steuerelement auch Eingaben unabhängig von der Auswahlliste möglich und der Inhalt eines Schnellbausteins kann nach dem Einfügen geändert werden.

Voraussetzung ist, dass sich alle benötigten Bausteine im selben Katalog befinden. Dazu wählen Sie beim Speichern der zur Auswahl vorgesehenen Schnellbausteine am besten einen benutzerdefinierten Katalog, z. B. *Benutzerdefinierte Schnellbausteine* aus wie im Bild rechts.

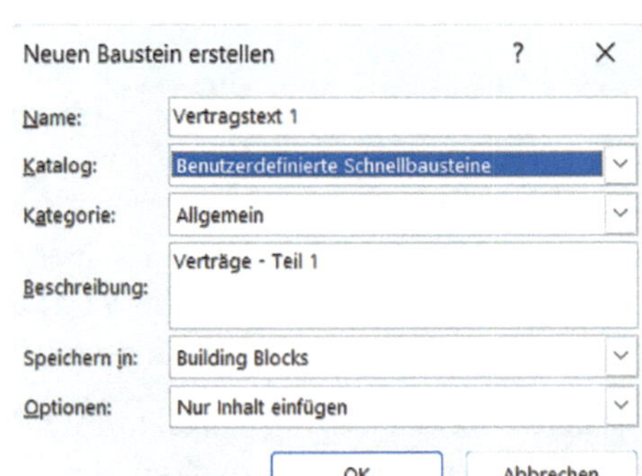

Bild 8.20 Baustein im Katalog Benutzerdefinierte Schnellbausteine speichern

Schnellbausteine, siehe Kapitel 1.4, Wiederverwendbare Elemente als Bausteine speichern.

Nach dem Einfügen eines Bausteinkatalog-Inhaltssteuerelements klicken Sie zur weiteren Bearbeitung in das Element ❶ und dann im Menüband, Register *Entwicklertools* auf *Eigenschaften* ❷.

Standardmäßig enthält das Inhaltssteuerelement alle Schnellbausteine. Um die Anzeige auf einen bestimmten Katalog zu beschränken, klicken Sie im Fenster *Eigenschaften von Inhaltssteuerelementen* (Bild 8.21) in das Feld *Katalog* und wählen einen Katalog, hier *Benutzerdefinierte Schnellbausteine* ❸. Falls Sie zur Verwaltung Ihrer Schnellbausteine Kategorien nutzen, können Sie unterhalb zusätzlich noch nach diesen filtern.

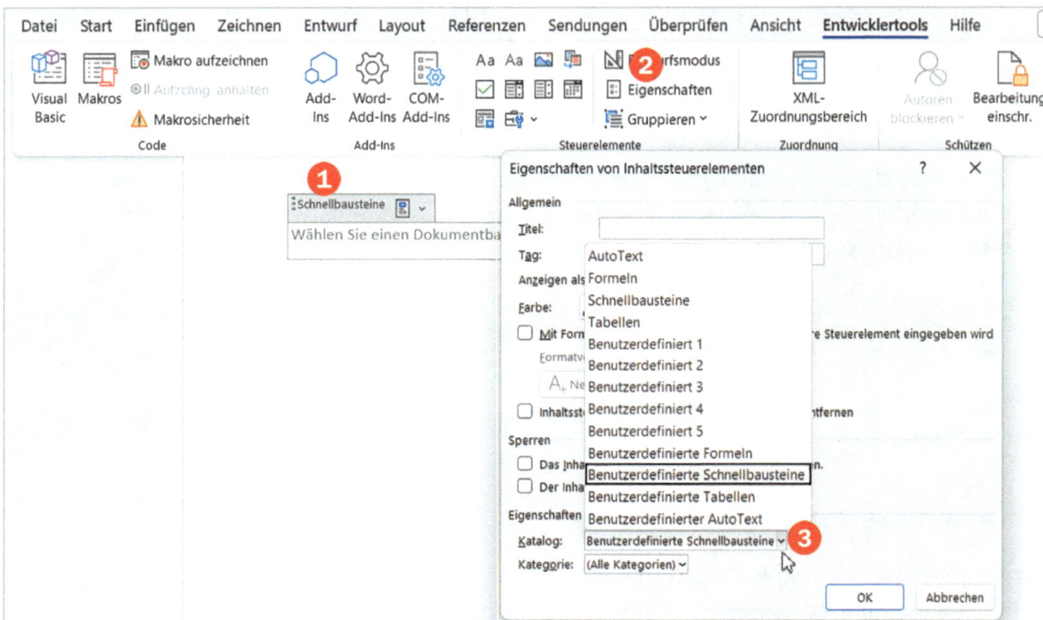

Bild 8.21 Bausteinkatalog-Inhaltssteuerelement: Katalog auswählen

> **Schnellbausteine einfügen - auch für ungeübte Benutzer**
>
> Wenn Sie in einer Dokumentvorlage Text- bzw. Schnellbausteine zur Verfügung stellen und diese auch von ungeübten Benutzern verwendet werden soll, dann sollten Sie zum Einfügen der Bausteine Bausteinkatalog-Inhaltssteuerelemente nutzen. Diese können, statt auf dem umständlichen Weg über *Einfügen* ▶ *Schnellbausteine*, direkt im Dokument mit Klick in das Steuerelement ausgewählt werden.

Tabellen erweitern durch Inhaltssteuerelemente für wiederholte Abschnitte

Tabellen kommen in Formularen häufig zum Einsatz, allerdings steht nicht in allen Fällen der Umfang der Tabelle bereits von Anfang an fest. Dann bietet sich das *Inhaltssteuerelement für wiederholte Abschnitte* an, das beim Ausfüllen das Hinzufügen weiterer Zeilen mit einem vorgegebenen Muster erlaubt.

Als Beispiel ein einfaches Bestellformular, bestehend aus einer Tabelle, die bei der Eingabe um weitere Zeilen erweitert werden kann.

1 Die Tabelle des Beispiels besteht zunächst nur aus der Überschriftzeile und einer Zeile zur Eingabe des ersten Artikels (Bild unten). Diese Zeile erhält in der ersten Spalte ein Nur-Text-Inhaltssteuerelement zur Eingabe der Anzahl und in der zweiten Spalte ein Kombinationsfeld zur Auswahl des Artikels. Für dieses Kombinationsfeld legen Sie in den Eigenschaften die Einträge fest.

Kombinationsfeld und Dropdownlisten-Inhaltssteuerelement, siehe Seite 324.

2 Markieren Sie dann die zu wiederholende Tabellenzeile, hier die Zeile zwei ❶, und klicken Sie in der Gruppe *Steuerelemente* auf *Inhaltssteuerelement für wiederholte Abschnitte* ❷.

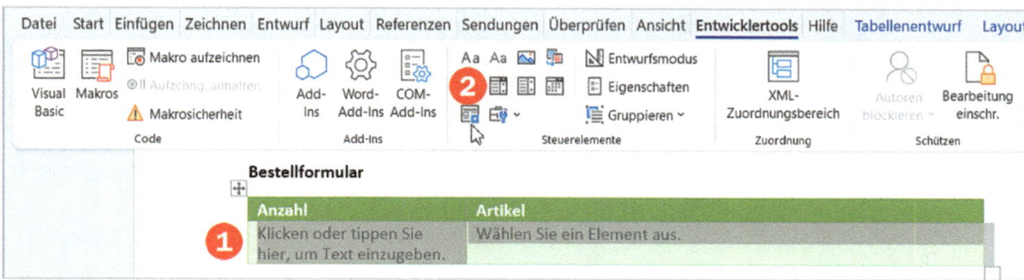

Bild 8.22 Markieren Sie die Tabellenzeile und klicken Sie auf Inhaltssteuerelement für wiederholte Abschnitte

3 Alle Elemente im markierten Bereich, in diesem Fall die beiden Steuerelemente der Zeile, werden in einem weiteren Steuerelement zusammengefasst und in der rechten unteren Ecke des neuen Steuerelements erscheint eine Schaltfläche mit einem Plus-Symbol ❸ (Bild unten).

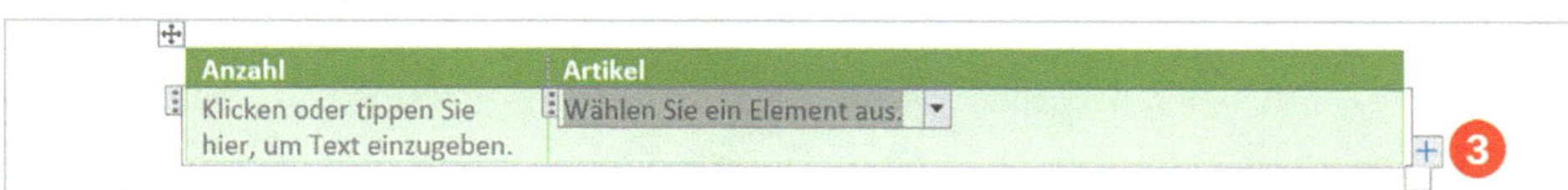

Bild 8.23 Die Steuerelemente wurden in einem zusätzlichen Steuerelement zusammengefasst

4 Nun müssen Sie nur noch sicherstellen, dass beim Ausfüllen weitere Abschnitte hinzugefügt werden können. Markieren Sie das Inhaltssteuerelement und klicken Sie im Menüband, Register *Entwicklertools* ▶ *Steuerelemente* auf *Eigenschaften*.

5 Das Kontrollkästchen *Benutzern das Hinzufügen und Entfernen von Abschnitten erlauben* muss aktiviert sein (Bild unten). Optional können Sie auch noch einen Abschnittstitel hinzufügen.

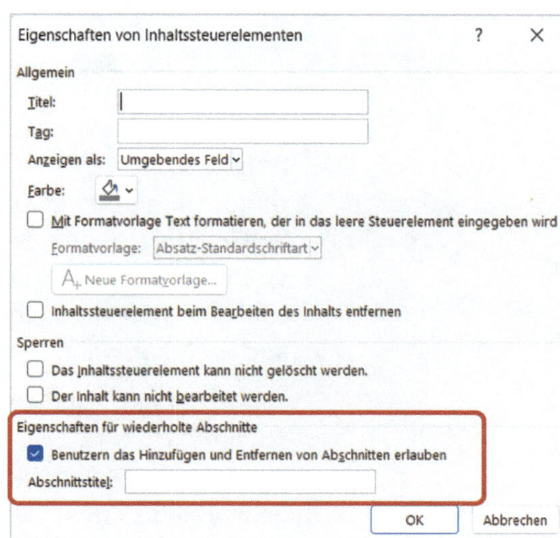

Bild 8.24 Eingenschaften bearbeiten

Zeilen beim Ausfüllen anfügen

Beim Ausfüllen des Formulars können später mit Klick auf das Pluszeichen beliebig viele weitere Zeilen mit identischen Steuerelementen angefügt werden (Bild 8.25).

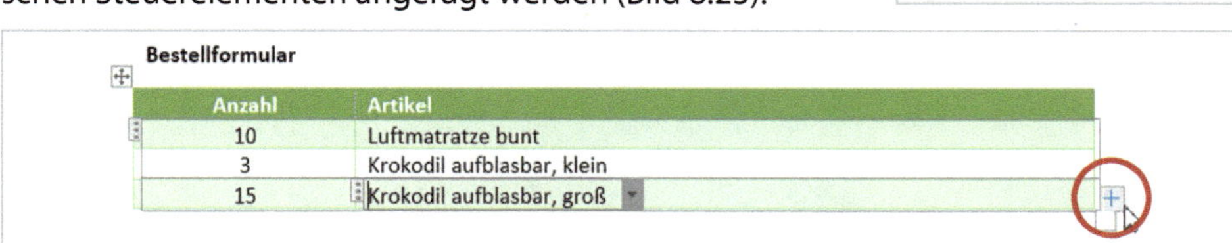

Bild 8.25 Weitere Tabellenzeile mit Steuerelementen anfügen

8.4 Weitere Eigenschaften von Inhaltssteuerelementen

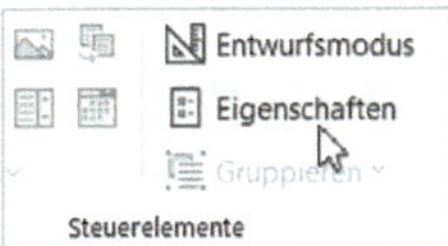

Neben den oben bereits beschriebenen Listenelementen von Kombinationsfeldern und Dropdownlisten, verfügen Inhaltssteuerelemente noch über weitere Eigenschaften. Um sie zu bearbeiten, markieren Sie das betreffende Element und klicken Sie im Menüband, Register *Entwicklertools* auf *Eigenschaften*.

Titel und Umrandung

Titel und Tag

Optional kann ein Steuerelement mit einem Titel ❶ versehen werden. Dieser erscheint in der linken oberen Ecke, sobald das Steuerelement ausgewählt ist und eignet sich für Kurzinfos. Unter *Tag* können Sie dem Steuerelement einen Namen zuweisen, über den es in einer VBA-Prozedur angesprochen werden kann.

Bild 8.26 Titel und Rahmenart festlegen: Anzeigen als Umgebendes Feld

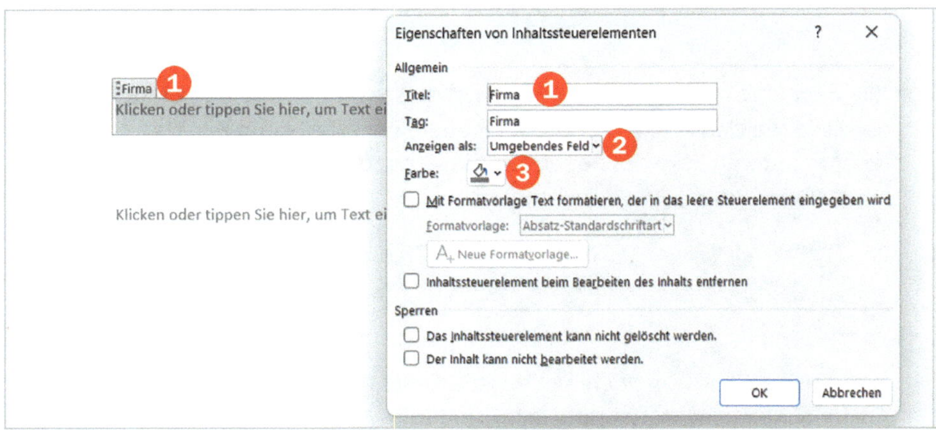

Umrandung

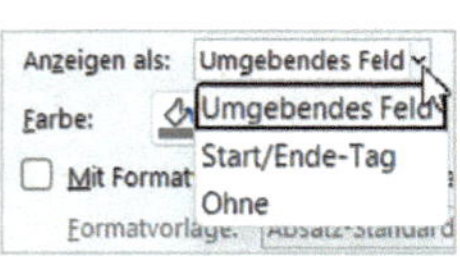

Umrandung und Hervorhebung des aktuell ausgewählten Steuerelements, legen Sie im Feld *Anzeigen als* ❷ fest. Die Standardeinstellung ist *Umgebendes Feld*, dagegen erscheinen mit *Start/Ende-Tag* links und rechts vom Steuerelement Markierungen, die auch den Titel anzeigen, falls vorhanden (Bild 8.27). **Achtung**: Die Start/Ende-Tags sind auch sichtbar, wenn sich der Cursor nicht im Feld befindet und werden mit gedruckt.

Ohne lässt den Rahmen am Bildschirm verschwinden und das Steuerelement unterscheidet sich bis auf die graue Schattierung nicht von normalem Text, Beispiele sehen Sie in Bild 8.27 und Bild 8.28 unterhalb. Über das Symbol *Farbe* ❸ können Sie die Rahmenfarbe auswählen.

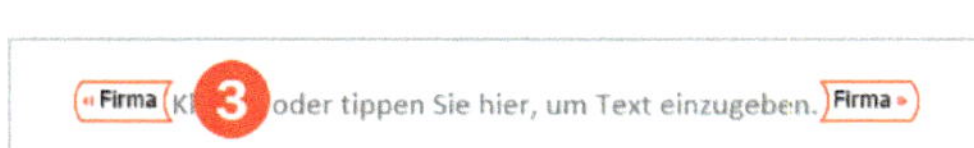

Bild 8.27 Mit Start/Ende-Tag und Titel

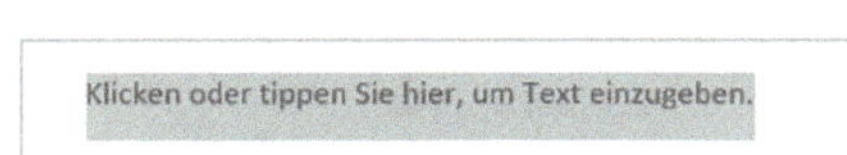

Bild 8.28 Ohne

Hinweistext ändern

Der Titel, siehe oben, darf nicht verwechselt werden mit dem Hinweistext, der in einem leeren Steuerelement anstelle des Inhalts erscheint, z. B. *Klicken Sie oder tippen Sie hier....* Wenn hier stattdessen ein anderer Text erscheinen soll, dann müssen Sie zuerst den Entwurfsmodus aktivieren und damit die Funktion der Steuerelemente außer Kraft setzen. Den Entwurfsmodus aktivieren und deaktivieren Sie über die gleichnamige Schaltfläche ❶ der Gruppe *Steuerelemente* (Register *Entwicklertools*). Anschließend können Sie statt des Standardtextes beliebigen Text eingeben ❷.

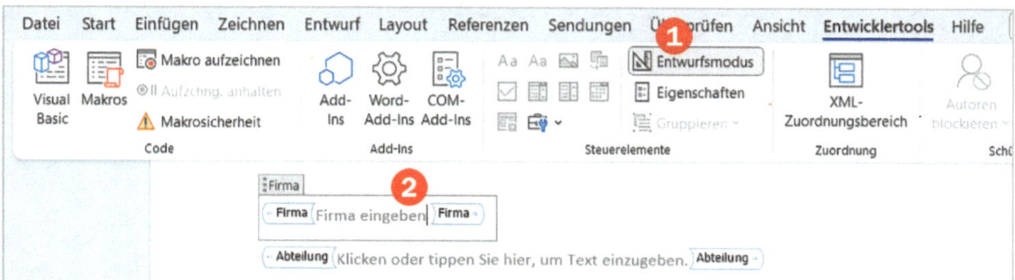

Bild 8.29 Im Entwurfsmodus ist die Funktion der Steuerelemente deaktiviert

Hinweis: Im Entwurfsmodus werden alle Steuerelemente mit Begrenzungs-Tags angezeigt, diese verschwinden aber wieder, sobald Sie den Entwurfsmodus deaktivieren.

> **Der Entwurfsmodus deaktiviert alle Steuerelemente**
>
> Im Entwurfsmodus sind alle Steuerelemente deaktiviert. Vergessen Sie daher nach dem Ändern nicht, den Entwurfsmodus mit einem weiteren Klick auf *Entwurfsmodus* (*Entwicklertools*) wieder auszuschalten!

Formatierung und Verhalten beim Ausfüllen

Der Inhalt eines Steuerelementes erhält automatisch die Formatierung, die im Dokument an dieser Position vorhanden ist. **Beispiel**: Sie formatieren einen leeren Absatz mit rotbrauner Schriftfarbe und der Schriftart Arial Black. Wenn Sie anschließend an dieser Stelle ein Rich-Text oder Nur-Text-Inhaltssteuerelement einfügen, erhält der Inhalt beim Ausfüllen dieselbe Formatierung. Auf den Hinweistext hat dies dagegen keinerlei Auswirkungen, dann verrät nur die Absatzmarke die vorhandene Formatierung (Bild 8.30). Legen Sie daher derartige Formatierungen am besten stets vor Einfügen eines Steuerelements fest, da nachträgliche Formatierungen nicht immer in der gewünschten Form übernommen werden.

Bild 8.30 Inhalt formatieren

Formatvorlage zuweisen

Wenn Sie stattdessen in den Eigenschaften das Kontrollkästchen *Mit Formatvorlage Text formatieren, der in das Steuerelement eingegeben wird* aktivieren ❶, dann können

Sie im Fenster *Eigenschaften* dem Steuerelement eine Formatvorlage zuweisen, die Sie gleich unterhalb auswählen ❷. Falls keine geeignete Formatvorlage vorhanden ist, lässt sich diese über die Schaltfläche *Neue Formatvorlage* erstellen.

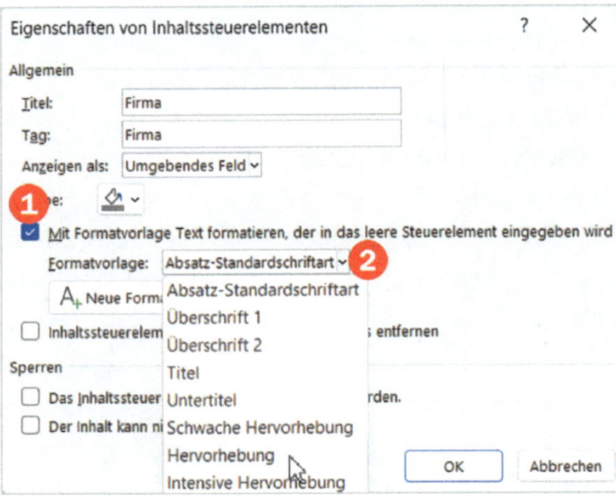

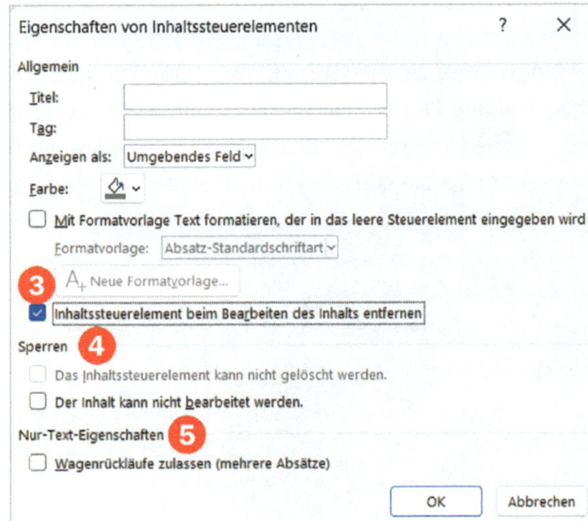

Bild 8.31 Formatvorlage zuweisen

Bild 8.32 Verhalten beim Ausfüllen

Das Verhalten des Steuerelements beim Ausfüllen steuern

Im Fenster *Eigenschaften von Inhaltssteuerelementen* finden Sie außerdem folgende Kontrollkästchen, diese sollten aber nur in Ausnahmefällen aktiviert werden.

- Ist das Kontrollkästchen *Inhaltssteuerelement beim Bearbeiten entfernen* ❸ aktiviert, so wird beim Ausfüllen das Steuerelement durch den eingegebenen Text ersetzt. Nachteilig ist dies bei späteren Änderungen, wenn z. B. nachträglich ein anderes Land ausgewählt werden soll.
- Unter *Sperren* ❹ verhindert das Kontrollkästchen *Das Inhaltssteuerelement kann nicht gelöscht werden*, dass das Steuerelement beim Bearbeiten versehentlich gelöscht wird. Dies gilt jedoch nicht für das Ausfüllen!
- Ist das Kontrollkästchen *Der Inhalt kann nicht bearbeitet werden* aktiviert, dann ist beim Ausfüllen des Formulars in diesem Steuerelement keine Eingabe möglich.

Elementspezifische Eigenschaften

In Nur-Text-Inhaltssteuerelement einen Absatzumbruch zulassen

Bei Nur-Text-Inhaltssteuerelementen können Sie mit dem Kontrollkästchen *Wagenrückläufe zulassen* ❺ (Bild 8.32 oben) die Eingabe mehrerer Absätze zulassen. Standardmäßig wird dies dagegen nur von Rich-Text-Elementen unterstützt.

Datumsauswahl - Datumsformat

In den *Eigenschaften* des Datumsauswahl-Inhaltssteuerelements legen Sie zusätzlich zu den oben genannten Eigenschaften das Datumsformat fest. Das Gebietsschema richtet sich nach den Grundeinstellungen von Word, z. B. *Deutsch (Deutschland)*, falls gewünscht, können Sie auch ein abweichendes Gebietsschema wählen. Im Feld *Datum wie folgt anzeigen* klicken Sie einfach auf das gewünschte Format ❶ oder geben Sie in der Zeile darüber selbst ein Datumsformat ein, z. B. dd. MMMM yyyy.

Aussehen der Kontrollkästchen ändern

Ein Kontrollkästchen ist entweder aktiviert oder deaktiviert. Das genaue Aussehen im aktiven bzw. inaktiven Zustand können Sie ebenfalls in den dazugehörigen Eigenschaften steuern. Klicken Sie jeweils bei *Aktiviert-Symbol* und bei *Deaktiviert-Symbol* auf die Schaltfläche *Ändern…* ❷, um anschließend im Dialogfenster *Symbol* ein anderes Zeichen auszuwählen, z. B. ☑ (Wingdings, Zeichencode 254).

Tipp: Die vorgenommenen Änderungen gelten nur für das bearbeitete Kontrollkästchen. Benötigen Sie mehrere identische Kontrollkästchen, so kopieren Sie dieses am einfachsten samt der zuvor festgelegten Eigenschaften.

Standardvorgabe beim Ausfüllen

Ob ein Kontrollkästchen beim Ausfüllen bereits aktiviert ist oder nicht, hängt davon ab, in welchem Zustand es sich befindet, wenn das Formular bzw. die Vorlage gespeichert wird. Sie können also als Ersteller die Vorgabe steuern.

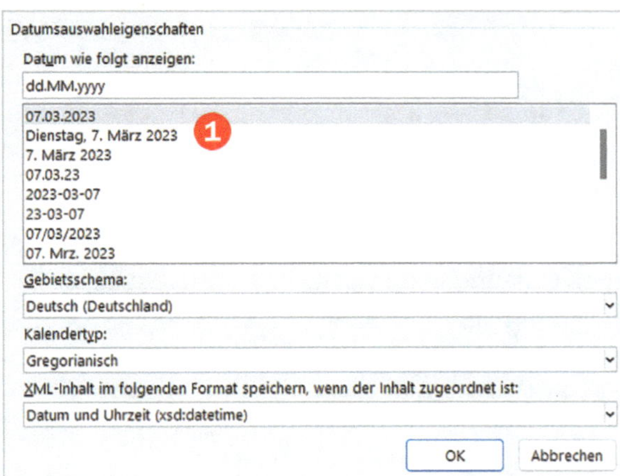

Bild 8.33 Datumseigenschaften

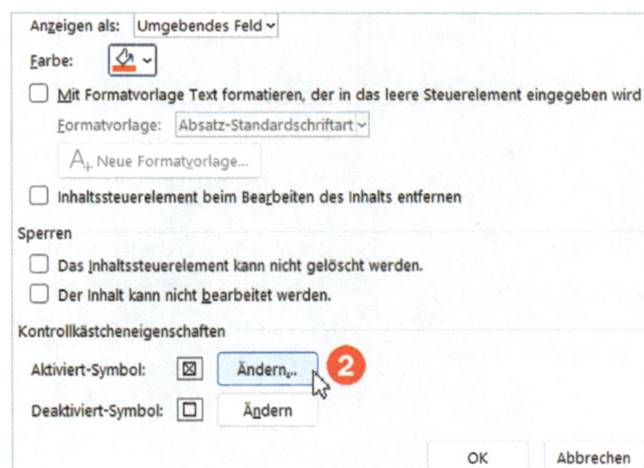

Bild 8.34 Aussehen des markierten Kontrollkästchens steuern

8.5 Formular vor Änderungen schützen

Formular schützen

In der Regel soll ein Formular bzw. die Dokumentvorlage von mehreren Personen genutzt werden. Um ausschließlich Formulareingaben zuzulassen und Änderungen am übrigen Formular zu verhindern, müssen Sie im letzten Schritt vor der Fertigstellung das Formular schützen, am besten mit einem Kennwort.

Tipp: Denselben Befehl finden Sie auch im Register *Datei* ▶ *Informationen*. Klicken Sie hier auf *Dokument schützen* und auf *Bearbeitung einschränken* (s. Bild 8.36).

1 Dazu klicken Sie im Menüband, Register *Entwicklertools* ▶ *Schützen* auf *Bearbeitung einschr.* ❶ (Bild 8.35 auf der nächsten Seite).

2 Der Aufgabenbereich *Bearbeitung einschränken* wird am rechten Bildschirmrand geöffnet. Aktivieren Sie unter Punkt *2. Bearbeitungseinschränkungen* das Kontrollkästchen *Nur diese Bearbeitungen im Dokument zulassen* ❷ und wählen Sie im Listenfeld darunter *Ausfüllen von Formularen* ❸ aus.

3 Klicken Sie nun unter Punkt 3 auf die Schaltfläche *Ja, Schutz jetzt anwenden* ❹, geben Sie im folgenden Fenster ein Kennwort ein ❺ und wiederholen Sie dieses. Falls Sie kein Kennwort verwenden möchten, lassen Sie die Felder leer.

Bild 8.35 Bearbeitung einschränken und Kennwort eingeben

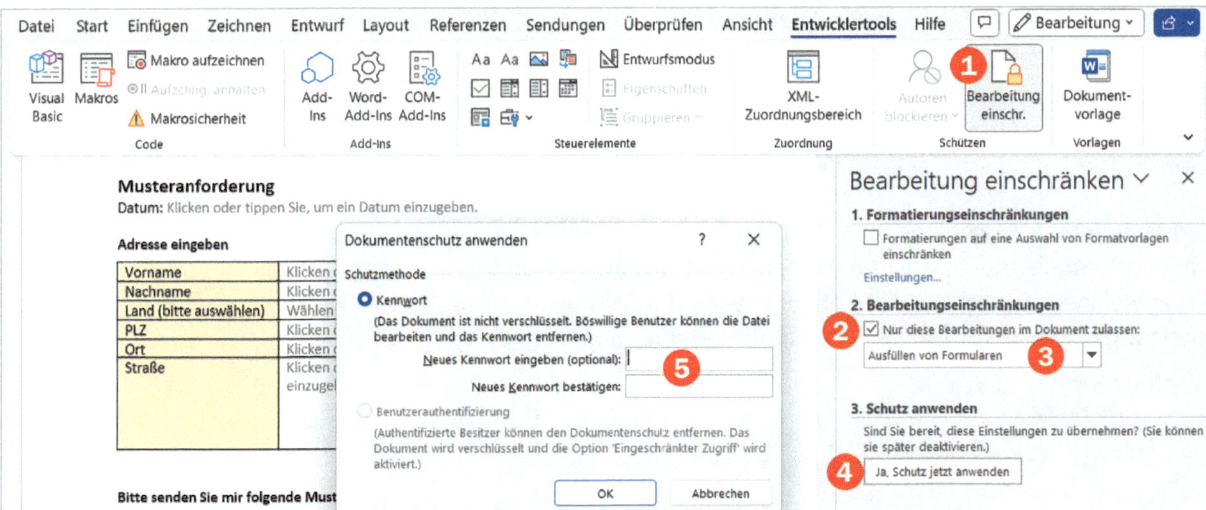

Hinweis: Sollte die Schaltfläche *Schutz jetzt anwenden* deaktiviert sein, dann müssen Sie zuvor den Entwurfsmodus ausschalten!

Speichern Sie zuletzt das fertige Formular als Dokumentvorlage, falls nicht bereits geschehen. Ab jetzt können im gesamten Dokument nur noch Formularfelder ausgefüllt bzw. deren Inhalt geändert werden. Außerhalb der Felder sind keinerlei Bearbeitungen/Änderungen möglich. In einem geschützten Formular kann auch bereits eingegebener Text in einem Steuerelement nicht formatiert werden.

Formularschutz aufheben

Falls Sie später Änderungen am Formular vornehmen möchten, müssen Sie den Formularschutz zuerst wieder aufheben. Dazu klicken Sie wieder in der Registerkarte *Entwicklertools*, Gruppe *Schützen* auf *Bearbeitung einschr.* oder, falls das Register *Entwicklertools* ausgeblendet ist, im Register *Datei* ▶ *Informationen* auf *Dokument schützen* und wählen Sie *Bearbeitung einschränken*, wie im Bild rechts.

Bild 8.36 Register Datei - Dokument schützen

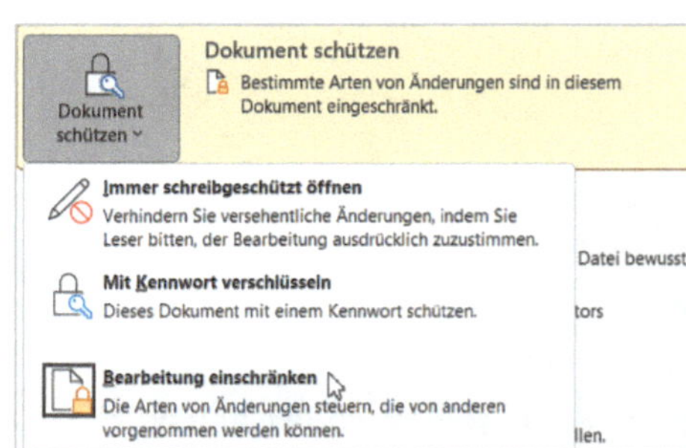

Klicken Sie dann im Aufgabenbereich *Bearbeitung einschränken* auf die Schaltfläche *Schutz aufheben* und geben Sie im nachfolgenden Fenster Ihr Kennwort ein.

Nur bestimmte Bereiche des Formulars schützen

Dokument in Abschnitte aufteilen

Sollen nur bestimmte Bereiche des Formulars geschützt werden, dann müssen Sie das Dokument zuvor mit einem fortlaufenden Abschnittswechsel in Abschnitte aufteilen. Anschließend finden Sie im Arbeitsbereich *Bearbeitung einschränken* unter *2. Bearbeitungseinschränkungen* die Möglichkeit *Abschnitte auswählen...* ❶. Über die Kontrollkästchen ❷ können Sie anschließend gezielt für jeden einzelnen Abschnitt angeben, ob dieser geschützt werden soll.

Abschnitte, siehe Kapitel 2.3, Dokument in Abschnitte aufteilen.

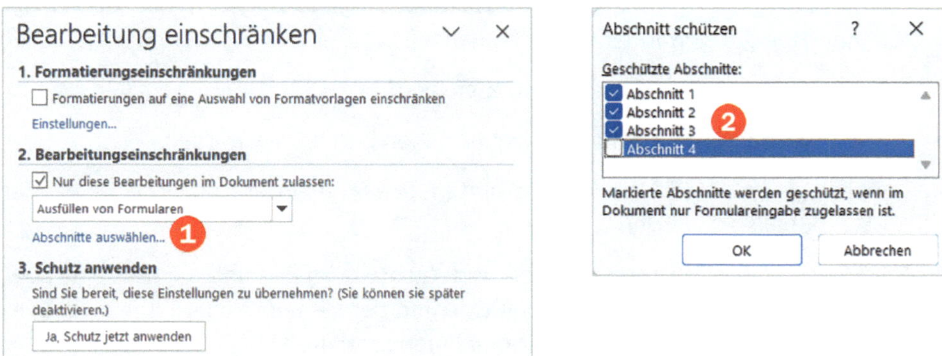

Bild 8.37 Bearbeitungseinschränkungen - Abschnitte auswählen

Im Bild werden alle Abschnitte bis auf Abschnitt 4 geschützt.

Textbereiche und Inhaltssteuerelemente gruppieren

Gruppieren bietet eine zweite Möglichkeit, in bestimmten Bereichen nur die Eingabe in Formularelemente zu erlauben, allerdings mit einem gravierenden Nachteil: Es ist kein Kennwortschutz möglich und die Gruppierung kann somit jederzeit wieder aufgehoben werden. Hier kurz die Vorgehensweise:

1. Markieren Sie den Textbereich, den Sie schützen möchten, dieser kann neben Inhaltssteuerelementen auch normalen Text enthalten. Nicht zusammenhängende Bereiche markieren Sie mit gedrückter **Strg**-Taste oder mit **Strg**+**A** gleich das gesamte Dokument.

2. Klicken Sie im Menüband, Register *Entwicklertools* ▶ *Steuerelemente* auf die Schaltfläche *Gruppieren* und wählen Sie *Gruppieren*.

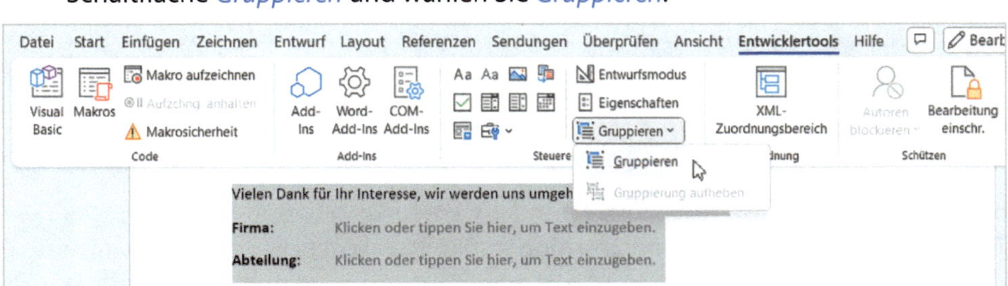

Bild 8.38 Markierten Textbereich gruppieren

Achtung: Der Entwurfsmodus muss deaktiviert sein.

Änderungen am Dokument sind erst wieder möglich, nachdem die Gruppierung aufgehoben wurde. Klicken Sie dazu erneut auf *Gruppieren* und *Gruppierung aufheben*.

8.6 Steuerelemente aus Vorversionen

Als Alternative zu den neueren Inhaltssteuerelementen können Sie auch Formularelemente aus Vorversionen (Word 2003 und älter) verwenden. Hier gibt es nur drei Typen: *Textfeld*, *Kontrollkästchen* und *Kombinationsfeld*. Alle drei unterscheiden sich in ihren Eigenschaften von den Inhaltssteuerelementen und bieten diesen gegenüber sogar einige Vorteile:

- Bei Textfeldern kann der Datentyp, also Text, Zahlen, Datum, Uhrzeit oder Berechnung festgelegt und somit die zulässige Eingabe eingeschränkt werden. So können Sie z. B. verhindern, dass Text anstatt einer Zahl eingegeben wird.
- Für Zahlen kann ein Format angegeben werden.
- Text kann auf eine bestimmte Anzahl Zeichen beschränkt werden.
- Während des Ausfüllens können hinterlegte Formeln automatisch berechnet bzw. aktualisiert werden.

Als Beispiel zur Verdeutlichung aller Vor- und Nachteile im Bild unten eine kleine Spesenabrechnung. Auch hier wurde zum Ausrichten der Elemente eine Tabelle verwendet und zur besseren Übersicht mit Rahmenlinien formatiert.

Bild 8.39 Formularelemente aus Vorversionen einfügen

Das Einfügen unterscheidet sich nicht von den zuvor beschriebenen Inhaltssteuerelementen: Positionieren Sie den Cursor an der gewünschten Stelle, klicken Sie im Menüband, Register *Entwicklertools* ▶ *Steuerelemente* auf das Symbol *Vorversionstools* und fügen Sie aus der Gruppe *Formulare aus Vorversionen* das gewünschte Element durch Anklicken ein.

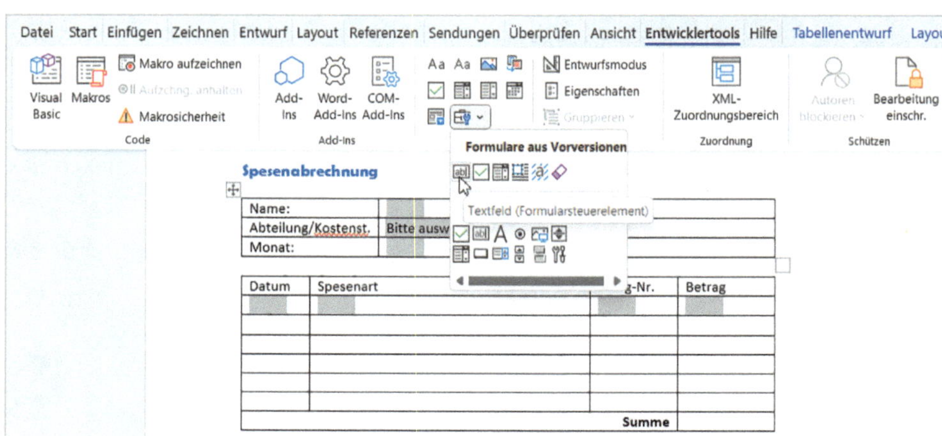

Für die Eingabe von Name, Datum, Spesenart, Beleg-Nr. und Betrag wurde jeweils ein Textfeld eingefügt. Abteilung und Monat sollen aus einer Liste ausgewählt werden, daher wird hier ein Kombinationsfeld benötigt. Bereits optisch unterscheiden sich die Formularelemente von den Inhaltssteuerelementen: Statt der Hinweistexte sehen Sie nur graue Felder. Da sich die Elemente samt ihrer Eigenschaften problemlos kopieren lassen, wurden zunächst nur in die erste Zeile der Tabelle Felder eingefügt.

Kombinationsfeld

Listeneinträge festlegen

Im nächsten Schritt legen Sie die Listeneinträge für das Kombinationsfeld Abteilung/ Kostenstelle fest. Markieren Sie dazu mit einem Klick das Feld und klicken Sie anschließend im Menüband, Register *Entwicklertools* ▶ *Steuerelemente* auf *Eigenschaften*. Damit öffnet sich das Fenster *Optionen für Dropdown-Formularfelder*.

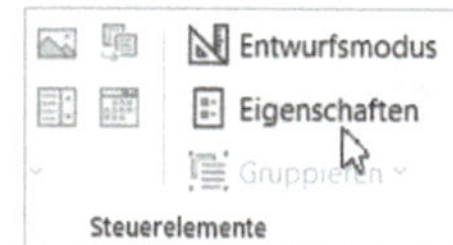

Tipp: Die Eigenschaften bzw. das Fenster *Optionen* können Sie ganz schnell auch mit Doppelklick in das Formularfeld öffnen. Dies funktioniert allerdings nicht bei Inhaltssteuerelementen.

Geben Sie im Feld *Dropdownelement* nacheinander die Einträge ein und klicken Sie jeweils auf *Hinzufügen >>* ❶. Mit den Pfeilen nach oben bzw. unten ❷ können Sie nachträglich ein markiertes Element der Liste verschieben und so die Reihenfolge ändern. Beachten Sie, dass im Gegensatz zum Kombinationsfeld-Inhaltssteuerelement die Anzahl der Listenelemente auf max. 25 begrenzt ist.

Damit eine Auswahl möglich ist, muss außerdem das Kontrollkästchen *Dropdownliste aktiviert* ❸ aktiviert sein. Schließen Sie zuletzt das Fenster mit der Schaltfläche *OK*.

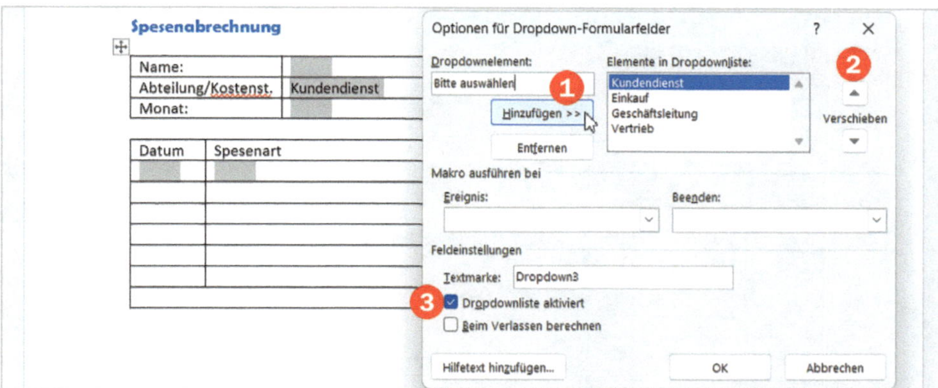

Bild 8.40 Listeneinträge hinzufügen

Hilfetext hinzufügen: Optional können Sie über die Schaltfläche *Hilfetext hinzufügen...* einen Hilfetext formulieren, der später erscheint, wenn das Feld den Fokus hat. Entweder in der Statusleiste oder nach dem Drücken der Taste **F1**.

Tipp: Das Kombinationsfeld zeigt beim Ausfüllen automatisch das erste Element der Liste an. Wenn hier zunächst ein allgemeiner Hinweis, z. B. <Bitte auswählen> erscheinen soll, dann fügen Sie diesen einfach der Liste hinzu, wie im Bild oben und positionieren ihn am Listenbeginn.

> **Formularsteuerelemente erhalten ihre Funktionsfähigkeit nur in geschützten Dokumenten**
>
> Formularsteuerelemente wie das soeben erstellte Kombinationsfeld erhalten ihre volle Funktionsfähigkeit erst, wenn das Dokument geschützt ist. Wenn Sie also einzelne Elemente bereits während der Erstellung testen möchten, dann müssen Sie vorübergehend das Dokument schützen, siehe Seite 331.

Kombinationsfeld testen

Zum Testen des Kombinationsfeldes müssen Sie zuvor das Dokument schützen, siehe Seite 331. Wenn Sie beim Ausfüllen auf das Feld klicken bzw. das Feld den Fokus hat, dann erscheint ein Pfeil und ein Klick darauf öffnet die Liste. Alternativ öffnen Sie die Liste mit der Tastenkombination **Alt+Pfeil nach unten**, wählen mit der Pfeiltaste einen Eintrag aus und übernehmen diesen mit der **Eingabetaste**.

Bild 8.41 Das Formularsteuerelement Kombinationsfeld bei der Eingabe

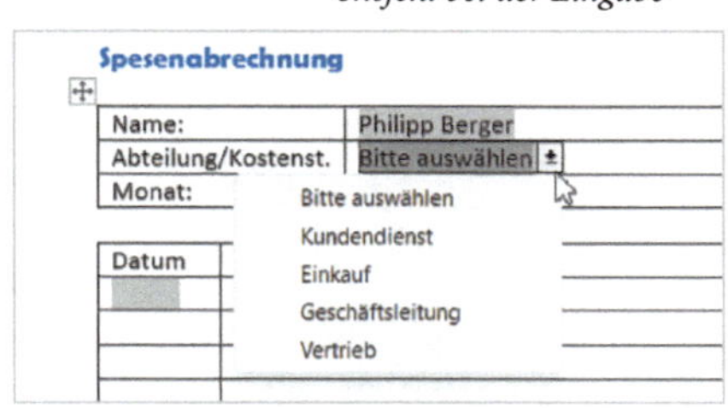

Genauso verfahren Sie mit dem Kombinationsfeld Monat: Fügen Sie im Fenster *Optionen* der Reihe nach die einzelnen Monate hinzu und achten Sie darauf, dass sich auch hier im Kontrollkästchen *Dropdownliste aktiviert* ein Häkchen befindet.

Datentyp und Anzahl Zeichen für Textformularfelder festlegen

Für das Textformularfeld zur Eingabe des Namens sind keine weiteren Vorgaben erforderlich. Dagegen sollen für die Eingabe in die Felder der Tabelle einige Einschränkungen gemacht werden. Dazu markieren Sie das jeweilige Formularfeld und öffnen das Fenster *Optionen für Textformularfelder*, entweder mit Doppelklick in das Feld oder klicken Sie im Menüband, *Entwicklertools*, auf *Eigenschaften*.

- **Datumseingabe**: Wenn ausschließlich die Eingabe eines Datums zulässig sein soll, wie hier in der Spalte Datum, dann wählen Sie im Feld *Typ* den Typ *Datum* aus. Die Datumsschreibweise können Sie im Feld *Datumsformat* festlegen. Falls Sie ein bestimmtes Datum als Standard vorgeben möchten, so tragen Sie dieses im Feld *Vorgabedatum* ein.

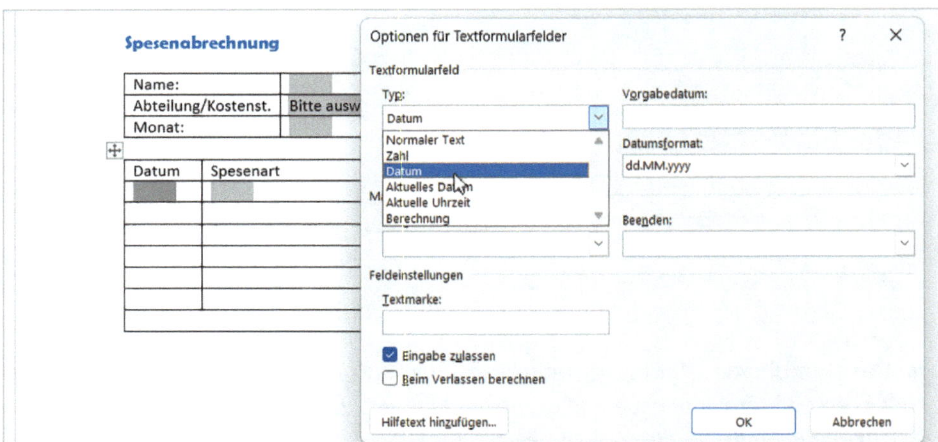

Bild 8.42 Wählen Sie den Typ Datum und ein datumsformat aus

Die maximale Länge spielt beim Typ *Datum* keine Rolle und bleibt leer.

- **Zahleneingabe und Zahlenformat**: Für das Feld Beleg-Nr. wählen Sie den Typ *Zahl* und das Zahlenformat *0* (ohne Dezimalstellen) aus. Das Feld Betrag erhält ebenfalls den Typ *Zahl* sowie das Zahlenformat *#.##0,00*.

- **Anzahl Zeichen begrenzen:** Beim Feld Spesenart soll die Länge der Eingabe begrenzt werden, um die Tabelle nicht unnötig zu vergrößern. Dazu behalten Sie den Standardtyp *Normaler Text* bei und geben im Feld *Maximale Länge* die maximal erlaubte Anzahl Zeichen ein, hier 60. Bei Bedarf könnten Sie außerdem im Feld *Standardtext* einen bestimmten Text vorgeben.

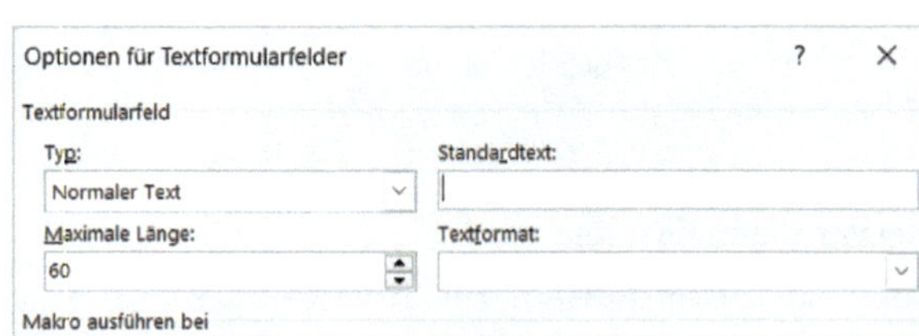

Bild 8.43 Textlänge für Texteingabe begrenzen

Berechnungen in Textformularfeldern

Damit am Ende der Liste die Summe aller Beträge automatisch berechnet und aktualisiert wird, legen Sie die Optionen für das Feld Betrag wie folgt fest.

1 Öffnen Sie mit Doppelklick in das Feld Betrag das Fenster *Optionen* und aktivieren Sie das Kontrollkästchen *Beim Verlassen berechnen* (Bild unten).

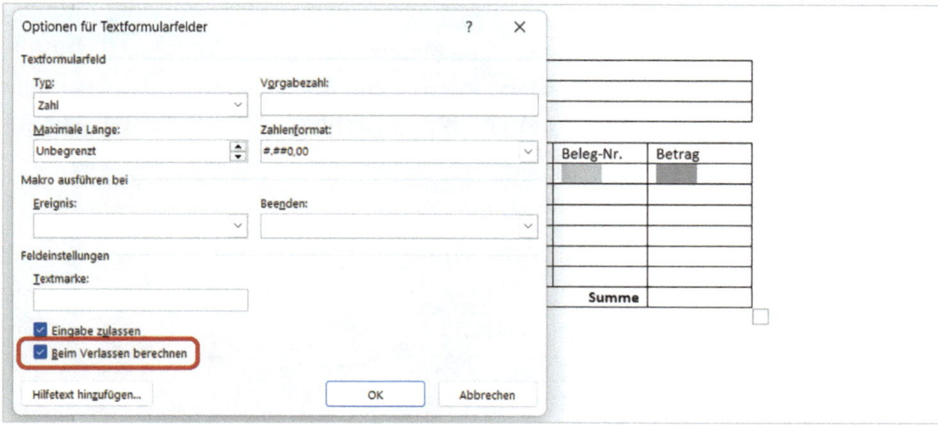

Bild 8.44 Aktivieren Sie das Kontrollkästchen Beim Verlassen berechnen, damit die Summe beim Ausfüllen automatisch berechnet wird.

2 Im nächsten Schritt kopieren Sie die vier bereits bearbeiteten Textformularfelder der ersten Tabellenzeile. Dazu markieren Sie die gesamte Zeile und kopieren diese Zeile mit **Strg**+**C** in die Zwischenablage. Markieren Sie dann die nächste Zeile und fügen Sie die kopierte Tabellenzeile mit **Strg**+**V** ein. Wiederholen Sie diesen Schritt für alle benötigten Zeilen und löschen Sie überzählige Zeilen.

3 Zuletzt fehlt nur noch das Feld zur Berechnung der Summe. Dazu fügen Sie in der Tabellenzelle am Ende der Tabelle ein weiteres Textformularfeld ein.

4 Öffnen Sie anschließend für dieses Feld das Fenster *Optionen für Textfelder*. Als Typ wählen Sie *Berechnung* und geben daneben im Feld *Ausdruck* nach dem Gleichheitszeichen die erforderliche Formel ein, in unserem Beispiel = SUM(ABOVE). Das Feld erhält außerdem das Zahlenformat #.##0,00.

Siehe Seite 226, Berechnungen mit Feldern

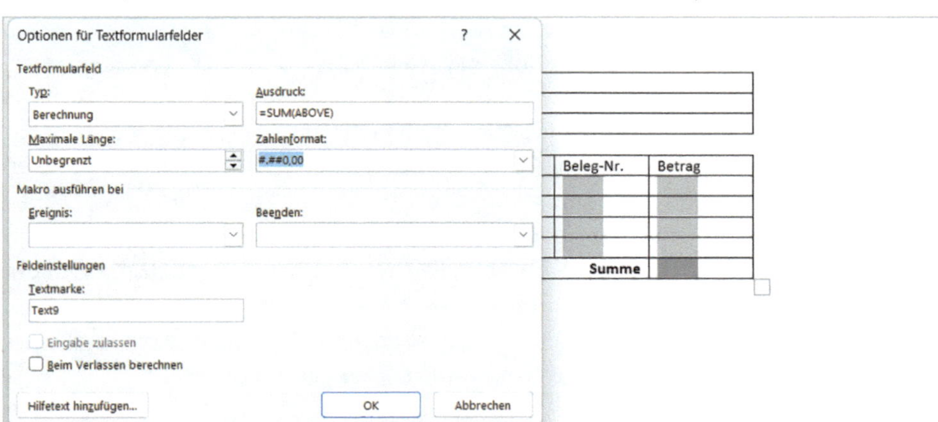

Bild 8.45 Die Summe am Ende der Tabelle berechnen

> **Formel automatisch berechnen**
>
> Das Kontrollkästchen *Beim Verlassen berechnen* muss aktiviert werden, wenn mit dem Inhalt dieses Textformularfeldes in einem anderen Textformularfeld eine Berechnung erfolgen soll. Dadurch wird beim Ausfüllen und Ändern das Formelergebnis automatisch neu berechnet.

Zuletzt schützen Sie das Dokument und speichern es als Dokumentvorlage. Im Bild unten ein Dokument, das aus dieser Vorlage erstellt wurde, während des Ausfüllens. Die Summe wird automatisch nach Eingabe des Betrags neu berechnet. Die graue Schattierung der Felder ist nur auf dem Bildschirm sichtbar, erscheint aber nicht auf dem Ausdruck.

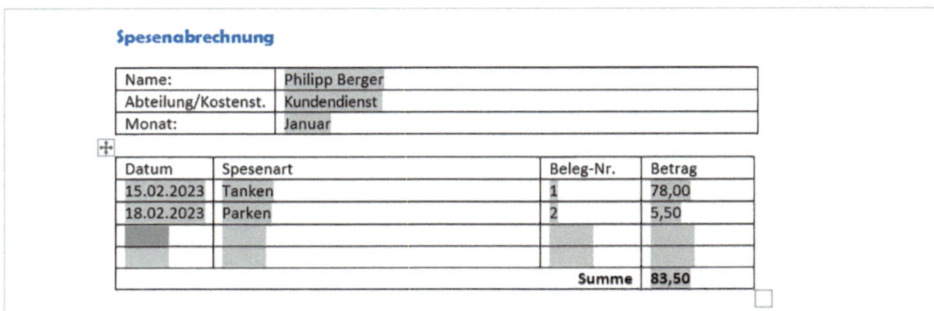

Spesenabrechnung

Name:	Philipp Berger
Abteilung/Kostenst.	Kundendienst
Monat:	Januar

Datum	Spesenart	Beleg-Nr.	Betrag
15.02.2023	Tanken	1	78,00
18.02.2023	Parken	2	5,50
		Summe	83,50

Bild 8.46 Das fertige Formular Spesenabrechnung

Tipp: In der Spalte Datum kann ein Datum auch in der Schreibweise 15/2/23 oder 15-02-23 eingegeben werden.

8.7 Formulardaten drucken, in eine Textdatei exportieren

Achtung: Dies funktioniert nur mit den Formularsteuerelementen aus Vorversionen!

Formularsteuerelemente aus Vorversionen bieten noch einen weiteren Vorteil: Sie können beim Drucken eines ausgefüllten Formulars festlegen, dass nur die eingegebenen Werte gedruckt werden oder bei Bedarf diese Daten in eine Textdatei exportieren. Dazu öffnen Sie das ausgefüllte Formular und klicken im Register *Datei* auf *Optionen*. Klicken Sie auf *Erweitert* und scrollen Sie nach unten bis zum Abschnitt *Beim Drucken dieses Dokuments*. Aktivieren Sie das Kontrollkästchen *Nur Formulardatendrucken* ❶.

Export in Textdatei

Wenn Sie die Formulardaten in eine Textdatei exportieren möchten, dann aktivieren Sie das Kontrollkästchen *Formulardaten als durch Trennzeichen getrennte Textdatei speichern* ❷ (Bild unten). Schließen Sie dann die Optionen mit Klick auf *OK*. Wenn Sie anschließend auf *Speichern* klicken, dann ist im Fenster *Speichern unter* automatisch der Dateityp *Nur Text (.txt)* ausgewählt und nach dem Klick auf die Schaltfläche *Speichern* öffnet sich das Fenster *Dateikonvertierung*. Sie sehen eine Vorschau und die Textkodierung *Windows (Standard)* ist bereits ausgewählt. Klicken Sie auf *OK*.

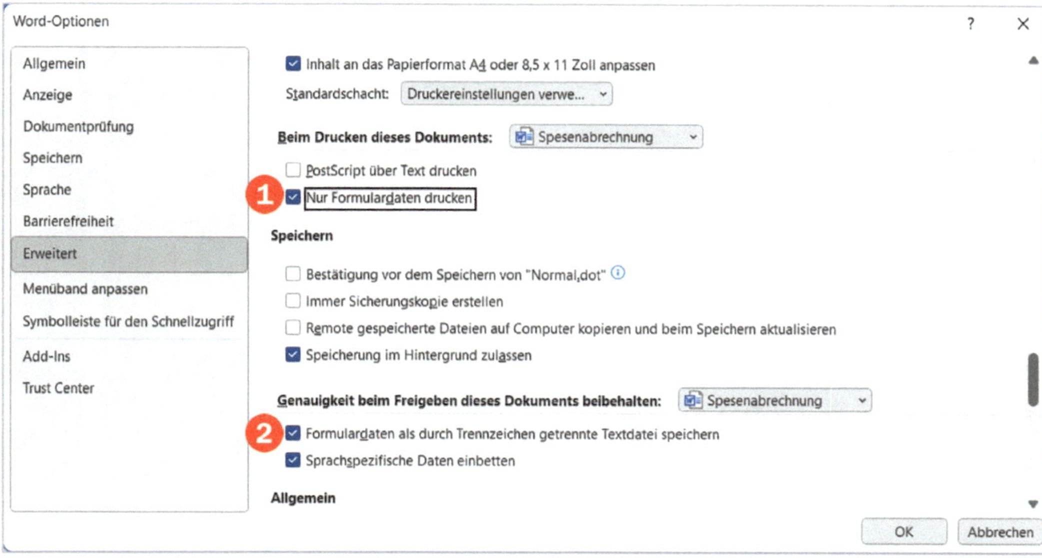

Bild 8.47 Optionen - Erweitert

PDF

Leider kann aus einem Word-Formular keine ausfüllbare PDF-Datei erstellt werden. Sie können zwar ein Formular, wie jedes andere Word-Dokument, als PDF-Datei speichern, jedoch werden die Formularfelder anschließend wie normaler Text behandelt. Um aus einem Word-Formular trotzdem ein, am Bildschirm ausfüllbares, PDF-Dokument zu erstellen, können Sie die beiden folgenden Methoden nutzen:

- Öffnen und exportieren Sie das Dokument mit OpenOffice oder LibreOffice. Bei beiden handelt es sich um kostenlos verfügbare Office-Pakete, ähnlich Microsoft Office.
- Falls Sie über die, leider nicht kostenlose, Software Adobe Acrobat DC verfügen, können Sie mit dieser ein Word-Dokument samt Formularfeldern importieren.

9 Mathematische Ausdrücke und Formeln

In diesem Kapitel lernen Sie ...

- Formeln erstellen und einfügen
- Besonderheiten bei der Eingabe mathematischer Symbole und Ausdrücke
- Formeln im LaTeX-Format eingeben
- Formeln per Tastatur eingeben
- Formeln nummerieren und Formelverzeichnis erstellen

Das sollten Sie bereits wissen

- Die AutoKorrektur einsetzen
- Tabellen einfügen und bearbeiten

9.1 Vorbemerkungen zur Formeleingabe

Hinweis: In alten Word-Versionen (bis einschl. 2003) diente ein spezieller Formel-Editor zur Formeleingabe.

Eine Formeleingabe direkt im Dokument wird nur vom Word-Dateiformat .docx unterstützt.

In manchen Fällen, z. B. in wissenschaftlichen Arbeiten müssen auch Formeln oder andere mathematische Ausdrücke in den Dokumenttext eingegeben werden. Solche Formeln erfordern zahlreiche Sonderzeichen und Symbole und es wäre äußerst aufwändig, wenn Sie diese einzeln als Symbole einfügen würden. Word unterstützt daher auch die Eingabe von Formeln und mathematischen Ausdrücken, wobei im Gegensatz zu älteren Versionen die Formeleingabe direkt im Dokument erfolgt. Bevor Sie daran gehen, Formeln einzufügen, hier einige grundlegende Vorbemerkungen.

Dieses Kapitel beschreibt, wie Sie Formeln im Text eingeben und korrekt darstellen, Berechnungen erfolgen dadurch nicht.

Welche Arten von Formeln werden unterstützt?
Die Bandbreite reicht von einfachen mathematischen Ausdrücken, die mit etwas Übung auch relativ schnell über die Tastatur eingegeben werden können, bis hin zu komplexen Formeln, auch LaTeX wird seit der Version Word 2019 unterstützt.

Wo kann eine Formel eingefügt werden?
Eine Formel kann sowohl in einem eigenem Absatz als auch innerhalb eines Satzes bzw. Absatzes eingefügt werden. Längerer Fließtext sollte aber keine komplexen und umfangreichen Formeln enthalten, da diese das Schriftbild und den Lesefluss stören.

- Falls Sie eine Formel innerhalb eines Satzes einfügen möchten, dann geben Sie am besten zuerst den vollständigen Text ein, platzieren danach den Cursor an der gewünschten Stelle und fügen hier nachträglich die Formel ein.
- Wird dagegen eine Formel in einem eigenen Absatz eingegeben, so wird dieser zunächst automatisch horizontal zentriert, kann aber jederzeit links- oder rechtsbündig ausgerichtet oder in eine Tabelle eingefügt werden.

Welche Schriftart?

Die Standardschriftart für Formeln ändern Sie in den Formeloptionen, siehe Seite 358.

Nicht alle Schriftarten umfassen auch mathematische Sonderzeichen bzw. können diese korrekt darstellen. Word verwendet für Formeln standardmäßig die Schriftart *Cambria Math*. Wenn Sie also im gesamten Dokument eine durchgängig einheitliche Schriftart wünschen, dann sollten Sie diese oder die Schriftart *Cambria* auch für das übrige Dokument als Standardschriftart wählen.

Tipp: Wenn Sie die Schriftart *Times New Roman* bevorzugen, dann empfiehlt sich für Formeln STIX, die kostenlos über die STIX (Scientific and Technical Information Exchange) Fonts project Website zu beziehen ist.

Möglichkeiten der Formeleingabe

- Für Ungeübte bietet sich die Möglichkeit an, entweder eine der integrierten Formeln einzufügen und diese bei Bedarf anzupassen oder eine Formel nach dem

Baukastenprinzip aus einzelnen vorgegebenen Strukturen und Zeichen zusammenzusetzen. Hierzu steht im Menüband das kontextbezogene Register *Formel* zur Verfügung.

- Als schnellere Alternative kann eine Formel auch über die Tastatur eingegeben werden, dabei können Sie zwischen dem UnicodeMath-Format und dem weit verbreiteten LaTeX-Format wählen.
- Als dritte Möglichkeit können Sie eine Formel auch als Freihandgleichung „handschriftlich" eingeben.

Hinweis: LaTeX-Unterstützung ist erst seit der Version 2019 verfügbar!

9.2 Eine Formel einfügen

Word verfügt über einen Katalog fertiger Formeln, die Sie einfügen und bei Bedarf weiter bearbeiten können. Falls sich hier nichts Passendes findet, so erstellen Sie Ihre eigene Formel. Zum Einfügen einer Formel positionieren Sie den Cursor im Text an der gewünschten Stelle, dies kann innerhalb eines Satzes, in einer Tabellenzelle oder in einem leeren Absatz sein, und klicken im Menüband, Register *Einfügen* ▶ *Symbole* auf *Formel*.

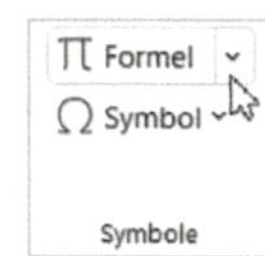

Eine integrierte Formel einfügen

Positionieren Sie den Cursor an der gewünschten Stelle, im Bild unten in einem leeren Absatz ❶, und klicken Sie auf den Pfeil der Schaltfläche *Formel* ❷. Klicken Sie dann zum Einfügen auf die gewünschte Formel, z. B. *Kreisoberfläche* ❸.

Bild 9.1 Eine integrierte Formel auswählen und einfügen

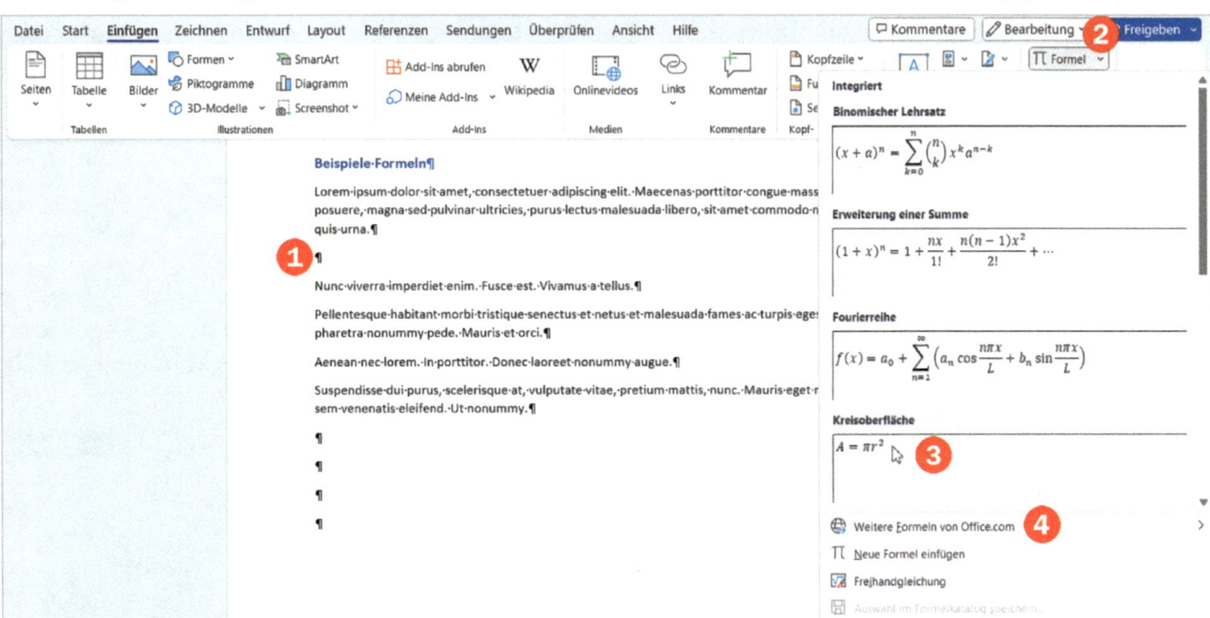

Weitere Formeln sind online verfügbar und eine Vorschau erscheint, wenn Sie auf *Weitere Formeln von Office.com* ❹ zeigen.

Sobald eine Formel markiert ist bzw. sich der Cursor innerhalb der Formel befindet, erscheint ein Rahmen um die Formel, siehe Formulare. Dieser verschwindet, wenn Sie an eine andere Stelle des Dokument klicken und wird auch nicht gedruckt. Wie Sie eine Formel markieren und löschen oder anpassen, lesen Sie weiter unten auf Seite 348.

Bild 9.2 Beispiel: Die integrierte Formel Kreisoberfläche

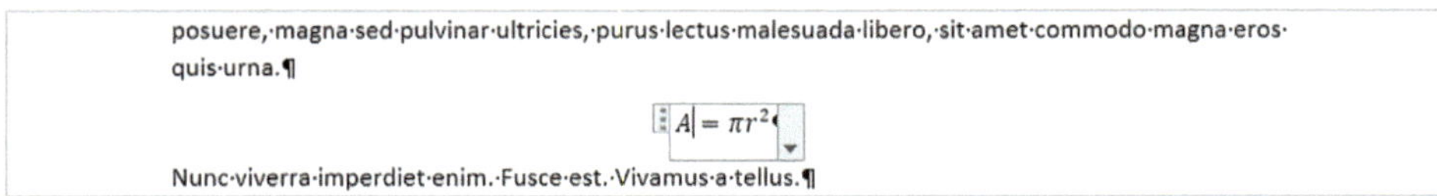

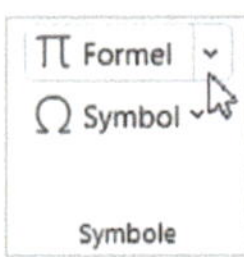

Achtung die Schaltfläche Formel ist zweigeteilt!

Mit Klick auf den Pfeil der Schaltfläche erscheint ein Katalog mit integrierten Formeln. Wenn Sie dagegen eine leere Formel einfügen möchten, dann klicken Sie direkt auf das Symbol *Formel*.

Einen einfachen benutzerdefinierten Ausdruck einfügen

Achtung: Ältere Word-Versionen verwenden die Tasten Alt+Umschalt+Pluszeichen (+)

Leeres Formelfeld einfügen

Um eine benutzerdefinierte Formel einzufügen, positionieren Sie den Cursor im Dokument an der gewünschten Stelle, entweder in einem leeren Absatz oder innerhalb des Fließtextes ❶, und klicken im Register *Einfügen* auf das Symbol *Formel* ❷ oder unterhalb der Liste der integrierten Formeln auf *Neue Formel einfügen*.

Bild 9.3 Klicken Sie auf das Symbol, um eine leere Formel einzufügen

Tipp: Am schnellsten fügen Sie eine leeres Formelfeld mit der Tastenkombination **Alt+Umschalt+Gleichheitszeichen** (=) ein.

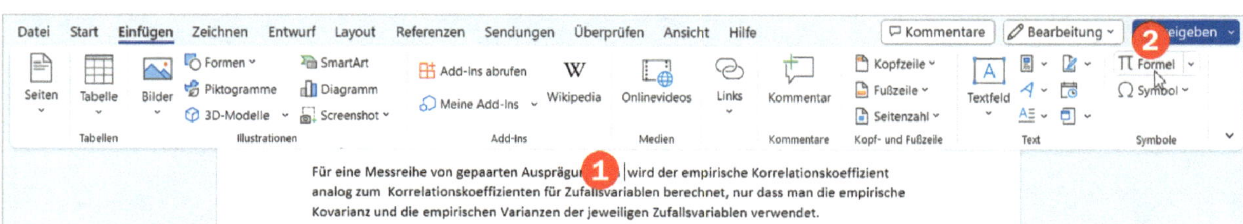

Bild 9.4 Das leere Formelfeld im Text

Ein leeres Formelfeld, erkennbar am Rahmen und dem Hinweistext *Geben Sie hier eine Formel ein*, wird eingefügt. Gleichzeitig steht Ihnen im Menüband das Register *Formel* mit einer Bibliothek mathematischer Symbole und Strukturen zur Verfügung, die Sie neben der Tastatur zur Formeleingabe verwenden können.

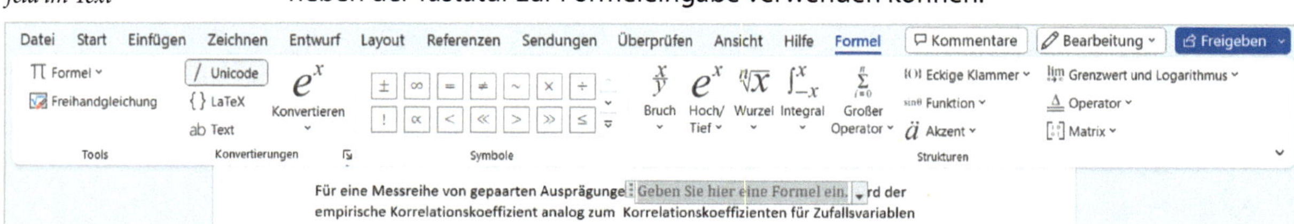

Beachten Sie bei der weiteren Formelbearbeitung

- Zur Eingabe muss das Formelfeld aktiviert bzw. der Rahmen sichtbar sein. Sollte dies nicht der Fall sein, so klicken Sie einfach auf den Hinweistext.
- Der Hinweistext verschwindet automatisch bei der ersten Eingabe und der Rahmen, sobald Sie an eine andere Stelle des Dokuments klicken.
- Am einfachsten verwenden Sie zur Formeleingabe die Schaltflächen der Gruppe *Strukturen*. Hier finden Sie häufig benötigte Ausdrücke, in deren Platzhalter Sie nur noch die gewünschten Inhalte eingeben brauchen.

Als einfaches Beispiel soll der unten abgebildete Ausdruck eingegeben werden. So gehen Sie vor:

> Für eine Messreihe von gepaarten Ausprägungen $(x_1, y_1), (x_2, y_2), \dots (x_n, y_n)$ wird der empirische Korrelationskoeffizient analog zum Korrelationskoeffizienten für Zufallsvariablen berechnet, nur dass man die empirische Kovarianz und die empirischen Varianzen der jeweiligen Zufallsvariablen

1. Fügen Sie eine leere Formel ein, z. B. mit **Alt+Umschalt+Gleichheitszeichen** (=). Klicken Sie dann den Cursor in das Formelfeld.
2. Zunächst wird ein rundes Klammerpaar benötigt, diese Klammern geben Sie entweder über die Tastatur ein oder fügen sie über die Schaltfläche *{()} Eckige Klammer* (Register *Formel*) und der entsprechenden Auswahl ein.

Stören Sie sich nicht an der etwas unglücklich gewählten Bezeichnung. Hier finden Sie alle Arten von Klammern.

3. Klicken Sie anschließend zwischen die Klammern bzw. markieren Sie mit einem Klick den Platzhalter dazwischen, ein gepunktetes Kästchen, (siehe Bild unten). Klicken Sie auf die Schaltfläche *Hoch/Tief* und auf die Variante *Tiefgestellt*.

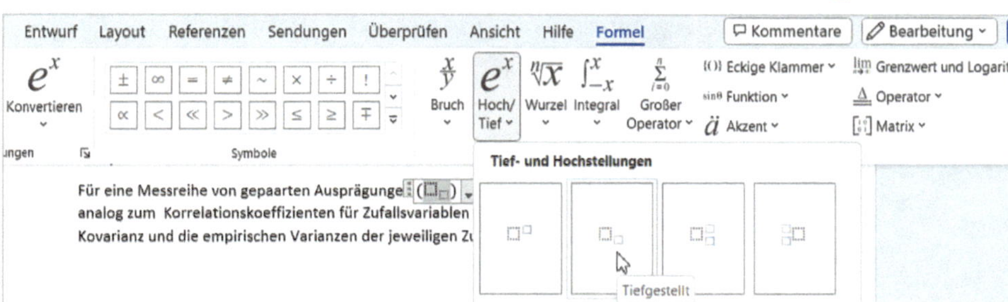

Bild 9.5 Markieren Sie im Formelfeld den Platzhalter zwischen den Klammern und fügen Sie Tiefgestellt ein

4. Markieren Sie dann in der Formel mit einem Klick den Platzhalter in der normalen Position und geben Sie über die Tastatur ein x ein. Markieren Sie anschließend den tiefgestellten Platzhalter, entweder durch Anklicken oder mit der Pfeiltaste nach rechts, und geben Sie die Zahl 1 ein.

Bild 9.6 Platzhalter markieren und Zeichen eingeben

5. Betätigen Sie anschließend nochmals die Pfeiltaste nach rechts, der Cursor muss sich nun an normaler Position rechts vom zuletzt eingegeben Zeichen und innerhalb der Klammer befinden. Hier geben Sie ein Komma ein und fügen danach den nächsten Ausdruck *Tiefgestellt* ein.

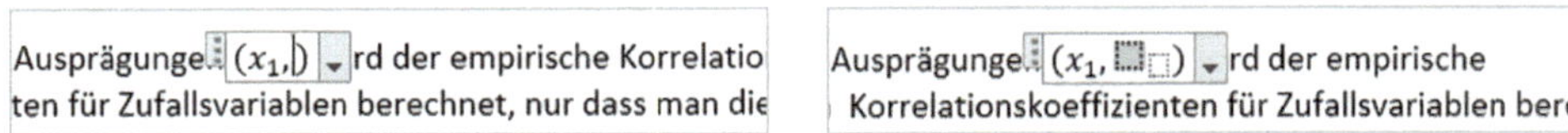

Bild 9.7 Setzen Sie den Cursor an die nächste Eingabeposition und fügen Sie den nächsten Ausdruck ein

6 Geben Sie anschließend, wie oben beschrieben, in die Platzhalter y und 1 ein und betätigen Sie zweimal die Pfeiltaste nach rechts. Der Cursor müsste sich nun rechts von der schließenden Klammer befinden.

7 Geben Sie ein Komma und danach ein weiteres Klammerpaar ein. Zwischen diesen Klammern geben Sie die nächste Ausdrücke x_2 und y_2 ein, wie oben beschrieben. Bei der Eingabe des restlichen Ausdrucks verfahren Sie genauso.

Tipp: Da sich der nächste Ausdruck nur geringfügig unterscheidet, können Sie auch den ersten Ausdruck (x_1,y_1) markieren, mit **Strg+C** in die Zwischenablage kopieren und nach dem Komma mit **Strg+V** einfügen. Anschließend brauchen Sie nur die tiefgestellten Zahlen korrigieren.

8 Drücken Sie zum Schluss zweimal die Pfeiltaste nach rechts, um wieder mit der Texteingabe fortzufahren oder klicken Sie an eine beliebige Stelle des Dokuments. Der Formelrahmen verschwindet automatisch und erscheint erst wieder, wenn Sie in die Formel klicken.

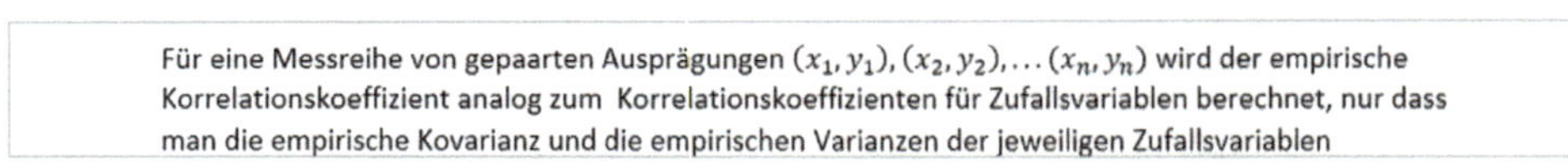

Bild 9.8 Die Formel im Text

> **Platzhalter markieren**
>
> Vor der Eingabe muss ein Platzhalter markiert werden. Dies geht am schnellsten, wenn Sie statt Anklicken mit der Maus die Platzhalter mit den Pfeiltasten der Tastatur markieren. *Pfeil nach rechts* markiert jeweils den nächsten Platzhalter rechts vom Cursor, *Pfeil nach links* den Platzhalter links davon. Drücken Sie also zweimal den Pfeil nach links, um den ersten Platzhalter dieses Beispiels zu markieren. Mit der Pfeiltaste nach rechts markieren Sie anschließend den tiefgestellten Platzhalter.

Komplexe Formeln mit Ausdrücken und Symbolen

Wie Sie am einfachen Beispiel oben gesehen haben, geben Sie einfache Zeichen, Buchstaben und Zahlen am einfachsten über die Tastatur ein. Spezielle Sonderzeichen und Ausdrücke dagegen stellt Word im Menüband im Register *Formel* zur Verfügung. Wichtige Formelbestandteile finden Sie in den beiden Gruppen *Symbole* und *Strukturen*.

Bild 9.9 Das Register Formel

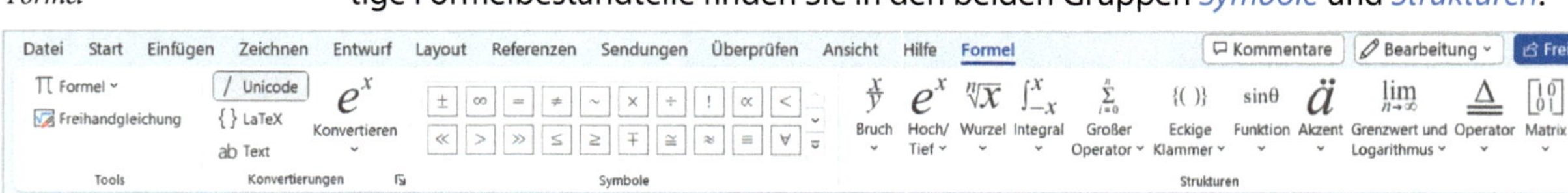

Ausdrücke verwenden

Über die Symbole der Gruppe *Strukturen* lassen sich komplette Ausdrücke, z. B. *Bruch*, *Wurzel*, *Integral* oder *Matrix* einfügen. Eine erste Möglichkeit der Verwendung haben Sie am Beispiel *Hoch/Tief* bereits kennengelernt. Die kleinen Kästchen in der Vorschau, wie im Bild rechts, stehen für Platzhalter, in die Sie anschließend Zeichen über die Tastatur eingeben. Einige Strukturen beinhalten auch fertige Ausdrücke, die Sie ebenfalls einfügen können.

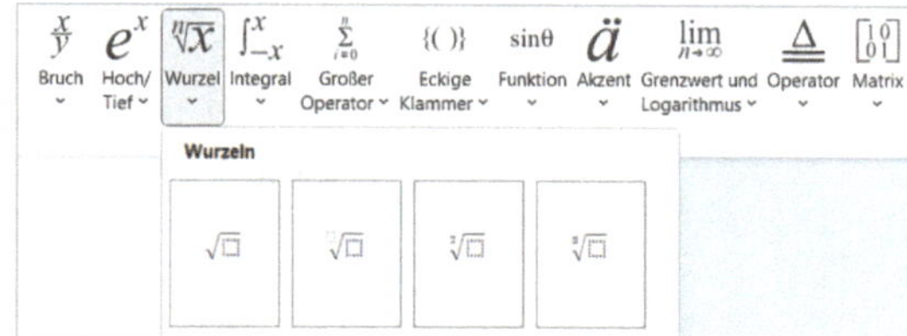

Bild 9.10 Beispiel Wurzel

Mathematische Symbole einfügen

Die Gruppe *Symbole* enthält eine Bibliothek mathematischer Symbole, die Sie in eine Formel einfügen können. Klicken Sie auf den Pfeil *Weitere*, um ein größeres Feld zur Anzeige zu öffnen. Zunächst zeigt der Katalog grundlegende mathematische Symbole an; in der rechten oberen Ecke des Feldes finden Sie einen Pfeil (Bild 9.11), über den Sie weitere Symbolkategorien auswählen können, z. B. *Griechische Buchstaben*, *Operatoren* oder *Pfeile*. Als Beispiel im Bild 9.12 ein kleiner Ausschnitt aus der Liste der Operatoren.

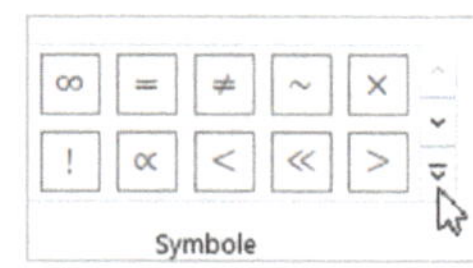

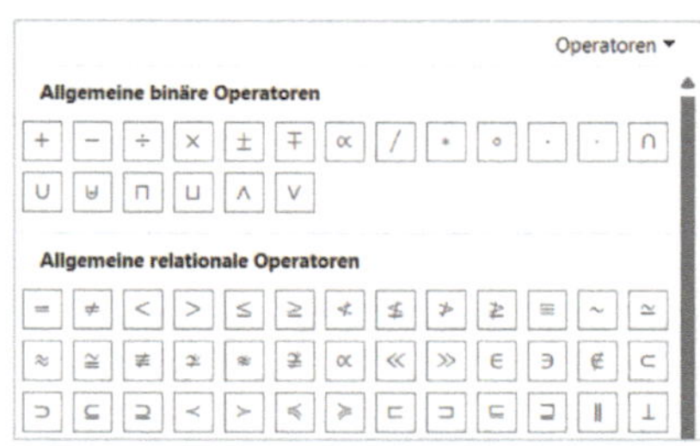

Bild 9.11 Kategorie wählen

Bild 9.12 Beispiel Operatoren

Beispiel: Eingabe einer komplexen Formel

Als zweites Beispiel soll die nebenstehend abgebildete Formel eingegeben werden. Die Eingabe erfolgt dieses Mal in einem eigenen Absatz. Bei korrekter Formeleingabe bzw. Verwendung der Ausdrücke und Platzhalter passt sich die Höhe von Wurzelzeichen, Summe und Klammern automatisch an die Formel an. So geht's:

$$s = \sqrt{\frac{1}{n-1}\left(\sum_{i=1}^{n} x_i^2\right)}$$

Formel einfügen: Alt+Umschalt+Gleichheitszeichen (=)

1. Beginnen Sie einen neuen Absatz und fügen Sie eine leere Formel ein, z. B. mit den Tasten Alt+Umschalt+=.
2. Klicken Sie in die Formel und geben Sie *s=* ein.

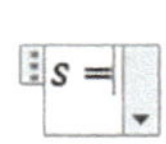

3. Klicken Sie auf *Wurzel* (s. oben) und fügen Sie die abgebildete Variante ein. Markieren Sie dann mit der Pfeiltaste nach links den Platzhalter.

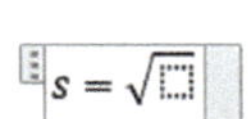

4. Klicken Sie auf *Bruch* und wählen Sie die erste Variante *Bruch mit waagrechtem Bruchstrich*. Drücken Sie dann zweimal die Pfeiltaste links, um den oberen Platzhalter zu markieren.

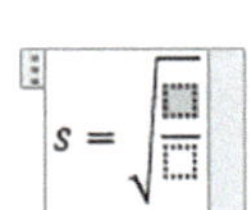

5 Geben Sie im oberen Platzhalter 1 ein. Markieren Sie mit der Pfeiltaste den unteren Platzhalter und geben Sie über die Tastatur n-1 ein. Die Abstände zwischen den Zeichen werden automatisch hergestellt.

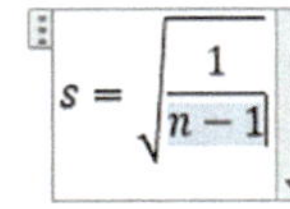

6 Setzen Sie mit der Pfeiltaste nach rechts den Cursor wieder die auf Höhe des Bruchstrichs und fügen Sie ein rundes Klammerpaar ein.

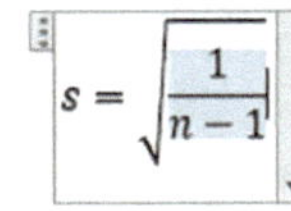

7 Markieren Sie dann innerhalb der Klammern den Platzhalter und fügen Sie über die Schaltfläche *Großer Operator* den rechts abgebildeten Ausdruck zur Summenbildung ein. Die Höhe der Klammern passt sich automatisch an.

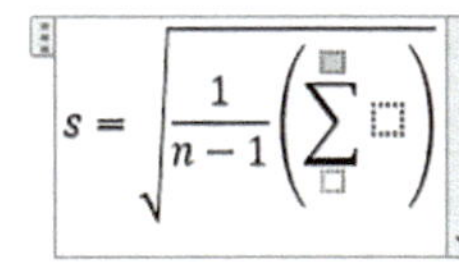

8 Markieren Sie dann wieder die Platzhalter und geben Sie die übrigen Bestandteile der Formel ein. Für letzten Ausdruck müssen Sie *Hoch/Tief* wählen.

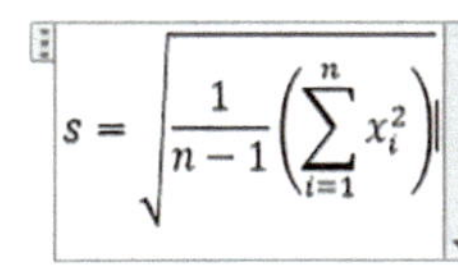

Formeln nachträglich bearbeiten

Vor jeder weiteren Bearbeitung müssen Sie in die Formel klicken. Erst dann erscheint der Rahmen um die Formel zusammen mit dem Register *Formel* im Menüband.

Formel markieren und löschen

Siehe Formulare, Inhaltssteuerelement löschen auf Seite 323.

Um die gesamte Formel zu löschen, müssen Sie diese zuerst markieren, da Sie sonst mit den Tasten *Entf* oder *Rückschritt* nur Teile aus der Formel entfernen. Dazu klicken Sie am linken Rand des Formelrahmens auf den Anfasser, erkennbar an den drei Punkten. Nun ist die gesamte Formel markiert und kann anschließend gelöscht werden.

Bild 9.13 Klicken Sie zum Markieren der Formel auf die drei Punkte

Eine markierte Formel können Sie auch in die Zwischenablage kopieren und an anderer Stelle wieder einfügen.

Formel korrigieren

Bei Verwendung integrierter Formeln ist meist eine nachträgliche Bearbeitung erforderlich und manchmal müssen Sie auch eine selbst erstellt Formel korrigieren. Bei der Bearbeitung gilt: Sie müssen zuerst das entsprechende Zeichen markieren, bevor Sie es löschen oder überschreiben. Sie können natürlich auch einen ganzen Ausdruck markieren und löschen.

9.3 Formeln per Tastatur eingeben

Wie Sie am vorherigen Beispiel gesehen haben, kann die Eingabe von Formeln ziemlich zeitraubend sein. Für geübte Benutzer ist daher die Formeleingabe über die Tastatur meist der schnellere Weg. Sie können dabei zwischen zwei Eingabeformaten wählen.

- **Unicode** ist das Standardformat von Word und wird verwendet, wenn nichts anderes angegeben wird.
- **LaTeX** ist ein Textsatz-System, das häufig zur Erstellung professioneller Texte, insbesondere im wissenschaftlichen Bereich zum Einsatz kommt. Allerdings erscheint im Gegensatz zu einem Textverarbeitungsprogramm wie z. B. Word am Bildschirm nur Text, abweichende Formatierungen erfolgen mittels Anweisungen. Im mathematischen und naturwissenschaftlichen Bereich liegt eine der großen Stärken von LaTeX in der komfortablen Formeleingabe, die Sie seit der Version 2019 auch mit Word nutzen können.

Eine Einführung in LaTeX würde in diesem Buch zu weit führen, zudem erfordert LaTeX eine längere Einarbeitungszeit. Einführungen, auch in Form von Videos finden Sie z. B. im Internet.

In beiden Fällen setzt die Tastatureingabe voraus, dass Sie die Schreibweise der einzelnen Symbole kennen. Nach einer gewissen Einarbeitungszeit geht die Eingabe allerdings wesentlich schneller, als mit der zuvor beschriebenen Methode.

1. Zur Formeleingabe über die Tastatur platzieren Sie ebenfalls den Cursor an der gewünschten Stelle im Dokument und fügen mit den Tasten **Alt**+**Umschalt**+= oder über das Menüband, Register *Einfügen* ▶ *Formel* ein leeres Formelfeld ein.
2. Anschließend wählen Sie im Menüband, Register *Formel* ▶ *Konvertierungen* zwischen den Eingabeformaten *Unicode* (Standard) oder *LaTeX*.

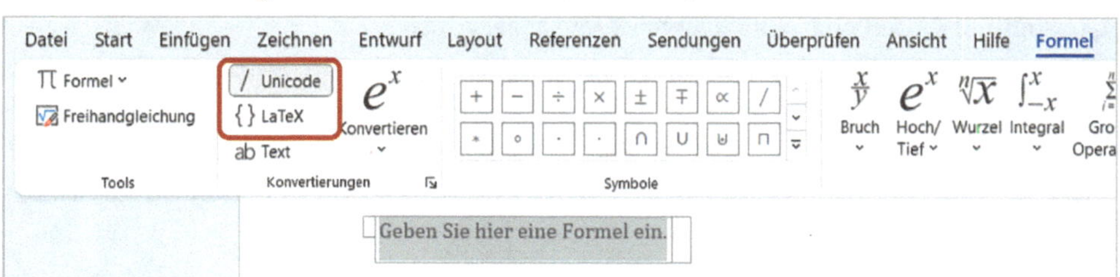

Bild 9.14 Wählen Sie ein Eingabeformat

Beispiel Brüche eingeben

Als einfaches Beispiel die Eingabe von Brüchen: Um die links unten abgebildete Formel zu erhalten, klicken Sie entweder auf *Unicode* und geben den Ausdruck wie im Bild Mitte ein, oder klicken Sie auf *LaTeX* und geben die Formel wie im Bild rechts ein.

$$\frac{a}{b+c}$$

Bild 9.15 Beispiel Bruch

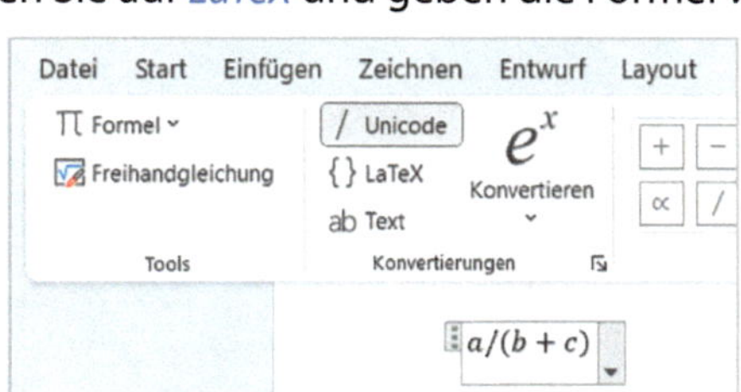

Bild 9.16 Bruch im Unicode-Format

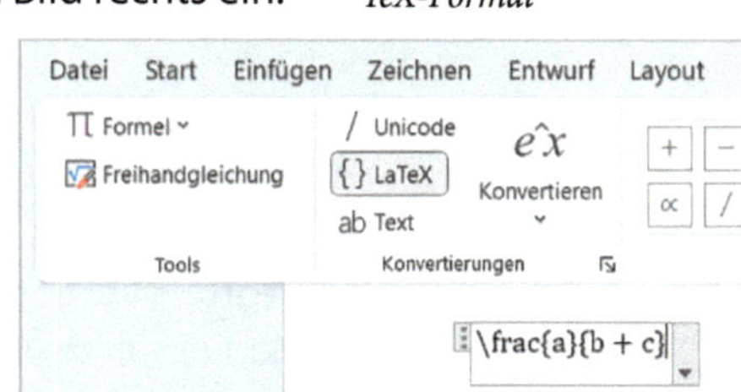

Bild 9.17 Bruch im LaTeX-Format

Lineares oder professionelles Format?

Jeder per Tastatur eingegebene Ausdruck erscheint, unabhängig vom Eingabeformat, zunächst linear (s. Bild 9.16 und Bild 9.17). Erst nach Eingabe eines Leerzeichens oder Betätigen der **Eingabetaste** wird die Formel im professionellen Format angezeigt.

Wenn Sie Ihre Formel wieder im linearen Format anzeigen möchten, dann klicken Sie in die Formel und im Menüband, Register *Entwurf* ▶ *Konvertierungen* auf *Konvertieren* ❶ oder auf den Pfeil des Formelfeldes ❷ und wählen zwischen *Professionell* und *Linear*. *Aktuell* bezieht sich nur auf die aktuelle Formel, *Alle* dagegen auf alle Formeln im Dokument.

Bild 9.18 Formel in lineares oder professionelles Format umwandeln

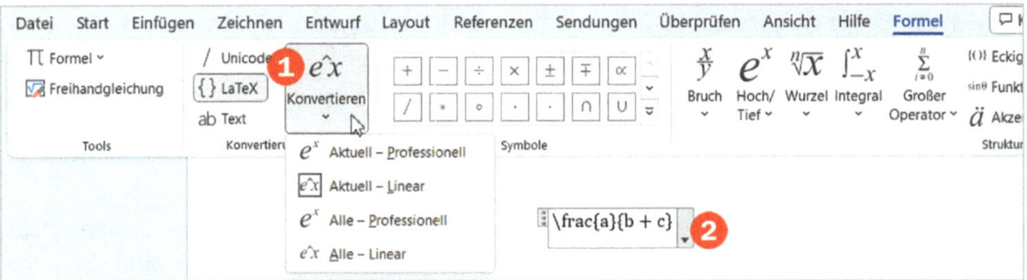

Tipp: Bei der Eingabe komplexerer Formeln, siehe Beispiel auf Seite 352, erscheint ein Ausdruck nach der Eingabe eines Leerzeichens automatisch im professionellen Format. Wenn Sie die gesamte Formel lieber in linearer Schreibweise eingeben möchten, dann klicken Sie während der Formeleingabe auf *Konvertieren* und wählen *Linear* aus. Auch für nachträgliche Korrekturen eignet sich Linear manchmal besser.

Bild 9.19 Automatisches Konvertieren deaktivieren

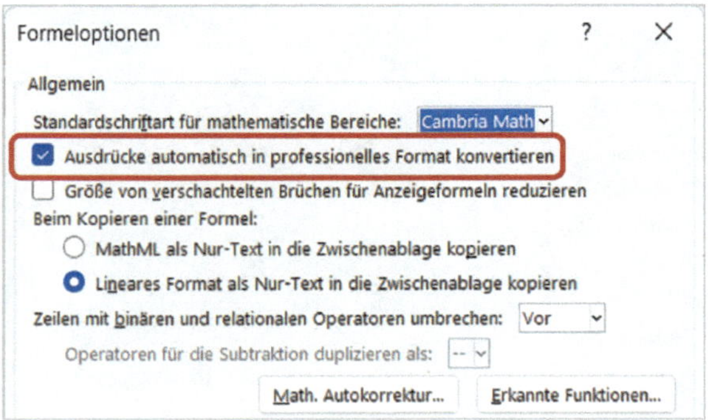

Automatisches Konvertieren in professionelles Format deaktivieren

Falls gewünscht, können Sie die automatische Konvertierung in das professionelle Format komplett deaktivieren. Klicken Sie dazu in eine beliebige Formel und im Menüband, Register *Formel* auf den Pfeil der Gruppe *Konvertierungen*.

Deaktivieren Sie im Fenster *Formeloptionen* das Kontrollkästchen *Ausdrücke automatisch in professionelles Format konvertieren*.

Ausdrücke im Unicode-Format eingeben

Relativ einfach ist die Eingabe von Ausdrücken im Unicode-Format, daher an dieser Stelle eine kleine Zusammenstellung der wichtigsten Zeichen, die allerdings nicht den Anspruch auf Vollständigkeit erhebt. Eine vollständige Liste erhalten Sie in der Word-Hilfe unter dem Stichwort *Mathematische Autokorrektur* oder „Automatisches Konvertieren von Ausdrücken in professionelles Format".

Beachten Sie, dass bei aktivierter automatischer Konvertierung in das professionelle Format (siehe oben) das Sonderzeichen erst nach Betätigen der **Leertaste** erscheint.

- **Brüche und Potenzen**
  Die Zeichen für Brüche (Schrägstrich / , z. B. 1/n) und Potenzen (^, z. B. x^2) dürften den meisten Anwendern bekannt sein.

- **Symbole und Sonderzeichen**
  Die Zeichenfolgen für die übrigen Symbole beginnen meist mit einem Backslash, dem rückwärts gewandten Schrägstrich \, z. B. \sum für das Summenzeichen ∑ oder \sqrt für das Zeichen Wurzel. In der Tabelle unten einige Beispiele:

∑	\sum	∫	\int	∬	\iint	∭	\iiint	∮	\oint
∏	\prod	∐	\coprod	√	\sqrt	⊞	\boxplus	⊟	\boxminus
≤	\leq	≤	\le	≥	\geq	≥	\ge	≡	\equiv
∣	\mid	≪	\ll	≫	\gg	≍	\asymp	∥	\parallel
⊂	\subset	≈	\approx	⋈	\bowtie	⊆	\subseteq	≅	\cong
≠	\neq	∈	\in	∋	\ni	∌	\notcontain	∉	∉
∃	\exists	×	\times	÷	\div	∩	∩	∪	\cup
∘	\circ	·	\bullet	∅	\emptyset	∞	\infty		

Bild 9.20 Weitere Sonderzeichen

- **Griechische Buchstaben**
  Griechische Buchstaben geben Sie ebenfalls mit dem \ gefolgt vom Buchstaben ein. Beachten Sie die Groß- und Kleinschreibung: z. B. \alpha ergibt nach Eingabe des Leerzeichens α, \Delta erzeugt den griechischen Großbuchstaben Δ.

Α	\Alpha	Β	\Beta	Γ	\Gamma	Δ	\Delta	Ε	\Epsilon
Ζ	\Zeta	Η	\Eta	Θ	\Theta	Ι	\Iota	Κ	\Kappa
Λ	\Lambda	Μ	\ Mu	Ν	\Nu	Ξ	\Xi	Ο	\O
Π	\Pi	Ρ	\Rho	Σ	\Sigma	Τ	\Tau	ϒ	\Upsilon
Φ	\Phi	Χ	\Chi	Ψ	\Psi	Ω	\Omega		
α	\alpha	β	\beta	γ	\gamma	δ	\delta	ϵ	\epsilon
ζ	\zeta	η	\eta	θ	\theta	ι	\iota	κ	\kappa
λ	\lambda	μ	\mu	ν	\nu	ξ	\Xi	ο	\o
π	\pi	ρ	\rho	σ	\sigma	τ	\Tau	υ	\Upsilon
ϕ	\phi	χ	\chi	ψ	\psi	ω	\Omega		

Bild 9.21 Griechische Buchstaben

- **Akzente**
  Zur Eingabe von Akzenten verwenden Sie folgende Eingaben, als Beispiel in der Tabelle der Buchstabe a. Beachten Sie, dass hier erst nach Eingabe von zwei Leerzeichen das korrekte Zeichen erscheint

â	a\hat	á	a\acute	ā	ā	ȧ	a\dot	ă	a\breve
ǎ	a\check	à	a\grave	$\vec{a}$	a\vec	ä	a\ddot	ã	a\tilde

Bild 9.22 Akzente, als Beispiel der Buchstabe a

Weitere Ausdrücke

\underbrace(abc)	$\underbrace{abc}$	\sqrt(abc)	$\sqrt{abc}$	(abc)/(x)	$\frac{abc}{x}$

Bild 9.23 Weitere Ausdrücke

Beispiel Formeleingabe

Als Beispiel soll die unten abgebildete Formel eingeben werden.

Unterstellen wir ein 95% Konfidenzintervall, dann gilt für den Nenner der oberen Intervallgrenze:

$x^2\left(1-\frac{\alpha}{2};n-1\right)$

Bild 9.24 Diese Formel soll über die Tastatur eingegeben werden

1. Im ersten Schritt fügen Sie wieder eine leere Formel ein.
2. Geben Sie ein *x^2* und betätigen Sie die Leertaste. 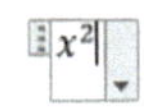
3. Geben Sie die öffnende Klammer ein und danach *1-*. 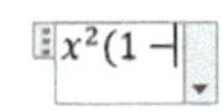
4. Geben Sie *\alpha/2* ein und betätigen Sie die Leertaste. 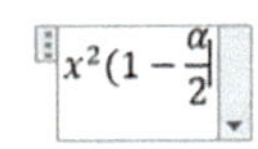
5. Geben Sie danach den Rest der Formel ein und betätigen Sie die Pfeiltaste nach rechts, um die Formel zu verlassen und mit der Texteingabe fortzufahren. 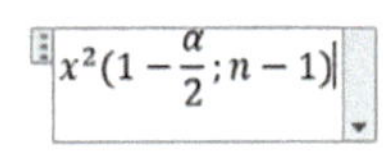

Hinweis: Bei aktiviertem professionellem Format wird nach dem ersten Betätigen der Leertaste Ihre Eingabe in das Symbol umgewandelt, als Beispiel unten Quadratwurzel. Nach nochmaligem Betätigen der Leertaste erscheinen die kleinen Kästchen bzw. Platzhalter und mit der Pfeiltaste nach links markieren Sie den Platzhalter.

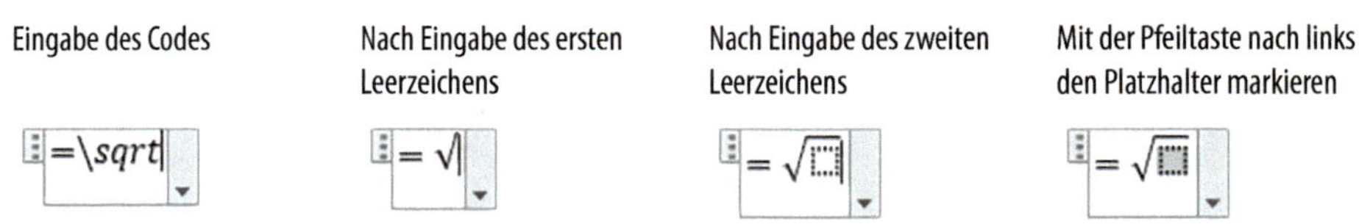

Bild 9.25 Beispiel: Eingabe einer Quadratwurzel

Die mathematische Autokorrektur nutzen

Eine vollständige Liste aller Zeichen zusammen mit der erforderlichen Eingabe erhalten Sie auch in der mathematischen AutoKorrektur. Zum Anzeigen der dazugehörigen Einstellungen klicken Sie in eine beliebige Formel und im Menüband, Register *Formel* auf den Pfeil der Gruppe *Konvertierungen*. Klicken Sie anschließend auf die Schaltfläche *Math. AutoKorrektur...* (siehe Bild 9.19 auf Seite 350). Oder öffnen Sie die Word-Optionen, klicken hier auf *Dokumentprüfung* und auf die Schaltfläche *AutoKorrektur-Optionen...*, wie im Bild unten.

Bild 9.26 Die mathematische AutoKorrektur öffnen

Klicken Sie im Fenster *Autokorrektur* auf das Register *Math. AutoKorrektur* ❶, um die Liste aller vorhandenen AutoKorrekturen ❷ einzusehen. **Achtung**: Damit das Ersetzen während der Eingabe funktioniert, muss das Kontrollkästchen *Während der Eingabe ersetzen* ❸ aktiviert sein!

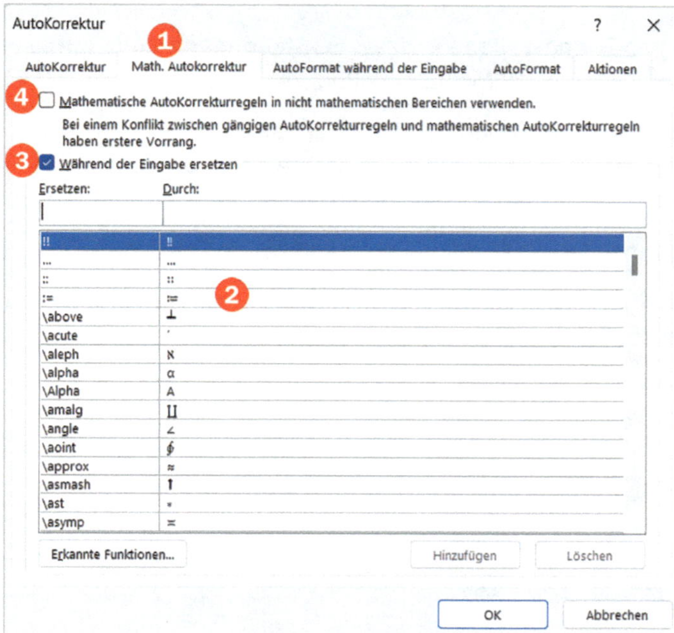

Bild 9.27 Die mathematische AutoKorrektur

Achtung: Die mathematische AutoKorrektur tritt nur nach Eingabe eines Leerzeichens in Kraft!

Mathematische Sonderzeichen ohne Formelfeld eingeben

Benötigen Sie im Fließtext häufig einzelne mathematische Symbole, wie im Bild unten, dann können Sie die mathematische AutoKorrektur nutzen, um solche Zeichen auch ohne vorheriges Einfügen eines Formelfeldes einzugeben. Beachten Sie aber, dass in diesem Fall *Cambria Math* oder eine andere Schriftart verwendet werden sollte, die diese Symbole auch unterstützt.

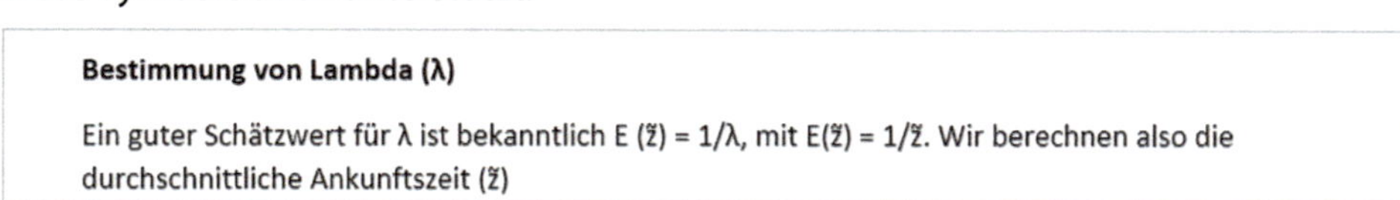
Bestimmung von Lambda (λ)

Ein guter Schätzwert für λ ist bekanntlich E (ẑ) = 1/λ, mit E(ẑ) = 1/ẑ. Wir berechnen also die durchschnittliche Ankunftszeit (ẑ)

Bild 9.28 Beispiel: Mathematische Symbole im Fließtext

Öffnen Sie dazu die AutoKorrektur, siehe oben, und aktivieren Sie im Register *Math. AutoKorrektur* das Kontrollkästchen *Mathematische AutoKorrekturregeln in nicht mathematischen Bereichen verwenden* ❹, siehe Bild 9.27 oben. Anschließend können Sie die Zeichen von Seite 351 auch ohne Formelfeld eingeben.

Achtung: Wenn Sie die mathematische AutoKorrektur auch zur Eingabe mathematischer Symbole ohne Formelfeld benutzen, dann sollten Sie in der normalen AutoKorrektur die automatische Großschreibung am Satzanfang deaktivieren, da Sie sonst unter Umständen beispielsweise X^2 statt x^2 erhalten.

Siehe Kapitel 1, Einstellungen zur AutoKorrektur auf Seite 27.

9.4 Weitere Techniken

Grundeinstellungen für Formeln

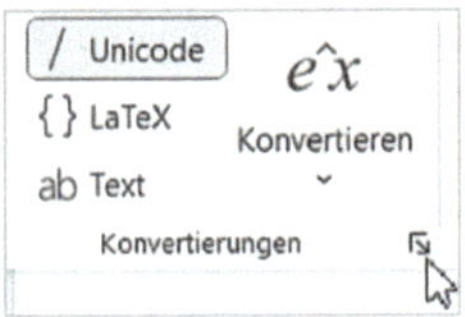

Grundeinstellungen für die Eingabe und Bearbeitung von Formeln kontrollieren und ändern Sie in den Formeloptionen. Dieses Fenster öffnen Sie mit Klick auf den Pfeil ↘ der Gruppe *Konvertierungen* (Menüband, Register *Formel*).

- Hier können Sie bei Bedarf auch die Standardschriftart für mathematische Ausdrücke ändern ❶. Sollte die gewünschte Schriftart nicht im Auswahlfeld erscheinen, so geben Sie an dieser Stelle den Namen der Schriftart einfach ein.
- Ferner können Sie die Position von Integralwerten festlegen ❷.
- Für Formeln in einem eigenen Absatz legen Sie hier bei Bedarf Einzüge und Ausrichtung, standardmäßig zentriert, fest ❸.
- Über die Schaltfläche *Math. Autokorrektur...* ❹ können Sie alle automatischen Ersetzungen einsehen, siehe oben.

Bild 9.29 Formeloptionen

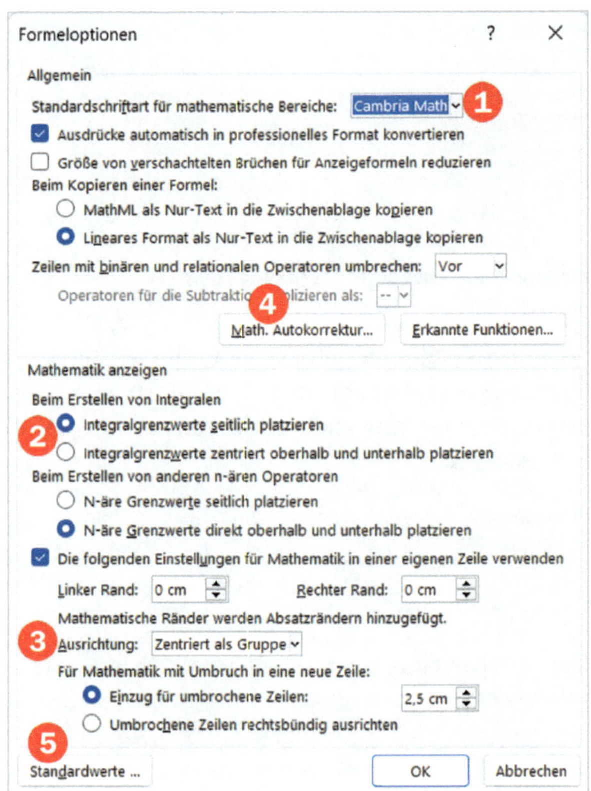

Alle Einstellungen gelten zunächst für das aktuelle Dokument. Sollen die Änderungen in der Dokumentvorlage *Normal* gespeichert werden und damit auch in allen übrigen Dokumenten gültig sein, dann klicken Sie auf die Schaltfläche *Standardwerte...* ❺ und bestätigen Sie die nachfolgende Rückfrage mit *Ja*.

Zeilenumbruch innerhalb einer Formel

Normalerweise geben Sie jede Formel in einem gesonderten Formelfeld ein. Falls Sie trotzdem einmal innerhalb einer Formel einen Zeilenumbruch benötigen, so klicken Sie zunächst in die Formel bzw. aktivieren den Formelrahmen. Positionieren Sie dann den Cursor an der betreffenden Stelle, klicken hier mit der rechten Maustaste und auf den Befehl *Manuellen Umbruch einfügen*.

Formeln und Formelelemente ausrichten

Wie Sie gesehen haben werden Formeln, die Sie in einem eigenen Absatz einfügen, automatisch horizontal zentriert. Um eine Formel linksbündig auszurichten, brauchen Sie nur den Absatz linksbündig ausrichten. Manchmal kann es aber auch erforderlich sein, Formelelemente oder mehrere Formeln untereinander auszurichten.

Formeln am Gleichheitszeichen untereinander ausrichten

Um mehrere Formeln in mehreren Zeilen untereinander am Gleichheitszeichen auszurichten, markieren Sie alle Formeln und klicken dann mit der rechten Maustaste in die Markierung. Wählen Sie *Ausrichten an =*. Dazu müssen sich allerdings die Formeln jeweils in einem eigenen Absatz befinden.

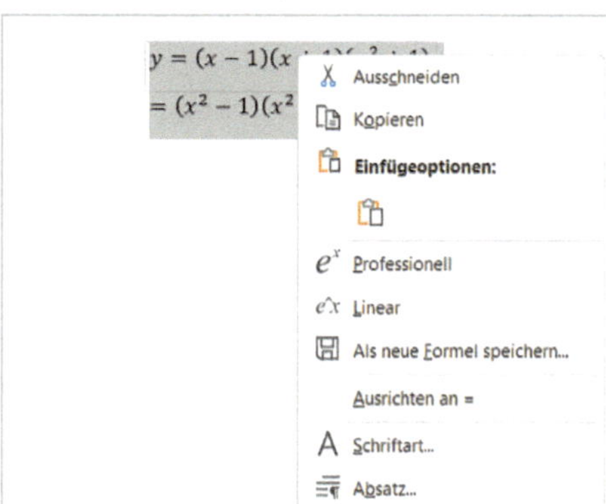

$$\begin{aligned} y &= (x-1)(x+1)(x^2+1) \\ &= (x^2-1)(x^2+1) \end{aligned}$$

Bild 9.30 Formeln am Gleichheitszeichen untereinander ausrichten

Bild 9.31 Das Ergebnis

Tipp Zeilenabstand vergrößern: Falls anschließend der Abstand zwischen den Absätzen zu gering sein sollte, wie im Bild oben, so markieren Sie die betreffenden Zeilen, klicken im Menüband, Register *Start* ▶ *Absatz* auf *Zeilen- und Absatzabstand* und vergrößern den Zeilenabstand.

Elemente innerhalb einer Matrix ausrichten

Auch innerhalb einer Matrix kann es manchmal erforderlich sein, Elemente untereinander auszurichten oder gleichmäßige Zeilenabstände herzustellen. Als Beispiel soll der nebenstehende Ausdruck erstellt werden, gleichzeitig erfahren Sie die Vorgehensweise beim Erstellen einer Matrix.

$$y = \begin{cases} \frac{1}{2} & \text{wenn } x < -1 \\ 20 & \text{wenn } -1 \le x \le 1 \\ 30 & \text{wenn } x > 1 \end{cases}$$

Bild 9.32 Beispiel Matrixformel eingeben

1 Fügen Sie ein Formelfeld ein und geben Sie *y=* ein.

2 Fügen Sie über die Gruppe *Strukturen* ▶ *Eckige Klammer* eine einzelne geschweifte Klammer links ein. **Hinweis**: Scrollen Sie im Feld nach unten bis zur Gruppe *Einzelne eckige Klammern*, hier finden Sie einzelne runde und geschweifte Klammern links und rechts (Bild 9.33).

3 Markieren Sie den Platzhalter nach der Klammer, klicken Sie in der Gruppe *Strukturen* auf *Matrix* und hier auf *3x2 Leere Matrix* (Bild 9.34).

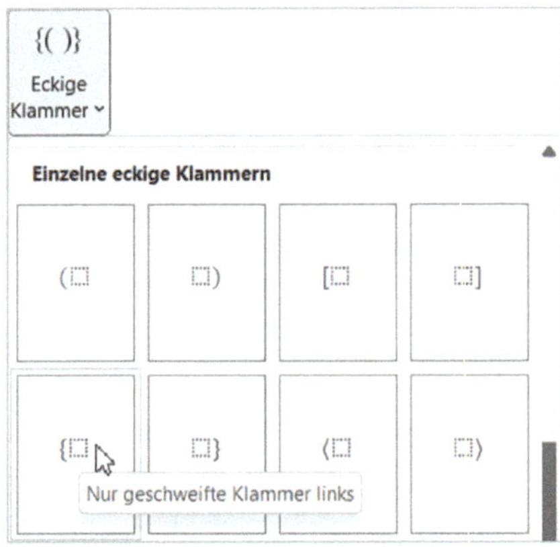

Bild 9.33 Geschweifte Klammer links

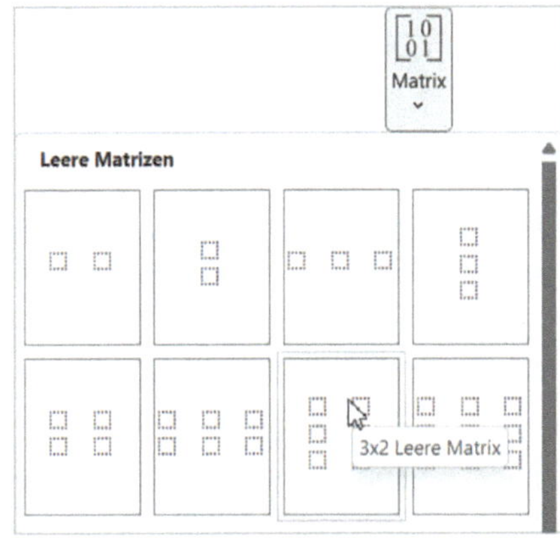

Bild 9.34 3x2 Leere Matrix

4 Markieren Sie den ersten Platzhalter oben in der Matrix und geben Sie den Bruch *1/2* gefolgt von einem Leerzeichen ein. Markieren Sie dann der Reihe nach die Platzhalter der ersten Spalte und geben hier die Zahlen untereinander ein.

5 Markieren Sie dann den ersten Platzhalter der zweiten Spalte und geben Sie hier *wenn x < -1* ein. Der Ausdruck darunter muss lauten *wenn -1 \leq x \leq 1* . Geben Sie dann die Ausdrücke in die restlichen Platzhalter der zweiten Spalte ein.

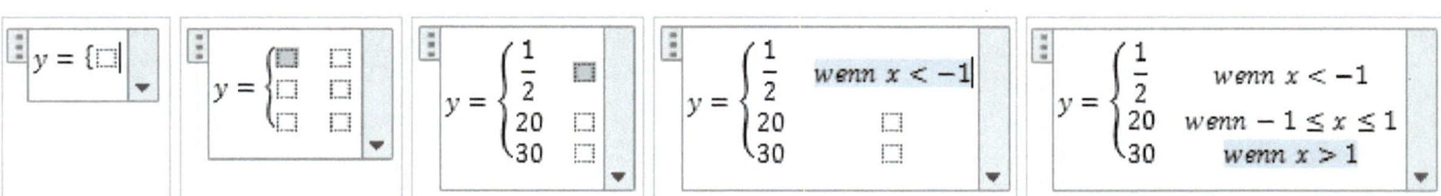

Bild 9.35 Die Formeleingabe

Achtung: Die mathematische AutoKorrektur tritt nur nach Eingabe eines Leerzeichens in Kraft!

Die fertige Formel im Bild oben ganz rechts dürfte aufgrund der unterschiedlichen Zeilenabstände und der Ausrichtung der zweiten Spalte noch nicht ganz Ihren Vorstellungen entsprechen.

Elemente in Spalte ausrichten

Um die Elemente der zweiten Spalte der Matrix untereinander auszurichten, klicken Sie mit der rechten Maustaste auf ein beliebiges Element dieser Spalte, zeigen auf *Spaltenausrichtung* und klicken dann auf *Links* (Bild 9.36 auf Seite 357).

Zeilenabstände vergrößern

Klicken Sie mit der rechten Maustaste auf ein beliebiges Matrixelement und auf *Matrixabstand...*. Im Dialogfenster *Matrixausrichtung und - abstand* legen Sie nun den Zeilenabstand fest: Klicken Sie beim Feld *Mindestabstand zwischen Grundlinien auf den Pfeil* und wählen Sie *Doppelt* aus.

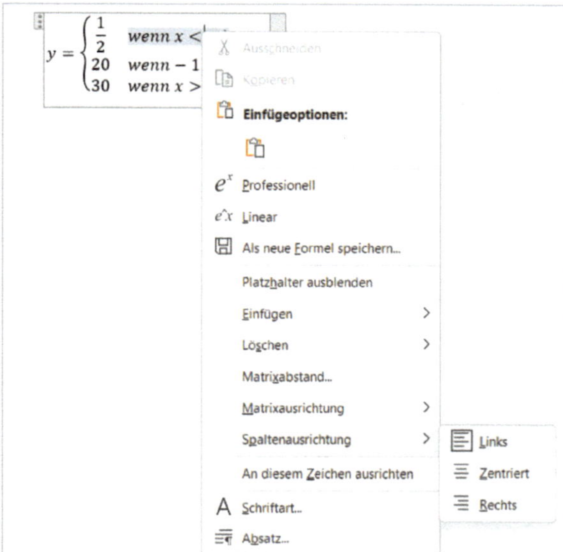

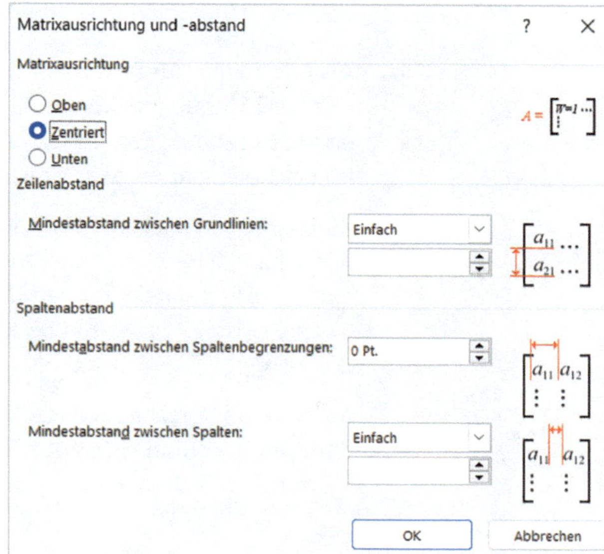

Bild 9.36 Spalte links ausrichten

Bild 9.37 Zeilenabstand innerhalb einer Matrix ändern

Formeln als Vorlage speichern

Wenn Sie bestimmte Formeln häufiger in verschiedenen Dokumenten benötigen, dann sparen Sie viel Arbeit, wenn Sie die Formel als Vorlage bzw. Baustein speichern.

1 Klicken Sie dazu auf den Pfeil ❶ in der rechten unteren Ecke des Formelrahmens oder Rechtsklick in die Formel und auf den Befehl *Als neue Formel speichern...*.

2 Das Fenster *Neuen Baustein erstellen* öffnet sich, geben Sie im Feld *Name* ❷ statt der Formel einen aussagefähigen Namen ein. Die Formel wird im Katalog *Formeln* gespeichert, optional ist noch die Eingabe einer kurzen Beschreibung möglich. Klicken Sie zuletzt auf *OK*.

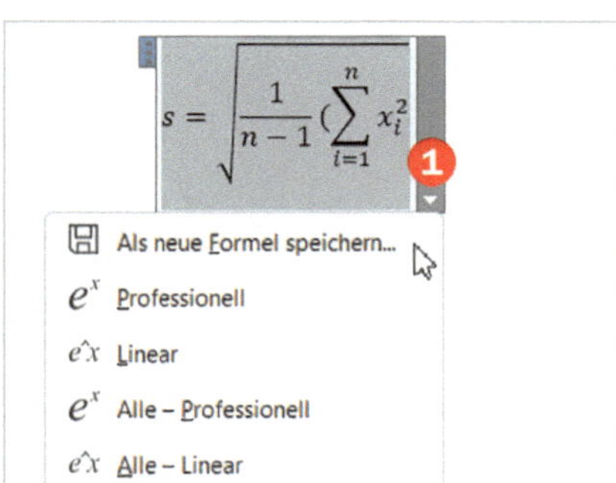

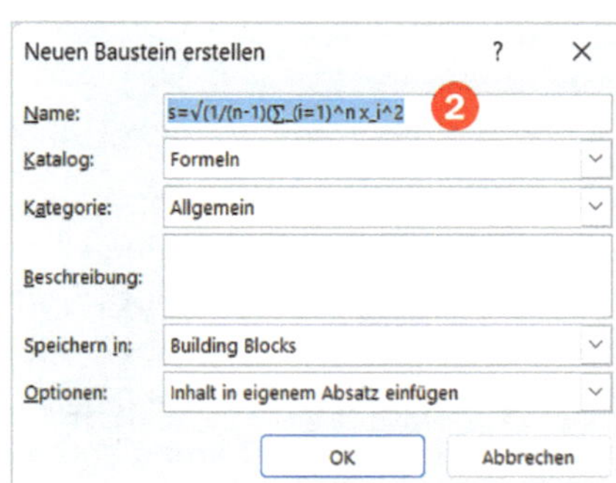

Bild 9.38 Formel als Vorlage speichern

Bild 9.39 Geben Sie einen Namen für die Formel bzw. den Baustein ein

Hinweis: Im Fenster *Neuen Baustein* erstellen, erscheint die Formel im linearen Format statt im professionellen.

Die Formel ist anschließend beim Einfügen einer Formel (*Einfügen* ▶ *Formel*) zusammen mit den integrierten Formeln unter *Allgemein* verfügbar. **Achtung:** Beim Schließen der Datei bzw. beim Beenden von Word erscheint die Rückfrage, ob die Änderungen an der Datei *Building Blocks* gespeichert werden sollen. Klicken Sie auf *Speichern*, damit die Formel auch wirklich dauerhaft gespeichert wird.

Formeln handschriftlich eingeben

Als Alternative zur Tastatureingabe bzw. Einfügen von Strukturen und Sonderzeichen über das Menüband, können Sie eine Formel auch handschriftlich eingeben, z. B. auf einem Notebook, das Finger- oder Stifteingabe unterstützt. Maus oder Touchpad sind für solche Eingaben zwar nicht optimal, können aber ebenfalls benutzt werden.

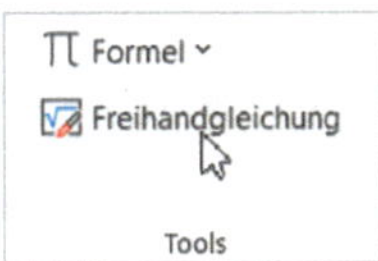

Zum Einfügen klicken oder tippen Sie im Menüband, Register *Einfügen*, auf den Pfeil der Schaltfläche *Formel* und am Ende der Liste auf *Freihandgleichung*. Oder fügen Sie ein leeres Formelfeld mit den Tasten **Alt-Umschalt**+= ein und klicken Sie dann im Menüband, Register *Formel* ▶ *Tools* auf *Freihandgleichung*.

Es öffnet sich ein kleines Fenster in das Sie nun Ihre Formel eingeben, oberhalb erhalten Sie eine Vorschau auf das Ergebnis und mit Klick auf *Einfügen* wird die Formel an der Cursorposition eingefügt. Sollte die Größe des Fensters nicht ausreichen, können Sie es durch Ziehen mit der Maus jederzeit vergrößern.

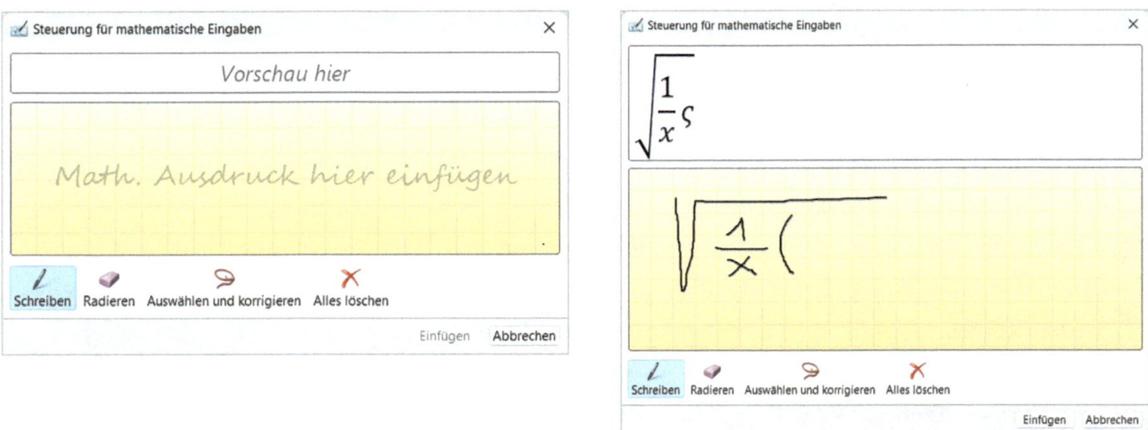

Bild 9.40 Formeln mit Finger, Stift oder Maus eingeben

9.5 Formeln nummerieren, Formelverzeichnis

Genau wie Abbildungen können auch Formeln mit Word durchgehend nummeriert werden. Leider lässt sich die Beschriftung nur über- oder unter der Formel platzieren, gängige Regeln schreiben aber eine Nummerierung rechts von der Formel vor. Sie müssen sich daher mit einer Tabelle mit zwei Spalten behelfen, die links die Formel und rechts die Nummerierung enthält. So gehen Sie vor:

1. Fügen Sie eine Tabelle mit zwei Spalten und einer Zeile ein.
2. Fügen Sie die erste Formel in die linke Spalte ein und legen Sie die Breite der beiden Spalten fest.
3. Die Rahmenlinien der Tabelle werden nicht benötigt, formatieren Sie daher die Tabelle ohne Rahmen und sorgen Sie dafür, dass stattdessen zur besseren Orien-

tierung die Gitternetzlinien sichtbar sind (Register *Tabellentools* - *Layout* ▶ *Gitternetzlinien anzeigen*). Diese werden als gepunktete Linie dargestellt.

Bild 9.41 Fügen Sie die Formel in die linke Spalte der Tabelle ein

4 Markieren Sie dann die Formel mit Klick auf die drei Punkte und klicken Sie im Menüband, Register *Referenzen* auf *Beschriftung einfügen* ❶.

- Word schlägt im Normalfall eine Nummerierung mit arabischen Zahlen vor, falls Sie römische oder andere Zahlen benötigen, können Sie diese über die Schaltfläche *Nummerierung...* ändern.
- Im Feld *Bezeichnung* wählen Sie *Formel* ❷ aus und aktivieren Sie das Kontrollkästchen *Bezeichnung nicht in der Beschriftung verwenden* ❸. Die Position ist vorerst egal.

Bild 9.42 Formelbeschriftung einfügen

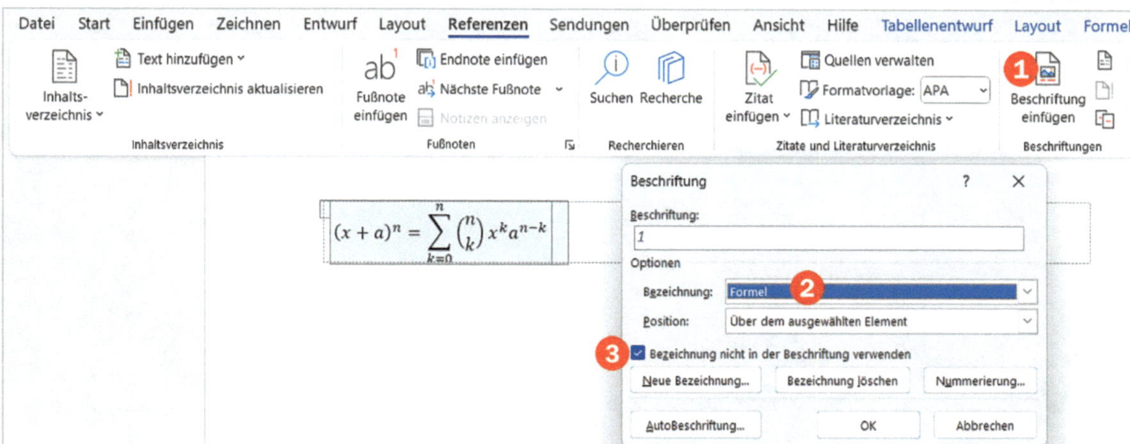

5 Klicken Sie zum Übernehmen auf *OK*.

6 Die Zahl erscheint nun je nach Position über oder unter Formel und erscheint beim Anklicken grau hinterlegt, da es sich eigentlich um ein Feld bzw. eine Feldfunktion handelt. Markieren Sie die Zahl und verschieben Sie sie mit gedrückter Maustaste in die rechte Tabellenspalte oder schneiden Sie diese mit **Strg**+**X** in die Zwischenablage aus und fügen sie dann an gewünschter Stelle mit **Strg**+**V** ein.

Siehe Kapitel 5 Felder.

7 Falls Sie Klammern benötigen, so geben Sie diese vor und hinter dem Feld, der grau hervorgehobenen Zahl, einfach per Tastatur ein.

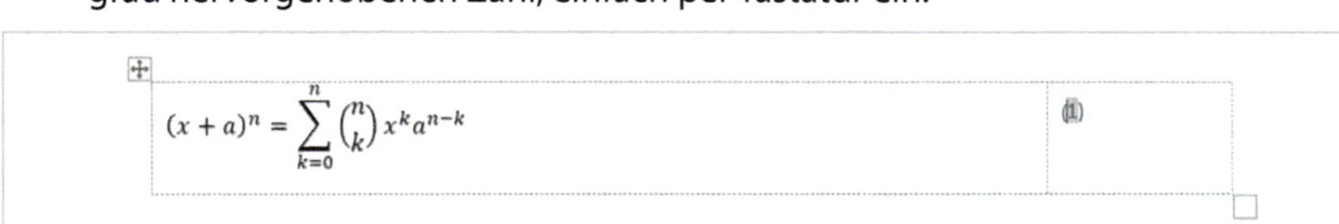

Bild 9.43 Verschieben Sie die Zahl in die rechte Tabellenspalte

8 Da Sie die Formelnummerierung mehrmals im Dokument benötigen, sollten Sie anschließend die Tabelle mit der Nummerierung als Schnelltabelle speichern. Dazu kopieren Sie zunächst die gesamte Tabelle und löschen aus der Kopie die Formel. Die Zahl dagegen bleibt stehen.

9 Markieren Sie dann die kopierte Tabelle, klicken Sie im Menüband, Register *Einfügen* auf *Tabelle*, wählen *Schnelltabellen* und klicken am Ende der Liste auf *Auswahl im Schnelltabellenkatalog speichern....*

10 Geben Sie Ihrer Tabelle einen aussagefähigen Namen, z. B. Formelnummerierung und klicken Sie auf *OK*.

11 Zum Einfügen klicken Sie wieder auf *Tabelle* und zeigen auf *Schnelltabellen*. Die benutzerdefinierte Tabelle befindet sich ganz am Beginn in der Liste unter *Allgemein* und wird mit einem Mausklick an der Cursorposition eingefügt.

Bild 9.44 Tabelle mit Formelnummerierung als Schnelltabelle einfügen

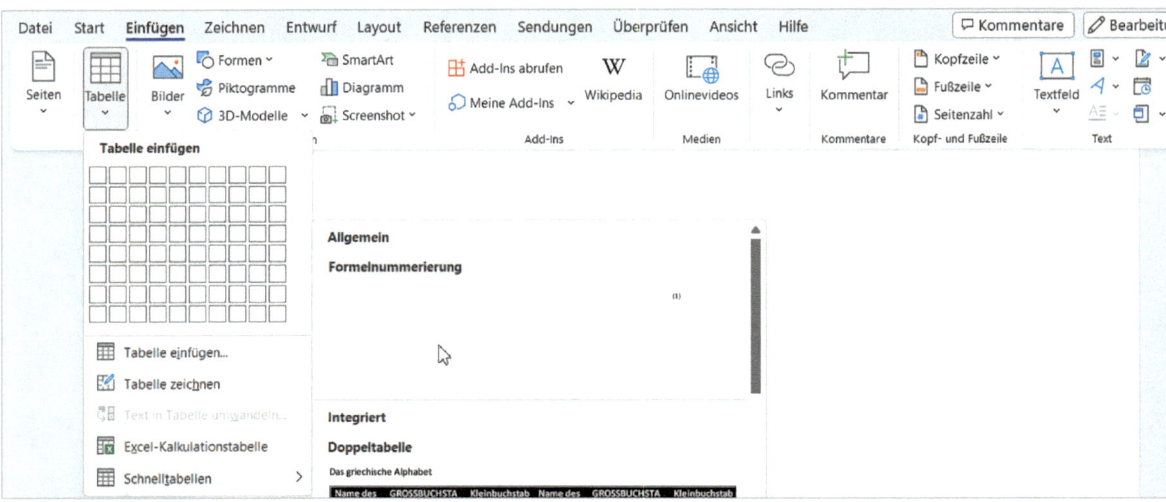

Die Formelnummerierung erfolgt nun automatisch. Sollte dies in Ausnahmefällen nicht passieren, so klicken Sie auf die Zahl und aktualisieren diese mit der Taste **F9** oder benutzen im Kontextmenü der rechten Maustaste den Befehl *Felder aktualisieren*.

Achtung: Da Schnelltabellen in der gesonderten Datei *Building Blocks* gespeichert werden, erhalten Sie beim Beenden von Word die Rückfrage, ob Sie Änderungen an dieser Datei speichern möchten. Klicken Sie auf *Speichern*.

Formelverzeichnis erstellen

Siehe Kapitel 6.

Wenn Ihr Dokument sehr viele Formeln enthält, können Sie für diese, analog zu einem Abbildungsverzeichnis, ein Formelverzeichnis erstellen. Dabei gehen Sie genauso vor, wie bei beim Abbildungsverzeichnis. Klicken Sie im Register *Referenzen* auf *Abbildungsverzeichnis einfügen* und wählen Sie im Feld *Beschriftungskategorie* Formel aus.

10 Workshop: Große Dokumente und wissenschaftliche Arbeiten

In diesem Kapitel lernen Sie ...

- die nötigen Arbeitsschritte zur optimalen Vorbereitung eines umfangreichen Dokuments
- Werkzeuge zur schnellen und effizienten Gestaltung einsetzen
- das Verknüpfen von Bildern
- wie Sie in der Gliederungsansicht Überschriften und Inhalt verschieben bzw. Überschriftebenen höher oder tiefer stufen

Das sollten Sie bereits wissen

- Umgang mit Designs
- Formatvorlagen erstellen und bearbeiten
- Seite einrichten
- Kopf- und Fußzeilen bearbeiten
- Felder einfügen
- Verzeichnisse erstellen und aktualisieren

In diesem Workshop möchte ich Ihnen zeigen, wie Sie Schritt für Schritt alle notwendigen Einstellungen vornehmen, um ein umfangreiches Dokument, wie z. B. eine Hausarbeit, ein Handbuch oder eine Dokumentation zu erstellen. Lernen Sie Word optimal einzusetzen, um den „handwerklichen" Teil dieser Arbeit effizient und möglichst fehlerfrei zu bewältigen.

Viele Anforderungen, die Sie an lange Texte stellen, können in Word automatisiert werden. So sorgen Formatvorlagen für Fließtext und Überschriften, die Sie bereits in Kapitel 3 kennengelernt haben, für ein einheitliches Erscheinungsbild. Im Kapitel 2 haben Sie gelernt, wie Sie das Seitenlayout an Ihre Wünsche und Vorgaben anpassen und seit Kapitel 6 wissen Sie, dass ein Inhaltsverzeichnis automatisch und mit wenigen Klicks erstellt werden kann. Jetzt fassen wir Ihr gesamtes Wissen zusammen und wenden es auf ein praktisches Beispiel an.

10.1 Datei speichern und Seitenlayout festlegen

Dokument erstellen, speichern und sichern

Wir starten mit einem leeren Dokument. Öffnen Sie Word und wählen Sie die Dokumentvorlage *Leeres Dokument* aus. Falls Sie die folgenden Einstellungen auch für künftige Arbeiten nutzen möchten, empfiehlt es sich auch, das Dokument als *Vorlage* abzuspeichern. Dies ist aber auch noch zu einem späteren Zeitpunkt möglich. In diesem Beispiel speichern wir das Dokument nicht als Vorlage sondern als einfaches Word-Dokument mit der Dateinamenerweiterung *.docx*.

Außerdem sollten Sie für umfangreiche Dokumente einen gesonderten Ordner anlegen und hier nicht nur die Word-Datei/en, sondern in einem hier befindlichen Unterordner auch alle dazugehörigen Dateien, z. B. Bilder usw. ablegen. Dies erleichtert nicht nur das schnelle Wiederauffinden, sondern auch die Sicherung Ihrer Dateien.

Regelmäßige Datensicherung nicht vergessen!

Sichern Sie alle, zur Arbeit gehörigen Dateien regelmäßig: Entweder auf einer externen Festplatte oder in einem Cloud-Speicher. Steht Ihnen genügend Speicherplatz zur Verfügung, dann überschreiben Sie die letzte Version Ihrer Arbeit nicht, sondern behalten Sie mehrere Versionen. So können Sie im Bedarfsfall auch auf ältere Versionen zurückgreifen.

Seitenränder und Layout

Im ersten Schritt legen Sie das Seitenlayout fest. Neben den Seitenrändern entscheiden Sie hier vor allem, ob das Dokument später beidseitig, also auf Vorder- und Rückseite oder nur einseitig gedruckt wird. Klicken Sie dazu im Menüband, Register *Layout* auf den Pfeil ⧉ der Gruppe *Seite einrichten*.

Wenn das Dokument später beidseitig gedruckt werden soll, wie in diesem Beispiel, dann sind dazu folgende Einstellungen erforderlich:

- Wählen Sie im Feld *Mehrere Seiten* die Einstellung *Gegenüberliegende Seiten* ❶.
- Außerdem wird in diesem Beispiel für Anmerkungen *Außen* etwas mehr Seitenrand benötigt, hier 4 cm ❷.
- Die übrigen Seitenränder richten Sie nach Ihren Vorgaben ein.

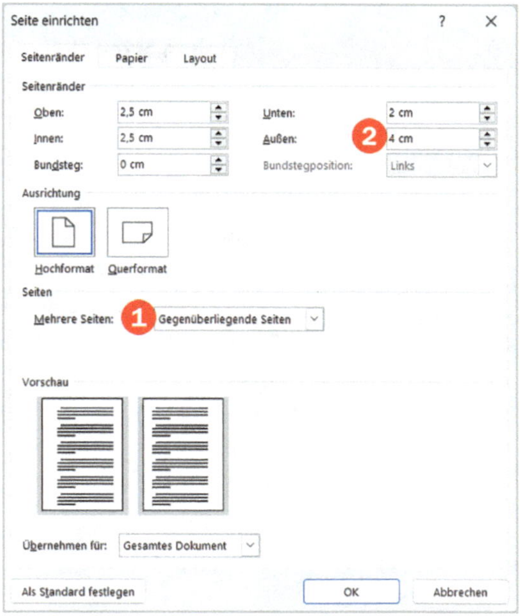

Bild 10.1 Dokument auf Vorder- und Rückseite, also beidseitig drucken

10.2 Gestaltung von Überschriften und Fließtext

Grundlegende Formate als Design zusammenstellen

Nachdem das Seitenlayout feststeht, wählen Sie als nächstes die Standardschriften und -farben für das Dokument aus. Dies erledigen Sie am einfachsten über das Design. Sparen Sie also Zeit und Nerven und legen Sie die grundlegenden Vorgaben anhand des Designs fest; die maßgeblichen Komponenten, nämlich *Farben*, *Schriftarten* und *Absatzabstand* finden Sie im Register *Entwurf* des Menübands.

Details zum Thema Designs finden Sie in Kap. 3.2.

Bild 10.2 Designelemente im Register Entwurf

Schriftart

In unserem Dokument soll ausschließlich die Schrift *Times New Roman* Verwendung finden. Klicken Sie also im Register *Entwurf* auf *Schriftarten* ❶ und auf *Schriftarten anpassen*. Wählen Sie sowohl bei *Schriftart für Überschriften* als auch bei *Schriftart für Textkörper* die Schrift *Times New Roman* aus und geben Sie einen Namen ein, unter dem die neue Zusammenstellung gespeichert wird.

Farbe

Über das Symbol *Farben* ❷ bestimmen Sie die Hauptfarben des Dokuments, bzw. welche Farben für Überschriften, SmartArts und andere Formen zum Einsatz kommen. Für dieses Beispiel wählen wir die Zusammenstellung *Blaugrün* aus. Im Feld *Dokumentformatierung* ❸ können Sie anschließend unter mehreren Gestaltungsvarianten wählen.

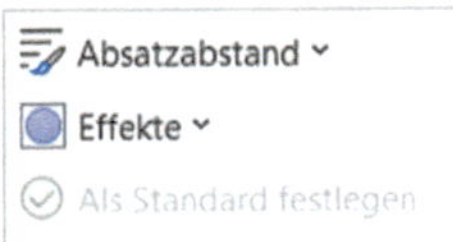

Absatzabstand

Mit dem Symbol *Absatzabstand* ❹ geben Sie die Standardeinstellung für den Zeilenabstand und die Abstände vor und nach den einzelnen Absätzen vor. Klicken Sie auf *Benutzerdefinierter Absatzabstand* und nehmen Sie im nachfolgenden Fenster *Formatvorlagen verwalten*, Register *Standardwerte festlegen* folgende Einstellungen vor:

Der Dokumenttext erhält einen Zeilenabstand von 1,2 (*Mehrfach*); darüber hinaus werden die Absätze des Textkörpers zur besseren visuellen Trennung mit einem *Abstand nach* von 8 Pt versehen. Als Standardschriftgröße wählen Sie für den Textkörper 11 Pt. Zusätzliche bzw. abweichende Abstände, Schriftgrößen usw. für die Überschriften legen Sie über die dazugehörigen Formatvorlagen fest.

Bild 10.3 Designschriftart und benutzerdefinierte Absatzabstände festlegen

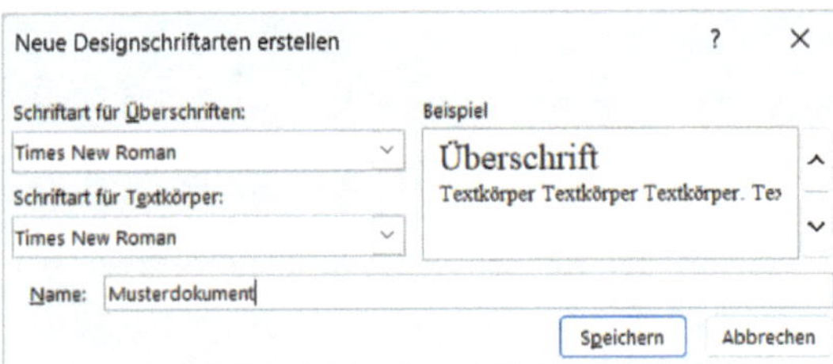

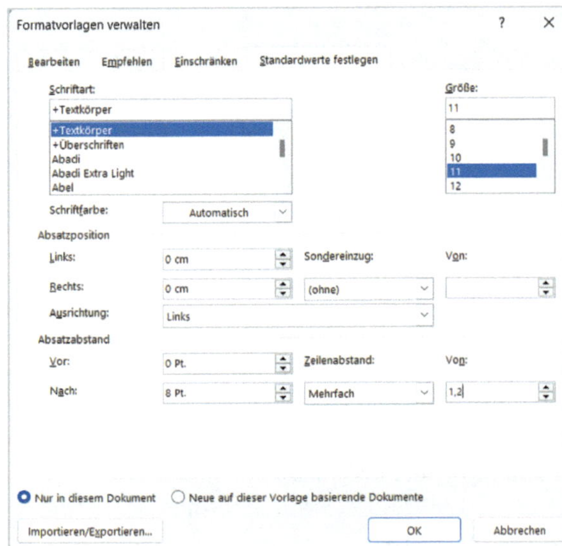

Listenformatvorlage zur Nummerierung der Überschriften erstellen

Im Dokument benötigen wir vier Überschriftebenen. Diese sollen wie folgt durchnummeriert werden.

I.	Überschrift Ebene 1	römische Ziffer
1.	Überschrift Ebene 2	arabische Ziffer
1.a)	Überschrift Ebene 3	Wiederholung der Überschrift Ebene 2 und Buchstabe
	aa) Überschrift Ebene 4	Wiederholung Ebene 3 + Buchstabe und Einzug

Klicken Sie im Menüband, Register *Start* ▶ *Absatz* auf *Liste mit mehreren Ebenen* und wählen Sie *Neuen Listentyp definieren*. Geben Sie einen Namen für die Formatvorlage ein, z. B. Überschriften Musterdokument ❶.

Zur weiteren Bearbeitung von Nummerierung und Einzügen der einzelnen Überschriftebenen klicken Sie auf die Schaltfläche *Format* und wählen *Nummerierung* ❷. Im

Fenster *Liste mit mehreren Ebenen ändern* bearbeiten Sie anschließend die einzelnen Überschriftebenen.

Ebene 1

- Die Ebene 1 ist bereits markiert ❸. Wählen Sie im Feld *Zahlenformatvorlage für diese Ebene* römische Ziffern ❹ aus, löschen dann im Feld oberhalb alle übrigen Zeichen und geben stattdessen nach der Zahl einen Punkt ein ❺.
- Da nur für Ebene 4 ein Einzug benötigt wird, können zunächst die Positionsangaben von Ebene 1 für alle Ebenen übernommen werden. Klicken Sie dazu auf *Für alle Ebenen festlegen* ❻.
- Nicht nur die Zahl, sondern auch der Text der Überschrift soll mit Ausnahme der Ebene 4 stets an derselben Position beginnen. Um für Nummerierungen im zweistelligen Bereich etwas mehr Platz zu schaffen, geben Sie im nachfolgenden Dialogfenster im Feld *Textposition für erste Ebene* 0,8 cm ein. Im Feld *Zusätzlicher Einzug für jede Ebene* wählen Sie 0 cm und klicken abschließend auf *OK*.

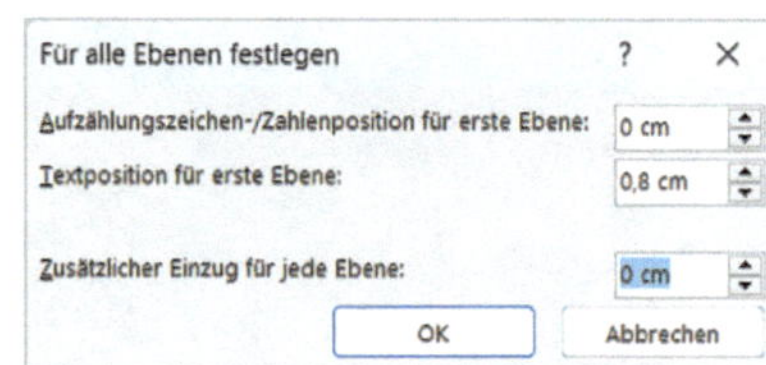

- Zuletzt muss der Listenebene noch eine Formatvorlage zugewiesen werden. Klicken Sie unten linke auf die Schaltfläche *Erweitern* und wählen Sie im Feld *Verbinden mit Formatvorlage* die Vorlage *Überschrift 1* ❼ aus.

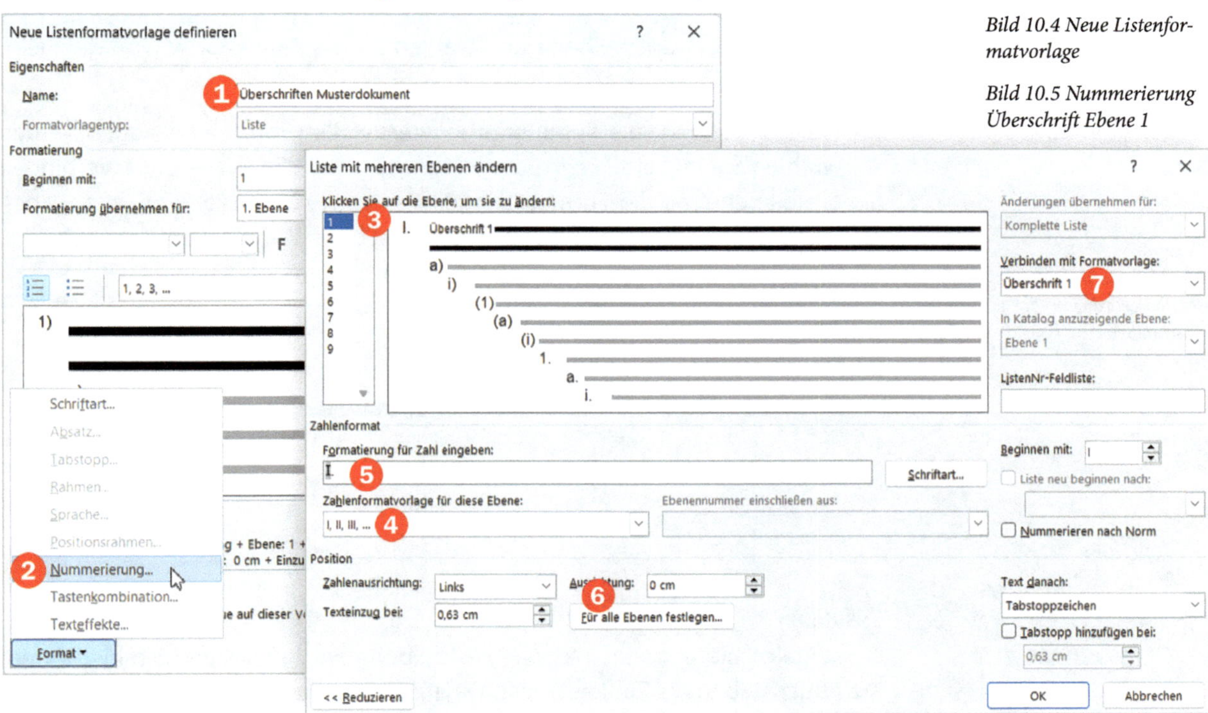

Bild 10.4 Neue Listenformatvorlage

Bild 10.5 Nummerierung Überschrift Ebene 1

Ebene 2

Zur Bearbeitung der nächsten Überschriftebene, klicken Sie im Fenster *Liste mit mehreren Ebenen ändern* links oben auf die *Ebene 2*. Wählen Sie arabische Ziffern aus und ersetzen Sie wieder alle sonstigen Zeichen durch einen Punkt nach der Zahl. Das Feld *Position* sollte für die zweite Ebene dieselben Werte wie für Ebene 1 anzeigen. Wählen Sie bei *Verbinden mit Formatvorlage* die *Überschrift 2* aus.

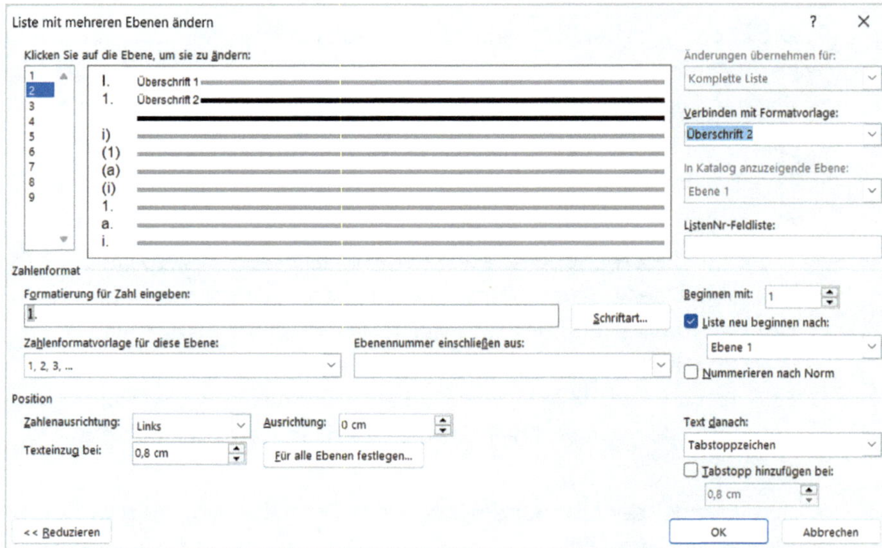

Bild 10.6 Überschriftebene 2 gestalten

- **Ebene 3**
  Markieren Sie die dritte Ebene und wählen Sie als Zahlenformatvorlage Kleinbuchstaben (*a, b, c,...*) aus.

  Da in die dritte Ebene die Nummerierung der zweiten Ebene einbezogen werden soll, wählen Sie im Feld *Ebenennummer einschließen* die *Ebene 2* aus. Verbinden Sie diese Ebene mit der Formatvorlage *Überschrift 3*, weitere Positionsangaben sind nicht erforderlich, da diese ebenfalls aus Ebene 1 übernommen wurden.

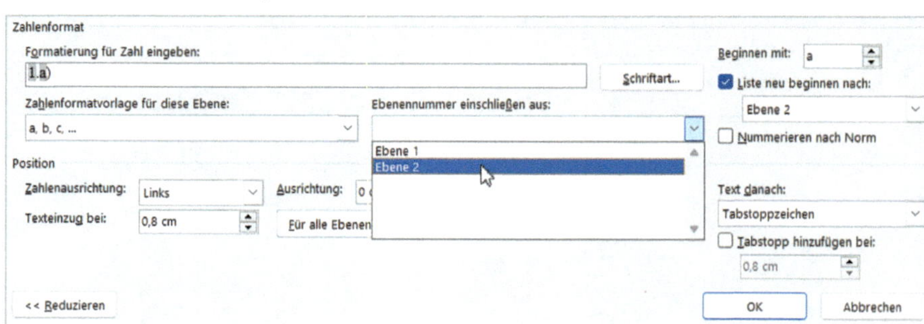

Bild 10.7 Nummerierung der übergeordneten Ebene einschließen

- **Ebene 4**
  Klicken Sie zuletzt oben links die vierte Ebene an und wählen Sie hier erneut Kleinbuchstaben als Zahlenformat. Da außerdem auch hier die übergeordnete Ebene mit ausgegeben werden soll, wählen Sie bei *Ebenennummer einschließen* die *Ebene 3* aus und geben im Feld *Formatierung für Zahl eingeben* danach eine schließende runde Klammer ein. Verbinden Sie die Ebene mit der Formatvorlage *Überschrift 4*.

Ebene 4 soll außerdem einen Einzug erhalten bzw. eingerückt werden: Geben Sie dazu im Feld *Ausrichtung* 0,8 cm ein und bei *Texteinzug* bei den Wert 1,6 cm.

Bild 10.8 Überschrift Ebene 4 bearbeiten

- Schließen Sie zuletzt alle Fenster mit Klick auf *OK* und testen Sie die Nummerierung und Einzüge der Überschriften. Am besten fügen Sie dazu Blindtext zusammen mit beliebigen Überschriften in das Dokument ein und weisen diesen die Formatvorlagen *Überschrift 1* bis *Überschrift 4* zu. Das übrige Aussehen der Überschriften steuern Sie im nächsten Schritt über die Formatvorlagen.

Blindtext generieren: =rand()+Eingabetaste

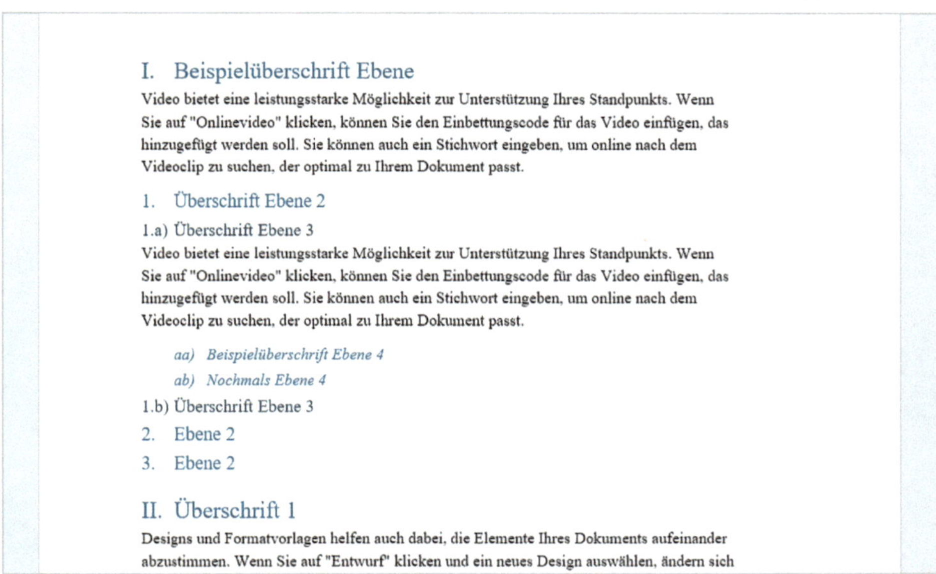

I. Beispielüberschrift Ebene

Video bietet eine leistungsstarke Möglichkeit zur Unterstützung Ihres Standpunkts. Wenn Sie auf "Onlinevideo" klicken, können Sie den Einbettungscode für das Video einfügen, das hinzugefügt werden soll. Sie können auch ein Stichwort eingeben, um online nach dem Videoclip zu suchen, der optimal zu Ihrem Dokument passt.

1. Überschrift Ebene 2

1.a) Überschrift Ebene 3

Video bietet eine leistungsstarke Möglichkeit zur Unterstützung Ihres Standpunkts. Wenn Sie auf "Onlinevideo" klicken, können Sie den Einbettungscode für das Video einfügen, das hinzugefügt werden soll. Sie können auch ein Stichwort eingeben, um online nach dem Videoclip zu suchen, der optimal zu Ihrem Dokument passt.

aa) Beispielüberschrift Ebene 4

ab) Nochmals Ebene 4

1.b) Überschrift Ebene 3

2. Ebene 2

3. Ebene 2

II. Überschrift 1

Designs und Formatvorlagen helfen auch dabei, die Elemente Ihres Dokuments aufeinander abzustimmen. Wenn Sie auf "Entwurf" klicken und ein neues Design auswählen, ändern sich

Bild 10.9 Beispieltext zur Kontrolle der Nummerierung und der Abstände für Überschriften

Tipp: Nutzen Sie Tastenkombinationen zum schnellen Zuweisen der Überschriftformatvorlagen. Überschrift 1: **Alt+1**, Überschrift 2: **Alt+2**, Überschrift 3: **Alt+3** usw..

Achtung: Die Zahlen dürfen nicht über den Ziffernblock eingegeben werden!

Nummerierung korrigieren: Falls Sie die Listenformatvorlage nachträglich korrigieren möchten, so klicken Sie im Menüband, Register *Start* auf *Liste mit mehreren Ebenen*, anschließend Rechtsklick auf die Vorlage und Befehl *Ändern*.

Formatvorlagen erstellen und anpassen

Wenn ein Inhaltsverzeichnis benötigt wird, dann sind Formatvorlagen für Überschriften unverzichtbar, aber auch zur schnellen und effizienten Formatierung des restlichen Textes leisten Formatvorlagen gute Dienste. Im vorhergehenden Punkt haben wir bereits die Nummerierung für die Überschriften der Ebenen 1 bis 4 festgelegt und mit den entsprechenden Überschriftformatvorlagen verbunden. Jetzt passen wir noch das übrige Aussehen, z. B. Schriftgröße und Abstände an unsere Wünsche an. Auch dies lässt sich am besten anhand von beliebigem Blindtext testen, löschen Sie also den zuvor eingegebenen Beispieltext noch nicht.

Formatvorlagen ändern

- Sämtliche Bearbeitungen der Formatvorlagen nehmen Sie am besten im Aufgabenbereich *Formatvorlagen* vor, den Sie mit Klick auf den Pfeil der Gruppe *Formatvorlagen* im Menüband, Register *Start* öffnen.
- Zum Ändern der Formatvorlagen nutzen Sie eine der folgenden Methoden:
  - Klicken Sie im Aufgabenbereich *Formatvorlagen* mit der rechten Maustaste auf die zu ändernde Formatvorlage und wählen Sie *Ändern* ❶. Anschließend nehmen Sie Ihre Änderungen im Dialogfenster *Formatvorlagen ändern* vor.
  - Oder weisen Sie im Dokument einem Absatz die zu ändernden Formatvorlage, im Bild unten *Überschrift 1* zu und formatieren diesen nach Ihren Vorstellungen. Markieren Sie dann den Absatz, klicken Sie im Aufgabenbereich *Formatvorlagen* mit der rechten Maustaste auf die betreffende Formatvorlage und hier auf *Überschrift 1 aktualisieren, um der Auswahl anzupassen* ❷.

Bild 10.10 Formatvorlagen ändern

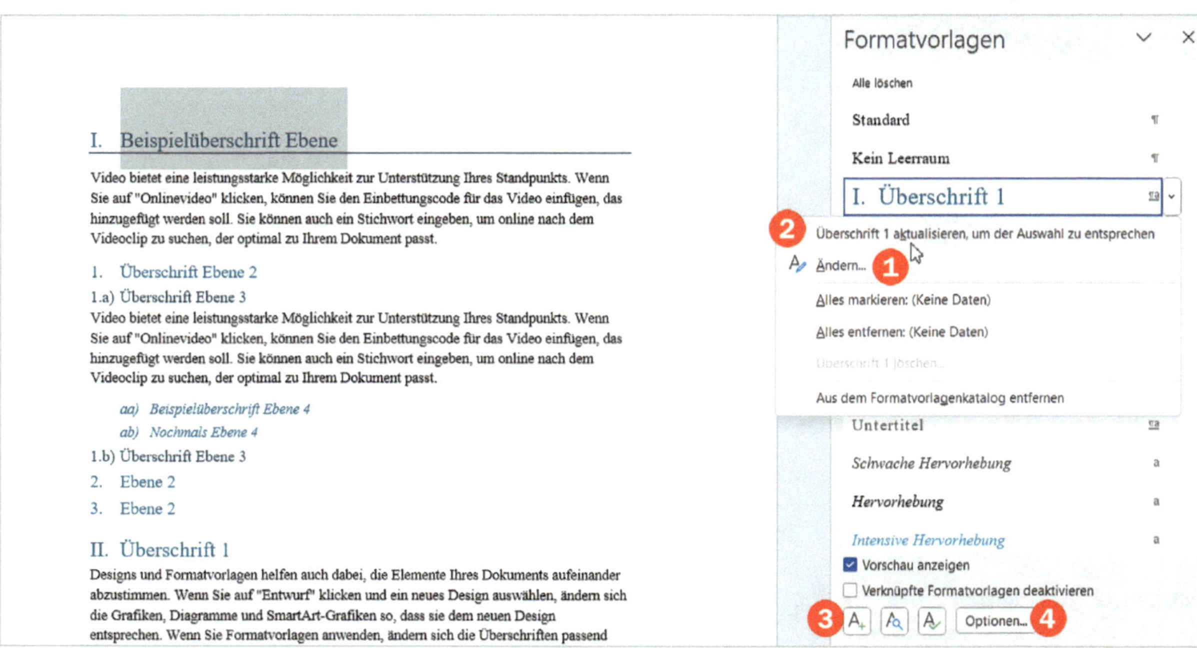

Überschriftformatvorlagen im Beispieldokument

- **Überschrift 1**: Absatzabstand *Vor* 30 Pt. und Abstand *Nach* 12 Pt.; Zeilenabstand *Einfach*; *Rahmenlinie unten* mit Stärke 1 Pt. sowie Schriftgröße 18 Pt. und Schriftschnitt fett.
- **Überschrift 2**: Absatzabstand *Vor* 24 und *Nach* 12 Pt., der 1,5 fache Zeilenabstand wird beibehalten, außerdem Schriftgröße 16 Pt. und fett.
- **Überschrift 3**: Absatzabstand *Vor* 18 Pt. und den Schriftschnitt fett.
- **Überschrift 4**: Für Überschrift 4 behalten wir die Voreinstellungen bei.

Hinweis: Um den Abstand zwischen Rahmenlinie zu verringern, musste der Zeilenabstand reduziert werden.

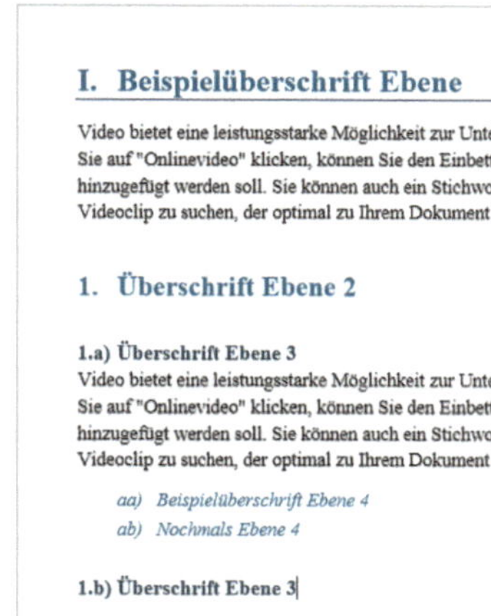

Formatvorlage ohne Nummerierung für Überschriften neu erstellen

Für Überschriften wie z. B. „Vorwort“ benötigen wir zusätzlich eine Überschrift ohne Nummerierung. Klicken Sie auf das Symbol *Neue Formatvorlage* ❸ (Bild 10.10) und geben Sie der Formatvorlage einen Namen, in diesem Beispiel wurde *Überschrift 0* gewählt (Bild 10.11). Da die neue Formatvorlage mit Ausnahme der Nummerierung dasselbe Aussehen wie *Überschrift 1* erhalten soll, wählen Sie bei *Formatvorlage basiert auf* Überschrift 1 aus und als *Formatvorlage für den Folgeabsatz* wählen Sie *Standard*. Entfernen Sie dann über die Schaltfläche *Format* ▶ *Nummerierung* die Nummerierung durch Auswahl von *Ohne* und entfernen Sie ebenfalls über *Format* ▶ *Rahmen* die Rahmenlinie. Bestätigen Sie zuletzt mit *OK*.

Inhaltsverzeichnisüberschrift anpassen

Dank der Formatvorlagen *Überschrift 1* und *Überschrift 0* haben nun fast alle Überschriften der ersten Ebene im Dokument dasselbe Aussehen. Nun muss nur noch die Überschrift des Inhaltsverzeichnisses angepasst werden.

Zur Anzeige dieser, normalerweise ausgeblendeten Formatvorlage klicken Sie im Aufgabenbereich *Formatvorlagen* auf *Optionen* ❹ (Bild 10.10) und wählen Sie im Feld *Anzuzeigende Formatvorlagen auswählen* die Option *Alle Formatvorlagen* (Bild 10.12). **Achtung**: Vergessen Sie nicht, nach der Änderung wieder die ursprüngliche Einstellung *Empfohlen* wiederherzustellen, damit der Aufgabenbereich *Formatvorlagen* nicht durch überflüssige Formatvorlagen unnötig aufgebläht wird.

Bild 10.11 Neue Formatvorlage erstellen

Bild 10.12 Alle Formatvorlagen anzeigen

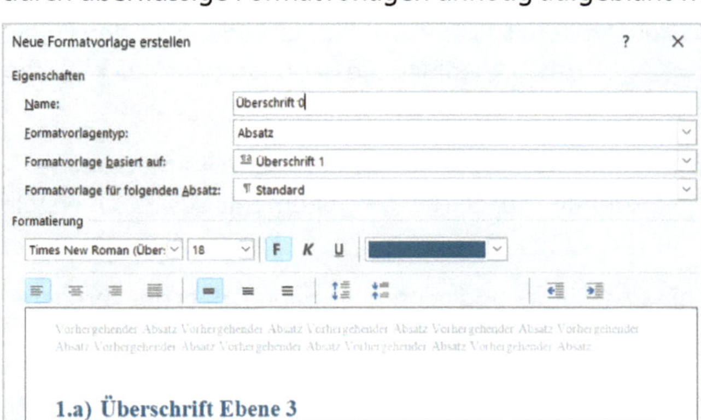

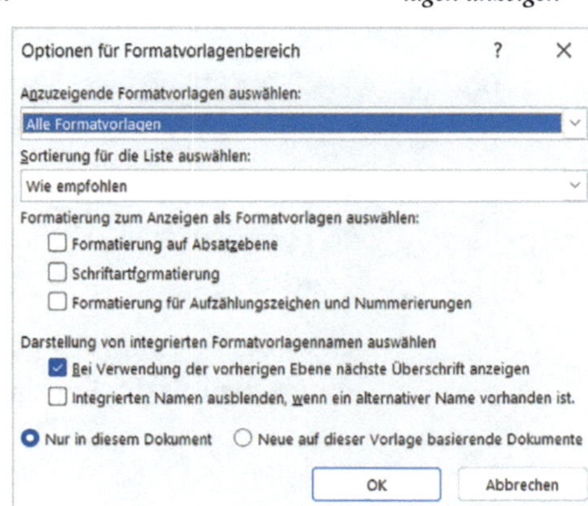

Formatieren Sie eine beliebige Überschrift mit der Formatvorlage *Überschrift 0* und markieren Sie diese. Klicken Sie dann mit der rechten Maustaste auf die Formatvorlage *Inhaltsverzeichnisüberschrift* und wählen Sie *Inhaltsverzeichnisüberschrift aktualisieren, um der Auswahl zu entsprechen*.

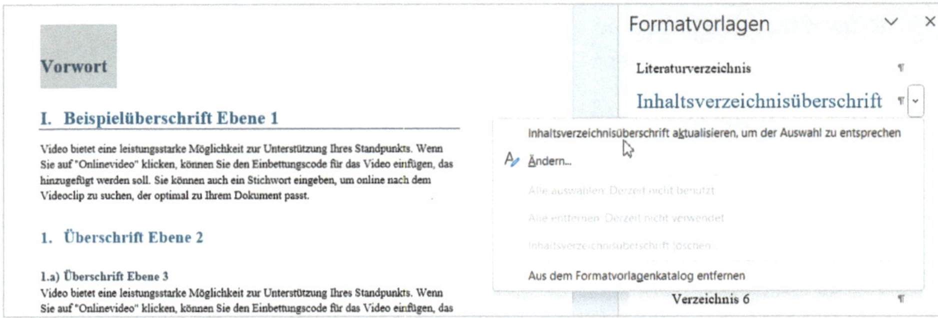

Bild 10.13 Das Aussehen der Überschrift des Inhaltsverzeichnis wird an die Formatvorlage des Vorworts angepasst

Auf demselben Weg können Sie bei Bedarf auch die Überschriften für Stichwortverzeichnis (*Indexüberschrift*), Abbildungsverzeichnis (*Abbildungsverzeichnis*), Literaturverzeichnis usw. angleichen.

Die Formatvorlage Standard anpassen

Nach den Überschriften kümmern wir uns im nächsten Schritt um das Aussehen des Fließtexts.

- **Standard**: Die Formatvorlage *Standard* dient zur Formatierung des Fließtexts. Sie erhält per Rechtsklick im Aufgabenbereich *Formatvorlagen* und dem Befehl *Ändern...* die Ausrichtung *Blocksatz*.
- **Silbentrennung aktivieren**: Um unschöne Lücken im Text zu vermeiden, sollte außerdem die Silbentrennung aktiviert werden. Dazu wählen Sie im Menüband, Register *Layout* ▶ *Seite einrichten* ▶ *Silbentrennung* die Einstellung *Automatisch*.

Hinweis: Falls Sie für einzelne Formatvorlagen die Silbentrennung ausschalten möchten, erledigen Sie dies im Fenster *Formatvorlage ändern*. Klicken Sie auf die Schaltfläche *Format...*, wählen Sie *Absatz* und aktivieren Sie dann im Register *Zeilen- und Seitenumbruch* das Kontrollkästchen *Keine Silbentrennung*.

- **Formatvorlage für eingerückten Text**: Der zur Überschrift 4 gehörende Fließtext soll eingerückt werden und an derselben Position wie der Text der Überschrift beginnen. Dazu muss eine weitere Vorlage für den Fließtext erstellt werden. Klicken Sie auf *Neue Formatvorlage* und vergeben Sie eine Bezeichnung, z. B. *Standard_eingerückt*. Die Vorlage soll auf *Standard* basieren. Als Formatvorlage für den Folgeabsatz wählen Sie *Standard_eingerückt*. Wählen Sie dann über *Format* ▶ *Absatz* einen *Einzug links* von 1,6 cm.

Weitere Formatvorlagen, z. B. für Zitate (Änderung der bestehenden Formatvorlage *Zitat*) oder spezielle Hinweise etc. können je nach Art des Dokuments zusätzlich erstellt werden.

Löschen Sie zuletzt den Beispieltext wieder und achten Sie darauf, dass der verbliebene Absatz mit der Formatvorlage *Standard* formatiert ist.

10.3 Dokumentstruktur festlegen und Verzeichnisse einfügen

Sie könnten jetzt auf der ersten Seite mit der Eingabe des Texts beginnen und Deckblatt, Vorwort und Inhaltsverzeichnis erst später hinzufügen. Die Elemente schon jetzt einzufügen, hat den Vorteil, dass Sie den aktuellen Seitenumfang realistisch einschätzen können. Gerade bei Hausarbeiten ist die Anzahl der erlaubten Seiten oft begrenzt und sollte nicht überschritten werden. Zusätzlich haben Sie schon während der Arbeiten ein Inhaltsverzeichnis, Abbildungsverzeichnis oder Literaturverzeichnis zur Verfügung, die Ihnen einen Überblick über Ihre Arbeit verschaffen. So gehen Sie vor:

1 Tragen Sie auf der erste Seite den vorläufigen Text „Deckblatt" ein und fügen Sie in der nächsten Zeile einen Seitenumbruch ein. Da wir das Dokument mit Vorder- und Rückseite angelegt haben und die Rückseite des Deckblatts leer bleiben soll, fügen Sie auch auf Seite 2 einen Seitenumbruch ein.

Seitenumbruch einfügen mit **Strg+Eingabetaste**

2 Auf Seite 3 geben Sie die Überschrift „Vorwort" ein und formatieren diese mit der Formatvorlage *Überschrift 0*. Danach fügen Sie erneut einen Seitenumbruch ein.

Bild 10.14 Das künftige Deckblatt

Bild 10.15 Inhaltsverzeichnis

3 Auf Seite 4 beginnt das Inhaltsverzeichnis, dieses fügen Sie über *Referenzen* ▶ *Inhaltsverzeichnis* ein. Sollte hier das Inhaltsverzeichnis selbst mit aufgeführt sein wie in Bild 10.15, dann wählen Sie *Referenzen* ▶ *Inhaltsverzeichnis* ▶ *Benutzerdefiniertes Inhaltsverzeichnis*. Klicken Sie hier auf *Optionen* ❶ und entfernen Sie bei der Formatvorlage *Inhaltsverzeichnisüberschrift* die Zahl aus dem Feld *Inhaltsverzeichnisebene* ❷.

4 Fügen Sie nach dem Inhaltsverzeichnis einen Seitenumbruch ein.

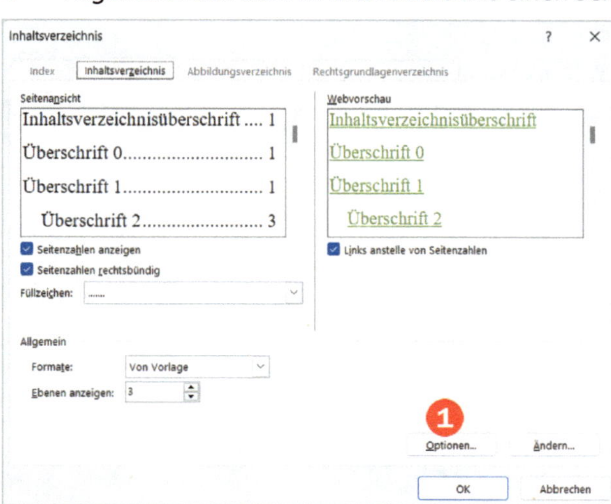

Bild 10.16 Benutzerdefiniertes Inhaltsverzeichnis

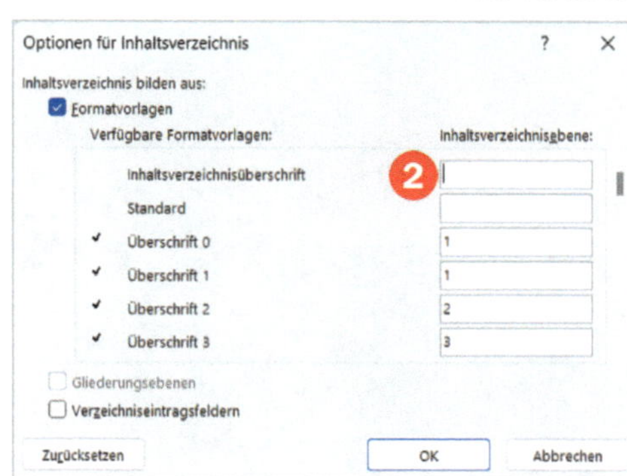

Bild 10.17 Löschen Sie bei der Formatvorlage die Verzeichnisebene 1.

5 Auf Seite 5 folgt nun das Abbildungsverzeichnis, tippen Sie die Überschrift ein und formatieren Sie diese mit der Formatvorlage *Überschrift 0*. Fügen Sie dann über *Referenzen* ▶ *Abbildungsverzeichnis einfügen* das Verzeichnis ein. Da noch keine Abbildungen samt dazugehörigen Beschriftungen existieren, erscheint Sie zunächst der Hinweis *Es konnten keine Einträge für das Abbildungsverzeichnis gefunden werden.* Dieser verschwindet, sobald Sie Abbildungen und Beschriftungen einfügen und das Verzeichnis aktualisieren.

6 Nach dem Abbildungsverzeichnis folgt der Hauptteil Ihrer Arbeit. Da dieser auf einer rechten Seite (ungerade Seite), also einer Vorderseite beginnen soll, fügen Sie unterhalb des Abbildungsverzeichnisses über das Register *Layout* ▶ *Umbrüche* mit der Auswahl *Ungerade Seite* unter *Abschnittsumbrüche* einen Abschnittswechsel ein, der falls nötig, eine leere Seite erzeugt.

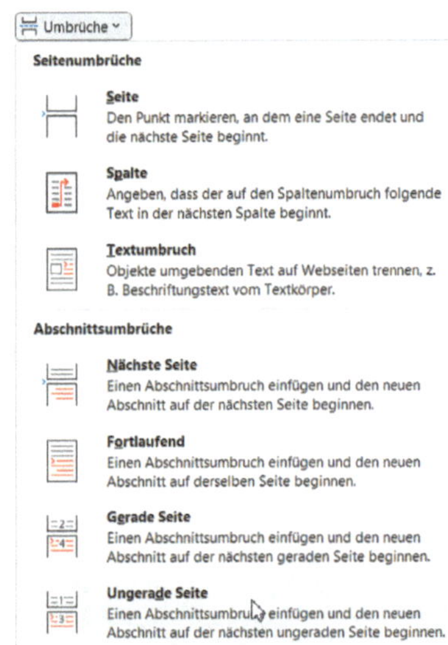

Bild 10.18 Abschnittsumbruch Ungerade Seite einfügen

7 Geben Sie hier die erste Überschrift des Hauptteils ein und formatieren Sie diese mit der Formatvorlage *Überschrift 1*. Mit einem weiteren Seitenumbruch erstellen Sie eine weitere Seite und fügen hier ein Literaturverzeichnis ein.

> **Achtung!** Die Überschrift „Einleitung", mit der der Hauptteil beginnt, befindet sich auf Seite 7. In der Ansicht *Seitenlayout* wird jedoch eine leere Seite, die durch den Abschnittswechsel *Ungerade Seite* erzeugt wird, im Gegensatz zur Druckvorschau nicht angezeigt.

Bild 10.19 Abfolge der Seiten im Dokument

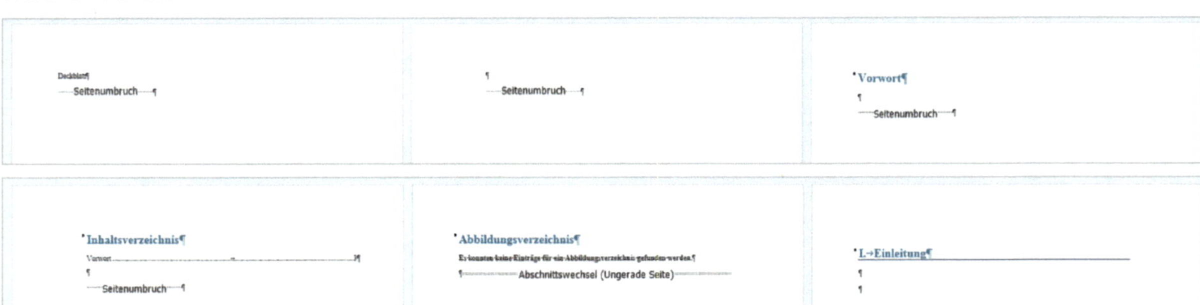

10.4 Seitennummerierung und Inhalte der Kopfzeile

Jetzt fehlen im Dokument noch Seitenzahlen und Inhalte der Kopfzeile. Hier müssen in diesem Beispiel folgende Vorgaben berücksichtigt werden:

- Das Deckblatt erhält keine Seitenzahl und soll auch nicht in die Seitennummerierung einbezogen werden.
- Vorwort, Inhalts- und Abbildungsverzeichnis erhalten als Seitenzahlen römische Ziffern beginnend mit I.
- Der Hauptteil erhält arabische Zahlen ebenfalls beginnend mit 1.
- In der Kopfzeile soll auf allen ungeraden Seiten die Überschrift der aktuellen Ebene 1 erscheinen und auf allen geraden Seiten die Bezeichnung des Seminars.

Seitenzahlen

Die Seitenzahl wird in die Fußzeile eingefügt. Beachten Sie, dass wir gegenüberliegende Seiten festgelegt haben und die Seitenzahlen jeweils außen erscheinen sollen.

1 Ersetzen Sie auf Seite 2 (leere Seite hinter dem Deckblatt) den einfachen Seitenumbruch durch einen *Abschnittswechsel (Nächste Seite)*. Dieser wird benötigt, um das Deckblatt von der Seitennummerierung auszuschließen.

Tipp: Das geht am einfachsten, wenn Sie den Cursor vor den Seitenumbruch auf der zweiten Seite platzieren, mit der **Eingabetaste** einen Absatz einfügen und in diesen Absatz über Register *Layout* ▶ *Umbrüche* ▶ *Nächste Seite* einen Abschnittswechsel einfügen. Anschließend löschen Sie den jetzt überflüssigen Seitenumbruch, der dadurch auf Seite 3 gerutscht ist.

2 Doppelklicken Sie in den Fußzeilenbereich einer beliebigen Seite und aktivieren Sie im Menüband, Register *Kopf- und Fußzeile* das Kontrollkästchen *Gerade & ungerade Seiten unterschiedlich*.

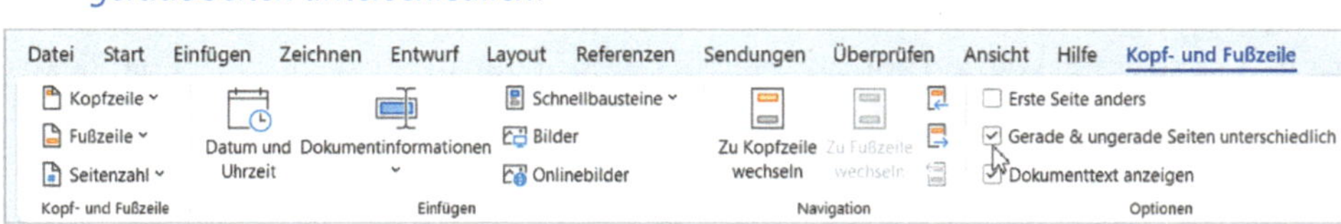

Bild 10.20 Register Kopf- und Fußzeilentools

3 Standardmäßig sind die Kopf- und Fußzeilen aller Abschnitte miteinander verknüpft, d. h. sie erhalten automatisch dasselbe Aussehen wie der vorhergehende Abschnitt. Um dies aufzuheben und somit die Fußzeilen der Abschnitte getrennt zu bearbeiten, wechseln Sie zur Fußzeile der Seite, die das Vorwort enthält, das ist in unserem Beispiel die Seite 3 bzw. der Abschnitt 2. Klicken Sie dann im Register *Kopf- und Fußzeile* auf *Mit vorheriger verknüpfen*, bzw. deaktivieren Sie diese Einstellung. Da wir außerdem gerade und ungerade Fußzeilen zu bearbeiten haben, müssen Sie dies auch auf der nächsten geraden Seite (in diesem Beispiel Seite 4) wiederholen.

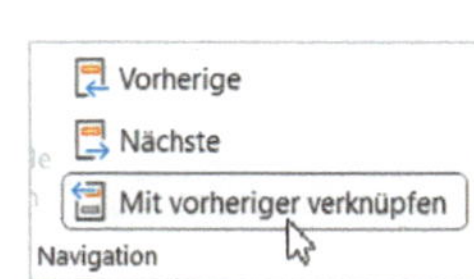

4 Wechseln Sie nun wieder zur Fußzeile der Seite 3 (Vorwort), klicken Sie im Menüband, Register *Kopf- und Fußzeile* auf *Seitenzahl* ▶ *Seitenende* und wählen Sie die Vorlage *Einfache Zahl 3* (Ungerade Seiten: Seitenzahl rechts) aus. Wechseln Sie zur nächsten (geraden) Seite und wählen Sie die Vorlage *Einfache Zahl 1* (Gerade Seiten: Seitenzahl links) aus.

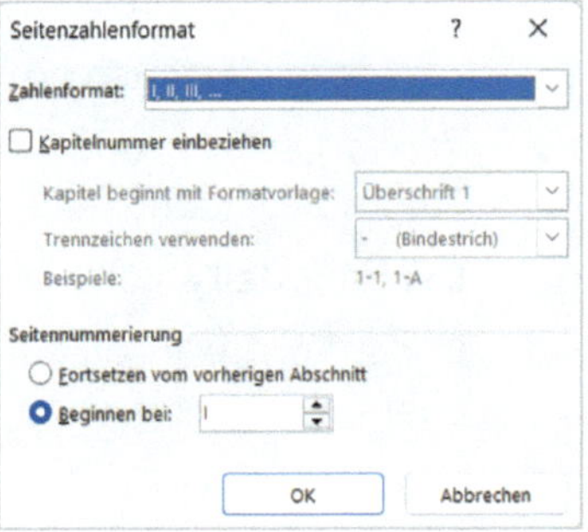

5 **Abschnitt 2 - Römische Zahlen**: Achten Sie darauf, dass Sie sich in einer Fußzeile des Abschnitts 2 befinden und klicken Sie im Register *Kopf- und Fußzeile* ▶ *Seitenzahl* auf *Seitenzahlen formatieren*. Aktivieren Sie im Fenster *Seitenzahlenformat* das Kontrollkästchen *Beginnen bei* und geben Sie im Feld daneben die Zahl 1 ein. Wählen Sie außerdem als *Zahlenformat* römische Ziffern aus.

6 **Hauptteil - Arabische Zahlen**: Nach dem Abbildungsverzeichnis wurde bereits ein *Abschnittswechsel (Ungerade Seite)* eingefügt. Damit beginnt mit dem Hauptteil der Arbeit ein neuer Abschnitt, hier Abschnitt 3. Klicken Sie in die Fußzeile der Seite 7 (die leere Seite 6 wird nicht angezeigt), hier steht momentan die Seitenzahl 5. Deaktivieren Sie auch für Abschnitt 3 im Register *Kopf- und Fußzeile* die Einstellung *Mit vorheriger verknüpfen*. Klicken Sie dann auf *Seitenzahl* ▶ *Seitenzahlen formatieren* und wählen als *Zahlenformat* arabische Ziffern aus. Die Seitennummerierung beginnen Sie wieder mit 1.

Achtung: Falls noch keine gerade Seite des Abschnitts 3 existiert, sollten Sie hier einen Seitenumbruch einfügen und auch für die gerade Fußzeile die Verknüpfung mit dem vorherigen Abschnitt aufheben.

Überschrift in der Kopfzeile wiederholen

Im Hauptteil der Arbeit soll in der Kopfzeile der ungeraden Seiten die Überschrift der Ebene 1 wiederholt werden und auf allen geraden Seiten der Text „Grundschuldidaktik - Prof. Dr. Muster" erscheinen.

1 Wechsel Sie zur Seite mit der der Hauptteil beginnt, hier Seite 7, doppelklicken Sie hier in den Kopfzeilenbereich und deaktivieren Sie im Menüband, Register *Kopf- und Fußzeile* die Schaltfläche *Mit vorheriger verknüpfen*.

2 Klicken Sie dann im Register *Kopf- und Fußzeile* auf *Schnellbausteine* und auf *Feld...*. Wählen Sie die Kategorie *Verknüpfungen und Verweise*, markieren Sie das Feld *StyleRef* und wählen Sie in der Liste *Formatvorlagenname* die Vorlage *Überschrift 1* aus. Klicken Sie zum Übernehmen auf *OK* und richten Sie dann den Text in der Kopfzeile rechtsbündig aus.

3 Wechseln Sie zur Kopfzeile der Seite 8 und tippen Sie den gewünschten Text, in unserem Beispiel Grundschuldidaktik - Prof. Dr. Muster ein. Die linksbündige Ausrichtung wird hier beibehalten.

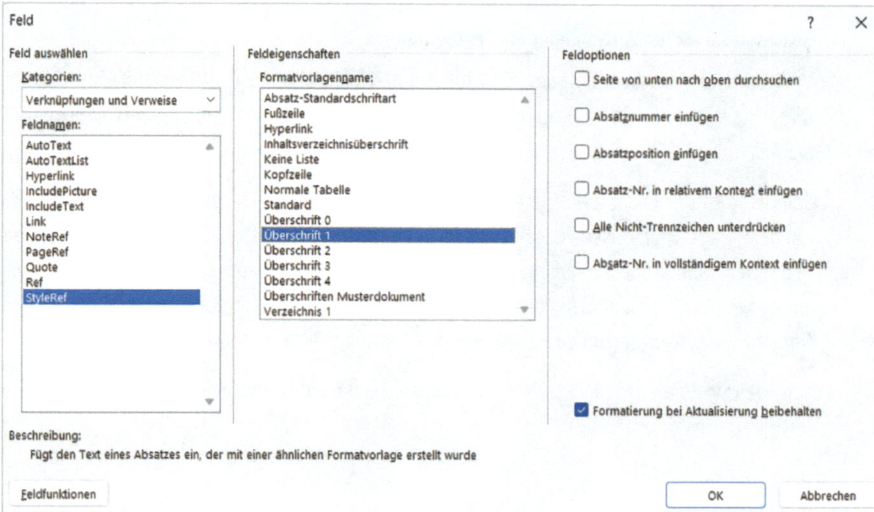

Bild 10.21 Feld StylRef auswählen und mit der Formatvorlage Überschrift 1 verbinden

Damit sind die Vorbereitungen beendet und die eigentliche Arbeit kann beginnen, nachfolgend einige Tipps und Hinweise zu Besonderheiten.

> **Behalten Sie im Navigationsbereich Ihre Gliederung im Blick**
>
> Aktivieren Sie im Register *Ansicht* ▶ *Anzeigen* das Kontrollkästchen *Navigationsbereich*. Dieser erscheint am linken Bildschirmrand und zeigt alle Überschriften des Dokuments an. Durch Anklicken einer Überschrift navigieren Sie zu dieser Stelle.

10.5 Dateiumfang durch verknüpfte Bilder reduzieren

Auf normale Weise eingefügte Bilder werden standardmäßig zusammen mit dem Dokument gespeichert, was in umfangreichen Dokumenten mit zahlreichen Abbildungen den Dateiumfang stark anwachsen lässt. Dadurch kann es auch vorkommen, dass sich Word nicht mehr stabil verhält. In solchen Fällen können Sie die Dateigröße erheblich reduzieren, wenn Sie statt des Bildes eine Verknüpfung zur Bilddatei einfügen. Dies gilt nicht nur für Bilder, sondern auch für andere Dateiobjekte, z. B. Excel-Diagramme oder PDF-Dateien.

Zum Einfügen von Verknüpfungen zu Bilddateien stehen Ihnen folgende Möglichkeiten zur Verfügung, beide setzen voraus, dass die Datei auf Ihrem Gerät gespeichert ist.

- Über das Menüband, Register *Einfügen* ▶ *Bilder*
- Oder mit der Feldfunktion *IncludePicture*

Beachten Sie vor der Verwendung von Verknüpfungen

- Verknüpfungen speichern statt des Bildes nur den Dateipfad, also z. B. *D:\Daten\Meine Bilder\Bild7.jpg*. Dies hat den Vorteil, dass im Dokument auch nach späteren Änderungen am Bild stets das aktuelle Bild erscheint.
- Soll das Word-Dokument weitergegeben werden oder auch nur zu Sicherungszwecken auf einen anderen Datenträger kopiert werden, dann sollten Sie sicherstellen, dass auch die verknüpften Bilddateien mit kopiert werden und die Verknüpfungen im Word-Dokument entweder automatisch oder manuell aktualisiert werden können. Aus diesem Grund sollten sich alle benötigten Bilder entweder im selben Ordner wie das Word-Dokument oder in einem Unterordner dieses Ordners befinden.
- Vergeben Sie für die Bilder eindeutige Dateinamen, z. B. indem Sie die Bilder durchnummerieren.

Ein Bild als Verknüpfung einfügen

1 Klicken Sie im Menüband, Register *Einfügen* auf *Bilder* ▶ *Dieses Gerät...*.

Bild 10.22 Register Einfügen - Bilder

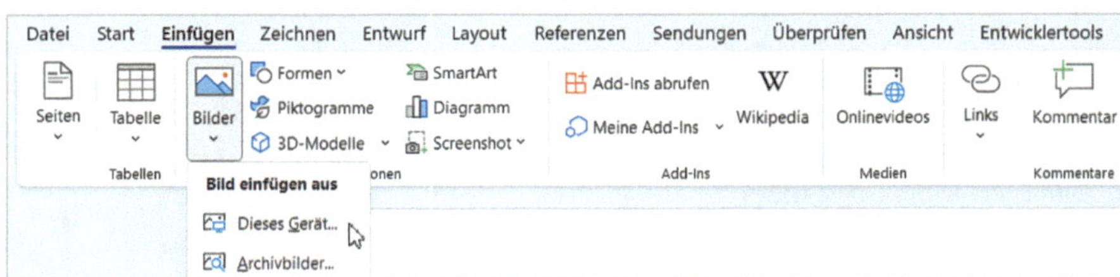

2 Navigieren Sie im Fenster *Grafik einfügen* zu dem Ordner, der die benötigte Bilddatei enthält und markieren Sie mit einem Klick die Datei.

3 Klicken Sie dann auf den Dropdown-Pfeil der Schaltfläche *Einfügen* und wählen Sie *Mit Datei verknüpfen*. Anschließend kann das Bild beliebig im Dokument platziert werden.

Bild 10.23 Klicken Sie auf den Pfeil der Schaltfläche Einfügen

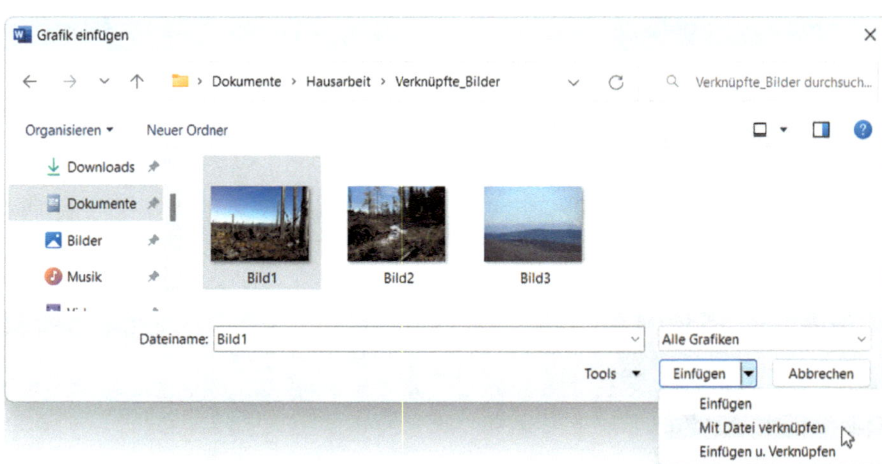

Die Nachteile dieser Methode

Word speichert bei dieser Methode grundsätzlich den absoluten Dateipfad, d. h. auch wenn sich die Bilder im selben Ordner wie das Dokument befinden, wird immer der gesamte Dateipfad gespeichert. Wenn sich der Grafikordner ändert, z. B. bei der Weitergabe oder beim Kopieren auf einen Server, so werden die verknüpften Dateien nicht mehr gefunden und der Pfad zu jeder einzelnen Grafikdatei muss manuell geändert werden. Zudem sind Dateiname und -pfad im Word-Dokument nicht auf Anhieb ersichtlich.

Bilder per Feld verknüpfen

Die zweite Methode, Bilder mit Hilfe einer Feldfunktion zu verknüpfen, erfordert zwar beim Einfügen etwas mehr Aufwand. Dafür lassen sich auch relative Pfadangaben verwenden, vorausgesetzt, die Bilddateien befinden sich im selben Ordner wie das Dokument oder in einem Unterordner dieses Ordners. So geht's:

Details zum Umgang mit Feldern lesen Sie in Kapitel 5.

1 Positionieren Sie den Cursor an der Stelle, an der Sie das Bild einfügen möchten, klicken Sie im Menüband, Register *Einfügen* ▶ *Text* auf *Schnellbausteine* und hier auf *Feld...*.

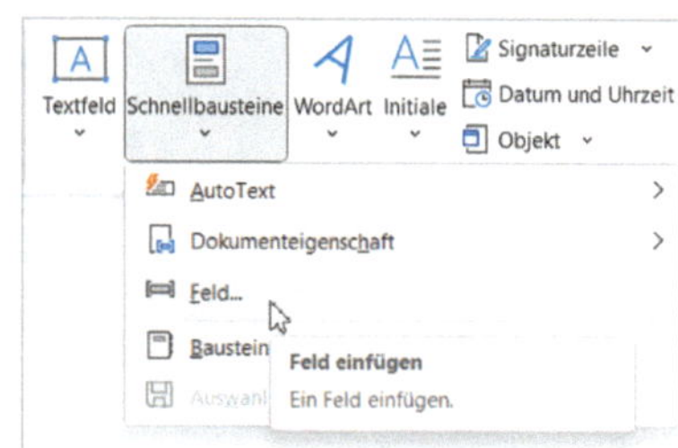

2 Wählen Sie dann im Fenster *Feld* die Kategorie *Verknüpfungen und Verweise* und klicken Sie in der Liste auf *IncludePicture* ❶.

3 Rechts daneben geben Sie nun unter *Feldeigenschaften* den Dateinamen oder den Pfad ein ❷:

- Befindet sich die Bilddatei im selben Ordner wie das Dokument, so genügt die Angabe des Dateinamens, das wäre beim Beispiel im Bild unten *Bild1.jpg*.
- Ist dagegen die Bilddatei in einem Unterordner des aktuellen Dokumentordners gespeichert, so geben Sie den Ordnernamen ebenfalls an, im Bild unten *Verknüpfte_Bilder\Bild1.jpg*. Ordner- und Dateiname müssen mit Backslash \ getrennt werden.

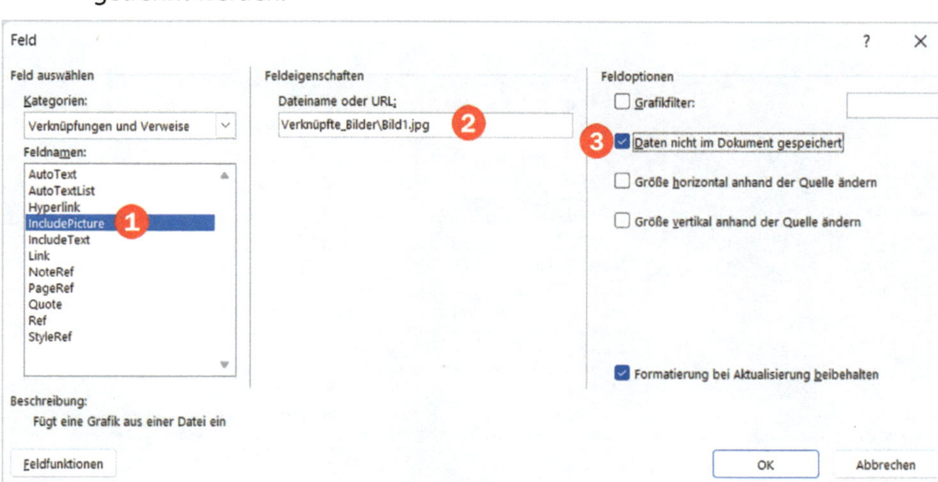

Bild 10.24 Das Feld IncludePicture mit Angabe des Dateipfades einfügen

4 **Wichtig:** Aktivieren Sie dann unter *Feldoptionen* das Kontrollkästchen *Daten nicht im Dokument gespeichert* ❸!

5 Sollen spätere Größenänderungen auch nach dem Aktualisieren beibehalten werden, so aktivieren Sie auch noch das Kontrollkästchen *Formatierung bei Aktualisierung beibehalten* und übernehmen Sie anschließend das Feld mit Klick auf *OK* in das Dokument.

Bei dieser Methode sind im Register Bildformat nicht alle Gestaltungsmöglichkeiten verfügbar, sondern beschränken sich im Wesentlichen auf die Positionierung im Dokument bzw. Steuerung des Textumbruchs.

Hinweis: Die Bilder werden mit der Umbruchart *Mit Text in Zeile* eingefügt. Diese sollten Sie nach Möglichkeit beibehalten, da die Feldfunktionen und sämtliche dazugehörigen Befehle nur zusammen mit dieser Umbruchart verfügbar sind. Wählen Sie dagegen einen Textumbruch, z. B. *Quadrat*, so bleiben Feld und Dateipfad zwar erhalten, können aber nicht mehr als Feldfunktion im Dokument angezeigt werden. Beim Ändern des Textumbruchs wandelt Word relative Pfadangaben automatisch in einen vollständigen Dateipfad mit dem doppelten Backslash \\ als Trennzeichen um. Dieser wird dadurch beim Kopieren automatisch angepasst.

Feldfunktion im Dokument anzeigen

Wenn das Bild mit der Umbruchart *Mit Text in Zeile* versehen wurde, dann verhält es sich wie jedes andere Feld. Das bedeutet, Sie können mit der Tastenkombination **Alt**+**F9** oder den Befehl im Kontextmenü statt der Bilder die Feldfunktionen anzeigen und dann bei Bedarf die Feldfunktion entweder im Dokument oder über die rechte Maustaste und den Befehl *Feld bearbeiten...* im Fenster *Feld* nachträglich ändern. Beachten Sie, dass Sie geänderte Felder anschließend mit der Taste **F9** aktualisieren müssen.

Hier zwei Beispiele für die Feldfunktion *INCLUDEPICTURE* und den dazugehörigen Dateipfad: Die Bilder 1 und 3 enthalten eine relative Pfadangabe in der Schreibweise Ordner\\Dateiname und der Schalter *\d* sorgt dafür, dass im Dokument nicht das Bild, sondern nur die Verknüpfung gespeichert wird. Bild 2 dagegen wurde zwar ebenfalls mit *IncludePicture* verknüpft, allerdings mit dem Textumbruch *Quadrat* versehen und deshalb kann hier die Feldfunktion nicht mit **Alt**+**F9** angezeigt werden.

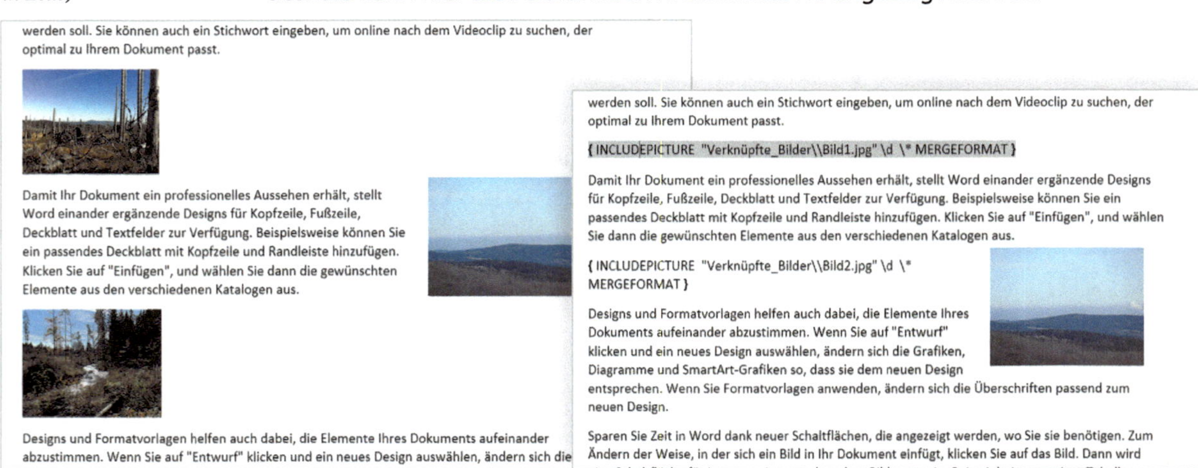

Bild 10.25 Die Feldfunktion statt der Bilder (nur bei der Umbruchart Mit Text in Zeile)

In beiden Fällen wird der Pfad beim Kopieren oder Verschieben des Ordners, der das Dokument und die Bilder bzw. den Unterordner mit den Bildern enthält, automatisch angepasst, allerdings in einen absoluten Pfad umgewandelt, wie in Bild 10.26.

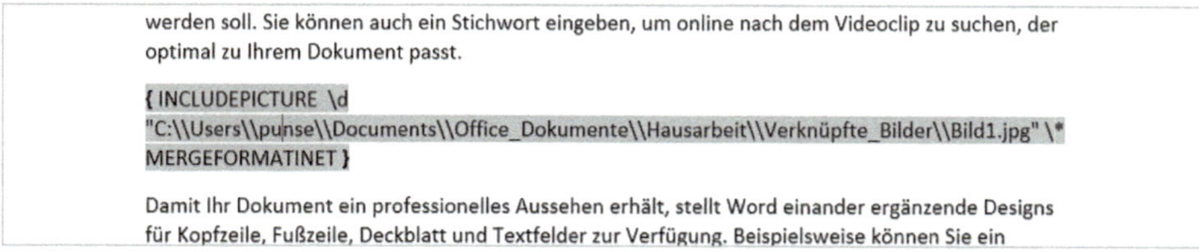
werden soll. Sie können auch ein Stichwort eingeben, um online nach dem Videoclip zu suchen, der optimal zu Ihrem Dokument passt.

{ INCLUDEPICTURE \d "C:\\Users\\punse\\Documents\\Office_Dokumente\\Hausarbeit\\Verknüpfte_Bilder\\Bild1.jpg" * MERGEFORMATINET }

Damit Ihr Dokument ein professionelles Aussehen erhält, stellt Word einander ergänzende Designs für Kopfzeile, Fußzeile, Deckblatt und Textfelder zur Verfügung. Beispielsweise können Sie ein

Bild 10.26 Die Pfadangabe nach dem Kopieren des gesamten Ordners samt Bilderordner

Hinweis: Mit der alten Version Word 2003 wurde beim Einfügen von Bildern mit der erstgenannten Methode ebenfalls das Feld *INCLUDEPICTURE* erzeugt, seit Word 2007/2010 ist dies jedoch nicht mehr der Fall. Wenn Sie diese Möglichkeit trotzdem noch nutzen möchten, dann müssen Sie das Dokument im Dateiformat Word 97-2003-Dokument (.doc) speichern, müssen jedoch auf alle neueren Funktionen von Word verzichten.

Verknüpfungen anzeigen und bearbeiten

Bei Verwendung der Feldfunktion *INCLUDEPICTURE* sollten eigentlich alle Verknüpfungen auch nach dem Verschieben oder Kopieren verfügbar sein, vorausgesetzt Sie kopieren den gesamten Ordner samt Unterordner bzw. Bildern. Falls trotzdem die Bilder nicht mehr angezeigt werden oder Sie aus einem anderen Grund die Verknüpfungen ändern müssen, dann gehen Sie so vor.

1 Klicken Sie im Register *Datei* ▶ *Informationen* unter *Eigenschaften* ▶ *Verwandte Dokumente* auf *Verknüpfungen mit Dateien bearbeiten* ❶.

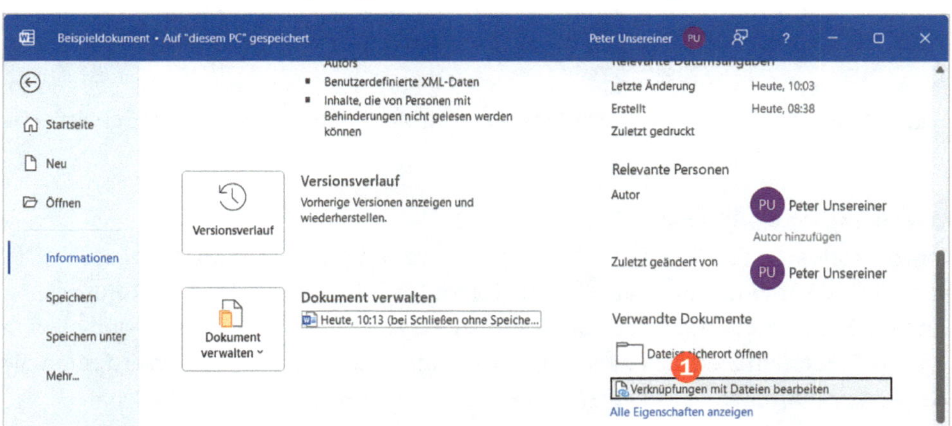

Bild 10.27 Register Datei - Verknüpfungen mit Dateien bearbeiten

Achtung: Dieser Befehl ist nur verfügbar, wenn das Dokument Verknüpfungen enthält, außerdem muss das Dokument zuvor gespeichert werden.

Im Fenster *Links* sehen Sie nun eine Liste aller Verknüpfungen, der genaue Pfad der markierten Bilddatei ist bei *Quelldatei* ersichtlich ❷ (Bild 10.27).

2 Markieren Sie mit einem Klick die zu ändernde Verknüpfung und klicken Sie auf die Schaltfläche *Quelle ändern...* ❸. Anschließend können Sie Im Fenster *Quelle ändern* einen anderen Speicherort und/oder eine andere Bilddatei auswählen.

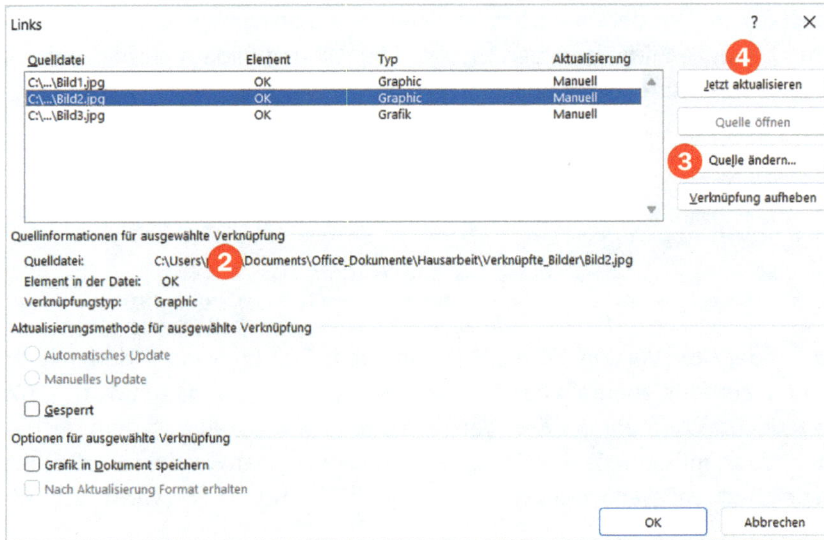

Bild 10.28 Verknüpfungen bearbeiten

Tipp: Bildpfade durch Suchen und Ersetzen ändern

Stattdessen können Sie natürlich auch im Dokument die Feldfunktionen einblenden und in der Feldfunktion den Pfad und/oder Dateinamen ändern. Wenn Sie für alle Bilder nur den Pfad, nicht aber den Dateinamen ändern müssen, dann leistet auch der Befehl *Suchen und Ersetzen* gute Dienste. Die Feldfunktionen müssen dazu ebenfalls sichtbar sein.

Verknüpfung aktualisieren

Bei nachträglichen Änderungen an der Bilddatei müssen Sie die Verknüpfung manuell aktualisieren, dies passiert nicht automatisch. Dazu klicken Sie im Register *Datei* ▶ *Informationen* auf *Verknüpfungen mit Dateien bearbeiten*, markieren anschließend im Fenster *Links* (Bild 10.28) die betreffende Verknüpfung und klicken auf die Schaltfläche *Jetzt aktualisieren* ❹.

Verknüpfungen beim Öffnen aktualisieren

In der Standardeinstellung von Word werden Verknüpfungen mit Dateien beim Öffnen des Dokuments automatisch aktualisiert. Um diese Einstellung zu kontrollieren und bei Bedarf zu deaktivieren, klicken Sie im Register *Datei* auf *Optionen* und hier auf *Erweitert*. Scrollen Sie dann nach unten bis zum Abschnitt *Allgemein*, hier finden Sie das Kontrollkästchen *Automatische Verknüpfungen beim Öffnen aktualisieren*.

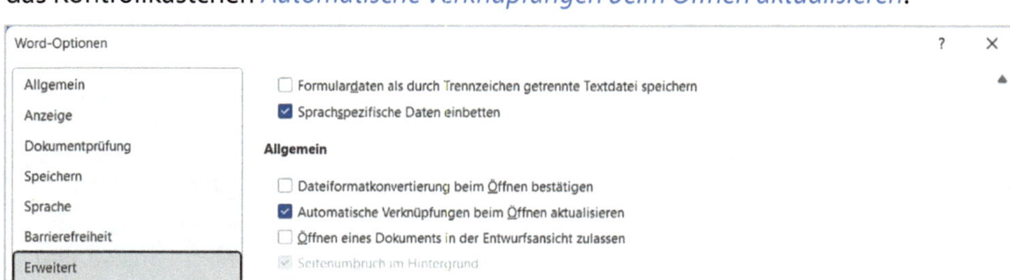

Bild 10.29 Verknüpfungen beim Öffnen aktualisieren

Verknüpfte Bilder nachträglich einbetten

Falls bei der Weitergabe Probleme entstehen, können Sie auch nachträglich noch die verknüpften Bilder in das Dokument einbetten und zusammen mit dem Dokument speichern.

1 Dazu klicken Sie im Register *Datei* unter *Eigenschaften* auf *Verknüpfungen mit Dateien bearbeiten* (s. Bild 10.27 auf Seite 379). Markieren Sie die betreffende Verknüpfung und klicken Sie auf *Verknüpfung aufheben*.

   Tipp: Wenn Sie alle Verknüpfungen aktualisieren und diesen Schritt nicht für jede Verknüpfung einzeln wiederholen möchten, dann markieren Sie mit einem Klick die erste Verknüpfung und klicken dann mit gleichzeitig gedrückter Umschalt-Taste auf die letzte Verknüpfung.

2 Bestätigen Sie die nachfolgende Rückfrage mit *Ja*. Damit wird die markierte Verknüpfungen entfernt und stattdessen das Bild in das Dokument eingebettet d. h. zusammen mit diesem gespeichert. Klicken Sie dann auf *OK*, um die Änderungen zu übernehmen und speichern Sie das Dokument.

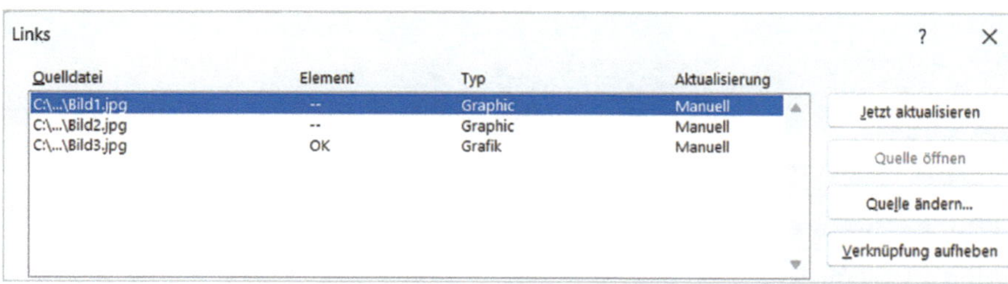

Bild 10.30 Verknüpfung aufheben und die markierte Grafik zusammen mit dem Dokument speichern

10.6 Text in der Gliederungsansicht umstellen

Sollen in einem umfangreichen Dokument nachträglich Kapitel vertauscht oder Überschriftebenen verändert werden, ist das selbstverständlich durch Ausschneiden und Einfügen möglich. Wesentlich einfacher und übersichtlicher lässt sich dies in der Ansicht *Gliederung* erledigen.

Um in die Ansicht *Gliederung* zu wechseln, klicken Sie entweder im Menüband, Register *Ansicht* ▶ *Dokumentenansicht* auf *Gliederung* oder verwenden Sie die Tastenkombination **Strg**+**Alt**+**G**. Gleichzeitig erscheint im Menüband das zusätzliche Register *Gliederung*, zum Verlassen der Gliederungsansicht klicken Sie auf *Gliederungsansicht schließen* oder wählen einfach wieder die Ansicht *Drucklayout*.

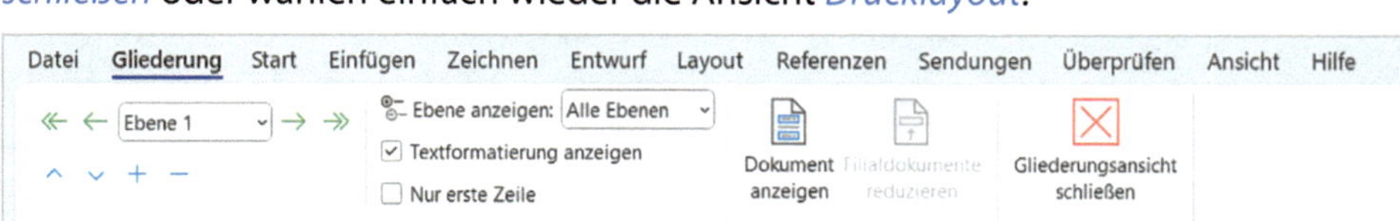

Bild 10.31 Das Register Gliederung

> **Sicherungskopie anlegen!**
> Beim Umstellen größerer Textpassagen können leicht Fehler unterlaufen und schnell ist etwas überschrieben, was Sie eigentlich behalten wollten. Legen Sie zur Sicherheit vorher eine Kopie Ihrer Arbeit an.

Überschriftebenen aus- und einblenden

Die Gliederungsansicht zeigt Formatierungen nur zum Teil an, dafür können Sie hier komfortabel die Überschriften ebenenweise aus- und einblenden. Zunächst sind alle Gliederungsebenen zusammen mit dem dazugehörigen Text (Textkörper) sichtbar.

Um die Anzeige auf bestimmte Ebenen zu reduzieren, klicken Sie im Menüband, Register *Gliederung* in das Auswahlfeld *Ebene anzeigen* und wählen die Ebene, bis zu der Sie die Überschriften anzeigen möchten. Der dazugehörigen Fließtext bzw. Textkörper wird dadurch ebenfalls ausgeblendet und kann durch die Auswahl *Alle Ebenen* wieder eingeblendet werden. Einen groben inhaltlichen Überblick erhalten Sie beispielsweise mit Auswahl der Ebene 1.

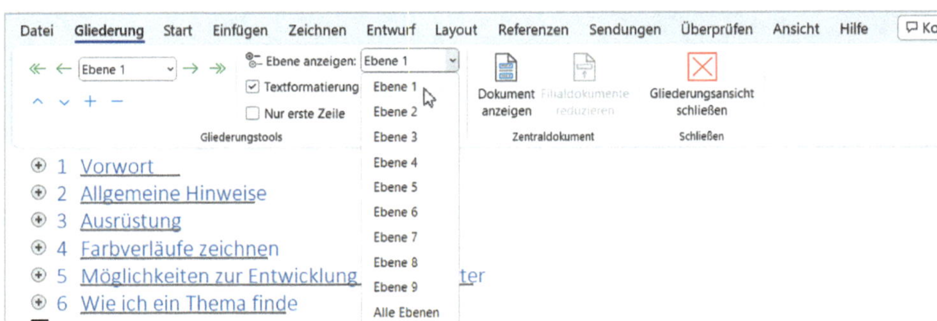

Bild 10.32 Nur Ebene 1 anzeigen

Die schraffierte Unterstreichung der Überschriften weist auf ausgeblendeten Textkörper und/oder Überschriften untergeordneter Ebenen hin. Mit Doppelklick auf das ⊕ blenden Sie die untergeordneten Ebenen oder den Textkörper ein und mit einem weiteren Doppelklick auch wieder aus.

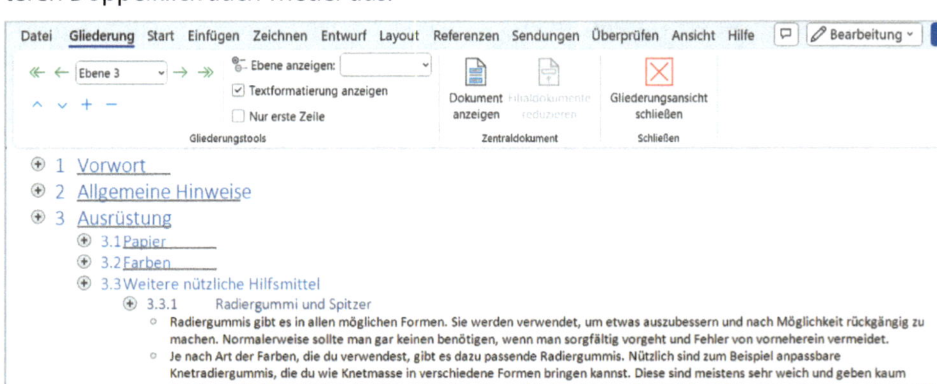

Bild 10.33 Untergeordnete Ebenen und Textkörper können auch mit Doppelklick auf das + eingeblendet werden

Alternativ klicken Sie in die gewünschte Überschrift und benutzen zum Ein- und Ausblenden im Menüband, Register *Gliederung* die Symbole *Gliederung erweitern* und *Gliederung reduzieren*.

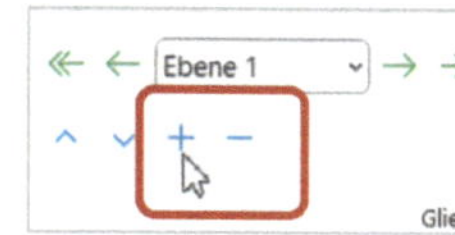

Komplette Kapitel schnell verschieben

Falls Sie die Reihenfolge der Kapitel nachträglich umstellen möchten, erledigen Sie dies am einfachsten in der Gliederungsansicht anstatt mit *Ausschneiden* und *Einfügen*.

- Achten Sie darauf, dass alle untergeordneten Ebenen der zu verschiebenden Überschrift ausgeblendet sind ❶. So stellen Sie sicher, dass diese automatisch mit verschoben werden.
- Klicken Sie in die Überschrift und benutzen Sie im Menüband, Register *Gliederung* ▶ *Gliederungstools* die Pfeile nach oben ❷ oder unten zum Verschieben der Überschrift. Im Bild unten wird auf diese Weise Kapitel 6 nach oben hinter Kapitel 2 verschoben.

  Textkörper und untergeordnete Ebenen dieses Kapitels wandern ebenfalls mit und die Nummerierung der Überschriften wird automatisch angepasst ❸.

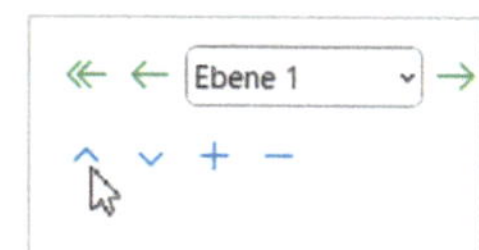

Bild 10.34 Kapitel 6 nach oben verschieben.

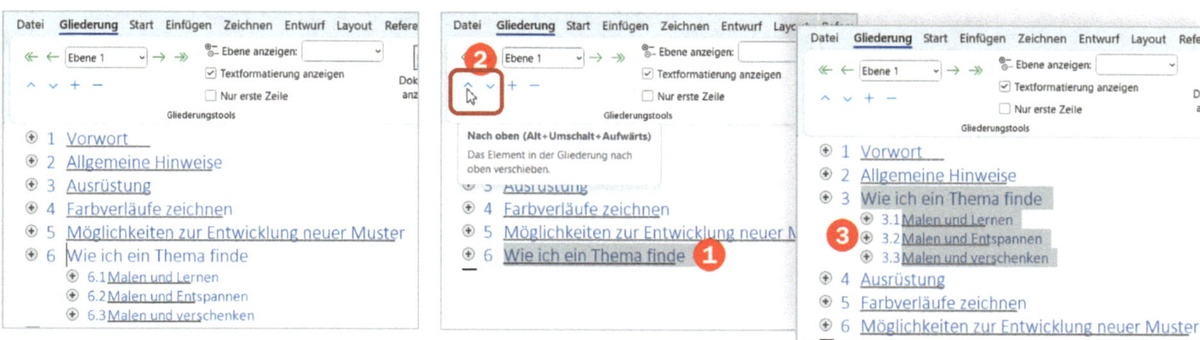

Überschriften höher oder tiefer stufen

Auch das höher- oder tiefer stufen von Überschriften, z. B. Umwandeln einer Überschrift der Ebene 2 in eine Überschrift der Ebene 1 ist in der Gliederungsansicht schnell erledigt. Dabei werden im Gegensatz zum einfachen Zuweisen einer anderen Überschriftformatvorlage auch die untergeordneten Ebenen entsprechend angepasst.

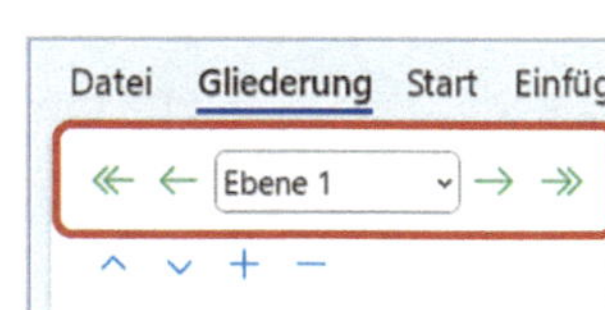

- Auch hier gilt: Achten Sie darauf, dass alle darunterliegenden Ebenen ausgeblendet sind, damit diese mit angepasst werden.
- Klicken Sie in die zu ändernde Überschrift und klicken Sie im Menüband, Register *Gliederung* auf den Pfeil nach links, um die Überschrift höher zu stufen bzw. Pfeil nach rechts, um diese tiefer zu stufen. Oder wählen Sie im Feld dazwischen die betreffende Ebene aus.

Beispiel: Den Punkt „Wie ich ein Thema finde“ (Ebene 1) in einen Unterpunkt der Ebene 2 umwandeln und im Kapitel „2. Allgemeine Hinweise“ zwischen „2.1 Der Ort“ und „2.2 Malbücher“ platzieren.

- Blenden Sie die Unterpunkte von Kapitel 2 ein ❶, die Unterpunkte des zu verschiebenden Kapitels 3 müssen dagegen ausgeblendet sein ❷.
- Verschieben Sie dann die Überschrift „3. Wie ich ein Thema finde" mit dem Pfeil nach oben zwischen Punkt von 2.1 und 2.2 ❸.
- Stufen Sie die Überschrift mit dem Pfeil nach rechts eine Ebene tiefer ❹.

Bild 10.35 Überschrift verschieben und tiefer stufen

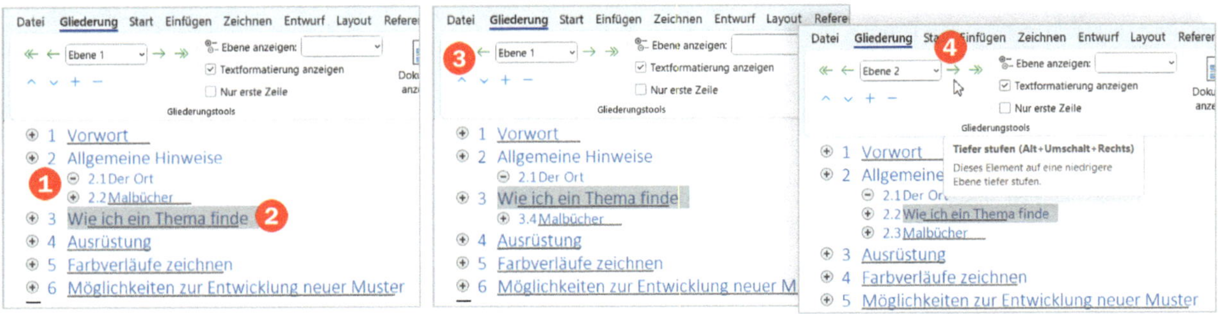

Achtung: Löschen Sie in der Ansicht *Gliederung* grundsätzlich keine Überschrift, es könnten sich ausgeblendeter Text oder Unterpunkt darunter befinden. Diese wären dann ebenfalls gelöscht. Kontrollieren Sie immer Ihr Ergebnis in der Ansicht *Seitenlayout* bevor Sie weiterarbeiten.

10.7 PDF mit Lesezeichen erstellen

Das fertige Dokument kann abschließend in das PDF-Dateiformat exportiert werden. Dieses bietet den Vorteil, dass Ihre Arbeit an jedem Computer, unabhängig vom installierten Betriebssystem geöffnet und angezeigt werden kann. Dabei bleiben das Layout des Texts, die Formatierungen und das verwendete Schriftbild erhalten und die Inhalte werden wie auf dem Ausdruck angezeigt. Einzige Voraussetzung ist, dass auf dem Computer ein Programm zur Anzeige von PDFs installiert ist, wie z. B. der kostenlose Adobe Reader, auch der Browser Microsoft Edge kann PDF-Dokumente anzeigen.

Sofern Sie im Dokument mit Überschriftformatvorlagen gearbeitet haben, können Sie diese außerdem als Lesezeichen in das PDF-Dokument übernehmen und hier zur Navigation nutzen. So gehen Sie vor:

1. Speichern Sie das Word-Dokument zunächst wie gewohnt.
2. Klicken Sie im Register *Datei* auf *Exportieren* und wählen Sie *PDF/XPS-Dokument erstellen* aus.
3. Klicken Sie dann rechts auf die Schaltfläche *PDF/XPS-Dokument erstellen*.

4 Geben Sie einen Dateinamen ein und wählen Sie den Speicherort, der Dateityp *PDF* ist bereits vorgegeben. Um ein interaktives Inhaltsverzeichnis zu erhalten, klicken Sie auf *Optionen...* ❶.

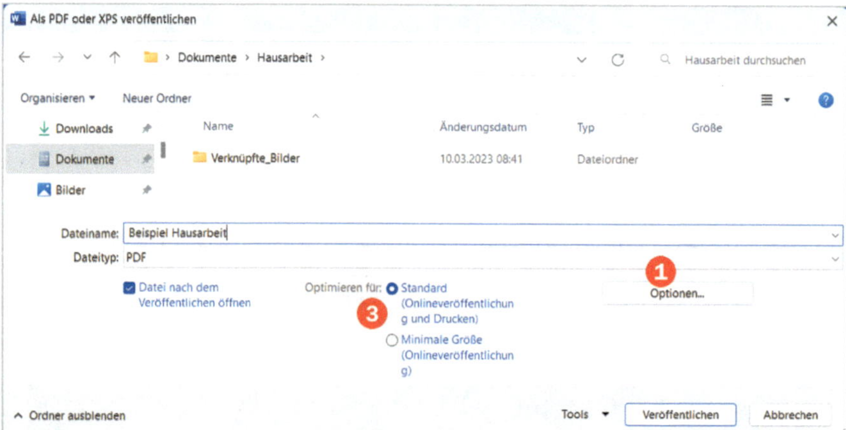

Bild 10.36 PDF mit Inhaltsverzeichnis (Lesezeichen) erstellen.

5 Aktivieren Sie im nachfolgenden Fenster unter *Nicht druckbare Informationen einschließen* das Kontrollkästchen *Textmarken erstellen mithilfe von* und wählen die Option *Überschriften* aus ❷. Bestätigen Sie mit *OK*.

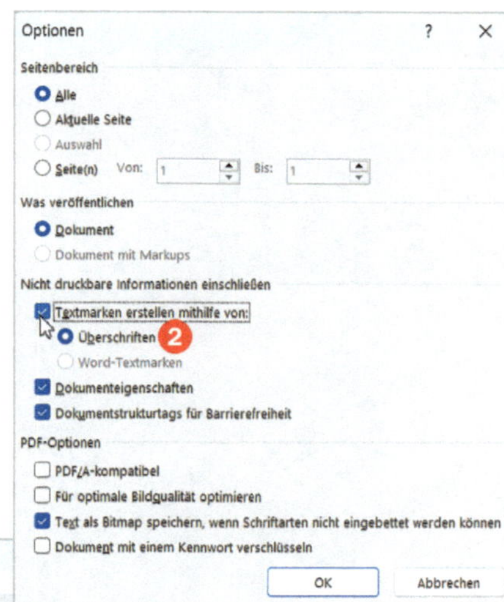

6 Soll später der Inhalt des PDFs gedruckt werden soll, dann wählen Sie unter *Optimieren für* die Option *Standard* ❸. Falls Sie dagegen die Dateigröße des PDFs möglichst gering halten möchten, z. B. zum Versenden als Anhang einer E-Mail, dann wählen Sie *Minimale Größe* aus. In diesem Fall ist die Qualität des PDFs ausreichend, um es am Bildschirm zu betrachten.

7 Klicken Sie zuletzt auf *Veröffentlichen*.

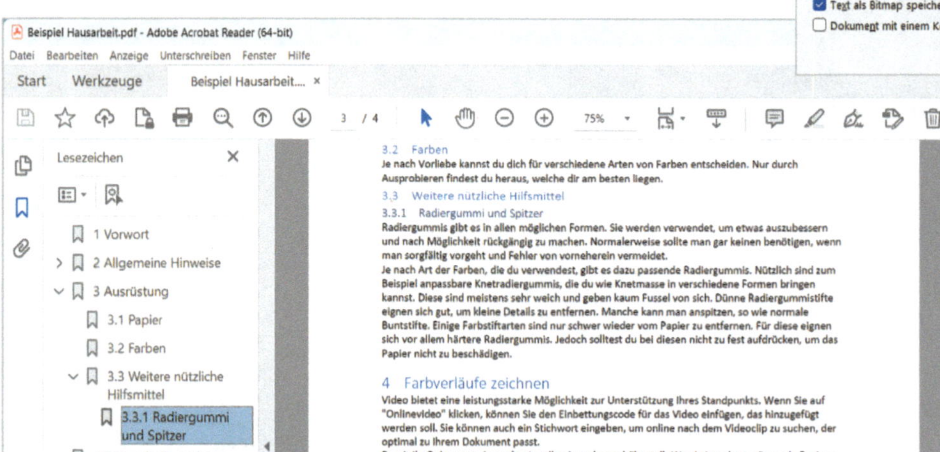

Bild 10.37 Beispiel Acrobat Reader: Links die Anzeige der Überschriften im Bereich Lesezeichen

11 Workshop: Dokumentvorlage für Geschäftsbriefe

In diesem Kapitel lernen Sie ...

- ein firmenspezifisches Design für Dokumente zusammenstellen und speichern
- Briefkopf und Fußzeile gestalten
- Anschriftfeld und Informationsblock positionieren
- Falz- und Lochmarken einfügen
- Bausteine mit der Dokumentvorlage speichern

Das sollten Sie bereits wissen

- Grundlagen der Textformatierung
- Tabellen und grafische Objekte einfügen
- Schnellbausteine speichern
- Umgang mit Feldern und Formularfeldern
- Druckseite einrichten
- Dokumentvorlagen speichern und verwenden

Oft sind es die kleinen Helfer, mit denen Sie im Büroalltag eine Menge Arbeit sparen. Dazu gehören in jedem Fall Dokumentvorlagen für Geschäftsbriefe und andere, häufig benötigte Dokumente. Als Beispiel erstellen wir in diesem Workshop eine Vorlage für Geschäftsbriefe, außerdem gleich die dazu passenden Textbausteine. Natürlich finden Sie auch im Internet eine Vielzahl einschlägiger Vorlagen zum Download, der Vorteil dieses Workshops: Die grundsätzliche Vorgehensweise ist immer gleich und lässt sich auch auf andere Dokumentvorlagen übertragen.

In diesem Workshop erstellen Sie eine Dokumentvorlage mit allen Informationen. Falls sich diese bereits auf einem vorgedruckten Briefpapier befinden, dann übergehen Sie einfach die entsprechenden Punkte.

Bevor Sie beginnen, sollten Sie einige Punkte klären.

- Ist bereits Briefpapier mit Firmenbriefkopf vorhanden? Wenn nicht, welche Informationen (Anschrift, Bankverbindung, Rechtsform, usw.) werden an welcher Stelle (Kopfzeile, Fußzeile, Informationsblock, usw.) benötigt?
- Gibt es Vorgaben zum Corporate Design, z. B. Farben oder Schriftarten?
- Gibt es wiederkehrende oder häufig benötigte Textteile, z. B. Grußfloskeln?
- Sollen bestimmte Bereiche vor Änderungen geschützt werden?

Früher wurden die Maße durch DIN 676 festgelegt, seit 2011 sind diese ebenfalls Teil der DIN 5008.

Die wichtigsten Regeln zu DIN 5008 finden Sie im Internet, z. B. bei der Deutschen Post.

Hinweis für Geschäftsbriefe: Orientieren Sie sich an den DIN-Vorgaben (Deutsche Industrie Normen). Diese sind zwar nicht bindend und lassen sich in der Praxis auch nicht immer umsetzen, haben aber z. B. den Vorteil, dass sich wichtige Informationen immer an denselben Stellen befinden. Maßgeblich für Geschäftsbriefe ist DIN 5008 und zwar sowohl für die inhaltliche Gestaltung, z. B. Absender, Empfänger, Anrede und Betreff als auch für die Maße, insbesondere Größe und Position der Empfängeranschrift. Dieser Workshop zeigt Ihnen unter anderem, wie Sie mit Word die Anschrift richtig auf der Seite platzieren.

11.1 Dokumentvorlage erstellen und speichern

Dieser Workshop beginnt bei der Erstellung einer Dokumentvorlage mit einem leeren Dokument. Klicken Sie daher im Register *Datei* auf *Neu* und wählen Sie *Leeres Dokument* bzw. klicken Sie beim Start von Word auf *Leeres Dokument.*

Als Nächstes speichern Sie das Dokument als Dokumentvorlage. Dazu klicken Sie im Register *Datei* auf *Speichern unter* und auf *Durchsuchen*. Geben Sie einen Dateinamen ein und wählen Sie den Dateityp *Word-Vorlage*. **Achtung**: enthält Ihre Vorlage auch noch Makros, dann müssen Sie den Dateityp *Word-Vorlage mit Makros* wählen.

Word schlägt für Dokumentvorlagen automatisch als Speicherort den Ordner *Benutzerdefinierte Office-Vorlagen* vor, bevor Sie diesen übernehmen, sollten Sie folgende Punkte bedenken:

- Wenn Sie diesen Speicherort beibehalten, steht später Ihre Briefvorlage im Register *Datei* ▶ *Neu* unter *Persönlich* zur Auswahl.

- Alternativ können Sie Vorlagen auch in einem eigens dafür erstellten Ordner, z. B. einem Unterordner von *Dokumente* speichern.
- Soll die Vorlage dagegen auch anderen Nutzern zur Verfügung stehen, dann müssen Sie zum Speichern einen Ordner auf einem freigegebenen Netzlaufwerk wählen oder neu erstellen.

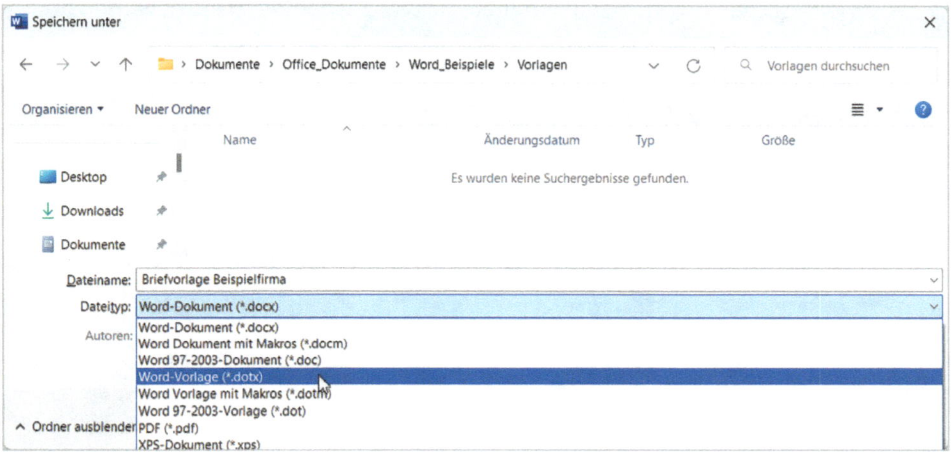

Bild 11.1 Dokument als Dokumentvorlage speichern

11.2 Ein firmenspezifisches Design zusammenstellen

Designfarben und Schriftarten zusammenstellen

Im nächsten Schritt werden die Designfarben und -schriftarten festgelegt. In vielen Firmen richten sich diese meist nach den Vorgaben des Corporate Designs.

1. Klicken Sie im Menüband, Register *Entwurf* auf *Farben* und wählen Sie vorab eine Farbzusammenstellung, die Ihren Vorstellungen oder den benötigten Farben am nächsten kommt, für die Beispielvorlage entscheiden wir uns im Bild unten für *Warmes Blau* ❶ als Ausgangsbasis. Klicken Sie dann nochmals auf *Farben* und auf *Farben anpassen...* ❷.

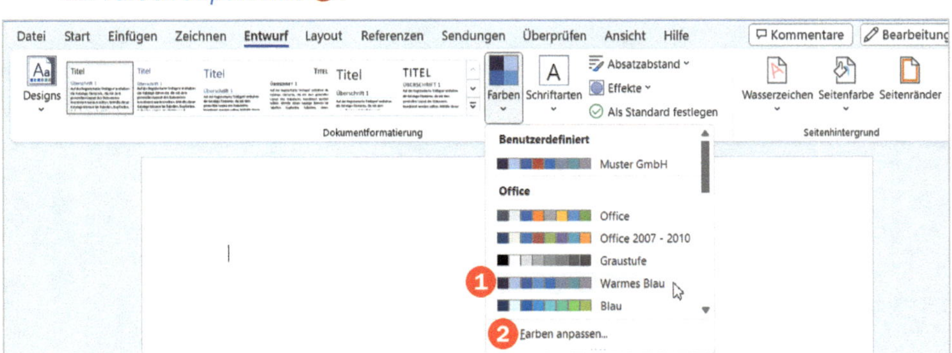

Bild 11.2 Designfarben wählen

2 Die neuen Designfarben sollen unter dem Namen der Firma gespeichert werden, diesen geben Sie im Feld *Name* ein ❸ (Bild unten). Als Akzentfarbe 2 wird ein dunkles Rot benötigt, klicken Sie daher bei *Akzent 2* auf den Pfeil und auf *Weitere Farben...* ❹. Klicken Sie im Fenster *Farben* auf das Register *Benutzerdefiniert*, geben Sie den RGB-Farbwert ein ❺ und übernehmen Sie die Farbe mit *OK*.

3 *Akzent 3* soll ein dunkles Grau erhalten. Da Word automatisch auch Farbabstufungen der Designfarben anzeigt, brauchen Sie in diesem Fall nur den gewünschten Grauton anklicken. Zuletzt wird als *Akzent 4* noch ein heller Ockerton gewählt, dann klicken Sie auf *Speichern*.

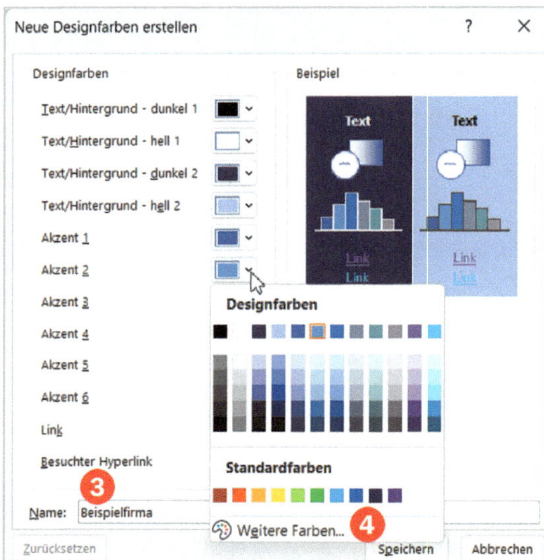

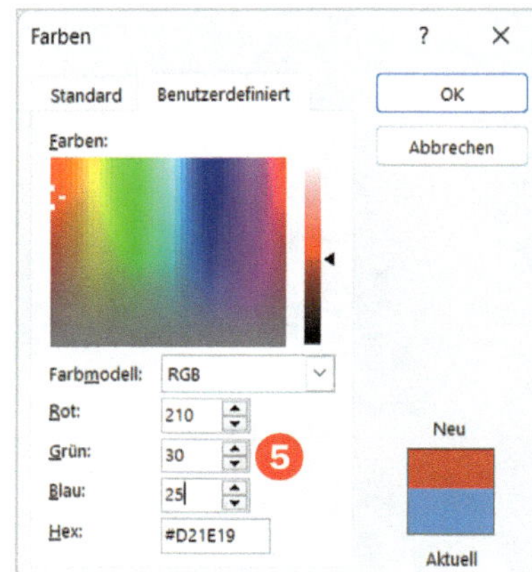

Bild 11.3 Neue Designfarben erstellen

Bild 11.4 RGB-Farbwert eingeben

Info: Alternativ kann die Farbe auch als Hexadezimalwert eingegeben werden.

Schriftarten festlegen

Klicken Sie im Register *Entwurf* auf *Schriftarten* und auf *Schriftarten anpassen...*. Wählen Sie dann eine Schriftart für Überschriften und eine für den Textkörper. Für Briefe und andere geschäftliche Dokumente eignet sich dazu am besten eine klare, gut lesbare Schrift, z. B. Swiss oder Helvetica (nicht im Lieferumfang von Windows enthalten) oder Arial. Geben Sie an, unter welchem Namen die Designschriftarten gespeichert werden sollen und klicken Sie auf *Speichern*.

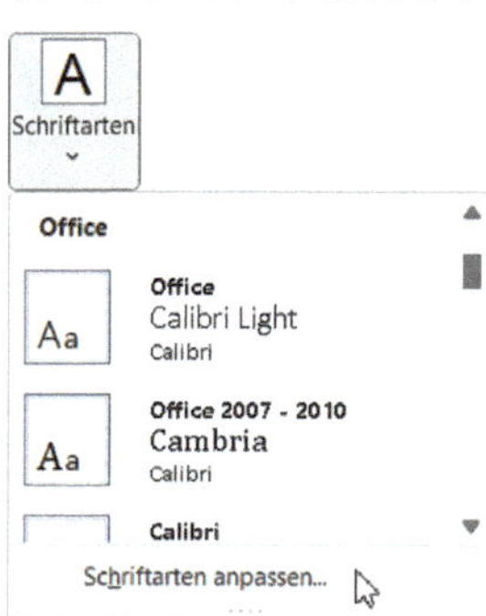

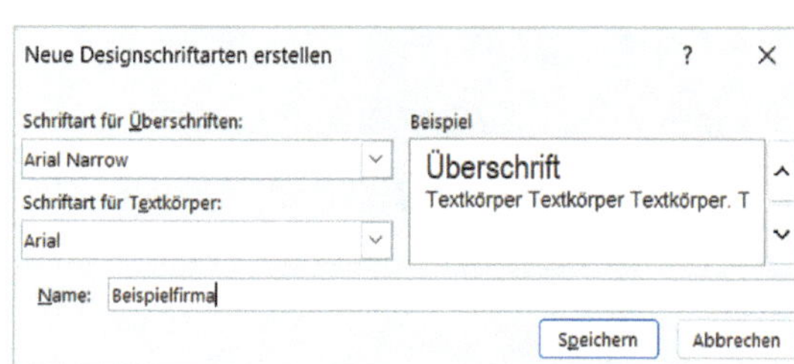

Bild 11.5 Wählen Sie eine Schriftart...

Bild 11.6 oder klicken Sie auf Schriftarten anpassen

Mit Überschriften sind die integrierten Formatvorlagen für Überschriften gemeint, diese spielen in Briefen meist keine Rolle.

Abstände und Effekte

In der Standardeinstellung verwendet Word vergrößerte Zeilen- und Absatzabstände. In Briefen werden dagegen meist einfache Abstände benötigt. Zum Ändern klicken Sie im Register *Entwurf* auf *Absatzabstand* und auf die Variante *Kein Absatzabstand*.

Die Schaltfläche *Effekte* spielt in Briefen keine Rolle, da sich diese ausschließlich auf grafische Objekte auswirken.

Design speichern

Wenn Sie Designfarben und -Schriftarten in Verbindung mit einer Dokumentvorlage zusammenstellen, wie in diesem Beispiel, dann werden Ihre Einstellungen zusammen mit der Dokumentvorlage gespeichert und ein Speichern des Designs ist eigentlich nicht nötig. Da aber insbesondere die Designfarben möglicherweise auch in anderen Dokumenten und Office-Anwendungen benötigt werden, sollten Sie das Design trotzdem speichern. Klicken Sie dazu im Register *Entwurf* auf die Schaltfläche *Designs* und hier auf *Aktuelles Design speichern...*.

Geben Sie im anschließenden Dialogfenster *Aktuelles Design speichern* einen Dateinamen ein und klicken Sie auf *Speichern*. Designs werden standardmäßig auf der lokalen Festplatte im Ordner *Microsoft\Templates\Document Themes* des jeweiligen Benutzers mit der Dateinamenserweiterung *.thmx* gespeichert. Ihr Design ist damit auch in Excel und PowerPoint verfügbar, allerdings nicht auf anderen Geräten.

Formatvorlagen anpassen

In einfachen Geschäftsbriefen wird in den meisten Fällen nur eine einzige Formatvorlage benötigt, nämlich für normalen Text. Am einfachsten behalten Sie zu diesem Zweck die Formatvorlage *Standard* bei und passen diese entsprechend an.

1 Klicken Sie im Menüband, Register *Start* ▶ *Formatvorlagen* mit der rechten Maustaste auf die Formatvorlage *Standard* und auf *Ändern...*.

Bild 11.7 Formatvorlage Standard anpassen

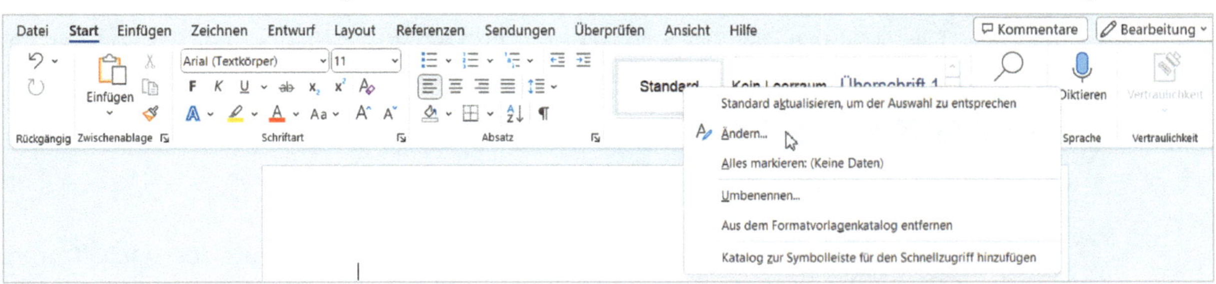

2 Im Fenster *Formatvorlage ändern* legen Sie nun die Formate fest. Der Formatvorlage *Standard* wurde automatisch die Designschriftart für den Textkörper zugewiesen (siehe Seite 390). Die Schriftgröße sollten Sie mit 10 pt oder 11 pt angeben, max. 12 pt, falls Sie eine Serifenschrift bevorzugen. Bei Bedarf können Sie hier auch eine andere Schriftart wählen.

3 Achten Sie darauf, dass die Option *Nur in diesem Dokument* ausgewählt ist und klicken Sie auf *OK*.

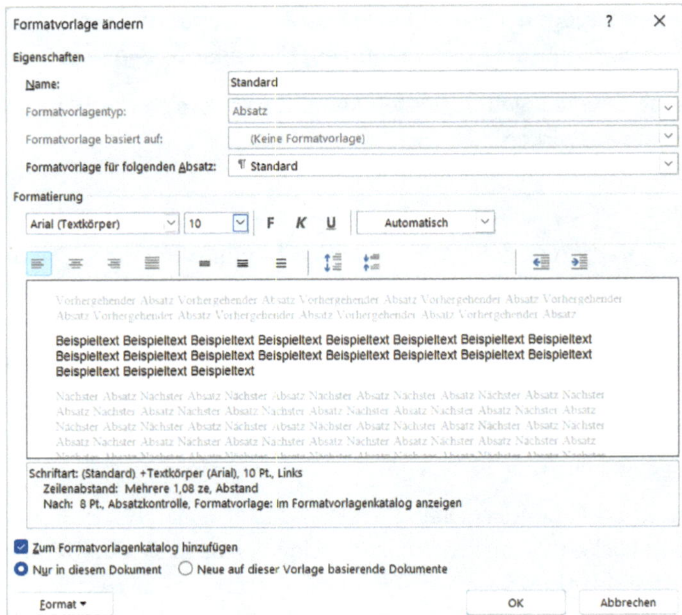

Bild 11.8 Legen Sie die Schriftgröße und bei Bedarf auch die Schriftart fest.

Beachten Sie: Da es sich bei diesem Dokument um eine Dokumentvorlage handelt, gelten die Änderungen der Formatvorlage *Standard* ausschließlich für diese Vorlage und damit nur für neue Dokumente, die mit dieser Vorlage erstellt werden.

11.3 Seitenlayout einrichten und Briefkopf gestalten

Form A und Form B basieren auf der Papiergröße A4.

DIN 5008 (alt: DIN 676) unterscheidet in Geschäftsbriefen bei der Position des Anschriftfeldes und damit den Seitenrändern zwischen den Formen A und B. In diesem Workshop verwenden wir Form B, diese bezieht sich auf Fensterbriefumschläge.

Seitenränder

Von den Seitenrändern hängt die Position aller übrigen Elemente des Geschäftsbriefs ab, daher sollten Sie diese gleich zu Beginn festlegen.

- Gemäß DIN 5008 erhalten Geschäftsbriefe im A4 Format einen linken Seitenrand von 2,5 cm. Für den rechten Seitenrand ist nur ein Mindestabstand von 1 cm zum Blattrand vorgegeben, üblich sind meist 2 cm.
- Für das Anschriftfeld steht eine Höhe von 4 cm und eine Breite von 8,5 cm zur Verfügung, zuzüglich 0,5 cm für die Absenderanschrift (Rücksendeangabe), die

sich oberhalb der Empfängeranschrift befindet. Damit das Feld an der korrekten Position im Fenster des Briefumschlags erscheint, muss es sich gemäß Form B etwa 4,5 cm unterhalb des oberen Blattrands befinden.

Daraus ergibt sich ein oberer Seitenrand von 4,5 cm. Ist dagegen die Absenderadresse bzw. Rücksendeangabe bereits auf dem Briefpapier aufgedruckt, dann beträgt der obere Seitenrand mindestens 5 cm.

> DIN 5008 gibt nur Empfehlungen vor, die in der Praxis allerdings nicht immer konsequent eingehalten werden. Falls also Briefpapier mit vorgedrucktem Briefkopf zum Einsatz kommt, sollten Sie in jedem Fall die erforderlichen Seitenränder und die genaue Position des Anschriftfeldes ermitteln und diese verwenden. Dies gilt insbesondere für den unteren Seitenrand.

Klicken Sie im Menüband auf das Register *Layout*, hier auf den Pfeil der Gruppe *Seite einrichten* und geben Sie im Fenster *Seite einrichten* die Seitenränder ein, die übrigen Einstellungen des Dialogfensters können beibehalten werden.

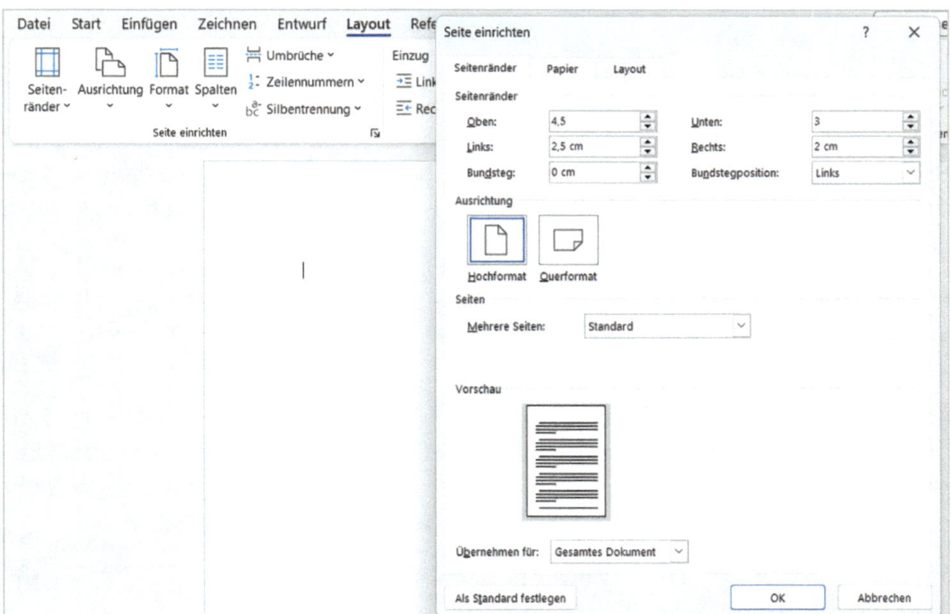

Bild 11.9 Seitenränder festlegen

Lineal und vertikale Cursorposition einblenden

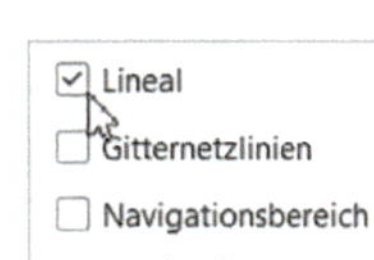

Bei der korrekten Platzierung leisten Lineal und die Anzeige der Cursorposition in der Statusleiste gute Dienste. Aktivieren Sie daher im Menüband, Register *Ansicht* ▶ *Anzeigen* das Kontrollkästchen *Lineal*. Klicken Sie dann mit der rechten Maustaste in die Statusleiste und hier auf *Vertikale Seitenposition*.

Befindet sich der Cursor in der ersten Zeile des Dokuments, dann müsste nun in der Statusleiste erscheinen *Position: 4,5 cm* (Bild unten).

Bild 11.10 Lineal und vertikale Seitenposition anzeigen

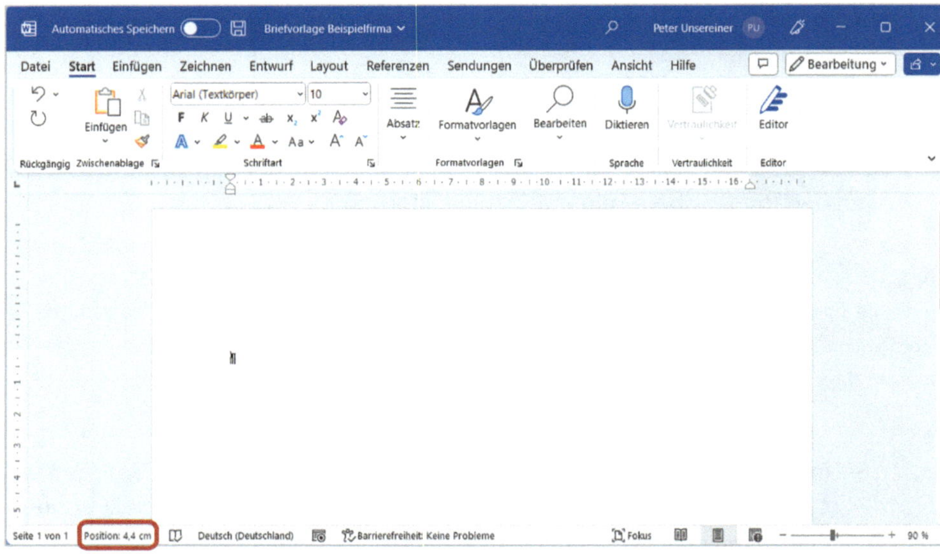

Word rundet in manchen Fällen die Maßangaben eigenmächtig, so dass in der Statusleiste auch ein geringfügig abweichender Wert stehen kann, wie im Bild.

Briefkopf und Fußzeile gestalten

Der Bereich oberhalb des Anschriftfeldes steht für die individuelle Gestaltung des Briefkopfs zur Verfügung. Wenn Sie diesen in der Kopfzeile platzieren, dann vermeiden Sie unbeabsichtigte Änderungen und können den Briefkopf auch für eventuelle Folgeseiten nutzen.

Doppelklicken Sie in den Bereich zwischen oberem Seitenrand und Blattrand und gestalten Sie hier Ihre Kopfzeile. Den Abstand zum Blattrand legen Sie im Register *Kopf- und Fußzeile* unter *Position* ❶ fest.

Achtung: Wenn der Briefkopf bei mehrseitigen Briefen nur auf der ersten Seite erscheinen soll, dann müssen Sie zuvor in der Gruppe *Optionen* (Bild unten) das Kontrollkästchen *Erste Seite anders* ❷ aktivieren und danach in der ersten Kopfzeile den Briefkopf einfügen. Diese Einstellung gilt dann automatisch auch für die Fußzeile!

Bild 11.11 Geben Sie Ihren Briefkopf in der Kopfzeile ein

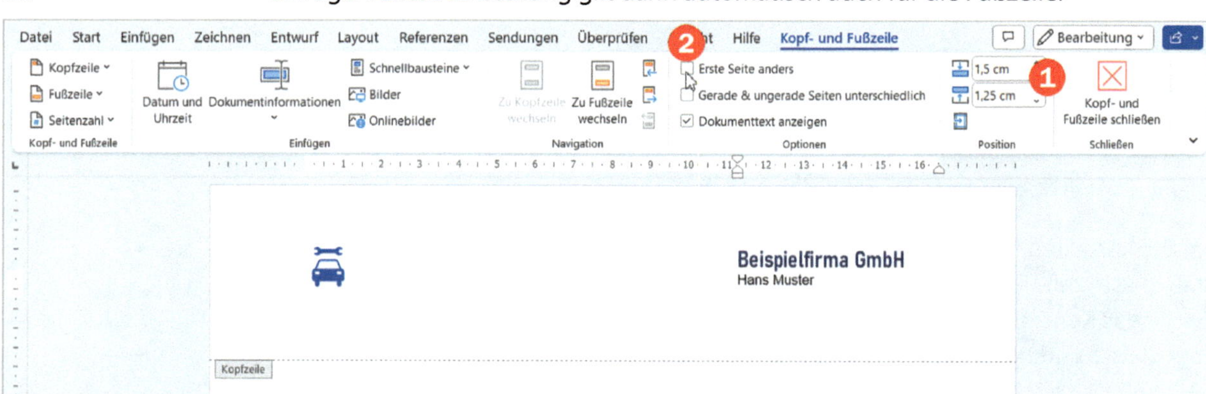

Fußzeile

Anschrift, Telefonnummern, Bankverbindung und sonstige Angaben kommen in die Fußzeile. Doppelklicken Sie zwischen unterem Seitenrand und unterer Blattkante oder wechseln Sie aus der Kopfzeile über die Schaltfläche *Zu Fußzeile* wechseln.

Die Ausrichtung erfolgt am besten in einer Tabelle, fügen Sie daher eine Tabelle mit der benötigten Anzahl Spalten und einer Zeile ein. Geben Sie Ihre Inhalte ein und formatieren Sie die Tabelle ohne Rahmenlinien. Falls der Platz nicht ausreicht, verkleinern Sie die Schriftgröße auf 8 pt und verringern unter *Position* den Abstand zum Blattrand.

Tipp: Blenden Sie, wie im Bild unten, über das Register *Layout* die Gitternetzlinien ein.

Bild 11.12 Fügen Sie für die Fußzeile eine Tabelle ein

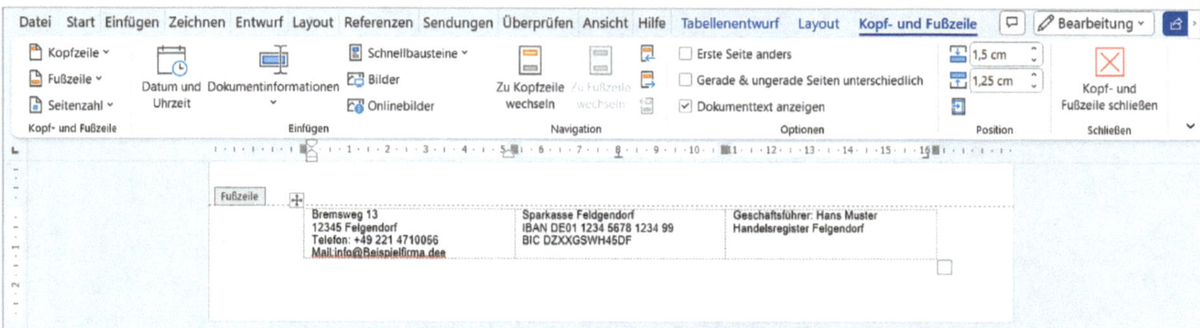

Anschriftfeld und Informationsblock positionieren

Das Anschriftfeld umfasst maximal 9 Zeilen mit einer Schriftgröße zwischen 10 und max. 12 Pt. Hinzu kommt oberhalb noch eine Zeile mit der Rücksendeangabe in Schriftgröße 8 Pt. oder kleiner, z. B. 6 Pt. Die ersten 3 Zeilen sind für Zusätze und postalische Vermerke vorgesehen, z. B. Persönlich oder Büchersendung, die übrigen 6 Zeilen für die Empfängeranschrift.

Zur Platzierung des Anschriftfeldes gibt es verschiedene Wege. Eine Tabelle hat Vorteil, dass Sie gleichzeitig einen Informationsblock mit Angaben zu Ansprechpartner, Telefon, E-Mail, usw... einfügen können. Aus diesem Grund haben wir uns auch in diesem Workshop für eine Tabelle entschieden. Wie Sie das Anschriftfeld als Textfeld einfügen, erfahren Sie weiter unten auf Seite 397.

Der Informationsblock ersetzt die früher übliche Bezugszeichenzeile.

Möglichkeit 1: Anschriftfeld und Informationsblock als Tabelle einfügen

Gemäß DIN 5008 beginnt der Informationsblock 12,5 cm vom linken Blattrand.

1 Fügen Sie im ersten Absatz, bei 4,5 cm, eine Tabelle mit drei Spalten und zwei Zeilen ein. Die erste Spalte erhält die Breite des Anschriftfeldes, 8,5 cm, die zweite Spalte erhält die Breite 1 cm und die dritte Spalte den restlichen Platz, ca. 7 cm.

2 Formatieren Sie die gesamte Tabelle ohne Rahmenlinien und blenden Sie zur besseren Orientierung die Gitternetzlinien ein (Register *Layout*).

3 Geben Sie in der ersten Zeile der ersten Spalte die Rücksendeadresse ein und formatieren Sie diese in Schriftgröße 8, falls gewünscht, auch noch unterstrichen.

4 Fügen Sie in der zweiten Tabellenzeile und der ersten Spalte 9 Leerzeilen ein.

5 In Spalte drei gestalten Sie in der zweiten Tabellenzeile den Informationsblock nach Ihren Wünschen, ein Beispiel sehen Sie im Bild unten.

Bild 11.13 Anschriftfeld und Informationsblock in einer Tabelle ausrichten

Tipp: Um zu verhindern, dass die E-Mail Adresse als Link in anderer Schriftfarbe erscheint, dann klicken Sie diese mit der rechten Maustaste an und wählen den Befehl *Link entfernen*.

Achtung: Word richtet statt der Absätze die Tabellenbegrenzung am linken Seitenrand aus. Da Tabellen einen Textabstand berücksichtigen, sind die Anschriftzeilen etwas eingerückt, wie im Bild oben gut zu erkennen. Diese sollten aber, wie der übrige Text am linken Seitenrand ausgerichtet sein. Zur Abhilfe entfernen Sie einfach den linken Abstand der Zellen. Dieser wird ohnehin nicht benötigt, da auch die Rahmenlinien nicht sichtbar sind. Dazu klicken Sie mit der rechten Maustaste in die Tabelle und auf *Tabelleneigenschaften…*. Klicken Sie dann im gleichnamigen Fenster auf das Register *Tabelle* ❶ und hier auf die Schaltfläche *Optionen* ❷. Geben Sie unter *Standardzellenbegrenzungen Links* 0 cm ein ❸.

Bild 11.14 Geben Sie als Standardzellenbegrenzung Links 0 cm ein.

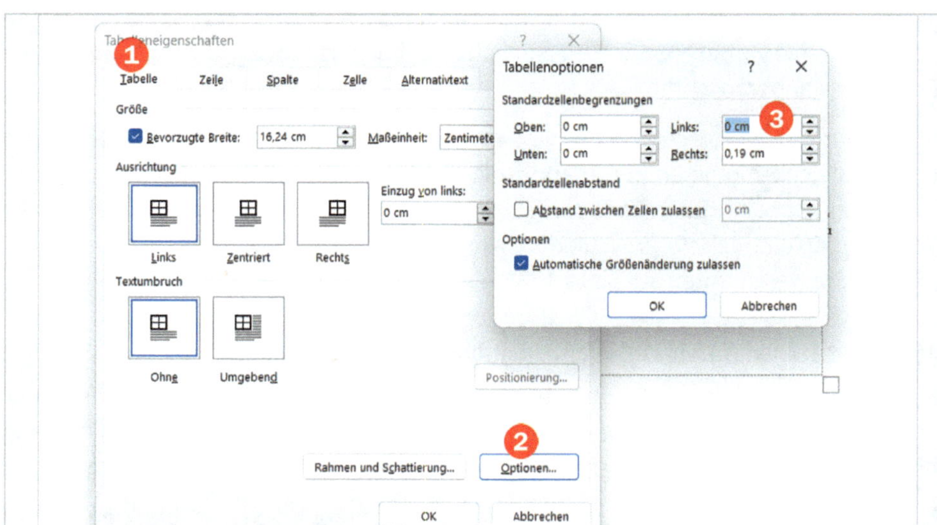

6 Um zu verhindern, dass später während der Eingabe der Empfängeranschrift versehentlich weitere Zeilen hinzugefügt werden und dadurch die Tabelle ver-

größert wird, sollte außerdem für die zweite Zeile der Tabelle eine feste Höhe vereinbart werden. Dazu klicken Sie im Fenster *Tabelleneigenschaften* auf das Register *Zeile* ❶. Achten Sie darauf, dass hier *Zeile 2* ❷ angezeigt wird; falls nicht, benutzen Sie die Schaltfläche *Nächste Zeile* bzw. *Vorherige Zeile*.

Aktivieren Sie dann das Kontrollkästchen *Höhe definieren* ❸, geben Sie im Feld daneben die Höhe, 4 cm ein und wählen Sie die Zeilenhöhe *Genau* ❹. In diesem Fall können Sie auch auf die Vorgabe der 9 Leerzeilen verzichten.

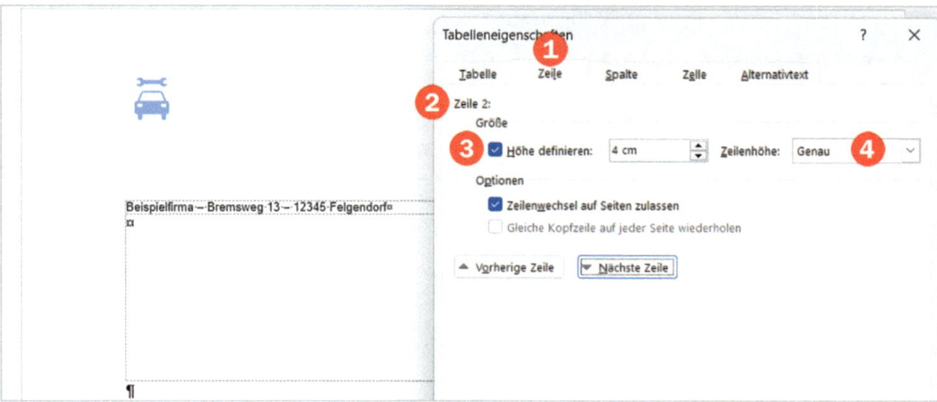

Bild 11.15 Legen Sie die Zeilenhöhe für die zweite Tabellenzeile fest

Möglichkeit 2: Anschrift in einem Textfeld platzieren

Als zweite Möglichkeit platzieren Sie die Empfängeranschrift und bei Bedarf auch auf den Informationsblock je in einem Textfeld.

1 Klicken Sie dazu im Register *Einfügen* auf *Textfeld* und auf *Textfeld erstellen*. Zeichnen Sie dann mit der Maus etwa an der gewünschten Stelle ein Rechteck.

2 Markieren Sie mit einem Klick das Textfeld und klicken Sie auf das Symbol *Layoutoptionen*. Wählen Sie als Textumbruch *Oben und unten* und klicken Sie danach auf *Weitere anzeigen....*

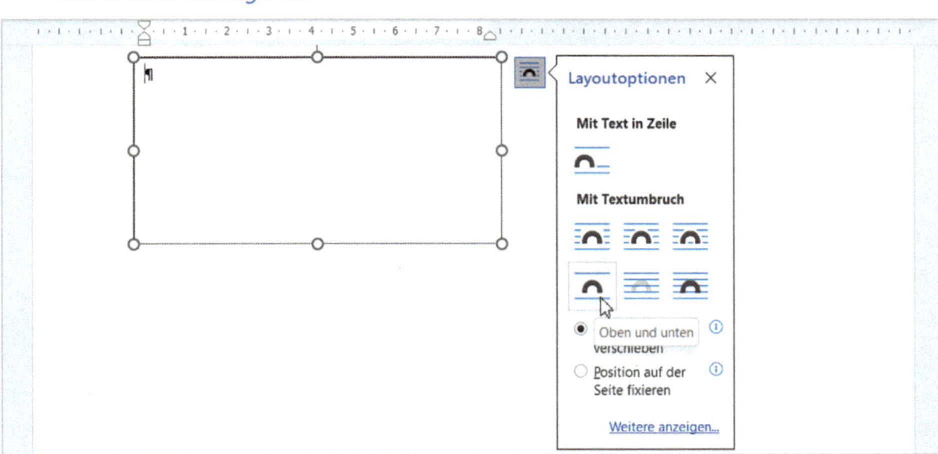

Bild 11.16 Wählen Sie den Textumbruch Oben und unten und klicken Sie auf Weitere anzeigen

3 Klicken Sie im Fenster *Layout* auf das Register *Position*. Als horizontale Position wählen Sie *Absolute Position*, rechts von *Seitenrand*. Im dazugehörigen Feld geben Sie den Abstand ein, im Bild unten -0,25 cm.

Zur Erklärung: Genau wie bei Tabellen müssen Sie auch bei Textfeldern einen zusätzlichen Abstand zum Text berücksichtigen, hier sind es standardmäßig 0,25 cm. Damit die Zeilen am linken Seitenrand beginnen, positionieren Sie diesem Fall das Textfeld entsprechend.

4 Als vertikale Position legen Sie eine absolute Position von 4,5 cm unterhalb der *Seite* (=Blattrand) fest, siehe Bild unten.

5 Damit das Textfeld außerdem seine feste Position behält bzw. dauerhaft mit dem ersten Absatz verankert wird, aktivieren Sie noch das Kontrollkästchen *Verankern*.

Bild 11.17 Legen Sie die absolute Position des Textfeldes fest

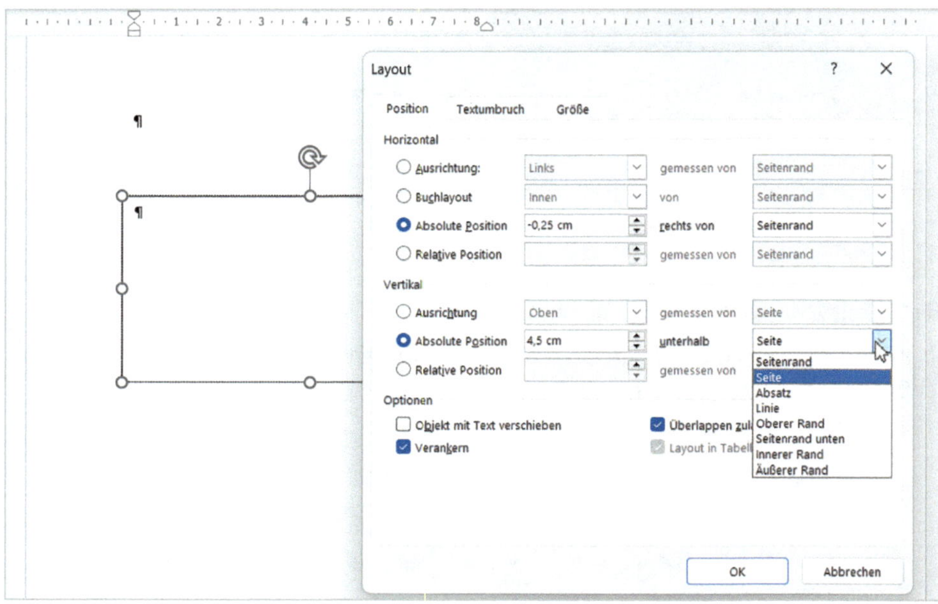

Bei einer aufgedruckten Rücksendeangabe auf dem Briefpapier beträgt die Höhe 4 cm und die absolute Position von oben 5 cm

6 Klicken Sie dann im Fenster *Layout* auf das Register *Größe* und legen Sie hier als absolute Höhe 4,5 cm (4 cm + 0,5 cm Rücksendeangabe) und als absolute Breite 9 cm fest (8,5 cm zuzüglich je 0,25 cm Abstand zum linken und rechten Rand).

7 Zuletzt formatieren Sie das Textfeld noch ohne Rahmenlinien (*Formformat* ▶ *Formenarten*, Schaltfläche *Formkontur* ▶ *Keine Kontur*).

Möglichkeit 3: Anschriftzeilen als normale Absätze

Natürlich gibt es auch noch die Möglichkeit, einfach bei 4,5 cm die Rücksendeangabe einzugeben, diese mit Schriftgröße 8 pt zu formatieren und dann mit den übrigen 9 Zeilen in normaler Schriftgröße fortzufahren. **Nachteil dieser Methode**: Bei der späteren Adresseingabe können Zeilen leicht versehentlich hinzugefügt oder gelöscht werden und die Positionen der nachfolgenden Elemente, z. B. Betreffzeile werden dadurch verschoben.

Datum vorgeben

Wenn Sie in der Dokumentvorlage auch gleich das Datum vorgeben möchten, dann sollten Sie bedenken, dass bei Verwendung des aktualisierbaren Datums (*Einfügen* ▶ *Datum und Uhrzeit*) das Datum auch beim Öffnen des gespeicherten Briefs automatisch aktualisiert wird und daher das ursprüngliche Datum nicht mehr ersichtlich ist.

1 Wenn das tatsächliche Datum des Briefs festgehalten werden soll, dann fügen Sie stattdessen entweder das Erstelldatum oder das Druckdatum ein. Dazu klicken Sie im Register *Einfügen* auf *Schnellbausteine* und hier auf *Feld...*.

Näheres zum Thema Felder lesen Sie in Kapitel 5.

2 Wählen Sie die Kategorie *Datum und Uhrzeit* und klicken Sie entweder auf *CreateDate* (Erstelldatum) oder *PrintDate* (Druckdatum). Unter *Feldeigenschaften* wählen Sie die gewünschte Schreibweise aus. Aktivieren Sie außerdem das Kontrollkästchen *Formatierung bei Aktualisierung beibehalten*.

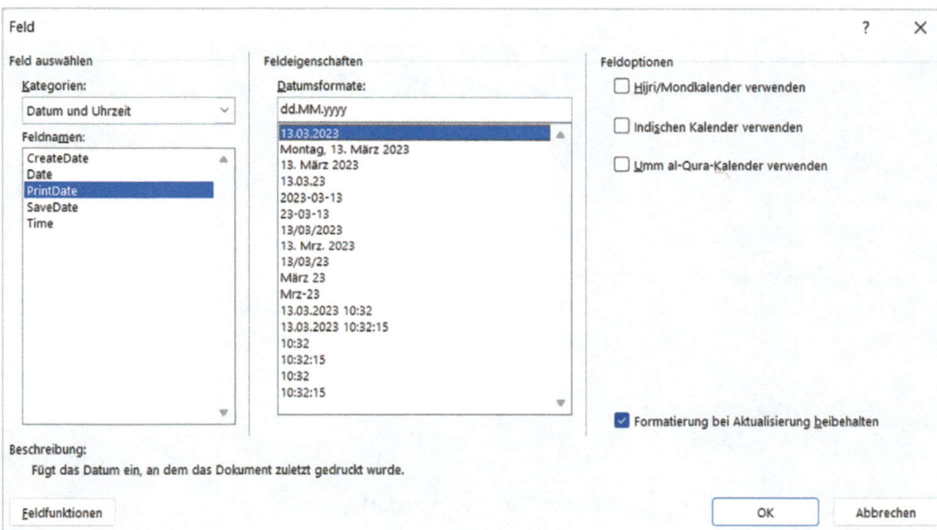

Bild 11.18 Erstelldatum oder Druckdatum als Feld einfügen

Falz- und Lochmarken einfügen

Wenn Sie kein vorgedrucktes Briefpapier verwenden, dann sollten Sie auch Loch- und Falzmarken einfügen. Die Lochmarke befindet sich in der Mitte des Blatts bei 14,85 cm. Die Falzmarken werden bei Geschäftsbriefen nach Form B (Fensterbriefumschlag) bei 10,5 und 21 cm angebracht. Um später ein versehentliches Verschieben oder Löschen zu verhindern, werden die Marken als Teil der Kopfzeile eingefügt.

1 Doppelklicken Sie in den Bereich der Kopfzeile und klicken Sie im Register *Einfügen* ▶ *Illustrationen* auf *Formen*.

2 Wählen Sie *Linie* und zeichnen Sie mit der Maus eine kurze waagrechte Linie. Damit Sie eine exakt waagrechte Linie erhalten, müssen Sie während der Zeichnens die **Umschalt**-Taste gedrückt halten. Länge und genaue Position der Linie spielen dagegen vorerst keine Rolle.

3 Markieren Sie die Linie, klicken Sie auf das Symbol *Layoutoptionen* und hier auf *Weitere anzeigen....* Zum Festlegen der genauen Position klicken Sie im Fenster *Layout* auf das Register *Position*. Im Abschnitt *Horizontal* wählen Sie *Absolute Position* und geben im Feld daneben 0,5 cm an. Als Bezug (*rechts von*) müssen Sie *Seite* auswählen (Bild 11.19).

4 Im Abschnitt *Vertikal* wählen Sie ebenfalls *Absolute Position* und geben hier für die erste Falzmarke 10,5 cm ein. Als Bezug (*unterhalb*) legen Sie wieder *Seite* fest.

5 Nun fehlt nur noch die Breite: Klicken Sie im Fenster *Layout* auf das Register *Größe* und legen Sie hier als absolute Breite 0,3 cm fest (Bild 11.20). Klicken Sie abschließend zum Übernehmen auf *OK*.

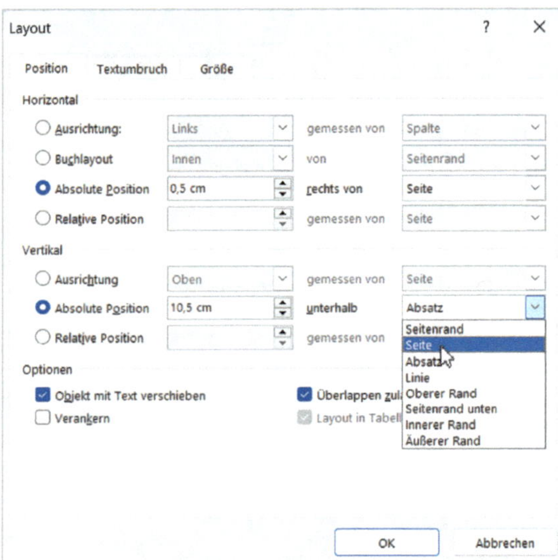

Bild 11.19 Absolute Position festlegen

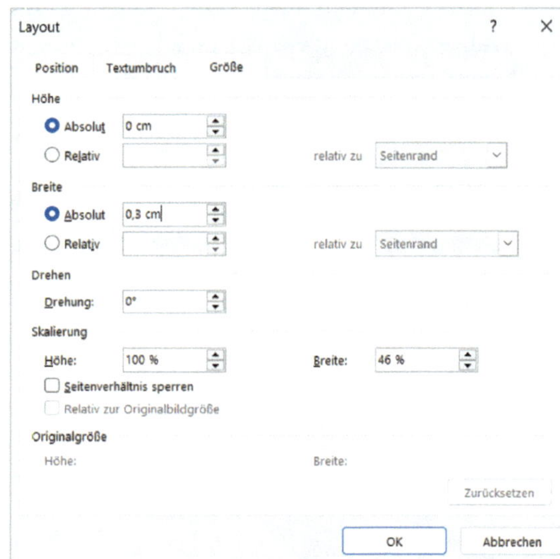

Bild 11.20 Im Register Größe legen Sie die Breite der Falzmarke fest

Kopieren mit **Strg+C** und anschließendes Einfügen mit **Strg-V** funktioniert selbstverständlich ebenfalls.

6 Im nächsten Schritt markieren Sie die Falzmarke und duplizieren diese mit der Tastenkombination **Strg+D**. Klicken Sie dann mit der rechten Maustaste auf die Kopie und auf *Weitere Layoutoptionen...* oder benutzen Sie das Symbol *Layoutoptionen* (s. oben).

7 Legen Sie wieder horizontal eine absolute Position von 0,5 cm rechts von Seite fest. Vertikal erhält die zweite Falzmarke eine absolute Position bei 21 cm unterhalb von Seite.

8 Für die Lochmarke duplizieren Sie die Falzmarke erneut, diese erhält vertikal eine absolute Position von 14,85 cm unterhalb von Seite, die horizontale absolute Position bleibt bei 0,5 cm.

Betreffzeile als Formularfeld einfügen

Die Betreffzeile folgt gemäß DIN 5008 mit mindestens zwei Zeilen Abstand unterhalb des Anschriftfeldes und kann fett hervorgehoben werden, das Wort Betreff selbst entfällt. Um diese Zeile für spätere Eingaben zu kennzeichnen und um sicherzustellen, dass die Betreffzeile immer fett formatiert ist, bietet sich hier ein Formularfeld bzw. Inhaltssteuerelement als Platzhalter an.

1 Fügen Sie unterhalb des Anschriftfeldes bzw. der Tabelle einige leere Absätze ein. Da der Betreff später fett erscheinen soll, markieren Sie die Absatzmarke dieses Absatzes und formatieren Sie diese fett.

2 Positionieren Sie den Cursor in diesem Absatz und klicken Sie im Menüband im Register *Entwicklertools* ▶ *Steuerelemente* auf das Inhaltssteuerelement *Nur-Text*.

Alles zum Umgang mit Steuerelementen lesen Sie in Kapitel 8, Formulare.

3 Aktivieren Sie den Entwurfsmodus (*Entwicklertools* ▶ *Steuerelemente*) und geben Sie statt des Standardtextes einen entsprechenden Hinweis ein, z. B. „Geben Sie hier den Betreff ein". Anschließend deaktivieren Sie den Entwurfsmodus wieder.

4 Die Anrede folgt mit zwei Zeilen Abstand zur Betreffzeile.

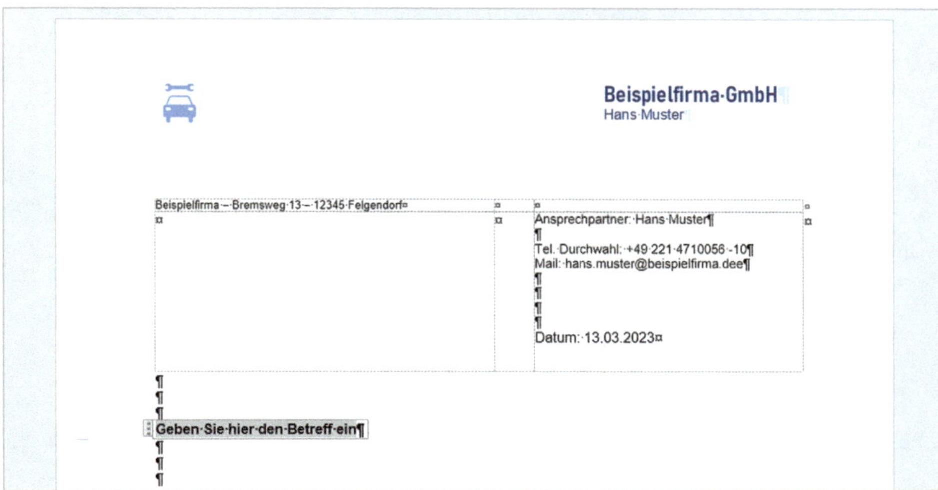

Bild 11.21 Fügen Sie das Inhaltssteuerelement Nur-Text als Platzhalter für den Betreff ein

Tipp: Inhaltssteuerelemente könnten in einer Dokumentvorlage für Geschäftsbriefe auch im Informationsblock für individuelle Angaben verwendet werden, z. B. Ansprechpartner und Durchwahl. Eine detaillierte Beschreibung der Inhaltssteuerelemente und ihrer Einsatzmöglichkeiten lesen Sie in Kapitel 8 dieses Buches.

11.4 Bausteine zur Verfügung stellen

Weitere Arbeit sparen Sie, wenn Sie häufig verwendete Bestandteile eines Geschäftsbriefs als Bausteine zusammen mit der Dokumentvorlage speichern. Als Beispiel erstellen und speichern wir eine Grußformel als Baustein.

1 Dazu geben Sie zunächst die Grußformel an beliebiger Stelle des Dokuments ein.

2 Markieren Sie die gesamte Grußformel und klicken Sie im Menüband, Register *Einfügen* ▶ *Text* auf *Schnellbausteine* und hier auf *Auswahl im Schnellbaustein-Katalog speichern...*.

So vermeiden Sie, dass die Bausteine unter Schnellbausteine auch in Dokumenten auftauchen, in denen Sie gar nicht benötigt werden.

3 Geben Sie im Fenster *Neuen Baustein erstellen* einen Namen ein und achten Sie darauf, dass im Feld *Speichern in* die aktuelle Dokumentvorlage ausgewählt sein muss, wenn der Baustein mit dieser Dokumentvorlage gespeichert und ausschließlich hier verfügbar sein soll.

Soll ein Baustein dagegen in allen Dokumenten verfügbar sein, dann müssten Sie hier *Building Blocks* auswählen. In diesem Fall müssen Sie beim Beenden von Word auch Änderungen an dieser Datei speichern.

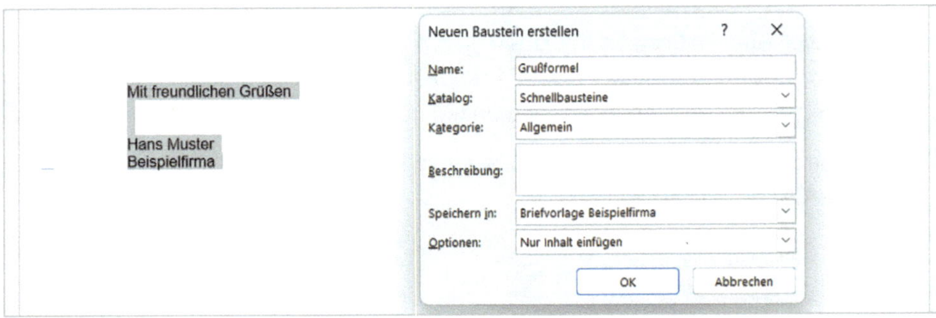

Bild 11.22 Grußformel als Baustein zusammen mit der Dokumentvorlage speichern

Genauso verfahren Sie mit allen weiteren Bausteinen, die Sie im Geschäftsbrief benötigen. Wenn das aktuelle Dokument als Dokumentvorlage gespeichert ist, dann schlägt Word die aktuelle Vorlage automatisch als Speicherort vor.

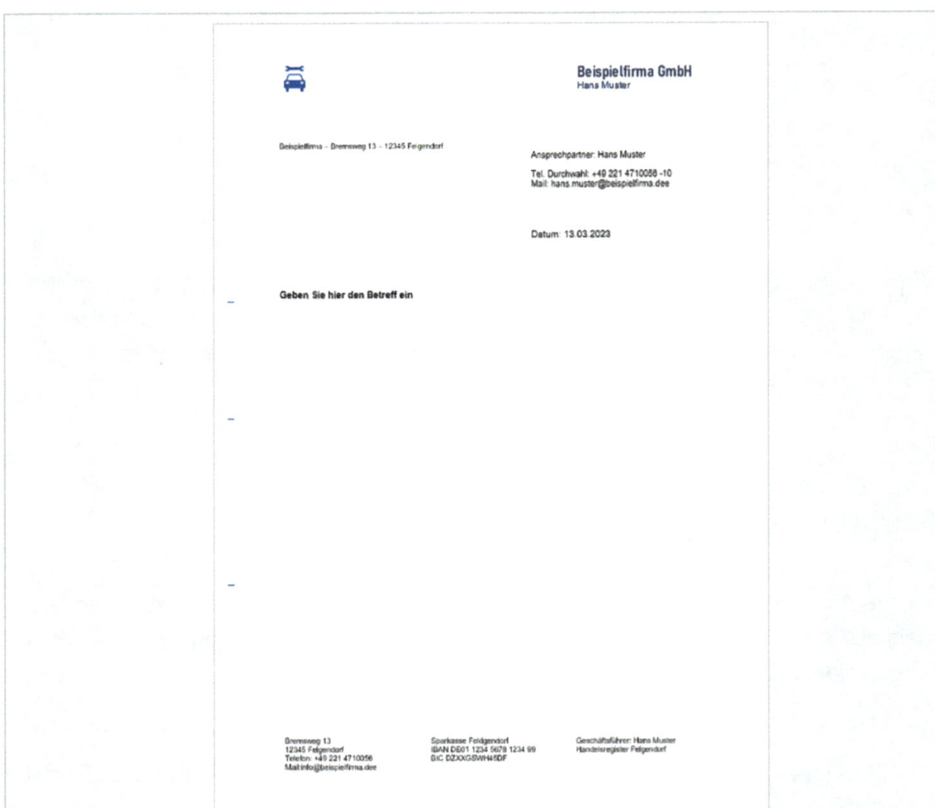

Bild 11.23 Die fertige Dokumentvorlage

Tastenkombinationen

Zwischenablage, Bearbeitung

Kopieren des markierten Textes oder Objekts	Strg+C
Ausschneiden des markierten Textes oder Objekts	Strg+X
Einfügen aus Zwischenablage (Text oder Objekt)	Strg+V
Rückgängigmachen der letzten Aktion	Strg+Z
Wiederholen der letzten Aktion	Strg+Y oder F4
Markiertes Objekt duplizieren	Strg+D

Eingeben, löschen

Einfügen Absatzende	Eingabe
Einfügen Zeilenumbruch, kein Absatzende	Umschalt+Eingabe
Eingabe geschütztes Leerzeichen	Strg+Umschalt+Leertaste
Eingabe geschützter Bindestrich	Strg+Umschalt+Bindestrich
Eingabe bedingter Trennstrich	Strg+Bindestrich
Einfügen Seitenumbruch	Strg+Eingabe
Einfügen Spaltenumbruch	Strg+Umschalt+Eingabe
Einfügen Datum (aktualisierbar)	Alt+Umschalt+D
Einfügen Seitenzahl	Alt+Umschalt+P
Anzeigen nicht druckbarer Zeichen	Strg+Umschalt+* (* nicht im Ziffernblock)
Wort links von der Einfügemarke löschen	Strg+Rücktaste
Wort rechts von der Einfügemarke löschen	Strg+Entf
Einfügen Formel	Alt+Umschalt+Gleichheitszeichen (=)

Positionieren

Ein Zeichen nach links	Pfeil nach links
Ein Zeichen nach rechts	Pfeil nach rechts
Ein Wort nach links	Strg+ Pfeil nach links
Ein Wort nach rechts	Strg+ Pfeil nach rechts
Ein Absatz nach oben	Strg+ Pfeil nach oben
Ein Absatz nach unten	Strg+ Pfeil nach unten
Eine Zeile nach oben	Pfeil nach oben
Eine Zeile nach unten	Pfeil nach unten
An das Zeilenende	Ende
An den Zeilenanfang	Pos1
An den oberen Rand des Fensters	Alt+Strg+Bild auf
An den unteren Rand des Fensters	Alt+Strg+Bild ab
Eine Bildschirmseite aufwärts (Bildlauf)	Bild auf
Eine Bildschirmseite abwärts (Bildlauf)	Bild ab
An den Anfang der nächsten Seite	Strg+Bild ab
An den Anfang der vorherigen Seite	Strg+Bild auf
An das Ende des Dokuments	Strg+Ende
An den Anfang des Dokuments	Strg+Pos1
Zur letzten Bearbeitungsstelle	Umschalt+F5
Nach dem Öffnen eines Dokuments zur zuletzt bearbeiteten Stelle	Umschalt+F5

Markieren

Erweiterungsmodus aktivieren	F8
Erweiterungsmodus deaktivieren	Esc
Erweiterungsmodus: Wort markieren	F8 (1mal)
Erweiterungsmodus: Satz markieren	F8 (2mal)
Erweiterungsmodus: Absatz markieren	F8 (3mal)
Erweiterungsmodus: nächstes Zeichen	Pfeil nach links oder Pfeil nach rechts
Erweiterungsmodus: nächstes Wort	Strg+Pfeil nach rechts
Erweiterungsmodus: Vertikalen Textblock markieren	Strg+Umschalt+F8, dann Pfeiltasten verwenden
Zeichenweise nach rechts	Umschalt+Pfeil nach rechts
Zeichenweise nach links	Umschalt+Pfeil nach links
Wortweise nach rechts	Strg+Umschalt+Pfeil nach rechts
Wortweise nach links	Strg+Umschalt+Pfeil nach links
Ab Cursor bis zum Anfang des Absatzes	Strg+Umschalt+Pfeil nach oben
Ab Cursor bis zum Ende des Absatzes	Strg+Umschalt+Pfeil nach unten
Ab Cursor bis zum Anfang des Dokuments	Strg+Umschalt+Pos1
Ab Cursor bis zum Ende des Dokuments	Strg+Umschalt+Ende
Gesamtes Dokument	Strg+A

Tabellen

Nächste Zelle in Zeile	Tab
Vorherige Zelle in Zeile	Umschalt+Tab
Nächste Zeile	Pfeil nach unten
Vorherige Zeile	Pfeil nach oben
Erste Zelle in Zeile	Alt+Pos1

Letzte Zelle in Zeile	Alt+Ende
Erste Zelle in Spalte	Alt+Bild auf
Letzte Zelle in Spalte	Alt+Bild ab
Zeile oberhalb markieren	Alt+Umschalt+Pfeil nach oben
Zeile unterhalb markieren	Alt+Umschalt+Pfeil nach unten
Neuer Absatz in Zelle	Eingabetaste
Tabstoppzeichen innerhalb einer Zelle	Strg+Tab

Schriftformatierung

Vergrößern des Schriftgrads um 1 Punkt	Strg+9
Verkleinern des Schriftgrads um 1 Punkt	Strg+8
Vergrößern des Schriftgrads	Strg+Umschalt+>
Verkleinern des Schriftgrads	Strg+<
Groß-/Kleinschreibung ändern	Umschalt+F3
Als Großbuchstaben formatieren	Strg+Umschalt+G
Doppelt Unterstreichen	Strg+Umschalt+D
Kapitälchen	Strg+Umschalt+Q
Tiefgestellt (automatischer Abstand)	Strg+#
Hochgestellt (automatischer Abstand)	Strg+Pluszeichen
Alle Zeichenformatierungen entfernen	Strg+Leertaste
Textformatierung kopieren (Format übertragen)	Strg+Umschalt+C
Der Markierung eine kopierte Formatierung zuweisen	Strg+Umschalt+V

Absatzformatierung

Einfacher Zeilenabstand	Strg+1
Doppelter Zeilenabstand	Strg+2
1,5-facher Zeilenabstand	Strg+5
Hinzufügen / Entfernen eines einzeiligen Abstands vor einem Absatz	Strg+0 (Null)
Linksbündig ausrichten	Strg+L
Rechtsbündig ausrichten	Strg+R
Im Blocksatz ausrichten	Strg+B
Zentriert ausrichten	Strg+E
Linken Einzug vergrößern (jeweils 1,25 cm)	Strg+M
Linken Einzug verkleinern (jeweils 1,25 cm)	Strg+Umschalt+M
Hängenden Einzug vergrößern	Strg+T
Hängenden Einzug verkleinern	Strg+Umschalt+T
Alle Absatzformatierungen entfernen	Strg+Q

Arbeiten mit Feldern

Das aktuelle bzw. markierte Feld aktualisieren	F9
Umschalten zwischen der Anzeige der Feldfunktion und dem Feldergebnis (Alle Felder)	Alt+F9
Umschalten zwischen der Anzeige der Feldfunktion und dem Feldergebnis (Aktuelles Feld)	Umschalt+F9
Feld einfügen (Nur die geschweiften Klammern)	Strg+F9
Feldfunktion durch das Ergebnis ersetzen, das Feld wird in normalen Text umgewandelt	Umschalt+Strg+F9
Feld sperren, keine Aktualisierung möglich	Strg+F11
Sperre wieder aufheben	Strg+Umschalt+F11

Ausgewählte Formatvorlagen zuweisen

Formatvorlage Standard zuweisen (Absatzformat)		Strg+Umschalt+N
Formatvorlage Überschrift 1 zuweisen		Alt+1 (nicht im Ziffernblock)
Formatvorlage Überschrift 2 zuweisen		Alt+2 (nicht im Ziffernblock)
Formatvorlage Überschrift 3 zuweisen		Alt+3 (nicht im Ziffernblock)
Überschrift 4 ...		Alt+4 ...

Stichwortverzeichnis